CB129002

A Casa da Águia

DUNCAN SPROTT

A CASA DA ÁGUIA

TETRALOGIA DOS PTOLOMEUS

LIVRO I

Tradução de
LUIZ ANTONIO AGUIAR

EDITORA RECORD
RIO DE JANEIRO • SÃO PAULO
2005

CIP-Brasil. Catalogação-na-fonte
Sindicato Nacional dos Editores de Livros, RJ.

Sprott, Duncan, 1952-
S756c A casa da Águia / Duncan Sprott; tradução Luiz Antonio Aguiar. – Rio de Janeiro: Record, 2005.
(Tetralogia dos Ptolomeus; 1)

Tradução de: The house of the Eagle
ISBN 85-01-06936-1

1. Ptolomeu I Rei do Egito, m.283 a.C. – Ficção. 2. Egito – História – 332-30 a.C. – Ficção. 3. Ficção inglesa. I. Aguiar, Luiz Antonio, 1955-. II. Título. III. Série.

CDD – 823
05-2043 CDU – 821.111-3

Título original em inglês:
THE HOUSE OF THE EAGLE

Copyright © Duncan Sprott, 2003

Todos os direitos reservados. Proibida a reprodução, no todo ou em parte, através de quaisquer meios.

Direitos exclusivos de publicação em língua portuguesa para o Brasil adquiridos pela
DISTRIBUIDORA RECORD DE SERVIÇOS DE IMPRENSA S.A.
Rua Argentina, 171 – Rio de Janeiro, RJ – 20921-380 – Tel.: 2585-2000
que se reserva a propriedade literária desta tradução
Proibida a venda em Portugal

Impresso no Brasil

ISBN 85-01-06936-1

PEDIDOS PELO REEMBOLSO POSTAL
Caixa Postal 23.052
Rio de Janeiro, RJ – 20922-970

CÓPIA NÃO AUTORIZADA É CRIME
ABDR
ASSOCIAÇÃO BRASILEIRA DE DIREITOS REPROGRÁFICOS
RESPEITE O DIREITO AUTORAL
EDITORA AFILIADA

O homem se decompõe, seu corpo é poeira, toda a sua prole pereceu; mas um livro o faz lembrado por intermédio da boca daquele que o recita. Melhor é um livro do que uma casa bem construída, do que as capelas tumulares no Ocidente; melhor ainda do que uma sólida mansão.

Papiro Chester Beatty IV

Mergulhe num livro como você mergulha na água. A pobreza aguarda aqueles que não chegam até lá.

Sabedoria egípcia

Falar dos mortos é torná-los vivos novamente.

Ditado egípcio

Sumário

Principais Personagens

A CASA DE PTOLOMEU

Ptolomeus

PTOLOMEU SOTER (Salvador) — filho de Lagos e Arsinoë

PTOLOMEU KERAUNOS (Raio) — filho legítimo mais velho de PTOLOMEU SOTER e EURÍDICE

PTOLOMEU PHILADELFOS (Amor de Irmã) — filho de PTOLOMEU SOTER e BERENICE, também chamado MIKROS

PTOLOMEU EUERGETES (Benfeitor) — filho de PTOLOMEU FILADELFOS e ARSINOË ALFA

PTOLEMAIOS (de Telmessos) — filho mais velho de LISÍMACO da Trácia e ARSINOË BETA

Outros

ANTÍGONA — filha de BERENICE e Felipe da Macedônia

ARSINOË ALFA — filha de LISÍMACO da Trácia, esposa de PTOLOMEU MIKROS

ARSINOË BETA — filha de PTOLOMEU SOTER e BERENICE, esposa de LISÍMACO da Trácia e de PTOLOMEU KERAUNOS

ARTACAMA — filha de Artabazos, sátrapa da Bactria.

BERENICE (ALFA) — terceira mulher de PTOLOMEU SOTER, mãe (com Felipe da Macedônia) de MAGAS e ANTÍGONA

IRENE — filha de PTOLOMEU SOTER com THAÍS de Atenas

EURÍDICE — filha do Velho Antipatros, sátrapa da Macedônia, segunda esposa de PTOLOMEU SOTER

LAGOS — pai de PTOLOMEU SOTER

LAGOS — filho de PTOLOMEU SOTER e THAÍS

LEONTISKOS — filho de PTOLOMEU SOTER com THAÍS

LYSANDRA — filha de PTOLOMEU SOTER com EURÍDICE, esposa de Alexandros (V) da Macedônia, depois de AGATHOKLES da Trácia

LISÍMACO — filho de ARSINOË BETA e de LISÍMACO da Trácia

LISÍMACO — filho de PTOLOMEU PHILADELFOS e ARSINOË ALFA

MAGAS — filho de BERENICE e de Felipe da Macedônia

MENELAU — filho de Lagos e de Arsinoë, irmão mais jovem de PTOLOMEU SOTER, chamado de Tio Menelau

MELEAGROS — filho de PTOLOMEU SOTER e de EURÍDICE

FELIPE — filho de ARSINOË BETA e de LISÍMACO da Trácia

FILOTERA — filha de PTOLOMEU SOTER e BERENICE

PTOLEMAÍS — filha de PTOLOMEU SOTER e EURÍDICE; esposa de Demétrio Poliorketes, mãe de Demétrio Kalos

THEOXENA — filha de PTOLOMEU SOTER e EURÍDICE, esposa de AGATHOKLES, tirano de Siracusa.

A CASA REAL DA MACEDÔNIA

ADÉIA-EURÍDICE — esposa de FELIPE ARRHIDAIOS

ALEXANDRE III (o Grande) — filho de FELIPE DA MACEDÔNIA e OLÍMPIA

ALEXANDROS (IV) — filho de ALEXANDRE e ROXANE, rei da Macedônia

BARSINE — amante de Alexandre

CLEÓPATRA — filha de FELIPE e OLÍMPIA, irmã de ALEXANDRE

OLÍMPIA — esposa de Felipe, rainha da Macedônia

FELIPE (II) — pai de Alexandre, rei da Macedônia

FELIPE (III) ARRHIDAIOS — irmão mais novo de ALEXANDRE, rei da Macedônia

ROXANE — esposa de ALEXANDRE, mãe de ALEXANDROS (IV)

SUMOS SACERDOTES DE PTAH EM MÊNFIS

ANEMHOR — sumo sacerdote contemporâneo de PTOLOMEU SOTER; também chamado VELHO ANEMHOR

ESKEDI — filho do VELHO ANEMHOR, marido de NEFERRENPET (Rempnofris)

PADIBASTET — filho de ESKEDI, marido de NEFERSOBEK (Nefersouchos)

ANEMHOR (II) — filho de PADIBASTET e NEFERSOBEK; também chamado JOVEM ANEMHOR

Cronologia

367 a.C.	Nasce Ptolomeu (Soter)
359	Felipe se torna rei da Macedônia
356	Nasce Alexandre
338	Batalha de Khaironeia
	Ptolomeu conhece Thaís (?)
336	Assassinato de Felipe
	Alexandre se torna Rei da Macedônia
335	Guerra contra as tribos dos balcãs
	Saque de Tebas, Grécia
334	Campanha da Ásia; Alexandre atravessa o Helesponto
	Batalha de Granikos
333	Batalha de Issos
332	Cerco de Tiro
	Cerco de Gaza
	Alexandre toma o Egito
	Expedição ao Oráculo de Zeus-Amon, na Líbia
	Fundação de Alexandria
331	Marcha ao Eufrates
	Batalha de Gaugamela
330	Incêndio de Persépolis
	Ocupação da Mesopotâmia e da Babilônia
	Morte de Dario da Pérsia
329	Ptolomeu captura Bessos
	Alexandre atravessa Paropamisos ou Kush índico
326	Campanha da Índia
325	Marcha através do deserto da Gedrósia
324	Ptolomeu casa-se com Artacama em Susa
	Morte de Hefaistion

323	10/11 de junho — Morte de Alexandre
	Ptolomeu designado como sátrapa do Egito
322	Ptolomeu rouba o cadáver de Alexandre e o leva para o Egito
	Execução de Kleomenes
321	Ptolomeu casa-se com Eurídice
	Nasce Ptolomeu Keraunos (o Raio)
320	Assassinato de Perdikkas
	Ptolomeu toma a Síria e a Palestina
317	Ptolomeu casa-se com Berenice
315	Nasce Arsinoë Beta
313(?)	Ptolomeu muda a capital de Mênfis para Alexandria
312	Ptolomeu derrota Demétrio Poliorketes em Gaza
309/8	Ptolomeu é derrotado em Salamina, Chipre, por Demétrio Poliorketes
305-4	Cerco de Rodes
	Ptolomeu assume o título de Soter (Salvador)
305	Ptolomeu se torna Faraó do Egito
301	Batalha de Ipsos na Frígia
300	Strato de Lampsakos designado como tutor de Ptolomeu Mikros
299	Pirro de Epeiros se casa com Antígona
297	Morte de Cassandro
	Fundação do *Mouseion* e da Grande Biblioteca de Alexandria
	Começa a construção na ilha de Faros do Grande Farol de Alexandria
295	Ptolomeu reconquista Chipre
288	Ptolomeu nomeia Ptolomeu Mikros como seu herdeiro
285	Ptolomeu Mikros Co-Soberano, com seu pai
283	Morte de Ptolomeu Soter
	Morte de Demétrio de Faleron
	Ptolomeu Mikros sobe ao trono como Ptolomeu II
280	Festival da Ptolemaieia, decretado em homenagem a Ptolomeu Soter
279	Morte de Ptolomeu Keraunos, lutando contra os gauleses
	Arsinoë Beta retorna a Alexandria

Todas as datas são aproximadas

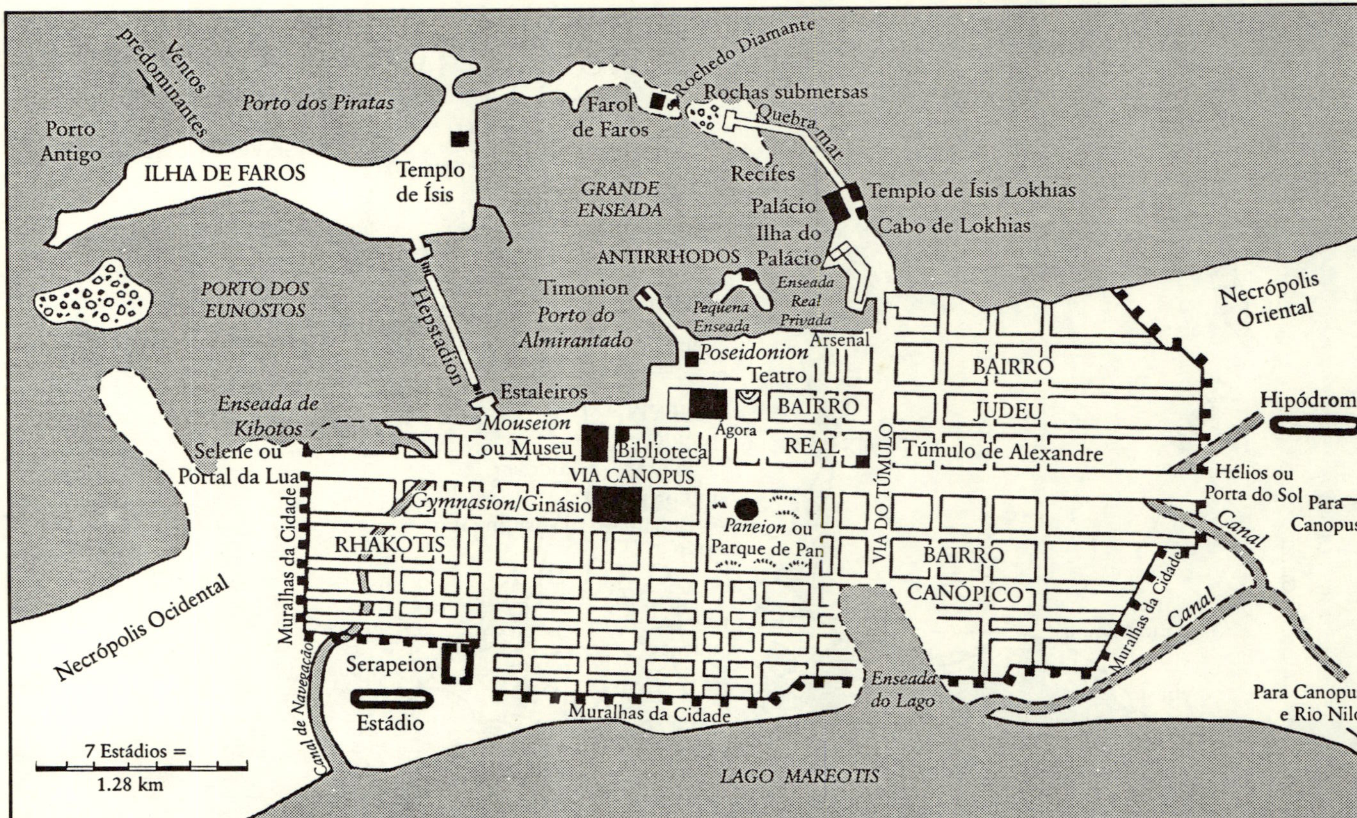
Ventos predominantes
Porto Antigo
Porto dos Piratas
ILHA DE FAROS
Templo de Ísis
Farol de Faros
Rochedo Diamante
Rochas submersas
Quebra-mar
Recifes
Templo de Ísis Lokhias
Cabo de Lokhias
Palácio
Ilha do Palácio
GRANDE ENSEADA
ANTIRRHODOS
PORTO DOS EUNOSTOS
Hepstadion
Timonion
Porto do Almirantado
Pequena Enseada
Enseada Real Privada
Arsenal
Poseidonion
Teatro
Estaleiros
Enseada de Kibotos
Mouseion ou Museu
Biblioteca
Ágora
BAIRRO REAL
Selene ou Portal da Lua
VIA CANOPUS
Gymnasion/Ginásio
Paneion ou Parque de Pan
VIA DO TÚMULO
BAIRRO JUDEU
Túmulo de Alexandre
BAIRRO CANÓPICO
Necrópolis Oriental
Hipódromo
Hélios ou Porta do Sol
Para Canopus
Canal
Canal
Muralhas da Cidade
Para Canopus e Rio Nilo
RHAKOTIS
Muralhas da Cidade
Necrópolis Ocidental
Serapeion
Estádio
Canal de Navegação
Muralhas da Cidade
Enseada do Lago
LAGO MAREOTIS
7 Estádios =
1.28 km

Alexandria

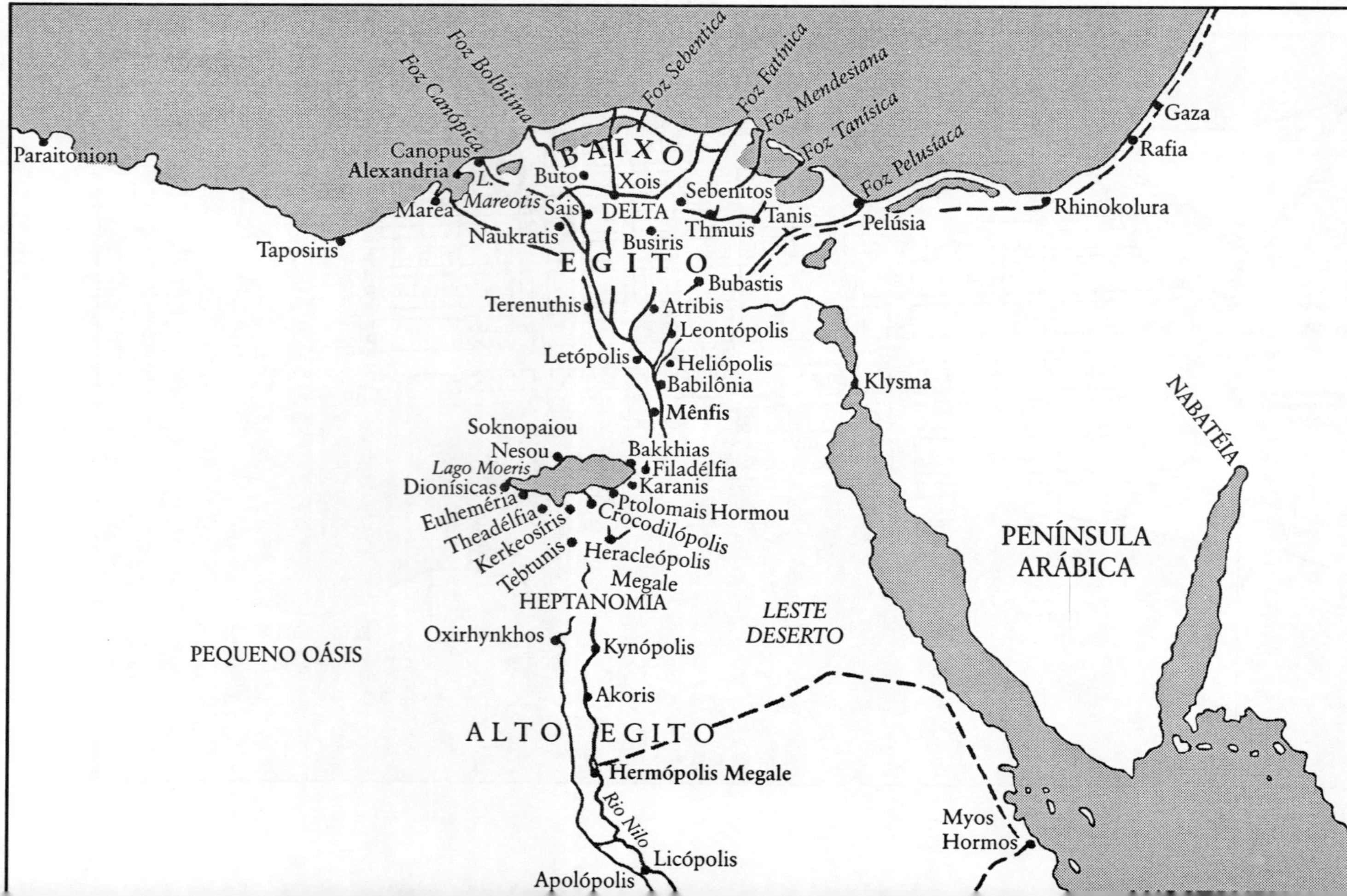

Foz Canópica
Foz Bolbitina
Foz Sebentica
Foz Fatínica
Foz Mendesiana
Foz Tanísica
Foz Pelusíaca
Gaza
Rafia
Rhinokolura
Paraitonion
Canopus
Alexandria
L. Mareotis
Marea
Taposiris
BAIXO
Buto
Xois
Sebenitos
Sais
DELTA
Thmuis
Tanis
Pelúsia
Naukratis
Busiris
EGITO
Bubastis
Terenuthis
Atribis
Leontópolis
Letópolis
Heliópolis
Babilônia
Klysma
Mênfis
NABATÉIA
Soknopaiou
Nesou
Bakkhias
Lago Moeris
Filadélfia
Dionísicas
Karanis
Euheméria
Ptolomais Hormou
Theadélfia
Crocodilópolis
Kerkeosíris
Tebtunis
Heracleópolis
Megale
PENÍNSULA ARÁBICA
HEPTANOMIA
LESTE DESERTO
Oxirhynkhos
PEQUENO OÁSIS
Kynópolis
Akoris
ALTO EGITO
Hermópolis Megale
Rio Nilo
Myos Hormos
Licópolis
Apolópolis

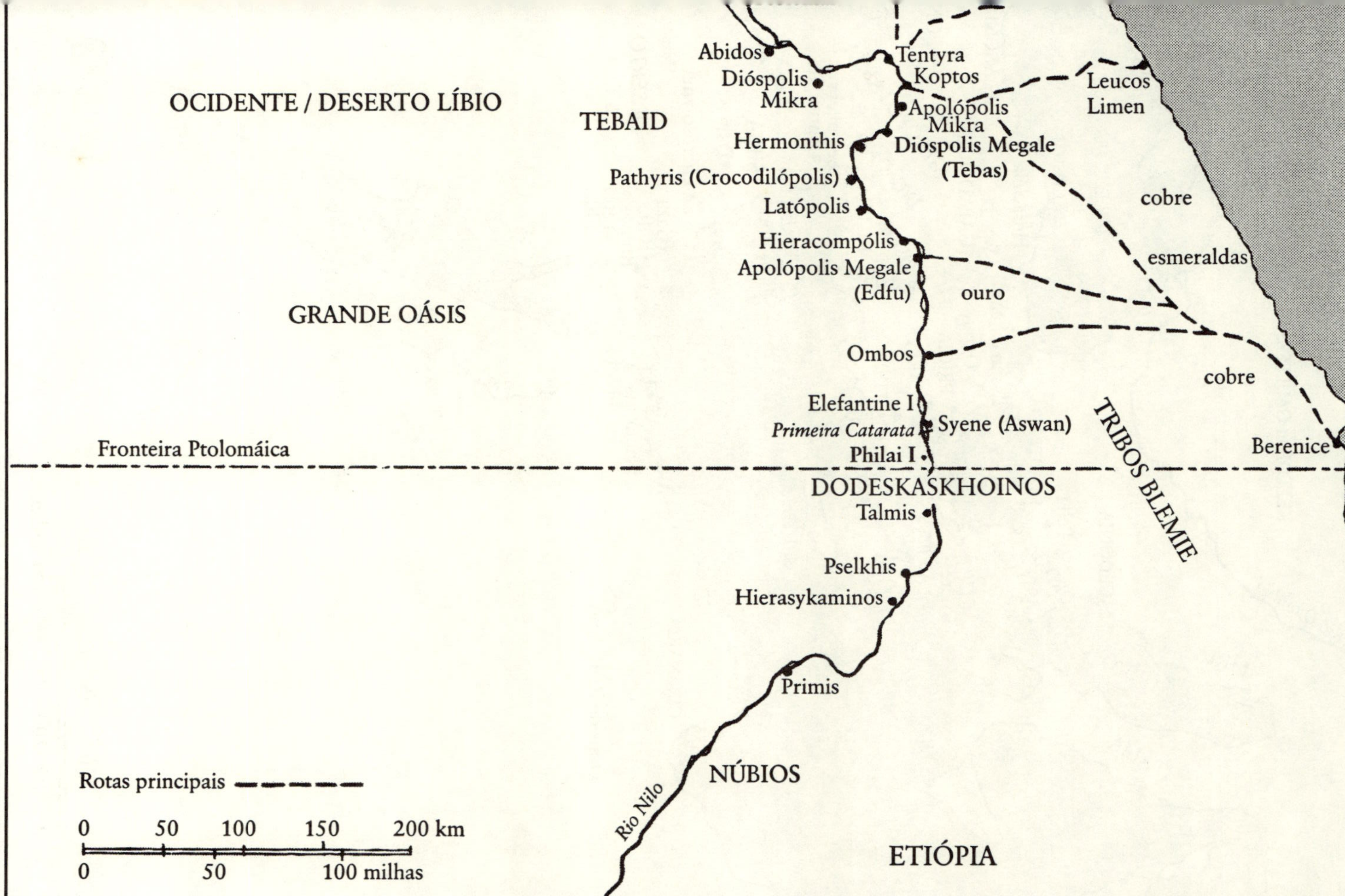

OCIDENTE / DESERTO LÍBIO
TEBAID
Abidos
Diósplis Mikra
Tentyra
Koptos
Leucos Limen
Apolópolis Mikra
Hermonthis
Diósplis Megale (Tebas)
Pathyris (Crocodilópolis)
Latópolis
cobre
Hieracompólis
Apolópolis Megale (Edfu)
esmeraldas
ouro
GRANDE OÁSIS
Ombos
cobre
Elefantine I
Primeira Catarata
Syene (Aswan)
TRIBOS BLEMIE
Fronteira Ptolomáica
Philai I
Berenice
DODESKASKHOINOS
Talmis
Pselkhis
Hierasykaminos
Primis
NÚBIOS
Rio Nilo
ETIÓPIA
Rotas principais
0 50 100 150 200 km
0 50 100 milhas

Egito

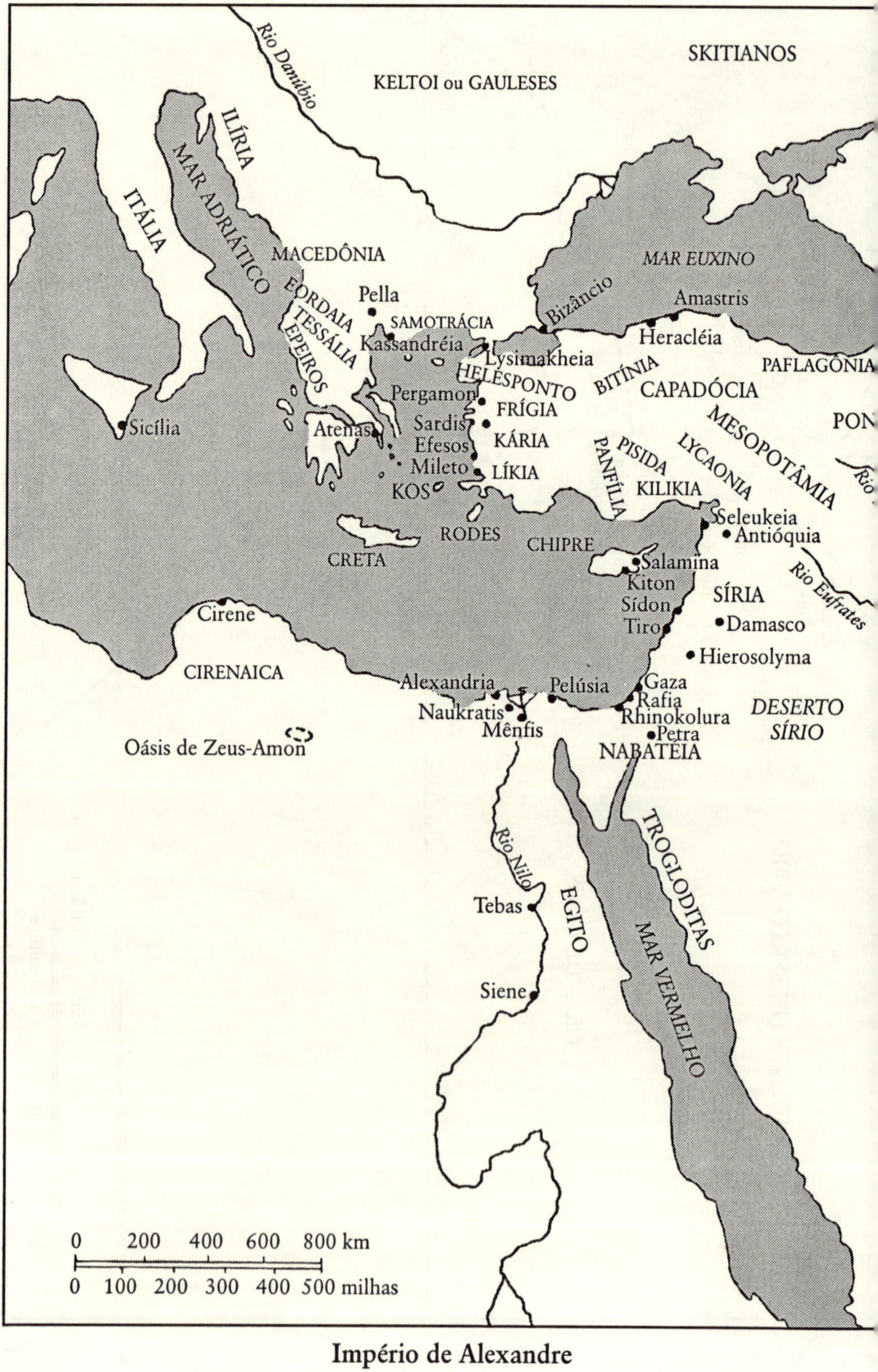

Império de Alexandre

MAR HIRCANIANO
Rio Jaxartes
Rio Ciro
MARDI
HIRCÂNIA
PARAITAKENE
SOGDIANA
HIMALAIAS
Rio Oxus
Bactra
Al Khanum
BÁCTRIA
GANDARA
PARTHIA
ÁRIA
Ectabana
PARAITAKENE
PAROPAMISOS
(KUSH ÍNDICO)
DESERTO DO SAL
DRANGIANA
Rio Jhelum
SUSIA
Susa
Persépolis
PÉRSIA
CARMÂNIA
ARAKÓSIA
REINO
MAURIÂNIO
DA ÍNDIA
GOLFO PÉRSICO
GEDRÓSIA
(DESERTO)
Rio Indus
Costa dos comedores de peixe

Faraós Gregos do Egito

PERÍODO HELENÍSTICO

332-30 D.C.

Macedônios

ALEXANDRE (III) o Grande	332-323
FELIPE (III) ARRHIDAIOS	323-316
ALEXANDROS (IV)	316-304

Ptolomeus

PTOLOMEU (I) SOTER (Salvador)	304-284
PTOLOMEU (II) PHILADELFOS (Amante da Irmã)	285-246
PTOLOMEU (III) EUERGETES (Benfeitor)	246-221
PTOLOMEU (IV) PHILOPATOR (Amor Paternal)	221-205
PTOLOMEU (V) EPIPHANES (Manifestação Divina)	205-180
PTOLOMEU (VI) PHILOMETOR (Amor Maternal)	180-164
	163-145
PTOLOMEU (VII) NEOS PHILOPATOR (Amor Paternal)	145
PTOLOMEU (VIII) EUERGETES (II) Physkon (Barrigudo)	170-163
	145-116
PTOLOMEU (IX) SOTER (II) Lathyros (Grão-de-bico)	116-110
	109-107
	88-81
PTOLOMEU (X) ALEXANDROS (I) (Assassino da Mãe)	110-109
	107-88
PTOLOMEU (XI) ALEXANDROS (II) (Amante da Madrasta)	80
PTOLOMEU (XII) NEOS DIONISO Auletes (Tocador de Flauta)	80-58, 55-51
BERENICE (IV) (Assassinada pelo Pai)	58-55
CLEÓPATRA (VII)	
THEA PHILOPATOR (Deusa)	51-30
PTOLOMEU (XIII) (Afogado no Rio)	51-47
PTOLOMEU (XIV) (Envenenado Pela Irmã)	47-43
PTOLOMEU (XV) CESARION (Pequeno César)	44-30

A CASA DE PTOLOMEU

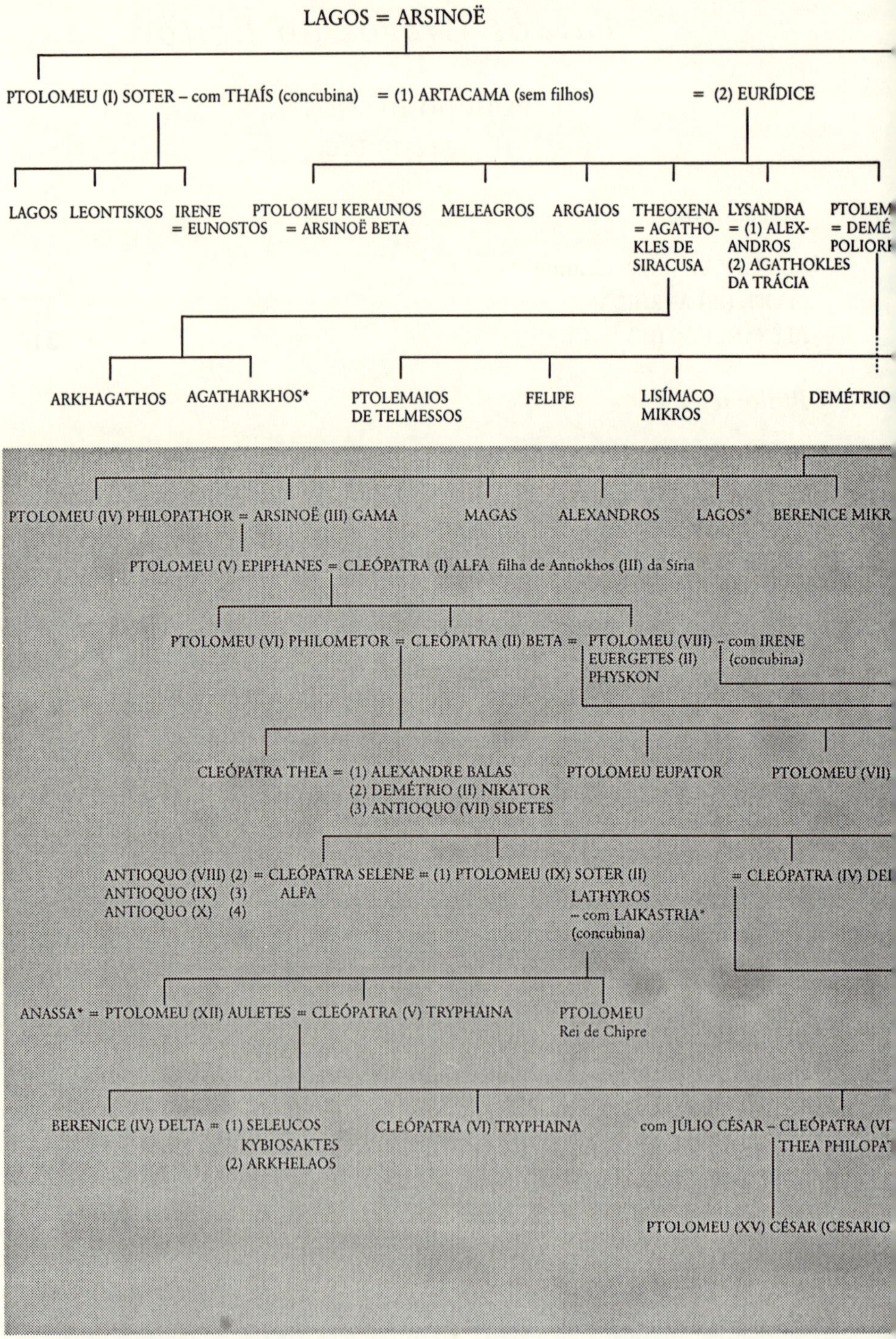

* = nome hipotético.

Nota: *A Casa da Águia* compreende as histórias dos que aparecem acima da área sombreada.

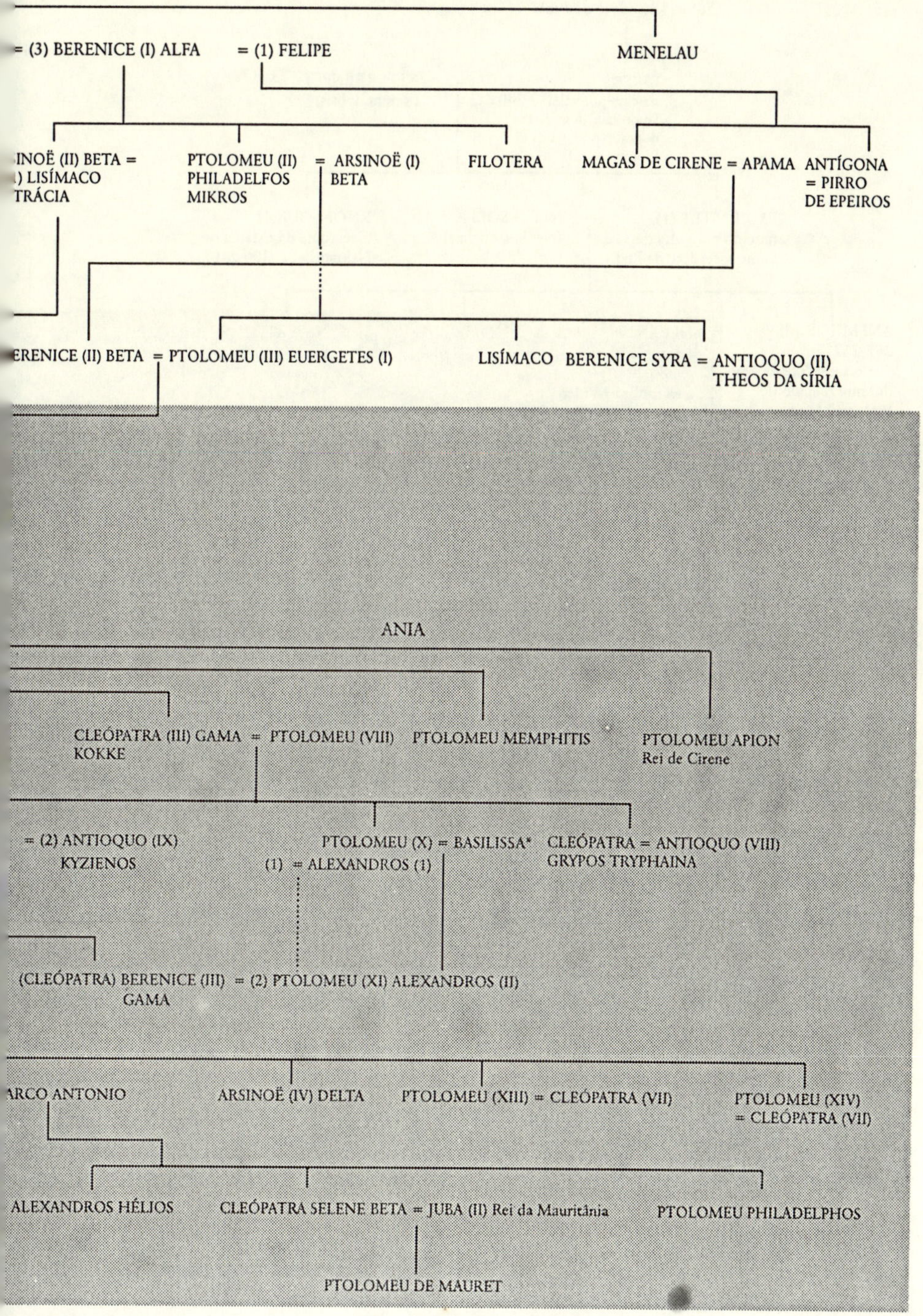
= (3) BERENICE (I) ALFA
= (1) FELIPE
MENELAU
INOË (II) BETA =
) LISÍMACO
TRÁCIA
PTOLOMEU (II)
PHILADELFOS
MIKROS
= ARSINOË (I)
BETA
FILOTERA
MAGAS DE CIRENE = APAMA
ANTÍGONA
= PIRRO
DE EPEIROS
ERENICE (II) BETA = PTOLOMEU (III) EUERGETES (I)
LISÍMACO
BERENICE SYRA = ANTIOQUO (II)
THEOS DA SÍRIA
ANIA
CLEÓPATRA (III) GAMA = PTOLOMEU (VIII)
KOKKE
PTOLOMEU MEMPHITIS
PTOLOMEU APION
Rei de Cirene
= (2) ANTIOQUO (IX)
KYZIENOS
PTOLOMEU (X) = BASILISSA*
(1) = ALEXANDROS (1)
CLEÓPATRA = ANTIOQUO (VIII)
GRYPOS TRYPHAINA
(CLEÓPATRA) BERENICE (III) = (2) PTOLOMEU (XI) ALEXANDROS (II)
GAMA
ARCO ANTONIO
ARSINOË (IV) DELTA
PTOLOMEU (XIII) = CLEÓPATRA (VII)
PTOLOMEU (XIV)
= CLEÓPATRA (VII)
ALEXANDROS HÉLIOS
CLEÓPATRA SELENE BETA = JUBA (II) Rei da Mauritânia
PTOLOMEU PHILADELPHOS
PTOLOMEU DE MAURET

SUMOS SACERDOTES DE MÊNFIS

(Nomes gregos entre parênteses)
Todas as datas são aproximações
*= nome hipotético

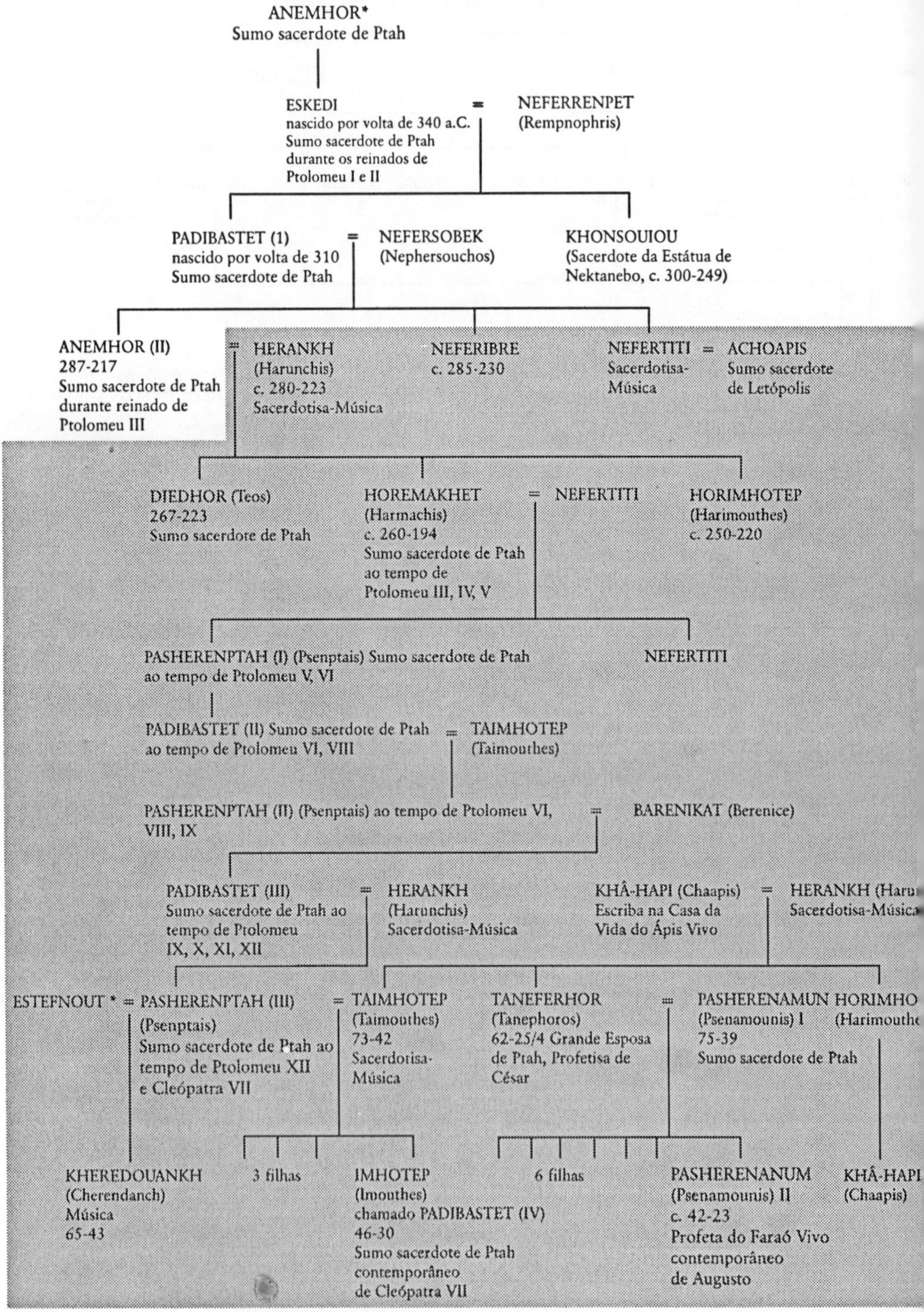

Nota: Os sumos sacerdotes em *A Casa da Águia* estão acima da área sombreada

Prólogo

Na estrada pela qual se entra e sai do Egito, podem surgir subitamente rodamoinhos de uma tempestade de areia, das que tornam o mundo amarelo; essa tempestade, o voraz furacão de areia, é também as areias do Tempo. Emergindo da cortina amarela, enfim aparece um rosto escuro, negro como a noite, dourado como o raiar do dia, com as feições de um cão com as orelhas levantadas, nariz úmido, pêlos e baba de um cão de verdade — um cão vivo.

Olhe mais de perto e verá que a cabeça do cão está fixada a um corpo de homem; sim, sob a máscara está um sacerdote do Egito, vestido em seu manto branco — seu manto que outrora foi branco é agora amarelado, como se este fosse um homem feito de areia, com sujeira acumulada de uma viagem, já que ele está há muito tempo na estrada. As suas sandálias foram roubadas. Seus pés descalços estão rachados e sangrando. Ele é pobre. As suas mãos já não têm a maciez da mão dos escribas: são ásperas. A mão direita dele se estende para você na posição de quem mendiga, e ele não pede apenas o seu dinheiro, mas também os seus ouvidos — para que você escute o que ele tem a lhe contar.

O Rosto de Cão carrega uma sacola ou um saco de viagem e um cajado, e estão os seus últimos pertences: quatro grandes rolos de papiros, de escrita apertada, com a tinta desbotada; livros que ele talvez tenha escrito, ou não, com a sua própria mão. Quem é o Rosto de Cão? Ele é o homem de muitas máscaras, que tem estado há dois mil anos na estrada, e não tem outra ocupação na Terra exceto a de desenrolar seus livros e lê-los para você.

Quem é o Máscara de Cão senão o deus cão dos egípcios, Anúbis, o Cão Onipotente, o companheiro de Thot. Sim: ele é o Senhor do Deserto, que tem o poder de enxergar tanto de dia como de noite. Ele já viu de tudo. Já não possui juventude; no entanto, tem coisas melhores do que a juventude: idade, experiência, sabedoria. Ele preside os mistérios da noite.

Simboliza a vitória da vida sobre a morte. Uiva como chacal. Ladra como cão. O Rosto do Cão: é ele quem guarda a chave deste livro; ele é o guardião dos portões desta escrita, velando tanto pelo seu início quanto pela sua conclusão — Anúbis. Ele parece montar guarda, imperecível, como uma fera a qual nada pode arredar. Ele aguarda que essa sua civilização vire poeira e seja soprada para longe pela tempestade de areia que é o Tempo.

Anúbis é aquele que transmite o Julgamento dos Deuses, para que Thot o registre por escrito. Ele é o Grande Contador de Histórias — as histórias das vidas dos homens. Por ora, no entanto, este Rosto de Cão deve pôr de lado sua máscara de cão e, no lugar dela, usar a máscara de um pássaro. Chegou a hora de o Rosto de Cão tornar-se a Íbis. Ele é o Mestre de todos os segredos. Ele já está há muito tempo na estrada, procurando por você, para lhe contar esta história.

Ele uiva como um cão, agora, e seu uivo logo se transforma no grito estridente de um pássaro.

Ele o agarra pelo braço: já não é mais o cão. A sua mão é áspera, escamosa, afiada, dilacera a carne, como a garra de um pássaro.

Você está sob o meu poder, *ele diz.*

Salve, Rosto de Cão!, *você fala.* Salve, Anúbis, Faraó do Mundo dos Mortos!

Deixe a escuridão ir embora, *ele responde.*

PARTE UM

Ptolomeu, Filho de Lagos

1.1

Os Dedos de Thot

EI! Forasteiro! EI! Seu ignorante! VOCÊ, que está prestes a chegar há tanto tempo! Você está muitíssimo atrasado! SIM! É com VOCÊ mesmo que estou falando, Leitor. Com VOCÊ. Porque acho que VOCÊ não sabe nada sobre Ptolemaios — Ptolomeu. Sobre Ptolomeu, o grego que foi Faraó do Egito. Tampouco sobre a terrível tragédia de sua Casa. Você não sabe quem foi Ptolomeu, sabe? Nunca ouviu falar dele, ouviu? Você não sabe nem sequer pronunciar o nome dele (não pronuncie pitolomeu, Leitor!). Verdade! O que você merece mesmo, e sem demora, é uma sova no solado dos pés.

Sim, acho que você esqueceu tudo, nada sobrou em sua memória sobre a Terra Negra e sobre a Vermelha, as Duas Terras que eu chamava de Kemet — a terra que os gregos têm o prazer de chamar Aigyptos, e que você provavelmente conhece como Egito. Você já esqueceu de Rá, o deus do Sol. Esqueceu de Anúbis, o deus com a cabeça de cão, o Faraó do Mundo dos Mortos. Você nem sequer tem noção de quem é Sobek, o deus-crocodilo. A sua ignorância é vergonhosa — vergonhosa! —, e o único Faraó de que já ouviu falar é o débil Tutankhamon! Na verdade, THOT vai ter de ensinar tudo a você. Porém, não se amedronte. Acalme-se, Leitor; podemos deixar a sova para mais tarde. Thot terá prazer de ser seu guia. Pois você já deve saber que eu sou THOT.

Entretanto, um idiota como você nem mesmo deve saber quem é Thot, tampouco, não é? Você deve ter esquecido até mesmo Thot, o Grande Mágico. Thot, o deus Cabeça-de-Íbis, Thot, o Babuíno Cabeça de Cão, Thot, o Macaco, aquele que é o Maior dos Escribas, que é a Memória dos Deuses; que toma nota de cada palavra dos deuses.

Thot: ele que sabe tudo. Não existe nenhum livro sobre o Egito que Thot não tenha escrito com sua própria mão. Contemple, então, Thot, o Contador de Histórias, pois não há um só homem na Terra que seja capaz de revelar a você toda a terrível história dos Ptolomeus, uma história temida pelos homens, que os homens desejam esquecer por causa dos seus horrores — de fato uma história de acordar os defuntos. No entanto, Thot... Thot não tem a capacidade de esquecer; Thot só pode *lembrar*.

Para você, contudo, desde que ore a mim e me suplique, Thot contará esta grande história esquecida, sobre como os gregos se tornaram faraós do Egito durante dez gerações. E você chorará, e seus cabelos ficarão em pé, se você tiver cabelo, Leitor, pois esta história goteja sangue do princípio ao fim: é como uma cascata de sangue, horrível e maravilhosa ao mesmo tempo.

Portanto, leia, Leitor, e horrorize-se. *Leia* e divirta-se.

Porém, primeiro, antes que Thot fale de Ptolomeu, deixe-o falar de Thot. Porque você, Leitor, é discípulo-de-Thot. Você é Aquele-Que-Deseja-Saber, e você nada pode saber se não souber quem é e o que é Thot. Sim, eu sou THOT. GRANDE GRANDE GRANDE, TRÊS VEZES GRANDE.

Arrá! Discípulo-de-Thot, fui eu que aprendi a Décima Nona Instrução, o Ensinamento de Fazer a Linguagem Calma. Sou Thot, o da Linguagem Fria. O-Que-Tem-Lábia é o meu nome. Sou Thot, Poderosa Ameaça, que se banha no sangue de seus inimigos. Sou Thot, Grande Assassino, deus dos mortos. Sou Aquele Que Sabe Como Repelir o Mal. Sou o Pacificador.

Arrá! Arrá! Sou o Bicudo, aquele com garras e asas. Eu sou o deus da Lua. Eu sou o Trapaceiro. Eu sou o Ladrão do Tempo. Eu sou THOT.

Saiba que eu sou Thot, aquele que engoliu as Duas Terras, que conhece tudo o que pode ser conhecido sobre o Egito. Eu sou Thot, o Pretensioso; Thot, o Pedante. Thot dos discursos contorcidos.

Saiba que é Thot aquele que dirige súplicas especiais, em favor de todos os homens, aos Juízes da Morte; este é o Thot, que você deve encontrar na Vida Após a Morte, quando eu peso seu coração de homem morto na Balança, contra a Pena de Maat, a Pena da Verdade, e é Thot quem deverá fazer o registro por escrito do Julgamento dos Deuses. Tomara que o seu coração seja leve na Balança, Leitor! Pois é Thot quem pesará SEU coração quando chegar a sua vez. Será que isso é o bastante para fazer você se sentar e escutar?

Sou Thot para os gregos, ou taautos. Para os egípcios, sou Djehuty ou Djedhuti ou Tehuti, autor dos Quarenta e Dois livros que são chamados de os *Tehutica*, que têm Toda a Sabedoria do Mundo. Alguns contêm as Leis do Egito, das quais Thot é o guardião. Alguns são livros de Mágica, pois Thot é o Grande Mágico, rivalizado apenas por Ísis, a Senhora dos Muitos Nomes; e alguns são livros de História, pois os anais de todos os reinos são escritos por Thot. O livro que você está segurando nessas duas mãos, Leitor, é um livro de História, o Quadragésimo Terceiro Livro de Thot. É um livro também que manterá os seus olhos fixos sobre a página até que você termine a leitura. Thot promete isso a você. Todas as suas palavras são verdade. Não há lugar para ficções nos escritos de Thot.

Thot! Algumas vezes eu assumo a forma da íbis, e levanto vôo. Agora, no entanto, tomo a forma do macaco e me acocoro sobre o ombro do escritor. O macaco de Thot fica tagarelando ao ouvido de todos os escribas. O macaco de Thot fixa seus olhos em cada palavra. Todo escriba, diariamente, antes de começar o seu trabalho de escrever, deve despejar sua gota de água no chão, fora do vidro no qual mergulha o seu pincel. É sua libação a Thot, a *mim*, o Patrono de escribas; a Thot, o maior de todos os escribas.

Thot escuta você, discípulo-de-Thot. Ele escuta até mesmo os seus pensamentos secretos. Você não acredita em uma só palavra do que digo? Então, Thot fica zangado. Posso lembrar-lhe, discípulo-de-Thot, de que sou a Língua de Ptah, o rei da criação, e que Ptah criou todas as coisas. Eu sou o Mestre de Cronologia? Thot, que reinou exatamente 7.726 anos. Acredite-me, sou O-Que-Tudo-Sabe. Sou o Senhor de Khermmenn, o Mais Poderoso Rei. Sou o Coração e a Língua de Rá. Sou o Senhor dos Livros. Sou o criador do Tempo. Posso ler os segredos dos corações dos homens. Tenho o poder de transpor qualquer barreira.

Sou o próprio *inventor* dos hieróglifos, o *inventor* da leitura e da escrita. Sou o Senhor das estrelas. Sou o medidor da Terra. Minhas palavras surtem efeito. Sou Poderoso na Oratória. Quando coloco a máscara de Thot, *sou* Thot, *sou* o deus.

E assim eu começo a escrever. Thot vela por mim. O macaco pesa sobre os meus ombros. Você não me acredita? Escute, discípulo-de-Thot, isto é a verdade.

Thot lhe implora: Acredite!

SIM. Thot escreveu estes capítulos com seus próprios dedos.

1.2

Ninguém

Thot pergunta, então. Quem era ele, este Ptolomeu, este grego, este macedônio de cabelos amarelos? De que pai era ele filho? De onde veio? E o que queria no Egito?

Ptolomeu: não é verdade que ele não era Ninguém — Ninguém, vindo de lugar nenhum? Que se tratava de um homem que não sabia sequer o nome do seu avô?

Ptolemaios, assim o chamavam, e o seu nome significava Guerreiro, e nunca houve um nome que mais se ajustasse a uma Casa do que o nome de Ptolemaios.

Logo de início, houve controvérsias sobre seu parentesco. Alguns diziam que o pai era Lagos, um comandante do exército do Rei Felipe da Macedônia ou, pelo menos, algum soldado dele, e que a mãe era Arsinoë. Lagos, o nome significava Lebre, esta criatura que dorme com os olhos abertos e é, acima de tudo, veloz. Por causa disso, alguns têm sempre chamado a Casa de Ptolomeu de Lagids ou Lagidae.

Quanto a Arsinoë, Thot desconhece o que significa o nome, mas você, Leitor, o deve pronunciar *Ar-Si-NÔ-i* ou *Ar-ZI-nô-i*.

Outros juram por Zeus que Ptolomeu era o filho de Arsinoë, mas que seu pai era o próprio Rei Felipe, e Arsinoë, a vítima de um estupro — um privilégio de reis — e Ptolomeu nasceu bastardo.

Quem era ele? Um garoto nobre de nascença? Ou um garoto sem berço? Mesmo Thot encolhe os ombros. E se ele fosse, de fato, um garoto camponês de Eordaia na Macedônia, um pastor de carneiros e cabras, uma categoria só melhor do que a dos bárbaros? Que importância tem isso? Pois o garoto estava destinado a ser rei, e um deus em vida, e a ser chamado *Aionobios* — O Que Vive Para Sempre, o Filho do Sol.

No momento do parto as mulheres proferiram o grito ritual de alegria, e a parteira fez o exame para verificar se a criança era perfeita, tinha todos os dedos, os dedos dos pés não eram ligados, a abóbada palatina não era fendida, ambos os olhos da mesma cor: azuis. Se tais itens estivessem em ordem, os gregos criariam a criança; caso contrário, não o fariam, e se livrariam dela, e os pássaros poderiam picar seus olhos e os cães comeriam sua carne, com ele ainda vivo, sem que ninguém se preocupasse com sua sorte. Tal era o costume dos gregos, que não queriam crianças que não fossem perfeitas, belas como os deuses imortais, todo filho formoso como Apolo e toda filha bela como Afrodite.

Havia muitas histórias sobre a origem de Ptolomeu, e contava-se que, sim, ele fora rejeitado, abandonado sobre a encosta, por causa do estupro de sua mãe. Relata-se que ele foi resgatado por uma águia, e que os pais o trouxeram de volta para casa, pois uma criança alimentada pelas águias deveria tornar-se rei quando crescesse — esta era a profecia dos céus.

Mito, ou história? Thot ri. Os gregos! — eles adoram retratar a si mesmos como melhores, mais grandiosos, mais sábios e mais generosos do que realmente são. Os gregos são presunçosos, atores, amantes de mentiras, e suas histórias estão cheias delas, porque uma história cheia de mentiras é uma história melhor — Thot jura que é assim.

Seja como for, se é verdade que este Ptolomeu era filho de Felipe com uma concubina, então ele teria sido meio-irmão de Alexandre, e seu sangue era nobre. Convinha à Casa de Ptolomeu deixar que o mundo acreditasse que essa era a verdade.

No primeiro dia de sua vida, Lagos e Arsinoë fizeram as oferendas apropriadas para as Parcas: pão, sal e dracmas.

No terceiro dia de sua vida, colocaram um bolo de mel ao lado de sua cabeceira, e um espelho de bronze e dracmas de prata debaixo do seu travesseiro — presentes para as Parcas, que deveriam vir naquela noite conceder à criança seu destino na vida.

As Parcas são três mulheres velhas: Láquesis, que canta o passado, Cloto, que canta o presente, e Átropos, que canta o futuro. Ptolomeu teria tempo somente para Cloto — somente para o presente —, ou era o que gostava de dizer; já que, quanto ao passado, não gostava de lembrá-lo.

Arsinoë jurava por Pan e todos os deuses que viu as mulheres velhas naquela noite, figuras espectrais: a primeira enrolando a sua linha, a segunda fazendo o registro do que estava para acontecer, a terceira brandindo a tesoura que devia cortar o fio de vida de Ptolomeu no dia da sua morte. Porém, toda mãe grega jurava tais coisas.

Mesmo assim, Ptolomeu estava nas mãos do seu destino a partir do momento em que nasceu, e não havia nada que pudesse fazer para alterar isto. O que quer que aconteça a um grego é sempre segundo a vontade de seus deuses.

Thot diz, tolices de gregos, tudo isto. Os únicos deuses são os deuses do Egito; porém os gregos persistirão em sua insensatez.

Arsinoë, por precaução, alimentava a sua criança apenas com o leite dos seus próprios seios, pois amamentar uma criança é prova de devoção materna. É dever de toda boa mulher exercer essa função. Certamente, é cansativo; no entanto isso aumentará a sua afeição pela criança, e afeição é uma coisa que os gregos não possuem em abundância. Uma razão mais importante é que a criança grega sofre a influência do leite que bebe, ou assim acreditam os gregos. Uma criança grega nunca deve ser alimentada com leite de vaca, por conta do medo de beber junto o espírito do animal e de que cresça tímida, obstinada, estúpida, espojando-se com a sua própria imundície.

Para o egípcio, a vaca é sagrada, imbuída do espírito de Hathor, a Dourada, a Vaca Divina, Senhora da Turquesa, um animal ao qual devemos respeito e adoração. Hathor amamenta o próprio Faraó, e o que é bom o bastante para o Faraó é bom o bastante para seu povo. Os egípcios não são adeptos de idéias tão atrasadas e bárbaras sobre o leite de vaca.

Pela mesma razão, os gregos não querem nenhum contato com o leite de carneiro ou de cabra, e assim Ptolomeu amamentou-se nos seios de sua mãe. Não foi sequer entregue a uma ama, que poderia lhe passar um caráter indesejável por meio do seu leite. Não, Arsinoë fez tudo de acordo com o costume dos gregos; se agisse em desacordo, estaria sujeita a atrair a vingança dos deuses.

Mesmo assim, Thot sabe, que viria o tempo em que as mulheres desta família se tornariam tão vãs, tão orgulhosas, tão ricas e, sim, tão estúpidas, que deixariam os filhos aos cuidados da ama, e dariam o leite materno para os cães, porque o leite das mulheres servia para impedir que esses animais se tornassem loucos.

Todo egípcio sabe que fazer tal coisa é tão fatal quanto se banhar na água suja da banheira de sua esposa.

Reflexões de Thot: na Casa de Ptolomeu a loucura não estava nos cães, mas nos humanos.

Sabedoria dos egípcios: o homem sábio distingue uma ação boa de uma má. A devoção de uma mãe é uma coisa boa.

E eles envolveram essa criança em bandagens, embrulharam-na com ataduras de forma que ficasse firmemente imobilizada, braços e pernas e corpo, e a cabeça também: permaneceu assim durante os primeiros quarenta dias de sua vida, depois durante mais vinte, de forma que seus membros cresceram sem deformações.

Ptolomeu uivava, como toda criança grega uiva, aprisionado por aquelas faixas que o prendiam. Era como se estes pais desejassem que seu filho crescesse irritado, o que era, sem dúvida, verdade. Educavam todo filho para derramar sangue, para ser um guerreiro. Nisso, pelo menos, eram bem-sucedidos. Ao final de tudo, sua história — a história de sua Casa — seria salpicada, manchada e, depois, empapada de sangue, como o papiro do aprendiz de escriba, que inadvertidamente derrama sua tinta vermelha.

Desde seu primeiro dia, Ptolomeu não apenas usou bandagens, mas também o olho direito de uma foca, embrulhado numa tira de pele de veado, para torná-lo desejável. No braço direito, usava a língua de uma foca, para ser vitorioso na guerra. No seu pulso esquerdo, usava o coração e os bigodes de uma foca, para lhe garantir sucesso em todos os seus empreendimentos.

A sorte chegou a Ptolomeu de imediato, já que seus pais penduraram-lhe em volta do pescoço amuletos para protegê-lo contra a má sorte, doenças graves e mau-olhado. Ele usou esses amuletos durante toda a sua vida, nunca se desfez deles.

No sexto mês, Arsinoë começou a mastigar alimento sólido na sua própria boca para depois cuspi-lo dentro da boca de Ptolomeu, do jeito que uma mãe-pássaro alimenta de vermes os seus filhotes.

Quando se encerrou o período das bandagens, ela lhe soltou, primeiro, a mão direita, para que ele não crescesse com a desgraça de segurar a espada com a mão esquerda. Um grego deve manejar a espada com a mão direita, o escudo com a esquerda, ou será inútil na falange.

Thot diz: este é o primeiro ensinamento sensato desses gregos.

Ptolomeu — este camponês, este ninguém — veste-se com a pele de carneiro para se proteger do frio. À noite, ele se mistura aos animais para se aquecer. Sempre sentirá frio.

Porém ele cresce. Aos seis anos de idade, guarda o rebanho de seu pai nas encostas, não importa o tempo que faça. Seu ouvido é aguçado, seu olho é apurado. Está sempre atento aos lobos, ursos e águias que podem arrebatar seus cordeiros. Ele arremessa pedras nos corvos. É hábil com a funda e está destinado a ser um grande guerreiro.

Aos doze anos, caça um lagarto na *necrópole*, e passa a usar a perna direita dele atada ao seu antebraço direito, já que isso traz sorte e vitórias sem fim na batalha.

Aos treze anos, prende ao corpo o *falo-talismã* que o protegerá contra o mau-olhado, e o toca, para ter Sorte, vinte vezes por dia, pelo resto de sua vida.

Sim, ele tem sorte, muita sorte, porque não é da natureza do grego deixar coisas tão importantes para Automateia, deusa do Acaso.

Aos quatorze anos, dirige-se a Pella, capital da Macedônia, e se torna discípulo da Escola de Pages, pois esta é a corte do Rei Felipe, o homem que talvez fosse seu pai, e fazem troça dele porque não sabe dizer o nome do seu avô, por sempre o ter chamado de *Pappos*.

Este garoto Ptolomeu cheira a leite azedo e ainda tem estrume de carneiro e de cabra na sola das suas sandálias. Alguns chegam a jurar por Zeus que ele não calçava nada em seus pés, que chegou à cidade descalço, e riam dele por isso.

Ptolomeu agora sai para caçar com o Rei e o serve à mesa. Em troca, recebe treinamento nas artes da guerra, aprende o *alpha beta* e tem o privilégio de ser surrado pela própria mão do Rei e por nenhuma outra.

Quando raspa o rosto pela primeira vez com a navalha de bronze, dedica a lanugem dourada a Hermes, o Thot dos Gregos, seguindo o costume grego, em agradecimento por ter sobrevivido por tempo suficiente para atingir a masculinidade.

Em homenagem a Hermes, Ptolomeu agora guarda pendurado seu *kausan*, ou barrete de feltro, e o raspador que usava no *gymnasion* para remover a areia e óleo da sua pele, e sua clâmide entranhada de suor, e ainda a bola de couro que nunca se cansava de ficar jogando para todos os lados, e as dá de presente ao deus, como celebração de uma bem conduzida meninice.

Deve-se deixar bem claro que Ptolomeu, filho de Lagos, não se destacou nessa idade como amante dos livros e dos estudos. Nem então, nem nunca, ele foi Thot, seja no que for. De modo algum. Nem se evidenciou como alguém predestinado a ser um líder entre os homens, já que se mostrava mais afeito a obedecer do que a dar ordens. Entretanto, era abençoado por Tykhe, a deusa da sorte. Acima de tudo, Ptolomeu era um homem de sorte. Seguramente, Alexandre também tinha sorte, era famoso por sua sorte, mas, na verdade, Ptolomeu *tinha mais sorte ainda.*

O que dizer do resto da família? Não havia irmãos ou irmãs? Nem parentes dos quais se pudesse falar? E o que foi feito de Lagos e Arsinoë?

Discípulo-de-Thot, se o deus fosse lhe contar tudo nos mínimos detalhes, você não seria capaz de segurar este livro em suas mãos. É suficiente que você saiba que Ptolomeu tinha um irmão, Menelau era seu nome, que o acompanhou durante toda sua vida. Por vezes, Menelau era útil; noutras ocasiões, não. Menelau, pelo menos, sobreviveu. Dos outros, Thot nada sabe. Não, nenhuma palavra.

E quanto aos pais, nada além de escuridão — escuro, escuro, escuro — se eles viveram para atingir a velhice ou se morreram antes disso, mesmo Thot, que tudo sabe, não dispõe deste conhecimento.

Foi quando Ptolomeu alcançou 11 ou 12 anos de idade que nasceu Alexandre, o filho do Rei Felipe da Macedônia com a Rainha Olímpia; de forma que Ptolomeu talvez fosse meio-irmão desse grande príncipe, ou talvez não fosse.

Alexandre estaria com dois ou três anos de idade quando Ptolomeu pela primeira vez colocou os pés em Pella. Foi aí que Ptolomeu recebeu a missão de cuidar deste príncipe? Foi ele o guarda-costa pessoal de Alexandre? Foi o próprio Ptolomeu que ensinou Alexandre a arte de equitação, os fundamentos de luta corpo a corpo e do boxe? Pode ter sido.

O que Thot sabe realmente é que Ptolomeu logo se tornou o Provador de Alexandre. Era quem provava sua comida e, sim, isto porque a sua língua era sensível, seu estômago, de ferro, e tinha a habilidade de farejar veneno como um cão.

Em todos os episódios, o destino uniu a história de Ptolomeu à de Alexandre, sem o qual Ptolomeu jamais teria sonhado em pôr os olhos no Egito, e o Livro de Thot cujo peso você sustenta em suas mãos nunca teria sido escrito.

O tempo passou. Quando Alexandre completou treze anos, sua educação começou para valer, tendo o famoso Aristóteles como seu tutor. Os gregos costumavam dizer que Ptolomeu sentava-se sempre ao pé de Aristóteles, apesar de ele ser dez anos mais velho do que o seu colega de classe.

Porém, Thot pergunta: por que Ptolomeu ainda estava na escola se tinha 23 anos de idade? Será que esse homem ainda não era capaz de recitar Homero de cor, do começo ao fim? Estaria ele tão atrasado que precisasse de aulas extras, lições de geometria, matemática, astronomia e botânica?

Thot estende suas mãos, suas asas, perplexo.

O que Ptolomeu ganhou com isto, entretanto, foi o Teatro da Memória dos gregos, em seus intrincados detalhes, refinado em sua estrutura, com mais de vinte mil assentos de pedra, e sobre cada assento um objeto tal como corvo, águia, leão, antílope, urso... e a seqüência de objetos foi tão insistentemente martelada em seu íntimo que Ptolomeu seria capaz de se lembrar dos episódios mais remotos de seu passado e, no final de sua vida — quando, só para deixar claro, não queria saber de recordações —, ele a escreveria inteira, sua história de Alexandre, exatamente como tudo aconteceu.

Ninguém deve duvidar de suas lembranças sobre o que ocorreu. Ele estava com Alexandre no começo; ele estava com Alexandre no fim. Como Provador de Alexandre, sentava-se ao lado do Rei em todas as refeições. Não havia nada que Ptolomeu não soubesse sobre Alexandre de Macedônia.

Porém, ao mesmo tempo, embora soubesse de tudo, não entendia coisa alguma. Ninguém entendia Alexandre. Nem mesmo Thot. Alexandre permaneceria um mistério para todo o sempre.

1.3

O Passado

Thot ouve você, Seu Impaciente. Claro que você quer a história, claro que quer conhecer o futuro, discípulo-de-Thot; porém, Thot diz: você não pode ter o futuro sem primeiro ter o passado.

Thot ouve você, Aquele-Que-Deseja-Saber, dizendo que Ptolomeu só tinha tempo para o presente, que ele não queria nada com o seu passado. Thot ouve você dizendo que quer saber do futuro, para ir mais depressa.

Porém, Thot responde: não se afobe. Só para deixar claro, sim, Ptolomeu desejava esquecer o seu passado, mas não o podia esquecer. Thot quer que você conheça o passado de Ptolomeu. Thot é mais interessado no passado. Thot *não vai* deixar de fora o passado de Ptolomeu. Thot fica zangado. Não se esqueça disso. Thot é Grande em Matança. Poderoso em Pavor. Você não deseja saber o que Ptolomeu fez? Como pode você não querer ardentemente saber da vida pregressa dele? Você não quer saber das perversidades que os gregos praticaram na Ásia, dos seus incontáveis crimes de guerra? Como é possível que você não queira saber do horrível passado de Ptolomeu? Como pode Thot ignorar a fundação da ilustre e a mais ilustre de todas as cidades, Alexandria? Ou a história de como Ptolomeu foi levado a comer o seu cão?

Chega de tolices, discípulo-de-Thot. O deus faria você saber de tudo. Você deve ser como o próprio Thot e saber de tudo. Vire a página, vire, vire a página. Não esqueça que você tem nas mãos o livro de Thot, escrito pelo trabalho dos próprios dedos do deus, e que esse livro reluz na escuridão, mantendo o leitor prisioneiro até o fim da leitura.

Sim, Ptolomeu gostaria muito de esquecer do seu passado, porém Thot pensa diferente. Thot sabe que *o passado é mais importante.*

Se um homem pronunciasse a palavra Khaironeia para Ptolomeu, ele cerraria os olhos e contorceria a fisionomia. Ele se lembraria muito bem dessa batalha.

Os gregos dizem que o primeiro homem que se mata é o pior. Ptolomeu ainda sente náuseas quando pensa nisso; a luz por trás da cabeça do homem, e ele é um grego, não tem sequer vinte anos de idade, tem uma esposa, uma família e uma fazenda, e jogou fora seu capacete, e sua morte será a grande transgressão de Ptolomeu.

Ele grita o *Alalalalai*, o grito de batalha da Macedônia, dirigindo a espada para o alvo, e ele não pára de gritar enquanto impele a espada para dentro da boca do homem, e grita enquanto a retira, arrancando-a dos dentes estilhaçados do homem, e ele é encharcado pelo jato de sangue preto expelido da boca que geme. Ele atravessa com a espada o estômago, depois rasga para cima, de forma que as entranhas do homem saltam sobre seus pés — os pés de Ptolomeu — como uma enfiada de salsichas sangrentas. Ele mete várias vezes a espada no pescoço do homem, que fica varado como se fosse um peso de carne, porque quer ter a certeza de que o homem está morto, e de que não se levantará, cambaleante, matando Ptolomeu.

Ptolomeu vomita o seu desjejum, pois fora a primeira vez que matara um homem e era a sua primeira batalha.

Na calma do momento seguinte, ele examina o homem e decepa suas extremidades — os pés macios, as mãos perfeitas, o *rhombos* que não gerará mais filhos, as orelhas que a luz não iluminará mais, o nariz que não mais respirará — e os amarra com uma corda ao redor do pescoço do homem morto e sob as suas axilas, porque isso é o que deve fazer para impedir o fantasma de assombrá-lo para sempre.

Tudo em vão, entretanto, pois o fantasma não pararia de persegui-lo.

Sim, ele chorou quando matou pela primeira vez, ele defecou nas pernas como um perfeito covarde, aterrorizado por pensar que assim estava arruinando a primeira morte que praticara. Mas os seus companheiros disseram: *isso sempre acontece na primeira vez que se mata um homem*. Não era vergonha nenhuma sentir-se como Ptolomeu se sentiu, eles disseram. Eles disseram: *na segunda vez, matar é mais fácil...*

E foi verdade: depois disso ele nada mais era do que uma máquina de matar homens, e pensava muito pouco no que estava fazendo. Era um soldado da Macedônia. A morte era o seu negócio, ou sua profissão. Sim, odiava fazer isso, mas também sentia-se bem a esse respeito. Era muito bom nisso. Nada como a morte para fazer o coração de um homem bater mais forte; nada como a morte para fazer um homem sentir-se *vivo*.

Khaironeia. Após a vitória, o Rei Felipe promoveu, como de costume, uma grande festa, e, como de costume, bebeu demais. Depois, procedeu à revista do campo, auxiliado pelos seus oficiais mais graduados, rindo diante dos cadáveres empilhados, e proferindo palavrões e insultos. No entanto, quando se deteve diante da Ala Tebana, o famoso batalhão de amantes, 150 pares deles, caídos mortos em suas fileiras, exatamente onde haviam lutado, Felipe chorou.

Os gregos, apesar dos pesares, não são homens completamente privados de sentimentos. Não têm coração inteiramente duro. E Felipe, o grego de coração mais duro que já viveu, agora erguia um grande leão de pedra para guardar o túmulo desses guerreiros, declarando que ninguém mais bravo do que eles jamais brandiu uma espada.

Ptolomeu — o que ele lembrava? Enquanto os feridos fossem capazes de se mover, os pássaros se manteriam distantes; porém, assim que ficavam imóveis, os corvos vinham arrancar seus olhos. E os abutres investiam violentamente de suas árvores, aos milhares. A última coisa de que um homem tomava consciência era do circundar dos pássaros. A última coisa na vida de um homem era a batida de grandes asas, as garras amarelas, o grande bico amarelo aproximando-se direto sobre ele. Depois, a escuridão, os gritos, e depois o silêncio, e essa era a estrada para Hades, da qual nenhum viajante retorna.

Os garotos, jovens demais para lutar — os pajens da escola de pajens —, Felipe empregou-os para afugentar os pássaros. Porém uma batalha podia atrair até cerca de vinte mil pássaros, e o que poderia espantar tantos pássaros assim?

Ptolomeu vomitou quando assistiu à cena pela primeira vez, porém um homem pode se habituar a qualquer coisa, ou quase, e veio o tempo em que suas entranhas já não se agitavam. E, não, não tinha a menor idéia do papel que o abutre desempenharia em sua vida. Não sabia que a sua Casa deve *amar* o abutre, que o abutre seria o seu *deus*.

Se um homem pronunciasse o nome de Felipe diante de Ptolomeu, ele não contorceria o seu rosto com a lembrança; se bem que o divino Rumor dizia que este homem era o pai de Ptolomeu.

No dia em que o Rei Felipe foi assassinado, ocorreu também o casamento de sua filha, Cleópatra, de modo que a festa do casamento tornou-se a festa do funeral de seu pai, e as tochas do casamento serviram para acender a pira funerária de Felipe. Ptolomeu viu tudo: o sangue sobre o chão, o sangue sobre as roupas brancas do Rei, a trilha de sangue formada ao arrastarem o corpo sem vida desse grande Rei.

E Ptolomeu nada sentiu.

O adivinho havia declarado que esse seria um Dia Auspicioso, embora, no final das contas, tenha sido um dia auspicioso apenas para Alexandre, que se tornou Rei, e para Olímpia, sua mãe. Alexandre, no entanto, cumpriu o seu dever, e mandou o adivinho para a crucificação, por deixar de prever um Dia Nefasto, e os corvos ficaram com os olhos do adivinho, que fez por merecê-lo.

Ptolomeu percebeu que Olímpia era culpada do assassinato de seu marido — Olímpia, que chegou até mesmo a pôr uma coroa de folhas de carvalho de ouro sobre a cabeça do assassino, onde ele foi pendurado, exposto ao escárnio público. De fato, ela chegou até a dedicar a arma do assassino a Apolo — prova suficiente, sem dúvida, de que era culpada.

No entanto, Alexandre tornou-se Rei, e iria governar juntamente com sua mãe, de modo que Olímpia conservou todo seu poder e influência.

Coisas piores aconteceram, então: Olímpia quis punir a nova esposa do homem morto, e seu filho pequeno, meio-irmão de Alexandre; e a história conta que ela ordenou que os dois fossem amarrados numa enorme travessa de bronze, que se acendesse o fogo debaixo dela, e que ambos fossem assados até a morte.

Alexandre começou o seu reinado com o banho de sangue. Seu meio-irmão, Karanos, ele assassinou. Seus outros irmãos e meios-irmãos, também — livrou-se de todos, para poder, sem empecilhos, sentar-se em seu trono. O único parente deixado vivo foi Arrhidaios, seu irmão louco, que não representava ameaça para ninguém.

Tais eram os costumes civilizados dos gregos.

Quanto a Ptolomeu, Felipe nunca deu a este seu filho nenhuma espécie de tratamento especial. Não lhe foi dada promoção rápida na carreira, mas, tendo-o chamado a Pella, ele o ignorou durante 17 anos, como se não fosse seu verdadeiro pai.

Seria difícil prantear um homem assim.

Na cremação, o vento soprava a fumaça no nariz de todo mundo, de tal forma que eles tossiam, e seus olhos lacrimejavam como se chorassem lágrimas de verdade pelo homem morto que ninguém amou em vida.

A fumaça fazia-os espirrar também, dando até mesmo a aprovação de Zeus ao que tinham feito: o assassinato de um rei, um marido, um pai, e um poderoso general da Macedônia.

1.4

A Memória da Crueldade

Não, discípulos-de-Thot, não se enganem. Ptolomeu lembra-se de tudo, sejam lembranças boas ou más — porém finge não se lembrar.

No transcorrer da sua marcha ele se lembrará de como foi tudo. Agora, a infantaria pesada mantém a *sarissa* bem erguida, a seguir baixa-a para o ataque, agita-a da esquerda para a direita, e repete a manobra várias vezes seguidas, para cima, para baixo, para a esquerda, para a direita. Então, vem o sinal de Alexandre para toda a falange avançar, virar à esquerda e à direita, dar meia-volta e recuar, e executar o exercício de treinamento de campo, ali mesmo onde estão, agora — na fronteira entre a Macedônia e a Trácia, cercada pelos bárbaros.

Sim, os bárbaros estão espantados, assustados, aterrados até o âmago de seus seres pela perfeita disciplina e perfeita simetria da falange de Alexandre. Ele se move furtivamente a fim de ver melhor o que está acontecendo. Os bárbaros estão enfeitiçados, como um coelho surpreendido por uma lanterna, congelado de tanta surpresa, e então Alexandre grita o sinal, sem avisos, e a falange brada o *Alalalalai*, o terrível brado da batalha, e eles atacam os bárbaros, cortam-nos em pedaços, abatendo todos eles.

Ptolomeu ri, Ptolomeu sorri seu sorriso mais largo, só de pensar nisso. Pois, sim, era o truque favorito de Alexandre, realizado em silêncio total. Uma coisa que nenhum homem que viu jamais esquece.

Sim, Thot conhece muito bem a crueldade deles, sabe bem como reprimiram a revolta em Tebas. Mal tinha Alexandre chegado diante do Portal de Electra e já as famosas suarentas estátuas de Orfeus haviam começado a gotejar, pondo os cidadãos em pânico, pois este era o pior dos maus augúrios. Então, os tebanos não deixaram Alexandre entrar na cidade, por causa do suor que escorria das estátuas, e além disso recusaram-se a render-se a ele.

O que fez o maravilhoso Alexandre? Ele perdeu a paciência e sitiou Tebas com toda as armas que pôde reunir. Só para deixar claro, os tebanos mereceram, em parte, o castigo, por terem entoado em coro *tirano, tirano, tirano* para Alexandre, do alto de suas ameias, e não foi direito gritar insultos contra este orgulhoso rei de apenas 21 anos de idade.

Alexandre cortou-os em pedaços. Tebas, ele incendiou. Arrasou todas as casas, deixando vivos apenas os sacerdotes, e apenas a casa do poeta Píndaro, cuja obra apreciava, foi deixada em pé.

Ptolomeu, com 32 anos, saqueou, queimou, estuprou e massacrou tanto quanto todos os demais. O dever de um soldado é obedecer ordens sem questionar. O propósito de um soldado é matar ou ser morto.

As mãos de Ptolomeu estavam, portanto, manchadas de sangue, assim como as mãos de todos os gregos. Ptolomeu não havia se esquecido de Tebas, onde reinara Édipo e onde Tirésias havia feito profecias. Thot sabe, *Ptolomeu não esqueceu coisa alguma.*

Thot, inventor da matemática, mantém suas contas em dia. Na travessia do Helesponto, que marcou o início da sua Campanha Persa, Alexandre tinha 31 mil soldados de infantaria a seu serviço e 5.100 na cavalaria. Este era o exército que marchava com Alexandre, aproximadamente quarenta mil homens. Eles iriam matar, assassinar, massacrar, estuprar, chacinar, passar a fio de espada, executar e crucificar, nos onze anos do seu selvagem avanço, dezenas de milhares de homens, mulheres e crianças, pela simples razão de haverem frustrado os caprichos de Alexandre, ousado opor-se a ele, ou contrariado a sua vontade. No final da campanha, ele tinha 120 mil homens sob seu comando.

Thot pergunta: quantos homens voltaram para suas casas, na Grécia?

Porém não há resposta. Nenhum grego pode responder a esta pergunta e manter a cabeça erguida. É a grande vergonha da Macedônia. Por um lado, Alexandre é o maior herói, o maior general, desde o legendário Aquiles, desde o começo da história grega, um homem cujos feitos jamais serão superados; todavia, por outro lado, é o homem que conduz à morte a flor de uma geração inteira. Para as milhares de viúvas de guerra, e para as milhares de crianças deixadas órfãs, Alexandre não foi um herói, mas um demônio, que arrebatava maridos e pais, e não os devolvia. A Grécia nunca mais voltaria a ser a mesma.

Quanto ao poderoso Império de Alexandre, nada sobrou dele, depois de sua morte, senão discórdia.

Thot sabe, também, sobre o Cerco de Tiro, sobre o qual Ptolomeu gosta de afirmar que não consegue lembrar.

Mas, sim, Alexandre chegou dizendo que desejava acima de tudo fazer sacrifícios a Melqart, o Hércules de Tiro, o que significava que deveria pôr seus pés no interior da cidade. Porém os tiroanos sabiam muito bem que Alexandre tinha a intenção de subjugá-los e derrotá-los, e recusaram-se a deixá-lo entrar.

O que, então, fez Alexandre? Ele criou terra onde antes era o mar, construindo um grande quebra-mar para que pudesse alcançar a ilha que fora a velha cidade de Tiro, e durante todo esse tempo esteve sob o ataque dos tiroanos.

Os deuses da Grécia enviaram os seus augúrios. Uma onda gigantesca vomitou um enorme monstro marinho no centro da grande obra dos macedônios, onde ficou encalhado, metade na terra, metade no mar, até conseguir se soltar e se afastar nadando — o que os intérpretes dos augúrios disseram significar que Poseidon, efetivamente, ajudaria Alexandre.

Pois sim, Alexandre acreditou que obteria os favores de Poseidon e de fato os obteve, pois embora o cerco de Tiro tenha durado mais ou menos oito meses, ele conseguiu construir a ponte por sobre o canal, afinal, e iniciou seu ataque.

Acuados, os tiroanos aqueceram um grande número de escudos de bronze numa fornalha, encheram-nos de areia quente e excrementos ferventes e lançaram-nos, sem aviso, do topo das muralhas da cidade, sobre os homens de Alexandre. Nada que houvessem feito causou aos gregos medo maior do que isso, porque a areia quente se infiltrou entre o peitoral dos soldados e suas carnes, e não houve como livrar-se dela, e esse artifício abria queimaduras em tudo o que tocasse. Os soldados então jogaram fora suas armas, arrancaram suas armaduras e todas as suas peças de roupa e assim se expuseram aos arqueiros tiroanos.

Entretanto, o que deixou Alexandre mais furioso foi o modo como os tiroanos trataram os prisioneiros, que foram arrastados para as ameias e tiveram as suas gargantas cortadas à plena vista dos macedônios, para depois serem lançados ao mar.

Alexandre infligiu uma terrível carnificina sobre Tiro. Ao final do cerco, o número de tiroanos mortos atingia dez mil; treze mil foram reduzidos a escravos dos macedônios e trinta mil foram vendidos, também como escravos. E Alexandre crucificou dois mil homens, expondo-os ao longo da enorme extensão de praia.

Do que então ele se lembra, Ptolomeu? Dos gritos, dos gritos. Lembra-se de como, aos pés dos homens crucificados, Alexandre ofereceu então um grande sacrifício a Hércules e organizou uma grande parada, com suas tropas desfilando em armadura completa, para celebrar sua vitória, promovendo ainda disputas atléticas, corridas de tocha e competições de ginástica, e realizou um grande banquete, com uma centena de bois, na praia.

Ele se lembra dos corvos. Ele se lembra da voracidade frenética dos abutres. O céu em Tiro escureceu-se de nuvens de pássaros pretos, e o alarido dos pássaros sempre esteve com ele, assim como o mau cheiro.

A seguir, Alexandre marchou rumo ao sul com seus homens, chegando até a fortaleza da Conquista do Soberano, que os sírios chamam de Gaza. Era a última cidade antes do deserto que separava a Fenícia do Egito e ficava à cabeça da Rota das Especiarias. Por essa razão, Gaza era rica. E por essa razão Alexandre não pôde se contentar em simplesmente passar por ela, mas precisou tomar a cidade, dispondo-se a devastá-la e obrigá-la a se render, se necessário.

O governador de Gaza, Batis, um eunuco persa, acreditava que sua cidade era capaz de resistir a qualquer ataque, e se recusou a ceder às exigências dos gregos. No entanto, como todos os homens que se recusaram a cooperar com Alexandre, Batis iria descobrir o que significava levantar a ira da Macedônia.

Os gregos sitiaram a cidade, e Batis resistiu durante sete meses, com uma população de dez mil filistinos e Habitantes das Areias, os Beduínos, lançou sobre os macedônios areia fervente e esterco escaldado, e fez uso de toda espécie de engenho de guerra.

Gaza caiu, finalmente, e Alexandre ordenou que esses bárbaros fossem feitos em pedaços ao som das trombetas. As mulheres e as crianças, ele as vendeu como escravos.

Quanto a Batis, o eunuco, de cuja voz aguda e estridente até Alexandre tinha zombado, foi interrogado pessoalmente pelo Rei; porém se recusou a dizer uma só palavra.

Em diversas ocasiões, Alexandre admirou a coragem de um inimigo, e era conhecido por demonstrar misericórdia, no entanto Batis era um gigante de pele escura, feio, e Alexandre detestava feiúra. Ele preferia os homens bonitos, semelhantes aos deuses e a si próprio. Alexandre era impetuoso, ficou zangado e mandou perfurar os tornozelos de Batis, para que fossem atravessados por correias de couro, depois ordenou que o homem fosse arrastado por um carro de guerra, voltas e voltas em torno das muralhas de Gaza, até morrer.

Agindo assim, Alexandre imitava o comportamento de seu herói, Aquiles, que arrastou o corpo de Heitor ao redor das muralhas de Tróia. Ptolomeu, entre outros, balançou sua cabeça ao assistir à cena, sabendo que Heitor, pelo menos, já estava morto antes de receber tal tratamento, enquanto Batis ainda estava vivo.

Alguns riram ao ouvir os gritos estridentes de Batis, um homem que estava apenas cumprindo o seu dever para com o Rei Dario, porém muitos não conseguiram olhar para aquilo e censuraram Alexandre por se comportar como um tirano ordinário.

Assim era o grande Rei. Assim era grande o seu espírito.

Ptolomeu lembrava-se desse episódio. Essa não era a maneira como Ptolomeu trataria os seus semelhantes.

E Thot. Nenhum segredo pode ser escondido de Thot, O-Que-Tudo-Sabe.

1.5

Demônios Gregos

Para onde quer que Ptolomeu marchasse, os abutres iam atrás dele, como se fossem sua sombra, esperando pela próxima batalha.

Em Gaugamela, no norte da Mesopotâmia, o abutre agitava suas asas sobre toda árvore, pousando até sobre as cargas transportadas pelas carroças, impaciente, mesmo antes que a primeira seta fosse disparada.

Alguns viram Zeus e Hera, sua esposa, nos abutres. Porém, não, em verdade era o instinto prevendo sangue, a promessa de um banquete. Os pássaros percebiam os sinais, assim como reconheciam o gume das armas, as tropas formando suas linhas. O abutre sabe para o que serve um exército, e, sim, a campanha de Alexandre nada mais era do que um banquete prolongado e móvel.

Antes de Gaugamela, Ptolomeu assistiu a um eclipse total da Lua; aterrorizado, como todos os demais por acreditar que os deuses da Grécia os tivessem abandonado, e todos derramaram muitas lágrimas, sentados no chão com seus mantos sobre suas cabeças, proferindo preces como último recurso.

Ptolomeu viu a Lua perder brilho, enquanto a escuridão a atravessava, até finalmente tornar-se vermelha. Ele tremia como todos os outros, pois isso significava um terrível augúrio de derramamento de sangue e, como todos os outros homens, ele teve medo de que se tratasse de seu próprio sangue.

Porém, Aristander de Telmessos, o vidente, instou os homens para que permanecessem calmos, assegurando que o sangue que deveria ser derramado era dos persas, e que o eclipse significava uma grande vitória para a Macedônia, e a conquista de toda a Ásia; e Aristander estava certo.

Ptolomeu gostava de esquecer que tinha ficado *com medo*.

Da batalha em si, lembrava-se apenas da confusão, as grandes nuvens de poeira erguidas pelos pés dos soldados, tão espessas que nenhum homem conseguia enxergar mais do que quatro cúbitos à frente do seu rosto. Ele recordava o Paian da Vitória ecoando na planície, e o que alardeavam os macedônios, sobre terem matado trinta mil homens. Antes que a noite caísse, os abutres desapareceram de suas árvores, e os homens de Alexandre, como se fossem eles próprios abutres, despojaram os persas mortos de suas armaduras e valores. Recolheram os seus troféus sangrentos — orelhas, dedos, ouro —, as recompensas de guerra, e pela manhã Alexandre apressou a marcha dos homens sobre a Babilônia, no mínimo para fugir do fedor da morte e da visão de milhares de pássaros empanturrando-se.

Não muito depois de Gaugamela, Dario, o grande inimigo de Alexandre, encontrou o seu fim. Pouco antes, havia desfilado em sua carruagem e recebido homenagens, como se fosse um deus, de seu povo. Mas agora fora feito prisioneiro por seus próprios escravos e era levado numa carroça, coberto com peles imundas. O Grande Rei estava com pés e mãos atados com grilhões de ouro, e seu próprio povo varou-o com suas lanças, espadas e dardos e abandonou-o à morte.

Alexandre viu o rosto de Dario e cobriu-o com o seu manto púrpura, ordenando para ele um sepultamento real. Era dever de um rei mostrar misericórdia, mostrar generosidade para com aqueles que tinha derrotado.

Ptolomeu assistiu, então, à ascensão e à queda de reis. Viu o que significava ser um rei e como se tornar um rei, e desejou, só então, que nada disso estivesse reservado para ele, já que estava contente por ser o que era, um soldado comum.

Porém não esqueceu a morte de Dario. Todos abandonaram o corpo, mas o cachorro de Dario veio se postar ao lado do cadáver do seu dono, uivando e negando-se a abandonar o local.

Para os egípcios, o cão — todo cão — é Anúbis, Faraó do Mundo dos Mortos, uma criatura fiel, mais do que qualquer outra, em vida, e fiel até mesmo além da morte. Anúbis, guia da vida após a morte — é ele que toma o homem morto pela mão e o conduz em sua entrada no desconhecido.

Thot sabe. Logo depois da morte de Dario vieram o julgamento e a execução de Filotas, culpado de conspirar contra Alexandre. Os torturadores primeiro dispuseram os seus instrumentos diante dos olhos desse homem. Depois, vendaram os olhos de Filotas e o despiram. Filotas apelou para os deuses da Grécia e para as leis de humanidade, mas os torturadores taparam os ouvidos com chumaços de papiro e ficaram surdos aos seus gritos. Submeteram Filotas a torturas, usaram o fogo, sovaram-no na sola de seus pés, tudo isso até que ele se confessasse culpado.

Alguns disseram que Filotas foi morto varado de dardos, e outros, que foi executado, segundo o costume na Macedônia, por apedrejamento. Porém Ptolomeu, vendo como Alexandre punia e torturava, prometeu ser misericordioso, se assim pudesse.

Foi o próprio Ptolomeu que capturou Bessos, o assassino de Dario, e enviou esse homem para Alexandre, nu, usando nada mais do que uma coleira de lã em volta do pescoço e arrastado por uma corda, como um animal. A esse homem, Alexandre torturou também, cortando-lhe o nariz e as orelhas, e o pendurou numa cruz. Os bárbaros dispararam nele suas setas e depois o levaram a Ecbatana para execução pública diante dos persas, seus próprios conterrâneos.

Alguns contavam que Alexandre ordenou que Bessos fosse amarrado entre duas árvores arqueadas, que ele então mandou soltar como uma mola — uma barbaridade copiada das lendas gregas. Aqueles que não tinham visto este truque antes e observavam, parados, no lugar errado ficaram salpicados de sangue e entranhas; e aqueles que sabiam o que ia acontecer riram.

E vinha a Ptolomeu o pensamento, vez ou outra, de que Alexandre — até mesmo Alexandre — não passava também de um bárbaro.

Thot, o doutor, observa Ptolomeu. Thot conhece todos os seus pensamentos. Thot é a memória dos deuses.

Nos seus surtos de calor e suores, Ptolomeu sente-se como se estivesse pegando fogo, queimando. Ele pensa então na Babilônia, em Susa, lugar tão quente que nem um lagarto podia atravessar a estrada ao meio-dia sem ser fritado vivo.

Então, recorda a areia abrasadora, a estrada que queima os seus pés, e se perde no passado.

Os gregos, queimados pelo sol, as suas vestes manchadas de sangue, em frangalhos, e eles, abatidos e sujos — os persas chamam-nos os Demônios Com Cabelos Desgrenhados do Dia da Ira. E havia muita ira. Outros comparavam-nos a uma fera, terrível, pavorosa, e extraordinariamente forte, com enormes dentes de ferro; uma fera que reduz tudo a pedaços e tritura os pedaços com os pés. A fera continua a sua marcha, e é imbatível.

Ele pensa agora em Persépolis, cidade dos lírios, onde os macedônios ficaram loucos, permitindo-se uma orgia de saques e carnificina, puxando a espada contra todo homem que encontraram pela frente. E com as mulheres, fizeram tudo que tiveram vontade.

Ele vê os persepolitanos postados nas ameias da cidade, vestidos com as suas melhores roupas. Os homens de mãos dadas com suas esposas e crianças, e eles saltam da beirada das muralhas, voluntariamente, preferindo isso a enfrentar a violência dos gregos. Outros tocam fogo em suas casas e morrem queimados dentro delas.

Entretanto, o que fazia Alexandre, enquanto isso? Ele promovia um festim em Persépolis, dias e noites de banquetes e festas; e já que não havia água em Persépolis, bebiam vinho não diluído — o que era sempre o prelúdio de tragédias.

Nos seus surtos de calor e suores, Ptolomeu vê isso com clareza. Depois da undécima taça de vinho, algum desconhecido gritava pedindo o *komos*, a dança da vitória, em honra de Dionísio, deus do vinho, deus do frenesi, e se forma uma procissão de centenas de homens enfileirados, com gaitas, flautas, tambores e archotes, e eles dançam ao redor da tripla muralha da cidadela. Esses homens tinham bebido em excesso, mesmo para o padrão macedônio, e haviam ultrapassado o limite da sensatez, pois ninguém em seu juízo perfeito teria feito o que fizeram em seguida.

Ptolomeu vê tudo nitidamente: é Thaís de Atenas, a prostituta famosa, que é sua propriedade, e ela arremessa a primeira tocha, guinchando, rindo, rindo, e então, um depois do outro, todos os homens arremessam suas tochas, e o Palácio de Persépolis, até mesmo o vasto *apadana*, o Salão de Audiências de Dario, onde podiam caber dez mil pessoas, em grande parte feito de cedro, arde a noite toda, até nada sobrar senão destroços fumegantes em pedra enegrecida.

Thaís, eles dizem, não sabia o que fazia, possuída por Dionísio, pelo deus. Era bom, às vezes, ter uma mulher a quem culpar pelos erros cometidos. É bom, às vezes, ter outra pessoa qualquer a quem culpar.

Porém Ptolomeu não se lembra disso.

Por qualquer que fosse a razão, esta mulher não apareceria na história de Ptolomeu. Ele não faria menção nenhuma a Thaís. Ele não mencionaria o incêndio de Persépolis. Não diria nada sobre isso.

Thaís era sua grande vergonha, seu maior constrangimento. Thaís, a prostituta de alta classe, a prostituta do espelho de ouro, com sapatos de saltos de ouro e a palavra SIGA-ME escrita com tachas nas solas das suas sandálias. Thaís, que usava uma argola de ouro no nariz, *como uma vaca*, segundo Alexandre, esse mesmo Alexandre que tinha muitas outras mulheres, e que, na verdade, gostava mais de garotos, *e que a tinha dado para Ptolomeu.*

Thaís, que apontava suas chinelas para as estrelas; que se fazia tão bem de leoa; que montava no seu homem e o cavalgava como se ele fosse um cavalo, e fazia o *amphiplix*, a cobra enroscada, como nenhuma outra mulher. Ela foi a melhor e a mais cara das prostitutas.

Em algum lugar, contudo, entre Babilônia e Mênfis, Thaís se perdeu.

Nenhum homem sabe qual foi o destino de Thaís de Atenas, nem deus algum, também. Nem mesmo Thot, Grande em Mágica.

Em seus dias de agonia, Ptolomeu pensa em Persépolis e em Thaís, e a lembrança dela lhe causa dor.

Thot fala. Nos seus surtos de agônicos calafrios, quando treme por inteiro, ele se transporta imediatamente para Paraitakene, sob chuva torrencial, e revive as tempestades elétricas, as chuvas de granizo e de gelo, quando dois mil homens congelaram até a morte e outros morreram de pneumonia, sem o luxo de dispor de roupas de inverno. E ele se sente culpado por estar vivo, culpado por ter sobrevivido.

Ele treme de frio, e está novamente naquela cadeia de montanhas chamada Paroparmisos, ou do Kush índico, na fronteira setentrional da Índia, para a qual o louco Alexandre arrastou todo o seu exército, com todos os que acompanhavam o acampamento: negociantes, cavalariços, cientistas, burocratas, cozinheiros, condutores de mulas, esposas e prostitutas — cento e vinte mil pessoas, tanta gente que lhes tomavam dez dias para atravessar os desfiladeiros.

Foi loucura tentar a travessia, pois o sol já queimava a pele em volta dos olhos de todos os homens e muitos sofriam ulcerações provocadas pelo frio severo, e a comida havia acabado, pois a montanha era alta demais para a grama crescer, e assim faltava forragem para os animais. Havia abutres empoleirados em todas as saliências dos rochedos. Os lobos e leopardos rondavam as tropas, pressentindo que teriam o que comer.

No entanto, o único alimento disponível para os gregos eram os animais de montaria, e depois os animais de carga, e tinham de comer a carne crua, já que não havia com o que acender as fogueiras.

Lá no alto dessa odiosa montanha, Ptolomeu chegou perto de morrer de fome, juntamente com todo o exército de Alexandre, e não seria a última vez.

No outro lado, no fundo do vale, Alexandre, que tinha empenhado a sua palavra pela segurança dos soldados mercenários hindus, bem como de suas esposas e filhos, passou sete mil deles pelo fio da espada, porque se recusaram a unir-se a ele para lutar contra os seus próprios conterrâneos.

É o quanto vale a palavra deste maravilhoso rei grego.

Ptolomeu prometeu a si mesmo que jamais faria *coisa igual.*

1.6

Carne de Cachorros

Pensamentos de Thot: a pior de todas as suas lembranças é a da Índia, onde lutaram contra os elefantes, em Poros, na estação chuvosa, naquela estação do ano quando qualquer coisa de metal — capacete, espada e lança — oxidava-se horas depois do polimento, e em qualquer coisa feita de lona ou tecido brotava um bolor verde repugnante, que a fazia apodrecer em poucas semanas.

Todos os homens foram acometidos pela febre dos pântanos e pela disenteria, infecções nos pés e erupções causadas pelo calor, e todos eram picados por mosquitos e atormentados por cobras que pareciam varas de bronze, de modo que tinham receio de dormir à noite no chão (que, aliás, não passava de um charco de lama), e preferiam dormir em redes armadas entre as árvores. Ptolomeu, como qualquer outro homem, ansiava voltar para seu lar, na Macedônia, pois estavam marchando havia oito anos, cerca de três mil dias, e estavam exaustos.

A campanha na Índia durou três anos; porém, ao final, o exército estava à beira de um motim. Eles odiaram a Índia, onde a picada das cobras fazia correr um suor de sangue e causava morte repentina; onde os cães eram quase tigres, com dentes afiados como serras; onde a chuva jamais parou de cair, por setenta dias seguidos.

E nenhum homem odiava mais a Índia do que Ptolomeu, que foi ferido ali por uma flecha envenenada e sofreu dores atrozes, dormência dos membros, convulsões e violentos calafrios. Sua pele tornou-se fria e lívida. Ele vomitou bílis. Uma espuma preta exsudava da ferida, e instalou-se a gangrena, que se alastraria rapidamente, dando-lhe uma morte horrível.

Ptolomeu, louvado por seu caráter gentil e generosidade, viu o rosto da morte e se preparou para morrer. Mas contam que Alexandre tivera um sonho, no qual via uma cobra carregando uma planta na boca e mostrando o local onde se devia cavar para achá-la, e o que devia ser feito com ela para curar Ptolomeu do seu ferimento. Quando Alexandre acordou, foi procurar a planta, encontrou-a, moeu-a e emplastrou-a sobre a perna de Ptolomeu. Depois, fez ainda com que Ptolomeu bebesse uma infusão feita com a mesma planta.

Ptolomeu se recuperou de imediato, tendo sua saúde perfeitamente restaurada.

Ptolomeu trouxe da Índia as suas próprias lembranças: elefantes de guerra, o pássaro indiano que falava com voz humana, cães ferozes. Porém, o tormento dos cascos dos cavalos quase inteiramente gastos pela marcha, e a umidade que apodrecia as suas botas e roupas, e a chuva que não tinha fim — ele não gostava de relembrar nada disso.

Thot fala sobre essas coisas porque de Ptolomeu não se ouvirá coisa alguma. Ele selara por completo a sua memória dizendo: *ontem não tem importância. O que importa é hoje; o agora, a sensação do momento que está passando...*

Porém, Thot sabe. Foi Ptolomeu que saqueou o litoral de Oreitai, pilhando e queimando, liderando a pilhagem, no distrito antes do deserto de Gedrosia (que alguns chamam de Makran), através do qual, por alguma razão ensandecida só dele, Alexandre estava tão ansioso por marchar.

Uma coluna de oitenta e cinco mil soldados adentrou este deserto, acompanhados de esposas e filhos, de prostitutas e da turba que segue o acampamento, com carroças, vagões, animais de carga, montarias; as botas de todos os homens imediatamente se encheram de areia tórrida, e os vagões afundaram nas dunas que mudavam sem cessar.

Acontecia um desastre depois do outro: as mulas comiam folhas de arbustos venenosos, começavam a espumar pela boca e caíam mortas. Muitos dos homens ficaram cegos pelo suco esguichado pelos pepinos espinhentos. Outros morreram sufocados, após empanturrar-se de tâmaras ainda não amadurecidas.

No extremo calor, os homens eram acometidos por insolação, desidratação, hipertermia e exaustão. Os que não conseguiam acompanhar a marcha eram deixados para trás, nas areias, e morriam.

Uma violenta tempestade de areia obstruiu os ouvidos dos homens, olhos e narinas, e apagou todos os pontos de referência, levando os guias a perderem o sentido de direção; assim, a coluna vagou perdida, incapaz de encontrar o rumo para escapar do deserto.

Suprimentos, equipamentos, carroças, carros de combate, armas — tudo ficou perdido ou abandonado. Quando a comida acabou, devoraram as mulas de carga, depois os asnos e os cavalos.

E quanto a Ptolomeu? O que fez Ptolomeu não querer lembrar? Ele sobreviveu sugando seixos, e graças a sua força de vontade, e às preces a Zeus, e repetindo vezes sem conta que ainda não estava pronto para o Hades.

No deserto de Gedrosia, Ptolomeu comeu tudo o que pôde encontrar: urina de cabras, excremento de asnos, carne de abutres, pele largada por cobras, lagartos podres, aranhas, rato, cardos. Ele era Ptolomeu, do estômago de ferro, capaz de comer qualquer coisa. Bebia a própria urina. Comia carne de cachorros. Comeu até mesmo o seu próprio cão.

Não foi surpresa nunca mais querer escutar a palavra Gedrosia.

No final desta expedição, sobraram apenas vinte e cinco mil homens. Sessenta mil vidas foram perdidas. De mil e setecentos soldados de elite, a Companhia de Cavalaria, setecentos sucumbiram, e foi o pior desastre da carreira de Alexandre.

Mas culparam Alexandre por quase tê-los conduzidos para a morte? Não, eles não culparam. Tudo o que acontece é vontade dos deuses. Singelamente, pensaram que haviam feito algo que deixara Zeus zangado. Não, eles amaram Alexandre, esse tirano, ainda mais, por ter conseguido se manter vivo. Alexandre tinha *sorte*.

Os sobreviventes cantavam para manter o ânimo; a Canção do Corvo, a Canção da Andorinha, o Paian da Vitória para Apolo, e entoavam marchas militares. Se não cantassem teriam chorado, e quando finalmente concluíram a marcha e puderam beber água à vontade, só então choraram.

Depois de Gedrosia, as coisas só podiam melhorar. Devido ao grande número de mortos, os sobreviventes ganharam suas promoções. Ptolomeu foi elevado à patente de *strategos*, general, e envergou pela primeira vez o manto púrpura, que o distinguia como um dos cortesões prediletos de Alexandre.

Depois da tempestade vem sempre a bonança.

Ao sair daquele deserto, Ptolomeu estava com quarenta anos. Se tivesse perecido, não teria deixado filhos, nem herdeiros. Mas, logo se assegurava de que Thaís já não dispunha do preservativo de excremento de crocodilo, e foi logo antes de a barriga dela começar a crescer ostensivamente.

Melhor filhos bastardos, Ptolomeu murmurou, *do que filho nenhum*.

No devido curso, três filhos nasceram de Thaís de Atenas com Ptolomeu, e foram chamados: Lagos, em homenagem ao avô dele, e Leontiskos, que significa Pequeno Leão — dois filhos, portanto, e também uma filha, a quem Ptolomeu, fatigado agora de guerra, deu o nome de Irene, ou Paz.

1.7

A Esposa Persa

Quando alcançou Susa, na Pérsia, a cidade fundada pelo primeiro Rei Dario, Alexandre meteu na cabeça que todo grego deveria ter uma esposa persa. Dizia que assim se teriam mais filhos gregos, mais soldados gregos, e a idéia por trás disso era que os homens estavam a milhares de estádios de distância de seus lares, famintos de *aphrodisia*, fartos de prostitutas e garotos, e precisando de algo novo para afastar suas mentes dos motins.

Mas, no final, conseguiu pôr as mãos em somente dez mil mulheres persas, de modo que apenas um homem em cada dez recebeu sua própria mulher, e aos demais se dizia que deviam aguardar um pouco, ser pacientes. Seja como for, dez mil casamentos foram celebrados, e o próprio Alexandre, embora já tivesse como esposa a famosa e bela Roxane, tomou duas novas esposas, uma das quais era Barsine, a filha de Dario da Pérsia.

Ptolomeu casou-se, em Susa, com a princesa Artacama, filha de Artabazos, o sátrapa de Bactria. Ela era uma mulher de surpreendente beleza e, no calor do momento, Ptolomeu esqueceu de Thaís de Atenas, sua concubina particular.

Os homens passaram a manhã caçando corvos, sem os quais nenhum casamento grego poderia ser realizado, pois era costume tirar o coração do animal, que seria usado como talismã, a fim de garantir o afeto entre o marido e a esposa por toda a vida.

Com sua espada, manchada de negro de tanto sangue dos persas, Ptolomeu cortou em duas metades o pão cerimonial. Ele e Artacama comeram cada qual a sua metade, e esta esposa não fez qualquer objeção a se casar com seu inimigo.

Os gregos cantavam sua Canção do Corvo, em honra da fidelidade do corvo à sua companheira, mas, embora Ptolomeu tenha usado o talismã, ele não funcionava. Não, sua esposa, mesmo sendo uma mulher da nobreza, rechaçava-o com unhas e dentes quando quer que ele tentasse se aproximar dela. Seu corpo ficava rígido, ela cerrava os dentes e golpeava seu marido com os punhos, além de começar a se lamentar em altos brados.

Talvez pior do que isso era que, seguindo o costume das mulheres da Bactria, untava o corpo inteiro com óleo de peixe e gordura rançosa, o que era muito bom para se proteger do frio e melhor ainda para se proteger de Ptolomeu. Pior ainda, ela se fechava toda, embaixo, de maneira que homem algum, muito menos o obsceno grego, conseguiria profaná-la.

O casamento persa de Ptolomeu não foi, portanto, um grande êxito. Artacama, sua noiva de sete noites selvagens, recusou-se a acompanhá-lo por um estádio de distância que fosse em viagem e, afinal de contas, como ele não poderia carregá-la à força, deixou Artacama para trás em Susa, e voltou para o *harmamaxa*, e para a carroça de Thaís, que o recebeu com a efusão de antes, com boca aberta e ávidos beijos, já que era a prostituta mais famosa do mundo.

Aqueles que conheciam Thaís melhor do que Ptolomeu, contudo, diziam que essa mulher nunca amaria homem algum, assim como nunca deixaria de fingir esse amor. Mas, naquela ocasião, seguiu na fileira de carroças de carga que ia na retaguarda do exército de Alexandre, juntamente com outras concubinas de primeira classe.

Thaís já não era jovem e sabia que mesmo as mais belas mulheres não duram para sempre; Ptolomeu não iria mais nem sequer olhar para ela, depois que a prostituta fizesse trinta anos. Com o decorrer do tempo, Thaís se miraria cada vez menos em seu espelho de ouro e faria suas orações para a divinizada Helena de Tróia, a deusa da boa aparência, cada vez com mais ardor.

1.8

Galinha Fria

Depois de Susa, avançaram contra o inimigo, apesar de ser a estação mais quente, quando a Estrela do Cão se levanta, e a despeito do calor da própria estrada, que a torna perigosa para um exército em marcha. Alexandre perdeu tantos homens por causa da insolação e das queimaduras nos pés que foi obrigado a mudar seus planos, passando a marchar durante a noite, quando era mais fresco, e deixando os homens dormirem durante o dia.

Em Ecbatana, não muitos estádios para além de Susa, Hefaistion, o grande amigo de Alexandre, que estava se recuperando de uma febre, comeu um frango frio inteiro mais depressa do que devia, regado com vinho em demasia, e foi encontrado morto em sua cama. O resultado foi que Alexandre caiu na mais depressiva tristeza que alguém poderia ver em um homem, chegando ao ponto de chorar como uma mulher, rasgando a pele do rosto com as unhas, arrancando os cabelos pelas raízes, depois tendo que raspá-lo, de maneira que ficou parecendo um escravo. As lágrimas não paravam de rolar em seu rosto; ele uivava feito um cão, e toda Ecbatana silenciou-se, escutando-o. Então, ele rolou o corpo sobre o estrume de gado dos estábulos, recolheu a sujeira com as duas mãos e a passou nos cabelos — comportamento copiado dos seus heróis na *Ilíada*, de Homero, e nunca visto entre os gregos, nem antes nem depois. Mandou também cortar a crina e a cauda de todos os cavalos, em sinal de luto, e todos os gregos consideraram que esse era o comportamento de um louco.

Alexandre prostrou-se, nu e fedendo, sobre o corpo morto de Hefaistion, neste estado, beijando e babando o homem inteiro durante três dias e três noites, até que o cadáver começou a criar vermes por dentro da carne. Quando Hefaistion começou a tornar-se púrpura e a inchar, e a feder tanto que ninguém podia chegar perto, o próprio Ptolomeu arrastou Alexandre para tomar banho, e ordenou ao eunuco Bagoas que o esfregasse até limpá-lo.

Todos os homens com exceção de Alexandre permaneceram de olhos secos durante toda essa vergonhosa exibição, pois, na verdade, embora Hefaistion fosse o mais belo dos homens, era odiado por seu egoísmo, arrogância e natureza possessiva. Além disso, não era de fato um grande soldado.

Ptolomeu deu de ombros. Havia outros homens que também amavam os homens mais do que as mulheres. Não era algo incomum entre os gregos. Alexandre não era o primeiro *kinaidos* e não seria o último; porém, Ptolomeu gostava mais das mulheres. Sim, Ptolomeu era *louco* por mulheres.

Para o exército de Macedônia, entretanto, continuar a receber ordens de um comandante que chorava como as mulheres e que se esquecera de quem era, a ponto de lamentar-se, como fariam as mulheres, pela morte de seu amante... isso não podia prosseguir, e os generais preocupavam-se com o que Alexandre seria capaz de fazer dali para a frente. A partir daí, muitos começaram a cochichar, reservadamente, que o melhor seria afastá-lo do comando supremo, já que o homem não se encontrava no seu juízo perfeito, perdera o controle de si mesmo e dos seus comandados, e que dezenas de milhares de vidas dependiam do seu mais leve capricho. Para dizer a verdade, os generais achavam o comportamento de Alexandre repulsivo, e sentiam vergonha dele.

Os excessos deste rei não ficaram por aí, contudo, pois ele ordenou que o médico de Hefaistion fosse crucificado — já que havia deixado seu paciente morrer — e mandou que o Templo de Asclépios, deus da Saúde, em Ecbatana, fosse destruído, porque o deus havia abandonado Hefaistion, a quem Alexandre amava mais do que qualquer outra coisa no mundo.

Alguns insinuaram que a morte do amante não se devera a causas naturais, nem tampouco a morte de Alexandre, quando aconteceu, mas que os dois foram eliminados por um grupo de comandantes veteranos, entre os quais os de nomes Crateros, Perdikkas e Antipatros eram os primeiros a ser mencionados.

No entanto, naquela ocasião, Alexandre vivia e respirava. Ele ordenou que o fogo sagrado permanecesse apagado até que o funeral terminasse, que era a maneira como os persas tinham procedido por ocasião de morte do Grande Rei, e esta ordem era, em si, um mau augúrio; afirmaram que isso profetizava a morte do próprio Alexandre.

A pira funerária desse Hefaistion custou a Alexandre a inaudita soma de dez mil talentos, e ninguém havia visto nada semelhante a tal magnificência, nem, segundo a queixa deles, tanto desperdício de dracmas, porque foi toda feita em madeira folheada a ouro, com as proas douradas de 240 navios de guerra em seu topo; sendo que posteriormente ele dilapidou uma nova fortuna numa sepultura em forma de zigurarte para Hefaistion na Babilônia.

Alexandre, a seguir, enviou mensageiros para o Oráculo de Zeus-Amon, no deserto da Líbia, para perguntar se seria correto e bom homenagear esse homem como um deus; porém o Oráculo não teria permitido tal extravagância, e apenas permitiu que Hefaistion fosse adorado como um herói, e assim devia ser feito, porque o Oráculo se pronunciara.

Portanto, afinal, a carne de Hefaistion, filho de Amyntor, elevou-se num paredão de chamas e numa nuvem de fumaça, como qualquer outro mortal. No Egito, construiriam templos para este assim chamado herói, e tornou-se costume fazer juramentos *por Hefaistion*, assim como circularam histórias de visões, curas e milagres, até que, por fim, desdenhando o sábio julgamento de Amon, toda a Alexandria passou a adorar este homem, o amante do fundador da cidade, como Deus, Coadjutor e Salvador.

Thot torce o nariz para tal coisa, porém, para os gregos, nunca foi muito difícil transpor a linha divisória entre homens e deuses, e quanto a isso a história da Casa de Ptolomeu prestará testemunha.

O que fez Alexandre a seguir? Deixou intempestivamente Ecbatana com uma divisão do seu exército, totalmente cego, louco de um ódio que sobrevém a um homem que perdeu o seu maior tesouro. Exatamente como o herói de Alexandre, Aquiles, que chacinou jovens troianos sobre o túmulo do seu amado Pátroclos, assim também Alexandre massacrou os cossaianos, matando todos os homens da tribo, e lutou na linha de frente, liderando a matança, golpeando com a sua espada, coberto de sangue e entranhas, e com os olhos estufados, nas órbitas, como se fossem os testículos de Anúbis, e dentes agindo com selvageria, um completo bárbaro.

Assim, matando, amenizou um pouco o seu pesar, e isso significou sangue para o fantasma de Hefaistion. O sangue derramado, contudo, não o pacificou, já que toda vez que Alexandre tentava dormir, o fantasma aproximava-se dele, parecendo em tudo a imagem do homem vivo — no tamanho, na voz e nos adoráveis olhos —, e ficava de pé, junto a ele, sussurrando nos seus ouvidos, de modo que ele não conheceu a paz, mas tornou-se um homem sob possessão.

Ele também jurava que havia visto esse fantasma como um pássaro com uma cabeça humana, cujo rosto era o de Hefaistion, e que o pássaro revoava sobre ele, enquanto dormia. Então, todo pássaro que via tinha o rosto de Hefaistion, e ele não conseguia pronunciar uma única palavra durante horas sem fim; e quando finalmente rompia o silêncio, suas palavras não faziam sentido, de maneira que começaram a temer por ele, e por eles mesmos, e disseram abertamente que ele estava louco.

Um Alexandre louco os generais não tolerariam durante muito tempo, e começaram não apenas a *temer por ele*, mas *a temê-lo*, e não se sentiam propensos a testar a sua integridade emocional no calor da batalha. Assim, Alexandre não lutou nenhuma outra grande batalha depois da morte de Hefaistion, e foram os generais que arranjaram tudo para que ele não o fizesse, já que não se encontrava em condições para comandar uma companhia, muito menos a falange inteira de 120 mil homens.

Há muitas razões pelas quais Alexandre pode ter sido vítima de envenenamento, porém a principal era que havia perdido o controle de si mesmo — e para os gregos a perda de todo controle sobre si era a coisa de que tinham mais pavor, mais até do que da derrota na batalha, até mesmo mais do que do Hades.

À noite, os uivos continuavam soando, provenientes da tenda de Alexandre, e ele ficou tão oprimido pela dor que não sabia o que fazer de si, nem tinha como lidar com isso.

Na verdade, não demoraria até que o Destino decidisse por ele.

Tenha sido este homem assassinado, ou tenha ele morrido por causas naturais, sua morte foi a maior das fortunas. Todos os homens chorariam a sua morte, é claro, mas todos também pensaram a mesma coisa: que a morte de Alexandre fora o que de mais conveniente poderia ter acontecido.

1.9

Corpo Arco-Íris

Alexandre agora voltava o seu rosto para a Babilônia, e os Caldeus, povo há muito versado na arte de predizer o futuro por meio das estrelas, preveniram-no com o mais tenebroso dos avisos: ele não deveria entrar na cidade. Porém, Alexandre não gostava de avisos: ele era um deus e o filho de um deus, e não iria mais aceitar que um mero mortal lhe dissesse o que fazer.

O povo da Babilônia encheu as ruas para lhe dar as boas-vindas, queimaram incensos e lançaram flores; porém, quando Alexandre atravessava os portões, os corvos, cujos grasnidos guturais sempre fazem os homens pensarem em morte, foram vistos lutando entre si acima das ameias, e embora isso significasse o pior dos augúrios, Alexandre não o percebeu.

Ele se estabeleceu na Babilônia para tentar afogar sua mágoa, bebendo enorme quantidade de vinho não diluído noite após noite. Naquela que viria a ser a última dessas noites de bebedeiras ele encheu uma grande taça dourada, em honra a Herácles, e bebeu-o de um só trago, quando o ouviram emitir um grito agudo, como se tivesse levado um soco violento; e então Alexandre tombou.

Seus amigos o puseram em repouso no Leito de Ouro de Nabucodonosor, até pouco tempo rei da Babilônia. Para Alexandre, isso foi o início do fim e, para Ptolomeu, o início do início.

Mais tarde houve rumores sobre envenenamento, e Iollas, filho de Antipatros, o garoto cujo trabalho era provar as bebidas para Alexandre, foi mencionado como aquele que fora comprado para executar a tarefa, e houve quem cogitasse de um veneno tão poderoso que era guardado no casco de um asno, porque seria o único recipiente que o veneno não destruiria. Porém, o tal Iollas não chegou a ser acusado, e nunca foi julgado por qualquer crime.

Uma morte por veneno tornaria a história mais interessante, mas Alexandre não apresentou nenhum dos sintomas característicos — nem espasmos, nem tremores, nem o sorriso inerte ou a fixidez do olhar. Cada qual tinha a sua própria teoria, e, como todos sempre diziam, *Todo mundo que escreveu sobre Alexandre preferiu o maravilhoso à verdade* (exceto Thot), mas a maior parte era pura ficção.

Thot diz: a verdade de tudo isso é que Alexandre morreu por nada mais nada menos que uma febre contraída nos pântanos nos arredores da Babilônia. A febre começou a se manifestar com calafrios, algo que no assustador calor parecia quase impossível. Entretanto, Alexandre sempre fez o impossível. Ele alternava agora fases de calafrios e de muito suor, pirexia e hiperpirexia, e era como se estivesse sendo queimado diante dos olhos de todos, como se estivesse pegando fogo.

Esfregaram-no com esponjas molhadas para refrescar-lhe o corpo; porém ele continuava suando copiosamente, tornava-se cada vez mais debilitado, depois delirante, desmanchando-se em elogios à beleza de Hefaistion, de modo que foi um alívio quando perdeu totalmente o poder da fala.

Todas as histórias relativas aos últimos desejos de Alexandre, suas últimas palavras, sobre ele ter dado o seu anel com sinete para Perdikkas e mais as suas últimas determinações sobre o destino do seu império, são ridículas. Thot diz: um homem ardendo em febre não fala nada que tenha sentido. Um homem que perdeu o poder da fala não é capaz de dizer nada.

Ptolomeu esteve ao lado de Alexandre durante toda a sua enfermidade, esperando que a qualquer momento ele se sentasse na cama de ouro, encerrasse a brincadeira e sorrisse aquele sorriso que fazia os joelhos de todos se derreterem, porque, em verdade, ele os possuía a todos e fazia-se amado o bastante para que o seguissem até os confins da Terra. Entretanto, Alexandre estava totalmente exaurido, esgotado até a morte, e caiu num sono tão profundo que entraram em pânico só de pensar em vê-lo morto, aterrorizados e sem saber o que fariam sem ele. Alguém sugeriu o remédio de último recurso para restaurar a consciência de um homem, o que significava pingar urina quente pelas suas narinas, um tratamento que tinha por várias vezes provado a sua eficácia em restabelecimentos de casos desesperadores; porém Alexandre não retornou à vida, e todos permaneceram em volta do leito em silêncio. O único ruído que se ouvia era o do gotejar da urina no chão de ouro.

Então os médicos realizaram quase todos os incontestáveis testes para verificar se um homem está morto ou não, experimentando fazê-lo respirar contra a superfície de um espelho, tentando ver se os olhos dele refletiam alguma imagem, e assim por diante, terminando com o apalpamento dos globos oculares com o dedo, que é o mais seguro de todos os testes para verificar se um homem ainda pertence ou não ao mundo dos vivos.

Não houve qualquer estremecimento. Os olhos dele permaneceram fixos, em branco, como os de um homem morto, e os médicos balançaram suas cabeças e disseram, um depois do outro, que ele estava morto, morto, morto, morto.

A morte de Alexandre foi anunciada publicamente no 28º dia de Daisios ao pôr-do-sol. Ele reinara sobre a Macedônia durante apenas 12 anos e sete meses; estava a poucos dias de completar 33 anos de idade. Todos os homens tinham as cabeças baixas, e nenhum entre eles soube como ocultar os olhos marejados de lágrimas, sentindo como se fosse o fim do mundo, o fim de uma era.

Thot pergunta: o que fariam com um Alexandre morto? Felipe, seu pai, tinham-no queimado sobre uma pira funerária, conforme manda o costume dos gregos, e lavaram seus ossos frios com vinho doce, embrulharam-nos em macios tecidos púrpura e colocaram-nos numa *larnax* — uma caixa, de ouro, e esta dentro de um túmulo de pedra, com sua armadura dourada e uma pilha de móveis de ouro e artigos de luxo, destinados ao divertimento e prazer na vida após a morte dos gregos. Em cima do túmulo de Felipe, lançaram um monte de terra, e mandaram plantar um bosque sagrado de árvores ao redor.

Alexandre não teria nada disso. Não: ele tinha aprendido a grande lição dos egípcios, que destruir o corpo significa um anátema porque, se um corpo não é preservado intacto, não haverá vida para o morto no Campo dos Juncos, ou onde quer que fosse o após a morte. Assim, tinha ordenado que no (improvável) evento da sua morte, não devia ser queimado, mas tratado ao estilo egípcio, e por esta razão uma carroça cheia de embalsamadores o acompanhava em viagem — homens treinados na arte de extrair com um gancho o cérebro de um homem morto através de suas narinas; homens experimentados em arrancar as entranhas de um homem morto através das mais estreitas incisões em seu estômago; homens que embalsamariam Alexandre e o envolveriam em quatro mil cúbitos da melhor bandagem de linho, o que o preservaria para sempre num ataúde antropóide de ouro batido e da pedra azul chamada *sappheiros* (safira), com a imagem dourada do seu rosto na tampa, como o Faraó do Egito — morto, porém Vivo Para Sempre.

Para os gregos era, sim, chocante que um rei da Macedônia não fosse cremado, pois eles não tinham a tradição do embalsamamento. Mas, da forma como tudo sucedeu, não podiam nem queimar nem embalsamar este homem, já que, embora sua morte tivesse sido amplamente divulgada, ele não se comportou na morte como caberia a um homem morto.

Os dias e as noites iam passando e o morto Alexandre não exalava mau cheiro. Ptolomeu foi verificar de perto. Ele jurou que vira o peito do homem morto mover-se, que suas pálpebras tremeram, que seu cabelo e unhas dos dedos continuavam crescendo, e durante muito tempo a sua aparência era como se estivesse meramente dormindo. Na verdade, Alexandre sempre foi um bom dorminhoco. Sempre tiveram dificuldade de acordá-lo. Mas, dessa vez, ele não acordou.

Ptolomeu não havia praticado matanças ao lado de Alexandre durante mais de dez anos sem respirar o mau cheiro acre-adocicado de carne putrefata. Sim, esse cheiro pairaria às suas costas pelo resto de sua vida, em seus sonhos — o cheiro de fantasmas, a lembrança do sangue manchando seu rosto, um fedor de fazer um homem engasgar, bloqueando sua garganta.

Thot diz: um homem morto realmente *fede*.

Na Babilônia, na metade do verão, é quente o bastante para se fritar um ovo de avestruz sobre o piso de pedra, e um homem morto é capaz de atrair de imediato as zumbidoras moscas-varejeiras. Antes de a lua surgir, mesmo a carne dos cadáveres dos homens mais belos estará impregnada de vermes. Antes do segundo raiar do dia, sua pele ficará azul. Ao terceiro dia, o seu rosto ficará verde como o rosto de Osíris, e será impossível transportar seu cadáver sem que exsudem os líquidos vis.

Thorth diz: sim, um homem morto *decompõe-se*.

O próprio Ptolomeu tentou *viver para o hoje, para o momento*, porque vira o que significava morrer. Havia visto a morte tantas vezes cara a cara que resolveu ignorá-la tanto quanto lhe fosse possível. Porém Alexandre, com sua alma já havia seis dias tendo revoado para o Hades, parecia bastante com alguém que ainda estivesse vivo, e o seu rosto bronzeado, seu corpo cheio de cicatrizes de batalha mostrava ainda uma saudável firmeza. Além do mais, não havia moscas, nem vermes, e também nenhum mau cheiro, mas sim o velho cheiro de Alexandre — adocicado, como um perfume caro —, como se fosse para anunciar que, sim, ele era em verdade o deus que clamava ser, pois um deus não teria — não poderia ter — o odor nas axilas que tornava o soldado comum e o seu general semelhantes — inclusive Ptolomeu, que não era (ainda) um deus — e cheiravam, às vezes, como uma manada de cabras.

A história oficial diz que eles não se atreveram a tocar nesse rei, a princípio, porque ele parecia ainda vivo; porém, finalmente, limparam-lhe o corpo.

Thot diz: a verdade é sempre diferente.

Dez dias depois de morto, Alexandre ainda estava quente; e sim, ele tinha se transformado naquela mais desafortunada, mais inconveniente de todas as coisas, da qual homem nenhum sabia o que fazer: um morto-vivo.

O que, então, teria acontecido? Teria o seu espírito saído do seu corpo? Só para deixar claro, ele havia passado longas horas com os sábios da Índia, com os sábios da Babilônia, com os sacerdotes de Amon no Egito, desfazendo as suas dúvidas: *é verdade que um homem pode suspender a sua vida? Será possível a um homem dormir cem anos, ser sepultado debaixo da terra e ainda acordar ao final de tudo isso?* E os sábios lhe responderam: *certamente, é possível. Você gostaria de experimentar?*

Thot pergunta: seria isso que ele estava fazendo?

Alguns disseram que Alexandre tinha aprendido muito com esses sábios da Índia; que tinha tentado mudar o seu caráter violento; que tinha até escutado uma pregação do homem chamado Buda, e disseram que Alexandre havia alcançado na morte um estado chamado *Corpo Arco-Íris*, no qual a consciência de um homem pode permanecer depois da morte, em absoluta meditação, repousando com grande serenidade.

Ele mostrava, é verdade, todos os sinais. Embora tivesse há muito parado de respirar, havia calor na área do peito, e não havia deterioração, e ele exalava um perfume maravilhoso.

Thot diz: o que, então, isso significa? Disseram que ele irradiava a bênção grandiosa do espírito iluminado, como uma grande onda de purificação, enviando igualmente poderosas bênçãos para todo mundo. E ele não foi para nenhum lugar, disseram. *Ele está mais vivo ainda, neste momento: ou precisamente tão vivo como sempre esteve.* E eles disseram que isto era uma grande felicidade.

Thot diz: realmente, isso parece muito improvável. Esse assassino, só para usar os termos corretos, estava precisando, ele próprio, de purificação.

Mesmo assim, afinal, seria proibido sob pena de morte falar desse homem como se ele fosse um homem morto; de modo que se tornou, de fato, Alexandre, o Eternamente Vivo.

1.10

Ladrão de Cadáver

Assim que a notícia da morte — da não-morte — se fez pública, o horrível lamento das mulheres da Babilônia iniciou-se e continuou sem interrupção durante a noite inteira, no dia seguinte, e assim prosseguiu. Todos os homens choraram, é óbvio, porém teria de haver um dia em que o choro e lamento deveriam cessar. Para Ptolomeu e os demais generais de Alexandre, que se tornaram conhecidos como os *Diadokhoi*, os Sucessores, não era, de fato, o fim de nada, porém o começo.

Primeiro, formaram o Conselho de Estado, a fim de decidir quem deveria ser rei, e sobre a matéria mais importante: de como o Império devia ser fatiado e qual general deveria assumir o domínio e controle de cada pedaço — havia doze deles: Perdikkas, Antigonos (chamado Monophtalmos, ou Caolho), Antipatros, Seleuco, Leonatos, Menander, Lisímaco, Filotas, Eumenes, Peithon, Arkhon e Ptolomeu.

Doze homens fortes sentados sob suas armas, varando a noite: homens com a barba por fazer, rostos desfigurados, suando, devido ao calor, a ponto de federem como bodes, discutindo sobre o que fazer e o que não fazer, e o corpo não-fedorento estendido entre eles. Eles tiraram a sorte com gravetos, jogaram dados, barganharam, cortaram o território de Alexandre como se estivessem trinchando um peru, discutindo quem merecia o melhor pedaço, e a maior porção. Enquanto Alexandre viveu, tinham sido seus subordinados: agora que os tinha abandonado, eram todos iguais e lutaram pelas sobras por muitas e muitas horas.

Por fim, as decisões foram tomadas, e Antipatros, que fora Regente da Macedônia enquanto Alexandre estava fora lutando na Ásia, tornou-se o sátrapa da Macedônia.

Caolho — um enorme gigante — foi confirmado como sátrapa da Grande Frígia, incluindo a Líkia e a Panfília; ele foi o pai do famoso Demétrio Poliorketes, então um garoto de treze anos. Caolho tornou-se o mais poderoso da Ásia.

Menander foi confirmado como sátrapa da Lídia. Lisímaco tornou-se sátrapa da Trácia; Filotas, o sátrapa de Kilikia; Eumenes, sátrapa da Capadócia e da Paflagônia; Arkhon seria o sátrapa da Babilônia; Peithon ficou como sátrapa da Media; e Leonatos ficou com a Frígia Helespontina.

Thot diz: sim, isto pode ser tedioso, mas é importante. Seja paciente, ó Sábio. Thot garante grande animação para mais tarde. Thot dá a sua palavra. Thot promete.

Nos desdobramentos desse episódio, Seleuco foi colocado à margem. Ele queria a Babilônia, que não estava disponível — embora, posteriormente, ainda fosse colocar as mãos sobre ela. Prevendo problemas futuros, permaneceu com o exército, e foi nomeado braço direito de Perdikkas, no comando da Companhia de Cavalaria, as tropas de elite da Macedônia.

Entre todos esses homens, Ptolomeu era quem sabia o que queria. Ele havia sentido frio na travessia de Paropamisos, muito frio. O Egito era a mais rica de todas as satrapias, a melhor, e a mais fácil de ser defendida. Era também o lugar mais quente, e o menos belicoso. Nenhum dos demais generais queria o Egito, que era quente demais, e estrangeiro demais também, não-grego demais, estranho demais, com seus deuses com cabeças de animais. Pensavam apenas no calor insuportável, nas cobras venenosas, na picada de escorpiões, nas nuvens de insetos vorazes, no infindável gotejar do suor, nas sempre possíveis tempestades de areia, e se sentiam satisfeitos por não serem obrigados a ir para lá.

Assim, as desavenças começaram e assim continuariam. Esses homens lutariam entre si e iriam à guerra pelo legado de Alexandre durante um total de cinqüenta anos depois de sua morte — para o resto de suas vidas. Nunca haveria paz.

De todos os sucessores, Ptolomeu, filho de Lagos, seria o único a morrer em seu próprio leito, com idade avançada.

Acima de todos os sucessores estaria o novo Rei da Macedônia; porém quem seria rei, sucedendo Alexandre? Era o dever do exército eleger o rei erguendo as mãos, e o exército preferia o louco Arrhidaios, o irmão mais velho de Alexandre, que naquela ocasião tinha cerca de trinta anos.

Ptolomeu anunciou sua objeção a este homem como rei, afirmando que a mãe dele, Filinna, de Larissa, não passava de uma dançarina, algo pouco melhor do que uma prostituta. Porém, houve objeções mais sérias ainda a Arrhidaios, que era por vezes tido por pouco mais do que um idiota, e o medo de Ptolomeu foi que, se Arrhidaios fosse rei, seria dada a Perdikkas a oportunidade de exercer o poder em seu próprio interesse — o que de fato aconteceu.

Ninguém dera muita atenção a esse Arrhidaios, até então; no entanto ele havia marchado ao lado de Alexandre, atravessando metade do mundo. De vez em quando, caía ao chão, espumando pela boca. Sua língua não se encaixava atrás dos dentes. Suas mãos crispavam-se ao redor do rosto, quando tentava falar. Como, Ptolomeu perguntou, poderia um homem que se mostrava incapaz de manter uma conversação sensata ocupar a função de um rei sem ajuda? Seria um absurdo, ele argumentou, colocar um homem desses como rei.

Porém, para as tropas, este homem era filho de Felipe, irmão de Alexandre, dotado do divino sangue de Héracles e Dionísio, e eles ergueram as suas vozes por Arrhidaios, porque, acima de tudo, não havia malícia nesse homem, que nunca demonstrou mau temperamento e, quando não estava num de seus surtos, era só sorrisos e amigo de todos.

O amigo de um idiota, Ptolomeu disse, *é um idiota*. Todavia os seus pensamentos foram ignorados porque o exército não teria outro rei a não ser este rei: louco ou não, ele tinha de governar conjuntamente com o novo Alexandre, Alexandros, o filho nascido de Roxane depois da morte de Alexandre, que ainda não tinha completado trinta dias de vida. O regente para estes dois reis seria Perdikkas — o orgulhoso e agressivo Perdikkas —, e Ptolomeu viu que isso daria problemas, nada mais do que problemas.

Assim, Arrhidaios tornou-se rei, como Felipe Arrhidaios, e Perdikkas cingiu a cabeça deste louco com o diadema, uma faixa de tecido branco que era o símbolo sagrado da monarquia da Macedônia. O exército aclamou-o, e ele foi conduzido nos ombros pela escolta real por todo o acampamento, e Arrhidaios adorou isto, e não parou de arreganhar os dentes nem por um único momento.

O infante Rei Alexandros passou a usar também o diadema sobre os seus cueiros, já que viveu os primeiros meses do seu reinado preso a uma tábua, por bandagens que o envolviam da cabeça aos pés, e os horoscopistas previram que sua vida terminaria da mesma forma como começava, com muitas lágrimas e gritaria.

O novo arranjo pareceu funcionar, a princípio. Perdikkas dizia a Arrhidaios o que fazer, o que dizer, o que pensar, e onde colocar o selo real nos documentos de Estado, e era de fato muito útil, para variar, ter um rei que escutasse conselhos e fizesse aquilo que o mandavam fazer; ele arrastava Arrhidaios consigo para onde quer que fosse, como o personagem pateta de uma peça teatral, e ele ficava quieto olhando por sobre os ombros de Perdikkas, rindo, como se não fosse nada senão a sombra de Perdikkas, o fiel cão de caça de Perdikkas, e a maneira correta de se fazer tudo foi assim invertida.

Thot pergunta: qual foi a verdade em relação a Arrhidaios? Sua mãe Olímpia teria lhe dado drogas prejudiciais ao cérebro? Porém, a resposta é não. Aconteceu meramente de o terem deixado adormecer com o luar sobre o seu rosto, e desde então ficou sofrendo de ataques. Não havia cura para lunáticos, mas Olímpia fizera algumas experiências por conta própria e pode ser que suas curas tenham feito mais mal do que bem.

Agora que Arrhidaios se tornara rei, parecia apropriado para Perdikkas que ele devesse se casar, e talvez gerar um filho e herdeiro, e a mulher que Perdikkas escolheu para ele foi sua meia-prima, Adéia-Eurídice, uma neta do Rei Felipe.

Essa moça teve uma educação incomum, já que aprendeu a cavalgar, caçar e lutar com a espada curta, como um homem, e quem lhe ensinou tais coisas foi ninguém menos do que sua mãe, a Princesa Kinane de Ilíria, sobre quem se dizia que tivesse, pessoalmente, matado uma rainha inimiga em combate — e assim foi ela a primeira de uma longa linhagem de mulheres em verdade masculinizadas.

Sobre o seu casamento, essa Adéia-Eurídice tinha apenas quatorze ou quinze anos de idade, na época, porém provou ser da maior utilidade para o seu marido — em certas ocasiões. Pois quando Arrhidaios sofria de seus ataques, seu corpo ficava rígido, curvado para trás como um arco, a ponto de os pés quase tocarem a cabeça. Quando isso acontecia, Adéia-Eurídice o fixava no chão, com os braços dele por trás da cabeça (pois ela era forte), cravava uma maçã entre os dentes dele, para impedi-lo de morder a língua, e confortava-o na sua aflição. Ele havia mordido a língua tantas vezes que a sua fala se tornara incompreensível e era por este motivo que os homens o achavam sem inteligência, o que não era realmente verdade.

Se a enfermidade de Arrhidaios era motivo de preocupação, os seus ataques duravam pouco, e ele mantinha todo o vigor do seu corpo. Geralmente, evitavam-se os possuídos pela Lua, como se vivessem sob o domínio de alguma maldição divina, porém esse homem era tido como alguém prodigioso, como se estivesse em contato com o mundo dos deuses, para o qual o seu irmão havia retornado. Arrhidaios tinha sorte: era o talismã vivo da Macedônia, bem como o seu irmão morto seria o talismã de Alexandria. Arrhidaios, assim, poderia ter prosperado; o problema estava em sua esposa.

Ptolomeu contava com freqüência a história de Adéia-Eurídice, a garota que parecia um garoto — que treinava como um soldado, que galopava para a batalha em armas completas, como um homem. Ela olhava com desagrado, dizia Ptolomeu, para o volume crescente de seus seios, e chegou mesmo a consultar sua mãe se não podia cortar um deles, como uma amazona, para melhor poder vergar para trás um arco. No entanto, sua mãe recusou-se a deixá-la fazer isso.

Adéia-Eurídice era forte como nenhuma outra mulher grega, conduzindo sua espada, escudo, lança — metade do peso do próprio corpo —, e corria livremente envergando um peitoral de bronze, gritando o *Alalalalai*, tal e qual os homens.

Contudo, recusava-se a se esconder no *gynaikeuon*, nos alojamentos das mulheres, e achava que havia coisas mais úteis em que se ocupar do que tapeçaria. Queria provar que uma mulher poderia ter tanto valor quanto um homem. Lutava corpo a corpo e boxeava, corria e pulava, montava a cavalo e participava de corridas de biga. Adéia-Eurídice era tão semelhante a um homem que comentavam: *ela deve ter passado debaixo do arco-íris*, porque qualquer garota que fizesse isso viraria um homem.

A única desvantagem era, assim diziam, ela ser homem demais para ter filhos de Arrhidaios. Já o ligeiro Rumor, como se fosse uma deusa, dizia que o casal não gerava senão monstros, que eram rejeitados, logo ao nascer, por serem afrontas aos deuses, e seriam um terrível augúrio do que estava para acontecer a ambos.

Na verdade, a respeito do seu casamento, Adéia-Eurídice consultou o Oráculo dos Amantes, o que significava pegar a pétala mais larga de uma papoula na mão esquerda e bater fortemente nela com a direita. Se tudo estivesse destinado a correr bem, a pétala iria emitir um estalo alto. Porém, tudo o que se escutou foi o ruído surdo das palmas das mãos batendo uma na outra, e Adéia-Eurídice soube, então, em seu íntimo, que tudo daria errado para ela, como esposa do Rei Felipe Arrhidaios.

E é o quanto basta em relação ao esfacelamento do Império de Alexandre; é o quanto basta em relação à sucessão ao trono da Macedônia. O que concerne a Thot é o Egito e Ptolomeu, filho de Lagos.

O Egito inteiro, portanto, junto com a parte da África chamada Líbia e parte da Arábia, coube, pelo loteamento, ou pela vontade dos deuses, ou pela razão de não haver outro que o desejasse, a Ptolomeu.

O Egito, ele pensava, o Egito era a melhor coisa depois do Paraíso: um lugar onde não chove, onde não há neve, nem frio, nem estação de inverno que assim possa ser chamada; uma terra onde o sol brilha mês após mês e era adorado como o maior dos deuses. O Egito era mais rico do que qualquer homem seria capaz de sonhar — um lugar onde um sátrapa poderia ter tudo o que desejasse, e para onde ele iria o mais cedo que lhe fosse possível.

No entanto, por enquanto, permanecia na Babilônia, esperando para ver o que aconteceria com a monarquia e o que fariam com o corpo de Alexandre (que estava morto porém não estava), que ainda permanecia insepulto.

Como medida temporária, embalsamaram-no em mel, porque o mel que era tão doce para os vivos deveria ser amargo para todas as criaturas do Mundo dos Mortos, onde tudo é invertido: o mel servia, portanto, para afugentar os fantasmas, demônios e espíritos malignos de perto deste que era o mais eminente dos cadáveres.

Ptolomeu foi quem supervisionou o embalsamamento; e mandou que enchessem os ouvidos reais do melhor mel de Himetos para afastar as centopéias e besouros. Enfiou além disso tudo o que pôde de mel nas narinas de Alexandre e em seus demais orifícios, para afugentar os bichos-de-conta e para impedir as mariposas e suas larvas de tentarem entrar no corpo; a seguir, colocou Alexandre num caixão de madeira acolchoada com uma tampa, enquanto aguardavam que fossem terminados o caixão de ouro e o maravilhoso carro funerário que devia conduzi-lo para Aigai, na Macedônia, pois dizia a tradição que se ele fosse enterrado em qualquer outro lugar, sua dinastia estaria encerrada.

Ptolomeu nunca mais comeu mel em toda a sua vida.

No trigésimo dia do alongado sono, Aristander, o vidente, anunciou que a palavra dos deuses era que Alexandre fora o rei mais afortunado que já existira, e a terra que receberia seus ossos jamais haveria de temer a invasão de qualquer inimigo, e que seria, ela própria, para sempre afortunada.

Ptolomeu ouviu-o, e desejava, acima de qualquer outra coisa, toda a felicidade do mundo. Assim, enquanto os demais generais argumentavam, ele tomou para si o cadáver e despachou-se para o Egito, e seu irmão Menelau seguiu-o, tornando-se cúmplice nesse crime.

Alguns dizem que, quando Perdikkas descobriu o que acontecera, galopou atrás de Ptolomeu com suas tropas, porque desejava a sorte de Alexandre para si, e que, quando alcançou Ptolomeu, travaram uma sangrenta batalha.

Outros falam de um gigantesco carro funerário com uma cornija dourada, guirlandas festivas e borlas das quais pendiam grandes sinos, com colunas jônicas decoradas em prata e marfim, puxadas por 64 mulas, um par para cada ano de vida do homem morto. A procissão, diziam, era escoltada por um bando de trabalhadores capazes de consertar estradas, mecânicos e soldados, e atraiu multidões de curiosos; mas o fato é que um tal veículo jamais poderia ser arrastado pelo deserto, de Babilônia a Mênfis, não importa quantas mulas o estivessem puxando; a verdade é que o carro do famoso funeral de Alexandre foi invenção dos historiadores, uma ficção. Mesmo assim, muitos homens juraram que essa foi a carruagem que Perdikkas capturou, e que ele fugiu com esse veículo para a Macedônia.

Somente alguns dias depois de Ptolomeu ter partido foi que Perdikkas se deu ao trabalho de olhar dentro do caixão de ouro, e encontrou um Alexandre feito de cera e palha, com um narina de rabanete e tâmaras pegajosas no lugar dos olhos; o Alexandre verdadeiro já tinha sido levado na traseira de uma simples *harmamaxa*, uma dessas carretas com cobertura, de quatro rodas, nas quais vão as prostitutas como parte do comboio de bagagem, e que viajara não com uma grande escolta, mas quase sem chamar a atenção e com rapidez.

Era época da colheita quando Alexandre deixou a Babilônia pela última vez, e os fazendeiros estavam trazendo o milho para a cidade em carroças, espirrando o tempo todo por causa da poeira, enquanto Ptolomeu apressava-se a passar por eles com o cadáver. Para os gregos, um espirro é um sinal de aprovação do próprio Zeus, o melhor de todos os augúrios. Assim, Ptolomeu teve a certeza de que estava agindo corretamente.

Thot pergunta: onde deve a verdade ser encontrada? Thot sabe apenas que disseram que Ptolomeu levou o corpo para o Egito, e que na estrada se depararam com a usual tempestade de areia, de modo que os viventes passaram seus dias de viagem tirando areia dos ouvidos uns dos outros. A verdade foi que o homem morto retornou ao Egito com menos pompa do que qualquer pessoa teria imaginado.

Ptolomeu levou o cadáver até Mênfis, onde repousaria durante alguns anos, até que os sacerdotes daquela cidade se recusaram a lhe dar abrigo por mais tempo, alegando que o corpo de Alexandre não trazia boa mas sim má sorte, e que qualquer lugar onde ficasse passaria a sofrer de má sorte dali em diante.

Já o sátrapa pensava diferente. Tinha plena certeza de que o falecido Alexandre traria êxito a Alexandria, e velaria pela cidade, e a guardaria contra ataques, e seria o seu talismã para sempre; e estando Alexandre, de fato, vivo ou morto, o *prostagma* seria emitido pelo próprio Ptolomeu: *Alexandre vive e reina*, e era uma ofensa falar deste Rei no tempo passado.

O bom povo de Alexandria nunca parou, por assim dizer, de esperar que Alexandre despertasse, como depois de uma boa noite de sono, e voltasse a ser o Faraó do Egito, Senhor de Coroas, Bem-Amado de Amun, Filho do Sol, Alexandre, o Eternamente Vivo; mas, enquanto isso, a vida normal tinha de prosseguir e, até que o milagre de todos os milagres viesse a acontecer, um novo homem deveria governar o Egito no lugar de Alexandre, e o novo homem era Ptolomeu, o sátrapa.

Ptolomeu roubou não apenas um cadáver, porém também os diários reais, que pretendia usar a fim de escrever a sua própria história de Alexandre — se bem que adiaria o projeto por quase meio século.

Ele se apossou também da espada de Alexandre, e do Verdadeiro Escudo de Aquiles (que Alexandre havia ele próprio roubado quando esteve em Tróia), assim como do elmo emplumado de bronze de Alexandre, suas grevas de ouro, o peitoral dourado, e do seu manuscrito reserva de Homero, guardado numa caixa de ouro, que Alexandre havia roubado do tesouro de Dario, em Persépolis.

Se os diários reais eram uma falsificação, ou se o elmo não fosse de Alexandre, se sua espada não fosse a espada dele, se o escudo não era o dele, e se o seu Homero não era de Homero — tais detalhes não perturbavam Ptolomeu. O que importava era que pensassem que ele dizia a verdade.

Alguns homens até mesmo murmuravam que a carne de Alexandre estava em tal estado de putrefação, por ação do calor da Babilônia, que se tornou impossível embalsamá-lo, e que absolutamente nada restou do grande homem — não muito mais do que um cacho de cabelos.

Seja como for, se Ptolomeu não era um ladrão, era um mentiroso; porém a verdade de tais coisas está além até mesmo da sabedoria de Thot.

Tal, então, era o caráter de Ptolomeu, filho de Lagos. Ele era inconfiável, vil, astucioso. Roubaria tudo o que estivesse ao alcance das suas mãos, e iria se gabar dos seus roubos depois. Porém, mesmo Zeus, o mais poderoso dos deuses da Grécia, tem a reputação de ladrão.

Quanto a Alexandre, alguns adoravam-no como um deus vivo, outros nada mais viam nele do que um tirano, um agressor, um autocrata estrangeiro, que impunha sua vontade por meio da pura violência. Alguns diziam que Alexandre não era um homem, mas apenas um sonho. Outros de nada se queixavam, além de um pesadelo sem fim.

Certamente, todos o tinham amado, porém o tinham também odiado. A despeito da grande aventura, da riqueza além da imaginação, os *kudos* teriam também apreciado, e totalmente, ter tido a chance de viver em seus lares com suas famílias, terem estado presentes nas núpcias de suas filhas, nos ritos de passagem à idade adulta de seus filhos, ter sepultado os seus pais, ter vivido vidas normais, inverno e verão, semeadura e colheita, em suas próprias fazendas, em vez de terem perambulado por metade do mundo.

O grande crime de Alexandre foi tê-los privado de suas vidas. Ele era um demônio, um monstro, o portador da morte. Seu poder baseava-se em nada senão o medo, e eles tinham medo, todos os homens, do seu poder, medo do seu temperamento tacanho, e, para dizer a verdade, ele ter morrido foi um grande alívio para todos.

Sim, a expedição de Alexandre nada mais foi do que uma inútil perda de tempo e de energia; os gregos podiam perfeitamente ter permanecido em seus lares, considerando todo o benefício que isso lhes teria rendido. Era essa a opinião de Ptolomeu, se bem que raramente a expressasse; mas, quando já havia tomado uma boa taça de vinho, balançava a cabeça e dizia: *nós poderíamos muito bem ter passado doze anos observando as estrelas.*

O que, então, *foi* a verdade? Alexandre teria trazido má sorte para a Casa de Ptolomeu no Egito, trezentos anos de má sorte? No entanto, bem no começo de tudo, Ptolomeu não via como isso poderia ser possível, e o futuro se estendia diante dele, dourado, todo dourado.

O único homem sensato entre todos os sucessores foi Ptolomeu. Somente ele entendeu por que Alexandre não tinha florescido. O destino fizera de Alexandre um deus, porém os deuses o conduziram a uma armadilha, arrebatando-lhe de volta tudo o que lhe haviam dado. Os deuses da Grécia sentem, em verdade, muito ciúme do sucesso dos mortais.

Ptolomeu não tinha grande desejo de se tornar um rei. Não queria atiçar a inveja dos deuses por gozar de tanta boa fortuna.

Um homem pode se tornar afortunado em excesso, ele dizia. *Um homem pode facilmente atrair sobre si a sua própria desgraça.*

Afinal de contas, tinha visto isso acontecer a Alexandre.

O sátrapa estabeleceu, mesmo assim, sua residência na Terra dos Faraós, e o dilúvio de riquezas que ele ao mesmo tempo desejava e não desejava começou a cair sobre ele. Ele se sentiu quase como se tornando um Midas a contragosto, como se tudo que ele tocasse se transformasse em ouro. Um homem de menor estatura poderia ter se afogado — porém o primeiro Ptolomeu não se afogou. Flutuou sobre o rio de ouro, sobre a inundação de ouro, a gigantesca maré de ouro que a tudo engolia, e fez isso rindo.

PARTE DOIS

O Sátrapa do Egito

2.1

Afortunada Alexandria

Na sua viagem para o Egito, Ptolomeu não pronunciou uma só palavra. Apreciaria muito passar uma esponja no dia de ontem, mas foi educado bem demais na arte de memorizar o passado. Ele olha na direção de Alexandria, e já se passaram oito anos, ou três mil dias, desde a fundação da cidade.

Só para deixar claro, eles contavam com a aprovação do deus para fundá-la, a oeste do que os gregos gostam de chamar de Delta, como se fosse da sua própria invenção e não uma idéia de Thot, quando lá não havia nada a não ser um porto antigo e a vila de pescadores à qual hoje dão o nome de Rhakotis, ou Canteiro de Obras, que é no que Alexandria tinha se tornado.

Alexandre tinha sacrificado bois com chifres folheados a ouro. Queimou incenso. Dirigira as preces apropriadas aos deuses. Fez tudo de acordo com o costume grego, de forma que a cidade pudesse ser exitosa, ditosa, transbordando de boa fortuna, como a cornucópia da abundância.

Ele fixou os olhos nas vísceras dos bois, e os adivinhos disseram que os augúrios eram bons, e a Alexandre foi permitido demarcar com giz o plano de sua cidade, no formato de um trapézio, na forma de um *khlamys*, semelhante ao manto militar dos gregos, porque de início era uma cidade grega, sempre grega, e tentou não ser uma cidade egípcia. No entanto, Alexandria era tão grande, ou o suprimento de giz tão pequeno, que não foi o bastante para concluir o circuito das muralhas, e foi acordado, para não se atrair má sorte, que se pegaria emprestada a ração de cevada moída da mochila dos soldados, e assim se terminaria de delinear o restante do plano da cidade com grãos.

Ptolomeu lembra-se bem. No meio desta operação, escutou o bater de muitas asas, tão sonoro que todos os homens voltaram-se para o alto, e deram com os pássaros — milhares de pássaros — caindo sobre a cevada e devorando-a, toda ela. Com os pássaros chegou também o gotejar dos excrementos deles por toda a volta e sobre algumas de suas cabeças, o que em si (ser cagado por um pássaro) supostamente é sinal de sorte, e assim metade do plano de Alexandria foi devorado e, ao mesmo tempo, cagado.

O que isso significava? Alexandre inquiriu os adivinhos, preocupado, pois isso poderia significar um mau augúrio, acontecendo justamente a uma cidade no dia da sua fundação.

A verdade é que estes gregos não se demorariam muito tempo no Egito, em Alexandria, antes que indizíveis episódios acontecessem, os quais horrorizariam as pessoas até o fim dos tempos.

O *que isso significa?*, ele indagou, receoso, perguntando-se o que teria feito para merecer tal tratamento por parte dos deuses.

Os adivinhos trocaram olhares em silêncio. Não lhe poderiam dizer que os deuses, pessoalmente, haviam cagado sobre Alexandria; que ela seria a cidade mais desafortunada, mais infeliz, mais desditosa que jamais existiu.

Por fim, Aristander falou: *isto quer dizer*, ele anunciou, *que Alexandria alimentará o mundo inteiro*. O que também veio a ser verdade.

Alexandre respirou aliviado, e os rituais continuaram; a cidade estava fundada, e não havia volta. Os gregos ficaram a noite toda festejando, tentando parar o tempo e fazer com que o dia da fundação da maior cidade de todos os tempos durasse para sempre.

Eles acordaram com dor de cabeça, e acrescentaram vômito aos excrementos dos pássaros que demarcavam o sítio, e isso foi um mau começo.

Thot sabe: excrementos de pássaros e vômito eram nada, comparados ao que estava para vir. Alexandria estava fadada a ser manchada com sangue; o que viria a ser seu solo se tornaria uma pasta sanguinolenta, como os campos de batalha nos quais Alexandre tanto regozijou-se. Alexandria seria, acima de tudo, uma cidade de sangue.

Já Alexandre nada sabia sobre isso. Ele ordenou que se construíssem templos e altares para os deuses em todas as ruas.

Os homens podem viver vidas felizes numa cidade nova, ele disse, *contanto que primeiro façam os deuses felizes.*

Ele encomendou todos os ingredientes para a cidade mais refinada jamais construída, mas era por demais impaciente para esperar e supervisionar todos os detalhes. Tinha pressa demais para se sentar um momento e pensar no que estava fazendo.

Seus consultores lembraram-no das palavras de Platão, que alertou sobre os graves perigos que poderiam sobrevir se uma cidade fosse construída junto ao mar. Alexandre não lhes deu nenhuma atenção. Tinha prazer em ignorar todas as advertências. Contava com a aprovação do deus; não havia necessidade de dar atenção ao conselho de um mero mortal como Platão. Alexandre tinha escolhido o melhor local: era onde a cidade tinha de ser construída, e embora o prognóstico dos adivinhos anunciasse que metade desta grande cidade seria inundada pelo mar antes mesmo de decorridos mil anos, não havia como persuadi-lo a lhes dar ouvidos. Na ocasião, todos os homens arreganharam os dentes, sorridentes, e a coluna de homens marchou, deixando para trás o Egito, entoando hinos marciais, rumo à conquista do resto do mundo.

Não, ninguém pensou que o oposto de tudo o que Alexandre desejava poderia acontecer: que Alexandria pudesse se transformar numa cidade onde todos seriam infelizes.

Naqueles dias, pouco se dava atenção ao futuro. Nem mesmo Ptolomeu desejava, naquela oportunidade, ver o Egito novamente. Ele passara 180 dias praguejando contra as picadas de moscas. Passara seis meses com o suor escorrendo para os olhos. A sua pele ficara quase negra pela ação do sol. Tinha sofrido os usuais desarranjos intestinais que todo estrangeiro que vem ao Egito tem de sofrer. Não seria um grande exagero dizer que, naquela ocasião, Ptolomeu odiava o Egito.

Thot pergunta: o que ficou na sua lembrança? E a resposta é, sim, ele já esteve aqui antes, e os seus pensamentos voltam-se para Alexandre e para o passado.

Porque Alexandre não poderia fundar sua grande Alexandria sem primeiro ouvir os deuses. Era este o local adequado? Era a ocasião adequada para se fundar uma cidade? E, acima de tudo, seria esta cidade uma cidade afortunada? Pois havia pouco sentido em planejar uma cidade que fosse *desafortunada*.

Assim Alexandre, pessoalmente, penetrara bem fundo no deserto da Líbia, até o oásis onde se achava o Oráculo de Zeus-Amon, milhares de estádios a oeste do rio. A viagem foi difícil, porém o Oráculo era o maior do mundo, depois de Delfos, e famoso por seu pronunciamento resoluto.

Os sacerdotes do Egito haviam prevenido Alexandre quanto aos riscos: tempestades, fortes tempestades com trovões e raios, violentas tempestades de areia. Avisaram-no para não esquecer o destino dos cinqüenta mil soldados de Cambises, o Persa, que se perdeu no Grande Oceano de Areia.

Foi a punição dos deuses, disseram; porém Alexandre não lhes deu atenção, e disse que iria para prestar *homenagens* a Amon, não para saqueá-lo. Alexandre não gostava de esperar. Além do mais, ele era invencível. Não poderia ser derrotado por uma tempestade de areia.

Mesmo assim, chegaram bem perto da morte. A água acabou. Tinham perdido o rumo, engolfados pela tempestade de areia, até que um casal de gralhas apareceu, e eles seguiram a rota das gralhas até o Oráculo.

Ptolomeu, que nunca em toda a sua longa vida foi conhecido por dizer uma mentira, a despeito de ser um grego, contou uma história diferente; que a eles foi apontado o caminho por um casal de serpentes falantes.

Os sacerdotes de Amon haviam saudado Alexandre como Filho de Zeus, e era tudo o que Alexandre queria ouvir. O Oráculo o tinha identificado com o Rei-Sol dos egípcios, e Zeus, no formato de uma serpente, era em verdade seu pai.

Ele fizera suas perguntas ao Oráculo e nenhum homem sabia quais eram, pois nunca revelara as respostas a ninguém, dizendo que se tratava de assunto privado que ele transmitiria apenas a sua mãe, Olímpia, quando retornasse para o seu lar. Porém, Alexandre jamais retornou ao seu lar.

Alguns anos mais tarde, Ptolomeu, pessoalmente, custeou um altar no templo de Amon, já que esse deus havia sido bom também para Ptolomeu. Ptolomeu também fez as suas perguntas ao deus, de pé, nu diante dele em seu templo. E, sim, sua carne formigou e, sim, seus cabelos se eriçaram na nuca. E, sim, a estátua do deus mexeu-se para Ptolomeu, o deus com cabeça de carneiro não castrado, cuja imagem estava decorada com a *smaragdos*, esmeralda, a caríssima pedra verde. Ptolomeu estremeceu, teve um calafrio diante do deus que proferiu para ele conhecimento sobre o futuro. Ptolomeu urinou-se diante do deus e, quando emergiu à luz do sol, estava trêmulo.

Ptolomeu lembrava-se do deserto, o pôr-do-sol cor-de-rosa, as fogueiras de esterco de camelo, os reluzentes lagos de água que não eram água, a jornada feita sob o luar porque a areia estaria quente demais durante o dia. Ele lembrava dos homens cantando, o eco dos gritos, o silêncio do deserto.

Lembrava-se da imagem de Amon no pátio da entrada do templo, carregado no seu barco de ouro sobre os ombros de oito homens, e em resposta às perguntas dos gregos, o barco oscilou, ou rodopiou em círculos, ora para trás, ora para a frente, seguindo a procissão de oitenta sacerdotes de Amon cantando, ao som da música selvagem da concha e do címbalo.

A pergunta em si de Ptolomeu foi respondida, sobre o futuro: *Ptolomeu, também, será um deus*, pronunciou-se o Oráculo.

Thot sabe, foi bem pior do que as histórias sugerem. Faltou pouco para morrerem por falta de água e, quando os céus finalmente se abriram, saíram correndo, gritando feito loucos, tentando recolher a água da chuva com a boca aberta.

No Oásis de Amon, Hefaistion e Alexandre tinham celebrado uma espécie de cerimônia de casamento, macho com macho, marido com marido; isso porque esse era o único lugar no mundo onde tal abominação era permitida. Sem dúvida, essa era a verdadeira razão pela qual Alexandre se dispôs a ir a um local tão remoto, mas este seria um segredo guardado para sempre, um segredo que ele jamais contou à sua mãe.

Já Ptolomeu não havia se unido em casamento com outro homem, mas passava as noites caçando mulheres. Ele fora picado por pulgas e beijado por mulheres por onde quer que passasse. Lembrava-se do brilho das águas acima dos charcos salgados. Lembrava-se das fogueiras acesas durante a noite para afugentar os cães selvagens. Lembrava-se dos uivos dos chacais, dos camelos escorregando sobre a trilha molhada. Se conseguia se lembrar de tais coisas, por que escreveria sobre duas serpentes falantes, quando todos os demais que relataram tal jornada registraram que foram guiados por gralhas falantes?

Thot diz: se as serpentes de Ptolomeu falavam, qual a língua que usavam, de modo que Ptolomeu as tivesse podido entender — esse grego que falava um dialeto macedônio? Será que as serpentes da Líbia falavam grego?

De modo algum. Essa foi, sem dúvida, somente a história displicente, sem sentido, contada por um grego e cheia de inverdades, como qualquer outra história de gregos. Por outro lado, talvez as serpentes quisessem dizer alguma coisa.

No Egito, cada palavra é uma figura, um símbolo. No Egito, toda coisa significa alguma outra coisa — Thot jura que sim. Na aparência, as serpentes significam uma coisa; no fundo, uma coisa diferente. Para o inteligente, para o instruído, para os iniciados, luz; para o não-iniciado, ou para o ignorante, escuridão, confusão, mistério.

Por outro lado, os gregos juram que Ptolomeu nunca em sua vida disse uma mentira. Por outro lado, ainda, Thot alerta você, discípulo-de-Thot: os gregos gostam de pregar peças.

2.2

As Estradas de Hórus

Ptolomeu penetrou no Egito pela segunda vez passando por Gaza e Rafia, atravessando o deserto, e percorrendo a areia molhada da praia entre Gaza e Pelúsia, pretendendo evitar ser tragado pelas areias movediças; e então seguiu ao longo das Estradas de Hórus, as Estradas de Guerra, até a fortaleza da fronteira, onde foi saudado pelos gregos, os gregos que Alexandre deixou para governar o Egito em seu nome.

Prontamente, sacrificou touros negros retintos a Zeus, Protetor dos Viajantes, e a Poseidon, Senhor do Terremoto, como oferenda de agradecimento por sua viagem em segurança, graças à grande bondade dos deuses.

Ptolomeu trazia consigo, é claro, um destacamento de tropas e, é claro, seu irmão, o fiel Menelau, e os três filhos, ainda pequenos, que tivera com

Thaís, os quais mal haviam começado a andar e tinham apenas a ama para cuidar deles, já que a mãe das crianças não se dispôs a acompanhar Ptolomeu ao Egito, assim como Artacama, sua esposa persa, que também não tomaria a estrada para Ecbatana. Assim, Ptolomeu precisava, no momento, de uma mulher ao seu lado. Ele atingira os 44 anos de idade, estava no apogeu da vida, e no máximo da sua capacidade. Porém, estava farto de vagar pelo mundo, e pronto — mais do que pronto — para gozar do conforto da vida de um sátrapa. Já havia tido mais do que seria a sua quota de trabalho árduo e dificuldades, e agora, como Homero colocou, *Zeus, filho de Cronos, derramara sobre ele um milagre de riqueza.*

Ptolomeu voltou o rosto primeiro para Heliópolis, a Cidade do Sol, onde o sumo sacerdote de Rá o recebeu, envergando os trajes de constelações exclusivos do seu uso, e com palavras que soavam como de boas-vindas mas que podiam ter qualquer outro significado, pois este orgulhoso egípcio se recusava a se dirigir ao grego na língua grega, e o que ele disse era, em verdade, como o gorjeio das andorinhas para Ptolomeu — outra língua bárbara. O intérprete de Ptolomeu fez o melhor que podia, fazendo sinais com as mãos, e os sacerdotes — alguns deles — sorriam os seus sorrisos misteriosos enquanto murmuravam palavras que significavam *que um asno copule com a sua mulher e com seus filhos*, pois nesta época nem todo sacerdote apreciava ter de se dirigir a estrangeiros com gentileza.

Mesmo então, quando os seus pensamentos podiam ter sido pensamentos egípcios apenas, Ptolomeu preocupou-se também com o fato de não ter filhos legítimos, nem herdeiros legítimos, e refletia dia e noite sobre qual mulher deveria tomar para sua esposa.

No entanto, embora fosse conveniente para Ptolomeu casar-se com uma mulher egípcia, uma princesa egípcia, talvez — alguma parenta de Nektanebo, o último dos faraós nativos —, e alguns já terem dito que foi o que de fato aconteceu, a verdade é que, quando Ptolomeu levantou a questão de uma esposa assim, os sacerdotes do Egito abriram os braços e disseram que não existia tal mulher disponível, já que Nektanebo não deixara nenhuma descendência, ao que se soubesse.

E, embora um casamento com alguma princesa egípcia tivesse propiciado a Ptolomeu uma legitimidade maior para governar o Egito, não era o que ele desejava, de modo algum: o que ele queria era uma esposa oriunda do seu próprio povo. Ele era grego, e sempre um grego, e não tinha a intenção de diluir o seu sangue macedônio gerando um filho que fosse meio egípcio.

Ptolomeu seguiu caminho. O corpo de Alexandre viajava com ele, nunca o perdeu de vista, e ele voltou as vistas para Menufer, que os gregos persistiam em chamar de Mênfis, a mais antiga e ilustre das cidades, a capital dos Faraós.

Toda Mênfis saiu às ruas para ver esse Ptolomeu, que iria governá-los no lugar do persa, no lugar de Alexandre, e as boas-vindas para um sátrapa eram apenas um pouco menos entusiasmadas do que as boas-vindas para um rei. Diante do grande Templo de Ptah, o deus criador dos egípcios, estava o sumo sacerdote de Ptah, o sumo sacerdote de Mênfis, cujo título era o Grande Chefe do Martelo, o Mestre de Todos os Artesãos, e envergava a pele pintada de leopardo, referente ao seu alto posto, e sua cabeça era, como usual, toda raspada, com exceção de um cacho lateral de cabelos, cujo uso era seu privilégio exclusivo.

Anemhor — o Velho Anemhor — era o nome desse homem, e ele tinha iniciado o seu aprendizado para ser um escriba aos cinco anos de idade.

Aos 15 anos, no tempo de Nektanebo, tinha entrado para o serviço de Ptah, como sacerdote *wab*, um sacerdote puro, que era o mais baixo posto do sacerdócio.

Aos 19, tornou-se um Pai do Deus, um sacerdote do segundo posto.

Aos 25, foi promovido a Terceiro Profeta de Ptah.

Aos 30 anos, foi promovido a Segundo Profeta de Ptah.

Aos 35 anos, quando o persa governava as Duas Terras, fora indicado para o posto de Primeiro Profeta, ou Servidor do Deus, como sumo sacerdote de Ptah, sumo sacerdote de Mênfis, e se manteria neste posto até o dia de sua morte. Na ocasião, Anemhor estava com 47 anos e sua sabedoria não tinha similar em nenhum outro homem no Egito.

O sumo sacerdote possuía muitos títulos. Era o Pai do Deus, e o Bem-Amado do Deus. Ele era profeta não apenas de Ptah mas também de sua esposa, Sekhmet, a deusa-leoa, e do filho deles, Nefertum — o lótus azul do qual o Sol se levanta. Era Profeta da Janelas das Aparições e Mestre dos Segredos. Era Profeta do Ápis Vivo, o Touro Sagrado, e Diretor do Guarda-

Roupa. Era o Supervisor dos Profetas de Todos os Deuses em Todo o Baixo e Alto Egito. Era Mestre dos Segredos dos Céus, da Terra e do Mundo dos Mortos, Aquele-Que-Sabe-os-Segredos, Aquele-Que-Enxerga-os-Segredos-de-Ptah. Não havia um só sacerdote nem escriba em todo o Egito a quem esse homem tivesse de obedecer, pois era o primeiro de todos eles. Sabia tudo do passado e tinha a capacidade de predizer tudo do futuro.

Ficou claro para Ptolomeu, logo nesse dia, que não havia sacerdote mais útil, para ele no Egito do que este homem, pois não havia nada que ele não soubesse. Anemhor era Thot em todos os sentidos.

Ptolomeu chamava esse homem de Pintas de Leopardo, devido ao seu traje cerimonial, o qual tinha até mesmo a cabeça do leopardo, pendurada de cabeça para baixo na altura de sua cintura, com olhos reluzentes e dentes à mostra.

No primeiro encontro, houve certa desconfiança entre os dois, com Ptolomeu se perguntando o que, de fato, o sumo sacerdote desejava dele: se era seu propósito ser seu amigo, ou se na verdade desejava que Ptolomeu morresse e sumisse dali. Embora Anemhor falasse grego, havia certa dificuldade de compreensão, porque Ptolomeu falava depressa demais, ou porque Anemhor falasse o grego da forma como era escrito, não como era falado; e ocorreu também certa falta de sorrisos. Para um grego, sorrir é, sim, um sinal de submissão. O pensamento grego é que o rosto de um homem é feito para impressionar, não para encantar, e o sumo sacerdote via no rosto não sorridente de Ptolomeu um sinal de hostilidade, não tendo certeza se era o propósito dele abolir o sacerdócio ou dar-lhe sustentação. Anemhor sabia perfeitamente que, para o grego, *sorrir* significa também *enganar*. Ele notou os olhos desconfiados do estrangeiro, sua postura tensa, seu olhar duro, prolongado, inquiridor, e era o olhar de um soldado, o olhar do homem que tem sangue na espada e o assassinato no coração; de um homem que não tinha as mãos limpas, um homem que tinha matado, sim, e gostado de matar.

O sorriso do grego, portanto, deveria ser conquistado.

Ptolomeu — o que ele viu no rosto desse sumo sacerdote? Ele examinou bem aqueles olhos escuros. Perscrutou o rosto trigueiro e não encontrou ali coisa alguma que pudesse compreender. O Mestre dos Segredos não revelava segredos. Ptolomeu percebeu, contudo, a bondade deste homem, deu-se conta do seu olhar firme. Talvez, ele pensou, Anemhor pudesse merecer confiança, afinal de contas.

Anemhor começou então a fazer as suas demandas e a dar as suas instruções; de como Ptolomeu devia proceder, o que ele devia ou não devia fazer, como se o sátrapa não fosse o governador de todo o Egito, mas uma criança que não soubesse de nada. Entretanto, a verdade é que Ptolomeu não sabia nada de nada. Verdadeiramente, comparado ao sumo sacerdote de Mênfis, Ptolomeu não sabia nada. Não, nada mesmo.

Quanto ao fato de o sumo sacerdote não estar sorrindo, ele conhecia muito bem Kleomenes, o enganador; Kleomenes, o ladrão. O que Anemhor pensou foi que Ptolomeu talvez fosse semelhante a Kleomenes, mais propenso a se apoderar de tudo o que pudesse do Egito do que dar qualquer coisa em retribuição. Teria de ser provado a Anemhor que não era esse o caso, antes que se permitisse ostentar aquele sorriso, o meio sorriso costumeiro de todo sacerdote do Egito.

Anemhor esforçou-se para criar dificuldades para Ptolomeu. Por vezes, pôs obstáculos no caminho dele, dizendo: *você deve fazer isto, ou o povo do Egito se insurgirá contra você*. E mesmo no primeiro encontro tais palavras estiveram tão presentes em seus lábios, *se o Sátrapa não fizer tal e tal...* que Ptolomeu fartou-se de ouvi-lo.

No final de dez dias de perguntas e respostas, dez dias de advertências sobre tudo o que podia dar errado para Ptolomeu no Egito, e de como impedir as coisas de darem errado, o sumo sacerdote esboçou o seu misterioso meio sorriso que significava tudo e nada ao mesmo tempo — o sorriso que, no devido tempo, Ptolomeu copiaria e aprenderia a usar, ele próprio: o sorriso do homem que sabia todos os segredos do Universo, os segredos que pertenciam tanto à Terra como aos Céus; o sorriso do homem que viu os deuses do Egito face a face.

Ptolomeu permitiu-se sorrir em retribuição a esse sumo sacerdote, que verificou que não havia nenhuma perfídia nem nenhuma malícia no caráter deste sátrapa, mas, sim, muita bondade, muita generosidade. E Anemhor sentiu em seu íntimo que poderia fazer coisas boas para o Egito, se esse grego estivesse no poder.

Por que, contudo, deveria Ptolomeu ter respeito por esse homem? Porque Anemhor mostrou a Ptolomeu, nestes primeiros dias, que era um homem poderoso, que podia fazer o que bem entendesse.

No primeiro dia de perguntas, Anemhor arremessou seu cetro cerimonial perante Ptolomeu, seguindo a antiga e reverenciada tradição dos sumos sacerdotes do Egito, e seu cetro transformou-se numa serpente, contorcendo-se sobre o chão da residência do sátrapa — uma serpente real que silvava e exibia suas presas. Ptolomeu encolheu-se, como qualquer homem se encolheria, e ficou assombrado, como qualquer outro homem se assombraria. Anemhor recolheu a serpente, dominou-a rapidamente e transformou-a de volta em cetro.

Era, em verdade, o mais velho dos velhos truques, e o mais fácil. Os gregos, só para deixar claro, nada sabiam sobre serpentes: por exemplo, que pressionar o polegar logo atrás da cabeça da serpente a força a ficar rígida, como uma vara, ou que quando se solta o polegar a paralisia pára. Por isso Ptolomeu ficou maravilhado, e todos os gregos também, pois jamais viram tal coisa na Grécia, nem em qualquer outro lugar por onde marcharam com Alexandre, nem mesmo na Índia.

Numa outra ocasião, Anemhor mostrou o seu poder fazendo as águas do rio virarem sangue, e tratava-se de mais um truque. Ptolomeu não sabia que todos os anos, quando a inundação do Nilo começava, o rio ficava vermelho com a terra vermelha do alto do rio descendo para Mênfis, nem que depois de um dia ou dois o rio voltava a ficar verde.

Acima de tudo Anemhor demonstrou a sua autoridade, já que ele comandava até mesmo os egípcios que serviam Ptolomeu em sua residência, fazendo-os levantarem-se e sentarem-se, todos de uma só vez, e falar com uma voz que agradasse a Ptah, enquanto Ptolomeu não possuía poder sobre aqueles que não falavam o grego, exceto gritando para eles palavras que não entendiam; exceto surrando-os na planta dos pés.

No Egito, costumamos falar do Homem Ideal. Aquele que é feliz mesmo ocupando uma posição humilde na vida. Ele possui poucos pertences. É modesto, e não é vaidoso. É uma pessoa controlada, serena quando fala, bondoso com todo mundo. É humilde diante do deus. Não é perfeito, porque apenas os deuses são perfeitos. A ele faltam todas as características guerreiras e é, antes de tudo, um homem pacífico. Anemhor era um homem assim, embora ocupasse um alto posto e possuísse vastas riquezas. Verdadeiramente, o Homem Ideal dos egípcios era um homem como Anemhor.

Nestes primeiros dias, Anemhor também se esforçou para mostrar bondade aos filhos pequenos de Thaís, exibindo para eles o melhor dos seus ostentosos truques. Pegou um escorpião morto e largou-o no chão para provar que estava morto, não apenas dormindo. Então ele lambuzou a criatura com heléboro-branco e aquela coisa morta moveu-se, levantou-se sobre as suas quatro pernas, voltou à vida e correu em disparada pela sala, para admiração dos filhos do sátrapa.

Posteriormente, Anemhor, escolhendo o dia apropriado com algum cuidado, anunciou que, usando palavras de poder, poderia fazer chover e, só para deixar claro, isso com um céu azul como safiras, lápis-lazúlis, sem nuvem alguma à vista, e mesmo assim o trovão ecoou e a chuva caiu. Lagos, Leontiskus e Irene presentearam Anemhor com seus sorrisos, e Ptolomeu entendeu que Anemhor tinha poder até mesmo sobre Zeus, Senhor do Trovão.

O sumo sacerdote mostrou aos gregos que era mestre. Mostrou que o poder de um sumo sacerdote era merecedor do mais alto respeito. Se Anemhor podia fazer com que coisas mortas retornassem à vida, não havia, certamente, coisa alguma que este egípcio não pudesse fazer.

Ptolomeu acreditava que Mênfis significava, acima de qualquer outra coisa, mágica, e por esta razão trouxera para aquela cidade o corpo de Alexandre. E também, é claro, porque Alexandria ainda não estava terminada, nem tampouco já seria segura em relação a saqueadores vindos do mar, para os quais seria muito fácil arrebatar de volta o corpo e levá-lo para Perdikkas, de modo que outro lugar qualquer usufruísse da boa sorte de Alexandre.

Sim, em Mênfis parecia haver toda probabilidade de que o sumo sacerdote conseguisse despertar Alexandre, do mesmo modo que despertara o escorpião morto.

Anemhor concordou em empregar as suas habilidades, e pronunciou junto a esse Rei os encantamentos que o podiam libertar do seu sono. Pronunciou muitas palavras no ouvido de Alexandre, conversando com ele durante horas e horas, dizendo *se ele foi enfeitiçado, isto o irá libertar...*

E entoou um canto vezes e vezes seguidas. Algumas vezes sussurrando. Outras vezes gritando:

Acorde! Acorde! Oh Alexandre! Acorde!
Você já é tão completo quanto qualquer deus...
Sua cabeça é Ra...
O seu rosto é Wepwawet...
O seu nariz é como o chacal...
Seus ouvidos são Ísis e Nefth...
Sua língua é Thot...
Não existe um só membro seu em que não haja um deus...
Levante-se, Alexandre!...

Porque, só para deixar claro, não havia nenhum homem dotado de maior prestidigitação de mão ou língua no Egito do que Anemhor. Ele era um grande mágico, como o próprio Thot.

No entanto, ainda que tivesse o poder de ressuscitar escorpiões, e não era ignorado que mortos haviam ressuscitado em Mênfis, Anemhor não conseguiu ressuscitar Alexandre. Que seja dita a verdade: nem Ptolomeu ou qualquer dos gregos ali realmente desejavam que ele o conseguisse, já que não havia o que temessem mais do que um homem morto que retornasse ao mundo dos vivos.

Alexandre parecia tão imóvel como se pudesse dormir por toda a eternidade. De qualquer modo, a verdade disto é que a magia para despertar os mortos na vida após a morte não é muito útil para acordar um homem morto aqui na Terra, e essa foi uma tentativa sem esperança.

Mesmo assim, não realizaram para Alexandre nenhuma cerimônia fúnebre no Egito — nenhuma —, simplesmente porque nunca puderam acreditar que esse homem estivesse morto.

2.3
O Construtor de Prisões

Quando Ptolomeu retornou ao Egito como sátrapa, estava no seu quadragésimo quinto ano de vida, e fazia nove anos que Alexandria fora fundada.

Quando deixara o Egito, depois da conquista de Alexandre, não havia nada a se ver no local de Alexandria senão cabanas de pescadores e os restos de um grande porto do tempo dos primeiros Faraós, que então estava coberto pelo mar.

Kleomenes, de Naukratis, tinha ordens de Alexandre para construir ali uma cidade grega dividida em quatro quadras chamadas Alfa, Beta, Gama e Delta, por conta das primeiras letras do alfabeto, com tudo o que uma cidade grega devesse ter, e para assentar as fundações de uma cidade a ser construída toda de mármore branco e calcário, que cintilaria ao sol do Egito e seria a inveja do mundo inteiro.

Alexandre tinha pedido milhares de colunas coríntias, com as ruas principais guarnecidas com colunatas, de modo que um homem poderia caminhar de um extremo ao outro de Alexandria na sombra, abrigado do calor do sol.

Kleomenes iniciou os magnificentes templos de Zeus, de Apolo, de Artemis, de Poseidon, encomendando vastas quantidades de pilares de mármore para as colunas, que seriam carregados em navios em Paros e trazidos através do Grande Mar. Foi uma das maiores proezas de engenharia jamais empreendidas.

Kleomenes também assumiu o encargo de construir o Heptastadion, uma ponte com sete estádios de comprimento, que atravessaria a baía e ligaria o continente à ilha de Faros. Ele utilizou aqui os mesmos princípios usados em Tito, enterrando pilares no leito do mar, despejando cascalho dentro de barragens reforçadas, mantendo assim a tradição de Alexandre de fazer o que parecia ser impossível ao erguer a construção no próprio mar. Quando o Heptastadion foi terminado, com uma estrada e um canal de água ao longo do seu topo, Kleomenes começou a pensar sobre o Templo de Ísis que deveria ornamentar a ilha de Faros. Porém, o grande Faros, ou Farol, era uma maravilha ainda não sonhada.

Enquanto Alexandre prosseguia em sua marcha para conquistar a Ásia e o restante do mundo, Kleomenes ficara encarregado de todas as finanças do Egito. Foi Kleomenes quem fundou a casa da moeda e cunhou a tetradracma de prata com a cabeça de Alexandre, usando os chifres do carneiro de Zeus-Amon, seu pai, e Alexandre ficou muito satisfeito com ela e com Kleomenes.

Sem a habilidade de Kleomenes, sua energia, sua devoção ao dever e seu empenho para fazer surgir uma cidade que fosse digna do seu fundador, talvez não houvesse nenhuma Alexandria para se ver e admirar, quando Ptolomeu retornou, como sátrapa. Verdade seja dita, Ptolomeu tinha muito o que agradecer a esse homem, por tudo o que ele tinha feito.

Ptolomeu cavalgou ao lado de Kleomenes ao longo da avenida chamada de Canopus — porque conduzia à cidade de Canopus, que ficava a leste de Alexandria, pela costa, uma cidade devotada ao prazer, à luxúria e à adoração aos deuses — e essa rua tinha um *plethron* de largura, de modo que podia ser usada para corrida de carros, e era pavimentada com pedras talhadas, e guarnecida de colunatas do Portal do Sol, a oeste, até o Portal da Lua, a leste. Cerca de trinta estádios de comprimento, com um canal de água potável descendo pelo meio, e estátuas de Alexandre e Felipe e de todos os deuses da Grécia de Atenas a Zeus, e uma estátua também do próprio Kleomenes.

Kleomenes mostrou a Ptolomeu a ágora, o mercado, com lojas que vendiam toda espécie de peixes do mar e peixes de água doce, pescados do grande lago de nome Mareotis, que fica atrás da cidade, e toda espécie de carne e bebida, e toda espécie de artigos gregos necessários para dar felicidade aos gregos, tais como azeitonas, mel, pão, *moussaka* e vinho.

Mostrou a Ptolomeu as cisternas subterrâneas de enorme tamanho, que comportavam o suprimento de água fresca, e as fontes de água fresca das quais se podia também fazer jorrar leite e vinho. Exibiu os templos a Zeus e Apolo, Asclépios e Poseidon, o *gymnasia* grego, os banhos públicos, o hipódromo para corridas de cavalos, o *stadion* para competições atléticas, o *odeion*, ou câmara de conselho, o tesouro e a prisão: todos os itens da mais perfeita cidade grega, e todas estas construções estavam começadas — algumas pela metade, algumas mal chegando à altura do joelho — porém nenhuma estava terminada, exceto a prisão.

Ptolomeu arreganhou os dentes. Sorriu com seus olhos também, seus olhos azuis, e ordenou que o trabalho em andamento continuasse como antes, exatamente como Alexandre havia planejado. Verificou que tudo o que Kleomenes se incumbira de fazer estava sendo conduzido com grande maestria — que Alexandria seria a mais refinada das cidades — e o seu coração inflamou-se de orgulho.

Ptolomeu agradeceu a Kleomenes por seu laborioso trabalho, por sua cuidadosa atenção a cada detalhe, e não apenas apertou as mãos de Kleomenes como beijou-lhe ambas as faces, como se ele fosse um amigo.

Feito isso, mandou prendê-lo, agrilhoá-lo a ferros e atirá-lo na prisão nova em folha, sob a acusação de diversos crimes contra o Estado, pois ele só se preocupara com o seu enriquecimento pessoal, servindo-se à vontade dos impostos e da receita pública, como se não fosse apenas um *hyparkhos* e administrador financeiro, mas o próprio monarca.

Ptolomeu escutara histórias da riqueza colossal amealhada por Kleomenes. Escutara que os soldados tinham sido lesados em metade dos seus salários; que, na época da fome, Kleomenes colocara todo o suprimento de cereais sob seu controle, e vendeu-o tirando enorme lucro. Pior de tudo, escutara de Anemhor que Kleomenes tinha ameaçado fechar todos os templos no Egito se os sacerdotes não pagassem o que exigia por sua proteção.

Kleomenes foi conduzido acorrentado à presença do sátrapa para ser interrogado, e Ptolomeu não se absteve de usar o *hippos*, o cavalo, em seu prisioneiro, para lhe torcer os polegares, e dobrá-lo em dois, até forçá-lo a falar a verdade.

Com sua desonestidade esse homem acumulara uma fortuna de oito mil talentos. O seu desvelo e atenção para com a nova cidade tinham conquistado para ele o seu reconhecimento como sátrapa, em tudo, exceto no nome, e o perdão de Alexandre, também, pelos excessos cometidos durante seu exercício do cargo. Kleomenes estava inteiramente convencido de que seria nomeado sátrapa do Egito.

Entretanto, o acordo da Babilônia tornou Kleomenes um subalterno de Ptolomeu, e Ptolomeu começou por humilhar Kleomenes, por sua soberba, vendo-o como seu rival e inimigo — um homem que devia ser punido.

Afinal de contas, Kleomenes fizera da prática do mal o seu comércio. Era odiado por todos os que tinham negócios no Egito, e confessou a sua culpa, confirmando ser verdade tudo o que Ptolomeu escutara.

A prisão de Alexandria fora construída de acordo com o projeto e as ordens precisas de Kleomenes, com mármore de Paros, colunas de Corinto no lado de fora, e portões de ferro e fechaduras com correntes de ferro por dentro, de modo que homem nenhum, grego ou egípcio, poderia escapar dali. A prisão de Kleomenes era excelente, um belo edifício, e Kleomenes de Naukratis foi o seu primeiro prisioneiro.

No dia designado para a execução de Kleomenes, Ptolomeu deu ordens para que a colossal estátua de granito cor-de-rosa do criminoso fosse posta abaixo de seu pedestal, na Rua Canopus, e reduzida a pequenos fragmentos róseos, dos quais fez Kleomenes engolir o máximo que agüentou.

Kleomenes não residiu por muito tempo na sua prisão, pois Ptolomeu ordenou que ele bebesse cicuta, e Ptolomeu ficou observando o *hyparkhos* ficar com os membros cada vez mais gelados, enquanto o seu sangue coagulava e ele vomitava o conteúdo do seu estômago, morrendo em horríveis convulsões.

Ptolomeu agora preparava-se para a esperada invasão de Perdikkas, mobilizando toda a sua tropa nas fortalezas da fronteira do Egito. Ele se apossou da riqueza de Kleomenes, de forma que esse mal obtido dinheiro se tornou a base de sua própria fortuna. Perguntado por que simplesmente não tomara o dinheiro de Kleomenes e mandara-o embora para casa, na Macedônia, ou por que simplesmente não o multara, Ptolomeu respondeu que, estivesse onde estivesse, sendo um homem livre, Kleomenes era capaz de se insurgir e tentar vingar-se. Era muito melhor que Kleomenes de Naukratis estivesse morto, ele disse, pois um homem morto não pode causar problemas.

2.4

Bárbaros

Na chegada de Ptolomeu, Anemhor tinha recebido o sátrapa na sacada de audiências do seu grande Templo de Ptah, em Mênfis, observando a imensa coluna de soldados gregos entrando em marcha em sua cidade. Durante todo aquele dia Anemhor nada ouviu senão a pisada das botas dos soldados, o tinido dos arreios, o rumor das carroças e carros, as ordens gritadas pelos oficiais, a voz dos gregos elevando-se numa única voz, cantando o Paian de Batalha em honra de Apolo, as canções marciais em homenagem a Atenas, deusa da Guerra, Nike, deusa da Vitória, e Zeus, Senhor do Trovão.

Anemhor observava o entardecer e pensava em Rá, o deus-Sol, em Anúbis, Senhor do Mundo Subterrâneo, em Ptah, o deus-criador, e as lágrimas desciam-lhe pelo rosto — lágrimas de alívio, talvez, por não ter o Egito voltado ao poder dos persas; ou lágrimas de ira, por estar o poder do estrangeiro se renovando — como se não tivesse um fim para o domínio estrangeiro, como se os deuses do Egito de fato tivessem abandonado as Duas Terras.

Em Mênfis, Ptolomeu falou mais brandamente com Anemhor, pois a verdade era que esse homem podia falar grego tão naturalmente quanto os porcos grunhem, e embora fosse mais conveniente para ele fingir que não entendia, havia pouca coisa que esse homem não entendesse sobre a linguagem do invasor.

Ptolomeu perguntou muitas coisas, porém mais do que tudo interessou-se sobre o que devia ser feito para conquistar a simpatia do povo, e como o governo do Egito deveria ser mais bem conduzido.

Anemhor disse muito a Ptolomeu — embora não lhe tenha dito tudo. Anemhor preocupava-se com muitas coisas, porém a maior das suas preocupações dizia respeito ao infante Alexandros — Faraó ainda criança, que permanecera na Grécia com Perdikkas — e ao ausente Arrhidaios, que tampouco veio para o Egito. Anemhor preocupava-se porque era a presença do Faraó que garantia coisas tais como a cheia do rio.

Se o rio não enche no tempo devido, alertou a Ptolomeu, *haverá escassez de víveres. E se houver fome, haverá também revolta...*

Ptolomeu entendeu, então, que a cheia do Nilo e a fertilidade da terra estavam ligadas indissoluvelmente à presença do Faraó, que assim era diretamente responsável pela prosperidade do Egito.

Como, Anemhor perguntou, *pode um Faraó ausente fazer os deuses felizes e evitar uma crise no Egito? Como pode o Faraó agir, se ele vive na Grécia? Como pode um rei que é uma criança ser um rei efetivo?*

Era pensamento de Anemhor que Ptolomeu teria que fazer todo o possível em nome do Faraó. Era o sátrapa que teria de oferecer sacrifícios ao Touro Sagrado, Ápis, e assim demonstrar a sua boa vontade.

Ptolomeu fez as oferendas apropriadas. Ordenou o reparo dos templos em Waset, a cidade que os gregos chamavam de Diospólis, ou Tebas dos Cem Portões, e se não fez mais do que dar uma olhada em tudo o que precisava ser executado foi porque tinha negócios mais urgentes em Mênfis.

Ginestho, ele disse, faça! — e ele conhecia o poder de um sátrapa, então, e a força impactante do seu poder, pois tudo o que esse homem desejava podia ser realizado instantaneamente, ou assim ele pensava.

Ptolomeu assumiu o papel de visitante, e assim realizou a procissão apropriada ao visitante, para ver os monumentos que os gregos decidiram chamar de Pirâmides, com seu séquito de abanadores de leques, condutores de camelos, muleteiros, e sacerdotes ao seu serviço, os quais responderiam, ou não, todas as suas perguntas. Ptolomeu ficou deslumbrado, como todo homem se deslumbra, com o esplendor do revestimento de pedra branca, além de ofuscado pelo reflexo do sol nas pedras, e assombrado pelo tamanho delas, que eram maiores do que qualquer coisa feita pelo homem que já vira até agora.

Qual a idade delas?, perguntou, como todos perguntam, e o sumo sacerdote abriu os braços, pois esta era uma pergunta impossível de ser respondida, exceto com um murmúrio. *Mais antigas do que a memória, Excelência; mais antigas do que o tempo*. Afinal, era uma das coisas que Anemhor não desejava contar ao sátrapa, a quem não era permitido conhecer todas as coisas.

Perguntou a seguir sobre a Terceira Pirâmide — seria verdade que o monumento era assombrado por uma bela mulher nua que deixava qualquer homem enlouquecido? Seria verdade? E Anemhor respondeu, *sim, Excelên-*

cia, e Ptolomeu, que se interessava por mulheres, mulheres nuas, porém nenhum interesse tinha em ficar louco, não encontrou motivo para viajar a fim de ver a Terceira Pirâmide depois disso, e os sacerdotes ficaram satisfeitos. Não desejavam que Ptolomeu conhecesse os segredos do Egito. Ele era o estrangeiro, o Cão Grego, visto sob suspeita. Talvez fosse melhor do que os persas, mas não era do Egito. Nunca seria: eles se assegurariam disso. E, sem dúvida, havia muitos homens, muitos sacerdotes, que o acolhiam bem, embora fossem ficar satisfeitos — bem mais! — se o vissem pelas costas novamente.

Ptolomeu recebeu, entretanto, o aplauso educado do povo da cidade de Unnu, ou On, que os gregos chamam de Heliópolis, Cidade do Sol, e essas pessoas atiraram flores, conforme as instruções que haviam recebido, e mostraram seus dentes, num sorriso, pelo menos um pouco, e Ptolomeu, tendo visto isso, cavalgou de volta para Mênfis.

O exército de Ptolomeu, nesse meio tempo, marchou rio acima, e no comando de navios rio acima, onde, incapaz de pronunciar qualquer dos nomes dos lugares em egípcio, incapaz de lembrar qual lugar era qual e incapaz de entender o significado de qualquer destes nomes, inventaram, com a permissão de Ptolomeu, nomes por sua própria conta. De modo que cada cidade se tornou uma pólis: Crocodilópolis, Cidade dos Crocodilos, por exemplo, Heracleópolis, Cidade de Herácles, Kynópolis, Cidade dos Cães, Lykópolis, Cidade do Lobo, Apolonópolis, Cidade de Apolo, Hermópolis, Cidade de Hermes — o Thot dos gregos — e assim por diante. Desse modo, o egípcio tornou-se quase estrangeiro em sua própria terra. Para combater a indignidade de tal coisa, nenhum egípcio se dignava a falar o nome de Alexandria, a cidade dos invasores gregos, e persistiram em sua insubordinação chamando-a de Rhakotis, o Canteiro de Obras, mesmo depois que a cidade foi terminada.

Quanto a Anemhor, ele balançava a cabeça, perguntando a si mesmo como foi que os egípcios se resignaram a não lutar contra os gregos, para expulsá-los do Egito; ao invés disso os acolheram como um amado amigo. Anemhor, na verdade, não era um grande amigo dos gregos e criou problemas para eles sempre que pôde.

Sem dúvida, Ptolomeu tornou-se bem-vindo, depois de modelado, porém continuava a ser, para todos os efeitos, um bárbaro aos olhos egípcios, e seu exército, um exército sujo, manchado de sangue, trazendo as marcas do estupro e do assassinato nas suas vestimentas. Contudo, embora muitos dos egípcios tivessem tal esperança, e rezassem aos deuses do Egito por isto, fingindo não entender o que os gregos diziam ou queriam, o grego não ia embora. O grego jamais retornaria para a Grécia, porque preferia o Egito onde se encontrava, como ele gostava de dizer, ouro em pó até mesmo nas ruas, mesmo se a poeira de ouro fosse apenas areia.

Mas não: o grego viera para ficar; e ainda que houvesse coisas que detestava nas Duas Terras, havia mais coisas ainda que amava nelas.

Sim, o soldado Ptolomeu apreciava a maioria das coisas em que punha os olhos. Lá ele viu pela primeira vez um pássaro que chamava de *struthion*, ou avestruz, criado nas fazendas reais de avestruzes, por causa de suas penas, e ele gostava de montar e disputar corridas montado nesse pássaro, e ninguém levantava um dedo para impedi-lo. Ao soldado grego era permitido gozar a vida. Era mais fácil deixar os homens de Ptolomeu fazerem o que bem entendessem, pois contrariá-los significaria que a espada seria sacada da bainha, e a espada mataria aos milhares, como havia acontecido em Tiro, em Gaza e em centenas de outros lugares. O Egito recebera o seu aviso — o que poderia esperar se não exibisse os dentes para o grego. O Egito sabia muito bem qual seria o preço a pagar caso se negasse a sorrir, ou se não deixasse Ptolomeu e os soldados de Ptolomeu fazerem o que quisessem.

Na verdade, Anemhor pensava que a nova cidade de Alexandria seria algo excelente. Mênfis não era um bom lugar para acomodar dez mil soldados gregos. À parte qualquer outra coisa, os gregos disseminavam a prática da *aphrodisia*, homem sobre homem, e isso era proibido em Mênfis, como uma impureza nessa cidade mais pura do que a pureza — essa que era a mais pura das cidades puras. Além disso, trazer deuses gregos para a ilustre e a mais ilustre cidade de todas, Mênfis, a antiga capital religiosa do Egito, onde tudo concerne a Ptah, da Face Bela, e à grandeza de Ptah — seria a coisa menos apropriada que poderia acontecer. Ptolomeu deveria ter uma cidade só para si, onde os gregos pudessem fazer o que bem entendessem, uma cidade, se assim o desejassem, que fosse impura, onde tudo fosse permitido, onde nada que um homem pudesse imaginar fazer fosse proibido, e sem que os deuses do Egito se sentissem insultados por cada um dos seus atos.

Sim, Anemhor instava Ptolomeu a pensar em Alexandria como sua capital, que seria uma cidade extremamente moderna, com suprimento apropriado de água potável — em vez de servir-se da água do rio, como todo homem fazia em Mênfis e em todos os demais lugares do Egito —, com seus banhos gregos, quentes e frios, e tudo o mais que fosse apropriado para um grego, sim, uma cidade de que o grego teria orgulho, que não exalasse o cheiro mofado de antigüidade de Mênfis; que não fedesse a valas abertas, imundície e esterco de camelo. Para tirar os gregos de Mênfis, sim, claro, seria excelente, ótimo, e em Mênfis pareceria como se nada houvesse mudado; como se os egípcios ainda estivessem no controle das Duas Terras.

Porém, a ilustre e mais do que ilustre cidade de Alexandria ainda não estava concluída de modo a propiciar satisfação a Ptolomeu, menos ainda pronta para ser uma residência satrapal, e Anemhor podia apenas encorajar, e dar a sua melhor ajuda por meio de trabalhadores egípcios, e ficar orando a Ptah e a todos os deuses do Egito pela chegada do dia em que a coluna dos soldados gregos marcharia para o Norte, deixando Mênfis em paz. Por sua vez, Ptolomeu reclamava o avanço do programa de construção, enviando mensagens diárias de encorajamento para os capatazes dos trabalhadores.

Anemhor perguntava com freqüência: *como vão as obras?* — como se a ele agradasse que Mênfis ficasse livre do sátrapa o mais cedo possível.

Anemhor, o sumo sacerdote de Mênfis, era um homem fraco, um homem de espírito debilitado, e ainda assim era mais forte do que todos os homens; tinha poder ilimitado. Assim se dizia que, como Thot, ele engolira as Duas Terras, pois não havia nada que ignorasse sobre o Egito.

Assim como sensatez e sabedoria, possuía maior riqueza do que qualquer outro homem no Egito, depois do Rei. Tinha sua casa em Mênfis, com jardins, criados e escravos em grande quantidade, carruagens rápidas e cavalos sem igual. Tinha até mesmo dois enormes navios, nos quais costumava subir e descer o rio, no seu ofício sacerdotal.

No passado, este homem teria sido Diretor de Todos os Trabalhos do Rei, se não também o Vizir do Rei, parte do governo do Egito. Teria sido Arquiteto do Faraó, encarregado de todas as construções e dos reparos de todos os templos. Mas os persas cortaram o seu poder pela metade. Anemhor não era Vizir do Egito, e era como se lhe tivessem negado o uso de sua mão direita. Sob as ordens de Alexandre, sob a hiparquia de Kleomenes, Anemhor se resignou a ser a metade de um sumo sacerdote, ser apenas Mestre da Casa de Ouro, supervisionando a fabricação de todos os objetos de ouro e metais preciosos.

Conservou todos os seus títulos sacerdotais. Permaneceu um príncipe e um nobre do Egito. Não deixou de ser Profeta de Hórus da Janela das Aparições. Não deixou de ser Profeta do Ápis Vivo, o Touro Sagrado de Mênfis. Mas a partir de Ptolomeu, Anemhor empenhou-se em reconquistar seus plenos poderes. Ele não estaria à disposição do sátrapa, mas se manteria próximo, procurando dar conselhos a Ptolomeu sobre cada assunto. Ao mesmo tempo, Ptolomeu manteve o governo do Egito nas mãos dos seus próprios ministros — gregos, homens em quem depositava absoluta confiança. Era propósito de Ptolomeu deixar as questões religiosas para os sumos sacerdotes do Egito, e não permitir que eles se imiscuíssem nos negócios do Estado.

Porém, Anemhor não tinha a intenção de deixar que Ptolomeu pudesse sobreviver sem sua ajuda.

Sempre haveria um clima de tensão sobre o poder do sacerdócio, enquanto a Casa de Ptolomeu governasse o Egito: Ptolomeu sempre se preocuparia se os sacerdotes em geral, e o sumo sacerdote de Mênfis em particular, estariam tramando derrubá-lo.

Diante disso, a ocupação de Anemhor era com o festival de Mênfis, o festival de Sokar, no qual o barco perfazia o circuito em torno dos muros da cidade, e a visita da estátua de Ptah a Hathor, Senhora dos Sicômoros, Hathor do Sul, quando o deus tomaria o navio e velejaria rio acima. Sim, era sua primeira tarefa salvaguardar os templos; zelar pelo bem-estar dos deuses — todos os deuses.

Assim, Anemhor se certificou de que Ptolomeu estivesse ciente de que tudo que estivesse ligado aos templos — fossem esculturas em pedra, ou móveis, ou vasos de ouro — era guardado pela mais poderosa das magias. E ele disse: *qualquer homem que levantar as suas mãos para esses objetos, ou contra o próprio Templo, ou contra qualquer dos seus sacerdotes, sucumbirá sob a espada de Amun; sucumbirá pelo fogo de Sekhmet, a deusa-leoa.*

Ptolomeu abriu os braços, como que para dizer: *nunca tive a intenção... nem me passou pela cabeça...* Porém, nada disse, pensando, em vez disso, em todas as coisas que devia e não devia fazer, e que afinal o Egito tinha sido um grande prêmio — o grande presente dos deuses da Grécia —, mas como era difícil mantê-lo sob seu domínio...

É verdade, Thot diz, Ptolomeu e a sua Casa não tiveram vida fácil. Se haviam pensado que não fosse tanto o peso de governar o Egito, estavam enganados.

Porém Anemhor pressentia em seu íntimo tudo o que Ptolomeu imaginava fazer. Ele tinha o poder de adivinhar os pensamentos secretos de Ptolomeu. Tinha sempre seus espiões na residência satrapal; seus vigias, na cidade inacabada, relatavam-lhe tudo o que ocorria por lá.

Era este, então, desde o início, o propósito de Anemhor — trabalhar para arruinar a Casa de Ptolomeu? Teria esse homem dado apoio aos gregos apenas para ajudá-los a construir uma casa, uma cidade, um império, que fatalmente ruiria?

Talvez. Talvez, não. Só para deixar claro, a magia de Anemhor era poderosa o bastante para que ele fizesse o que bem entendesse com o destino de Ptolomeu. Portanto, seria mera questão de esperar pelo colapso, vigiar e aguardar, pois o Tempo, para os sacerdotes do Egito, nada significa, absolutamente nada.

A residência de Anemhor em Mênfis era grande, e seus jardins eram plantados com figueiras, tamareiras, sicômoros, videiras e arbustos variados, e havia pequenos lagos com peixes ornamentais. Em toda Mênfis, não havia jardins tão grandes ou tão belos, à exceção dos jardins do próprio Faraó. Anemhor tinha também a sua amada esposa, seus educados filhos, um dos quais seria sumo sacerdote de Ptah tão logo partisse para o seu túmulo no oeste, e suas filhas, todas destinadas a se casar com sacerdotes de alto posto.

O jardim era o paraíso de Anemhor, onde passava suas horas de lazer. Ali ele jogava damas com os seus filhos, ou escutava harpa, alaúde e gaita, tocados pelas mulheres da família. Ali, as assistia praticar as danças que precisavam executar diante do deus em seu templo. Os seus filhos mais jovens corriam por entre as palmeiras ou mergulhavam nos pequenos lagos; filhos que se tornariam sacerdotes, filhas que já tocavam sistro no templo, porque, sim, a família inteira de Anemhor era dedicada ao serviço de Ptah, o deus da Bela Face.

A despeito da sua constante e elaborada preparação para a morte, Anemhor mantinha-se sempre alegre; a despeito de o Egito ter novamente sido entregue nas mãos de estrangeiros, suas risadas não diminuíam, mas ecoavam, ainda, entre as palmeiras e sicômoros do seu jardim.

Anemhor ia tocando seu trabalho, cruzando os braços sob o manto pintado de pele de leopardo. Todos os dias ele se banhava três vezes no Lago Sagrado de Ptah, de forma que estava entre o mais puro dos puros. De três em três dias, tinha o corpo raspado dos pés à cabeça, incluindo as sobrancelhas e o seu tufo de pêlos pubianos. Não havia ódio no coração deste homem. Ele sempre fazia o que era melhor para o Egito, o que era melhor para os deuses. Não tinha nenhuma queixa pessoal contra Ptolomeu, que demonstrava ser um homem bondoso — tão bondoso quanto se poderia encontrar entre os gregos.

Seria possível que esse Anemhor fizesse algo para que a Casa de Ptolomeu destruísse a si mesma, para que o governo dos Faraós nativos fosse restaurado? Ele faria isso, discípulo-de-Thot? Faria?

Alguns pensavam que sim.

Não, o sumo sacerdote de Ptah não se deixava abater pelas circunstâncias. Seu sorriso não diminuía. Pelo contrário, tornava-se mais largo.

2.5

A Sabedoria Egípcia

No ano em que Ptolomeu chegou ao Egito como sátrapa, o garoto chamado Anemhor — também Esisout, como também Nesisty, porém mais freqüentemente chamado pelo nome de Eskedi —, o filho mais velho do Velho Anemhor, sumo sacerdote de Mênfis, completava seus 16 anos, e era o fim dos seus dias na Escola de Escribas de Mênfis. Como seu pai, ele também havia começado seus estudos aos cinco anos de idade, e nos últimos meses de estudo fora encarregado dos estábulos de criação de cavalos de Mênfis, pois era um garoto destinado ao mais alto ofício — alguém que, se fosse da vontade dos deuses, devia suceder ao seu pai.

Nos seus primeiros dias na escola de escribas, aprendera a arte da leitura, em meio a uma classe inteira de alunos que liam os papiros em voz alta e em coro.

Ele tinha feito progressos em decorar longas passagens da Sabedoria do Egito, pois seu pai dava grande importância à habilidade da memória. Era mais importante lembrar-se do que formular novos pensamentos. Pensamentos novos não eram necessários aos escribas, pois, no mundo do templo de Ptah, todas as coisas deveriam permanecer como sempre foram. Porque, no Egito, a coisa mais admirável é que nada novo existe; que tudo permanece o mesmo desde o começo do mundo, desde a Primeira Vez, quando os deuses eram jovens.

O velho Anemhor encorajava esse seu filho, dizendo-lhe: *aprenda a escrever, pois isto trará a você mais benefício do que qualquer outra coisa.* Anemhor disse a ele: *o seu aprendizado vai ficar com você para sempre, como as próprias montanhas.*

Eskedi aprendeu. Eskedi guardou na memória. Logo, desenvolveu a habilidade de predizer o dia em que um terremoto aconteceria. Era capaz de predizer o fracasso da colheita e o surto das doenças epidêmicas.

Desde a idade de quatro anos, Eskedi foi encorajado pelo pai a orar a Ápis, o Touro Sagrado de Mênfis, que era a imagem viva de Ptah. E embora não lhe fosse ainda atribuído o título de Guardião do Ápis Vivo, isso logo aconteceria; até lá, visitaria todos os dias o touro, a fim de aprender a arte de predizer o futuro a partir dos movimentos e reações desta assombrosa besta divina.

Se Ápis chicoteasse sua cauda, significava isto e aquilo.

Se Ápis lambesse sua narina esquerda com sua grande língua cinzenta, significaria tal e tal.

Se lambesse as narinas esquerda e direita juntas, significaria outra coisa.

Eskedi era um mestre nos sinais do Apis. Logo, era nomeado escriba especial com a responsabilidade de alimentar a mãe do Ápis, a qual, ao morrer, tornar-se-ia a vaca Ísis.

Eskedi aprendeu a curar os doentes. Aprendeu as propriedades de cada planta medicinal. Aprendeu a arte de fazer chover. Ele se tornaria um escriba da Casa da Vida — um homem a quem o povo do Egito poderia fazer qualquer pergunta que desejasse e teria a certeza de receber dele uma resposta satisfatória.

Agora, com 16 anos, este garoto submeteu-se ao exame que todo jovem escriba destinado ao sacerdócio do Egito deve prestar; o exame era de gramática, escrita de hieróglifos e escrita hierática egípcia, bem como de conhecimento dos deuses, seus títulos, características e história, e das múltiplas complexidades do ritual do templo. Todas essas matérias eram difíceis — muito difíceis —, porém, na verdade, não havia quase nada que Eskedi já não soubesse. Ele saiu-se muito bem, e o Velho Anemhor ficou radiante.

Então, tiraram os trajes desse grande estudioso, e ele foi lavado três vezes no Lago Sagrado de Ptah. Foi raspado com navalhas de bronze da cabeça aos pés, até o último pêlo do corpo. Sua pele foi ungida com perfumes. A seguir, vestiram-no com as roupas cerimoniais do sacerdócio, e então foi admitido no horizonte do Céu pela primeira vez.

Eskedi, fascinado pela reverência, só de pensar na majestade de Ptah, podia agora aproximar-se do próprio deus em seu santuário, pois ele era agora e de imediato um sacerdote *wab*, um sacerdote iniciado, e não havia palavra para descrever a felicidade do seu coração, nem a felicidade de seu pai e sua mãe.

Eskedi usufruiria de vida livre do trabalho físico. Até o fim de seus dias, teria suas mãos macias e usaria as roupas limpas de um escriba. Ele se banharia no Lago Sagrado três vezes ao dia. Os pensamentos vindos do coração não seriam perturbados por aborrecimentos corporais. Eskedi era um garoto que daria ordens, verificaria resultados, faria anotações e concederia ou negaria sua permissão aos outros; um homem altamente dotado para tomar as decisões mais importantes, relativas aos templos do Egito.

Na Escola de Escribas da Casa da Vida, o jovem Eskedi aprendera a magia que representava parte tão fundamental do conhecimento de todo sacerdote. Vez por outra, esse aluno esquecia que a coisa mais importante para um escriba aprender é a arte de autocontrole — a arte de controlar os sentimentos —, por isso era sempre advertido por seu mestre: *mantenha-se atento e ouça o que lhe digo. Não esqueça nada do que lhe digo.*

E quando Eskedi esquecia novamente, o mestre dizia: *o garoto que escuta há de ser amanhã alguém com distinção.*

E ele disse: *um garoto tem ouvidos nas costas. Ele escuta quando é surrado.*

Quando Eskedi não escutava, era surrado, e aprendia a sua lição. Ele não era tão mau que precisassem amarrar suas pernas juntas para que não pudesse fugir.

Pela manhã, copiava textos de sabedoria, tais como:

> *Faça o bem e você progredirá*
> *Não faça uso da pena para injuriar um homem...*
> *O macaco mora na Casa de Khnum,*
> *Seus olhos circundam as Duas Terras...*
> *Quando ele vê alguém que trapaceia com o seu dedo,*
> *Ele carrega embora o seu sustento na enchente.*

No frio da noite, Eskedi praticava com seus companheiros a habilidade do crocodilo, montando as costas da Face do Medo no Lago Sagrado — um esporte que não acarreta grande perigo, pois a boca da fera fora amarrada, bem firme, com corda de papiro, antes que a qualquer garoto fosse permitido entrar na água.

Montar o crocodilo era a grande habilidade de Hórus, o deus-falcão. Se um garoto conseguisse fazer isso, não teria medo de nada.

E Eskedi, como seu pai antes dele, era mestre até mesmo do crocodilo.

Na margem do seu papiro este garoto escreveu: *eu domino todas as artes mágicas. Não existe nada nessas artes que me escape.*

Quando ele já tinha dominado a arte até mesmo de traduzir hieróglifos, em escrita hierática, a tarefa mais difícil para todo escriba, escreveu na margem do papiro: *não há absolutamente nada que Eskedi não saiba.*

Ele aprendeu que o homem sábio preferirá o silêncio a uma conversa vazia. Aprendeu a usar o nome secreto de cada deus, de forma a mudar a ordem das coisas.

Pois sim, se Eskedi pronunciasse o nome sagrado de Shu à margem do rio, este secaria completamente. E se ele pronunciasse o nome sagrado de Shu sobre a terra, esta pegaria fogo.

Eskedi tinha tal poder sobre o crocodilo que, se a fera atacasse o mágico, o sul viraria para o norte — sim, o mundo estremeceria.

Fazia muito tempo que havia aprendido a escrever e a proferir automaticamente o voto de praxe dirigido ao Faraó (*Longa vida! Prosperidade! Saúde!*), toda vez que escrevesse ou pronunciasse a palavra faraó.

Eskedi era na verdade um escriba com dedos limpos. Conhecimento e virtude eram inseparáveis. Nenhum garoto poderia se tornar um escriba sem ambas as coisas, e seu comportamento estava além de qualquer reprovação.

Acima de tudo, Eskedi aprendeu o respeito devido a um parente. Faça libação para seu pai e sua mãe, ele escreveu, que estão repousando no Vale. *Não se esqueça dos que estão do outro lado. O seu filho agirá da mesma forma por você.*

Porém, no momento, o pai de Eskedi vivia (o velho Anemhor, sumo sacerdote de Ptah, o mais sábio entre todos os sábios do Egito). O velho Anemhor era na verdade Thot, em todos os sentidos, porém Eskedi seu filho não ficava muito atrás dele em sabedoria. Ele escreveu na margem do seu papiro: *contemplem-me, sou um excelente escriba.* Um pouco de fanfarronice é natural na juventude. Porém o que Eskedi escrevia acontecia ser verdadeiro.

2.6

A Chuva de Nozes e de Figos

Tendo botado as mãos em cima dos oito mil talentos do Tesouro do Egito, Ptolomeu não via razão por que deveria se conter no que diz respeito a gastos. Começou então a contratar soldados aos milhares por todo o mundo grego afora, de forma a poder resistir ao ataque de Perdikkas, quando acontecesse.

Um imenso número de soldados desertou, deixando para trás seus comandantes e dirigindo-se ao acampamento de Ptolomeu; por um lado, porque ele tinha a reputação de ser um homem justo; por outro, porém, o soldo que oferecia era em muito superior ao que os demais sucessores de Alexandre podiam pagar. Soldados que nunca tinham tido simpatia por Ptolomeu antes tornaram-se grandes simpatizantes de Ptolomeu agora, de forma que Mênfis ficou lotada de homens de aparência rude que nenhuma outra língua falavam senão os dialetos gregos mais toscos, e a cidade ficou tão em falta de mulheres gregas que Ptolomeu se viu obrigado a importar não apenas soldados, mas navios sobrecarregados de prostitutas, a fim de conservar esses homens felizes, e ao mesmo tempo preservar a honra das mulheres egípcias de Mênfis.

Talvez o próprio Ptolomeu devesse sentir-se feliz, nessa época, porque tinha agora, sem nenhuma dúvida, tudo o que um grego poderia desejar. Porém, Ptolomeu não se sentia feliz, pois se preocupava com Perdikkas; preocupava-se com o futuro.

Ptolomeu sabia que não sobreviveria por muito tempo sem aliados; no entanto, naquela época, não tinha nenhum. Precisava de outro governante que o ajudasse a resistir a Perdikkas e a outros iguais a ele. Sua grande necessidade era proteger-se de Antigonos Monophtalmos — O Caolho — que poderia invadir o Egito vindo do Leste. Ptolomeu quis acumular o controle da Síria e da Fenícia para manter abertas as rotas comerciais para o incenso e para o cedro proveniente do Líbano, com o qual ele poderia construir os seus navios de guerra, pois não havia madeira para navio no Egito; na verdade, nenhuma, além das madeiras inúteis da acácia e das tamareiras.

Ptolomeu sempre fazia, em todos os aspectos, exatamente o que pensava que Alexandre teria feito. Ele não toleraria nenhuma resistência, e o mundo teria de saber que Ptolomeu, sátrapa do Egito, teria tudo o que desejasse.

Contudo, nesse momento em especial, ele não tinha o que desejava — ou seja, a paz. A despeito de possuir a Síria e a Fenícia, dormia mal por conta da sua preocupação com Perdikkas, que, como ele sabia, seria capaz de fazer tudo o que pudesse para tomar o Egito pela força. Ptolomeu não apenas carecia de um aliado, mas também de um herdeiro legítimo, e continuava nutrindo o pensamento de que devia fundar a sua dinastia, de modo que o sátrapa fosse sucedido por seu filho, e depois pelo filho de seu filho, e assim tudo permaneceria em família.

Então, Ptolomeu enviou embaixadores para o Velho Antipatros — o homem deixado na Macedônia por Alexandre para exercer a função de regente enquanto ele se encontrasse fora, conquistando o mundo. O Velho Antipatros tinha a fama de ser o mais sábio de todos os governadores do seu tempo: um homem que honrava sempre sua palavra, ao contrário de outros governadores, e que nunca tentava enganar os seus amigos.

Os embaixadores sugeriram uma Grande Aliança de verdadeira e eterna amizade, incluindo total cooperação militar, e Antipatros mostrou-se interessado. Ptolomeu sabia também que o Velho Antipatros tinha uma filha chamada Eurídice, que podia ser usada para selar o tratado conforme a praxe da época, tornando-se sua esposa, e encarregou os embaixadores de fazerem algumas perguntas discretas sobre se tal casamento agradaria a ele, e Antipatros pela segunda vez mostrou-se interessado.

No devido tempo, a aliança entre Ptolomeu e Antipatros foi tornada pública, e então oficializada pela troca usual dos luxuosos presentes que constituíam sinais visíveis de amizade. Antipatros enviou tigelas de ouro de Sifnos, e os melhores cavalos para combate da Tessália; em troca Ptolomeu enviou cavalos de corrida de Cirene, carruagens com ornamentos de ébano e marfim, e um animal que era chamado de camelopardo — uma girafa —, cujo pescoço imensamente comprido esticava-se para cima, escapando da jaula na qual foi transportada para a Grécia, o que atraiu bastante atenção dos curiosos.

Antipatros concordou em separar-se de Eurídice, que tinha então quinze anos de idade, e disse aos embaixadores para comunicar a Ptolomeu que os seios dela tinham três dedos de altura, como se fossem brotos de abóboras, que ela tinha cabelos louros e estava madura para se casar. Se Eurídice tinha idéias próprias sobre tal casamento, isso não importava, pois um pai sabia o que era bom para sua filha. Um pai grego, diziam, sempre sabe o que é melhor, e fosse qual fosse o destino que Antipatros decidisse lhe dar, cabia à filha apenas suportá-lo.

Mesmo assim, quando comunicaram a Eurídice o que estava sendo traçado para ela, a garota chorou. Era infantil demais para a sua idade, e preferia permanecer em seu lar, na Macedônia, com suas aias; preferia não ter de renunciar às suas bolas coloridas de couro, ou às suas bonecas de cerâmica com seus braços móveis, presos por arames, e seus longos dias no tear; dizia que morria de medo de viajar sozinha para o Egito.

Antipatros escreveu para Ptolomeu: *nossa filha não conhece nada da vida. Ela foi educada sob as mais rígidas restrições. Foi acostumada desde a infância a enxergar o menos possível e a não entender coisa alguma. Somente irá fazer o mínimo indispensável de perguntas...*

Ptolomeu ficou satisfeito. Não desejava nenhuma mulher sua metendo o nariz nos seus assuntos de Estado. Ele respondeu a Antipatros: *Eurídice, sua filha, não vai precisar saber de nada. Terá uma vida fácil e luxuosa...* E no devido tempo os dois sátrapas proferiram o juramento com as palavras usuais: *se eu permanecer fiel ao juramento, que as mulheres dêem à luz crianças que se pareçam com os seus pais. Do contrário, que as mulheres dêem à luz monstros.*

Eurídice, então, preparou-se para viajar por mar ao Egito, ainda receosa, pois nunca em sua vida viajara num navio; nunca pusera os pés fora do *gynaikeion* de Pella. Na sua bagagem, levava tudo de que poderia precisar: medicamentos para enjôo no mar, para indigestão, remédios mágicos contra seus inimigos, reais ou imaginários, e vestes de todas as cores do arco-íris.

Eurídice observava os preparativos da viagem com olhos sempre arregalados, e no dia anterior às suas despedidas, a família ficou junto dela durante a noite toda, na tentativa de deter o tempo , que é como os gregos costumam despachar uma noiva para seu novo lar. E foi no meio dessa festa de despedida que Eurídice confessou que, na verdade, não desejava viajar para tão longe e não tinha desejo nenhum de se tornar esposa de um homem, fosse quem fosse, e preferia, isso sim, permanecer solteira e morar no seu lar para sempre, e a seguir derramou muitas e muitas lágrimas, temendo o futuro que a esperava.

A mãe de Eurídice, contudo, falou com firmeza: *tudo já foi acertado. Você tem que ir para o Egito. É a grande chance da sua vida, e você deve aproveitá-la se não quiser se arrepender mais tarde e para sempre. Ptolomeu é um homem generoso. Não vai maltratar você...*

E o Velho Antipatros disse a sua filha que ela era uma parte muito importante da aliança com o Egito. Ela estaria ajudando a manter a paz. E assim não restou outra alternativa para Eurídice senão aceitar o que lhe era imposto. No casamento, a mulher grega nada mais é do que um objeto de troca entre homens. Ela mais parecia um repolho, ou um asno, foi o que a garota pensou, tendo em vista a consideração que estava recebendo.

No entanto, Eurídice se sairia bem. Não era de todo despida de encantos femininos. Era prendada no tear e na lira e, na maior parte do tempo, de temperamento sereno. Acima de tudo, gozava de boa saúde, e foi enviada com a garantia dada por Antipatros e seu médico de que estava em condições de gerar tantos filhos do sátrapa grego quantos Ptolomeu desejasse fazê-la parir.

As lágrimas da futura noiva finalmente cessaram, e ela até mesmo parou de fungar em resposta a uma afiada admoestação de sua mãe. Mesmo assim, Eurídice deixou-os de tal maneira alarmados com o seu nervosismo quanto a ir sozinha até o Egito que mandaram com ela uma mulher mais velha, com mais experiência do mundo, e esta mulher passava por sua tia, ou, como muitos diziam, por sua prima, e o seu nome era Berenice, que significa Portadora da Vitória.

Conta-se que essa assim chamada tia Berenice fora casada quando jovem com um certo Felipe da Macedônia (*não* o Rei), um homem de família sem grande posição, nem significativa distinção pessoal, sobre quem ninguém conhecia nem comentaria coisa alguma, se era vivo ou morto, na época da viagem, ou se havia simplesmente fugido e abandonado Berenice, ou se era de tal modo monstruoso que ela é que o havia deixado. De qualquer modo, tia Berenice agora estava sozinha no mundo, exceto por dois filhos pequenos — um garoto selvagem chamado Magas, que adorava comer, e uma garota magra e quieta, chamada de Antígona. Ambos os filhos acompanharam a mãe e Eurídice ao Egito.

Alguns se perguntavam se Berenice não passava de uma prostituta que se meteu em alguma trapalhada e a quem Eurídice quis tomar sob sua proteção. Mas, ninguém sabia ao certo. Sem dúvida, no entanto, essa tia poderia estar fugindo de alguém, e alguma coisa teria saído errado na sua vida, pois durante todos os seus anos no Egito não proferiu uma só palavra sobre seu marido ausente. Berenice teve a chance de recomeçar a vida. Ela vivia apenas no e para o presente, e apagou a sua história com tanta habilidade que ninguém podia dizer coisa alguma sobre o assunto, exceto declinar o nome daquele seu marido, que nada a faria mencionar.

Eurídice e Berenice, como se esperava, tomaram o navio para o Egito, e era inverno, estação que nem mesmo era apropriada para viagens por mar, quando o oceano se encapelava; o capitão do *trieres* ficou olhando de soslaio para a noiva, dizendo: *eu lhe desejo sorte, Kyria, você está entrando, de fato, num mar de problemas*. E ele riu. *Não falo do mar da Líbia, nem do mar Egeu, nem ainda dos bancos de areia sicilianos onde três navios, talvez, em trinta podem escapar do naufrágio... Falo do Mar do Casamento*. E ele rompeu em gargalhada, como se tivesse bebido. *Do matrimônio*, ele gritou, *não se conhece ainda nenhum sobrevivente*.

E ele poderia ter continuado a dizer coisas assim, não tivesse a tia provado o valor de a terem empregado, esbofeteando esse homem; e não havia dúvidas de que ela era uma mulher enérgica, mesmo já tendo sofrido muito, e que o seu próprio casamento, muito provavelmente, não fora nada parecido com velejar por águas tranqüilas.

Berenice era de tal modo enérgica que, quando aportou no Egito, parecia tão assustadora — fosse por causa da *nausiasis*, a náusea, ou pelo naufrágio de seu próprio casamento, e o afogamento das suas próprias emoções em meio ao episódio — que nenhum homem sequer se disporia a olhá-la mais de uma vez. Berenice não tinha bens, nem um óbolo sequer na bolsa, nem mesmo um espelho de prostituta, e nenhuma roupa a não ser as que estava vestindo. Tia Berenice dependia totalmente de Eurídice, sua sobrinha, e estava claro que precisava de quem tomasse conta dela tanto quanto Eurídice — de modo que essas duas mulheres da Macedônia, reunidas em terra estranha, fizeram o mútuo e solene juramento de que ambas tomariam conta o melhor possível uma da outra no Egito. Eurídice prometeu até mesmo encontrar um novo marido para sustentá-la, um novo pai para as suas crianças; porém, não possuindo a habilidade da profecia, não tinha idéia, até então, de quem poderia ser esse tal homem. Se tivesse previsto quem seria esse novo marido, ora, talvez tivesse mandado Berenice de volta para a Grécia, naquela mesma ocasião, porque nada poderia evitar que chegasse o dia em que Eurídice se amaldiçoaria por ter, no começo da história toda, trazido essa sua tia para o Egito.

Pois a verdade era que, dentre as duas, seria de fato Berenice quem estava destinada a ser a sobrevivente.

Seja como for, o casamento de Ptolomeu com Eurídice foi celebrado na Lua Cheia de Gamelion — um mês sagrado para Hera, rainha dos deuses da Grécia e padroeira do casamento, porque se tratava de um período propício para casamentos, ou assim os gregos acreditavam.

A residência do sátrapa em Mênfis foi decorada para o evento com galhos de louro e oliva, e iluminada com tochas flamejantes. Na véspera do casamento as mulheres da família da noiva deveriam, segundo a tradição, caminhar até a fonte pública para apanhar água destinada ao banho ritual de Eurídice. No entanto, como ela viera para o Egito sem a sua família, coube à tia Berenice o encargo de trazer a água, e ela banhou a sua sobrinha e pronunciou palavras de conforto, a fim de acalmar o seu nervosismo.

Pela manhã, Ptolomeu fez a sua grande entrada, engrinaldado com flores carmins, usando na cabeça uma coroa de flores vermelhas, vestido com um *khiton* novo, branco, e emplastrado da cabeça aos pés com mirra. Ele devia, segundo a tradição, caminhar acompanhado por sua família e a do seu padrinho até a casa da noiva, naquela tarde, oferecer os sacrifícios de praxe aos deuses e, então, sentar-se à mesa para o banquete nupcial com a família de Eurídice. Porém, a família de Eurídice não se encontrava presente, e ela não tinha casa para onde se encaminhar; assim, os sacrifícios e o banquete foram realizados na casa de Ptolomeu.

A noiva do grego deveria, segundo a tradição, estar rodeada de amigos; porém Eurídice não tinha amigos gregos para dar-lhe apoio, com exceção de Berenice; então elas ficaram sentadas sozinhas — somente as duas, com olhar perdido. Eurídice trajava finas vestimentas, e Berenice tinha o corpo untado de óleos e perfumes caríssimos. Estava coberta por um véu vermelho e exibia uma grinalda de flores carmins na cabeça. As duas mulheres sentaram-se bem afastadas dos amigos de Ptolomeu, que ficaram observando essas mulheres macedônias que não conheciam, comendo azeitonas e disputando sua competição habitual para ver quem conseguia lançar os caroços mais longe sem dizer coisa alguma — apenas trocando gracejos e se divertindo a cada caroço que cuspiam —, de forma que Eurídice, que no início estava sentada lá, muito nervosa, começou a ficar constrangida: as mãos lhe tremiam; o corpo inteiro tremia de medo do que estava para lhe acontecer naquela noite.

Desde que descera do navio, em Alexandria, e durante toda a viagem na barcaça, rio acima, até Mênfis, Berenice cuidara de manter Eurídice completamente coberta, de acordo com o costume grego, de modo que ninguém no Egito havia visto o rosto dessa mulher; nem mesmo Ptolomeu vira ainda o rosto de sua noiva, e embora já lhe tivesse dado as boas-vindas, ainda não tivera uma conversa com ela.

No que fosse possível, sim, tudo seria feito conforme o costume grego. No banquete, comeram bolo de sementes de gergelim, prato nupcial grego, símbolo da fertilidade, enquanto um garoto grego nu servia pão aos convidados gregos, e pronunciava as palavras do ritual grego: *evitei o pior; escolhi o melhor*.

No entanto, durante toda a cerimônia do casamento, as mãos de Eurídice ficaram tremendo, e tanto tremiam que foi somente com grande dificuldade que levou o bolo de sementes de gergelim à boca, e só no que pensava era: *escolhi o pior, escolhi o pior*, e tudo o que desejava era retornar ao seu lar, em Pella, ao *gynaikeion* com sua mãe e suas aias; sentia falta das bonecas que fora forçada a dedicar ao Templo de Artêmis para marcar o término da sua infância e o começo de sua nova vida como esposa e, embora não o desejasse, a perspectiva de em breve se tornar mãe.

No casamento, é claro, houve dança, porque afinal se tratava de um casamento grego. Ptolomeu dançou sua costumeira dança elefantina; todos os gregos dançavam e arreganhavam os dentes; havia muita alegria e assim a festa prosseguiu, até que todos tivessem dançado, com exceção de Eurídice, até que alguém gritou: *a noiva de Ptolomeu não dançará para nós?*

Eurídice, horrorizada, balançou a cabeça, recusando-se.

Porém, gritavam: *Dança! Dança! Dança! Dança!*, até que Eurídice se levantou, sempre tremendo.

Ela sussurrou para Berenice: *não vou conseguir fazer isso...* Mas, Berenice a cutucou de leve, empurrando-a à frente, com o cotovelo, e dizendo: *é necessário! É o que você deve fazer.*

Os gregos assoviavam e rugiam. Haviam passado o dia inteiro bebendo vinho.

Eurídice deu um passo adiante. Ela se concentrou. Levantou os braços acima da cabeça. Rodopiou uma vez, duas. As gaitas e a lira elevaram-se, e os *kitharistes* dedilharam seus instrumentos, porém a música era muito rápida, rápida demais para Eurídice acompanhar o ritmo, e então ela parou, imobilizada.

Os homens quedaram-se silenciosos, olhando para ela, e agora não mais mostravam os dentes. Então, começou um lento bater de palmas. Eurídice baixou os braços e fugiu em disparada da sala, seguida pelas altas gargalhadas dos homens. A gargalhada não era indelicada, mas o fato é que os gregos riram dela. Até mesmo Ptolomeu riu e, a seguir, mandou Berenice trazer a noiva de volta.

Não se importe, Berenice disse mais tarde. Isso não é nada. Entretanto, Eurídice não podia evitar de dar importância ao episódio. Sentiu-se envergonhada, e sabia que ninguém esqueceria sua falta de jeito. Não era um bom começo.

Ao escurecer sobre Mênfis, o pai da noiva deveria, segundo a tradição, passar sua filha para as mãos do noivo; porém o Velho Antipatros estava distante, na Macedônia; assim sendo, foi Ptolomeu que levantou o véu vermelho do rosto da sua esposa para expô-lo ao moderadamente decepcionante aplauso dos amigos ali reunidos.

O rosto dessa esposa foi descoberto apenas quando os anéis de ouro já haviam sido trocados, e não havia volta para Ptolomeu — se bem que, na verdade, uma troca de sentimentos verdadeiros não fosse possível, pois a aliança tinha tal significação para ele que chegara ao ponto de prometer se casar com aquela mulher sem se dar ao trabalho de se assegurar qual era a sua aparência.

Sem dúvida, Ptolomeu não ficou radicalmente deprimido a respeito dos traços fisionômicos de Eurídice, mas se pegou pensando que essa esposa que tinha encomendado, e com quem havia prometido se casar sem nem ao menos tê-la visto previamente, era uma moça sem graça. Sim, faltava-lhe a glamourosa beleza de Thaís de Atenas. Realmente, comparada a Thaís, ele pensou, Eurídice era nada — uma mulher que não teria escolhido, não fosse o Destino e as exigências militares terem tornado aquela união uma necessidade absoluta.

Sua postura era serena, ele pensou, sem se dar conta dos tremores dela. *Ela não sorri muito*, pensou, e ele percebeu em uma ou duas ocasiões o olhar que vira certa vez numa louca. No entanto, assim mesmo, tomou Eurídice pela sua mão trêmula e ajudou-a a subir na carruagem que a levaria em procissão para a casa do sátrapa. Como já estavam na casa de Ptolomeu, deixaram-se conduzir pelas ruas de Mênfis num círculo, e retornaram ao ponto de partida; e Eurídice permaneceu todo o tempo agarrada à peneira e à grelha de bronze, símbolos das obrigações de dona-de-casa da esposa de todo grego, as quais, como esposa de um sátrapa, ela nunca teria de desempenhar, nem uma única vez sequer, pois seria o destino dessa mulher que fizessem tudo por ela, cuidando até mesmo de suas unhas das mãos e dos pés, e assim passar todo o resto da sua longa vida sem fazer nada.

Não aconteceu a procissão de parentes a cantar, acompanhando-a à luz das tochas, nem o pai do noivo apareceu, usando uma láurea, aguardando para saudar a carruagem, em sua chegada, nem a mãe do noivo segurando uma tocha flamejante — mas não parecia importar que em todas esses aspectos o costume grego fosse mudado, ou ignorado. Foi o próprio Ptolomeu quem deu as boas-vindas à esposa em sua residência, e seus amigos jogaram sobre ela a tradicional chuva de nozes e figos, quando ela cruzou as portas duplas de cedro e ouro, de modo que o seu rosto foi machucado e seus braços apareceram com marcas negras e roxas, e então ela pensou, *isto é um mau presságio*.

Uma vez ultrapassado o limiar da porta, foram servidos a Eurídice o bolo nupcial de sementes de gergelim, uma tâmara e um marmelo, símbolos de fertilidade. Ptolomeu conduziu-a pela mão ao quarto nupcial e bateu a porta atrás de si. Seu irmão, Menelau, ficou de guarda do lado de fora, e os convidados cantaram hinos nupciais, bem alto, para afugentar as más influências e abafar os gritos da noiva, quando Ptolomeu a jogasse no leito e fizesse o que todo marido deve fazer em sua noite de núpcias.

Já no princípio, Eurídice não gostou da coisa e, como nunca antes praticara tal ato, não tinha a menor idéia do que fazer, e era como se fosse uma das suas bonecas, com membros móveis, sim, porém fria, como uma peça feita de cerâmica, e rígida. Não, Eurídice não excitava Ptolomeu, não como Thaís costumava excitá-lo. Ela não despertou nele nenhuma grande paixão.

Simplesmente, mordeu os lábios e deixou Ptolomeu fazer o que bem entendesse. Manteve os olhos fechados e as mandíbulas se trancaram de modo a não permitir a entrada da língua do seu marido, pois ele cheirava a vinho e a verdade é que ela não queria que o cuspe dele lhe penetrasse na boca; estava um tanto enojada desse homem, que tinha quase a mesma idade do seu pai — 46 anos — enquanto ela era apenas uma garota de 15 anos.

Certamente, Eurídice não era Thaís e não se comportou da mesma maneira que Thaís. Eurídice nunca faria o *amphiplix*, envolvendo as suas pernas em torno do corpo dele para apertá-lo. Ela jamais montaria em Ptolomeu, na cama, como se ele fosse um cavalo, nem tocaria a língua no seu *rhombos*. Tais práticas não seriam apropriadas para uma esposa, e de todo modo desfavoráveis à concepção. Eurídice não era a prostituta mais famosa do mundo, e, claro, de uma esposa grega decente não se esperava provocar a excitação do marido grego, nem se permitir acrobacias semelhantes às de uma prostituta no leito nupcial.

Enquanto fazia amor, Eurídice raramente sorria. Nunca emitiria o canto lamuriento do rouxinol, como Thaís fazia. E nunca, em nenhum momento, demonstrava contentamento. Sua única obrigação era parir herdeiros legítimos, filhos que fossem bravos, nobres, filhos de grego, o mais velho dos quais seria, certamente, o sátrapa, sucedendo ao seu pai. O casamento de Eurídice era um ato político, um casamento dinástico, um arranjo comercial, e não tinha nada a ver com Eros, ou com amor, e o coração dela não batia mais rápido quando via Ptolomeu — nem então, nem nunca —, porém, quando muito, mergulhava em desânimo.

Quanto a Ptolomeu, vivia repetindo consigo mesmo: *uma prostituta é para amar; uma prostituta é para* aphrodisia*; uma esposa é para gerar filhos*. Suas noites com Eurídice seriam sempre submissas e mecânicas. Pouco importava se ela lhe desse prazer, contanto que lhe desse um filho. É certo que Ptolomeu chamava a sua esposa de Pombinha, de Minha Pomba, de Patinho, como todo marido grego deve fazer, como qualquer outro marido grego fazia, mandava-lhe flores no dia do seu aniversário e tudo o mais; no entanto, mantinha as suas prostitutas, suas concubinas, às dúzias, como antes do casamento — seus punhados de mulheres da noite, sobre quem Eurídice não deveria saber, e pastoreadas por Lamia, sua rechonchuda e atraente Lamia, que mantinha uma casa cheia de belas garotas gregas, para as quais Eurídice fazia-se de cega.

De tempos em tempos, Ptolomeu olhava de modo mais pesado para Eurídice, pensando no irmão dela, o amante da paz, Alexarkhos, que fundara uma comunidade junto ao Monte Athos, na Grécia, à qual deu o nome de Ouranópolis, Cidade Paraíso, e para a qual se recolheu, abandonando o que chamou de loucura, o mundo louco das guerras, dos cercos, das intermináveis lutas — este irmão louco dela, Alexarkhos, que tinha renunciado à língua grega e inventara sua própria língua, e, segundo rumores que corriam, tinha se identificado com o Sol e até mesmo com o deus Hélios.

Deixar de falar o grego — bem, era a última coisa, então, que lhe faltava antes de virar um bárbaro. No entanto, Ptolomeu conseguiu afastar Alexarkhos do seu pensamento. Era a Eurídice que ele tinha desposado, não ao seu irmão; e até então a garota não dera demonstração nenhuma de loucura.

Eurídice, contudo, não era de modo algum semelhante a outras garotas. Tinha sido treinada por sua mãe a esconder os aspectos menos atrativos do seu caráter, de modo que Ptolomeu tinha de ignorar, por exemplo, que gostava de comer terra. Ele não sabia que Eurídice podia também falar ouronopolitano, ou que esta era apenas a linguagem infantil das crianças do Velho Antropatros.

Não, a loucura de Eurídice não se revelaria senão mais tarde.

Nesse casamento, então, não houve amor, pois nenhum grego ama sua esposa. O amor, ele o reservava para as suas concubinas. Apaixonar-se era, fosse qual fosse o caso, nada mais do que o último passo antes da loucura, pois significava a perda do autocontrole, e Ptolomeu não desejava, assim como nenhum outro grego, ser atingido pelas flechas de Eros. Essa sua esposa não passava de uma nova aquisição, e seu sentimento para com ela não ia muito além do que poderia sentir na compra de um novo par de sandálias.

Apesar disso tudo, Ptolomeu agiu como todo grego deve agir, ao possuir sua esposa: ele usou o encantamento para manter a esposa fiel e, já que estava no Egito, usou também o encantamento similar egípcio, cortesia do sumo sacerdote de Ptah.

Ele atraiu o crocodilo para fora da lama do rio. Colocou a fera num pequeno caixão de chumbo. Gravou o nome de Poder e o nome de sua esposa, Eurídice, na tampa.

O crocodilo, assim, disse o sumo sacerdote, impediria qualquer amante de se aproximar dela e assim Eurídice estava condenada a ser fiel — a este homem que, sem a menor dúvida, não lhe tinha amor, nem então, nem nunca teria.

Quanto a Ptolomeu, este tinha a mesma liberdade de que gozava qualquer grego para ir à caça de outras mulheres, assim como de garotos bonitos, se os quisesse, e este era um comportamento normal para os gregos, embora diferente, bem diferente, da maneira dos egípcios.

O egípcio respeita sua esposa como a mãe dos seus filhos.

Para o egípcio nada há mais importante no mundo do que sua esposa, sua bem-amada, sua flor de lótus.

Eurídice era inocente, intocada e pura. Na verdade, era muito parecida com o animal trazido ao sacrifício, que deve ser perfeito em tudo, sem mácula. Eurídice fazia tudo o que lhe fosse requerido. Falava apenas quando falavam com ela. Suas respostas eram respeitosas. Tinha todos os motivos para vislumbrar a sua nova vida não com alegria, mas com medo, já que Berenice tinha impensadamente lhe contado inúmeras e horríveis histórias sobre os problemas que pode sofrer uma mulher na hora do parto.

Por um lado, Eurídice estava impregnada de certo orgulho por ter se tornado esposa de sátrapa; já por outro lado, sentia a esse respeito também um horrível desânimo. Sofria de freqüentes hesitações. Nunca sabia o que deveria dizer ao marido. E caía no choro constantemente por não estar em seu lar, na Macedônia, junto de sua mãe.

Berenice fazia o que podia, dando-lhe conselhos, e chegou mesmo a contratar um cômico, para tentar extrair um sorriso de Eurídice; mas o cômico declarou que aquele fora o trabalho mais difícil de toda a sua vida, já que Eurídice, de fato, não desejava sorrir, e apenas teve êxito em fazer Berenice e as servas soltarem gritos de alegria, enquanto Eurídice mantinha o rosto impassível. Talvez a verdade fosse que Eurídice não tivesse senso de humor, e sofresse de melancolia crônica.

Eurídice somente poderia contar com tia Berenice, e foi a Berenice que ela recorreu. Nas noites em que Ptolomeu não a procurava e ela acordava no escuro, aterrorizada com escorpiões e aranhas e serpentes venenosas e todas as demais coisas rastejantes que furtivamente atravessavam o assoalho do quarto, ela corria para a cama de Berenice, saltava para o leito junto dela e agarrava-se a ela pedindo proteção, lamentando-se aos soluços pela perda de sua vida sem atropelos, em Pella, na Macedônia.

Na manhã do casamento do sátrapa, o Velho Anemhor apresentou-se a Ptolomeu trajando suas pintas de leopardo, e lhe desejou tudo de bom em seu casamento, presenteando-o com uma taça de alabastro, peça do mais requintado artesanato egípcio, com duas asas e algumas palavras inscritas em hieróglifos egípcios. Ptolomeu perguntou o que os desenhos significavam e o Velho Anemhor respondeu-lhe:

Ame a sua esposa ardentemente,
Alimente-a e vista-a.
Ungüentos perfumados são bons para o corpo dela.
Faça-a feliz todos os dias.
Ela é como um campo que traz benefício ao seu dono.

Ptolomeu sorriu o melhor dos seus sorrisos, exibindo os dentes, com os olhos brilhando. Expressou a Anemhor os seus melhores agradecimentos e mostrou a Eurídice a taça de alabastro. Porém, qual foi o pensamento de Ptolomeu? As palavras na taça eram tiradas da sabedoria egípcia, porém fizeram Ptolomeu pensar em arar a terra — algo que havia feito muito em Eordaia, quando garoto, antes mesmo de dirigir-se descalço para Pella. E Ptolomeu somente pensou na aragem em que ele próprio seria o arado, e a terra seria a sua esposa, Eurídice.

Que tristeza! A verdade é que Eurídice não era muito feliz no Egito.

No terceiro ano de satrapia de Ptolomeu, filho de Lagos, o filho do Velho Anemhor, que era chamado Eskedi, ou Jovem com Pintas de Leopardo, pelos gregos, então com a idade de 18 anos, casou-se com uma mulher chamada Neferrenpet, um nome que significa "Bela é Ísis", e que os gregos, em sua estupidez, insistiam em chamar Rempnofris.

Neferrenpet era de fato uma belíssima jovem, apenas um pouco mais nova do que Eskedi, seu marido. Ela viveria para educar seus filhos e cuidar do lar deste jovem sacerdote, além de executar os seus deveres no Templo de Ptah, como instrumentista e sacerdotisa, como uma das que tocavam o chocalho sagrado, ou sistro, o qual afugentava dos domínios do deus todos os maus espíritos.

Diferente da jovem esposa grega do sátrapa, que era apenas um pouco mais velha, Neferrenpet sorria. Neferrenpet era feliz. Eskedi amava sua esposa ardentemente. Ele a presenteava com toda sorte de óleos perfumados. Ele a vestia e alimentava. Ele a fazia feliz todos os dias. Thot diz: como era diferente o casamento deste marido e esposa egípcios do estranho casamento do sátrapa grego, de Ptolomeu e a lacrimosa Eurídice.

O amor de Eskedi por Neferrenpet, sua esposa, era tão verdadeiro e real como tinha sido o amor do Velho Anemhor pela mãe de Eskedi. O egípcio não tem vergonha de declarar amor por sua esposa. Não foge horrorizado do amor, como os gregos. De modo algum.

Assim que Eskedi pôs os olhos em Neferrenpet, desejou imediatamente torná-la sua esposa e implorou a Hathor, a deusa do Amor, que lhe concedesse a garota que escolhera. Sim, ela mesma, Hathor, a Vaca, a Senhora do Amor e da Alegria e Beleza, Hathor, a de puro Ouro.

Neferrenpet, por sua vez, implorou à deusa para escolhê-la como a noiva do seu amado.

Todos os dias, Eskedi enviava à garota flores de lótus, que simbolizam o amor, em sinal do seu amor por ela.

Ele chegou mesmo a postar-se debaixo da janela dela, em Mênfis, e a entoar as canções de amor dos egípcios:

Teus cabelos são negros,
mais negros do que a noite,
mais negros do que abrunheiros.
Vermelhos são os teus lábios,
mais vermelhos do que contas de jaspe,
mais vermelhos do que tâmaras maduras.
Adoráveis são os teus seios gêmeos...

Havia prazer no coração de Eskedi, o escriba. Os lábios de sua amada ele comparava a um botão de lótus, seus braços a tenros galhos de árvores:

O que diz a tomanzeira?
Minhas sementes são como teus dentes;
Minhas frutas são como teus seios.

Verdadeiramente, a felicidade de Eskedi e Neferrenpet não conhecia limites.

Ele chamava essa esposa de Botão de Lótus, e isso demonstrava sua grande afeição por ela. O marido egípcio não tem por hábito viver brigando e discutindo com a sua esposa, como fazem os gregos. De modo algum.

Nem, uma vez casado com ela, deixa de amá-la, mas se dirige a sua esposa falando poeticamente:

Eu inalo o doce hálito
que sai de tua boca...
E contemplo a tua beleza todos os dias.
É meu desejo
ouvir a tua encantadora voz
como o bafejo do vento norte...

De fato, os pensamentos que Eskedi expressa a Neferrenpet não são meras palavras vazias. E, de fato, Ptolomeu não costumava declamar poemas para a sua nova esposa — não, nem sequer uma palavra pertencente a um poema. Ptolomeu era um guerreiro, e os seus pensamentos não se voltavam para o amor, mas para a guerra.

2.7

Febre do Pântano

Toda manhã, o sumo sacerdote Anemhor se apresentava perante Ptolomeu, na residência do sátrapa, envergando a pele de leopardo, com suas pintas, e iniciava o ritual de perguntas e respostas.

Como o sátrapa passou a noite?, perguntava.
Bem!, respondia Ptolomeu.
E a esposa do Sátrapa?
Igualmente bem, Ptolomeu respondia.
E as três crianças do sátrapa?
Igualmente bem, Ptolomeu respondia, como se soubesse a esse respeito.
E Menelau, o irmão?
Como uma serpente, respondia Ptolomeu.
E você viu algo em seus sonhos?, perguntava Anemhor.

E Ptolomeu descreveria seus sonhos, quando conseguia lembrá-los, e Anemhor, sempre de pé, refletiria um pouco, e lhe revelaria então o seu significado e sua importância, pois a interpretação dos sonhos era um dom especial de Anemhor. Assim, Ptolomeu sabia, ou pensava que soubesse, o que podia acontecer, talvez, no dia seguinte, e se capacitava a conhecer o futuro.

O sátrapa e o sumo sacerdote trocavam suas cortesias, mas Anemhor sabia que Ptolomeu não dormira bem. Em todos os aposentos da residência do sátrapa, sobre o chão de barro, sobre esteiras de papiro e sobre camas improvisadas, os gregos passavam a noite deitados semidespertos, imóveis, banhados de suor, ou irrequietos, revirando-se, escutando os exércitos da noite: as aranhas e baratas, grilos e formigas, e todo o deslizar de invisíveis criaturas que furtivamente deixavam as fendas das paredes feitas de tijolos de barro e agarravam-se, coçavam, beliscavam e mordiam todos os homens, mulheres e crianças gregos, ao longo das horas de escuridão, incluindo Ptolomeu, de modo que era impossível dormir direito.

Menufert, Menufer, o Bom Lugar, que os gregos costumavam chamar Mênfis porque não podiam pronunciar qualquer palavra na língua dos egípcios. O que Mênfis significava para Ptolomeu?

Mênfis era a balança das Duas Terras, no ápice do Delta. Aqui, nesta que era a mais reverenciada das cidades, o bom deus Ptah e o Olho do Sol, Hathor-Seckmet, reinavam supremos — porém Ptolomeu nada enxergou disso. Enxergou apenas o lago em frente da cidade, e seu palácio, que ficava num ponto elevado. Enxergou o íbis e a cegonha sobre o Lago Sagrado, e viu o ouro empilhado na sua Casa do Tesouro. O Templo de Ptah, o Templo de Ísis, o Templo de Rá — todos esses lugares eram proibidos para ele e não lhe significavam nada. Sobre os deuses do Egito, ele nada entendia. Não, nem uma palavra.

Muito, muito lentamente, Ptolomeu aprenderia a chamar os quarteirões e as ruas da cidade pelos seus nomes. Aprendeu quem é Rá, deus-sol, e quem é Hórus, o Falcão. Aprendeu que Ísis, Senhora de Muitos Nomes, é a maior deusa entre todas. Ele mostrou o rosto em diferentes festivais da cidade e exibiu um pouco os dentes. Nunca esqueceria que era um estrangeiro, um usurpador, nem que os costumes do Egito não eram os seus costumes. Tudo ali era muito estranho para ele, no entanto, esse sátrapa era melhor do que o sátrapa dos Persas. Era melhor do que Kleomenes.

Cão Jônico, Anemhor por vezes o chamava, porém não na sua cara, e também não com qualquer sentido de malícia, pois não existia malícia no coração desse sacerdote. Cão grego que fosse para alguns, Ptolomeu tinha um coração generoso. Não se comprazia em ser desagradável.

Havia manhãs em que Anemhor não encontrava Ptolomeu no seu melhor estado de saúde, e ele exteriorizava sua preocupação, sua sincera preocupação pelo bem-estar do sátrapa. Entretanto, nessas manhãs, apesar de o sumo sacerdote se postar de pé diante dele, Ptolomeu não falava coisa alguma e apenas encarava o homem, de sua cadeira, ou de sua cama, embora incapaz de enxergar o rosto dele. Tudo o que via eram as pintas de leopardo rodopiando diante dele.

O primeiro sinal do retorno da febre seria sempre uma sensação de ansiedade que o assaltaria de repente e vinda do nada. Sim, ele pensaria, algum homem lançou essa maldição sobre mim, e a ansiedade era como se um mau espírito entrasse no seu corpo. Sentia então o entorpecimento, a fraqueza nos membros, e os pés pesados como blocos de pedra. Tudo o irritava, mas, acima de tudo, ele odiava a luz, as vozes de outras pessoas e o cheiro de Mênfis, todos os camelos: a deterioração e a antigüidade bolorenta agora causavam-lhe repulsa.

Então, começavam os calafrios, e era um frio como o terrível frio penetrante do Paropamisos, e o choque do frio fazia-o engasgar. Ele tremia, debatia-se, e o tremor e as convulsões davam a impressão de estarem prestes a fazê-lo em pedaços. Tentando salvar-se, ele começaria a rezar, pedindo socorro aos deuses, a todos os deuses da Grécia, um após o outro: Zeus, Apolo, Asclépios... e em seguida a todos os demais, porque o medo havia tomado conta dele.

De noite, por vezes era acometido de um fortíssimo surto de febre, sem aviso, e então se sentia como se os seus ossos ficassem incandescentes, em fogo, e então ficava deitado numa poça de seu próprio suor, zonzo, com náuseas, exaurido, incapaz de mexer sequer uma mão, nem um pé, sendo impossível para ele dormir; assim permanecia acordado, observando os lagartos verdes que cruzavam as paredes à luz da lanterna, e era como se ele fosse um homem privado de músculos, um homem sem ossos; a seguir ficava sem poder ler despachos por dias e dias, porque as letras viravam borrões, flutuando à deriva sobre os papiros, como se postas a balançar pelas ondas do mar.

O que poderia Anemhor, este grande médico, fazer por Ptolomeu durante seus surtos de febre, de frio, durante essa terrível sudorese e seus calafrios?

Anemhor simplesmente abria os braços, porque não havia, como ele anunciou, nenhum meio de combater esse mal.

E as pintas de leopardo embaçavam-se, rodopiavam e desapareciam, até a vez seguinte.

Quanto aos gregos, limitaram-se a lhe dar talismãs para que os usasse no pescoço e pulsos, ou para segurar na mão, já que remédios tradicionais eram praticamente inúteis em casos como o dele.

Vez por outra, Ptolomeu era induzido a comer coisas como corações de andorinhas com mel.

Comeu também esterco de andorinhas.

Consumiu uma andorinha inteira.

Comeu a pele de uma áspide, em pequenos pedaços, junto a quantidade igual de pimenta, que tinha a fama de curar os homens das tribos pártias. No entanto, essas coisas todas surtiram pouco efeito.

Ptolomeu recusou-se a experimentar apenas uma coisa que os médicos gregos sugeriram. Ele não comeu carne de corvo, porque o fazia sempre lembrar as tantas vezes que vira os olhos de homens mortos serem devorados por esses pássaros. Mesmo nas melhores ocasiões, escutaria o alarido dos corvos, e estremeceria, recordando. O sátrapa ficou para sempre com horror a corvos.

Havia dias em que seus médicos untariam os solados dos pés dele com o fluxo de menstruação de uma mulher, um remédio que, supostamente, funcionaria bem se fosse aplicado pela própria mulher, sem que o paciente tivesse conhecimento. Assim, Eurídice, sua esposa, colaborou no tratamento do marido.

Era mais freqüente untarem o corpo de Ptolomeu com gordura de rãs fervida em óleo onde três estradas se cruzassem, tendo a carne previamente sido jogada fora. Porém, na verdade, nenhum desses tratamentos o fizera melhorar significativamente. Os calafrios sempre voltavam, e a cada vez pareciam piores do que antes.

O que causava a febre de Ptolomeu? Os gregos diriam que era causada pela bile negra, e chamavam o estado de depressão de espírito que a acompanhava de *melancolia*.

Anemhor era um visitante assíduo. Expressava sua solidariedade ao sátrapa, nos momentos em que os calafrios mais o atormentavam. Havia ocasiões em que enviava os melhores remédios egípcios, que supostamente diminuiriam o tormento da febre; mas repetira vezes sem conta que nenhum homem conhecia a cura para as febres.

Assim, afinal, Anemhor, que, pessoalmente, não sofria daquele mal, simplesmente limitou-se a fazer a observação de que a contrariedade divina poderia se expressar como enfermidade. E então ensinou ao sátrapa um pouco do que ele deveria fazer para receber a aprovação divina. *O sátrapa deve construir mais templos*, ele disse. *Deve fazer mais oferendas aos deuses. Deve oferecer sacrifícios maiores...*

Na vez seguinte em que Anemhor apresentou-se, as pintas de leopardo não estavam borradas, porque a febre de Ptolomeu tinha passado, e ele viu que Anemhor carregava nos braços o modelo em gesso de um Pilono de templo, o pátio de entrada. O sumo sacerdote perguntou se Ptolomeu gostaria de fazer uma contribuição para levantar este edifício em Apolónoplis, já que o velho Pilono havia desmoronado nesse último terremoto.

Ptolomeu, com seus membros enfraquecidos, assentiu com a cabeça.

Na vez seguinte, Anemhor levou o modelo de um novo altar para o templo de Hermópolis, Cidade de Thot; e depois o modelo que ele mesmo projetara para uma nova galeria subterrânea para as íbis mumificadas; e ainda o modelo de um novo templo de Hórus inteiro para Apolonópolis, porque o antigo estava desmoronando.

Ptolomeu concordou em contribuir para o Pilono, para as galerias subterrâneas das íbis, mesmo sendo enormes e inacreditavelmente dispendiosas, e para o altar em Hermópolis. Quanto ao novo templo inteiro para Hórus, declarou que iria pensar no assunto e consultar o *dioiketes*, seu ministro das finanças, já que um novo templo completo era caro demais — dinheiro demais, ele disse, para um mero sátrapa.

Anemhor curvou-se e as pintas de leopardo desapareceram novamente.

É certo que Ptolomeu estava mais interessado no programa de obras de Alexandria, onde seu novo teatro grego, seu novo ginásio grego e sua nova ágora grega foram projetados para tornar ainda mais glorioso o nome e Casa de Ptolomeu, filho de Lagos.

Anemhor, contudo, persistiu. Sabia que, ao fim de algum tempo, se continuasse pedindo, receberia o que desejava. Acreditava que não haveria nada que ele não conseguisse convencer este Ptolomeu a fazer por ele, caso perseverasse. Na verdade, Ptolomeu não estava tão seguro assim de sua satrapia que se permitisse dizer não repetidamente ao sumo sacerdote de Ptah em Mênfis — um homem que era o Grande Chefe do Martelo, o controlador de todos os artesãos do Egito; o homem que se gabava de ser capaz de *obrigar o próprio Tempo a recuar*; esse homem que podia transformar um sátrapa num rei e num faraó e num deus, tudo isso ainda em seu tempo de vida.

2.8

Comida de Crocodilo

Embora Ptolomeu tivesse agora a sua vida privada organizada mais ou menos do jeito que gostaria, também se preocupava com assuntos estrangeiros. Seguramente, Antipatros era seu aliado; porém, ter roubado o cadáver de Alexandre equivalia, de fato, a convidar Perdikkas a invadir o Egito e tomar de volta o caixão, caso se atrevesse a tanto.

E Perdikkas agora marchava para o Egito com o seu exército, porque desejava governar tudo à força, e porque queria ensinar a Ptolomeu uma lição; porém, acima de tudo, seu maior desejo era apossar-se do talismã representado pelo corpo do rei morto, o qual, como todos eles acreditavam, traria sorte a quem quer que o possuísse.

Perdikkas atravessou em marcha toda a Síria até Gaza, e depois cruzou o deserto, seguindo as Estradas de Hórus, penetrando no Egito, movendo-se com rapidez a fim de poupar água e rações, e o aviso dos vigias foi que seu exército era tão grandioso que não poderia ser batido em campo aberto.

Ptolomeu, ainda despreparado para lutar qualquer tipo de batalha, voltou-se, sobressaltado, para o sumo sacerdote de Mênfis, com receio de que precisasse mobilizar a milícia egípcia nativa, sobre a qual sabia apenas que detestavam a guerra, que não eram combatentes muito eficientes e eram bem capazes de dar meia-volta e fugir correndo dos inimigos.

Anemhor sorriu o seu misterioso meio sorriso, seu enfurecedor sorriso, e disse: *não é nada que mereça nossa preocupação... os deuses do Egito protegerão as Duas Terras e as livrarão do desastre... Tenha fé*, ele disse, *seja mais caridoso, aumente o volume dos sacrifícios*.

Ptolomeu enviou trinta pares de gansos aos deuses, e elevou a contribuição para a construção do templo; sacrificou meia dúzia de bois; mas ainda assim guarneceu melhor os seus fortes na fronteira, equipando-os com todos os tipos de armamentos pesados gregos: catapultas mecânicas, arremessadores de pedras, máquinas para impor cercos, entre outras, projetadas para lançar areia quente, imundícies quentes e flechas metálicas com o nome de Ptolomeu gravado na haste.

Perdikkas instalou seu acampamento de tendas de couro na margem oriental do Delta, à vista da fortaleza da fronteira de Pelúsia, e passou a noite em paz. Contudo, os vigias e espiões de Ptolomeu aproveitavam as horas de escuridão para passarem pelos soldados que guardavam o acampamento e oferecer subornos de mais de um talento a cada homem, de modo que muitos dos bravos soldados mercenários de Perdikkas se sentiram tentados a desertar do seu exército.

Esgotado pelo calor, o inimigo a seguir optou por marchar rumo ao sul, durante a noite inteira e a toda pressa, e ergueu novamente as suas tendas do lado oposto ao local chamado Forte de Camelos. No alvorecer, Perdikkas ordenou que sua tropa atravessasse o rio — os elefantes primeiro, depois os que portavam escudos, os carregadores das escadas, infantaria e cavalaria — com a intenção de tomar a fortaleza.

Quando Perdikkas se encontrava na metade da travessia do Nilo, Ptolomeu e seu exército surgiram a distância, com muita gritaria e toques de trombetas, e tomaram uma posição defensiva na fortaleza. Sem se intimidar, Perdikkas ergueu suas escadas de assalto, seus homens enxamearam as muralhas como formigas, e os soldados montados em elefantes puseram abaixo as paliçadas de madeira e arrasaram os parapeitos de tijolos de barro.

Ptolomeu, sozinho, sustentou-se na antefortificação, liderando os seus homens à frente deles, como é o dever de um general grego, e em tudo fazendo como Alexandre teria feito. Ele demonstrou enorme coragem, combatendo ousadamente a torrente de homens armados, muitos dos quais lançou no rio. Ele varou os olhos do elefante líder com a sua *sarissa*, lacerando a carne do indiano que o montava, com total desapego à sua segurança pessoal.

Quando se tornou escuro demais para se enxergar o que se estava fazendo, Perdikkas desistiu do cerco e retirou-se por aquela noite; porém, na noite seguinte, reuniu suas tropas e dirigiu-se, em marcha forçada, rumo sul, até Mênfis. Ali, o rio dividia-se em dois, formando uma ilha que Perdikkas considerou grande o bastante para lá erguer o seu acampamento, e nesse local planejou instalar o seu quartel-general, pois era seu propósito agora lançar um grande ataque sobre Ptolomeu na planície junto às Pirâmides.

Perdikkas, filho de Orontes, era um soldado hábil e experiente, um destacado general de Alexandre, mas tinha agora cometido um terrível equívoco, pois não havia como atravessar o rio nesse ponto exato, a não ser vadeando-o na parte mais rasa, já que ninguém seria capaz de atravessá-lo a nado envergando sua pesada armadura, nem tampouco carregando todo o equipamento necessário para a batalha. Perdikkas, no entanto, estava sendo castigado pelo calor, e sofria também do costumeiro desarranjo intestinal que vitimava todo aquele que visitava o Egito. Talvez por isso, pareceu ter esquecido todos os inteligentes truques de Alexandre, tais como pôr um exército inteiro para atravessar um rio flutuando sobre tendas de couro com enchimento de palha, ou construir uma ponte de barcos, ou fixar juntas várias balsas. Porém, para fazer justiça a Perdikkas, não havia palha disponível, nem madeira para balsas, e ele não tinha barcos — não, nenhum. Na ausência de idéia melhor, em seguida ele deu a ordem de vadear o rio, que entretanto já atingia a altura do queixo de um homem, e subia rapidamente, pois era época da cheia.

Os homens que iam na frente fizeram a travessia sem problemas, porém os elefantes agitaram tanto a lama do fundo do rio que os soldados que os seguiram não conseguiram mais firmar os pés e, assim, os homens restantes não conseguiram atravessar. O problema agora era que os soldados na margem mais distante não constituíam uma força suficiente, isolados, para enfrentarem Ptolomeu, e os soldados da margem mais próxima não puderam se reunir a eles para ajudá-los.

O que, então, fez Perdikkas? Lamentavelmente, fez o que não deveria fazer, e foi a decisão mais estúpida de toda a sua vida, já que mudou a sua estratégia e ordenou, com gritos e sinais, aos homens que tinham atravessado o rio que retornassem.

Os nadadores mais fortes conseguiram enfrentar as águas, mas, para tanto, tiveram de descartar todo o seu equipamento. Já os nadadores mais fracos, os que não sabiam nadar e os veteranos ficaram em sérias dificuldades. Perdikkas, postado na margem mais próxima, ficou observando as cabeças de seus homens, centenas e milhares delas, lutando por manter-se à tona; quando ele viu o que estava acontecendo, escondeu o rosto nas mãos e chorou.

Os pobres nadadores foram carregados pela correnteza. Os que não nadavam afundaram e sumiram de vista. Alguns foram atirados na margem errada do rio e assim caíram nas mãos de Ptolomeu, porém mil homens morreram afogados e outros mil tiveram a infelicidade de servir de quitute para os crocodilos.

Os soldados de Ptolomeu, a salvo na margem ocidental, riram, zombaram, fizeram alegre algazarra, e cantaram o Paian da Vitória para Apolo, já que uma batalha ganha sem a necessidade de desferir um golpe sequer era a melhor vitória possível.

Alguns disseram que o sumo sacerdote de Mênfis tivera a presença de espírito de abrir as comportas de um canal mais acima no rio para fazer a água correr com maior abundância e rapidez, mas, qualquer que seja a verdade, o sumo sacerdote tinha motivos de sobra para sorrir, e o crocodilo, já o mais sagrado animal do Egito, viu-se mais cultuado e reverenciado do que nunca.

Ptolomeu pescou do Nilo todos os membros decepados que pôde encontrar e lhes deu um sepultamento honroso, o que era dever de todo comandante grego. Por toda aquela noite, o acampamento de Perdikkas ressoou com as lamentações pela perda de tantos bons combatentes, e a raiva daqueles que sobreviveram ressoou também contra a incompetência do seu general. Antes do nascer do sol, na manhã seguinte, os oficiais mais graduados cercaram Perdikkas em sua tenda e o mataram a punhaladas. Depois, jogaram seu cadáver no Nilo para que esse sanguinário compartilhasse o mesmo destino da sua tropa perdida e servisse de desjejum aos crocodilos.

Quando Ptolomeu soube da notícia do assassinato, arreganhou os dentes num sorriso e socou o ar com seus punhos. Ao amanhecer, cruzou o rio na sua barcaça de sátrapa e entrou no acampamento do seu inimigo sob forte proteção. Ele passou em revista as depauperadas fileiras macedônias, cumprimentando muitos velhos amigos com lágrimas nos olhos, e amaldiçoou a perversidade do crocodilo e da insensata guerra de amigo contra amigo, travada apenas para satisfazer a ambição e ganância de um tirano como Perdikkas.

Ptolomeu chorou lágrimas de crocodilo, depois ofereceu para seus inimigos um desjejum grego completo, com mingau, salsicha, pão e vinho não diluído — e essa era a primeira refeição substancial que faziam desde que deixaram Gaza. Quando se fartaram de comer, prometeu dobrar-lhes o soldo se lutassem pelo Egito e por ele. Houve uma pausa, enquanto refletiam a respeito, mas logo as mãos começaram a se levantar, uma a uma, até que a mão do último homem estava erguida, e então ovacionaram o seu novo comandante, jurando fidelidade eterna a Ptolomeu, e todos arremessaram para o ar seus *kausia*, os elmos de feltro para proteção contra o sol.

Foi assim que a lamentação virou regozijo, e nenhum deles se regozijou tanto quanto Ptolomeu. Diferente do seu inimigo, Ptolomeu gozava da reputação de ser generoso e justo, e seu coração batia mais forte devido ao seu grande êxito.

Quanto a Anemhor, sumo sacerdote de Ptah, Grande Chefe do Martelo, que conhecia tudo do passado e tudo do futuro — o que ele pensou sobre tudo isso? Ele sabia o que ninguém mais sabia: que nenhum exército estrangeiro poria os pés de novo em solo egípcio pelos próximos 150 anos.

Anemhor não se permitiu arreganhar os dentes, embora durante todo o tempo sustentasse aquele meio sorriso misterioso do homem que é Thot, em todos os aspectos.

O domínio dos gregos, pensou, seria bom para o Egito. A chegada desse estrangeiro não era o desastre que poderia ter sido. Sendo assim, apertou a mão do sátrapa, olhando-o nos olhos fixamente sem piscar, completamente inescrutável; e Ptolomeu sugeriu, sem que lhe pedissem, que poderia fazer mais um donativo ao Templo de Ptah, agradecendo aos deuses do Egito em geral, por sua ajuda, e a Sobek, o deus-crocodilo, em particular.

Sobek, o sumo sacerdote disse: *ele é o guardião do rio. Se devora um homem, é somente aquele que bem o merece. Sobek jamais devorará os que nada fizeram para merecer a morte. Um homem bom não precisa ter medo do crocodilo.*

Sim, Ptolomeu fez grandes presentes então para o sorridente deus-crocodilo, cujos olhos sempre reluziam.

2.9

O Nascimento de Raio

Na animação pela vitória, Ptolomeu, o marido, voltou os seus pensamentos para a necessidade de gerar um herdeiro, pois embora Lagos, seu primogênito, fosse um bom filho, era opinião do pai que o filho de Thaís de Atenas não deveria sucedê-lo como sátrapa do Egito. Um garoto nascido plebeu não podia ser seu sucessor.

Ele percorreu, então, a obra de Aristóteles, pesquisando qual seria a estação mais apropriada. Perguntou aos seus adivinhos sobre as condições de tempo mais favoráveis. Consultou o Calendário Egípcio sobre os dias Afortunados e os Desafortunados.

Ordenou que Eurídice, sua esposa, comesse vitela assada, e ele próprio comeu folhas de rúcula, afrodisíacas, amarrou seu testículo esquerdo com corda de papiro, segundo o costume dos gregos, para aumentar a possibilidade de gerar um filho homem, e pôs mãos à obra.

Era o que de mais parecido com inverno acontecia no Egito: o vento vinha do norte, e todos os augúrios, do vôo das abibes ao alinhamento do Planeta Vermelho nos céus, eram favoráveis, mais do que favoráveis, ou, pelo menos, Ptolomeu assim fora levado a pensar.

Eurídice passou seus nove meses de gravidez numa ansiosa espera, enviando oferendas para o santuário da deificada Helena de Tróia, em Pella, na Macedônia, pois todos os seus pensamentos se concentravam na certeza de que a criança que trazia no útero era abençoada pela deusa da Bela Aparência.

Por medida de segurança, Eurídice colocou-se sob a guarda da virginal Artêmis, deusa da Caça, deusa da Lua, a Senhora das Coisas Selvagens, que era também a protetora das jovens amantes, e lá ficava ela, sentada, dia após dia, contemplando a estátua de Artêmis que ficava no canto do seu quarto de dormir.

Eurídice teve o cuidado de fazer tudo certo, de acordo com os conselhos de tia Berenice. Uma vez por mês, ela comeu testículos de galo novo, para que a criança fosse do sexo masculino. Evitou levantar objetos pesados. Não corria nem pulava. Untava o corpo com óleo de íbis e gordura de ganso, para prevenir o aborto; encarregou Berenice de untar as partes das suas costas onde não podia alcançar, e ela não parava de falar sobre o filho perfeito, todo perfeito, que não parava de dar chutes dentro da sua barriga.

No oitavo mês, considerada a época mais perigosa, ela recolheu-se ao seu leito, sendo servida por eunucos negros, que traziam todos os alimentos que desejava: azeitonas pretas, passas de uva, ameixas, tâmaras — todas as frutas pretas. E mantinha junto de si um suprimento de terra negra num saco de pele de gazela.

A criança de Eurídice foi realmente um garoto, um garoto muito bonito, que não podia ser chamado por outro nome que não fosse Ptolomaios. Entretanto, veio ao mundo com os pés à frente, no dia mais desfavorável do calendário, e no meio de uma tempestade, e até mesmo Eurídice sabia que esses eram os piores augúrios possíveis. O novo Ptolomeu logo ganhou um apelido, pois o chamavam de Keraunos, Raio, querendo dizer que era bom presságio ter nascido sob a égide da atividade de Zeus. Sim, era um nome que se ajustava bem, muito bem, ao garoto, porque significava o poder de Zeus.

Pois sim, o sátrapa tinha se decidido, é claro, a reconhecer e criar esse filho, a despeito dos maus augúrios, pois não havia como não fazer isso, segundo o costume dos gregos, em se tratando de um filho legítimo. Ptolomeu não deu importância ao fato de os olhos do filho serem um pouco juntos demais. Ignorou, na ocasião, o fato indubitável de que um bebê que nascera na posição invertida, com os pés à frente, estivesse fadado a uma vida obscura e calamitosa, e estava deliciado com esse seu filho, a não ser por uma coisa: que Ptolomeu Keraunos não tivesse os cabelos louros de seu pai, nem tampouco os cabelos louros de sua mãe, porém o cabelo escuro de um estrangeiro.

Como poderiam dois pais de cabelos louros gerarem um filho de cabelos escuros? Era um mistério para todo mundo menos para Berenice, que sabia havia muito que Eurídice comia terra, e que a dieta negra poderia influenciar a cor dos cabelos de uma criança. Mas ela não contou isso a ninguém, nem uma palavra. Assim, teria Berenice vislumbrado tal resultado? Seria esta criança morena o produto da intrusão de Berenice? Alguém, nos dias vindouros, levantaria essa suspeita.

Após o nascimento, Eurídice submeteu-se aos prescritos rituais gregos de purificação. Banhou-se com água do mar trazida de Alexandria. Sujeitou-se a ser lambuzada com o sangue de um leitão. E a residência do sátrapa foi fumegada de cima a baixo por incenso e enxofre.

Antes de Ptolomeu Keraunos, o Raio, completar um mês de idade, o sátrapa pediu ao sumo sacerdote de Mênfis que fizesse o horóscopo da criança, de acordo com as observações dos vigias de estrelas egípcios, pois desejava, como qualquer outro grego, e mais do que qualquer outra coisa, saber o que lhe reservava o futuro.

Entretanto, o horóscopo de Ptolomeu Keraunos foi tão nefando que Anemhor não se atreveu a contar a verdade ao sátrapa: que esse garoto nascera não apenas desafortunado, mas três vezes desafortunado; que ele seria vítima de uma morte prematura, numa terra estrangeira; e que era indubitavelmente seu destino ser comida de cães.

A má sorte de Ptolomeu, o Raio, começou imediatamente, já que a mãe não queria nem tocar na criança. Eurídice rejeitava o desconforto de amamentá-la e o entregava à ama-de-leite, uma grega escolhida por seu bom caráter e pela boa qualidade do seu leite, que tanto Ptolomeu como Eurídice aprovaram, pois ambos o experimentaram.

Keraunos foi então amarrado a uma prancha, com as pernas e os braços presos por ataduras, segundo o costume dos gregos, assim como a cabeça e o corpo; e as bandagens foram apertadas com firmeza para que ele crescesse com os membros retos. Os pais então passaram os sessenta dias seguintes ouvindo, mas não escutando, os seus uivos distantes, e o resultado de tudo isto foi que ele cresceu zangado.

A ama precisou pôr sua marca num contrato de dois anos de amamentação, e ler em voz alta os termos: *Juro amamentar Ptolomeu com o leite de ambos os meus seios. Juro que não beberei vinho. Juro que não levarei essa criança para o meu leito...*

A Keraunos nada era negado. Quando quer que chorasse, a ama o pegava. Quando quer que estivesse com fome, ela enfiaria suas *tithos* na boca do bebê. Em tudo, ela permitiria à criança fazer o que bem entendesse, pois ele era filho e herdeiro de um sátrapa. Ela não lhe ensinava a diferença entre o Certo e o Errado. Não ensinava a esse garoto nada que se referisse ao que ele deveria ou não fazer. E o resultado foi que comentassem em voz baixa, nos anos futuros, que Ptolomeu Keraunos foi estragado por sua própria ama.

Na prisão de suas bandagens, os gritos dessa criança soavam como nada menos do que os estalos dos pinheiros — o que era estranho, já que não havia pinheiros em Mênfis, nem uma sequer dessas árvores, mas somente as palmeiras do Egito que tartamudeavam ao hálito morno do vento norte, ou se dobravam sob a tempestade de areia que era despejada pelo deserto.

A ama, contudo, não se deixava enganar. Ele tem os pinheiros da Grécia em seu sangue, ela murmurava, vai crescer e se tornar um homem feroz, um grande guerreiro, e, como se para provar que ela tinha razão, a criança pegou o hábito de mordê-la, de modo que ela também deu de gritar.

À medida que Keraunos crescia, mordia mais forte, e ela o beliscava para fazê-lo parar, porém, quando o beliscava, a criança mordia com ainda mais força.

Quando Keraunos cresceu mais, começou a fazer coisas piores do que morder. A ama queixou-se ao sátrapa, mas o sátrapa apenas sorriu, e nada fez a respeito. Ele tinha todos os problemas do Egito ocupando-lhe a cabeça, e não dispunha de tempo para os problemas da família. Em todo caso, ser belicoso era exatamente o que se esperava que um Ptolomeu se tornasse, e ele não desejava que um filho fosse diferente. Não queria que Keraunos crescesse desejando usar as roupas de sua mãe. Não queria que Keraunos se transformasse num outro Alexandre, mas que ele se tornasse um homem de verdade, interessado na guerra, nas artes do cerco a cidades, na prática da espada, na violência, pois Ptolomeu nunca esqueceria os choramingos de Alexandre sobre Hefaistion morto, um espetáculo que foi uma desgraça para a Macedônia.

É certo que a ama também queria que Keraunos fosse um guerreiro, e quando os seus lábios começavam a se enrugar, e a criança parecia prestes a chorar, a ama grega sacudia essa criança sob seus cuidados e lhe dizia: *Héracles nunca chorou*. Então, Keraunos fungava e controlava suas emoções, e seus lábios mantinham-se firmes. Desde muito novo, ele já demonstrava vontade de ser um novo Héracles, um guerreiro e um herói. Tinha vontade de ser um general à altura de um Alexandre. E desde a mais tenra idade, já desejava também ser o sátrapa do Egito, como seu ilustre e muito ilustre pai.

Durante 2.190 dias e noites, Ptolomeu Keraunos sugou o leite impuro e contaminado de sua ama beberrona, e bebeu, junto com esse leite, assim diziam, do seu mau caráter, mas os pais só descobriram isso tarde demais.

Uma prostituta, Ptolomeu acusou-a, quando a flagraram beijando o Capitão da Guarda Residencial. *Em nada melhor*, ele acrescentou, *do que a leitoa que rola sobre seus filhotes*, pois a pegaram dormindo por cima dele, quase esmagando-o, assim como encontraram o seu suprimento particular de vinho e de *booza*, a cerveja dos egípcios.

Eurídice, que nada sabia sobre como educar crianças, raramente punha os pés naquela parte do *gynaikeon* reservado para a educação das crianças, e Ptolomeu — este se restringia aos espaços privativos dos homens na residência.

Então, expulsaram a ama de Mênfis sem lhe pagar as 170 dracmas de ouro ou os 32 *kotylai* de óleo que lhe deviam.

Para falar a verdade, faz bem, por vezes muito bem, culpar os outros no lugar de a si mesmo.

Ligeiro propagaram-se os rumores de que a ama repudiada deixara o Egito esbravejando a sua raiva, e que ela amaldiçoara a criança e a todos de sua casa, até a décima segunda geração. Verdade ou mentira, alguns comentariam que a família de Ptolomeu parecia mesmo viver sob as mais terríveis maldições. Outros viam coisas diferentes, e afirmavam que a Casa de Ptolomeu era abençoada pelos deuses da Grécia, cumulada de benefícios, e que riqueza e poder eram tudo o que valia a pena. Porém, certamente, no longo percurso dos acontecimentos, do que a Casa de Ptolomeu carecia era de felicidade. Sim, na verdade parecia que tivessem sido amaldiçoados para o resto da vida com a maldição da infelicidade, porém, na ocasião, nada sabiam a esse respeito.

Ptolomeu Keraunos, logo que aprendeu a ficar de pé, começou a quebrar coisas: copos, jarros de cerâmica, cadeiras de ébano e de marfim — objetos egípcios aos quais seus pais não davam o devido valor, e por isso não fizeram nada para discipliná-lo. Talvez não ficasse quebrando coisas de propósito, a princípio; porém, ninguém poderia dizer que o garoto não sentia prazer com o barulho do vidro se partindo no piso de mosaico, ou que estilhaçar uma vasilha não lhe desse satisfação.

Na verdade, Keraunos cresceu tão turbulento que alguns poderiam pensar que ele fosse quase a imagem viva de Seth, o deus egípcio que encarna a desordem e o caos.

Logo que aprendeu a correr, Keraunos começou a arremeter-se por toda a residência com o ímpeto de uma miniatura de centauro, e os amigos de seu pai achavam tudo muito engraçado, porque ele deveria ser o sucessor de Ptolomeu, como sátrapa. Keraunos começou a matar coisas: moscas e abelhas, de início; depois, escorpiões e as baratas alaranjadas gigantes que invadiam a residência. Alguns dirigiam elogios a Keraunos por livrar a casa dessas criaturas indesejáveis, tão prejudiciais. Porém, à medida que o garoto crescia, as suas vítimas iam igualmente ficando maiores. Quando Keraunos estrangulou um dos gatos da residência, seu pai bateu nele, vociferando que se um único egípcio tomasse conhecimento do que ele tinha feito, isso provocaria uma revolução nas Duas Terras, pois o gato para os egípcios era o mais sagrado dos animais.

Keraunos já era crescido o bastante para dar de ombros, mas não entendia o significado do Errado. Ninguém se dera ao trabalho de lhe ensinar que o gato era sagrado. Tinha sido criado por gregos e somente por gregos, aprendendo os costumes gregos e sobre deuses gregos, e coisas egípcias não foram trazidas à sua mente.

Foi assim que as sementes dos problemas foram plantadas, e Ptolomeu Keraunos continuaria sendo o que sempre foi, exceto que, à medida que o tempo passava, ia ficando pior. O sátrapa não tinha tempo a perder com filhos — a menos que algum mau procedimento muito grave chegasse aos seus ouvidos, quando, então, puniria, ou surraria, ou ficaria andando de um lado para o outro, no assoalho em mosaico, esbravejando; assim Ptolomeu, o filho, veio a identificar Ptolomeu, o pai, com castigo. O lado bondoso do sátrapa, esse garoto raramente via, de forma que se formou, na verdade, desde o início, uma distância entre o sátrapa e Keraunos que só tenderia a aumentar. Quando a sua educação começou a sério, aos treze anos, Keraunos somente veria seu pai quando tivesse feito alguma coisa errada, ou tivesse se metido em problemas. O pai sempre lhe dizia: *Faça o possível para ser um bom garoto, e reze para os deuses para ter boa sorte.*

Porém Keraunos não queria ser bom. Achava que orações eram perda de tempo.

Aqueles que conheciam Ptolomeu, o Raio, melhor do que o pai olhavam para o garoto, balançavam as cabeças e comentavam que ele se entregaria cada vez mais à maldade.

E, sim, foi isso que os horoscopistas haviam previsto no seu nascimento, e ficaria demonstrado que os horoscopistas estavam corretos em suas previsões.

Quanto a Eurídice, sua mãe, não conhecia o sátrapa muito melhor do que o filho, porque Ptolomeu passava todos os dias da sua vida na Salão de Audiências, conferenciando com os seus ministros, ou com Anemhor, ou lendo os despachos dos seus agentes estrangeiros. Ele jantaria ou promoveria festins com seus generais e almirantes, sempre distante de Eurídice, cujo lugar era o *gynaikeion*, com suas aias, e ele dormia, quando dormia, no *andron*, a parte dos homens na residência, ou com alguma de suas numerosas concubinas. Ptolomeu era por demais ocupado com a administração de sua satrapia para dar suficiente atenção às necessidades de sua esposa.

Somente visitava Eurídice para a semeadura de crianças, como se ela não passasse de uma máquina de procriar. E, se bem que não fosse indelicado, era um grego, comportava-se como um grego e tratava a sua mulher como uma esposa grega: nenhuma palavra escapava dos seus lábios, apenas grunhidos e suspiros emitidos durante a semeadura. Não, de um grego não se espera que ame sua mulher, ou que se dirija a ela com palavras ternas como faz o egípcio. Por vezes, Ptolomeu lembrava-se de chamar a sua mulher de Pomba ou Pombinha, porém, ele era um soldado, acostumado a passar seus dias com homens. Todos os seus pensamentos e conversas voltavam-se para armamentos, combates, navios de guerra, suprimento de milho, equilíbrio do poder e o balanço de pagamentos, e a força militar e fraquezas dos outros sucessores — coisas de que Eurídice não tinha noção.

Na verdade, Ptolomeu tinha pouco a dizer a qualquer mulher e, por seu lado, Eurídice não sabia o que dizer para o seu homem. Quando a necessidade exigia que eles se falassem, Ptolomeu enviava um mensageiro, e porque Eurídice não sabia nem ler nem escrever, Berenice transmitiria a ela o que Ptolomeu mandara dizer. Em resposta, Eurídice enviaria uma mensagem com Berenice, que assim começou a ter mais contato com o sátrapa do que a sua esposa.

No *gynaikeion*, Eurídice não se dedicava ao trabalho feminino de mulheres de roca e no tear, embora fosse mais do que habituada a produzir as mais finas tapeçarias e tivesse sido criada para entender a agulha como se fosse isso toda a sua vida. Não, ela era a esposa de um sátrapa, agora, e se julgava acima do trabalho de agulha. Era a sua aia, conduzida por Berenice, que trabalhava no tear e na fabricação de fios, que tecia a lã e costurava as peças de roupas; a dona da casa nada fazia senão olhar e criticar. Não, Eurídice não tinha sequer aprendido o *alpha beta*. Não podia dedicar o seu tempo à leitura. Conhecia apenas o difícil trabalho de fazer nada, suas mãos eram vazias, trêmulas, e não sabia o que fazer com elas. Vivera uma vida de ociosidade forçada que ela mesma se impôs, por conta de sua vaidade.

É certo que a Eurídice não faltava encanto, mas ela se esquivava quando o seu marido a tocava. Ptolomeu se satisfazia com o meio sorriso que ostentava vez por outra. Agradava-lhe o seu jeito modesto, de olhos abaixados, olhos que se assemelhavam a azeitonas pretas, muito brilhantes. Para dizer a verdade, esse marido e essa esposa não tinham nada a dizer um ao outro. Não, nem sequer uma única palavra.

Aconteceu que o filho mais velho de Eskedi, filho do Velho Anemhor e de Neferrenpet, sua esposa, e Ptolomeu Keraunos nasceram na mesma época, e Mênfis foi tomada de alegria, pois era o primeiro neto do Velho Anemhor.

Quando essa criança nasceu, as mulheres o seguraram de cabeça para baixo pelos tornozelos, segundo o costume, e pronunciaram as sábias palavras das mulheres sobre o seu destino:

Se ele chora ni, viverá:
Se ele chorar ba, morrerá.

Esta criança chorou *ni*, e não morreu, e foi amamentada no seio materno, e cresceu em estatura dia após dia; e ninguém teve a idéia de entregar o filho de Neferrenpet a uma ama-de-leite, porque a própria mãe o amamentou, como qualquer outra mãe egípcia.

A esse filho, chamaram de vários diferentes nomes. Algumas vezes o chamavam de Nesqed, outras, de Nesisty, algumas vezes de Esisout, mas o nome que usavam com maior freqüência era Padibastet.

Padibastet ele ficou sendo, e não parou de chorar *ni*. Quando o pai encomendou o horóscopo de seu filho, soube que o seu destino seria viver 66 anos, quatro meses e cinco dias.

Era tempo bastante, ele pensou. Uma boa vida. Nem muito longa nem muito curta.

2.10

Meio Milhão de Íbis

Ptolomeu fazia muitas perguntas sobre os egípcios e, em determinado momento, o governo do Egito pareceu-lhe, sim, estar sob seu controle. Ele dispunha de sensatos homens de confiança em todos os departamentos do governo — para os negócio do Rio, da cidade, negócios externos e também, é claro, para os negócios de guerra.

Querendo saber de seus conselheiros egípcios, os sumos sacerdotes, sobre a frota, indagou: *quantos navios de guerra? Quantos marinheiros?* E deparou-se então com um mar de rostos perplexos, como se os sumos sacerdotes do Egito não tivessem respostas para perguntas daquele teor.

Ptolomeu perguntou novamente, mais alto: *quantos vasos de guerra?* Talvez, pensou ele, não o tivessem entendido direito, ou tivesse sido maltraduzido. Porém, não, os egípcios ficaram imóveis, sentados, ao redor dele. Ptolomeu escutou o alarido dos babuínos, o chilrear de pássaros engaiolados, o grasnido do *psittakoi* que trouxera da Índia.

Finalmente o sumo sacerdote de Heliópolis lhe disse: *Excelência, não existe nenhuma frota. Não há navios de guerra. Não temos tradição de batalhas no mar.*

Ptolomeu coçou a cabeça sob o seu *kausia*.

Somos péssimos marinheiros, o sumo sacerdote acrescentou. *Os egípcios odeiam o mar. Não temos nenhum deus do mar, nenhum equivalente para o seu Poseidon.* E o que dizia a Ptolomeu era a verdade: os egípcios preferem ficar em casa com suas esposas e filhos, com seus animais no campo, não tendo necessidade de viajar para o estrangeiro a não ser para transações comerciais.

Os egípcios são navegadores do rio, Excelência, disse o sumo sacerdote. *Realmente, o Grande Mar — não gostamos de navegar sobre ele...*

Ptolomeu franziu o cenho, por falta de palavras, e então desviou a conversa para outros assuntos, mas enviou mensagens para almirantes gregos e para os construtores de navios de guerra gregos com ordem para virem correndo.

Durante algum tempo, posteriormente, a falta de navios de guerra egípcios motivou muitas pilhérias e, para Ptolomeu, dizer *Mande a frota!* veio a significar *Não faça nada*! Na residência em Mênfis, Ptolomeu e seus amigos gregos riam às gargalhadas toda vez que se mencionavam os navios de guerra egípcios.

Ptolomeu não fez nada sobre o assunto. Havia herdado a melhor parte da frota de Alexandre, e armou para o Egito uma frota onde antes nenhuma existira. Ele a usaria em todas as batalhas que lutou pelo Egito. Estenderia para longe as fronteiras do Egito em todas as direções. Defenderia a costa marítima do Egito com a selvageria até mesmo de Sekhmet, a deusa-leoa. Ptolomeu jurou que seria assim.

Em verdade, nada havia de bom que Ptolomeu não prometesse fazer em nome do Egito. Em verdade, esse Ptolomeu seria o grande amigo do Egito.

Essa frota de Ptolomeu era, seguramente, naquele momento, da mais alta importância e urgência, já que o seu grande inimigo, Antígonos Monophtalmos, o Caolho, acumulava um conhecimento de primeira classe como homem do mar, e seu filho, Demétrio Poliorketes, o sitiador de cidades, era um brilhante mestre do mar, sem rival nos seus projetos de navios de guerra, os mais modernos do gênero. Esses dois, pai e filho, tinham se juntado para se pôr em pé de igualdade com os navios de Ptolomeu e derrotá-lo. E foi nessa ocasião que se iniciou a grande corrida para se construírem navios cada vez maiores e melhores; gigantes galeras de guerra com três bancos de remos, alguns de dois conveses, porém, sempre, cada vez mais e mais compridos, e com tripulação cada vez maior, até que alguns desses navios chegaram a necessitar de mais de mil homens para navegá-los.

Sim, não foi muito tempo depois de Ptolomeu chegar a Mênfis que o Caolho lançou o seu *hepteres*, um sete, que era uma referência ao comprimento, não ao número de bancos de remos, já que num navio com sete bancos de remos, um acima outro, seria impossível de se remar.

Nos dez anos seguintes, Demétrio, o filho, construiria um *okteres*, um oito, assim como o *enneres*, o *dekkeres*, e o *hendekeres* — o nove, o dez e o onze, e logo acrescentaria um *triskaidekeres*, um treze, a sua frota de navios — navios tão grandes que somente com muita dificuldade podiam ser manobrados na água; porém, a despeito de serem vagarosos, tinham grande poder de combate, munidos com pesados aríetes de ferro nas proas, muito úteis para esmagar em pedaços outros navios.

De tempos em tempos, o Velho Anemhor insistia com Ptolomeu para que ele fizesse uma viagem rio acima, a fim de verificar o progresso da construção do templo que havia financiado, com aplicação das rendas provenientes de impostos, e também para ver o que ainda podia ser feito.

Ptolomeu não apreciava o calor da parte superior do rio, e a possibilidade de enfrentar hostilidades e doenças, mas acabou indo, em um dos seus menores navios a remo, e com ele seguiu um destacamento de soldados, grande o suficiente para protegê-lo de qualquer rebelião, porém não tanto que pudessem causar constrangimento à população nativa.

Em Crocodilópolis, dedicou as oferendas de praxe a Sobek, o deus-crocodilo. Em Heracleopólis, fez sacrifício em honra a Herácles. Em Kynópolis, dedicou oferendas ao Cão Anúbis dos egípcios, e seguiu em frente, com o calor tornando-se cada vez mais intenso.

Em Hermópolis, observou que o íbis batia com as asas e empoleirava-se por todo lugar na cidade, caçando carniça nos açougues, preferindo sempre habitar o lixo e a podridão, deixando a sua marca em todas as ruas. O íbis, que alguns acusam de ser um pássaro sujo e repugnante, que vive na imundície, que adora a imundície, e enfia o seu bico em qualquer coisa, não importa o quanto seja repulsiva. Porém, o íbis é Thot, e é a encarnação de Thot, um pássaro sagrado, o faxineiro das ruas, o comedor de serpentes, e o íbis também recebeu uma oferenda de Ptolomeu.

Anemhor disse-lhe: *estes pássaros embalsamados têm a capacidade de transmitir as orações dos peregrinos devotos que os trouxeram, que desejam suplicar algo ao deus Thot, ou agradecer-lhe por favores obtidos.*

Ptolomeu não pôde evitar a cara de nojo.

O pássaro, Anemhor disse, *provê acesso direto ao deus.*

Ah, sim, ele fez perguntas sobre os íbis, que vivem no Lago do Faraó em Hermópolis, ao longo do dique da cidade consagrado a Thot, deus dos escribas, o deus da Sabedoria. Ele fez perguntas sobre o íbis: *quantos?* E perguntou: *por que eles os matam?*

E o sumo sacerdote de Thot, cujo título é o Grande dos Cinco, lhe disse: *vinte e nove íbis por dia; 290 íbis por semana, 870 por mês, 10.440 íbis mumificados por ano.*

Ao que Ptolomeu observou: *são muitos ibises.* E perguntou: *mas por quê?*

Oferendas a Thot, o sumo sacerdote respondeu, *Thot, o Grande Deus.*

No total, considerando todo o tempo de Ptolomeu no Egito, até a sua morte, uns quinhentos mil ibises seriam estrangulados, ou afogados, destripados e embalsamados, enrolados em milhões de estádios de faixas do mais fino linho, e enfiados em potes de louça de cerâmica nas galerias subterrâneas de íbis, em Hermópolis — Cidade de Hermes, Cidade de Thot — que se estendiam por centenas de estádios por baixo da superfície do deserto.

Ptolomeu aprendeu muito sobre o íbis na sua visita a Hermópolis: aprendeu que os intestinos de um simples íbis, se esticados, mediriam 96 cúbitos de comprimento.

Kataplektikos, ele disse, *Assombroso*, e aspirou aquele cheiro, o nauseante fedor de pássaros deteriorados, e passou mal do estômago durante sete dias.

A viagem no navio prosseguiu rumo a Licópolis, Cidade do Lobo, e depois para Coptos, Cidade de Min, o Pan dos gregos, e dali para Diópolis, a Tebas Egícia, que foi a Cidade de Amun, e para Hieraconpolis, Cidade do Falcão, Hórus.

Em Apolonópolis, lhe disseram que era o costume de todo cidadão comer da carne do crocodilo, e até Ptolomeu comeu bife de crocodilo na cidade de Apolo, deus dos Felizes Desembarques, e fez sacrifícios em honra de Apolo, que sabe quantos são os grãos da areia e quais são as medidas do mar — Apolo, que, graças ao seu divino conhecimento dirá a um homem, quando este estiver inseguro, quando estiver ansioso, o que fazer; Apolo, o deus que conhece as regras dos complexos jogos que os deuses da Grécia jogam com homens; Apolo, o supremo *alexikakos*, ou obstrutor do demônio.

Porque não, nenhum grego poderia viver sem acreditar nos Oráculos de Apolo, nem mesmo o sátrapa ptolomaico, e ele consultou o deus, ali, e comeu carne de crocodilo em excesso, e ficou doente do estômago por dez dias.

No entanto, prosseguiu em frente, visitando as treze fortalezas que existem entre Elefantine e Semna, no extremo sudeste da Segunda Catarata — seu nome grego — fortalezas com nomes tais como Repelindo as Tribos e Detendo o Deserto, vastas estruturas com grossas muralhas de tijolos de barro.

Ptolomeu fez até mesmo a excursão ao País do Ouro, navegando rio acima, passando pelas tamareiras, pelas mimosas, pelas bananeiras de folhas largas, pelos oleandros e limoeiros, à sombra dos quais corriam os besouros dourados que são a encarnação do deus Khepera, o Besouro de Rá. E no intenso calor, ele adoeceu.

Teve sob seus olhos a ilha de Filai, onde os sacerdotes do Egito planejavam construir grandes templos novos, muitos, muitos templos, mas onde, na época, não havia quase nada construído. Ptolomeu contemplou o lugar, pensou nos custos e disse: *mais tarde, mais tarde*. Então desceu o rio em curtos trajetos, parando para visitar os templos dos egípcios, todos construídos com pedras amarelas, todos com pinturas em cores brilhantes representando os deuses do Egito e, onde quer que se detivesse, somente lhe permitiam ver pouco mais do que as fachadas, e calçar suas sandálias pouco além do Primeiro Pilono, e então deveria parar no local onde o sumo sacerdote o convidava a fazer seus donativos de muitas e muitas *dracmas*, o que ele fazia, de fato, de modo que o seu navio retornou muito mais leve do que quando tinha partido. Cada coisa ele tinha de fazer como sempre fora feito, foi o que lhe disseram. Deveria seguir o costume, a tradição, pois tudo no Egito deveria continuar sendo exatamente como sempre fora. Como se não houvesse, jamais, mudança alguma.

Ptolomeu aprendeu que a duração total da excursão por toda a extensão do Egito era de 14 dias, seguindo o Rio, sem paradas, e a do Grande Mar, o Mar Interior, o Mar de Osíris até Tebas era de, exatamente, 3686 estádios. Ptolomeu estava sempre aprendendo alguma coisa nova; no entanto nunca lhe permitiam aprender tudo. Foi a maneira como os sumos sacerdotes procuraram manter esse homem, mesmo ele sendo o sátrapa, sob seu controle.

2.11

Falsos Deuses e Serpentes da Sorte

De volta ao seu lar, em Mênfis, Ptolomeu buscou o frescor dos depósitos de sua residência, onde, entre os trastes abandonados dos faraós, encontrou por acaso o grande sarcófago de granito cor-de-rosa de Sirene, o qual, segundo lhe disse o Velho Anemhor, fora feito para aquele Nakhthoreb a quem os gregos chamavam de Nektanebo II, o último faraó dos egípcios, que fora deposto pelo odioso persa. Porém Nektanebo não tinha sido sepultado em seu sarcófago porque não tinha morrido no Egito. Havia fugido do país, ou lhe permitiram que fugisse.

Ptolomeu perguntou a Anemhor, então: *onde está agora esse Nektanebo?*

O sumo sacerdote abriu os braços. Era uma das suas perguntas que não teria resposta.

Ele está morto? Ele está vivo? Ptolomeu indagou, imaginando quando o Faraó deposto poderia reaparecer, e se iria se tornar seu inimigo — mais um inimigo —, e se Anemhor estaria trabalhando para que fosse reempossado.

O sumo sacerdote franziu os lábios e cravou seus olhos nos olhos de Ptolomeu. Ao mesmo tempo ele sabia e não sabia onde estava aquele Rei do Egito, que um dia podia voltar para ocupar o trono de seus ancestrais uma vez mais.

Um sarcófago como esse, Ptolomeu murmurou, serviria bem para Alexandre. *O sarcófago de um Faraó poderia servir, de fato, como uma medida provisória...*

E Anemhor decidiu consigo mesmo que não tinha motivos para objetar a que Ptolomeu desse repouso a seu amigo nesse féretro de pedra; assim o caixão dourado de Alexandre foi colocado dentro dele.

Thot, que conhece o futuro, sabe que mil anos mais tarde, esse mesmo sarcófago de granito cor-de-rosa seria usado como cocho de água para animais de carga, mesmo sendo todo coberto de hieróglifos, os sagrados símbolos que deviam ter preservado de todo mal na vida após a morte. Porém, onde estava Alexandre? Ah, sim, o sarcófago de fato já teria *comido a carne* do rei que repousava em seu interior, um féretro destinado para um outro rei.

Tantas vezes passou pela mente desse Ptolomeu o pensamento: *nada dura... Viva o Presente.* Até mesmo o corpo de Alexandre, que era o talismã da sorte da cidade que tinha o seu nome — eles o perderiam.

Naqueles dias Alexandre *era* afortunado, um homem abençoado por Tykhe, deusa da Fortuna, tão afortunado que todo grego usava a imagem do morto alfinetada no seu manto, e tocava nela para ter boa sorte, dezenas, centenas de vezes por dia, pois os gregos tinham obsessão pela sorte, naquela época, e haviam começado a esquecer os seus velhos deuses, ou pelo menos a pensar neles com menos reverência.

Os gregos já suspeitavam que os deuses do Olimpo não os escutavam; que os deuses estavam cansados de ajudar homens, e realmente não estavam sendo de grande utilidade. Os gregos apreciavam tornar um homem, um herói como Alexandre, em um deus.

Todo ano, ano após ano, Ptolomeu celebrava o aniversário do morto, ou do não inteiramente morto Alexandre, marchando em solene procissão com os gregos até o túmulo na margem do deserto, com os epônimos sacerdotes de Alexandre, e os *Kanephoroi*, ou Portadores das Cestas, com as oferendas de praxe — mel, leite e vinho não diluído.

Apesar de algumas dúvidas dos homens sobre os deuses do Olimpo, Ptolomeu ostentava piedade. Mesmo com toda a sua preocupação de agradar os sacerdotes do Egito, demonstrava que não esquecia a religião dos gregos.

Sempre que dispunha de tempo, dava sua atenção aos projetos do Heröon, em Alexandria, em afetuosa memória de Hefaistion, filho falecido de Amyntor, que o Oráculo tinha proibido que fosse cultuado como deus (porque havia limites), mas permitiu que fosse cultuado como herói.

A estátua de Hefaistion, ele por fim a instalou na ágora, e ela o representava, é claro, nu, mais jovem do que era na idade em que morreu, e algo andrógino; e ela ficou ao lado da estátua dourada de Alexandre, também representado despido. Entre os dois, estava a estátua dourada de Tykhe, que tinha privado ambos esses homens da Fortuna de uma vida longa — porém, em troca, lhes garantira fama imortal.

O grego acreditava que era melhor viver uma vida curta, repleta de glória, do que suportar uma velhice miserável. Aqueles que morrem jovens permaneciam para sempre jovens, obtinham a juventude eterna.

Ptolomeu tinha dado a sua palavra. A despeito da sua repugnância por Hefaistion, erigiu a estátua. Ele não estimulava muito o culto a Hefaistion. No entanto o número de visitantes ao seu santuário manteve-se estável, e depois cresceu — como se houvesse se tornado, no final das contas, uma espécie de novo deus. Hefaistion não seria esquecido em Alexandria — ao menos por enquanto.

À memória imortal de Alexandre, Ptolomeu foi mais fiel. Empreendia visitas regularmente ao corpo, mandava que a tampa de pedra fosse retirada de sobre o sarcófago, assim como a tampa do caixão dourado, e examinava com olhar sombrio o comprimento dos cabelos do homem morto e as condições das unhas dos seus dedos. Vezes e vezes seguidas, ele derramou leite e mel, alimento e bebida para a alma do homem morto na Vida Após a Morte dos gregos, ou alimento para os vivos, temendo que ele despertasse durante a noite.

Ptolomeu procedia em relação a esse homem como se ele ainda estivesse vivo, quase com medo de que, fosse o que fosse que fizesse no Egito, pudesse ser submetido ao seu escrutínio, quando ele retornasse ao mundo dos vivos. Nos seus momentos de crise, Ptolomeu sempre se perguntava *o que Alexandre faria?* A resposta era sempre a mesma: Alexandre teria mostrado raiva, violência, sua selvageria de costume. Teria tirado vidas, primeiro, e feito perguntas depois. Não teria mostrado clemência alguma, como sempre.

Ele sempre tentaria ser igual a Alexandre, entretanto, mostrava também sua generosidade, sua gentileza. Não era tirano, mas um homem com sentimentos, que acordava todos os dias ao amanhecer, na hora de enterrar os mortos, com o rosto banhado em lágrimas, lembrando seus companheiros mortos: os homens que haviam tombado em Gaugamela, os homens abandonados para morrer no deserto, a quem ele não dissera *Até à vista, mesmo que seja na Casa de Hades.*

No Egito, eles não deixavam de ser gregos apenas porque viviam num país estrangeiro. De modo algum. Haviam trazido sua natureza grega com eles, mantinham-na viva, e Alexandria, a nova cidade, seria mais grega do que a Grécia.

No entanto, Ptolomeu começou a acreditar que um deus diferente poderia ser uma boa coisa, um deus extra, que seria bom ao mesmo tempo para os gregos e para os egípcios; que podia promover a união dos dois povos, e terminar com os levantes, com as revoltas e com as pedradas. Queria fazer do Egito uma única nação — não duas nações envolvidas em intermináveis hostilidades: porque houve um tempo em que os egípcios — mesmo os pacíficos egípcios — arremessavam pedras contra os gregos.

Para acabar com a hostilidade, Ptolomeu teve a idéia de inventar um deus novo, feito de pedaços e fragmentos de outros deuses: metade Osíris e metade Zeus, talvez. Um deus salvador, talvez. Um deus da cura, um deus confiável, em que todo homem tivesse fé, porque pelo menos este seria um deus não com uma cabeça de animal, mas inteiramente humano, um homem de verdade, assim como um deus de verdade.

Ele pediu conselhos. Pediu a opinião do sumo sacerdote de Ptah, e a sua idéia ganhou a aprovação de Anemhor, pois o novo deus seria muito semelhante ao Osorápis dos egípcios.

Chamaram o novo deus de Serápis, e os egípcios o chamavam de Osorápis, e ele se parecia muito com o Zeus da Grécia, pois tinha uma barba comprida; mas os egípcios reconheceram nele o seu Osíris.

Posteriormente, esqueceram quem havia criado Serápis, e até mesmo diziam alguns que Serápis fora invenção de Alexandre. Entretanto, a maioria dos homens dizia que a idéia tinha sido de Ptolomeu, trabalhando junto com o sumo sacerdote de Sebbennytos, Manetho, e com o grego conhecido como Hekataios de Abdera, e que foram eles que cunharam esse generoso deus barbado, que usava sobre a cabeça o *modios*, a alta cesta cilíndrica que era a medida do milho no Egito.

Ptolomeu encomendou então a estátua gigante criselefantina, toda ela de marfim e ouro, a Bryaxis, o mais famoso dos escultores gregos, e lhe deu instruções precisas: que os olhos de Serápis deveriam ser de caríssimas gemas preciosas que brilhassem na escuridão do seu sacrário, o imenso templo novo que projetou para Rhakotis, o bairro nativo de Alexandria, a ser construído no topo de uma colina artificial, de forma que o templo de Serápis pudesse ser visto de longe, como o Parthenon em Atenas.

Serápis, então, era um deus falsificado que morava numa colina falsificada — um deus híbrido. Mas, o povo teria fé em Serápis? Era o que Ptolomeu se perguntava. No entanto, gostava de acreditar que sim, porque Serápis era uma ótima invenção, tão boa quanto Zeus, tão boa quanto Osíris, se não melhor, porque estava sob controle humano. Tendo ou não fé, a princípio os gregos acorreram para o Sarapeion de Alexandria, assim como para o templo do deus em Mênfis: o doente, o cronicamente doente, o que sofria por amor, o moribundo, as mulheres estéreis, os lunáticos, os aleijados e até mesmo os impostores, que exibiam os seus cotos e feridas supuradas; e em troca de uma pequena esmola, Serápis podia conceder a cura para todos eles.

Era encorajada a prática de se pernoitar no Sarapieion, pois era quando supostamente o deus surgiria, pessoalmente, numa visão, para prescrever em meio a um sonho o transcurso do tratamento que deveria ser seguido, e em um entre dois casos a cura estaria concluída ao amanhecer — contanto que o deus se mostrasse indulgente o bastante para inclinar o seu ouvido para o suplicante; ou contanto que o suplicante tivesse fé.

Ptolomeu sorria, porque o seu falso deus parecia quase bom demais para ser verdade.

Serápis parecia ser um sucesso em Alexandria, onde era tratado como um deus grego e tinha um sacerdócio grego. O seu templo era um templo grego, com colunas coríntias e um teto com frontão triangular.

Fora de Alexandria, Serápis não era tão popular. Os egípcios já tinham dois mil deuses. De fato, não tinham necessidade de mais nenhum. Mas, fora do Egito, Serápis saiu-se melhor, e justificaram a indiferença com que foi recebido no Egito, dizendo que era destinado mais à exportação do que ao uso doméstico, e que era o deus padroeiro, embaixador de todo o império de Ptolomeu. Serápis tornou-se, de fato, o deus de mercadores estrangeiros — já em conseqüência do cesto em sua cabeça — e o grande protetor de todos os marinheiros.

Ptolomeu ponderou e ponderou, tentando vislumbrar que outros deuses poderia inventar, e então observou que, mais importante quase até mesmo do que Serápis, havia o culto à pequena serpente fêmea doméstica, que os gregos chamavam de Agathos Daimon, o Bom Espírito, o Espírito da Fortuna, e assim Ptolomeu encontrara uma segunda divindade nova, cujo propósito era manter a cidade de Alexandria livre de qualquer perigo.

Ptolomeu sorriu um pouco mais.

Agathos Daimon apresentou-se, então, em mosaicos e entalhes, enroscada em flores de papoulas, ou na clava de Herácles, ou envolvendo o tronco das palmeiras. Porém, com mais freqüência, mostrava-se enroscada no *kerukeion*, ou bastão de Hermes, o Thot dos gregos, Senhor dos Livros e Príncipe de Escribas.

A Serpente da Sorte de Alexandria assombrava todas as casas, todas as ruas. Já que os alexandrinos não conseguiam se livrar delas, era muito apropriado que a tornassem uma deusa. No entanto, uma vez isso feito, ninguém queria mais que ela fosse embora, pois a pequena serpente garantia a prosperidade da metrópolis e de todos os seus habitantes. Além disso, Agathos Daimon era uma serpente que não causava nenhum mal. Era a serpente de todas as serpentes, porque, por mais assombroso que fosse relatar isso, ela não era venenosa e nunca picava ninguém.

Por fim, Alexandria passou a amar a Agathos Daimon. Ela penetrou na imaginação da cidade com tal intensidade que construíram um templo só para ela, e lhe conferiram sacerdotisas. Melhor ainda, a Serpente da Sorte correspondia à Shai egípcia, a deusa do Destino, que também assumia a forma de serpente.

As pequenas serpentes eram chamadas de *thermouthis*, e acreditava-se que fossem mensageiras de Ísis, a grande deusa dos egípcios, e Thermouthis era a própria Ísis, merecendo as maiores honras e toda adoração, pois era a Serpente da Sorte de Alexandria.

Assim, Egito e Grécia finalmente se entrelaçavam em certas modalidades rituais, semelhantes a serpente e o bastão, uma enroscada no outro.

Fosse ou não verdade, eles *acreditavam* que Alexandria era a Cidade da Sorte, e a propalada Sorte de Alexandria atraía mais gregos do que nunca para irem morar na cidade, buscando sempre as riquezas que Zeus despejaria sobre a cabeça dos gregos, bastando apenas que ele fosse para o Egito, onde mesmo a poeira das ruas parecia ouro.

Alexandria conseguiu, então, sua população. Ptolomeu permaneceu mais um pouco em Mênfis, cercado de problemas, por guerras e sorrateiros rumores sobre guerras.

2.12

A Guerra Síria

De Triparadeisos, na Síria Superior, chegaram rumores de que a outra Eurídice, Adéia-Eurídice, a esposa e rainha de Felipe Arrhidaios, andava tomando gosto por se intrometer em questões de Estado, e que vinha se empenhando em atrapalhar os belos intentos dos Tutores, que haviam tomado o lugar do falecido Perdikkas, assumindo o controle do que restava do império de Alexandre. Mais do que isso, os macedônios pareciam estar recebendo ordens de Adéia-Eurídice. E a situação piorou tanto que os Tutores chegaram a renunciar ao cargo, por causa dela, e os macedônios elegeram, para substituí-los, o Velho Antipatros, como Tutor com plenos poderes.

Quando Antipatros chegou em Triparadeisos, descobriu que Adéia-Eurídice estava, de fato, tentando criar problemas e jogar os macedônios contra ele também. Como resultado, houve uma grande desordem e desassossego no exército.

Antipatros convocou uma assembléia geral e pôs fim à grita berrando bem alto para a multidão, e apavorando Adéia-Eurídice, que ainda não atingira os vinte anos de idade.

Ele mandou a moça calar a boca, e ficar quieta, e disse a ela que deixasse os negócios para os homens e que parasse de meter o nariz em coisas das quais não entendia, e continuou a lhe dirigir críticas até que ela prorrompeu em lágrimas e fugiu em disparada da assembléia.

Então, Antipatros distribuiu todas as satrapias novamente, e os detalhes desse aspecto do episódio, Thot os deixará de lado, considerando-os de menor importância. É suficiente dizer que Ptolomeu foi confirmado no que já era seu, até porque, já então, seria impossível desalojá-lo do Egito, que mantinha em virtude de suas façanhas, como se fora um prêmio de guerra.

Quatro anos após a morte de Alexandre, no auge do calor de verão, o Velho Antipatros jazia deitado, coberto de suor, em seu próprio leito de morte. Estava com 88 anos de idade, e, mais do que tudo, lembrava-se de sua árdua luta com Olímpia, mãe de Alexandre, quando ela detinha a próstase, e também do seu embate com Adéia-Eurídice, a cabeça-dura, e ele proferiu seus últimos conselhos aos macedônios, com vistas no futuro, as proféticas últimas palavras de um homem moribundo, e o que disse foi: *nunca se deve permitir que uma mulher assuma o primeiro posto no reino*. Isso porque acreditava que governar não é de fato negócio para mulheres.

E será que os macedônios deram ouvidos ao seu conselho? — Thot pergunta. Prestaram atenção a estas palavras, no Egito? Prestaram? Não.

No mesmo ano da morte de Antipatros, seu sogro, Ptolomeu deixou o Egito com o seu exército, em marcha ao longo das estradas de Hórus, através do deserto de Gaza, e invadiu a Síria, partindo do Líbano rumo ao sul, da região que era chamada de Coele-Síria, o Vazio, ou Vale da Síria, já que nada mais era do que um imenso vale.

Tendo derrotado Perdikkas, Ptolomeu encarava o Egito como seu, por direito; mas ainda se preocupava com a segurança das suas fronteiras. Na verdade, entendia que a Fenícia e a Coele-Síria estivessem em ótimas condições de desfechar um ataque em massa sobre ele, e acreditava, então, que o melhor seria invadir a Síria antes que a Síria o invadisse.

Pouco antes disto, havia tentado *comprar* a Coele-Síria, ao seu governador grego, Laomedon, de Anfípolis, oferecendo-lhe todo o ouro que ele ousasse pedir. Porém, Laomedon enviou um mensageiro somente para dizer a Ptolomeu que a Síria *não estava à venda* e que, como ele nem mesmo era o seu dono, não estava em posição de vendê-la.

Impossibilitado de comprar o que queria, então, e não querendo esperar mais, Ptolomeu recorreu a roubar, e intentou tomar a Síria para si. Afinal de contas, ele era um grego, e roubar era o que se esperava que fosse, sempre, o hábito dos gregos. Assim, ordenou a Nicanor, um dos seus melhores generais, que marchasse sobre a Fenícia.

O general Nicanor apressou-se a deixar a Pelúsia, indo direto para Gaza, com a frota navegando junto ao seu exército, como de praxe, transportando água e rações. De Gaza, marchou rumo ao norte para Tiro, e dali para Sidon, e ainda mais adiante rumo ao norte. Fez o sátrapa Laomedon prisioneiro e subjugou a região que lhe fora ordenado subjugar, instalando guarnições egípcias nas cidades da Fenícia e garantindo a lealdade do país a Ptolomeu.

A rápida campanha de Nicanor foi um propalado êxito, e ele marchou com suas tropas de volta para casa, cantando o Paian da Vitória para Apolo, o grande deus, e a cidade de Mênfis saudou-os com grande entusiasmo, a despeito de seu exército ser grego e da sua vitória ser estritamente uma vitória grega. Entretanto, a alegria devia-se à ampliação das fronteiras egípcias.

Ptolomeu promoveu um banquete atrás do outro, nos quais o convidado de honra era o general Nicanor — a quem foram concedidas todas as recompensas possíveis, tais como ingresso gratuito no teatro por toda vida, vastas extensões de terra no Alto Egito, o manto púrpura do Primeiro dos Amigos de Ptolomeu; e o sacrifício de touros reluzentemente negros aos deuses da Grécia durou dias e dias.

Completados cinco anos de governo de Ptolomeu no Egito, e tendo tomado posse do território de Cirene, a oeste, uma revolta irrompeu por lá, contestando o seu domínio. O bom povo de Cirene, a cidade, atacou a fortaleza e estava prestes a desalojar a guarnição de Ptolomeu, quando emissários de Alexandria ordenaram-lhes que se detivessem.

O que fez o povo de Cirene? A resposta que deram foi executar os emissários, e daí prosseguiram seu ataque à fortaleza com renovado vigor.

Tendo sido informado dos acontecimentos, Ptolomeu ficou furioso, como Alexandre teria ficado, e enviou outro dos seus generais, Agis, com um exército terrestre apoiado por uma frota de navios de guerra sob o comando de Epainetos, para esmagar a revolta.

O general Agis tomou Cirene de assalto, e mandou os rebeldes, de mãos e pés amarrados, para serem punidos em Mênfis. De fato, Ptolomeu puniu-os, crucificando os seus corpos nas praias de Alexandria, exatamente como Alexandre punira aqueles que o desafiaram na Cerco de Tiro. Mênfis, entretanto, não foi profanada com um banho de sangue, e Cirene foi reintegrada ao governo de Ptolomeu, tendo a paz sido restabelecida.

Foi mais ou menos nessa época que o famoso Seleuco fugiu da Babilônia para o Egito, pedindo asilo a Ptolomeu, pois conhecia a generosidade desse homem (não obstante as crucificações) e o tratamento amistoso que concedia a todos os que buscavam refúgio em Mênfis, sua capital.

Seleuco provou ser de enorme utilidade a Ptolomeu, que o colocou no comando da frota egípcia, e ele se tornou um amigo particular da família de Ptolomeu, especialmente de seu jovem filho e herdeiro, Ptolomeu Keraunos, o famoso Raio, sendo que, esse tempo todo, o sumo sacerdote de Mênfis sabia que o destino de Seleuco era morrer pela mão desse garoto, mas nada disse a ninguém a esse respeito, e fez apenas esperar e observar.

Portanto, Ptolomeu tornou-se o maior amigo de Seleuco, e mais tarde este auxiliaria Ptolomeu, comandando lado a lado as tropas em batalha, obteria por recompensa ser instalado de volta no território que perdera, a Babilônia, tornando-se sátrapa outra vez.

A amizade contudo nem sempre é paga com bondade, e esse Seleuco — embora amigo — ele e sua casa estavam destinados a se tornarem os piores inimigos dos descendentes de Ptolomeu, disputando com eles, em batalhas sem fim, as cobiçadas regiões da Síria e da Palestina.

Qual foi a principal lição aprendida por Ptolomeu, como sátrapa, e transmitida para seus filhos e para os filhos de seus filhos, uma lição que pudesse ser de real utilidade para eles? — Thot pergunta. Foi que um governante não pode confiar em ninguém — nem mesmo nos homens que aparentam ser seus melhores amigos.

Não confie sequer num irmão, Anemhor diria. *Não confie em amigo nenhum*, ele disse, e tratava-se de antiga sabedoria egípcia. Pois mesmo um sátrapa, e principalmente um sátrapa, tem muitos inimigos.

Pelo menos alguns membros da família de Ptolomeu aprenderam esta lição; outros, não. Seleuco, infelizmente, não.

Quanto a confiar em seu irmão... Menelau, irmão mais jovem de Ptolomeu, ainda residia no Egito, onde se demonstrou razoavelmente útil, na maior parte do tempo, assim como leal e até mesmo confiável, mais do que a maioria dos demais homens.

Menelau fazia sem queixas o que quer que lhe pedissem, e tudo o que fez empenhou-se para fazer o melhor que lhe era possível.

No entanto, Ptolomeu preocupava-se com rivais, com usurpadores, cada vez com maior freqüência, até que chegou a ocasião quando lhe pareceu mais seguro enviar Menelau para longe do Egito, onde ele não pudesse colocar veneno no alimento do seu irmão, ou instigar rebeliões na residência do sátrapa.

Assim, Menelau foi para Chipre, como *strategos*, governador, lá onde não teria possibilidades de tramar sua deposição. Em Chipre, tinha tudo do melhor, tal como escravos, mulheres, seu palácio, e era-lhe permitido fazer, dentro do direito, mais ou menos o que bem entendesse — pelo menos enquanto Chipre continuasse a suprir o Egito com madeira e cobre, pois esta era a primeira tarefa de Menelau: garantir o despacho regular dessas valiosas matérias-primas para o Egito.

Ele coletava as taxas na ilha e enviava navios carregados de *dracmas* para seu irmão. Um homem menos digno talvez tivesse ficado com esse dinheiro para si, como fizera Kleomenes, mas Menelau sabia muito bem que seu irmão o atacaria, se fizesse isso.

Menelau gostava da vida pacífica e, seguramente, tudo estava indo bem com ele, até que sua ilha foi invadida por Demétrio Poliorketes, quando então Menelau caiu em desgraça. Porém, por enquanto, a confiança entre os irmãos permanecia inalterável. Quanto ao restante do mundo grego, sobre este havia pouca confiança, como pode ser confirmado pelo que aconteceu a seguir na Macedônia.

2.13
Questões Macedônias

Apenas seis anos depois de Felipe Arrhidaios ser proclamado rei da Macedônia e do Egito, ele já estava morto, e estariam cumpridas as profecias de que sua esposa, Adéia-Eurídice, teria um triste fim.

Pois, desafortunadamente, essa Rainha não se satisfazia em simplesmente ser rainha e sentar-se no seu trono sem precisar fazer nada. Essa mulher nunca tinha feito nada. Possuía o espírito de um homem e a necessidade de estar sempre por cima, e fazendo alguma coisa. E então, havia enfiado em sua mente que iria tentar reinar por intermédio de seu domesticado marido, aliando-se a Cassandro, o homem sobre o qual corriam rumores de ter envenenado Alexandre. Adéia-Eurídice não conseguia se conter, no impulso de se intrometer nos assuntos da política, pois, afinal de contas, fora educada para se comportar e atuar dessa maneira.

Adéia-Eurídice julgava-se tão preparada nas questões militares quanto Cassandro, filho de Antipatros. Achava que sabia mais do que Olímpia, mãe de Alexandre, sobre política externa. Achava-se em pé de igualdade com essas pessoas que possuíam anos e anos de experiência de meticuloso governo, de empreendimentos com guerra e conquistas de outros reinos.

Assim, atraiu, como bem poderia ter sido previsto, a ira de Olímpia, que estava inteiramente determinada a garantir que nem essa garota nem o seu marido devessem representar uma ameaça a seu neto, o Rei Alexandros, que então tinha apenas seis anos de idade.

Entrando em desespero, Olímpia declarou guerra ao seu próprio enteado, Felipe Arrhidaios, e contra a esposa, Adéia-Eurídice, e os dois exércitos se enfrentaram num lugar chamado Euia, na Macedônia, onde Adéia-Eurídice apresentou-se, com toda soberba, sobre o dorso do cavalo, vestida com a armadura de ouro completa, exclusiva de um Rei da Macedônia, e ela mesma gritava o Paian da Vitória dedicado a Apolo, e todas as suas tropas faziam eco aos seus brados, gritando também, em estrofe e antiestrofe, no que investiam para o confronto.

Do lado contrário, Olímpia foi para a batalha à frente do seu exército, e ela estava vestida com pele de filhote de corsa, e se fazia acompanhar da batida dos tambores de Dionísio, o deus do frenesi, e estava furiosa, totalmente furiosa.

As duas rainhas, então, bradaram o mesmo grito de guerra, o terrível *Alalalalai* da Macedônia, e seus cabelos esvoaçavam ao vento, e tivessem elas se aproximado o bastante uma da outra, teriam muito certamente usado dentes e unhas para arrancar os cabelos e os olhos, cada qual, de sua inimiga, pois nunca duas mulheres se odiaram tanto quanto essas duas. Olímpia e Eurídice superavam todo o ódio que já existira.

Contudo, na batalha de Euia, ocorreu um episódio totalmente extraordinário. As tropas da Macedônia assistiram a Olímpia, sua idosa rainha, avançando para a luta. Escutaram o clamor dos seus tambores e trombetas, e ficaram fascinados por sua figura majestosa, que era tão semelhante à majestosa figura de seu filho, Alexandre, e eles se recordaram que ela era, sim, a viúva do Rei Felipe, e todos desertaram de Adéia-Eurídice e se juntaram ao exército de Olímpia, que, assim, se saiu vitoriosa.

Enquanto o Paian da Vitória era entoado aos brados, Olímpia colocava o seu enteado, Felipe Arrhidaios, e Adele-Eurídice, sua esposa, sob forte vigilância, mandava-os acorrentá-los como uma dupla de criminosos e ordenava que fossem confinados num espaço totalmente fechado, que lhes dessem apenas o alimento necessário para mantê-los vivos, através da única e estreita abertura feita na parede.

Ambos foram submetidos a esse tratamento vergonhoso por muito tempo, até que o comportamento de Olímpia tanto escandalizou os macedônios que estes se animaram a expressar a sua piedade em relação ao rei e à rainha. Entretanto, no final das contas, Olímpia ficou cansada de tantos cochichos e de tantas delegações de figuras da corte e pagou a alguns trácios para matarem Felipe Arrhidaios a punhaladas.

Em nenhum momento de todo esse seu penoso castigo, Adéia-Eurídice demonstrou, sequer minimamente, qualquer temor, e agora enviava uma mensagem declarando que ela era a legítima rainha de Macedônia, e não Olímpia.

A título de réplica, Olímpia enviou-lhe três objetos: primeiro, um punhal, segundo, uma corda, e terceiro, uma tigela cheia de cicuta, como se para lhe oferecer uma escolha de como se matar, porque chegara para ela também a hora de morrer.

Adéia-Eurídice, por infelicidade, não via nenhuma saída para a sua situação. Nenhum homem tentara resgatá-la. Seus amigos tinham se mantido afastados. Seu marido, o Rei, estava morto. Porém, Adéia-Eurídice era filha de um rei, e estava decidida a ter uma morte nobre. Ela amaldiçoou Olímpia diante do mensageiro que lhe trouxe a ordem para se matar, e rezou para que Olímpia recebesse o mesmo tratamento.

A seguir, Adéia-Eurídice limpou o sangue das feridas de Felipe Arrhidaios e embrulhou o corpo dele numa manta purpúrea. Não se enforcaria com a corda. Nem se daria uma morte covarde bebendo cicuta. Ela retirou a rica faixa da cintura, presente do seu marido, e enforcou-se com ela, sem, assim disseram, nem ao menos derramar uma lágrima por conta de seu triste destino, perpetuando seu inquebrantável orgulho; e tinha na ocasião apenas vinte anos de idade.

Cassandro sepultou os corpos e prestou-lhes homenagem com jogos funerais, e fez isso muito bem.

Quanto a Olímpia, ela teria apenas mais dois anos de vida.

Em Tebas, no Egito, em homenagem ao rei Felipe Arrhidaios, Ptolomeu mandou construir um santuário de granito cor-de-rosa exaltando Amon. Os relevos nas paredes internas mostravam um faraó cujos traços fisionômicos eram bastante simétricos, e cuja língua não se estendia, flácida, para fora da boca, fazendo oferendas ao deus, debaixo de um céu azul cintilando com estrelas douradas.

Nas paredes externas deste santuário, havia relevos que mostravam a coroação desse homem como faraó (um episódio que nunca aconteceu), assim como as boas-vindas de Thot e a deusa Amunet dando de mamar ao jovem rei, embora esse homem tivesse, na época de sua morte, 41 anos de idade.

A proteção dos deuses do Egito não tinha feito muito bem a esse Faraó grego.

Naquele ano, a terceira desastrosa inundação da cidade de Rodes pelo Grande Mar causou enorme perda de vidas e destruição de propriedades. Fortes tempestades de chuva marcaram o início da primavera, e pedras de granizo, pesando muito mais de uma *mina*, caíram, de modo que muitas casas desabaram sob tal peso.

Coisas como essas sempre foram entendidas como péssimos presságios pelos gregos. Porém, como sempre, havia muitas outras coisas piores do que assassinatos ainda por acontecer; coisas de longe, de bastante longe, muito piores estavam por sobrevir do que pedras de granizo do tamanho dos ovos de avestruz.

2.14

Corrida de Crocodilos

Quanto à outra Eurídice, seu marido Ptolomeu guardou na lembrança as palavras de Homero:

> *Nunca seja exageradamente gentil com a sua esposa.*
> *Nunca permita que sua esposa saiba tudo o que*
> *você tem em mente.*
> *Conte-lhe o mínimo que for possível.*
> *As mulheres não são confiáveis.*

Numa família grega, a violência não é incomum. Uma mulher pode ter certeza de levar uma surra, caso deixe de fazer tudo o que seu marido mandar, ou por qualquer impertinência. Também uma filha pode ser esbofeteada no rosto por seu pai por conta de uma palavra imprudente. Mas, na verdade, a família de Ptolomeu não era assim. Não, tais coisas não aconteciam em Mênfis.

Na maior parte do tempo, por medo aos estrangeiros, Eurídice não punha os pés fora da residência. A lida do lar e o silêncio eram muito mais adequados a esposas gregas, e a administração doméstica que caberia a Eurídice estava a cargo de sua aia e de um batalhão de criados e escravos; de modo que lhe restava apenas o silêncio. Talvez lhe permitissem que fosse visitar seus parentes, num bairro próximo; só que ela não possuía parente em Mênfis e, na verdade, nem também no resto do Egito, a não ser a sua tia Berenice, que morava sob o mesmo teto. Quanto a passear pelas ruas, ou de carruagem — tais entretenimentos não estavam entre os que convinham a esposas, e apenas prostitutas põem o rosto para fora das janelas.

Assim, Eurídice levava o que os gregos chamavam de vida de tartaruga, presa debaixo de um casco do qual não lhe era possível escapar. A tartaruga era um atributo de Afrodite Ourania, o símbolo da domesticidade; e a vida de Eurídice era de fato fechada, enclausurada, e muito, muito lenta.

Sim, ela achava o Egito o lugar mais calorento que se poderia imaginar. O suor pingava dela o tempo todo — suava descontroladamente, dia e noite. Ou era isso, ou ficar sentada, sentindo arrepios, quando a névoa de Mênfis baixava, assim como durante as tempestades de raios e de areia, que era quando sua tremedeira voltava. O inverno, ela o passava tentando aquecer as suas mãos no braseiro. Claro que Eurídice compartilhava da vida de luxo ilimitado do sátrapa, e o aspecto mais óbvio desse luxo era uma fartura inesgotável de tudo o que houvesse de bom para comer. Entretanto, Eurídice não dava importância à comida. Beliscava seu prato como um passarinho, depois afastava-o dizendo que *no Egito faz calor demais para se comer*; em conseqüência, ia ficando cada vez mais magra.

Por outro lado, a tia Berenice beneficiava-se enormemente da mesa generosa de Ptolomeu. Adorava comer as tâmaras, as bananas, os figos e os melões que cresciam no Egito; ganhava peso, cada vez mais, e começou a sorrir. Berenice tinha inteira liberdade, como aia, para andar pela cidade de Mênfis e, em nome de sua patroa, sair comprando vestidos, tecidos e qualquer artigo de que a mulher do sátrapa precisasse. Pois, sim, a mulher do sátrapa era importante demais para pôr o pé fora da porta do *gynaikeion*. Eurídice tinha de viver escondida, exceto em ocasiões oficiais, tais como uma excursão rio-acima na barcaça do sátrapa.

Berenice agora começava também a cuidar melhor de sua aparência. Readquiriu o hábito de pintar o rosto com alvaiade e ruge, e a tratar dos seus cabelos, quando antes quase não ligava para isso.

Berenice herdava as peças de roupas descartadas por sua sobrinha. Assim recuperava-se, pouco a pouco, de quaisquer que houvessem sido as más experiências de seu passado. Se tinha antes um rosto desfigurado, uma idade indeterminada, se era ignorada por todos os homens, agora exibia mais carnes sobre os ossos, e florescia outra vez como a bela mulher de antes; parecia, de fato, estar apenas na faixa dos vinte anos. Berenice estava mais atraente, com olhos que cintilavam, e tinha aqueles luxuriantes cabelos louros das mulheres da Trácia. Os olhos dos homens seguiam a sua silhueta, quando passava na residência, e percebiam que Berenice possuía um tom de voz baixo e agradável, que era a tonalidade sussurrada da sua voz. Ela também não era desprovida de educação ou atributos, pois sabia ler e escrever, tinha tanto a habilidade do tear quanto a da lira e a da cozinha. Não levou muito até que Berenice atraísse o olhar do próprio Ptolomeu, que era, não deve ser esquecido, louco por mulheres. Ele começou a enxergar nessa mulher atrativos que sua esposa, Eurídice, realmente não tinha.

Eurídice deu a Ptolomeu um novo filho a cada ano, pelos cinco anos seguintes, de modo que mal havia parido um, e já começava a inchar da gravidez do seguinte: deu à luz mais dois filhos, depois de Keraunos, chamados Meleagros e Argaios, e três filhas, às quais deram os nomes de Theoxena, Lysandra e Ptolomais.

Quando o sátrapa entrou nos aposentos dela, após o nascimento da primeira destas filhas, Eurídice baixou os seus olhos, virou o rosto para a parede, de tanta vergonha, e prorrompeu num pranto de uma esposa que tinha fracassado. Ptolomeu queria filhos homens, mais filhos homens, tantos filhos homens quanto fosse possível, e ela tinha lhe dado, sem dúvida, o que ele não queria; porém, mesmo assim, lhe dirigiu palavras de consolo.

Uma filha, ele disse, *não é de modo algum inútil. Ela realizará um ótimo casamento. Não devemos enjeitá-la...*

Isso porque pensou menos no dispêndio de dinheiro que o pagamento do dote desta garota envolveria do que na brilhante aliança que casá-la — no tempo devido — com algum governador estrangeiro traria, como resultado do que ele poderia, quem sabe, dormir melhor na sua cama, e preocupar-se menos com a eterna ameaça de guerra.

Meleagros, Argaios, Theoxena, Lysandra e Ptolemaïs eram crianças louras, pois sua mãe tinha abandonado o hábito de comer terra, pelo menos temporariamente. Os filhos cresceriam e se tornariam guerreiros gregos bravos e fortes — generais, talvez, nos exércitos do seu pai, pelo menos até que ele morresse, quando então o futuro deles estaria menos garantido. Quanto às moças, cresceriam silenciosas, plácidas, de olhos arregalados e pálidas, e assim seriam para o resto de suas vidas, pois era vedado a moças de altas posições saírem de casa; e seria inteiramente impensável que se expusessem ao sol do Egito sem estarem cobertas. Podiam, sim, viver a vida de todas as moças gregas da sua classe, da família dos sátrapas, atrás de portas trancadas e guarnecidas com traves, e das janelas com persianas baixadas do *gynaikeion*, aquele estranho mundo, tão escuro, das mulheres, onde se proibia até mesmo dar uma olhada para a rua lá embaixo. Passariam seus dias sem nada para fazer a não ser fiadura e tapeçaria, já que não estava à altura delas carregar água do poço, e eram bem-nascidas demais para passar uma manhã amaciando um polvo nas pedras, assim como nunca sequer se aproximariam do rio para se banharem. As moças eram prisioneiras, de fato, faltando apenas serem chamadas assim, servidas em todos os seus caprichos por eunucos negros da Terra de Punt — homens com a metade de suas alturas, que andavam gingando com suas pernas curtas — miniaturas de homens que tinham vozes agudas de mulheres.

Mesmo assim, as meninas tinham seus entretenimentos: seus mascotes, os micos, os cachorros que vinham sentar-se em seus joelhos; seus pássaros amarelos em gaiolas de papiros. As garotas não tinham uma vida infeliz e, em algumas raras ocasiões, lhes era permitido navegar rio acima com o sátrapa, até Apolonópolis, ou até Crocodilópolis, para presenciar a alimentação dos crocodilos sagrados; daí, ficariam falando nesses passeios por meses seguidos. Mas, por princípio, ninguém punha os olhos nas filhas de Ptolomeu, de modo que um simples relance sobre elas causava nos gregos um frêmito de excitação.

Os filhos legítimos mais jovens de Ptolomeu eram mais tranqüilos do que Ptolomeu Keraunos. Meleagros era um garoto contra quem ninguém tinha o que dizer, que parecia quase ter aprendido a Mágica da Invisibilidade. O seu horóscopo previa que ele seria um rei, mesmo não sendo o filho mais velho do seu pai. Ele nunca seria o sátrapa, a menos que alguma tragédia se abatesse sobre seu irmão, ou a menos que algo inesperado acontecesse e fizesse Keraunos cair em desgraça. Não sendo um louco nem um gênio militar, Meleagros era ignorado. Ele sobreviveria, como Eurídice sua mãe sobreviveu, por permanecer quieto, por não atrair demasiada atenção para si.

Quanto ao irmão mais moço, Argaios — ele era ainda mais tranqüilo e quieto, de modo que, nos anos que se seguiram, ninguém podia dizer uma palavra sobre como havia vivido, ou o que havia feito da sua vida. Existiam, talvez, boas razões para não se saber coisa alguma sobre Argaios. O que aconteceu a este filho do sátrapa, somente Thot lembraria, e Thot choraria.

Havia ainda um quarto filho que era tão quieto que ninguém, nem mesmo Thot, tinha qualquer registro do seu nome; existe até mesmo uma dúvida no coração de Thot sobre a própria existência deste filho, e é possível que o garoto tenha morrido ainda muito novo.

Ptolomeu teve, certamente, de seu sangue, outros filhos e filhas bastardos, assim como os bastardos que teve com Thaís, que viviam, todos eles, e eram alimentados e educados sob o teto do sátrapa. Mas esses eram filhos de segunda categoria, os quais, como possíveis usurpadores do seu sátrapa, necessariamente passariam suas vidas temendo o punhal do assassino, do visitante da madrugada. Precisavam sempre preocupar-se com algum veneno em sua *moussaka*, ou com a possibilidade de serem assassinados durante o sono, conforme o costume grego pelo qual todo possível candidato a sátrapa deveria morrer para que o próprio sátrapa pudesse viver em paz.

Entretanto, por enquanto, todos os filhos de Ptolomeu brincavam e brigavam juntos, aprendiam o *alpha beta* aos pés do mesmo tutor, e eram educados para serem mais gregos do que os gregos da Grécia. As moças desenvolviam sua habilidade de fiar, costurar, bordar e fazer tapeçarias no *gynaikeion*, do qual os garotos eram inflexivelmente retirados ao completarem sete anos de idade, para daí por diante passarem a viver no *andron*, com os homens, onde aprendiam a ser guerreiros, soldados, hábeis cavaleiros; e no *gymnasion*, onde começavam a adquirir o tão famoso e perfeito físico grego, e os músculos rijos dos atletas gregos.

Nos aniversários dos filhos e filhas do sátrapa, tanto dos legítimos quanto dos ilegítimos, o sumo sacerdote de Ptah lhes enviaria seu presente: um ovo pintado de crocodilo para ser chocado ao sol egípcio. Isso significava, por um lado, um gesto genuíno de boa vontade para com a Casa de Ptolomeu; por outro, sua sincera esperança de desenvolver uma verdadeira devoção a Sobek, o mais que ilustre deus-crocodilo dos egípcios, a quem os gregos, que sempre tentavam mudar todos os nomes egípcios, chamavam de Souchos.

Os noventa dias entre a postura do ovo e o seu rompimento eram contados com impaciência e crescente excitação, até o momento em que as crianças escutavam o toque-toque dentro da casca, que significava que já podiam ajudar o bebê-crocodilo a escapar de sua prisão e entrar no mundo dos viventes.

Theoxena, Lysandra e Ptolemais gostavam de ornar as orelhas dos seus crocodilos com brincos de ouro, e prendiam braceletes de ouro em torno dos quatro tornozelos escamosos, imitando os sacerdotes do crocodilo de Crocodilópolis. As garotas adoravam os dentes tão alvos, as mandíbulas irrequietas e vistosas, assim como os olhos brilhantes do bebê-crocodilo, e os criavam numa grande banheira, e os puxavam, presos a uma coleira, por toda a residência, alimentando-os diariamente com carne crua de porcos e bolos de mel. Todas riam muito diante do terror de Eurídice.

Quanto aos rapazes, improvisavam corridas de crocodilos que percorriam os corredores ecoantes da residência, e passavam as tardes de calor sufocante de Mênfis discutindo sobre qual dos animais era o mais rápido, o mais feroz, ou qual tinha vencido a maioria das corridas.

Apesar de domesticadas, essas feras cresciam, e sempre chegava o dia em que se decretava que haviam ficado grandes demais para habitar qualquer casa, ameaçadoras demais para continuarem a ser mantidas em recintos fechados. Então, teriam de ser enviadas de volta para o Templo de Sobek, para viverem no Lago Sagrado que havia ali; e as garotas ficariam chateadas, e os garotos bateriam portas, até que lhes fosse prometido um novo ovo de crocodilo para o próximo aniversário, pois, em verdade, nenhum crocodilo permaneceu na residência por mais de um ano, já que Eurídice queixava-se sempre de que um crocodilo com mais de um cúbito de comprimento era algo demasiado para o conforto doméstico.

Qual era, entretanto, a verdadeira intenção de Anemhor? Por que esse homem decidira encher o lar do sátrapa de crocodilos? Alguns viram a verdade de seu propósito, dizendo que ele foi o responsável por algo do espírito do crocodilo penetrar nessas crianças, e talvez estivessem certos. Qualquer que fosse a razão, ferocidade e temperamento difícil seriam características que os Ptolomeus das futuras gerações possuiriam em grande medida.

Seja como for, bem desejava o sátrapa que seus filhos fossem dotados dos melhores aspectos do caráter de Alexandre, mas não que se tornassem uma praga, uma grande doença, e sim uma força curadora, uma força para o bem. No entanto, o sumo sacerdote, esse mesmo Anemhor — não teria ele semeado o germe da discórdia entre estas crianças? Teria ele feito isso propositalmente? Talvez. Talvez, não. Thot dá de ombros. Por outro lado, todo mundo sabe que crianças gregas nunca precisam de muito estímulo para brigarem entre si.

No mesmo ano em que a filha mais nova de Ptolomeu e Eurídice nasceu, o sátrapa ordenou a fundação de uma nova cidade no Alto Egito, com a intenção de que essa fosse a sua Capital do Sul.

Ptolomeu nessa época acreditava que não seria de fato *hybris* demais se desse à sua filha o nome de Ptolomais, evocando o seu próprio nome, e que os deuses da Grécia certamente não julgariam soberba demais se desse a essa nova cidade, também, o nome Ptolomais.

Fosse como fosse, dirigiu-se aos deuses para buscar sua aprovação, e o Oráculo de Zeus-Amon não apresentou nenhuma objeção. Assim, a filha recebeu o nome de Ptolomais, e a cidade foi chamada Ptolomais, e a cidade ficava perto de Dióspolis, a Tebas dos egípcios, que era a capital religiosa do Sul, um lugar que fervilhava de sacerdotes egípcios.

Ptolomais, no entanto, seria uma cidade inteiramente grega, como Alexandria, a capital meridional para o comércio com o Alto Egito, com a Terra de Punt, e com o país de especiarias, a Arábia. Seria uma cidade governada por gregos, com templos gregos, uma assembléia grega, teatro grego, ágora, hipódromo, e tudo o mais, e habitada por gregos, no coração do país de rosto negro.

Era uma cidade ainda mais sufocante do que Mênfis, um lugar onde as tempestades de areia eram mais turbulentas, mas era para lá que Ptolomeu mandaria os homens de quem desejava se livrar, e onde os gregos se queixariam de serem cozinhados vivos.

O Oráculo prometeu que Ptolomais, a cidade, seria verdadeiramente um lugar feliz, a despeito do calor. Quanto a Ptolomais, a filha do Sátrapa, o Oráculo referiu-se a ela apenas nos termos mais vagos, e os horoscopistas não puderam prover a Ptolomeu de previsões mais definidas para o seu futuro, e fizeram apenas abrir os braços, afirmando que tudo indicava que os deuses não queriam tornar conhecido o destino desta criança.

Apenas Thot sabe, e assim como o destino de Eurídice seria desafortunado, também o destino de sua filha caçula seria igualmente infeliz. Ptolomais, a da má estrela — seu futuro não lhe traria nada senão lágrimas e frustrações, e, nos primeiros 18 anos de sua vida, sua felicidade foi desconhecer totalmente o que os deuses tinham reservado para ela.

2.15

Portadora da Vitória

Quanto a tia Berenice, a viúva macedônia, era tarefa sua escudar Eurídice da atenção de seu marido, quando fosse indesejada. Quando Eurídice tinha dor de cabeça, ou no estômago, ou desarranjo intestinal, ou seu ciclo mensal, era Berenice quem transmitia isso a Ptolomeu, desculpando-se sempre, em nome de Eurídice.

Quando Eurídice já se encontrava pesada por conta de sua sexta gestação, que viria a ser a última gestação, foi Berenice, pessoalmente, a quem o sátrapa chamou para a sua cama. Seguramente, ela era mais velha do que a sua sobrinha, porém não muito mais velha, e tinha, assim ele achava, mais atrativos do que sua esposa, seios maiores, e ele lhe dissera que ela era *kallipygous*, que ele apreciava acima de tudo a abundância do seu traseiro. Berenice fazia Ptolomeu refletir sobre Thaís, e ele começou a se perguntar se Berenice não seria também uma esposa melhor do que a sobrinha.

Por enquanto, porém, Berenice era sua concubina, e depois de alguns meses de curiosos desaparecimentos de Berenice do *gynaikeion*, durante as horas mortas da noite, Eurídice notou que Ptolomeu tinha abandonado toda propensão a chamá-la de Sua Pombinha, Sua Patinha, e que ele não a chamava mais de sua Polycharidas, Sua Querida. De fato, ele tinha cessado de usar qualquer termo carinhoso, o que, desde o início, talvez, nunca fora sincero da parte dele.

Eurídice ficava se perguntando, em sua inocência, o que podia ter feito de errado, o que poderia ter feito para merecer tal tratamento. Porém a verdade era que ela não fizera nada de errado. Tinha meramente continuado a ser a mesma pessoa. Tudo o que acontecera foi que Ptolomeu tinha começado a preferir Berenice, e estava começando a esquecer sua esposa.

Havia dias em que Eurídice, entrando em pânico, enviava Berenice à ágora para comprar o mais novo modelo de *sminduridia*, o mais elegante sapato feminino. Ela encomendou também o modelo mais novo de *peplos* Clitemnestra, de cor escarlate, e dera de erguer a bainha da vestimenta para mostrar os seus tornozelos, quando quer que Ptolomeu estivesse por perto. No entanto, Ptolomeu não notava. Mal olhava para essa que era a sua esposa, e nem sequer percebia que ela estivesse usando alguma coisa diferente.

De tempos em tempos, Eurídice resolvia quebrar as regras que confinavam as mulheres ao *gynaikeion*, vestindo seu mais elegante traje, perguntando o caminho que levaria do *gynaikeion* ao Salão de Audiências e ousando até mesmo dirigir-se ao marido a respeito de algum assunto doméstico. Ela tocaria a manga da túnica dele, ou, com o leque, daria uma pancadinha no braço da cadeira dele; mas Ptolomeu parecia surdo ao que ela tinha a lhe dizer sobre escravos, criados da cozinha, eunucos, macacos domésticos, papagaios, ou tamanho dos mascotes crocodilos, e mantinha um olhar vago, com os pensamentos centrados nos problemas egípcios, coisas de importância internacional.

Quando Eurídice dava um puxão mais forte na manga do *himation* do marido, o olhar dele a atravessava, como se não reconhecesse quem era essa mulher — como se, de fato, ela nada tivesse a ver com ele —, e no que ele batia palmas, fazendo um sinal de cabeça para seus guardas macedônios, Eurídice seria gentilmente levada dali.

Qual era a verdade? Sim, a verdade era que Ptolomeu agora reservara as suas palavras afetuosas para a tia de sua esposa. Era Berenice que ele agora chamava de sua Polycharidas, Sua Querida, Sua Doçura. Era Berenice que ocupava os seus pensamentos, e era Berenice a quem ele mandava chamar no meio da noite quando a pressão dos negócios de Estado pesava tão fortemente no seu espírito que ele não conseguia dormir. E Berenice ia para ele sem nenhuma queixa, sem zanga, apesar de ser tarde da noite. Berenice caminhava ligeira através dos vastos corredores e pátios da fortaleza de tijolos de barro, que era a residência oficial deste homem. Berenice *corria*, e seus cabelos esvoaçavam atrás dela, e não se detinha nem ao menos para calçar as sandálias.

Já Eurídice, ela não via coisa alguma. Não suspeitava de nada, porque estava adormecida, roncando. Pela manhã, havia vezes em que se surpreendia ao ver a cama de Berenice vazia, mas Berenice com freqüência saía cedo, para percorrer o mercado de Mênfis, comprando todos os tipos de apetecíveis iguarias para tentar Eurídice a comer melhor em seu desjejum. Eurídice não tinha a menor idéia do que estava acontecendo. Não, nem desconfiava.

Eurídice jamais sonhou que Ptolomeu pudesse desejar ter *aphrodisia* com sua tia, todavia era justamente o que estava acontecendo. Quando Eurídice descobriu, saiu correndo pelo *gynaikeion* berrando, arrancou os cabelos, golpeou os seios com os punhos, começou a uivar como o lobo do deserto, como se alguém tivesse morrido, e como esse alguém fosse ela própria.

Thot balança a cabeça, desalentado. O que Eurídice fizera ao trazer sua tia para o Egito foi o mesmo que cometer um suicídio lento.

Quanto a Ptolomeu estar apaixonado — isso era contra todo escrúpulo grego, pois os gregos sustentam que se apaixonar é o que mais aproxima alguém da loucura. Porém, já seria impossível ajudar Ptolomeu a se recuperar. As flechas de Eros, o Garoto, fincaram-se profundamente na sua carne; mantinham-no acordado à noite, desviavam-lhe os pensamentos dos negócios durante o dia, porque, em verdade, ele não podia pensar em mais nada a não ser Berenice e nos seios de Berenice, que eram como dois grandes melões rosados, e em suas carnes generosas, e no brilho, no doce brilho dos seus olhos azuis.

Pensava no nome dela — Berenice cujo significado era Portadora da Vitória — e pensava também que Berenice era três vezes afortunada.

Enquanto a estrela de Berenice subia — e mesmo pairava a grande altura — a estrela de Eurídice despencava. Ela disse para si mesma que, sim, estava farta do sátrapa, que ele era velho, que nunca o tinha amado, e veio-lhe à mente o fato de ele ter mais de cinqüenta anos de idade, lembrou-se do seu peso em cima dela, e de que ela não gostava nada dessas coisas. Que Ptolomeu raramente procurasse o leito dela era, em verdade, um alívio. No entanto, ao mesmo tempo Eurídice se importava muito com isso, e havia vezes em que pensava que, sim, talvez, no final das contas, amasse esse homem que era seu marido e o pai de seus seis filhos.

Quando a verdade lhe foi contada — que Ptolomeu estava apaixonado por sua tia Berenice —, Eurídice berrou ainda mais; porém, quando se acalmou, concluiu que esse amor dele não precisava perturbá-la tanto assim, pois que ela agora seria deixada em paz, e o seu filho, Ptolomeu Keraunos, ainda continuaria sendo o herdeiro do pai. Nada mudara. Tudo podia continuar como antes.

Eurídice chegou a sentir o impulso de destruir sua tia com veneno, mas baniu esse pensamento no mesmo instante, pois não poderia seriamente pensar em matar uma tia, sua amada tia, porque um assassinato dentro da família acarreta horríveis, horríveis conseqüências, que ela realmente não tinha o desejo de atrair sobre sua cabeça, tais como o de ser pelo resto da vida perseguida pelo fantasma da mulher morta. E assim, não, ela não poderia, ela não o faria, de jeito nenhum.

Eurídice disse a si mesma que poderia suportar a humilhação de ser ignorada pelo seu marido contanto que mantivesse o título e a posição de Primeira Esposa do Sátrapa. E ela então resolveu fazer-se bela — obter para si a radiante beleza de Berenice —, e ela emplastrou o rosto com alvaiade e com ruge e fez arranjos bizarros nos seus cabelos para atrair a atenção do sátrapa, prendendo-o para cima e tingindo-o de azul ou verde, ou vermelho. Contudo, Eurídice acabou com uma aparência ridícula, e seus esforços aconteciam tarde demais. Berenice possuía a beleza da maturidade. Eurídice fora uma garota sem atrativos, e todos os seus esforços agora com cosméticos não conseguiam mais do que a transformar numa mulher sem atrativos, embora ela não tivesse ainda trinta anos.

Desesperada, Eurídice experimentou comer ervas gregas que tinham a fama de trazer de volta um amor perdido. Chegou mesmo a se aproximar de

Ptolomeu, sorrateiramente, enquanto ele dormia, e tocá-lo com a erva mágica de nome *anakampseros*. Entretanto, a verdade era que Ptolomeu nunca, desde o início, amara sua esposa. Não havia brasas mortas para assoprar, infundindo-lhes a vida de volta: a chama do amor, para Eurídice, nunca esteve acesa.

Tudo, no entanto, ainda poderia ter continuado em paz, não fosse por Tia Berenice agora começar a engrossar resolutamente na cintura, e chegou o dia em que finalmente suas roupas largas não puderam mais ocultar o fato de que ela estava enorme de grávida.

Eurídice berrou mais selvagemente do que nunca quando viu o ventre de sua tia e toda a verdade do que vinha acontecendo se abateu sobre ela. Eurídice chorou, sozinha, e repreendeu Berenice, chamando-a de prostituta e concubina, porém, o seu rosto, em público, quando ela teve a chance de mostrá-lo, estava imperturbável. Porque, não, estava fora de dúvida que seu filho, o Raio, jamais perderia seu lugar como filho favorito de Ptolomeu e herdeiro. Já que Berenice não era casada, seu filho seria uma criança bastarda, sem qualquer direito ao supremo posto de seu pai. E se fosse uma garota — bem, sempre podiam enjeitá-la. Sim, Eurídice tranqüilizou-se, a gravidez de tia Berenice não passava de um acidente de percurso, e sua posição estava, como sempre, garantida.

Em verdade, Eurídice não tinha por que temer pelo seu futuro, ou pelo futuro do seu filho, até Ptolomeu trazer a raposa para junto das galinhas, ao lhe comunicar que iria se casar com tia Berenice; e então — então a sensação de segurança de Eurídice foi como se, feita de vidro, caísse num chão de pedra, estilhaçando-se.

Na véspera do *casamento* de Berenice com Ptolomeu, quando a evidência ainda não lhe penetrara de todo, Eurídice ouviu por acaso uma das suas próprias aias comentando: *é um verdadeiro casamento por amor*; e as palavras a atravessaram como se fosse ela que tivesse sido atingida pelas setas de Eros. Sentiu a respiração lhe faltar, e quando mais tarde naquele mesmo dia as mulheres lhe perguntaram por seu estado de saúde, ela não sabia — realmente não sabia — que desmaiara com o choque.

O que, então, tinha acontecido? O velho Antipatros, pai de Eurídice, havia morrido apenas alguns anos depois do casamento dela, e assim a grande aliança fora paralisada. Não havia agora, de fato, nenhuma boa razão política para Ptolomeu se interessar pelo bem-estar de sua esposa Eurídice, ou dos seus filhos tampouco, além do fato de serem eles seus filhos também. Ainda assim, ele não pensava em se divorciar de Eurídice. Tudo o que pretendia era tomar uma segunda esposa, o que não era nada incomum para um sátrapa dos gregos, pois esses homens tinham tamanho poder e em tão alta conta o seu próprio valor que achavam que podiam fazer o que bem entendessem. Em verdade, nenhum homem sobre a Terra tinha mais poder do que um sátrapa, e não havia ninguém no mundo que pudesse dizer a Ptolomeu o que ele deveria ou não fazer, exceto, talvez, o Rei do Egito, que acontecia ser aquele tal Alexandros que era apenas um garoto, e que, fosse como fosse, morava muito longe, na Grécia.

No período da Lua Cheia, no mês de Gamelion, quando as pupilas dos olhos dos gatos se alargavam bastante, Ptolomeu e Berenice celebraram seu casamento, o que foi feito com grande pompa e cerimônia, de longe excedendo o dele com Eurídice. No banquete de casamento, Ptolomeu cantou a Canção do Corvo dos Gregos, e também a Canção das Andorinhas, e os membros da sua família arremessaram nozes e figos em Berenice quando ela transpôs a porta da residência, mas não com muita força, para não machucar o seu rosto e seus braços, e Berenice não parou um só momento de sorrir.

Nesse banquete os homens convidaram Berenice para dançar — já que em todo casamento grego se convida a noiva para dançar.

Berenice levantou-se imediatamente, e as gaitas, a lira e os *kitharistes* iniciaram uma melodia lenta, e Berenice movia-se devagar, acompanhando o ritmo, os braços acima da cabeça, os braços lançados para os lados, e os pés movendo-se para cima e para baixo. Enquanto a música ia se tornando cada vez mais rápida, os braços de Berenice começaram a se agitar acima da sua cabeça, as mãos batendo palmas, e ela encetando passos cada vez mais rápidos, também, e a música se acelerando mais ainda, e os homens assoviando, aclamando, e acompanhando o ritmo batendo palmas, e no início Berenice ia bem, porém, no fim, já estava brilhante; os homens gritavam que Berenice era maravilhosa, que ela era certamente a encarnação de Terpsícore; que Berenice seria uma deusa.

Berenice dançava, sorria, as faces coradas, como uma lagosta sobre brasas vivas.

E Berenice *seria* uma deusa.

Quanto a Eurídice, ela não honrou essa ocasião feliz com sua presença; alegou mais uma vez que estava no período de suas regras e trancou-se num armário de roupas, num lugar remoto do prédio, e ficou uivando em seu ciúme raivoso, tão alto como o chacal do deserto.

Quando se via sozinha, o que acontecia com freqüência, ou quando acreditava não estar sendo escutada, Eurídice começava a falar consigo mesma, de novo, em ouranopolitano, a língua inventada por seu irmão louco, Alexarkhos.

Isto, talvez, fosse inofensivo, porém coincidiu com a ocasião em que Eurídice voltou ao velho hábito de comer terra, e suas aias começaram a ficar preocupadas com o seu estado mental.

Quanto ao novo arranjo, contudo, não devia haver discórdias. Berenice e Eurídice não eram somente parentes, mas verdadeiramente as melhores amigas uma da outra e deve-se fazer justiça às habilidades diplomáticas de Ptolomeu que ele tenha conseguido impedir que essas duas mulheres se tornassem as mais amarguradas inimigas, e, pelo contrário, que vivessem satisfeitas — mais ou menos satisfeitas —, morando debaixo do mesmo teto, no mesmo *gynaikeion*.

Será que Ptolomeu sentia alguma culpa, por pequena que fosse, pelo que fizera à esposa, a cujo pai ele fizera a solene promessa de cuidar dela, fosse o que fosse que acontecesse, durante toda a sua vida? Talvez. Mas, enfim, ele não a havia mandado embora. Pelo menos, ainda não. Mesmo assim, como se para justificar seus atos, Ptolomeu algumas vezes murmuraria: *Em verdade, Eurídice era completamente despreparada para suportar o rigoroso calor do verão do Egito.* E a verdade era que agora falava de sua primeira esposa no tempo passado, no tempo aoristo, como se ela não mais existisse.

Havia vezes em que ele até poderia dizer que, *em verdade, Eurídice era inteiramente incapaz de controlar o odor de suor que exalava de seu corpo dia e noite.*

Era uma desculpa. Era uma razão entre muitas razões, porém a principal era o fato verdadeiro do seu amor, o seu grande amor, seu real, verdadeiro e superpoderoso amor por Berenice.

Quando se deitava no seu leito satrapal junto de Berenice, sussurrava-lhe no ouvido: *em verdade, Eurídice era muito parecida com uma pombinha, totalmente privada de cérebro...* E era estranho mas verdadeiro que ele freqüentemente espirrasse no curso de dizer algo do gênero, como se o próprio Zeus confirmasse a verdade do que dizia.

Sim, os espíritos de Eurídice submergiam, porém era a hora de Berenice florescer, e desde o início do seu segundo casamento ela se determinou a conseguir o que desejava, e não mais obedecer a tudo que lhe mandassem fazer, pois acabara de descobrir, se a verdade fosse dita, uma nova e grande determinação.

Berenice conhecia bem as atividades domésticas da residência do sátrapa, e sabia o que fazer para manobrar esse conhecimento em seu próprio proveito. Na parte mais fresca do dia, perambulava por entre os serviçais para se certificar de que tudo estava sendo feito como devia: pão, vinho, cerveja, carne, água, varredura, polimento — tudo devia estar na mais perfeita ordem. Berenice tomou a si o encargo de tudo, e os escravos vez por outra estremeciam sob as invectivas de sua irada língua. De repente, Berenice tinha se tornado uma pessoa poderosa, cuja palavra era lei, e suas duas crianças, Magas e Antígona, deixaram de ser crianças de origem desconhecida, porém as enteadas do sátrapa, que deviam ser tratadas com certo respeito.

Se o silêncio tinha sido garantia de Berenice no passado, era pela conversa que ela atingia uma posição totalmente diferente na vida. Enquanto Eurídice permanecia com a língua presa na presença do sátrapa, quase com receio de pronunciar uma palavra sequer, e mordia os lábios sempre que ele ia para a sua cama, ou falava de trivialidades, de vestidos, ou jóias, ou de dinheiro para comprar um novo par de sapatos, a língua de Berenice era, sim, o segredo do seu sucesso, porque ela sabia se afirmar na presença do sátrapa, mostrava-se feliz de conversar com ele por horas seguidas sobre assuntos militares, diferentes modelos de navios de guerra ou de máquinas de cerco e sobre a arte de subjugar uma cidadela inimiga, e conhecia a história inteira de Alexandre. A verdade era que Felipe, seu falecido marido, fora um oficial do exército, de maneira que havia pouco que Berenice ignorasse sobre a guerra. O seu bom-senso em dar conselhos era o que Ptolomeu almejava, e ele até mesmo começou a consultar a sua opinião sobre as mais sérias questões do Estado.

Deste modo, Berenice acabou por fazer-se indispensável para ele. Na verdade, era uma mulher muito esperta, e estava bem consciente do que fazia. Berenice queria o poder. Necessitava portanto ter filhos do sátrapa, a fim de tornar mais forte o seu poder sobre ele. E ela queria também que o seu filho — que ainda não havia nascido — se tornasse o sucessor de Ptolomeu, porque na verdade olhava para os três filhos de Eurídice e os julgava uns inúteis, achando que nenhum deles poderia se tornar num bom governante para o Egito.

Berenice tinha certeza de que o seu filho seria um excelente sátrapa, e por que não, pensava, Faraó do Egito, também? Certamente, ela conseguira se colocar agora na mais vantajosa das posições. Tudo o que precisava fazer era dar à luz uma criança do sexo masculino. Porém, na sua vida à frente, seria exatamente isso o que traria a Berenice as maiores dificuldades.

Enquanto a tia Berenice ficava com a silhueta cada vez mais rotunda, e mais robusta ainda, suas crianças cresciam: Magas, um garoto não muitos anos mais velho do que Ptolomeu Keraunos, tornou-se um parceiro de luta livre bastante adequado, um também adequado adversário no jogos de dados e no jogo de ossos, e esse Magas provou ser o que Ptolomeu, o Raio, teria, na vida, de mais próximo a um verdadeiro amigo.

Quanto a Antígona, ela cozia e fiava, agora, junto às filhas do sátrapa, Theoxena, Lysandra e Ptolomais, vivendo a vida de tartaruga do *gynaikeion*, fazendo o possível para não olhar para fora da janela. Aprendeu a se preservar como a filha de uma mulher que podia, se a asa dourada de Tykhe, deusa da Sorte, não a desertasse, ser Rainha do Egito. Foi ensinada a adotar o comportamento requerido de uma moça que um dia poderia se casar com um importante príncipe, pois, tão ambiciosa quanto em relação a ela mesma, sua mãe acalentava as mais altas ambições também em relação aos seus filhos.

Eurídice estava ainda tranqüila quanto a ser mãe do próximo sátrapa, embora, aos olhos de Ptolomeu, era a sua nova esposa a esposa mais importante. A sua segunda esposa passara a ser a primeira e, agora, a mulher mais poderosa do Egito.

Berenice estava certa disso. O seu horóscopo já lhe revelara o que o futuro reservava para ela. Esposa e Mãe de Reis, assim foi dito, e se tais coisas estavam além dos sonhos de qualquer mulher comum, Berenice não era em absoluto uma mulher comum. Era Berenice, a Portadora da Vitória, e pressentia agora que até o impossível poderia ser realizado.

2.16

A Filha com Garras

Berenice, em sua grande ansiedade de dar à luz os melhores filhos para Ptolomeu — embora sem lhe revelar nada de seus planos secretos — ministrou-se, por trinta dias e trinta noites, doses de estrume de falcão dissolvido em hidromel, segundo o costume dos egípcios. Durante o seu período de fertilidade, Berenice não ansiava a dieta de terra preta, porém aferrava-se aos damascos, limões e bananas, mastigava as cabeças de flores amarelas, além de ter mandado pintar as paredes de seus aposentos como o Sol. Pois sonhava não com um garoto moreno, como Ptolomeu, o Raio, mas com um garoto de cabelos louros, tão belo quanto Apolo, que pudesse ser o Filho do Sol, Faraó do Egito. E na realidade este seu desejo não era uma coisa impossível de acontecer.

Um pouco antes do momento previsto para que entrasse em trabalho de parto, Berenice providenciou para ser transportada numa liteira ao templo do novo deus, Serápis, em Mênfis, onde pernoitaria, de modo a se beneficiar das suas bênçãos e ao mesmo tempo estimular o culto ao deus inventado por seu próprio marido.

E, claro, os cachorros do templo vieram lamber suas partes íntimas, e as serpentes do templo vieram lamber as suas orelhas; porém, embora Berenice se sentisse afortunada e jurasse que tinha tido a visão do deus barbado, nas horas mortas da noite, confessou a Ptolomeu que não vira nada, absolutamente nada — que havia sentido muito frio, dormindo no Templo de Serápis, e que dava muito pouco valor, muito pouco, a um deus que não era capaz sequer de se apresentar para ela em pessoa.

Quando começaram os berros de Berenice, quatro de suas aias passaram a balançá-la para a frente e para trás para fazerem a criança sair, enquanto — como qualquer outra mãe grega — ela proferia suas ofegantes preces para Artêmis e Eileitéia, a deusa das dores de parto, e aspirava pimenta para provocar espirros. Como toda mulher grega na sua situação, mastigou carne de lobo. Ela gritava e urrava; o barulho que fazia era abafado pelas mulheres, que batiam em panelas e frigideiras, e finalmente deu à luz uma criança de olhos azuis de um cúbito de comprimento, cujos cabelos não eram escuros, mas dourados como ouro.

Quando Ptolomeu entrou no quarto de Berenice pela primeira vez depois do parto, ela virou o rosto para a parede, envergonhada, pois aquele filho dela era, em verdade, uma filha — de rosto claro, certamente, mas uma garota, no entanto, e nascida num dia nefasto para nascituros do sexo feminino, muito nefasto.

Por conta disso, Berenice esperava que Ptolomeu sem dúvida fosse lhe dizer que iria enjeitar a criança, e ela caiu no choro, lamentando-se e se desculpando por ter falhado com o seu amo.

No entanto, Ptolomeu pegou ambas as mãos dela. *Uma filha*, ele disse, *é um grande trunfo. Uma garota será muito útil para alguma aliança política no futuro...* se bem que a verdade é que ele tinha agora cinco filhas e apenas quatro filhos, e não estava satisfeito, pois o nascimento de meninas nada significava a não ser desgraça e desastre para um grego. Porém, ele trincou os dentes e ordenou que enfaixassem a criança, de forma que ela pelo menos crescesse com os membros perfeitos, disse: *ela se chamará Arsinoë, em homenagem à nossa mãe.*

Amarrada a uma prancha durante os seus primeiros sessenta dias de vida, isso apenas poderia significar que Arsinoë cresceria como uma criança zangada e, sim, ela seria muito feroz, em nada diferente de sua mãe: uma garota que fincaria suas garras e dilacelaria como uma leoa, uma garota que não se deteria diante de nada para conseguir o que desejasse, nem mesmo de derramar o sangue de sua própria família. Pois, na verdade, esta era a ilustre e mais ilustre das garotas, que mais tarde se tornaria Arsinoë Beta, a famosa rainha, e não apenas seus cabelos, porém todo o futuro diante dela parecia, então, reluzir como o ouro.

Anemhor, sumo sacerdote de Ptah, ao fazer sua primeira visita a essa filha, insistiu, *você deve cuspir-lhe na boca, para conferir-lhe boa sorte, vida longa*, e ele sorriu o seu meio sorriso, dirigindo-o aos pais da menina.

Ptolomeu hesitou. Por um lado, qualquer filha necessitava de toda sorte que pudesse conseguir; por outro lado, não era realmente um costume grego cuspir dentro da boca de um bebê, e ele assim disse.

Porém, Anemhor contestou: *vocês são egípcios, agora. Cuspir é o costume dos egípcios... isso lhe trará muito boa sorte.*

Assim, Ptolomeu reuniu sua saliva na boca e cuspiu, pensando, *que coisa nojenta!*, que dificilmente poderia trazer boa sorte praticar um ato tão grosseiro, e que ele nunca seria um egípcio.

Arsinoë Beta na verdade necessitaria de toda a sorte do mundo, pois o sumo sacerdote já tinha traçado o seu horóscopo, e era péssimo, pior impossível, pois prenunciava que ela nem desfrutaria de uma longa vida, nem de boa fortuna, mas que estava predestinada a uma passagem pela Terra que seria desastrosa e infeliz, que ela faria um casamento desafortunado, com seu próprio irmão; e que conheceria horrores, muitos horrores, o tipo de horrores que fazem o cabelo ficar em pé na cabeça, como chifres.

Já Berenice, ela se preocupava se, afinal de contas, havia agido corretamente. Permitira que suas orelhas fossem lambidas pelas serpentes sagradas, em respeito a Dionísio, deus do Frenesi. Fizera sacrifícios a Agathos Daimon, a deusa-serpente guardiã da cidade do seu novo marido, Alexandria. Havia até mesmo voltado seus olhos para imagens de serpentes, durante toda sua gravidez, achando que isso lhe traria boa sorte.

Tantas cobras, tantas e tantas serpentes — talvez, enfim, fosse de se esperar que alguma coisa da serpente devesse brotar na filha, Arsinoë Beta. Como se a cobra fosse parte de seu espírito.

Pobre Berenice. Havia sofrido muito, no passado; tanto que nem sequer podia falar sobre o assunto. Considerava agora que por toda a sua vida fora gentil demais, e sua esperança era que essa sua nova filha pudesse crescer forte, como Berenice era agora, não uma mulher dócil que se resignaria sempre em fazer o que os outros mandavam. Isso porque não desejava de modo algum que Arsinoë Beta se tornasse outra Eurídice, inútil para qualquer outra coisa a não ser parir crianças. Achava que uma mulher devia fazer mais de sua vida do que isso. E assim Berenice resolveu-se a criar essa filha para acreditar que odiar fosse melhor do que amar.

Acredite-me, ela diria para Arsinoë Beta, e o dizia com freqüência, *gentileza demais é o melhor caminho para a destruição*. E tendo visto o que a ama-de-leite fizera com Ptolomeu Keraunos, Berenice escandalizava as suas aias amamentando, ela mesma, sua criança, para que não houvesse a menor dúvida sobre como seu caráter iria se moldar.

Logo que Arsinoë Beta começou a ingerir alimentos sólidos, mastigados antes por Berenice e depois cuspidos na boca da menina, como fazem os pássaros, Berenice começou a pensar em seu próximo bebê, e no seu grande desejo de se tornar mãe de um filho seu com o sátrapa. Começou então a teimar com o marido para que ele amarrasse o seu testículo esquerdo de novo com cordões de papiro, e o incitou a pôr-se ao trabalho.

Quando Berenice sofreu o seu primeiro aborto, os médicos gregos culparam as flores, e removeram o gladíolo do seu quarto de dormir, e todas as flores da família dos gladíolos foram arrancadas do jardim da residência e queimadas numa grande fogueira.

Mesmo assim, ao mesmo tempo que Berenice suspeitava que a culpa fora das flores, sabia, no seu íntimo, que a probabilidade maior era que seu problema se devesse a algum feitiço de Eurídice.

Quando Berenice sofreu o segundo aborto, seus médicos gregos culparam os espelhos, e ela mandou remover todos os espelhos do *gynaikeion*.

Mesmo assim, parte dela desejava pôr a culpa em Eurídice, e ela viu, no olho de sua mente, a sua sobrinha espetando alfinetes numa boneca de cera feita à sua imagem, o que era, afinal, o encantamento que a própria Berenice havia ensinado a Eurídice, a fim de matar o tempo durante as longas horas da viagem delas para o Egito, fazendo-a aprender de cor as palavras de poder que deviam ser proferidas junto à boneca, o que fora parte do treinamento de Eurídice para protegê-la em terra estrangeira.

Seria verdade? Ou Berenice teria imaginado tais coisas? Thot penetra, agora, no espírito desta Eurídice, esta mulher rejeitada pelo seu marido. Não seria ela uma mulher amarga? Não estaria ela, de fato, buscando vingança?

Afinal de contas, Eurídice era uma mulher que não tinha nada para fazer exceto ruminar pensamentos. Passava os dias, todo os dias, sentada em sua cadeira, abanando-se contra o calor sufocante. No entanto, Eurídice, a frágil garota, estava mudando. Havia descoberto a comida, e comia para aliviar seu sofrimento. Chegava mesmo a dizer: *comer é o único prazer que me resta.* Começara sua vida conjugal como qualquer outra garota, mas, agora, ia se tornando mais robusta, e não era a robustez de outra gravidez, pois seu marido não mais se aproximava dela, mas o resultado de comer demais. Começou também a rir, uma risada estranha, que com freqüência irrompia sem nenhuma causa aparente.

É como o riso de um débil mental, Berenice disse ao seu marido, *o riso de uma mulher maluca.*

Eurídice passava as manhãs sentada em sua cadeira, abanando-se com um leque na mão esquerda, e enfiando uma azeitona atrás da outra na boca com a direita. Ocasionalmente, inclinava-se para a frente, para olhar pela janela, tentando enxergar tudo o que lhe fosse possível da vida na rua abaixo, evitando a vulgaridade de ser vista. Vez por outra, cuspia os caroços pela janela, divertindo-se ao tentar atingir os que passavam lá embaixo, e rindo a sua louca risada.

Por toda a tarde, seus jovens servos núbios arrastavam silenciosamente os pés descalços pelo assoalho, trazendo para Eurídice a bandeja de ouro repleta de doces que a distrairiam até a hora da ceia.

Thot diz: o Tédio aguça o apetite, e Eurídice engordava cada vez mais, e ria aquela risada ensandecida com cada vez mais freqüência. Ela não era completamente infeliz. Tinha tudo o que desejava, tudo o que pedisse — tudo exceto o amor e a atenção do homem que era seu marido. Isso porque Ptolomeu raramente visitava a sua primeira esposa, a não ser talvez para reclamar aos gritos contra o incontrolável Ptolomeu Keraunos. Entretanto, Eurídice não sabia o que podia fazer em relação a esse seu filho que raramente via, que após os sete anos de idade fora proibido de entrar nos aposentos das mulheres, e abria os braços, e ria, como querendo dizer que o garoto era incorrigível, e mesmo então sua boca estaria cheia de dúzias de tâmaras, de modo que a sua voz saía abafada.

Ptolomeu gostava de mulheres com as curvas elegantes de uma estátua grega, não as fartas dobras de gordura que Eurídice ostentava agora, que balançavam quando ela andava, como a *argurotrophima*, a delícia prateada, que comiam em todos os aniversários e que tanto os divertia por estremecer sem cessar sobre a travessa de ouro.

Por conta da morte do Velho Antipatros, seu pai, Eurídice entrou na posse legal de uma grande soma de dinheiro. Possuía, ainda, suas jóias, suas gemas preciosas, e ninguém poderia tomá-las dela. Apreciava fazer comentários quanto ao seu Testamento, como se estivesse planejando partir desta vida, ou como se ela desejasse exercer algum poder relativo a heranças ou legados, porém seus filhos eram novos demais para entender tais coisas, seja a morte, seja o dinheiro, e se ela pretendia fazê-los se comportarem melhor sob a ameaça de deserdá-los, estava equivocada, pois os filhos de Eurídice continuariam brigando como sempre.

Eurídice não se deu conta de que, com a morte de Antipatros, a aliança assinada por ocasião do seu casamento perdera a validade, e que a sua própria importância havia se derretido da noite para o dia, como a neve enviada da Síria para gelar o vinho do seu marido. O tratado de paz estava encerrado, e ela se tornara meramente uma entre muitas mulheres, das quais Berenice era a primeira.

Será que Ptolomeu pensava em divorciar-se de Eurídice? Não, não pensava. Pensaria ele em mandá-la embora de Mênfis? De modo algum. Por enquanto, não faria nada nesse sentido. Era sempre mais fácil não fazer coisa alguma. E Eurídice era ainda a mãe de Ptolomeu Keraunos, o garoto que deveria suceder ao sátrapa, e assim a situação entre as mulheres continuaria a mesma, por ora.

Já Berenice continuou a ingerir doses diárias de excremento de falcão e hidromel, tentando providenciar para que fosse um filho seu a suceder o sátrapa, no lugar do Keraunos da Eurídice. No entanto, passaria oito longos anos engolindo estrume de falcão e hidromel, antes de conseguir êxito. Sim, o Sátrapa manteve amarrado o cordão de papiro durante 2.920 noites antes que a sorte de Berenice retornasse.

Durante todo esse tempo, Berenice pariu inúmeros meninos, mas todos nasceram mortos ou morreram depois de algumas poucas horas. Berenice sentia-se como tendo fracassado no que pretendia de mais profundo em seu ser, e quando deu à luz a primeira criança deformada, que teria de ser rejeitada, seu marido lembrou as palavras de Aristóteles: *Crianças sempre se parecem com seus pais. Um genitor anormal sempre terá um filho anormal.* E ficou se perguntando o que teriam feito para enraivecer os deuses. Nem ele nem Berenice tinham quaisquer características anormais. Não deveria haver a menor dúvida de que somente teriam crianças perfeitas. Porém, nenhum dos bebês de Berenice sobreviveu. Apenas a filha, Arsinoë Beta, sobreviveu; já o irmão mais novo com o qual estava destinada a se casar, os deuses da Grécia, assim parecia, recusavam-se a permitir que nascesse.

Eurídice expressou sempre o seu pesar e sua preocupação e verteu muitas lágrimas com Berenice por conta dos seus problemas. No entanto, não podia evitar de sentir uma sensação de triunfo por Berenice não ser capaz de dar ao sátrapa um filho vivo, enquanto ela havia dado à luz quatro filhos sadios. Assim, reservadamente, ela se ria, porque sua tia era velha demais para ainda poder parir novos filhos.

Por trás da porta trancada dos seus aposentos particulares, onde ninguém entrava a não ser ela mesma, Eurídice havia de fato despendido toda uma noite modelando com cera a imagem de tia Berenice, e tinha de fato perfurado a boneca da tia com sete cravos de chumbo; um cravo em cada orelha rosada de Berenice; um cravo em cada um dos seus olhos azuis; um cravo em sua bocarra; um cravo em cima de sua cabeça gorda; um cravo entre os seus seios caídos, e um cravo bem enterrado em sua *bolba*, até o fundo de seu útero estéril.

Quando Berenice se queixava de dores — dores na cabeça, dores nos ouvidos, e de olhos doloridos e dores no peito —, seus médicos, tanto os gregos como os egípcios, diziam que seu problema era causado, sim, por um desequilíbrio dos humores, e receitaram-lhe poções e cataplasmas derivados dos intestinos do crocodilo.

Porém, nenhum remédio surtiu muito efeito sobre a saúde de Berenice: não podia haver mudança até que Eurídice arrancasse os cravos de chumbo de sua boneca de cera, libertando Berenice, uma vez que Berenice estava atada, enfeitiçada pelo terrível poder do feitiço de Eurídice.

Claro, Berenice tinha suas suspeitas. Não havia, ela refletia, senão uma pessoa em todo o Egito que se daria ao trabalho de realizar o Feitiço da Possessão. Porém, embora tendo vasculhado os aposentos particulares de sua sobrinha, que foi o que fez, Berenice não encontrou nenhuma boneca de cera, nem qualquer outro sinal de deslealdade de Eurídice em relação a ela, pois a boneca de cera estava enterrada bem fundo na parede de tijolos de barro, onde ninguém, absolutamente ninguém, poderia encontrá-la.

Quanto aos bebês mortos, Berenice enterrou-os, todos, presos a bandagens, não no nascimento, mas na morte, atendendo à sugestão do sumo sacerdote de Ptah, dentro de ferétros de ouro de um cúbito de comprimento, e eles formaram uma fileira de bonecas douradas na necrópole do maravilhoso novo deus Serápis, que a desapontara vezes e vezes seguidas.

Berenice conduziu cada um, ela mesma, em seus próprios braços, até o planalto deserto oposto a Mênfis, e para cada um ela trouxe brinquedos de criança, tais como o crocodilo de madeira com mandíbulas móveis, que ria e tinha olhos pintados, e o leopardo de madeira com cauda abanando, com os quais seus filhos não tiveram vida suficiente para se divertirem; e assim Berenice chorava, ainda que fosse uma mulher forte.

Em público, Eurídice também derramava suas lágrimas; em particular ela ria.

Berenice enviou então as oferendas mais generosas para os templos de todos os deuses e deusas dos gregos, e até para alguns dos deuses egípcios; porém, as maiores oferendas ela reservou para Serápis, o deus inventado por seu marido, em cujos poderes ela ainda não tinha inteira fé, na esperança de um milagre.

Já Ptolomeu, ele não estava muito preocupado; tinha seus quatro filhos, por seu lado. Tinha seu herdeiro para a satrapia: não encontrava em Ptolomeu Keraunos defeitos graves o suficiente para impedir que esse seu filho — seu filho legítimo mais velho, a pupila dos seus olhos — se tornasse seu sucessor.

De modo algum: Ptolomeu decidira que o Raio daria um bom sátrapa do Egito, e estava preparando-o com todo cuidado, o melhor que podia, para o caminho que ele deveria seguir.

2.17

Mais Guerras Sírias

Ao ser perguntado por Anemhor se, algum dia, não gostaria de trocar o título de sátrapa pelo de Faraó, Ptolomeu riu, pois nunca tal coisa lhe passara pela mente. Por um lado, haveria o *kudos*, o poder, e tal deleite como o de voar para o céu montado no furacão e tornar-se uma das Estrelas Imperecíveis, por ocasião de sua morte; porém, por outro lado, ele pensou sobre a soberba, sobre o orgulho e a presunção. Sim, ele chegou a recordar as palavras de Homero, sobre essa matéria: *pense, e esquive-se! Nunca se julgue à altura de um deus*. Ptolomeu ainda tinha medo o bastante em relação aos deuses da Grécia para se acautelar quanto à loucura que poderiam baixar sobre os homens culpados do pecado da vaidade.

E assim, respondeu a Anemhor: *a extravagância é perniciosa. A soberba será castigada pelos Céus*.

Disse a Anemhor que estava muito feliz sendo sátrapa. *Um sátrapa é o suficiente para qualquer homem*. Não desejava ser um rei. Nunca pensou em se tornar um deus. E, claro, ter o ausente garoto Alexandros como rei era o bastante.

Mas não era o bastante para Anemhor. O Egito precisava de um faraó que morasse no Egito. Ter apenas um sátrapa não bastava.

Mesmo sem a intenção de provocar os deuses, Ptolomeu passara a gravar sua efígie nas moedas, os *dracmas*, *tetradracmas* e *octodracmas* de bronze e ouro com os quais pagava seus soldados e seus mercenários; e no reverso, estampava a sua insígnia, que era a águia do todo poderoso Zeus.

E por que fazia isso? Porque a águia é o único pássaro que nunca é atingido pelo relâmpago ou morto pelo raio. A águia é o rei dos pássaros, que dorme sobre o cetro de Zeus. Como sempre, Ptolomeu copiava Alexandre, cujo estandarte era uma águia encarapitada num bastão, com uma serpente presa entre as garras.

Águias, raios — tudo isso significava poder. E na luta pela liderança das terras que no passado haviam formado o império de Alexandre, Antigonos Monoftalmos agora começava a despontar como o inimigo comum de todos os demais sucessores, que começavam a forjar alianças especiais uns com os outros, a fim de unir-se contra o Caolho e tomar-lhe o poder.

No oitavo ano da satrapia de Ptolomeu, o Caolho, vindo da Macedônia, investiu com seu exército sobre a Fenícia e a Síria, que eram então possessões de Ptolomeu. Ocorreu que, em vez de enfrentar o Caolho, Ptolomeu achou preferível recuar, porque não estava pronto para essa luta.

No Egito, então, a notícia era que haveria guerra, e o *prostagma* do sátrapa foi encaminhado às mulheres de Mênfis e de todo o Egito, mandando-as pararem de cortar os cabelos, e deixarem-nos crescer até o comprimento em que pudessem ser torcidos para formar fortes cordas, as cordas que iriam disparar suas catapultas de torsão, bestas e máquinas de cerco, assim como todas as máquinas de guerra, de modo a ajudarem a trazer uma avassaladora vitória para Ptolomeu.

Naquele mesmo ano a guerra foi declarada, e o exército terrestre do Caolho triunfava onde quer lutasse, embora a sua frota de 240 navios de guerra não fosse tão bem-sucedida. O Caolho, assim como Alexandre, achou que deveria subjugar a cidade de Tiro, mas, a despeito das hostilidades deste homem, Ptolomeu não fez esforço algum para resistir ao exército de seu inimigo. Simplesmente reforçou as guarnições das principais cidades. Joppa e Gaza caíram facilmente nas mãos de Antigonos Caolho, porém Tiro resistiu a mais esse cerco. Dessa vez, manteve-se lutando por 45 dias.

Ptolomeu emitiu suspiros ao examinar o papiro com o mapa da Síria e da Palestina, que tinha cravos de bronze fincados para mostrar o que era seu e o que não era, e onde se encontrava o seu exército, e o do Caolho. O coração de Ptolomeu não estava nessa guerra. Ele estava mais interessado em paz, pois já tinha 52 anos de idade, estava cansado de lutar e farto de gastar a receita pública do Egito em infindáveis batalhas.

No entanto, antes do fim desse ano, Ptolomeu foi obrigado a montar em seu cavalo para ir ao encontro de Antigonos em Ecregma, na fronteira entre o Egito e a Palestina, para conversar sobre a troca ou resgate de prisioneiros de guerra. Até pouco tempo atrás, esses dois homens eram camaradas de guerra e bons amigos. Não havia ódio pessoal entre eles. Eles se abraçavam quando se encontravam, mostravam os dentes e falavam dos tempos idos.

No ano seguinte, com a velha amizade já inexistente, o Caolho capturou Tiro, e riu bastante só de pensar no aborrecimento que estava causando ao seu velho amigo.

A Guerra se sucedia à guerra, agora, e, no calor do Egito, Ptolomeu perdeu a calma e vociferou que a luta pela disputa da Síria tinha tudo para durar dez anos. Porque, agora, deveria se atirar não apenas contra Antigonos Caolho, mas também contra seu filho, Demétrio, o garoto que seria chamado de Poliorketes, ou Sitiador de Cidades, e que tinha sob seu comando um enorme exército e quarenta e três elefantes de guerra.

Ptolomeu não tinha um elefante sequer, tendo aprendido com Alexandre a desprezar esse animal, a achá-lo nada confiável, pois embora às vezes fizesse o que lhe era mandado e investisse à frente, era igualmente capaz de dar meia-volta e pisotear os homens do seu próprio exército.

No décimo primeiro ano da sua satrapia, Ptolomeu deixou Mênfis comandando mil e oitocentos soldados e quatro mil cavalos, rumando para Pelúsia e as fronteiras do Egito — macedônios e mercenários de toda a Grécia e Ásia, assim como uma grande quantidade de nativos egípcios, utilizados como vivandeiros e carregadores —, tendo armado suas tendas em Gaza, não muito distante de onde o seu inimigo, Demétrio Poliorketes, se achava estacionado, esperando por ele.

Os amigos de Demétrio o haviam alertado, com severidade, para que não pensasse sequer em enfrentar um general tão formidável como Ptolomeu; porém Demétrio não lhes deu atenção e preparou-se para uma grande batalha, para a qual, inclusive, precipitou-se sem pedir conselhos sobre tática a seu pai, e dispondo tão somente de ordens, as mais vagas, para fazer o que pudesse de modo a manter a Síria sob controle antigônida. Demétrio tinha apenas vinte anos de idade. Embora, evidentemente, tivesse grande potencial, tinha pouca experiência na guerra e nenhuma de alto-comando. Além do mais, agora ia enfrentar Ptolomeu e Seleuco, dois dos maiores generais da época, que tinham acompanhado Alexandre até as lonjuras da Índia, e que eram, no momento, imbatíveis.

Demétrio era um belo jovem, de surpreendente estatura — como um jovem deus, eles diziam, um jovem Apolo —, tão belo, de fato, que tanto homens como mulheres o seguiam pelas ruas só para contemplar de perto a sua divina beleza; sua armadura prateada brilhava ao sol e encantava suas tropas, era o que todos comentavam, com reverência; sua polidez e boas maneiras haviam lhe granjeado a devoção geral, fazendo todos lembrarem Alexandre.

Porém, Thot diz: a Beleza não ganha grandes batalhas.

Entre os que foram trazidos para assistirem à batalha estava a família inteira e toda a criadagem de Ptolomeu: ambas as suas esposas e dez crianças incluídas. Pois era crença de Platão que as crianças devem conhecer a guerra, o trabalho para o qual estavam destinadas, e acolhendo tal idéia em seu coração, Ptolomeu pôs sua família no lombo dos cavalos e, à frente ou atrás deles, cavaleiros experientes, de maneira que, em caso de perigo, pudessem escapar.

Levar crianças para presenciar batalhas, na verdade, não era nenhuma novidade, já que as crianças da família real do Faraó Ramsés II, por exemplo, haviam assistido toda a Batalha de Kadesh, na Síria, muitos séculos antes.

Lá estavam, portanto, Lagos, Leontiskos e Irene, e Ptolomeu Keraunos de nove anos de idade, e suas três irmãs mais novas, Theoxena, Lysandra e Ptolomaïs, respectivamente com seis, cinco e quatro anos, todos observando a falange de Ptolomeu em ação. Magas e Antígona estavam presentes, também, assim como Arsinoë Beta de quatro anos de idade — todos ansiosos para ver a vitória do seu poderoso pai.

O fragor da grande batalha cresceu, assim como a gritaria das tropas e o berro das trombetas; e também o entrechoque de *sarissa* contra *sarissa*, espada contra espada, indo do amanhecer até a hora de perfumar a boca, quando já havia uma nuvem de poeira suspensa no ar e sangue espalhado por toda planície.

Berenice impelia à frente as tropas de seu marido, gritando palavras de encorajamento. Quanto a Eurídice, ela tremia, e não gritava por Ptolomeu nem pelo Egito. Não parou de tremer um momento sequer, e não conseguia obrigar-se a assistir ao estrépito da guerra; pelo contrário, manteve sempre os olhos bem fechados.

De todos os filhos de Ptolomeu, apenas Keraunos e Arsinoë Beta tiraram melhor proveito dessa excursão para assistir à batalha. Anos mais tarde, Arsinoë Beta assumiria pessoalmente o Ministério de Guerra, porém o seu treinamento em estratégia, tática e diplomacia iniciou-se ali, na Batalha de Gaza. Ela repetia sempre que era a primeira experiência de que se lembraria, e de fato jamais a esqueceu: Arsinöe deliciava-se com o barulho, o caos, a violência, e foi a primeira vez em que viu sangue. *A guerra*, ela diria, *é maravilhosa*, e não cessaria de falar sobre essa sua guerra durante anos à frente.

O *que, então, Arsinoë Beta viu em Gaza?* Viu Ptolomeu e Seleuco enfrentarem esse tal Demétrio Poliorketes, um mero rapaz, com seus elefantes de guerra e seus 17.000 soldados enfileirados, prontos para a luta com seus capacetes polidos com o propósito de ofuscar o inimigo. E o que aconteceu? Ptolomeu, como sempre, fez o que Alexandre teria feito, pois os métodos de Alexandre eram os melhores, e era como se o seu espírito estivesse a observá-los.

Era enorme o terror que o barrido dos elefantes de Demétrio suscitava nas tropas de Ptolomeu; no entanto, Ptolomeu arremessou ferrões contra esses animais para lhes deter a investida, e os veteranos, de algum modo, conseguiram incitar os novatos, de maneira que a falange avançou, e em nenhum momento homem algum parou de berrar o *Alalalalai*; a poeira erguia-se e a areia de Gaza tingia-se de sangue. Muitos homens foram feridos, e muitos morreram, mas, no final, Ptolomeu capturou todos os 43 elefantes de guerra e fez oito mil prisioneiros; tomada de pânico, a cavalaria de Demétrio debandou.

Demétrio não apenas perdeu seus elefantes e sua cavalaria como também sua tenda de couro, seu dinheiro, e seus pertences pessoais — tudo o que possuía. Foi uma terrível derrota para esse garoto, de cujo exército de 17.000 homens, cinco mil morreram no campo de batalha. Três em cada quatro dos prisioneiros de guerra bandearam-se de imediato para o lado de

Ptolomeu, já que eram mercenários, os quais não lutam por lealdade, mas por dinheiro. Ptolomeu assentou esses homens no Egito com os polegares da mão direita decepados, para que não voltassem a empunhar nem a espada nem o arco contra ele.

Foi assim que a cidade de Gaza caiu nas mãos de Ptolomeu.

Quanto a Demétrio, ele fugiu também, porém Ptolomeu mostrou, nesse episódio, a mais extraordinária generosidade, ao devolver o dinheiro e tudo o que perdera o seu adversário, acompanhados de uma mensagem polida, cumprimentando-o por sua bravura — o que era até então inaudito em uma batalha de grego contra grego. Sim, era um galante desfecho para uma batalha que nada tinha realmente a ver com ódio cego — que não era uma luta de vida e morte, porém uma mera questão de honra e poder, uma batalha que tinha apenas como objetivo resolver uma disputa de fronteiras.

Demétrio ficou satisfeito com o benevolente gesto de Ptolomeu, porém ao mesmo tempo rezava para não permanecer por muito tempo em débito para com o sátrapa do Egito, e fez o mais solene juramento perante os deuses da Grécia, afirmando que teria a sua vingança.

Demétrio não ficou nem um pouco abatido pela derrota. Comportou-se como um general experiente que já vivenciara os reveses e as reviravoltas da sorte. Pôs-se logo a arregimentar novas tropas e a reunir novos suprimentos de armas, e dirigiu sua energia para o treinamento do seu exército para a nova batalha, a qual, assim jurou por Zeus, ele venceria.

Quanto a Ptolomeu, ele marchou para casa à frente de seus exércitos e, quando entraram em Mênfis, em triunfo, cantando o Paian da Vitória para Apolo, a cidade enlouqueceu de alegria mais uma vez.

As doze tenebrosas cestas de vime, repletas de polegares da mão direita, Ptolomeu as dedicou a Sekhmet, a deusa leoa de Mênfis, Senhora do Linho em Vermelho Vivo, que exala fogo contra os inimigos do Egito, e os sacerdotes e sumos sacerdotes do Egito enviaram a Ptolomeu suas sinceras congratulações.

Ptolomeu ficou satisfeito, então, por poder reocupar toda a Palestina e a Síria. Por todo lugar que passava, mostrava-se generoso, polido e afável, justo o oposto de um tirano; pois, acima de todas as coisas, ele desejava ser um senhor do Egito bastante popular. Queria ser um sátrapa popular. Por toda parte, espalhava generosidade e justiça. Era um governante justo, amado por todos que o serviam.

Seleuco, ex-sátrapa de Babilônia, e filho de Antíoco, que fora o seu co-comandante em Gaza, Ptolomeu agora reinstalava-o em sua antiga satrapia, com o apoio integral do Egito. Infelizmente, esse foi um gesto de boa-vontade do qual a Casa de Ptolomeu se arrependeria, já que boa vontade seria algo que a Casa de Seleuco raramente mostraria nos trezentos anos seguintes.

Não muito depois, Ptolomeu enviou Kiles, um dos seus generais, para atravessar o deserto com uma grande força e ordens para expulsar de vez Demétrio Poliorketes da Síria.

Demétrio estava preparado, e lançou um ataque de surpresa, arrasando as tropas de Kiles, apoderando-se do seu acampamento e capturando seus oficiais. Fez sete mil prisioneiros e arrebatou um grande tesouro. Isso, evidentemente, deleitou Demétrio, porém não por causa do que e quem havia capturado, mas pelo que podia agora devolver. E ele reproduziu o gesto de Ptolomeu, cumulando Kiles e seus companheiros de presentes e enviando todos os prisioneiros de volta para casa no Egito, sem decepar os polegares de ninguém.

Havia, então, pouco rancor envolvendo as guerras sírias. Até parecia que esses sátrapas estivessem disputando jogos, uns com os outros, embora a perda de vidas não desse muita margem para gargalhadas. Seja como for, eram tempos em que os negócios de guerra não eram levados tão a sério. Mas a guerra não seria empreendida de maneira tão civilizada mais adiante.

Qual a conseqüência, então, da derrota de Ptolomeu, fora seus exércitos terem marchado de volta para casa, em Mênfis, em silêncio absoluto? Ora, apenas isso; pois tendo conquistado a Síria e a Palestina pela segunda vez, era agora forçado a retirar-se da Síria e da Palestina pela segunda vez, e pela primeira vez em sua vida Ptolomeu conhecera a derrota, e não gostou nada disso.

Ptolomeu sacrificou bois a todos os deuses da Grécia e também a muitos dos deuses do Egito. Derramou lágrimas, porém não em público, nem por um período muito longo. No devido tempo, ele também jurou: *por Zeus, por Pan, por todos os deuses, eu terei minha vingança.*

Mais à frente naquele ano, Ptolomeu fez a paz com Antigonos Caolho e com os demais generais Macedônios — Cassandro, governador da Macedônia, e Lisímaco, governador da Trácia —, e concordou, com o coração oprimido, em abandonar as suas pretensões relativas à Fenícia e à Síria.

No entanto, não fez a paz com Seleuco, da Síria, e não demorou até a guerra começar outra vez, tudo como antes, agora com seu antigo amigo transformado em inimigo.

Ptolomeu concentrou-se em tornar mais forte o seu poder nos mares, encomendando novos navios de guerra, às centenas. Embora tivesse perdido a Síria e a Fenícia, possuía ainda a ilha de Chipre, que era de capital importância em matéria de estratégia.

Embora continuasse a lutar, Ptolomeu confessou, aos suspiros, repetidamente, que estava cansado de guerras, farto da guerra e dos horrores. Nesse ponto, os egípcios concordavam com ele. O egípcio detesta derramamento de sangue. Odeia a destruição da vida familiar pacífica, causada pela batalha.

Ptolomeu já assistira a bastantes batalhas inúteis, e circulava pela residência repetindo aos seus conselheiros as sábias palavras de Bias de Priene: *Conquiste o seu objetivo não pela força, mas pela persuasão.*

Os inimigos de Ptolomeu apreciavam dizer que a sua tendência a recuar, sempre que podia, era evidência de insensatez — da covardia desse homem. Porém, Ptolomeu não era covarde. Para ele, não lutar era o curso mais sábio de ação.

Estava igualmente cansado de lutar contra sua esposa Eurídice, que vinha exigindo dotação de fundos cada vez maiores, e que vinha se tornado estranhamente enfática e confiante sobre o que parecia pensar serem os seus direitos da esposa.

Ele a considerava agora uma *Esposa Desafortunada*, que parecia não ter trazido para ele senão infelicidade e derrota.

Sim, ele acreditava que Berenice, cujo nome nunca deve ser esquecido, já que significa Portadora da Vitória, podia mudar a sua sorte e trazer-lhe boa fortuna, e foi nessa época que tirou de Eurídice o título de primeira esposa e deu-o a Berenice, tia dela.

E ele estava certo. Berenice na verdade viria a ser sua esposa da sorte.

2.18

A Cidade dos Peixes

Ao longo de todos esses anos — esses onze anos no Egito —, Ptolomeu sofreu com o calor. No verão, quando o calor piorava, nomeava mais coletadores de caracóis, e mais trituradores de caracóis, para fabricar sempre mais e mais do remédio contra insolação que continha caracóis triturados e olíbano.

Ptolomeu lera o tratado de Theophrastos, *Sobre o suor*, e sua continuação, *Sobre a tonteira*, e buscou novos meios de enfrentar a inundação de transpiração que extravasa de todo grego no Egito, mais particularmente dele.

Encomendava com regularidade óleo de terebintina que anulava ou disfarçava o odor repugnante das axilas, encomendava navios abarrotados de pó de rosa, que se acreditava poder estancar o suor de um homem instantaneamente. Nenhum desses artigos, no entanto, foi de grande valia, de modo que Ptolomeu pensou novamente em fazer de Alexandria o seu quartel-general, pois a cidade parecia ser mais suportável, quanto à temperatura e ao clima, e do norte chegaram notícias de que a nova residência satrapal estava quase pronta para ser habitada.

Ptolomeu estabeleceu os seus planos, e mandou pintar as paredes com cenas retiradas de Homero, cuidando assim dos últimos detalhes da decoração. Enquanto isso, seu exército continuava a se preparar para defender o Egito da invasão dos inimigos de Ptolomeu, exercitando-se na planície arenosa diante de Mênfis, sob o sol abrasador, com ovos de avestruz esfregados no rosto dos soldados para se protegerem das queimaduras do sol, sendo que nenhum dos homens removia sua *kausia*, ou barrete, exceto para enxugar a testa com ele, ou para acená-lo acima da cabeça quando saudavam o sátrapa no seu caminho descendo ou subindo o rio.

Ptolomeu dormia mal. O intenso calor, o zumbido das moscas que o picavam, o zurro dos macacos, o latido dos chacais, a responsabilidade nas questões de Estado pesando no seu espírito — todas estas coisas privavam-no de um sono apropriado. E quando conseguia efetivamente dormir, tinha pesadelos, acordava gritando, como se os persas estivessem sobre ele, ou era acordado por algum galo trepado no parapeito da sua janela, ou pelo íbis bicando as persianas com o seu bico alongado.

Ptolomeu, então, utilizou-se das mais potentes curas gregas para insônia: a alcachofra dos telhados, embrulhada em um pano preto, que colocou por debaixo do seu travesseiro, e carne de rouxinol, comida antes de se deitar para dormir. No entanto, na maior parte das vezes, continuaria insone, preocupando-se não tanto com o presente quanto com o passado, que não conseguia esquecer, e o futuro: o que tinha dado errado, e o que poderia dar errado a seguir.

Ptolomeu estava cansado, porém mais do que fisicamente cansado: estava cansado de Mênfis depois de dez anos sem um sopro de brisa, exceto a voragem das tempestades de areia, e a ausência de água além da água do Nilo, na qual os nativos se banhavam e lavavam as suas roupas e na qual ele despejava os seus excrementos — sem falar que, na estação mais quente, a água secava, reduzindo-se a um fio.

Como todos os gregos, Ptolomeu preferia morar perto do mar. Além disso, agora desejava ter um controle mais direto sobre o comércio entre o Egito e a Grécia, que floresceria através do Grande Porto de Alexandria.

Mênfis, em verdade, fedia a múmias, assim ele dizia, pois o ar proveniente da necrópole não era puro. Sim, Mênfis era um lugar de morte, que fedia a morte e tinha o gosto da morte — e Ptolomeu estava cheio de mortes.

A residência estava atravancada por três mil anos de trastes faraônicos, refugos feitos de ouro que Ptolomeu considerava inúteis, pois não podia nem jogar fora nem, por mágica, fazer com que desaparecessem de vista: salas empilhadas até o teto de móveis de ouro e sarcófagos de ouro, além de caixas cerimoniais de ébano e marfim; coisas que jamais seriam utilizadas novamente, mas que, como parte de uma herança dos Faraós, não poderiam ser descartadas.

Realmente, havia ecos do passado em demasia percorrendo Mênfis. Ptolomeu queria morar em uma casa sem ecos do passado, e assim resolveu mudar-se para o norte.

Já Alexandria, em construção havia vinte anos, não era mais um vilarejo de pescadores, mas uma bela cidade grega da maior magnificência, e Ptolomeu ansiava por morar lá.

A sua nova residência era o grande palácio de mármore branco de Paros, que cintilava ao sol, protegido por altíssimas muralhas, com postos de vigia, ameias, totalmente à prova de assalto, fosse por mar ou por baixo da superfície da terra. O sistema de esgotos era perfeito. Os suprimentos de águas subterrâneas, em gigantes cisternas, nunca permitiriam a escassez. Acima de tudo, a cidade era perfeitamente alinhada ao frescor que o vento noroeste trazia, descendo toda vida a Via Canopus e penetrando pelas janelas abertas da residência do sátrapa.

Ptolomeu fez a mudança, então, levando consigo as melhores peças do mobiliário de ouro de Mênfis, descendo o rio rumo a Alexandria, e enquanto navegava transportando seus bens domésticos na direção do mar, o povo do Egito acenava para ele e cantava, da margem arenosa do Nilo, ou entoando a canção de boas-vindas para o sátrapa.

Com Ptolomeu, seguia também o talismã perfeitamente preservado, ainda dormindo no seu caixão de ouro, por debaixo de uma máscara também de ouro, peça refinada do artesanato egípcio, escoltado por uma multidão que emitia os estridentes lamentos fúnebres em honra do Faraó, isso porque Ptolomeu levava com ele o desaventurado objeto que era o cadáver vivo de Alexandre: por todo o percurso Nilo abaixo, eles lançavam os estridentes lamentos pelo rei morto, e isso fazia Ptolomeu, a despeito do calor, ter calafrios.

Alexandre, ele o pôs para descansar no local mais barulhento da cidade, no cruzamento entre a Via Canopus com a Via Soma, ou Corpo, para que as carroças, carretas, veículos de corrida, asnos zurrando e a população, com suas querelas, pudessem, se fosse possível, despertá-lo — uma vez que já dormia, então, havia 3.650 noites de sono. E isso a despeito da interdição grega de se sepultar qualquer cadáver dentro dos limites da cidade.

O principal, dentre todos os motivos para haver deixado Mênfis, era a grande paixão de Ptolomeu por peixe. O problema de Mênfis era que os peixes do mar, até chegarem à cidade, se deterioravam, e peixes salgados não eram substitutos à altura de peixes frescos. Mas Alexandria possuía um ininterrupto suprimento de peixes de água doce e de peixes do mar, e Ptolomeu salivava só de pensar nisto.

Logo acharia, é claro, que em Alexandria tudo parecia ter gosto de peixe. Tudo também tinha cheiro de peixe e o fedor de peixe podre impregnava o ar, ou era trazido da baía, através da Via Canopus, entrando pelas janelas da residência. Para Eurídice, que não se mudou para o norte sem protestos, até os damascos tinham gosto de peixe, a carne de gado tinha gosto de peixe, e os peixes tinham gosto... de Ptolomeu. Já Berenice não fez queixas. O cheiro de peixe não tinha importância comparado ao que ela havia obtido agora — ou seja, poder sobre uma cidade inteira, onde não havia sacerdotes egípcios que deveriam ser agradados. Em Alexandria, ela fazia somente o que queria.

Ptolomeu, então, trocou o mau cheiro de Mênfis pelo mau cheiro de Alexandria. No entanto, havia sempre o consolo de sentir menos calor, e era bem possível que, na nova cidade, pudesse dormir melhor.

Mênfis, ele pensara em deixá-la para os sacerdotes do Egito — se bem que não iria escapar do sumo sacerdote de Ptah tão facilmente, pois em conseqüência de Ptolomeu ter se mudado de casa foi que Anemhor passou o resto da vida navegando pelo rio entre Mênfis e Alexandria, a fim de oferecer seus préstimos e sábios conselhos ao sátrapa, de modo que esse homem parecia nunca estar no lugar certo, na ocasião certa, mas sempre percorrendo o rio.

Apesar de todos os inconvenientes de suas viagens, contudo, o meio sorriso do sumo sacerdote nunca abandonava o seu rosto, pois ali estava um homem com completo controle sobre si mesmo. Um escriba nunca demonstra mau humor. E, fosse qual fosse a situação, desde que fosse para o bem do Egito, nada poderia contrariá-lo.

Ptolomeu e sua família simultaneamente amaram e odiaram Alexandria, assim como tinham tanto amado como odiado a Macedônia, pois se tratava de pessoas que nunca estavam felizes onde quer que estivessem. Era do seu feitio, na verdade, encontrar defeitos em tudo e, onde quer que se encontrassem, desejariam estar em outro lugar. Quando na Grécia, ansiavam por deixar a Grécia; tão logo a deixavam, já sentiam saudades de casa. Tal é o paradoxo dos gregos, tal era o seu eterno descontentamento.

Compare, se você quiser, Leitor, com a família de Anemhor, sumo sacerdote de Ptah, que era feliz onde quer que se encontrasse e no que quer que fizesse; isso porque servir aos deuses do Egito é por si só uma felicidade, e o ofício de um escriba, fonte de contentamento. Thot jura que isso é a verdade.

O próprio Ptolomeu sentiu-se mais à vontade vivendo em Alexandria. Suava um pouco menos, mas, agora, andava menos incomodado pelo calor do que pela umidade, e sentia falta da beleza do inverno egípcio de Mênfis. Entretanto, não tinha jurado jamais pôr de novo os pés em Mênfis: iria até lá sempre que os negócios exigissem a sua presença — ele voltaria. Enquanto isso, em Alexandria, em pleno início da primavera, tempestades violentas destroçaram as persianas das janelas do novo palácio e faziam-nas bater ruidosamente durante toda a noite, de modo que Ptolomeu continuava insone, pensando no passado, tentando lembrar como se fazia para esquecer.

Depois de um maravilhoso mês de Pharmouthi, seguiria-se o verão e uma umidade mefítica se elevaria todas as tardes do mar, assentando-se em tudo o que fosse seco, no interior da residência. Ptolomeu passaria a sofrer de calafrios, a espirrar, e isso anunciava uma recaída da febre dos pântanos, que o faria sofrer muitas agonias, até deixá-lo.

As milhares de palmeiras plantadas por Kleomenes no centro da Via Canopus faziam um estardalhaço ao vento, perturbando a tranqüilidade do sono do Sátrapa, e ele ameaçava mandar derrubá-las, dizendo que não poderia, de jeito nenhum, ter árvores do Egito numa cidade grega; porém, Berenice convenceu-o a não fazer isso, e as palmeiras continuaram a chocalhar e chocalhar na brisa fresca do vento norte que vinha para o Egito carregada do cheiro de limão da Grécia — ou assim eles gostariam de fingir que o fosse —, e esse homem permaneceu impossibilitado de dormir desde então.

Quanto ao restante da cidade, Alexandria fervilhava de súditos de todo o mundo grego, que logo se mostraram instáveis, voláteis, dados a rixas, e abalados pelo mais leve dos boatos, movidos pelas causas mais triviais, a começar a berrar sob as janelas do sátrapa contra qualquer agravo imaginário. Nos espetáculos públicos, corridas de cavalo no hipódromo, corridas de atletas no *stadion* e no grande teatro Grego, com vista para a baía, a multidão enlouquecia. O pior eram as corridas de carruagens, quando a multidão ficava completamente alucinada, rasgando as suas roupas e lançando-as para os cavalos e condutores. Havia gente que até mesmo desembainhava a espada, durante as corridas de asnos.

Thot pergunta: qual era a razão para tudo isso? Sim, Alexandria era uma cidade de grande luxúria. Sua população era grega, em sua maior parte, e também formada por sírios, homens de Cirene, imigrantes de Chipre, da Palestina e da Fenícia. Alguns eram criminosos foragidos da prisão e da crucificação inexorável, porém, a sua maioria, contratados como mercenários. Haviam vindo para o Egito provenientes de todo o mundo de fala grega, à procura de prosperidade, de uma vida melhor. Acreditavam ter deixado para trás a pobreza e os tempos árduos. De modo que quando a prosperidade não parecia iminente, nem possível, ou demorava por alguma razão, eles se tornavam violentos.

Desde o princípio, Alexandria fora alardeada pelo próprio Ptolomeu como a cidade onde um homem poderia fazer o que bem entendesse. Era para ser uma cidade sem leis, devotada inteiramente ao prazer: uma cidade onde nada que um homem imaginasse fazer lhe seria proibido.

Infelizmente, anunciar tal coisa era, em verdade, pedir encrenca, e só poderia atrair grande número de cidadãos do tipo errado.

Contudo, Alexandria não era, certamente, uma cidade sem *leis*, e quando esses migrantes e imigrantes descobriram que havia limites para sua famosa liberdade, limites para licenciosidade, sentiram-se ludibiriados. Não deveria ter sido surpresa para ninguém, muito menos para Ptolomeu, que essa gente tivesse demonstrado o seu descontentamento por meio de rebeliões e revoltas, e derrubando as estátuas de seus governantes. Os alexandrinos haviam sido arrancados de suas raízes. Tinham, muitos deles, deixado suas famílias para trás a fim de começar vida nova. Havia homens demais, sem que houvesse mulheres bastantes, de forma que Alexandria se tornou uma cidade com muitas prostitutas, atraídas pelos rumores de altos ganhos. Assim nasceu Alexandria e assim permaneceria. Ninguém, como se dizia, poderia enganar-se tomando-a por um lugar feliz.

Assim Thot procura explicar a natureza volátil dessa cidade, a volubilidade, a desobediência às leis, os ânimos exaltados, o corrompido caráter dos alexandrinos. E, que lamentável, ele balança a cabeça por conta de tudo de terrível que irá acontecer aqui.

2.19

O Beijo de Alças

Enquanto o Sátrapa estava ausente, ocupado com as batalhas na Síria, ou empanturrando-se de peixes, ou navegando rio acima tratando de negócios de Estado, seus filhos foram deixados sob os cuidados e responsabilidade de suas respectivas mães, ou de seus tutores, ou defendendo-se como podiam e, na maior parte do tempo, Ptolomeu manteve-se um tanto distante, dada a pressão do seu posto. Em conseqüência, é claro, foram adquirindo modos de vida sem que o sátrapa vigiasse o que estava acontecendo. Ele não participava das refeições dessas crianças; comia na companhia de seus conselheiros gregos, de seus generais gregos, dos seus almirantes gregos e dos comandantes do seu exército, ou com o sumo sacerdote de Mênfis. Tampouco dormia na mesma parte da nova residência que seus filhos. Não, na verdade, dias e mesmo meses passavam-se sem que essas crianças pusessem os olhos no pai, a não ser um rápido relance no momento em que ele era conduzido de um pátio para outro, em meio a uma procissão de funcionários, ou recebendo embaixadores de algum país estrangeiro.

Você não deve pensar, Leitor, que Ptolomeu fosse relapso na educação dos seus filhos. Ele podia ter sido distante, mas estava sempre recebendo notícias sobre o progresso deles, sabia sempre dos seus bons — e maus — procedimentos, e nunca esquecia os seus aniversários, quer dos filhos legítimos quer dos ilegítimos.

Como presente pelo seu quinto aniversário, o sátrapa enviou para o seu filho Keraunos uma espada de madeira sem corte, como para lhe guiar o caminho que deveria seguir, e Keraunos a utilizou em simulações de combates, de um extremo ao outro da residência, fazendo os soldados de *sparrings*, aprendendo deles os golpes apropriados de defesa e ataque, como desarmar o seu inimigo, como lançar a espada em rodopio, bem alto, no ar, e apanhá-la novamente enquanto caía, sem se machucar.

O sátrapa estava contente com os avanços de Keraunos, e tinha toda boa vontade do mundo em relação a esse garoto, a quem considerava seu herdeiro. Ao mesmo tempo, no entanto, para onde quer que o garoto fosse, havia problemas, quase como se ele fosse a encarnação da Desordem. Keraunos, o Raio — claro, era um dos títulos do próprio Zeus, e o traçado do relâmpago era a sua assinatura pessoal. Keraunos já tinha se tornado muito semelhante ao Raio, e se empenhou por viver de acordo com seu apelido.

Quando Anemhor visitava Alexandria, fazia questão de ver o garoto, com o objetivo de, para dizer de maneira educada, ficar de olho no seu desenvolvimento; isso porque ele seria o sucessor de seu pai, e trazia presentes para Keraunos, quer fosse seu aniversário ou não — cães de caça de raça, os quais Keraunos adorava, ou macacos da Terra de Punt; ou, melhor ainda, um filhote de leopardo cujas pintas eram idênticas às pintas de leopardo da pele oficial de Anemhor, e Keraunos levava esse filhote por toda parte, na residência, preso a uma coleira, ou o carregava nos braços, e o trazia para dormir em sua cama — até que ficou grande demais e isso deixou de ser confortável. Anemhor recordava a crença grega de que, para crianças cujo choro se assemelha ao dos pinheiros, o futuro nada traz a não ser malefícios, e ele balançava a cabeça porque já podia enxergar que ao redor de Keraunos o trovão se tornaria cada vez pior.

Logo que o Raio completou sete anos de idade, foi transferido do *gynaikeion*, proibido de aparecer lá, e daí por diante passou a morar com os homens. Na mesma época, foi colocado no lombo de um pônei, lhe ensinaram a montar, porque todos os garotos macedônios são feitos para crescerem loucos por cavalos e porque, na verdade, não seria possível começar a montar tão novo.

Keraunos aprendeu a montar e a parar um cavalo. Saltava muros e valas, e com freqüência era arremessado por sobre a cabeça do cavalo. Por fim, lhe foi permitido cavalgar a meio galope e a galopar, e mesmo quando sentia que sua montaria estivesse disparando, com ele em cima, comportava-se como filho do seu pai, ou seja, como se tivesse nascido num lombo de cavalo. Ele se mostrava destemido e amava os cavalos, e o sátrapa orgulhava-se de seus progressos.

Antes de atingir os dez anos de idade, Keraunos já sabia executar todo tipo de manobra com o cavalo: partidas rápidas, viradas ligeiras, contornos e desvios, trotar em torno de um ponto, rodopiar. O rodopio é a manobra mais difícil, pois obriga o cavalo a girar prontamente — mais rapidamente do que o olho pode ver —, e isso pode fazer com que o animal perca o equilíbrio. Um rodopio é importante, no entanto, já que um cavalo na batalha deve contra-atacar para todos os lados, e para tanto é necessário um cavaleiro com nervos de aço e um cavalo totalmente obediente. Keraunos tinha, efetivamente, nervos de aço. Para aprender com leituras, ele tinha pouca disposição, mas era muito bom em exercícios físicos, e já diziam que era um guerreiro nato, um cavaleiro nato. Alguns chegavam mesmo a dizer, em suma, que ele era um louco nato.

Todo amanhecer, antes que fizesse muito calor, as tropas de cavalaria de Ptolomeu conduziam os seus cavalos dos estábulos que ficavam contíguos às barracas, perto da residência de Ptolomeu, e galopavam ao longo das praias a este ou oeste de Alexandria, ou ao redor do litoral de Lago Mareotis, ou penetrando no deserto, na direção da Taposiris, cavalgando a tal distância, nas areias, que se o cavalo deixasse seu cavaleiro a pé, ele não conseguiria fazer o caminho de volta e morreria de sede.

Ptolomeu Keraunos, embora tão novo, acompanhava-os, pois o seu futuro dependia do exército macedônio, na batalha, na defesa do Egito e do império egípcio.

Desde muito pequeno, Ptolomeu Keraunos foi encorajado por Berenice a demonstrar a sua afeição por sua meia-irmã mais nova, Arsinoë Beta, a beijá-la com o beijo *khutra* dos gregos, no qual seguravam as orelhas um do outro, usando as orelhas como alças. A princípio, tratava-se de um beijo inocente, um genuíno sinal de ternura, e a irmã agarrava as orelhas do irmão, em retribuição, e beijava-o nos lábios com uma doçura que fazia Berenice sorrir — e estaria ela, desde então, prevendo que sua filha pudesse vir a se casar com o seu meio-irmão? Seria esse o plano de Berenice, já nessa época? Estaria ela, tão prematuramente, tramando que sua filha adquirisse poder no Egito? Talvez.

À medida que foram crescendo, contudo, Keraunos beijava a irmã com o mesmo beijo de alça, mas puxava as orelhas dela com tanta força que ela gritava, e chegava mesmo a mordê-la, algumas vezes de brincadeira, outras não, mas com uma truculência que chocava Arsinoë e a levava a esbofeteá-lo. Keraunos, no entanto, era quatro anos mais velho do que ela, e assim a mordida e a bofetada se transformam numa luta, na qual as mãos de Arsinoë Beta voavam para os cabelos escuros encaracolados de Keraunos e os puxavam com toda a força, e eles gritavam insultos um com o outro — *Cara de íbis!* e *Cara de hipopótamo!* — e tinham de ser apartados por qualquer que fosse o parente atrevido o bastante para se interpor entre os dois.

Desta maneira o meio-irmão e a meio-irmã, vez por outra, trocavam o amor fraternal por ódio.

Thot diz, Isso, ai deles!, se tornaria um hábito no futuro.

2.20

Infelizes Mulheres

Na Grécia, enquanto isso, o ódio grassava com a intensidade costumeira, e aquela mulher infeliz, Olímpia, mãe de Alexandre, continuava passando seus inimigos a fio de espada, um atrás do outro. No entanto, quando Cassandro soube do assassinato de Felipe Arrhidaios e do suicídio de Adéia-Eurídice, o seu ódio ultrapassou todos os limites. Ele declarou guerra a Olímpia e estava decidido a não agir com nenhuma piedade em relação a ela.

Quando Olímpia soube do que estava para acontecer, deixou Aristonos, o devotado guarda-costas de Alexandre, comandando suas tropas, e fugiu para Pidna, uma cidade ao nordeste da costa da Grécia, levando consigo não apenas suas servas, como também o jovem Rei Alexandros, seu neto de dez anos de idade, e Deidameia, a jovem que já estava prometida em casamento a ele, e ainda Roxane, a viúva de Alexandre, e assim se entrincheirou no interior da cidadela.

Cassandro sitiou Pidna, bloqueou o porto para cortar todos os suprimentos e preparou-se para subjugar Olímpia pela fome. O cerco de Pidna duraria 270 dias, ao final dos quais os soldados de Olímpia haviam devorado todos os animais existentes entre as muralhas, incluindo cavalos e mulas, e foi até mesmo dito que tinham começado a matar e a comer uns aos outros.

A própria Olímpia ficou reduzida a alimentar os seus elefantes de guerra com serragem; quanto a ela, dizia-se ter comido carne dos elefantes que morriam e, por mais improvável que isso soasse, até mesmo dos cadáveres de suas servas.

Ela resistiu contra Cassandro até não poder mais suportar o mau cheiro da sujeira pestilenta, quando então tentou escapar pelo mar, pois era uma mulher com enorme força de vontade e que nunca admitia ser derrotada.

Entretanto, Cassandro foi alertado por algum desertor sobre o que Olímpia estava tentando fazer e capturou o ligeiro *trieres* no qual ela planejava fugir. E, assim, finalmente, Olímpia rendeu-se, e Cassandro fez seu mais solene juramento de que garantia sua segurança pessoal e a levaria para enfrentar as acusações dos amigos e parentes daqueles a quem causou a morte, perante a Assembléia Nacional da Macedônia.

Cassandro sabia qual seria o resultado se deixasse Olímpia fazer sua defesa pessoalmente: os macedônios certamente se comoveriam até as lágrimas à vista dessa idosa rainha, a mãe do seu grande general, e lhe concederiam o perdão. Assim, Cassandro providenciou para que ela fosse morta.

Primeiro, enviou um destacamento de duzentos soldados para assassinar a Rainha no seu palácio, mas ela os enfrentou com sua majestade de Rainha da Macedônia, de modo que esses homens ficaram envergonhados deles mesmos, fizeram meia-volta e desapareceram dali, murmurando que não poderiam matar a viúva do Rei Felipe, a mãe de Alexandre, fossem quais fossem os erros que ela havia cometido.

A seguir, Cassandro mandou os parentes das pessoas que Olímpia tinha assassinado, e eles não se deixaram comover, nem derramaram lágrimas, diante da presença real, muito menos ficaram fascinados pela lembrança de seu filho morto, nem também se apegaram a sentimentalismos sobre a gloriosa história da Macedônia, e a mataram a punhaladas.

Uma história diferente conta que Olímpia foi apedrejada até a morte, que era a maneira tradicional de executar criminosos na Macedônia.

Ninguém, contudo, questionou que ela tenha sido morta, ou que seu corpo tivesse sido deixado insepulto. Os seus belos olhos foram furados pelos corvos. Os cães carniceiros lamberam os seios que tinham dado de mamar ao senhor da metade do mundo. As moscas de Pidna banquetearam-se com a sua carne.

Tal foi o fim de Olímpia, que era conhecida como uma das mulheres mais venenosas que jamais existiu — pelo menos, até que as mulheres da Casa de Ptolomeu viessem a tomar o seu lugar.

E quanto ao resto da família de Alexandre? A viúva Roxane continuava viva. E ela tinha a fama de ser a mais bela mulher de toda a Ásia, atrás apenas da mulher de Dario, Rei da Pérsia, e ainda era bela, pois tinha apenas 15 anos de idade quando se casou, e agora apenas 35, uma mulher que podia, não tivesse ela se casado com o rei de todos os problemas do mundo, ter vivido até a idade madura em sua Bactria nativa. Mas não fora isso o que as Parcas lhe haviam destinado.

Não, Roxane, Pequena Estrela, não brilharia por muito tempo.

Seu filho, como Rei Alexandros, estava ainda na Grécia com a mãe, e Cassandro, o homem que tinha exterminado quase todo o restante da família de Alexandre, escolheu este momento para dirigir a sua atenção para a própria Roxane.

Cassandro enviou o Rei garoto e a sua mãe como prisioneiros, para a cidadela de Amfípolis, onde os manteve sob vigilância severa. O inverno era gélido, tão gélido que os soldados usavam gorros de pele de raposa, e Roxane e Alexandros tremiam de frio, e eram alimentados com enguias pescadas do rio Strymon e não muito além disso. O frio os fizera adoecer, e Cassandro, segundo todos os relatos, pouco lhes ofereceu em matéria de assistência médica.

O garoto Alexandros nunca conhecera seu grande pai, mas nessa época já tinha idade o bastante para entender por que as coisas aconteciam da maneira como aconteciam. Tinha estudado grego com um tutor, porém em Anfípolis não havia aulas, pois o plano de Cassandro era que os seus prisioneiros logo não teriam necessidade de falar qualquer língua.

A existência deste garoto atrapalhava Cassandro. Ele chegou a considerar mandar matá-lo, tirando-o do seu caminho, assim como a sua mãe; todavia protelou tal providência. Não os torturou nem maltratou, porém os manteve encarcerados, privados da liberdade e de todo o conforto. Pareceu-lhe conveniente poder dizer que tinha sob sua guarda o filho de Alexandre: era bom ter o Rei sob seu controle.

Foi nessa ocasião que Roxane ofereceu os últimos de seus bens, um colar e um *rhyton*, ambos de ouro, para Atená. No entanto, apesar de suas oferendas e de suas preces aos deuses da Grécia, estes se mantiveram surdos a suas súplicas e não se apressaram a salvá-la.

Roxane, é claro, tinha tido seus acessos de ciúme. Ao enviar uma carta forjada, ludibriara Stateira, outra das esposas de Alexandre, convencendo-a a visitá-la, e fora ela que assassinara essa mulher, como também sua irmã, com uma bebida de boas-vindas temperada com cicuta, e contam que teria jogado os corpos num poço, que tapara com terra, e depois dançado em cima do aterro. Agora, o mesmo tratamento que Roxane tinha dado a outros seria dado a ela.

Após terem passado 12 meses na prisão, Cassandro enviou para Roxane uma taça de vinho misturado com cicuta. Roxane desconfiara daquele cheiro de rato, porém não tinha bebido nada naquele dia e estava com muita sede. Assim, a cicuta fez irromperem na mãe e no filho pequenas manchas avermelhadas, gelando seus corpos e coagulando seu sangue, e ambos morreram entre espasmos de vômito e terríveis convulsões.

Cassandro acendeu a pira funerária com as próprias mãos e teve o bom senso de enterrar o Rei e a sua mãe apropriadamente, num túmulo real. Os ossos de Roxane, ele os colocou no *larnax* de costume, com um espelho de mão de prata, presente do seu falecido marido; os do jovem Alexandros, ele os coroou com o laurel de folhas de carvalho de ouro que deve ser colocado sobre os túmulos de todos os reis da Macedônia. Grande benefício, esses presentes lhes trouxeram...

No Egito, a única recordação desse Faraó que nunca chegou a pôr os pés no seu reino, porém ficou conhecido como Rahaaabsetepenamen, ou Aleksantres, foi uma cabeça colossal de granito de Sirene rosado, usando a Coroa Dupla, que foi encomendada para a cidade de Alexandria, e uma avenida de quarenta esfinges que ladeavam o acesso ao Serapieion, todas com as feições do jovem rei sorrindo. Os hieróglifos descreviam esse Alexandros da maneira tradicional, como Hórus o Jovem, Senhor de Coroas, Senhor do

Mundo Inteiro, Rei do Alto e do Baixo Egito, a Delícia do Coração de Amon, Amado do Sol, Alexandros o Eterno.

Porém, Alexandros o Eterno estava morto, e não tinha vivido o bastante sequer para celebrar seus 13 anos de idade.

Dessa maneira, Cassandro, o mais cruel dos filhos do Velho Antipatros, atraiu desgraças sobre a sua família, que então passou a se recusar a ter qualquer relação com ele.

Sua irmã, Eurídice, a esposa de Ptolomeu, devotou-se a partir de então a praticar o bem, a fim de modificar e afastar o mal. Ela se achou com o dever, e apreciando a missão, de defender os inocentes, e auxiliou muitas jovens pobres de Alexandria, que se casaram à sua custa, oferecendo-lhes recursos para seus dotes. Ela não pronunciava o nome do seu irmão Cassandro, mas utilizou o Feitiço do Esquecimento para deixar de sonhar com os atos assustadores que ele praticara.

Cassandro agora tinha nas mãos o sangue da maior parte da família de Alexandre; todavia ainda vivia e não era perseguido por nenhum fantasma. Porém os oráculos previram que ele talvez não tivesse uma morte muito feliz, e diziam que ele incharia de líquidos internos e que os vermes se reproduziriam em sua carne viva. Esse horror não ocorreria antes de vinte anos decorridos, mas um oráculo sempre diz a verdade.

Portanto, não restara nenhum herdeiro homem na família de Alexandre, nenhum rei para governar o Egito, e apenas um membro de sua Casa deixado com vida: sua irmã, Cleópatra, no passado esposa do Rei Alessandros de Epeiros, porém agora viúva pela segunda vez.

A vida dessa mulher estava longe de ter sido feliz, pois foi no seu casamento que o seu pai, Felipe da Macedônia, fora assassinado, e ela tinha, então, 18 anos de idade. Agora já não era mais jovem, com 46 anos de idade, quase no final da sua vida fértil.

Desde a morte do seu irmão, contudo, a ex-Rainha Cleópatra tinha atraído muitos pretendentes, todos querendo associar-se à glória de Alexandre, pois ocorria que essa Cleópatra representava a última chance de qualquer homem para a concretização de uma aliança dinástica com o sangue real da Macedônia.

Cleópatra, a primeira de muitas mulheres com este nome — e Thot alerta, Leitor, não confunda esta mulher com a mais famosa das Cleópatras, a sétima Cleópatra, que veio mais tarde, muito mais tarde — recebeu todos os enviados com altivas palavras, e apesar de escutar muitas propostas de casamento, rejeitou todas.

Cleópatra continuou sem se casar, e passou a morar em Sardis, na Lídia, cercada de traições e complôs, e dispondo apenas de sua extraordinária determinação. Por sua vez, todos os Sucessores haviam pedido a sua mão: Perdikkas, o Velho Antipatros, Antigonos Caolho — todos tinham desejado casar-se com ela. Até Cassandro tinha apresentado a sua oferta, se bem que ela jamais aceitaria casar-se com o homem que, segundo se suspeitava, havia assassinado o seu irmão.

O atrativo de Cleópatra era o *glamour* que se fixou no nome do seu irmão, e talvez não mais fossem os seus dotes físicos que faziam os homens procurarem-na com tamanha diligência; porém, foi nessa altura que até mesmo Ptolomeu começou a se imaginar como marido de Cleópatra, e esse noivo cheio de esperanças estava com 55 anos de idade.

Mas nem tudo estava bem com Cleópatra, cujos inimigos fechavam o cerco sobre ela e, temendo por sua segurança, passou a buscar à sua volta por um aliado e um protetor, e a idéia de um casamento seguro parecia ser a resposta para os seus problemas.

Quando Ptolomeu enviou o seu primeiro mensageiro, propondo que Cleópatra se tornasse sua esposa, ela o descartara, sabendo muito bem que ele não a cortejava, mas sim ao *kudos* que se obteria quem se casasse com a irmã de Alexandre. Porém, quando tomou conhecimento de que Cassandro havia assassinado a sua sobrinha de nove anos de idade, e, logo depois, soube do assassinato do seu meio-irmão mais velho, Herácles, e de sua mãe, Barsine, Cleópatra ficou muito amedrontada. Agora, ela enviava embaixadores a Ptolomeu, para combinar o casamento, pois se lembrava dele como um homem gentil, justo, generoso, sem falar que era também o mais rico dos Sucessores. De todos os sátrapas, Ptolomeu era o homem que Cleópatra queria, e mandou dizer que estava prestes a deixar Sardis e navegar até Alexandria, e Ptolomeu de pronto preparou-se para lhe dar as boas-vindas.

Enquanto as providências eram tomadas, Cleópatra foi subitamente colocada sob prisão domiciliar por ordem de Antigonos Caolho, e foi o Caolho que mandou, certa noite, algumas mulheres visitarem Cleópatra. Tudo o que se soube dela, a seguir, foi a notícia de que um corpo fora encontrado sobre o chão do seu quarto, estendido sobre uma poça de sangue pegajoso.

Durante muitos dias, Ptolomeu andou de um lado para outro no seu Salão de Audiências. Durante horas, ficou parado, de pé, observando o mar, e mantendo vigia atenta sobre a Grande Baía, querendo saber que navios tinham afundado, que navios haviam aportado; porém nenhuma notícia chegou de Sardis, nem navio algum, e afinal não aconteceu nenhuma festa, nem o quarto casamento de Ptolomeu, porque sua noiva estava morta.

As notícias da morte de Cleópatra não provocaram pequeno alívio em Eurídice e Berenice. Na verdade, gritaram de alegria.

Todos os legítimos pretendentes ao trono de Alexandre haviam agora sido exterminados. Parecia não haver mais obstáculo algum no caminho dos Sucessores para se tornarem soberanos independentes. De fato, no período de vinte anos desde a morte de Alexandre, todos os membros de sua Casa foram brutalmente assassinados: um total de dez pessoas, a maioria dos quais mulheres e crianças.

Sem rei para governar o Egito, a estrada estava agora livre para Ptolomeu, o sátrapa, tornar-se Rei, se o desejasse. Porém, Ptolomeu era um homem modesto. Não tinha nenhum desejo de atrair a inveja dos deuses sobre sua cabeça. E quando o sumo sacerdote perguntou se lhe agradaria ser um Faraó, Ptolomeu balançou a cabeça e disse: *não, não, nem consigo pensar em tal coisa.*

2.21

Ptolomeu Mikros

Naquele ano de muitas mortes, nele também ocorreu um nascimento notável: o segundo filho de Berenice com Ptolomeu, e isso com oito anos de intervalo.

Quantos bebês natimortos Berenice tinha transportado para a necrópole? Ela já havia perdido a conta. Cinco, talvez, ou seis. Entretanto, havia muitas pragas, muitas epidemias no Egito, e não se esperava que ninguém vivesse muito mais do que trinta anos; assim, era sempre considerado quase um milagre sobreviver para além da infância, e ocasião para grandes oferendas aos deuses.

Berenice tinha finalmente recorrido aos tratamentos egípcios sugeridos pelos sacerdotes de Sekhmet, a deusa-leoa de Mênfis, tais como rastejar para frente e para trás sete vezes por debaixo da barriga de um camelo. Noutra oportunidade exigiram que desse sete voltas a pé em torno da Grande Pirâmide de Khufu, ou Queóps, como faziam as mulheres estéreis dos egípcios, certamente na crença de que isso a ajudaria a tornar-se mãe novamente. Porém as caminhadas não surtiram resultado, meramente servindo para deixá-la cansada e raivosa.

Para um tratamento egípcio dar resultado é, sem dúvida, necessário que a pessoa também *tenha fé*, e Berenice de fato não acreditava em nada disso. Ela era uma grega, da Grécia, mais grega do que um grego poderia ser, e para falar a verdade odiava as coisas egípcias, as tâmaras e os camelos, as palmeiras e as tempestades de areia, as serpentes e os escorpiões, e sentia desprezo por si mesma por dar atenção a tratamentos egípcios que não funcionavam para ela.

Por fim, no verão do décimo quinto ano da satrapia de Ptolomeu, quando grande parte dos egípcios fugia de Alexandria para as ilhas temperadas do mar Egeu, por causa das cegantes nuvens carregadas de pó de cal nas ruas e do calor crestante, Ptolomeu e Berenice foram para Kos, a ilha dos alfaces, onde o calor era menos feroz, moderado pela brisa refrescante. Isso porque, sim, Kos era melhor para a saúde do que o Egito, e tinha também a mais avançada escola de medicina do mundo grego, e um templo de Asclépios, famoso por curar doenças de mulheres. Em Kos, havia abundância de verde, sossego e médicos gregos que entendiam os problemas de Berenice.

Em Kos, lhe aplicaram decocções de nervos de rim e essência de olíbano misturada ao vinho, para restaurar a fertilidade perdida por conta de bruxaria. Muitos remédios Berenice experimentou, porém só foi foi curada comendo olhos de hiena com licor e endro, que garantia a concepção dentro de sete noites a quem os engolisse. Já o sátrapa, ele permaneceu com seu testículo esquerdo amarrado com cordão de papiro, na crença absoluta de que com isso poderia tornar-se pai de um novo filho.

No frescor da manhã, Berenice passeava ao longo do terraço do templo para assistir à alimentação das serpentes sagradas. No frescor do entardecer, perambulava pelos bosques sagrados de ciprestes e contemplava o mar, azul como safiras, voltando-se para os lados de Knidos e Halicarnassos, e acreditava que Asclépios, deus da saúde, estava com ela.

Enquanto isso, Ptolomeu buscava a cura para os seus surtos de calor e frio; as febres repentinas que o vinham perturbando desde que havia deixado a Grécia. Ptolomeu também submeteu-se à cura chamada Incubação, no templo de Asclépios, onde foi convencido a comer gordura de leão com óleo de rosa, e deitou-se para dormir no santuário do deus, onde as serpentes sagradas vinham lamber-lhe os ouvidos, e onde, ao fim de tudo, o deus viria tocá-lo, depois que as febres repentinas tivessem cessado. Entretanto, Ptolomeu nunca viu nenhum deus — nunca viu nada. No templo de Asclépios não dormiu melhor do que dormia em Alexandria, e nenhuma das supostas curas que deveriam acontecer em Kos se concretizou no que tocava aos seus calafrios. Mas ele permaneceu por lá algumas semanas, enviando mensagens ao Egito e recebendo-as de lá, governando por delegação, por intermédio de seus *Dioiketes* e dos oficiais de seu exército, e ninguém sequer suspeitou que o sátrapa não estivesse em sua residência, pois que em Mênfis foram instruídos a dizer que ele se encontrava em Alexandria e, em Alexandria, a dizer que estava em Mênfis.

Finalmente, Ptolomeu tomou o navio de volta ao Egito, deixando Berenice aos cuidados de Asclépios, seus cães e serpentes sagrados, e no mês seguinte, o mês de Phamenoth, quando as papoulas estavam florescendo em Kos, com sua barriga persistindo em crescer, ela experimentou novamente as agonias do parto.

Berenice respirou fundo, como foi instruída, e segurou até o vigésimo dia do mês, que era o melhor dia possível, se bem que em verdade nenhum dia seria desfavorável para o nascimento de um garoto. Porém, o garoto nascido no dia vinte daquele mês, assim disseram, cresceria e conseguiria se tornar um homem sábio. O bebê de Berenice foi realmente um garoto, e ela chorava, dando graças a Artêmis por isso, e pelos seus cabelos louros que eram a marca de um verdadeiro filho da Macedônia, e ela dedicou a Asclépios um par de orelhas confeccionadas em ouro sólido, que eram grandes o suficiente para se dormir dentro delas, como agradecimento ao deus por ter escutado as suas orações.

No décimo dia de vida, esse filho de Ptolomeu, filho de Lagos, recebeu seu nome, de acordo com o que fora conversado pelos pais — ou, de fato, não conversado, porque ele não poderia ter recebido outro nome que não fosse Ptolomaios: Guerreiro. Esse foi o Ptolomeu, filho de Ptolomeu, que ficou conhecido na história como Ptolomeu Philadelphos. Aquele Que Ama Sua Irmã, embora tal título não tenha se firmado senão muitos anos mais tarde. No princípio, já que era o último filho, o filho caçula, o *metakhoiron*, o mais novo da prole, eles o chamavam simplesmente de Mikros, o Pequeno, para distingui-lo de todos os outros na família que tinham também esse ilustre e o mais ilustre dos nomes.

Berenice tomou conta pessoalmente de Mikros, levando a sério as sábias palavras de seus médicos gregos *não utilizar a ama-de-leite, se possível, porém amamentar a criança você mesma*, embora fosse a esposa do sátrapa. Isso porque jamais se teria certeza sobre quais seriam as más qualidades que uma ama poderia transmitir para a criança ao se deixar que ela bebesse o leite destinado a outra, que não fosse do nível de um sátrapa, e Berenice não desejava que o seu amado filho se amamentasse do leite produzido para um bebê nascido morto.

Assim, Berenice, uma mulher imbuída de certa determinação para agir à sua maneira, recusou não apenas a ama-de-leite, mas também tudo o que fosse relacionado a bandagens.

Ela disse que não, Ptolomeu Mikros não teria os membros presos a uma prancha durante os primeiros sessenta dias de sua vida. Não queria que o seu filho crescesse com o mau temperamento do seu meio-irmão, Ptolomeu Keraunos, sobre quem freqüentemente se dizia que as bandagens o haviam deixado zangado pelo resto da vida. Seja como for, esse procedimento foi o motivo das pernas tortas de Mikros.

Tampouco Berenice permitiria que Mikros fosse alimentado com camundongos cozidos para curar a incontinência.

Se ele molhar a cama, ela disse, *ele molha a cama. Mas o filho do sátrapa não vai comer camundongos cozidos.*

Berenice era, na verdade, a mais poderosa das mulheres, com opiniões próprias as mais singulares, que ela não tinha o menor medo de expressar, e se qualquer médico, grego ou egípcio, ousasse dizer que estava errada, sentiria o gume afiado de sua língua.

O sátrapa também nada podia fazer senão reconhecer o poder de sua esposa. Porém, era essa força de convicção o que mais apreciava nela. Ela era uma mulher que sabia o que queria. Não tinha a língua amarrada como Eurídice. Não tinha medo de lhe dizer o que pensava sobre o seu governo no Egito. E ocasionalmente até Ptolomeu acharia que deveria fazer exatamente o que Berenice lhe aconselhava.

No tempo devido, Berenice tomou o navio para o Egito com esse seu novo filho, e no quadragésimo dia do nascimento o sátrapa realizou a celebração grega apropriada em sua residência na Alexandria. Os dias de dúvida e incerteza chegavam ao fim. Ptolomeu Mikros vivia. Ele seria criado, não enjeitado. Ele era um membro da família e tinha os mesmos cabelos louros do seu pai, cabelos dourados como o Sol, e era tão diferente do seu meio-irmão, Ptolomeu, o Raio (que, pelo contrário era moreno), quanto se poderia imaginar.

Berenice, que já fora uma mulher sem lar, sem amor, sem amigos, não era na verdade nada mais do que senão uma planejadora — alguém que sabia arquitetar esquemas, que não se deteria por nada para abrir seu próprio caminho. Como, então, ela criou essas suas duas crianças? Quanto à sua filha mais velha com Ptolomeu, Arsinöe Beta, a garota que devia ter sido um garoto, de fato ela tinha sido criada para ser vigorosa como um homem, e não para ser frágil e feminina: e até mesmo Berenice desejava que ela fosse capaz de sufocar os seus sentimentos femininos.

É claro que, no começo, Berenice ensinou Arsinöe Beta a fazer todas as coisas comuns a uma garota, como tecer, costurar e bordar, dedilhar a lira — coisas sem as quais nenhuma garota poderia suportar o tédio da vida no *gynaikeion*, pois era o trabalho que ajudava as mulheres gregas, no confinamento em que viviam; trabalho interminável e conduzido na penumbra daqueles aposentos onde nenhum homem punha os pés, exceto os eunucos, os meio-homens que as guardavam.

Porém, quando Arsinoë Beta atingiu o seu sétimo aniversário, começou também a receber a educação completa de um garoto. Para começar, aprendeu o *alpha beta* a arte de ler e escrever grego. Aprendeu matemática elementar e geometria, depois matemática complexa. Aprendeu todas as artes da guerra: táticas, estratégia, diplomacia, e até mesmo tivera treinamento com armas para que soubesse muito bem como se defender, e tudo como se estivesse destinada a ser uma espécie de amazona daqueles dias, como aquela mal fadada Adéia-Eurídice, a esposa de Felipe Arrhidaios.

Sim, este era exatamente o pensamento de Berenice: que sua filha necessitaria de tais habilidades se fosse se tornar a esposa de algum grande soberano. A própria Berenice estava sendo dura, tendo de suprimir os seus sentimentos femininos, calculando seus passos na vida como se fosse semelhante a um homem.

Mais importante de tudo, Arsinoë Beta estava absolutamente proibida de ser educada para ser igual a Eurídice: como uma pombinha, cabeça de vento, completamente feminina e inteiramente imprestável para o seu marido, para qualquer propósito que não fosse parir crianças. Isso porque Eurídice fora filha de sátrapa, porém fora criada para contar com escravos e servos para atender a todas as suas exigências. Eurídice era uma mulher que dificilmente podia pôr seu *peplos* sem ajuda. Mal sabia qual de suas mãos era qual, muito menos como dirigir o lar do seu marido. Não, a pobre Eurídice era incapaz de cuidar de si mesma, quanto mais dos outros. E veja o que acontecera com ela — a esposa rejeitada. Ela era um fracasso insolúvel, e seus filhos, na opinião de Berenice, seriam como ela, uns fracassados sem solução.

Berenice fez Arsinoë Beta prometer, que ela tentaria ter sempre firmeza. Sim, ela tentaria ser como um homem. Sim, faria o melhor que pudesse para ser o filho que Berenice não teve. E, na verdade, na época em que Ptolomeu Mikros nasceu, Arsinoë Beta tinha nove anos de idade, e era tarde demais para voltar a ser feminina: o mal já estava feito.

No início, o estratagema de Berenice funcionou. Arsinoë Beta lutava como os seus meios-irmãos com a espada curta, e era mesmo um exemplo para eles, de tanto que se empenhava. Ela saltava com pesos e arremessava discos e dardos tão bem quanto qualquer dos filhos de Eurídice. Entretanto, se Arsinoë Beta esforçava-se para ser como um garoto, para ter um coração de pedra, um coração de ferro, *que nada sentia* e não tinha o coração dominado pelos seus sentimentos como o das outras mulheres, não obtinha êxito justamente naquilo que mais se empenhava para conseguir.

Isso porque era a sina dessa garota apaixonar-se tão intensamente que perderia a noção do que estava fazendo, e com as mais trágicas conseqüências. Embora fizesse o possível para sufocar a sua natureza feminina, Arsinoë não era mais capaz do que qualquer outra mulher de banir os seus sentimentos femininos. Ela de fato chorava — sem dúvida. Tinha impulsos maternais, pois como poderia ser o contrário, pois como não poderia ter? Ela se preocupava com o que acontecia com suas crianças. É uma pena, mas, embora Arsinoë Beta fosse uma pessoa dura, contrariando a si mesma, não era dura o bastante.

O que o deus da Sabedoria teria a dizer? Thot diz: em verdade, não se pode transformar uma mulher num homem. Thot diz: em verdade, não se pode impedir uma mulher de amar.

Quanto ao filho, Ptolomeu Mikros — Berenice lhe ensinaria a não ser como Ptolomeu Keraunos, dizendo: *Não seja tão belicoso. Não esteja sempre querendo brigar, pois é desse modo que os bárbaros se comportam...*

Essa mãe encorajaria os tutores do seu filho a lhe ensinarem ciência, drama, poesia — coisas do espírito —, e desdenhava o prazer de exercitar-se com a falange e de aprender a melhor maneira de matar um homem. Keraunos tinha sido criado, assim pensava Berenice, para amar a guerra mais do que seria conveniente para um garoto; portanto, ela tentava equilibrar a balança, ensinando Mikros a se interessar pela paz, como seu pai.

Mikros, então, se tornaria um pouco mais brando; sendo que, fosse como fosse, era sua tendência natural ser preguiçoso, passivo, e de seu instinto natural entregar-se mais à reflexão do que ao uso do corpo e a se comportar de maneira violenta. Foi educado para se voltar mais para a erudição do que o seu meio-irmão, de modo que, efetivamente, tinha pouco o que conversar com os generais e almirantes das forças armadas do seu pai.

Thot pergunta: teria Berenice efetivamente planejado tudo dessa maneira? Para que tivesse uma filha que fosse mais semelhante a um homem —

ativa, guerreira, com mais aptidão para a matemática e as altas finanças, e para a guerra — e um filho que se parecesse mais com uma mulher — passivo, um pensador, mais interessado na paz do que na guerra? Teria sido tudo isso conseqüência dos atos da poderosa Berenice? Mas, no momento, Thot não tem a resposta. Talvez, ele diz, talvez.

Thot guarda sua resposta para mais tarde. O plano de Berenice não atingiria seus propósitos por muitos anos, e ela não viveria para desfrutar disso. Porém, quando o casamento entre esses seus dois filhos ocorreu, cerca de vinte anos ou mais no futuro, sim, o triunfo de tia Berenice sobre Eurídice, a sobrinha, estaria completado.

Seja como for, o futuro surgiu para Anemhor, sumo sacerdote de Ptah, quando ele fixou os olhos na tigela de água, sobre a qual derramara um pouco de óleo, e ele não ficou insatisfeito com o que viu ali — se bem que mal podia acreditar que o que vira se realizaria.

No mesmo ano em que Ptolomeu Mikros nasceu, um exército comandado pelo jovem enteado do sátrapa, Magas, o filho de Berenice, e o misterioso Felipe recuperou para o Egito o território perdido de Cirene.

Ptolomeu arreganhou os dentes, num sorriso, e como recompensa nomeou Magas, que tinha apenas 18 ou 19 anos de idade, governador de Cirene — para onde sua mãe viajava, vez por outra, para visitar o filho, levando de Alexandria camelos carregados de suntuosas iguarias.

A princípio, Magas ficara surpreso por ser enviado para fora do Egito, e perguntou: *por que não posso passar os meus dias em Alexandria? Por que não posso permanecer como soldado no exército do meu padrasto?*

Porém Magas não possuía a habilidade de predizer o futuro, como outros tinham.

O problema era que Magas poderia em algum momento ficar enciumado em relação a Ptolomeu Keraunos, o herdeiro. Já Berenice, sabia muito bem que, no momento em que o seu marido morresse, e a Keraunos fosse dado o poder de um sátrapa no Egito, seu filho Magas seria um homem morto, pois que ele representava uma ameaça à segurança, e era um dos maiores criadores de problemas, em potencial, daqueles que poderiam depor Keraunos e tomar o poder para si.

Talvez fosse algo improvável, já que Keraunos mal tinha completado 14 anos de idade, e Ptolomeu estava próximo dos sessenta. O sátrapa poderia morrer a qualquer momento, e tinha de pensar no futuro, no que podia acontecer quando ele não estivesse mais presente.

Assim, Magas viajou feliz para Cirene. Era um jovem honrado, preocupado em fazer tudo do jeito certo. Não esquecia que vivia no Egito graças ao favor do seu padrasto e que, se desse um passo em falso em Cirene, podia ser banido, mandado de volta para Macedônia, onde não tinha nem amigos nem parentes. Não se esquecia de que, se representasse a menor ameaça para a estabilidade no Egito, seria prontamente assassinado. Em Cirene, Magas podia fazer, dentro do razoável, o que bem entendesse. Contava com a confiança de Ptolomeu e era grato ao apoio de sua mãe.

Magas gostava de comer, e em Cirene, cidade famosa por sua arte culinária, engordaria. Até o momento não se dispusera a se casar. Tinha as concubinas e os garotos de praxe para se distrair. Havia tempo de sobra para pensar em casamento e em gerar um herdeiro. Enquanto isso, ocupava-se com divertir-se e com o governo da sua província.

O horóscopo de Magas previra que ele seria um rei e o pai de uma famosa filha. Na Cirenáica, famosa por seus cavalos, pelo seu peixe fresco e pelas elegantes carruagens, o futuro do jovem Magas prometia ser brilhante.

2.22

O Ladrão de Livros

No final da temporada de navegação daquele ano, quando Ptolomeu Mikros tinha um ano de vida, Ptolomeu, o sátrapa, fez finalmente a paz com Cassandro, irmão de Eurídice, sua esposa, e retirou a frota egípcia para Alexandria, dizendo: *realmente, ninguém no seu espírito perfeito vai para guerra no inverno.*

Um ano depois, o famoso Demétrio de Faleron — Thot diz: Leitor, não confunda com Demétrio Poliorketes, que é um homem totalmente diferente, um homem de verdade — foi forçado a fugir de Atenas, onde fora uma espécie de governante, e isso por causa da investida de Poliorketes. Demétrio de Faleron pediu então asilo a Ptolomeu, em Alexandria.

Este foi o Demétrio que deu a Ptolomeu a idéia de fundar um grande Mouseion, o Templo das Musas — sendo que a Grande Biblioteca de Alexandria foi também, segundo se supõe, idéia dele. Alguns homens chegam mesmo a dizer que o grande Farol não foi idéia de Alexandre, mas deste Demétrio de Faleron. Seja como for, ele era figura de importância, mesmo antes de pôr os pés no Egito, e Ptolomeu, cortês, justo, homem generoso que era, tomou a si o encargo de acolhê-lo.

Demétrio de Faleron era sagaz, esperto, mais astucioso do que todos os outros homens, e cheio de idéias brilhantes. E Ptolomeu achou que ele lhe poderia ser de muita utilidade; tanta, que concedeu ao exilado, no ato, um aposento na residência, além de escravos, serventes e secretárias, três refeições por dia e até mesmo um salário, por conta das suas idéias tão originais; e ele teria aceso, a qualquer hora do dia ou da noite, ao ouvido do sátrapa, que escutaria o que ele dizia.

Já dez dias depois da sua chegada, Demétrio havia formulado mais de uma dúzia de brilhantes projetos, que propunham tornar Ptolomeu e da Casa de Ptolomeu famosa em todo o mundo grego, e a primeira dessas idéias era uma biblioteca que possuiria uma cópia de todos os livros existentes no mundo. E o que demonstrava a grande maravilha de ser um sátrapa, e o poder de um sátrapa, era que, tão logo a idéia surgiu, foi imediatamente posta em prática. Sim, Ptolomeu concordou com a biblioteca pela manhã e à tarde já os bibliotecários estavam recebendo as suas instruções, os regulamentos para usuários tinham sido formulados, e os *prostagma* foram enviados, dizendo que todos os livros na cidade deveriam ser encaminhados para Demétrio para serem examinados, tendo em vista adquiri-los para a biblioteca — isso significava que se esperava de todo aquele que possuísse rolos de papiro que os doasse à nova fundação. De modo que, para alguns, pareceu quase como se Ptolomeu iniciasse a sua biblioteca *roubando* os livros de todos os eruditos do Egito, e o grande achado sobre isso foi que essa biblioteca não custaria a Ptolomeu nem ao menos meio óbolo. Iriam apenas precisar das prateleiras para guardar os rolos de pergaminho, e de um edifício onde ficassem as prateleiras. O edifício já existia: era uma parte sem uso da residência, e assim a Biblioteca estava pronta para funcionar de um momento para outro.

Demétrio de Faleron, tendo estudado no Liceu de Aristóteles, era famoso não apenas por sua inteligência, como também por pintar seus cabelos pretos de louros, e pelo hábito de passar no rosto pomadas cosméticas de mulheres para parecer mais jovem. Gostava não só de mulheres elegantes como de rapazes bonitos, de banquetes, tanto quanto de filosofia; e embora fosse a filosofia o seu principal interesse, gostava também de se embebedar, e bastante, tendo a mesma exagerada sede por vinhos não diluídos que o próprio Ptolomeu.

Outro assunto igualmente importante sob a responsabilidade de Demétrio de Faleron era instar Ptolomeu a dar atenção ao tratado intitulado *Sobre a monarquia*, e procurar convencê-lo a se tornar rei, pois acreditava que era isso o que Ptolomeu deveria ser.

Sim, foi Demétrio quem plantou as sementes, dizendo: *não há motivo para que você não se torne rei*, e ele compartilhava do pensamento de Anemhor de que um faraó residente poderia manter o Egito em paz, ordeiro e livre de revoltas.

Ptolomeu iniciou então a leitura à noite, incapaz de conciliar o sono, e começou a sonhar um futuro glorioso para os seus descendentes, e tudo isso se deveu à interferência de Demétrio, o da língua versada, esse homem com as faces pintadas de ruge como as de uma mulher, que era servido por jovens nus, e cuja maior realização, a lhe granjear fama, no tempo em que morava em Atenas, foi a invenção de um caracol mecânico gigante, que deixava um rastro de lodo alcoólico rua abaixo.

No tratado de Aristóteles *Sobre a monarquia*, Ptolomeu leu que uma monarquia era resistente, difícil de ser desgastada, e pouco suscetível a perturbações provenientes de fora. Se um reino desmoronasse, isso aconteceria por uma de duas razões: ou porque o rei tivesse tentado controlar mais do que lhe cabia, ou como resultado de desentendimentos entre membros da família.

O mais importante, segundo Aristóteles, era que a família não entrasse em disputas internas, que os filhos não entrassem em disputa entre si, que a

Rainha não entrasse em disputa com seus filhos e que o Rei não entrasse em disputa com suas filhas.

Ptolomeu foi tomado de risos, durante a leitura. Como, em nome de Zeus, seria possível impedir que os membros uma família grega brigassem entre si? Isso porque a sua família parecia passar o dia inteiro, e um dia atrás do outro, brigando. Brigavam por tudo e por coisa nenhuma. Brigavam porque eram gregos, porque os gregos amam uma briga e são bons na briga. Brigavam mais do que qualquer outra família no Egito. Durante as refeições, o alarido de vozes iradas era sempre escutado à mesa do sátrapa, já que esses gregos parecem que sempre estão zangados, parecem estar sempre brigando, até mesmo quando não estão.

Os Ptolomeu — o próprio nome da família significa Guerreiro.

Thot sabe disso: essa família brigaria entre si por trezentos anos. E, sob esse primeiro Ptolomeu, a briga mal tinha começado. Thot jura: brigas, como Aristóteles previu, seriam a ruína deles.

Mesmo assim, Ptolomeu prosseguiu na leitura, e os seus olhos não podiam se despregar das páginas. Terminada a leitura, foi discutir com Demétrio sobre a arte de reinar e sobre como se tornar um rei.

Demétrio deu a Ptolomeu muitos conselhos sábios. Ele o aconselhou a pensar sobre as causas dos possíveis fracassos. O herdeiro do trono, por exemplo, poderia ser um homem que dificilmente conquistaria respeito. Embora detivesse poder real (não o poder de um tirano), poderia ser levado a extrapolar em sua posição.

Nesse caso, o fim da realeza estaria à vista de quem quisesse ver. Demétrio disse: quando os súditos de um rei deixam de se submeter, esse rei não mais é um rei; porém, um tirano é ainda um tirano mesmo que seus súditos não o queiram mais. É por razões como essas, Demétrio disse, que as monarquias são destruídas.

O que, então, queria Ptolomeu? Queria que a sua Casa fosse a dos reis do Egito para todo o sempre. Como, então, ele perguntou a Demétrio, isso seria concretizado?

E Demétrio respondeu-lhe que o caminho a seguir estava na educação. *Três coisas*, ele disse, *são de grande importância*.

Primeiro, você deve ensinar o herdeiro Como Ser Rei.

Segundo, você dever ensinar o herdeiro Como Não Ser Um Tirano.

Terceiro, você deve ensinar o herdeiro a Arte do Autocontrole.

Ptolomeu prestou-lhe cuidadosa atenção.

O tutor do herdeiro, Demétrio disse, *deve ser o homem mais importante da residência, mais importante até mesmo do que o próprio Rei, pois o tutor representa o futuro e a própria sobrevivência da dinastia.*

Ptolomeu podia ver que Demétrio pronunciava palavras de grande sabedoria. Porém, viu também que já poderia ser tarde demais para um garoto como Ptolomeu Keraunos aprender tais coisas. Keraunos já tinha o seu modo de ser definido.

Já Demétrio, ele tinha idéias próprias sobre a Casa de Ptolomeu. No seu tratado *Sobre Fortuna*, Demétrio profetizou que, exatamente como os macedônios — bárbaros quase desconhecidos até há apenas cinqüenta anos — tinham derrubado o Império da Pérsia, assim, no devido tempo, também os macedônios seriam derrotados pela Fortuna, e teriam de entregar a sua predominância a outro poder. Demétrio referia-se, então, ao Reino da Macedônia; porém, intimamente, alimentava os mesmos pensamentos em relação ao domínio dos macedônios no Egito. Ainda bem no início dessa Casa, Demétrio, o mais sábio dos gregos, podia enxergar como ela deveria terminar.

Mas, chegar ao ponto de dizer isso a Ptolomeu seria ousar para além do que valia a sua vida. Assim, Demétrio mordeu a língua, aquela sua língua tão versada, e manteve silêncio sobre o que realmente pensava.

No entanto, durante suas bebedeiras, Demétrio falaria, e falaria a verdade, dizendo: *a Fortuna meramente emprestou à Casa de Ptolomeu as suas bênçãos; mas isso durará até que ela mude sua decisão.*

Quanto a Thot — Thot diz que um homem não precisa ser tão sábio como Demétrio de Faleron para saber que toda coisa deve, algum dia, ter um fim. Exceto, certamente, o próprio Thot, e os deuses do Egito, que são os verdadeiros deuses.

E quanto a Ptolomeu, ele começou a pensar se haveria como fazer o domínio dos gregos no Egito durar para sempre.

2.23

A Batalha de Chipre

Na primavera do ano em que o Egito celebrava os 61 anos de idade de Ptolomeu, filho de Lagos, Antígonos Caolho encarregou seu filho, Demétrio Poliorketes, que tinha então 39 anos de idade e estava no auge do seu poder, de assumir o comando de uma grande campanha contra Ptolomeu, com o propósito de capturar dele a ilha de Chipre, a qual era ainda governada pelo irmão mais novo de Ptolomeu, Menelau, e que alguns não consideravam um *strategos* muito bom.

Evidentemente, Demétrio teve que obedecer às ordens do pai, embora tivesse preferido continuar fazendo o que já vinha fazendo, ou seja, promover a campanha para libertar a Grécia, partindo da Macedônia, que acreditava ser uma causa nobre. No entanto, Caolho queria pôr um fim à guerra com Ptolomeu, o mais breve possível.

Em primeiro lugar, Demétrio tentou subornar Kleonides, general de Ptolomeu, mas esse homem recusou-se a aceitar sequer um *dracma*, e assim Demétrio pôs-se ao mar, rumando para Chipre, com os seus 1.500 soldados, quatro mil cavalos e seus 110 *triereis* ligeiros, seus 53 pesados navios de transporte e ainda as embarcações mercantes que fossem sólidas o bastante para transportar o peso da cavalaria, da infantaria, e das centenas de máquinas de guerra, arremessadores de setas e catapultas que Demétrio necessitava levar onde quer que fosse.

Demétrio desembarcou e ergueu suas tendas na costa nordeste da ilha, depois deslocou suas tropas por terra, de modo a poder atacar a cidade de Salamina, o baluarte de Menelau.

O homem foi tomado de total surpresa pelo ataque, porém, reuniu o maior exército que pôde e marchou com doze mil homens e oitocentos cavalos, saindo de Salamina disposto a dar combate a seu inimigo. Uma curta porém feroz batalha ocorreu, na qual os homens de Menelau foram vencidos por Demétrio e enxotados de volta para dentro das muralhas da cidade.

Menelau entrincheirou-se o melhor que pôde e enviou um chamado urgente para Ptolomeu, no Egito, dando notícia de que mil homens seus haviam sido mortos, e três mil feitos prisioneiros.

Menelau deu muitas justificativas, escrevendo: *na verdade, não tivemos nem sequer uma hora para nos prepararmos para a batalha...* e pediu socorro ao irmão, alertando para o fato de que seus interesses na ilha estavam correndo grave perigo.

Houve quem dissesse que Menelau, de fato, perdera quase a metade do seu exército, e que ele havia se retirado para a cidadela em completa desordem; porém, a seguir demonstrava o quanto valia, carregando todas as máquinas de guerra e tudo o que pudesse ser arremessado contra Demétrio, como projéteis, para o alto das muralhas da cidade. Ele posicionou seus soldados nas ameias e fez o melhor possível para defender Salamina contra o cerco.

Demétrio mobilizou seus homens para a construção de aríetes, e construiu também a famosa torre de cerco chamada *Helepolis*, ou Destruidora-de-Cidades, que tinha noventa cúbitos de altura e nove andares, totalmente armada de catapultas e outras máquinas de guerra, capazes de arremessar pedras de mais de três talentos de peso e precisava de duzentos homens, em seu interior, apenas para operar a maquinaria.

Demétrio então essa gigantesca arma deslocou para junto das muralhas da cidade, e com ela despejou saraivadas e saraivadas de grandes pedras, de modo que as ameias de Salamina foram destruídas. No entanto, apesar de Demétrio castigar as muralhas, os homens de Menelau resistiram com tal habilidade que, durante alguns dias, a batalha permaneceu indefinida. Ambos os lados sofreram reveses e graves perdas, e quando finalmente pareceu que Salamina seria tomada de assalto, Demétrio ordenou que seus exércitos recuassem até o nascer do sol, pois estava demasiado escuro para que os homens vissem a própria mão diante do rosto.

Menelau permaneceria temeroso que Salamina acabasse caindo, a menos que tomasse uma atitude desesperada; então dirigiu preces aos deuses da Hélade, e teve em retorno a idéia de atirar sobre a *Helepolis*, nas horas mortas da noite, toda a madeira que pudesse ser encontrada. A seguir, disparou flechas incendiárias nesses pedaços de madeira, e assim *Helepolis* foi destruída pelas chamas.

Demétrio estava dormindo, enquanto sua maravilhosa máquina era destruída e, mesmo enraivecido, não perdeu o ânimo, pois sabia que Menelau não era o mais brilhante dos comandantes e muito cedo seria batido.

Quando o arauto trouxe a Ptolomeu as notícias, o sátrapa embarcou para Chipre com dez mil soldados de infantaria e sua grande frota de cento e cinqüenta navios de guerra e duzentos transportes. Levou consigo Ptolomeu Keraunos, então com quinze anos de idade, e Arsinoë Beta, de nove anos, além de nove outros filhos e filhas e todas as suas esposas e concubinas, para assistirem à sua grande vitória.

Ele ancorou em Pafos, no extremo de Chipre oposto a Salamina, e depois moveu-se costa abaixo até Kition, de onde enviou uma mensagem: *Ptolomeu para Demétrio, saudações. Dê o fora de minha ilha senão o esmagarei até transformá-lo em polpa de frutas.*

Demétrio respondeu: *Demétrio para Ptolomeu, saudações. Sou invencível, e será você a ser triturado.*

Demétrio então fez uma oferta generosa a Ptolomeu, propondo-lhe que se retirasse de Chipre, entregando as cidades de Sikion e Corintos. No entanto, Ptolomeu recusou-se a retirar-se das terras que eram suas, e disse que não desistiria de nada sem lutar. Não houve escolha, portanto, senão lutar, e a batalha que se seguiu ficou conhecida como a Batalha Marítima de Salamina, em Chipre; era da maior importância para todos os soberanos no mundo grego porque, qualquer que fosse o vencedor, o prêmio seria não apenas Chipre, como também a Síria e a supremacia absoluta sobre todos os seus rivais.

Na noite que precedeu essa batalha, Ptolomeu sonhou que bebia cerveja quente, o que significava perda de propriedades, porém raciocinou que, no Egito, a cerveja estava sempre quente, e não deu atenção ao que os horocopistas lhe disseram. Indagou os seus almirantes, mesmo assim, o que pensavam que deveria ser feito, pois esse sátrapa era um homem acostumado aos movimentos em terra firme e não se sentia absolutamente à vontade a bordo de qualquer navio. Todavia, a seguir, Ptolomeu enviou tropas para Menelau por terra, e ordenou que Menelau deixasse por mar a baía de Salamina, se tal lhe fosse possível, com os sessenta navios de guerra de que dispunha, quando a batalha estivesse no seu ponto culminante, pois seu plano era fazer Menelau atacar a frota de Demétrio pela retaguarda, e deixá-la em pânico, realizando a famosa manobra que os gregos chamam *dickplous*, ou seja, atravessar a frota inimiga com suas embarcações. Ptolomeu calculava que, se os reforços de Menelau chegassem a tempo, ele certamente venceria a batalha.

De alguma maneira, entretanto, Demétrio foi informado da estratégia de Ptolomeu, e estacionou dez dos seus navios de guerra, e não mais, para bloquear o canal que servia de estreita saída da baía, prendendo, assim, no seu interior, os navios de Menelau. Demétrio então avançou com cento e oitenta *triereis*, entre eles dez *hexeres*, ou seis, e sete *hepteres*, ou setes, que eram embarcações maiores do que qualquer outra já usada em batalha, com arremessadores de projéteis montados sobre suas proas e bestas com capacidade de atirar setas com comprimento acima de três palmos. E Demétrio sorriu porque sabia que derrotaria Ptolomeu e o transformaria em gelatina.

Enquanto Ptolomeu dirigia-se para Salamina a toda velocidade, acobertado pela escuridão, Demétrio manteve-se à sua espera. Ptolomeu acreditava que pudesse assumir a melhor posição antes que seu inimigo estivesse preparado, mas, à primeira luz do dia, avistou Demétrio já muito próximo, ancorado e postado em ordem de batalha, e sofreu um sobressalto.

O que aconteceu a seguir? Demétrio esmagou Ptolomeu, como havia prometido, pois Menelau não conseguiu chegar a tempo de salvá-lo, e Ptolomeu, tendo perdido todos, exceto oito, dos seus navios, viu-se forçado a fugir. Os soldados de Ptolomeu debatiam-se no mar às centenas, assistindo aos seus navios se incendiarem sobre a água. As trombetas de guerra de Demétrio berraram alto; seus homens zombavam, comemoravam e entoavam insultos, tais como: *fodemos com nosso inimigo*, enquanto viam os corpos afundarem, um a um, diante dos seus olhos, indo servir de comida para os peixes e para as inomináveis criaturas das profundezas.

Demétrio tinha obtido a mais brilhante vitória, estraçalhando a frota egípcia. Afundou 62 dos navios de Ptolomeu e capturou 170, fazendo desta a derrota mais humilhante de toda a vida de Ptolomeu. E o pior: Ptolomeu havia sido derrotado por um homem com a metade da sua idade.

Ptolomeu isentou a si mesmo, quanto a esse episódio, no que diz respeito a sua raiva, e voltou-a contra o seu inútil irmão, amaldiçoando-o, já que parecia que tudo que Menelau fizera na vida havia se transformado em desastre. A seguir, jogou fora o talismã grego que devia ter lhe propiciado a vitória na batalha, dizendo que era *inútil*, *inútil*, tão inútil quanto o seu irmão Menelau.

Quanto a Demétrio, ele perdera apenas vinte navios, e todos puderam ser reparados e postos de volta em serviço quase da noite para o dia. E, sim, a cidade de Salamina e a ilha de Chipre agora pertenciam a Demétrio Poliorketes, Antígonos Caolho e à Macedônia, e não a Ptolomeu e ao Egito.

Quase tão nefasto quanto a perda de Chipre foi o desaparecimento do comboio de acompanhantes de Ptolomeu: seus amigos, suas esposas, concubinas e todos os seus filhos, que tinham sido deixados em segurança nos navios de transporte que velejavam atrás da frota, como espectadores. Ptolomeu temia que todos pudessem ou ter caído nas mãos de Demétrio ou afundado no mar; ele todavia não sabia o que lhes tinha acontecido, embora temesse o pior: haver perdido absolutamente tudo de seu, inclusive o seu herdeiro e o futuro de sua dinastia.

O costumeiro tratamento grego para os prisioneiros de guerra era a mutilação, fosse cortando-lhes as orelhas e lábios, ou marcando-os com ferro em brasa, para que depois fossem vendidos como escravos por uma boa soma de dinheiro. Porém, Demétrio provou, novamente, ser generoso na vitória. Sepultou com todas as honras os inimigos mortos que puderam ser pescados do mar e pôs os prisioneiros em liberdade sem exigir pagamento de qualquer resgate. Entre eles, estava o jovem Leontiskos, filho de Ptolomeu com Thaís, em serviço ativo pela primeira vez, e muitos dos melhores oficiais de Ptolomeu. Demétrio poderia sem empecilhos ter cortado os polegares da mão direita de todos, ou tê-los vendido para se tornarem escravos eunucos; porém devolveu os seus prisioneiros sem exigir nem sequer uma dracma.

Demétrio devolveu também as esposas e concubinas de Ptolomeu, e entre elas se achava Lamia, a famosa prostituta, cuja inestimável beleza então estava em declínio, e que Ptolomeu achava que pareceria velha demais e de carnes já flácidas demais para atrair um homem jovem como Demétrio, que deveria dispor do todo um lote das mais belas mulheres do mundo; mas, para aquele homem, foi um triunfo pessoal ter mandado Lamia de volta para casa depois de ter feito uso completo de seus serviços.

Afinal de contas, era refrão zombeteiro habitual de Ptolomeu: *fodemos nosso inimigo*, e Demétrio assim tirou sua doce vingança fazendo com Lamia o que os marinheiros de Ptolomeu tinham ameaçado fazer com ele.

Porém, Ptolomeu não teria problemas em chamar Demétrio de *kalokagathos*, um perfeito cavalheiro, pois ele não tocou um dedo em Berenice, e devolveu-a para ele intacta e com a fabulosa agudeza da sua língua insubordinada, que ela usou então para repreender o próprio Ptolomeu por sua estupidez; e, Thot sabe, talvez ela tivesse lá as suas razões.

Ptolomeu então fez um solene juramento diante dos deuses da Grécia, prometendo que haveria de retomar Chipre, que era uma possessão sua por direito, ainda que fosse a última coisa que fizesse, ainda que o Oráculo de Zeus-Amon na Líbia dissesse que levaria dez anos para conseguir seu intento.

Para Demétrio foi uma surpresa que os soldados de Ptolomeu que foram capturados tenham se recusado a trocar de lado e passado a lutar por ele — algo quase inédito. No entanto, os homens de Ptolomeu tinham boas razões para se manterem leais. Ele tinha assentado esses soldados mercenários em pequenas possessões de terra no distrito do Lago, no Egito, que ficava a pequena distância a barco de Mênfis, rio acima, dando a eles toda a aparência de participação de um pedaço de sua satrapia. Foi assim que se precaveu contra deslealdades. As concessões de terra garantiriam que eles lutariam por Ptolomeu novamente. Pois Ptolomeu era o mais bondoso, o mais generoso, o melhor dos senhores — ele próprio, um *kalokagathos*.

Quanto aos 11 filhos de Ptolomeu, eles fecharam firmemente suas bocas, não ousando fazer comentários sobre a derrota do pai, mas não se esqueceram de suas aventuras ou da terrificante *nausiasis*. Arsinoë Beta, de nove anos, permanecera de pé na proa do seu navio vomitando para o lado, mas com os olhos bem abertos, sem perder nada. Era sua primeira *naumachia*, e a comoção que a possuiu haveria de ser lembrada por todo o resto de sua vida com uma grande lição de como sofrer uma derrota.

Sua irmã, Ptolemaïs, de 12 anos, também lembraria desse dia, pois havia avistado a distância um homem de insuperáveis beleza e heroísmo, que desempenharia um importante papel no seu futuro, o homem que o destino reservara para ser o seu marido — ele mesmo, Demétrio Poliorketes.

Quanto à sua meia-irmã, Irene, a única filha de Thaís de Atenas, a filha mais velha de Ptolomeu, foi como resultado da Batalha Naval de Salamina que ela também ganhou um marido e, diferente de Ptolomaïs, conseguiu esse marido de forma surpreendentemente rápida.

Depois de Salamina, Demétrio Poliorketes tornou-se o senhor de toda Chipre e aboliu os reis da cidade que tinham reinado ali antes dele; de modo que esses homens foram forçados a debandar. Um deles, Eunostos, filho de Pasikrates, que tinha sido Rei de Soloi, em Chipre, fugiu para o Egito, onde teria a ventura de se casar com Irene, filha de Ptolomeu.

Demétrio celebrou sua grande vitória cunhando tetradracmas que mostravam Nike, a deusa alada da Vitória, de pé sobre o tombadilho do seu navio capitânia. Nike tinha sido bondosa, muito bondosa com Demétrio, e ele fez pródigos sacrifícios para ela. Antígonos, seu pai, ficou feliz ao saber do sucesso do filho, e assumiu por conta disso o diadema de um rei, tendo começado a exigir as honras e a chamar a si mesmo pelo título de *Basileus*, ou Rei, com todo tratamento oficial inerente, e foi o primeiro dos Sucessores de Alexandre a proceder assim.

Já Ptolomeu retornou ao Egito no pior dos estados de ânimo, pensando que a era do poder Ptolomaico sobre o mar estava encerrada, acabada para sempre. Havia lutado durante 16 anos para conservar o domínio sobre a Palestina, a Síria e Chipre, e agora todo o seu grande império se fora. Tudo o que lhe restava para chamar de seu era o Egito, e o território da Cirenaica a oeste.

Contudo, não se manteve abatido por muitos dias. Havia feito seu juramento solene aos deuses da Grécia e, como sempre, fez o que julgou que Alexandre teria feito nas mesmas circunstâncias: reuniu suas forças e preparou-se para a batalha, mais uma vez, pelo que acreditava lhe pertencer por direito.

2.24

O Trabalhador Miraculoso

Quanto ao outro Demétrio — de Faleron —, ele se tornou um pouco mais famoso, por essa época, por obra e graça do deus Serápis, que o povo de Alexandria havia negligenciado ultimamente, pois em verdade o novo deus era um estranho híbrido, quase idêntico a Zeus, que já tinha o seu próprio templo e seu próprio culto em outro local na cidade.

Nesse grande templo novo, em honra a Serápis, em Alexandria, erguia-se a gigantesca imagem de culto do deus barbado, de rosto azulado e expressão benigna, com seus olhos feitos de gemas preciosas cintilando na escuridão. Suas faces eram afáveis, misteriosas, majestosas, apropriada a um deus do Mundo dos Mortos, e sobre a sua cabeça havia a cesta de milho que simbolizava o celeiro que era o Egito.

A estátua e o templo de Serápis eram de fato imponentes, porém até então eram simples maravilhas: um deus novo valia o mesmo que nada, pois o povo vinha até ali apenas para embasbacar-se, por curiosidade, depois seguiam o seu caminho. Poucas pessoas paravam para pedir as graças desse deus, já que ele não concedia nenhuma. Ninguém deixava ali nem ao menos um óbolo para Serápis, que não possuía outra fama que não fosse pelo seu enorme tamanho.

O que, então, fez Ptolomeu? Foi falar com Demétrio de Faleron, o mais sábio grego de todo o Egito, e perguntou-lhe o que devia fazer acerca do novo grande deus, que estava começando a ser visto como um grande fiasco.

Pela primeira vez na vida, Demétrio sentiu-se perdido. Tentou falar, mas nenhuma palavra lhe saía da boca, e pôde apenas abrir os braços, sem resposta, e Ptolomeu considerou a possibilidade de lhe tomar os escravos e o salário e mandá-lo de volta para o lugar de onde viera.

Foi enquanto Ptolomeu ainda tentava pensar em alguma maneira de tornar Serápis popular que Demétrio ficou, sem aviso, cego, e foi preciso que seu escravo o conduzisse pelo braço através da ágora até o seu médico.

Demétrio viu escuridão durante o dia por um mês, e foi algo pavoroso de suportar, já que foi levado de um médico para outro pelo seu escravo, buscando curar-se. O seu rosto ficou transfigurado. Muitas quedas ele levaria, e machucaria os membros, de maneira que ficou coberto de cortes e equimoses.

Demétrio procurou todos os médicos na cidade. Aplicaram-lhe uma mistura que se compunha de dois olhos de porco, colírio, zarcão e mel agreste, injetada nos ouvidos, que supostamente curaria de imediato a cegueira. Nada aconteceu.

Experimentou uma loção de mirra seca no leite coalhado.

Tentou o cataplasma de pó de cebola.

Chegou a soluçar: *melhor para ti seria deixar de viver do que viver cego.*

Ptolomeu colocou à sua disposição seu médico particular, que fez Demétrio experimentar até mesmo o abominável ungüento para os olhos feito com excremento de crocodilo. Contudo, Demétrio continuou na completa escuridão, e declarou que estava resignado a viver nas trevas pelo resto da vida.

Então, certo dia, por sua própria conta, resolveu passar a noite no templo de Serápis, onde dirigiu preces ao deus, e fez questão de que todo mundo soubesse que depositava suas esperanças de cura em Serápis.

Pela manhã, ocorreu uma agitação na região nativa, Rhakotis, onde estava o Serapeion, e uma multidão de pessoas encontrou Demétrio de pé nas escadarias do templo, sorrindo, e demonstrando que já podia enxergar perfeitamente bem. E lá ficou ele, gritando na maior altura que sua voz poderia alcançar, que Serápis viera lhe falar durante a noite. Disse que sua vista fora devolvida, e a primeira coisa que ele viu foi a estátua de Serápis inclinando a cabeça para ele. Ele berrou: *foi o Deus Serápis que me curou da cegueira.*

Daquele dia em diante, as multidões não arredaram mais o pé do templo. Os enfermos vinham dormir no santuário de Serápis às centenas e eles dedicaram membros artificiais de ouro e prata em agradecimento pelas suas curas miraculosas, e deixavam oferendas para o deus que fizera deles, novamente, uma pessoa hígida.

Para os alexandrinos, então, o falso deus virou um deus verdadeiro, e os gritos de *Milagre!* eclodiam toda manhã, descendo as colunatas da Via Canopus, dispersando-se por toda cidade que despertava.

Alguns cochichavam que Demétrio nunca ficara cego, no entanto fora curado da escuridão pelo seu próprio e obscuro truque. Entretanto, Demétrio não via razão por que um falso deus não pudesse realizar um falso milagre. Fora essa a razão de Serápis ter sido inventado: para que pudesse existir pelo menos um deus que estivesse sob controle humano.

O velho Anemhor nada sabia sobre a fraude de Demétrio, mas tinha suas suspeitas, até pelo fato de esperar que todo grego fosse um fraudador. Mas o povo de Alexandria *acreditou*. É da natureza dos gregos acreditar em milagres.

Ptolomeu, contudo, estava perplexo. O que ele não podia entender era que as curas efetuadas por Serápis fossem verdadeiras, e que a fé dos enfermos fosse verdadeira. *Foi como se o seu deus inventado por ele tivesse se tornado real*, e Ptolomeu começou, quase, a acreditar na veracidade do seu próprio Serápis.

Com freqüência, agora, relatava-se que a estátua fora vista movendo-se, e até mesmo *acenando com a cabeça* para os seus adoradores, como um deus tão verdadeiro quanto o mais verdadeiro dos deuses, que arrancava lágrimas verdadeiras dos fiéis.

O povo do Egito não sabia que Serápis era uma trapaça, uma fraude, a invenção de Ptolomeu, e que um dos propósitos do seu novo deus era tomar dinheiro deles.

O próprio Ptolomeu sorriu com o êxito do seu deus, esfregando as mãos só em pensar no dinheiro que isso iria render e, na privacidade do seu quarto particular, ria à toa, até que as lágrimas escorressem bochechas abaixo.

No que diz respeito a Thot — Thot sabe que não há mentira como uma mentira grega, nem mentiroso igual a um mentiroso grego.

O milagre seguinte a ocorrer em Alexandria, comentaram alguns, foi o casamento de Irene, a filha de Thaís, que tinha agora mais de 18 anos e estava madura para se tornar a esposa de algum homem.

Foi Eunostos, anteriormente rei de Soloi, em Chipre, o escolhido para ser o marido dessa garota, e também comentado que ele perambulava pela residência de Ptolomeu perguntando com que mulher poderia se casar, e assim, a fim de garantir a lealdade desse homem, Ptolomeu concordou com o seu propósito.

Filha bastarda ou não, Irene não deveria ser privada de um marido. E bem poderia casar-se com um rei, pois era tão merecedora disso quanto qualquer outra moça, e o fato de o seu rei ter sido o rei de menos da metade de uma ilha, e de agora não ser rei de absolutamente coisa nenhuma, não diminuía em nada a sua animação. De modo algum. Irene tinha certeza, assim como Ptolomeu e Eunostos, que *em questão de meses* Demétrio Poliorketes seria derrotado, que Chipre voltaria a ser propriedade de Ptolomeu, que Eunostos voltaria a ser rei e que Irene seria sua rainha.

Em particular, Ptolomeu disse a Berenice: *na verdade, uma filha ilegítima tem muita sorte de encontrar um marido, seja quem for, quanto mais um marido que está para se tornar um rei.*

Ptolomeu sentia-se feliz em despachar essa filha num casamento, ainda que, por enquanto, devesse continuar morando sob o seu teto. É claro, Irene lembrava a Ptolomeu sua mãe. Ela tinha, sim, a mesma voz rouca de Thaís, a mesma pele olivácea, o mesmo cabelo alourado, a mesma beleza incomparável.

E naquele momento, especialmente, Ptolomeu não desejava que lhe lembrassem Thaís, cujo destino e presente paradeiro ele ignorava completamente, nem mesmo sabendo se ela estava viva ou morta. Ele afastara aquela mulher, e todas as riquezas do Egito, todos os belos palácios, toda a glória de ser um sátrapa, todas as concubinas, até mesmo o amor de Berenice — nada disto reparava a perda de Thaís, a prostituta, e no fundo do coração desse sátrapa, existia um grande vazio, que era o seu anseio de ter de volta o passado que perdera; de reconstituir os seus passos até o ponto em que se desviara para o caminho errado.

No final das contas, ele teria preferido voltar para casa na Macedônia, para sua vida simples nas colinas de Eordaia; para a vida simples de um camponês grego, cuidando do seu rebanho de carneiros e cabras, sem as complicações de governar e as obrigações de guerra; uma vida na qual ele não estivesse sempre sendo forçado a estar pronto para a batalha, ou a dormir com um punhal debaixo do travesseiro por medo de que os seus mais antigos amigos e os parentes mais próximos viessem assassiná-lo nas horas mortas da noite e tomar dele tudo o que possuía, até mesmo a sua satrapia.

Contudo, Ptolomeu escolhera seu modo de vida — ou foi o Destino que o tinha escolhido para ele — e devia tirar o melhor proveito dessa escolha.

Não podia voltar atrás; tinha de seguir em frente, e, por mais impossível que fosse, esforçava-se para esquecer Thaís e o passado, e não pensar no futuro tampouco, ainda que isso também fosse impossível, mas viver o momento atual, pelo prazer do agora.

E Irene? O que aconteceu com Irene e Eunoston? Viveram em Alexandria para sempre? Teriam retornado para Chipre como Rei e Rainha? O casamento de Irene foi o último acontecimento referente a ela que a história registrou.

Thot pergunta: teriam também Ptolomeu e sua Casa esquecido Irene? A rainha Irene? Quem, nos anos que se seguiram, poderia dizer *uma palavra* sobre o que aconteceu a ela? Quais foram o número e os nomes dos seus rebentos? Qual foi o destino e a história dessa mulher tão bela e jovem?

No Egito ninguém sabia nada a respeito. No Egito ninguém tinha muito o que contar sobre ela.

E é tudo sobre a filha ilegítima da mulher mais bela do mundo: seu destino foi o mesmo da sua mãe — ser esquecida.

2.25

O Cerco de Rodes

A perda de Chipre foi um terrível golpe para Ptolomeu; porém haveria outros golpes por vir, pois menos de um ano depois, Antígonos Caolho ordenaria a invasão do próprio Egito.

Caolho encarregou-se pessoalmente dessa expedição, e comandou o exército ele próprio, a despeito de estar próximo dos oitenta anos de idade. Levou com ele oitenta mil soldados de infantaria, oitenta mil cavalos e oitenta elefantes. Sua frota de 150 navios de guerra estava sob o comando do seu filho Demétrio, que se gabava de ter esmagado Ptolomeu no mar, e que agora o iria esmagar também em terra.

Enquanto o equipamento estava sendo preparado, um dos amigos de Antígonos teve um sonho no qual ele viu o Caolho participando de uma corrida a pé no estádio com seus oitenta mil soldados, porém, depois da marca da metade do percurso, sentiu-se enfraquecer, ficou muito ofegante e só com dificuldade conseguiu terminá-la.

Embora esse amigo tivesse narrado o sonho ao Caolho, e o Intérprete de Sonhos tenha dito que isso nada podia significar senão um desastre que estivesse por vir, Antígonos afirmou que a previsão do futuro por meio de sonhos era algo ridículo e recusou-se a levá-la em consideração.

Caolho foi prevenido também pelos pilotos — homens que deviam saber do que falavam — que havia turbulências climáticas à frente. No entanto, Antígonos era um homem que, uma vez tendo começado algo, nunca deixaria de terminá-lo, e não gostava de ouvir conselhos. Nisso, não era diferente de Alexandre, mas sentia que essa poderia ser a sua última chance de dar uma lição em Ptolomeu, e moer este seu inimigo até transformá-lo em poeira. E ele disse: *se puder derrotar Ptolomeu, filho de Lagos, morrerei feliz.*

Antígonos Caolho então partiu da cidade de Gaza com um grande comboio de camelos carregados com milho e forragem para os seus animais de carga, com toda esperança de conquistar uma magnífica vitória e tomar o Egito para si, e bazofiar depois que os deuses da Grécia olhavam com benevolência para Antígonos Monoftalmos.

Porém, os deuses da Grécia sempre ouviam palavras de bazófia. Os deuses não gostam da soberba, e tudo o que poderia dar errado para Caolho deu errado dessa vez.

Em primeiro lugar, ele havia reunido toda essa tropa em Gaza, mas ela era tão imensa que nada podia ser feito rapidamente, e nada também, sub-repticiamente, de modo que Ptolomeu soube não só que eles estavam a caminho mas também de tudo mais sobre eles. Em seguida, o que é ainda mais sério, Caolho escolhera a estação errada do ano, tendo sido retardado até o ocaso das Plêiades, após o qual as condições do tempo certamente pioravam.

Era plano de Caolho atacar Ptolomeu logo que pudesse, depois da derrota em Salamina, enquanto a frota dele ainda estava sendo consertada e enquanto as tropas do sátrapa do Egito ainda estivessem abatidas, curando suas feridas e tentando recuperar a sua capacidade de luta. Ptolomeu tinha em verdade perdido muitos navios: para recuperar sua força integral levaria algum tempo, pois a madeira para construção de navios era adquirida no

Líbano, e levaria meses para ser derrubada e transportada, e tudo se tornava mil vezes mais difícil pelo fato de a Palestina não ser mais propriedade sua.

Enquanto isso, Caolho marchava através do deserto, e Demétrio navegava junto a ele, pela costa, com sua frota. Porém, como os sábios disseram, *Zeus, que está sempre com o olhar atento, pôs agora na cabeça causar dificuldades a Demétrio*, e mandou-lhe um furacão e ondas gigantescas que reduziram os mais pesados *triereis* de Demétrio aos pedaços, contra os rochedos da costa em Rafia.

Quando pai e filho por fim chegaram à Boca Pelusíaca do Nilo, descobriram que Ptolomeu bloqueara a entrada com barcos, de modo que seus inimigos não poderiam passar, e as tropas do Caolho foram interceptadas pelo próprio Ptolomeu, ancorado com sua bela barcaça dourada satrapal, oferecendo possessões de terras aos bravos soldados que quisessem trocar de lado e lutar pelo Egito, e a berrar os pormenores do seu suborno através de uma trombeta dourada, afirmando que pagaria a enorme soma de duas minas para os soldados e até um talento a cada oficial que desertasse e viesse para o seu acampamento.

Caolho anunciou aos brados uma contraproposta, dizendo que qualquer soldado seu que se atrevesse a desertar seria punido com a morte sob torturas, teria as orelhas amputadas, as unhas dos dedos arrancadas, e coisas do gênero, e rogou aos deuses que o destino do exército de Perdikkas não lhe estivesse também reservado porque, pelo que pôde ver, Ptolomeu tinha trazido metade dos crocodilos do Egito com ele.

Demétrio avançou com sua frota, ultrapassando a Boca Pelusíaca, procurando algum lugar favorável ao seu desembarque mais para o oeste, mais próximo de Alexandria, mas foi rechaçado pelos homens de Ptolomeu. E então, assim disseram, o próprio Zeus planejou um novo desastre para esse Demétrio, pois uma segunda tempestade no mar, agora, destruiria seus maiores navios de guerra fora de Canopus, de modo que ele foi forçado a voltar e a se juntar ao seu pai no acampamento a oeste de Pelúsia. Caolho, então, recuou para Gaza, envergonhado e derrotado, nada tendo conseguido, não sem antes jurar, por todos os deuses da Grécia, que não tinham levantado um dedo sequer para ajudá-lo, que voltaria.

Ptolomeu pendurou a sua espada e escudo no Templo de Apolo em Alexandria, e disse para os seus filhos que eles teriam de vencer as suas batalhas, por ele, no futuro, pois já estava cansado da guerra e de sua insensatez: queria devotar o resto dos seus dias à paz. Providenciou muitas oferendas a Zeus, aos deuses da Grécia, sem se esquecer de Serápis, ou de Thot, e homenageou seus generais e almirantes com suntuosos banquetes de vitória, proporcionando-lhes muitos e muitos presentes em prata e ouro.

Antígonos não voltou pessoalmente ao Egito no ano seguinte, mas mandou Demétrio no seu lugar, para sitiar a ilha neutra de Rodes. Seu propósito era sempre causar o maior dano que pudesse a Ptolomeu, mas dessa vez procurou fazer isso de maneira menos direta, prejudicando ao máximo suas transações comerciais e privando-o das refinadas iguarias provenientes da Grécia, pois sabia que o velho Ptolomeu não poderia viver sem os seus luxos.

O próprio Ptolomeu estava perplexo, sem conseguir entender por que Demétrio tinha se dado a tal trabalho. Porém, a resposta não era difícil de se encontrar. A ilha e a cidade de Rodes eram grandes amigos e aliados de Ptolomeu, e tinham grande história de laços comerciais com o Egito. Foi uma sagaz idéia de Demétrio cortar todo suprimento da Grécia para o seu inimigo, pois viu que, se o grande mercado e os negócios bancários de Rodes fossem bloqueados, todo o comércio do Egito e do Levantino seria pulverizado — uma vez que todas as mercadorias ou atravessavam, ou dependiam de Rodes. Ptolomeu passou a noite acordado, tomado de preocupações. Quando veio o dia, desatou em suores só de pensar no assunto, e não conseguiu parar de pensar a respeito, pois isso significava, para início de conversa, que não haveria mais especiarias no Egito e ocorreria uma escassez de incenso. E, sim, era um pensamento devastador, pois sem incenso nenhum grego poderia adorar os seus deuses, nem tampouco qualquer egípcio.

O sorriso de Demétrio fez-se largo quando recrutou a ajuda dos inimigos de Rodes — os piratas —, e mais largo ainda quando, com um exército de quarenta mil homens e quatrocentos navios de guerra, atacou a cidade de Rodes — uma poderosa fortaleza cercada por triplas muralhas e fossos, com um lado de frente para o mar.

Os rodianos tomaram a precaução de trazer para dentro dessas muralhas tudo o que se encontrava fora, nos campos, tal como milho, gado bovino, carneiros e cabras, e armazenaram carne e bebida prevendo um cerco; fortificaram as muralhas e se prepararam para defender a sua cidade.

Eles também enviaram mensagens com um urgente pedido de socorro a Ptolomeu, o homem que, assim disseram, poderia salvá-los, se algum homem pudesse, pois temiam muitíssimo a reputação de Demétrio Poliorketes, tendo tomado conhecimento da intensidade com que ele atacara a cidade de Salamina.

A princípio, Demétrio tentou tomar de assalto Rodes vindo por terra. No entanto, por alguma curiosa razão, não se preocupou em bloquear a baía, de modo que Ptolomeu pôde enviar suprimentos pelo mar, estando sua frota agora totalmente reparada. Tendo feito a entrega, Ptolomeu serviu-se da carga de mercadorias enviada por uma das esposas de Demétrio: ricos mantos purpúreos, bandejas de prata e artigos semelhantes — ou seja, um luxo tal que não poderia ser bem utilizado por ninguém, senão por um sátrapa.

Quando Demétrio decidiu tomar a baía, fracassou, e mudou sua estratégia então para se concentrar mais uma vez num assalto por terra, construindo uma Heliópolis maior e melhor, com cem cúbitos de altura, do qual ele arremessou flechas, pedras e areia quente, e toda sorte de projéteis, os mais terríveis.

A torre avançava sobre quatro grandes rodas de carvalho, e fazia um barulho tão grande que causava medo e deleite ao mesmo tempo em todo indivíduo que a via, pois essa poderosa máquina de guerra era movimentada por 3.400 homens, mil deles empurrando do seu interior.

Demétrio também construiu um aríete que balançava para trás e para frente, numa armação, possibilitando-lhe chocar-se contra as muralhas de Rodes, aríetes de 120 cúbitos de comprimento, revestidos de ferro e montados sobre roladores, impulsionados por mil homens. Entretanto, Rodes provou ser bem capaz de resistir aos assaltos de Demétrio, que, a despeito do seu apelido, não fez muito progresso. Ele disparou rochas maiores do que nunca, óleo escaldado, flechas incendiárias, dejetos humanos e barris de alcatrão fervente, durante os dias e as noites de um ano inteiro, sem cessar; porém, mal deixou marcas nas muralhas dessa grande e orgulhosa Rodes, cujo povo era sagaz o bastante para não permitir que ele entrasse. Não, Demétrio não conseguiu deixar Rodes em chamas, nem os túneis escavados por seus engenheiros conseguiram invadi-la por baixo da terra. Tampouco foi bem sucedido em fazer Rodes render-se pela fome, pois os aliados da cidade, Cassandro e Lisímaco, enviaram dez mil medidas de cevada, quarenta mil medidas de trigo, e enormes quantidades de lentilhas.

Ptolomeu enviou 1.500 soldados e vários navios carregados de alimento: tâmaras, figos, melões, pastelões de pombo, assim como trezentas mil medidas de grãos, feijões, ervilhas e lentilhas, e muitas ânforas de cerveja egípcia, chamada de *booza*.

O rodianos não podiam esconder sua admiração pela colossal escala de dimensão na qual Demétrio trabalhou, ainda que terrível para eles, e engasgavam-se, mas mesmo assim aplaudiam, diante das enormes quantidades de imensas galeras a remo, *pentekaidekeres* e *hekkailekeres*, no que as embarcações passaram por eles, cada qual impulsionada por mil remadores, todos cantando a fim de manter o ritmo das remadas. No entanto, eles enfrentaram esse homem, até seu pai enviar um pombo correio com ordens para que ele retornasse para casa na Macedônia. Demétrio estava, então, bastante ansioso para encontrar um meio de abandonar o seu cerco sem perder prestígio, mas o Caolho ordenara-lhe que entrasse num acordo e assinasse um tratado de paz antes de partir, e disse que devia partir imediatamente.

Bastante aliviados, os rodianos assinaram o papiro no ato, e, enquanto a frota de Demétrio zarpava da baía, ficaram enlouquecidos nos parapeitos das muralhas, comemorando, assoviando e entoando palavras bastante rudes sobre Demétrio Poliorketes, o Sitiador de Cidades, cujo famoso cerco de Rodes fora um tão retumbante fracasso.

Essa última expedição de Demétrio foi, portanto, uma grande perda de tempo e de energia para todo mundo. Para Ptolomeu, contudo, o mais importante foi ter restaurado o comércio com o Egito e, mais uma vez, poder contar com especiarias em sua cozinha e com o incenso em seus templos, a fim de agradar as narinas dos deuses, tanto gregos quanto egípcios — porque, acima de tudo, convinha manter os deuses felizes.

2.26

A Apoteose de Ptolomeu

Eram tão calorosos os sentimentos do povo de Rodes para com os sátrapas que o tinha ajudado a resolver os seus problemas que foi unânime a iniciativa de edificar imagens em ouro de Lisímaco e Cassandro na cidade. Porém, acreditavam que mesmo uma estátua de ouro sólido não seria o suficiente para demonstrar a profunda dívida de gratidão a Ptolomeu. Assim, enviaram embaixadores ao Oráculo de Zeus-Amon, na Líbia, a fim de perguntar se, por acaso, seria lícito a eles reverenciar Ptolomeu como se fosse um deus.

A última vez que Zeus-Amon fora consultado sobre tal assunto — relativo a apoteose de Hephaistion —, havia se recusado a responder. Porém dessa vez, para surpresa de todos, inclusive para os rodianos, que tinham, provavelmente, mandado fazer uma pergunta cuja resposta esperada seria *Não*, e que pretendiam meramente ficar nesse gesto de cortesia, o Oráculo efetivamente concedeu permissão para que Ptolomeu fosse cultuado como um deus; e assim teve de ser feito.

Rodes teve de construir, portanto, o mais suntuoso santuário de mármore para Ptolomeu do Egito, e incluíram no seu interior um recinto sagrado com colunas de mármore de um estádio de comprimento. Chamaram o santuário de *Ptolemaieion*, e nele ofereciam sacrifícios de sangue diários a Ptolomeu, cantavam hinos a Ptolomeu o deus, e depositavam braços de ouro, orelhas de prata e reproduções de outras partes do corpo fundidos em metais preciosos, na esperança de que o deus Ptolomeu pudesse curá-los de suas doenças, *o que ele fazia.*

Os rodianos concederam também a Ptolomeu um título grego de muito prestígio, *Soter*, que significava Salvador, já que ele havia — se bem que não sozinho — salvado a ilha e a cidade de Rodes. Declararam que ele deveria ser chamado por esse título no Egito, e isso foi, segundo Ptolomeu considerou, a maior de todas as honrarias, pois Soter era um título que ele compartilharia com o próprio Zeus, e ele seria Ptolomeu Soter para o resto de sua vida — na verdade, para sempre, pelos tempos afora.

Alguns homens, diante de tal título, sorriam afetadamente, encarando-o com sarcasmo do mais alto grau, refletindo apenas o fato de que Ptolomeu realmente não havia auxiliado tanto assim a Rodes, ou pelo menos não tanto quanto poderia; que na verdade não tinha enviado soldados e víveres o bastante; que tinha mandado para lá a pavorosa *booza*, o qual fizera todos os homens de Rodes arrotarem durante 15 meses sem parar.

Outros recordam que o título de Soter fora dado a Ptolomeu não por Rodes mas pelos cidadãos de Alexandria, que eram peritos em títulos sarcásticos, para enfatizar o fato de que Ptolomeu nunca, em toda sua vida, salvara quem quer que fosse de coisa alguma, porque realmente ele preferia recuar a atacar, a paz à guerra, ficar em casa a viajar, permanecer sentado a ficar em pé e dormir a ficar acordado, e porque esse homem era de fato melhor em fazer absolutamente nada.

Thot diz: em verdade, isso era, talvez, um pouco injusto.

De onde quer que tenha o título se originado, e tenha sido sincero ou não, Ptolomeu aceitou-o com a maior boa vontade. Preocupou-se, é fato, por estar tomando para si um dos títulos de Zeus, o maior deus dos gregos, mas não ficou preocupado por muito tempo. Para ser sincero, continuara a realizar os sacrifícios gregos ao longo de todos esses anos. E, fosse como fosse, não pensava em desertar dos seus deuses enquanto dessem sinais de estarem do seu lado. Agir de outro modo teria sido um convite ao desastre.

Toda noite, portanto, Ptolomeu Soter, Sátrapa do Egito, dedicaria sua terceira taça de vinho a Zeus Soter — Salvador —, como sempre fizera. Beber a terceira taça, dessa maneira, era o símbolo da Boa Sorte, da Boa Fortuna. A terceira taça, a terceira vez, sempre fora a vez da sorte. Agora, a terceira taça parecia envolver também a Casa de Ptolomeu, e, ainda que parecesse estranho, ser chamado de Ptolomeu Soter também o fazia sentir-se afortunado.

Era, ele pensou, em nada diferente de fazer um brinde solene a si mesmo.

Em Rodes, reconstruíram o teatro grego destruído, as muralhas da cidade que foram danificadas e fizeram reparos em tudo o que estava quebrado, de modo que a fama de Rodes como a mais bela cidade do mundo grego (depois de Alexandria) foi restabelecida.

Com o final do cerco, os rodianos pediram polidamente que lhes fossem dadas algumas das máquinas de guerra de Demétrio, como recordação do seu poder, e de sua própria coragem em ter resistido a ele, com a intenção de depositarem essas máquinas nos templos da cidade.

Uma história diferente conta que Demétrio simplesmente deixou sua Heliópolis para trás, considerando-a azarada demais para ser utilizada em qualquer conflito futuro, e muito grande para ser transportada, e que ordenara que as máquinas de guerra fossem vendidas como sucata, e que o lucro fosse aplicado em erigir uma estátua para comemorar o cerco de Rodes. Qualquer que tenha sido a verdade, uma grande estátua de bronze de Hélios, o deus do Sol dos gregos, protetor dessa ilha, fora então erguida e tornou-se o famoso Colosso de Rodes, uma das Sete Maravilhas do Mundo, para todo o sempre. Os rodianos gostavam de gabar-se que o Colosso permaneceria famoso até o final dos tempos e que duraria para sempre. Levaram 12 anos para erguê-lo, e lá ficou ele com as pernas abertas sobre — ou, como alguns disseram, junto — a entrada da baía, reluzindo ao sol, estonteando e ofuscando tanto marinheiros como a população em terra, e absolutamente inútil.

Alguns cínicos escarneciam, dizendo que o Colosso não duraria para sempre, porque nada que é feito pelo homem dura para sempre, e tinham razão, pois o Colosso tombou num terremoto menos de cinqüenta anos depois.

Ptolomeu não deu muito valor a essa estátua, que nada tinha a ver com ele, nem mesmo fisicamente. Por seu lado, já estava planejando um monumento muito mais deslumbrante, o famoso Farol de Alexandria, na ilha de Faros, do qual seu maior orgulho era gabar que, além de ser um monumento, evitaria que os navios se despedaçassem contra os rochedos semi-submersos da entrada da Grande Baía de sua capital. Ptolomeu também gabava-se de que o seu Farol, construído com base em princípios filosóficos e científicos, nunca desmoronaria porque tinha fundações à prova de terremotos. Sua maior bazófia, entretanto, era que, diferente do Colosso de Rodes, o Farol salvaria vidas, e seria, em si, um Soter, e muito útil. Nisso, pelo menos, estava certo.

Quando chegou aos ouvidos de Ptolomeu a notícia de que Antígonos Caolho, assim como o seu filho, Demétrio Poliorketes, tinham concedido a eles mesmos o tratamento oficial e o título de *Basileus*, ou seja, Rei, Ptolomeu começou a pensar se não seria ocasião de fazer a mesma coisa *em relação a si mesmo*.

Pouco depois, Lisímaco começou também a se chamar não de sátrapa mas de Rei da Trácia, e então o restante dos sucessores o imitaram, e realmente só o que restou a Ptolomeu foi fazer o mesmo, de modo a não ser deixado fora, ou afastado dessa glória. Claro que se preocupava quanto à soberba, mas Ptolomeu preocupava-se com tudo e, no final emitiu o *prostagma*, e o ato estava consumado. Ele começou por sentar-se em sua cadeira de uma maneira mais majestática, como Alexandre fazia, e sua cadeira transformou-se num trono, e não diferente de um ator que se veste com o manto de um monarca e imediatamente por causa disso se torna um rei, ele mudou todo seu comportamento — sua maneira de andar, sua voz, e postura.

Berenice, evidentemente, sentia-se no direito de se chamar, em conseqüência, de *Basilissa*, ou seja, Rainha. E havia aqueles que diziam notar Berenice ficar cada vez mais e mais exagerada, esplendorosa, orgulhosa, mais altiva, mais majestática, em pleno acordo com a nova situação, parecendo mais uma rainha até mesmo do que Olímpia, a mãe de Alexandre; mais até mesmo do que a rainha de Dario, Rei da Pérsia, ultrapassando mesmo a falecida rainha de Naklthoreb, o último faraó nativo, como se estivesse pronta e mesmo esperando para ser efetivamente a mais régia rainha que o Egito jamais teve. Berenice tornou-se tão vaidosa em seu coração que perdeu a reverência para com as deusas. Os cortesãos bajulavam-na, dizendo que Hera e Atená, Artêmis e Afrodite não chegavam aos pés da sua beleza.

Ptolomeu ria-se. Disse a sua esposa que não esquecesse Gerana, Rainha dos Pigmeus, que se tornou tão envaidecida a ponto de se gabar de ser mais bela do que as deusas: por isso Hera a transformou numa grua, a mais hedionda das aves.

Certamente, Ptolomeu era um rei para os gregos, todavia não ainda rei e faraó do Egito, embora o sumo sacerdote de Ptah tenha observado com certa satisfação a aparência egípcia do título de Soter, de Ptolomeu, dado a Hórus, o deus-falcão, filho de Osíris e Ísis, que era o *Harpokrates* dos gregos — ele próprio fora um Salvador, um *Soter*, também. Ajustava-se perfeitamente a Ptolomeu fazer uso de um título como esse, desde que ele apenas concordasse em adotar também os títulos e a distinção do Faraó, e aceitasse se tornar o Hórus Vivo, Hórus, o Salvador, um deus vivo para os egípcios assim como para os gregos.

Se Ptolomeu concordasse com isso, assim lhe disse Anemhor, o vazio terrível no coração da sociedade egípcia, causado pela falta de um faraó, terminaria. Sim, a incerteza quanto às Cheias do Nilo acabaria e a fertilidade das Duas Terras estaria garantida. Bastava que Ptolomeu se tornasse um faraó e tudo o que vinha dando errado no Egito durante todo esse tempo seria corrigido.

Claro que ser chamado de rei e se tornar um deus compensaria, em certa medida, a derrota de Ptolomeu em Salamina, e o ajudaria a parar de pensar nisso; mas, no momento, ele não tinha certeza se desejava ser um faraó.

Somos gregos, ele disse, *não egípcios*. E ele solicitou tempo a fim de decidir-se sobre um assunto de tal importância.

Ptolomeu andava deprimido. É certo que nunca chamou a derrota de derrota, mas sempre, uma falta de sorte. Porém, achava que Tykhe, a Deusa da Fortuna, estava olhando para o lado errado, durante a Batalha de Salamina, e se perguntava o que tinha feito de mal para merecer tal tratamento da parte dela. Teria sido menos grego do que deveria? Teria deixado de fazer os apropriados sacrifícios gregos? O quanto as coisas poderiam piorar se ele se tornasse um egípcio, um Faraó dos egípcios? A sorte o tinha abandonado, o tinha desprezado na hora em que mais precisava dela, e ele se preocupava com a *hybris*. Preocupava-se em já ter se comportado com demasiado orgulho.

Deus vivo ou não, como se para provar que as suas dúvidas não eram injustificadas, haveria mais infortúnios no caminho para Ptolomeu. Na Batalha de Kos, fora tão humilhado que o combate sequer fora registrado nos Anais de Thot, e a data desta batalha permaneceu incerta desde então.

Na Batalha Naval de Andros, Ptolomeu foi derrotado novamente e ordenou que qualquer referência a essa *naumachia* deveria ser eliminada dos diários oficiais da Corte.

A retornar para o seu lar no Egito, depois desses Infortúnios, encontrou Anemhor, sumo sacerdote de Mênfis, esperando por ele no cais, como de costume, para cumprimentá-lo. Lá estava ele envergando o seu traje de pele de leopardo, com a careca brilhando ao sol, e ele cravou os olhos nos olhos de Ptolomeu, como se pudesse ler neles tudo o que havia acontecido; mesmo antes que Ptolomeu pudesse lhe dizer uma só palavra sobre o assunto.

Mas, certamente, o sumo sacerdote sabia de todas as coisas. Ele era hábil em fitar Ptolomeu com os seus olhos escuros, perscrutando-o continuamente, e Ptolomeu, em tal circunstância, não foi capaz de sustentar o seu olhar, mas desviou os olhos envergonhado. E amaldiçoou-se por ter jogado fora o talismã grego.

A desaprovação dos deuses, murmurou Anemhor, *pode muitas vezes ser mostrada pelo fracasso em empreitadas militares...*

Ptolomeu franziu o cenho e abriu os braços, como se fosse para dizer que, realmente, conhecia muito pouco sobre os deuses do Egito, o que era a verdade.

Fracasso, Anemhor disse serenamente, *pode ser um sinal da ira dos deuses...*

Ptolomeu franziria os lábios e abanaria seu abanador de couro para afugentar as moscas, e Anemhor pensaria que bastaria o abanador desse homem ostentar as faixas alternadas de ouro e *safiras*, para que ele conseguisse ganhar suas batalhas, e novamente lhe veio o pensamento de que Egito ainda carecia de um faraó.

Realmente, Anemhor disse, *Ptolomeu deve construir mais templos...*

Ptolomeu respirou fundo. E soltou a respiração. Ele se sentiu nauseado. Sentiu que estava prestes a dar um murro no sumo sacerdote de Ptah, o Grande Chefe do Martelo, bem no queixo, e Anemhor, que sabia de tudo, soube também desse pensamento de Ptolomeu.

Realmente, Anemhor disse, *Ptolomeu está precisando fazer mais oferendas aos deuses do Egito...*

Ptolomeu inspirou fundo mais vezes, sabendo o que o homem diria em seguida.

Sim, ele sabia muito bem que, fosse o que fosse que isso significasse, iria lhe custar uma fortuna, outra fortuna, porém o que Anemhor aconselhava era normalmente para o bem. Em seu íntimo, sabia que Anemhor lhe dera sábios conselhos. E foi assim que Ptolomeu acabou concordando em fazer doações para a construção de mais templos egípcios, de arcar com novas obras públicas no Delta, mais ajuda para as cidades egípcias do Alto Nilo, e em fazer de si mesmo um benfeitor ainda mais generoso para o Egito.

Os egípcios, ele pensou, *têm mania de enxergar sinais de divindades em tudo*. Quer um homem ganhe ou não suas batalhas, tudo era pelas mãos dos deuses. Dessa vez, haviam lhe negado seus favores. Novamente. A solução para as suas dificuldades era perfeitamente óbvia. A única maneira de derrotar os inimigos do Egito era entregar aos deuses do Egito a mais extravagante soma de dinheiro. Isso foi o que Ptolomeu agora concordava em fazer.

Em retribuição, o sumo sacerdote passou a considerar esse homem com ainda maior boa vontade. Ele era já, agora, um rei grego, reinando sobre os gregos no Egito. Com toda certeza, Anemhor pensou, não faltaria muito para ele concordar em ser Rei do Egito.

2.27

Nada em Excesso

Em Mênfis, a grande discussão entre os sacerdotes do Egito era se deviam ou não coroar este sátrapa dos gregos, esse estrangeiro, esse cão grego que não possuía sangue real, esse Ptolomaios, Ptlumis, Ptolomeu, como Faraó.

Alguns indagavam: *Como podemos coroar um estrangeiro que é rituamente impuro?*

E outros indagavam: *Como podemos coroar um grego, que é culpado de atos impuros com outros machos?*

Porém Anemhor, sumo sacerdote de Ptah, insistia que mesmo um grego, se ele se submetesse ao ritual de purificação apropriado, poderia se tornar tão puro quanto o mais puro dos sacerdotes egípcios. Ele falou repetidamente das coisas boas que Ptolomeu já realizara pelo Egito como sátrapa. Salientou que até mesmo Alexandre tinha sido coroado. Além disso, na sua opinião, Ptolomeu era inocente de ter praticado atos impuros. *Ele não é como os outros gregos*, ele disse; *ele prefere mulheres.*

E finalmente os sacerdotes decidiram que apoiariam os propósitos de Anemhor.

Já o próprio Ptolomeu, ele hesitou, preocupando-se com o ensinamento: *nunca se veja como um semelhante aos deuses.*

No entanto, ao mesmo tempo, disse a si mesmo: *não existe nada que um Ptolomeu não possa alcançar.* E pensou nas palavras de Homero: *os deuses, afinal de contas, podem fazer qualquer coisa.*

Quando Anemhor uma vez mais fitou fixamente os seus olhos, ele disse: *o Faraó é a personificação que liga o mundo dos homens ao mundo dos deuses.*

Ptolomeu sustentou-lhe o olhar, pensando que o seu grego não deveria estar correto.

O Rei, Anemhor disse, *é a pedra angular da sociedade egípcia. É quem mantém a sua unidade.*

Ptolomeu encarou-o, tentando não piscar, pensando, *Deuses de verdade não piscam.*

É a obrigação do Rei, Anemhor disse, *fazer o mundo funcionar. Ele faz o Sol nascer e o Sol se pôr.*

Ptolomeu agitou o manto sobre os ombros, pensando, *Como tal coisa seria possível?*

Porém, Anemhor prosseguiu, *é obrigação do Rei fazer o rio produzir a cheia e baixar, a semente crescer nos campos... Todas essas coisas apenas podem ser conseguidas executando-se os rituais no templo.*

Uma mosca pousou no nariz do sátrapa, e lá ficou, flexionando as suas patas.

O Egito não deve, Anemhor advertiu, *ficar por muito tempo sem um Faraó.*

Ptolomeu espantou a mosca.

Sem um Rei, Anenhor disse, *o rio não subirá.*

Se o rio não subir, haverá rebeliões no Egito.

Sem um Faraó, o caos e a desordem retornarão...

Ptolomeu piscou a contragosto. Ele disse que se sentia satisfeito sendo um sátrapa. Tinha tudo o que desejava. Não tinha necessidade de ser rei dos egípcios. Realmente não desejava subir tão alto, acima dos outros homens, de modo que as suas próprias ações pudessem parecer como uma afronta aos deuses da Grécia. Realmente não queria merecer a punição dos deuses por tornar a si próprio um deus no Egito.

Anemhor suplicou que concordasse em ser Faraó, e Ptolomeu enxergou até mesmo lágrimas em seus olhos negros; contudo ainda não conseguia se resolver. Ficou acordado a noite toda, pensando sobre o que podia significar usar a cauda do touro o tempo todo, pendurada entre as suas nádegas; usar a Coroa Dupla do Alto e do Baixo Egito e tornar-se um Hórus vivo, o Falcão de Ouro.

E ele mandou dizer a Anemhor que ainda não estava pronto; que não tinha certeza; que precisaria de mais tempo para pensar.

Berenice, sua esposa, pensava diferente. Berenice sabia exatamente o que queria, sabia exatamente o que Ptolomeu devia fazer, e ela começou a aborrecê-lo sobre as rendas provenientes do Alto Nilo, cujos impostos poderiam ser desviados para a atualização do seu guarda-roupa. Mais do que qualquer outro, era Berenice que insistia para que o seu marido aceitasse as Coroas e se tornasse Faraó. Pensava no ilimitado suprimento de ouro que podia obter se fosse Rainha do Egito, e também no fato de que Eurídice *não* seria Rainha do Egito.

Que infelicidade! Berenice ansiava ardentemente se tornar a Senhora das Duas Terras: era Ptolomeu que hesitava, pensando na responsabilidade e no grande aumento da sobrecarga de trabalho. Já imaginava as infindáveis filas de indivíduos trazendo-lhe petições, com suas queixas, todas as quais ele precisaria passar a escutar, e a todas, igualmente, julgar. E pensava em mais dez anos, em talvez mais vinte anos de nada mais do que petições. Como se ele já não tivesse problemas o bastante.

Tornar-se um monarca, pensava ele, seria o mesmo que colocar correntes de ouro nos pulsos e tornozelos. Era como entrar por sua livre vontade numa cela de prisão com grades de ouro. E não haveria como escapar dessa prisão, senão morrendo.

Berenice sonhava sempre e sempre com a glória. Via-se usando a Tiara do Abutre e os brincos de ouro com pingentes das mais preciosas gemas. Ansiava por se exibir nos trajes de Ísis, a Grande Deusa, ou vestir-se como Hathor, Senhora da Turquesa, e usar a tiara dos chifres da vaca. Ela declarou que *adoraria* ser uma deusa viva. E também estava curiosa para ser aquela que agitava o sistro, o chocalho sagrado, e conhecer o interior dos templos dos egípcios, onde, sendo grega, sempre fora proibida de pôr os pés.

Berenice, embora tão esperta, não entendia o que significavam tais coisas, tão grandiosas e cheias de mistérios; tampouco Ptolomeu. Nenhum desses gregos tinha plena noção do fardo que recai sobre um homem que se torna rei dos egípcios. No entanto, no final das contas, foi a opinião de Berenice que começou a tocar o coração do marido.

Berenice pensava muito no que *conseguiria* se Ptolomeu se tornasse Faraó e muito pouco nas obrigações com que ele arcaria. Não pensava, portanto, nos meses sem fim de ansiedade que deveriam afligir Ptolomeu quanto qualquer problema acontecesse no Egito — se a cheia do rio não acontecesse, se ocorresse a seca, a fome e depois as revoltas, tudo de uma só vez —, e todas essas coisas, se acontecessem, quando acontecessem, seriam por *culpa* do Faraó e da responsabilidade do Faraó.

Que fique claro que esse homem e sua esposa não faziam idéia dos encargos que lhes pediam que assumissem, bem como seus filhos, e os filhos dos seus filhos, até a décima geração. Isso porque, em verdade, uma vez que se tornassem reis do Egito, seriam reis para sempre, para todo o sempre. Naquela altura, quando tudo se iniciava, Berenice mostrava-se animadíssima, como uma criança em uma festa, pensando no dinheiro, pensando nas jóias e em todas as maravilhas que poderiam cumular-se sobre suas cabeças como uma chuva de ouro enviada pelo próprio Zeus; e ria só de pensar que Ptolomeu pudesse dizer não a tudo isso, e que talvez tivesse de retornar à Grécia, algum dia, e voltar a ser um cidadão comum.

Berenice não raciocinou sobre o fato de que, quando uma coisa cai sobre a cabeça de um homem, há a possibilidade de feri-lo. Nem que carregar um fardo por um tempo demasiadamente longo possa tornar esse fardo pesado demais. Não, ela pensava que o fardo da monarquia seria leve.

Assim, insistia com Ptolomeu e, à noite, teimava para que ele fizesse o que ela queria, e durante o dia não conseguia falar em nenhuma outra coisa exceto em se tornar rainha, a Grande Esposa Real, e quando acreditava que ninguém a estivesse escutando, gritava, em meio a selvagens risadas, só de pensar que estava para se tornar *a Senhora das Duas Terras e da Felicidade.*

Em sua visita seguinte, o Velho Anemhor veio conversar com Ptolomeu sobre o importante assunto de aceitar as Coroas, e Ptolomeu expressou mais uma vez suas preocupações.

Ser visto como alguém em pé de igualdade com os deuses, ele disse, é para um grego o crime que mais certamente atrairá a vingança divina.

Anemhor encolheu os seus ombros, como se a dizer, *realmente, e daí?*

Os gregos chamam a isso de hybris, Ptolomeu disse, *soberba, insolência.*

Anemhor emitiu um grunhido, como se a dizer, *realmente, não há nada com que se preocupar.*

Escute o que Pindar diz, Ptolomeu falou. *Ele diz: não se esforce para ser um deus. As coisas dos mortais adequam-se melhor à mortalidade.*

E explicou a Anemhor sobre *nada em excesso*, e sobre *moderação em todas as coisas*, e *nada além da conta*, como se Anemhor já não soubesse tudo sobre a chamada sabedoria dos gregos.

Anemhor franziu os lábios. Lembrou a Ptolomeu que, no que dizia respeito aos gregos, ele já era um deus. Anemhor lembrou-o que todos os outros sucessores já chamavam a si mesmos de rei: Seleuco na Síria, Lisímaco na Trácia, Antígonos na Macedônia. Eram todos *Basileus*. Até mesmo Ptolomeu se chamava de *Basileus*, que significava, mais ou menos, rei. Que diferença faria meramente chamar-se também de Rei do Egito?

Pouco a pouco Anemhor e Berenice foram convencendo Ptolomeu. Talvez, no final das contas, ele pensou, *devesse* despir as vestes gregas e envergar no seu lugar a Dupla Coroa, a Coroa Vermelha e a Coroa Branca do Egito, ou a touca vermelha-e-branca-listrada, a *nemes*, assim como a cauda de touro e as sandálias de ouro do Faraó.

Sem dúvida, tornar-se um Faraó era a única coisa que lhe faltava alcançar, já que possuía tudo o mais.

Todavia ele não conseguia dar a palavra final.

Thot sabe o que você está pensando, Leitor. Você é impaciente. Você quer que Ptolomeu mude de opinião, de uma vez, e aceite logo ser Faraó. Mas largue de se queixar, Leitor. Thot diz que aceitar uma coroa é uma questão difícil. Você deve dar a Ptolomeu tempo para pensar. Essa decisão afetará totalmente a sua dinastia. Não haverá retorno. Vire uma página após a outra. Nunca se soube de história semelhante antes no Egito.

2.28

Os Deuses Gregos

Para Anemhor, Ptolomeu havia muito dissera: *minha casa é sua casa*. E Anemhor e os sacerdotes de Mênfis tinham, é claro, o privilégio de entrar na residência de Ptolomeu passando à frente de todas as ordens de sacerdotes egípcios de todos os templos do Alto e do Baixo Egito.

Anemhor, como sumo sacerdote de Ptah, não tinha de ficar de pé na fila, mas apenas entrar imediatamente para falar com Ptolomeu a qualquer hora do dia ou da noite. Pois estava Anemhor acima de todos os que tomavam as ordens no sacerdócio do Egito, e eram os sacerdotes que, por sua vez, mantinham o povo calmo e obediente.

Anemhor era muito útil a Ptolomeu. Sem Anemhor, Ptolomeu não saberia o que fazer. Sem este sacerdote, Ptolomeu teria sido tão inútil quanto uma criança presa nas bandagens.

Na região do Alto Nilo, o sumo sacerdote de Tebas não tinha tal amizade a Ptolomeu. Ele não sorria quando em presença do sátrapa, pois não tinha simpatia pelos gregos, tratando-os com frieza, com hostilidade. Tebas sempre fez o que pôde para minar o poder desse estrangeiro.

Anemhor de Mênfis, no entanto, dava-lhe toda a ajuda que podia, apoiando ao máximo o grego. Ele observou que Ptolomeu fazia muitas coisas que eram boas para o Egito; que Ptolomeu era amigo do Egito; que se dispunha a lutar pelo Egito, ainda que nem sempre vencesse.

Todavia, Anemhor teria sua estátua erguida no templo de Ptah com a seguinte inscrição: *Eu era consultado pelo soberano do Egito, porque ele me amava e conhecia minhas intenções.*

Quando Anemhor se postava diante de Ptolomeu, fitando seus olhos azuis, ainda se perguntava que espécie de homem era este. Quando Anemhor morresse, seu filho o substituiria no seu digno ofício, caso fosse essa a vontade do deus, e o filho do seu filho depois disso. Houvera 48 gerações de sumos sacerdotes de Ptah na família desse homem precedendo-o, ou seja, 1.200 anos de sumos sacerdotes de Ptah, e o coração de Anemhor enchia-se de orgulho ao pensar nisso. Todavia, o seu coração também se apertava quando pensava que teria de servir a um Faraó que não fosse egípcio: que ele poderia ter de realizar o ritual do templo em honra desse grego, desse cão jônico, este não-circuncidado, o sujo, o Impuro, cujo povo copiava os hábitos de Seth, deitando-se macho sobre macho, do mesmo jeito que um homem se deitava com uma mulher, para a degradação de Mênfis e grave ofensa aos seus deuses.

Algumas vezes até o amistoso Anemhor via os gregos como tifonianos, como seguidores de Seth, que era o inimigo de Hórus e inimigo da Luz — como o demônio feito carne.

Mas nem todos os homens no Egito recebiam os gregos com os dentes cintilando; embora o grego fosse mais bem-vindo do que o persa. Por outro lado, logo que o grego ali chegara, houve quem consultasse os horoscopistas, pedindo previsões de quanto tempo levaria para o grego ser expulso do Egito, e para a soberania de um faraó nativo ser restaurada.

Houve uma profecia escrita nessa época, chamada o Oráculo do Potter, que descrevia os gregos destruindo uns aos outros, pois que eles eram os seguidores de Tifão, seguidores de Seth. E o Oráculo vaticinou que até mesmo o Agathos Daimon abandonaria a cidade de Alexandria e migraria para Mênfis, a cidade sagrada. Alexandria seria abandonada e o estrangeiro desapareceria como as folhas das árvores no outono.

Sim, a profecia dizia que até mesmo a ilustre cidade de Alexandria voltaria a ser um lugar onde os pescadores punham suas redes para secar, exatamente como acontecia antes de chegada de Alexandre.

E, sim, às vezes parecia a Anemhor que ele era o único homem em todo Egito disposto a ajudar Ptolomeu; o único homem que desejava que esse grego se tornasse Faraó.

Por insistência de Berenice, Ptolomeu começou a solicitar explicações a Anemhor a respeito de assuntos relacionados ao Egito dos quais não entendia.

O *que é Faraó?* ele perguntava.

Anemhor abria os braços. Por onde começar?

O Faraó é aquele que faz as coisas se multiplicarem, ele disse.

Ptolomeu assentiu com a cabeça.

O Faraó é aquele que sabe conceder, ele disse. *O Faraó é deus, o Rei dos deuses. Ele é Ra, cuja presença visível é o disco, e que vive para sempre.*

Ptolomeu cravou seus olhos nos olhos escuros do sumo sacerdote — olhos que nada revelavam do que Anemhor estava pensando.

Quando o Faraó se senta no trono de Hórus, ele é o filho dos deuses. Sentado em seu trono, com Hórus, o Falcão, postado acima de sua cabeça, o Faraó é Hórus.

Ptolomeu parecia satisfeito. Deu a impressão de que havia entendido. Porém, então, fez mais uma pergunta.

Quais são os deveres do Faraó?

O Faraó, Anemhor respondeu, *é responsável pela destruição dos inimigos do Egito*.

E então disse: *Ele deve manter, impor, ou restaurar Maat*, e depois fez uma pausa, já sabendo qual seria a próxima pergunta.

O que é Maat? perguntou Ptolomeu, e não pela primeira vez. Não entendia Maat.

Maat, disse Anemhor, *significa justiça. Maat é Equilíbrio. Maat é a coisa mais importante. É tarefa do Faraó afastar o oposto de Maat — ou seja, Caos, Desordem.*

Ptolomeu assentiu de cabeça, entendendo, e incentivou Anemhor a prosseguir.

O Faraó é o senhor absoluto do Sol. Sob o Sol, ele é o único dono da terra egípcia, legada a ele por Hórus, filho de Osíris.

Ptolomeu remexia, irrequieto, o seu manto.

Por sua vez, o Faraó confia o cuidado da terra aos templos. Ele garante proteção do seu povo por meio da sua relação com os deuses. Em troca, o povo do Egito retribuirá ao Faraó com a sua obediência, com o seu respeito e com o seu trabalho.

O que, então, é um bom Faraó?, Ptolomeu perguntou.

O bom Faraó, Anemhor disse, *é aquele que procederá com o seu rebanho como um cuidadoso pastor, com uma mão firme, com uma mão justa. O bom Faraó não tolerará nenhuma insurreição.*

E um mau Faraó?, perguntou Ptolomeu.

Um mau Faraó... Anemhor respondeu, *é o inimigo dos deuses. Ele é o homem que traz de volta o caos.*

Anemhor sabia, e Ptolomeu também sabia, que tipo de Faraó ele poderia vir a ser. Afinal de contas, os sacerdotes do Egito tinham convidado esse homem para ser seu rei e seu deus.

Bem naquele momento, Ptolomeu se viu tentado a dizer: sim, sim, sim, sem mais perguntas. Isso porque pensou: qual o grego, em toda história da Grécia, à exceção de Alexandre, já se tornou Faraó? Tornar-se Faraó do Egito não seria a maior façanha já realizada por um grego?

2.29

O Touro Sagrado

Enquanto Ptolomeu ainda hesitava sobre se devia aceitar o título de Faraó, e ser coroado, nasceu o derradeiro bebê de Berenice. Ela chorou uma vez mais de vergonha por ter-lhe dado outra garota, queixando-se que os deuses a tivessem abandonado, lastimando-se por ser uma inútil, imprestável, um fracasso, e implorou a Ptolomeu para enjeitar a criança.

Porém, ele lhe disse, *uma filha não é nada do que se envergonhar; uma filha vale tanto quanto um filho*, e ainda que esta criança fosse desgraciosa e doentia, ainda que os médicos balançassem a cabeça e dissesse que ela não sobreviveria, Ptolomeu não deu ordens para que fosse rejeitada; ao contrário, deu-lhe o nome de Filotera, e disse que, fosse qual fosse sua aparência, a filha de um sátrapa poderia sempre se casar com um elevadíssimo príncipe, e contribuir para alguma aliança que representasse paz para o mundo por algum tempo.

E embora fosse o destino de Filotera, de fato, nunca se casar, era seu destino também ser uma deusa.

Como veio a acontecer, as três filhas de Berenice com Ptolomeu estavam destinadas a serem nomeadas entre as divindades, assim como Berenice.

Na intimidade da residência, as crianças de Ptolomeu chamavam o pai de *Pappas*, e ele seria mencionado pelo hábito de, vez por outra, entreter-se em algum jogo de bola com os seus filhos, manter uma conversa amistosa entre eles e dar-lhes prova da sua afeição. Nos seus aposentos particulares, Ptolomeu relaxava a sua guarda, era surpreendido dando risadas e voltava a ser o velho Ptolomeu de sempre — bondoso, carinhoso, como qualquer outro pai grego.

Porém, agora, Ptolomeu começara a mudar. O fardo dos negócios públicos já pesava sobre os seus ombros. Fora da residência, ele assumia uma postura severa, e não deixava transparecer os seus sentimentos — exceto a raiva que lhe causavam algumas informações que vinham do estrangeiro. Em público, comportava-se até mesmo para com a sua esposa Berenice com indiferença, e seus filhos, tanto os ilegítimos como os legítimos, ignorava-os completamente.

Em público, as filhas de um sátrapa deveriam caminhar com passos comedidos e os olhos abaixados, e nunca deveriam correr. Apenas na vida particular estas moças poderiam rir e trocar mexericos, brincar de charadas e fazer piadas. Na vida privada, sim, pareciam quase felizes, como qualquer outra família. Porém, a atmosfera de normalidade era possível apenas quando protegida do olhar público. Entre estranhos, essas crianças manteriam uma reserva impenetrável.

O que estava acontecendo com essa família grega, esta família tão comum? Eram pessoas a caminho de se tornarem uma família real, pois, sem dúvida, era apenas questão de tempo, agora, até se tornarem príncipes e princesas do Egito, filhos e filhas de um deus vivo.

Havia dias em que Ptolomeu esquecia dos seus fardos cada vez mais complexos, olhava pela janela e gritava: *a neve cai pesadamente*, e trazia as crianças para virem correndo ver o espetáculo, já que podiam apenas imaginar a maravilha de penas frias de ganso caindo de um céu cinzento.

Quando Ptolomeu se permitia tais brincadeiras, as suas crianças sorriam, às vezes, e davam tapinhas suaves nos ombros do pai por tentar enganá-las.

Os filhos ficavam mais próximos do seu pai em meio às danças gregas, que deviam dançar nos festivais gregos, quando, de acordo com seus costumes, poderiam arreganhar seus dentes, cantar, envolver os braços em torno dos pescoços uns dos outros, e ficar em fila levantando e baixando os pés na dança, como qualquer membro de família grega, errando os passos; o pai mostraria-lhes os passos corretos, eles imitariam a sua dança elefantina, os olhos deles cintilando, e pareceria que tudo estava bem.

Porém, de fato, o sátrapa comportava-se, cada vez mais, como um homem em um sonho. Mesmo na intimidade, cada vez ria e brincava menos. Havia praticamente deixado de ser o feliz Ptolomeu do passado, e recolhera-se dentro de si mesmo, usando muitas vezes o meio sorriso do sumo sacerdote, como se estivesse pensando em se tornar um Faraó. Pois como poderia ele se tornar o Filho do Sol e continuar o mesmo?

Thot fala a verdade: Os filhos de Ptolomeu sofriam. O pai raramente falava com eles. Essas crianças passavam mais tempo com aias e guarda-costas do que com o pai e com a mãe, e pior, os pais não notavam o que estava acontecendo. Lentamente, os seus filhos tornavam-se como estranhos entre si, habitando num mundo construído por eles mesmos. Eram crianças que certamente tinham tudo o que desejavam, tudo o que pediam, mas faltava-lhes aquilo de que toda criança egípcia mais desfruta: a afeição do pai e da mãe.

Não, as crianças de Ptolomeu não mais levavam vidas normais. Haviam percorrido metade do caminho rumo à realeza, sem tomar conhecimento dela. Crianças perdidas no mundo, que jamais seriam as mesmas novamente.

Enquanto Ptolomeu vivesse e respirasse, todas essas crianças estariam seguras; porém, quanto mais ele avançava na velhice, maior era o perigo para as suas vidas. Quando Ptolomeu morresse, seu herdeiro devia se assegurar de que todos os seus parentes próximos fossem assassinados, de modo que ele se tornasse o único sobrevivente. Enquanto isso, viveriam vidas estranhas, reclusas, distanciadas da realidade: gregos num país estranho, crianças mistificadas pelo que estava acontecendo.

Sim, o pai delas estava prestes a se tornar um falcão.

Sim, a mãe delas estava prestes a usar pela primeira vez, sobre a cabeça, a Tiara do Abutre.

Sim, o pai deles, esse grego comum, do povo, iria daqui por diante ser carregado a todo lugar por oito homens, de forma que, como um verdadeiro rei, os seus pés jamais tocassem o chão.

Para Ptolomeu o passado era de pouco interesse. O seu próprio passado, ele o queria esquecer, embora não conseguisse. O que lhe importava, ele repetia sempre, era o presente. No entanto, agora, vez por outra fazia perguntas sobre a história das Duas Terras, e descobriu que ninguém, fosse grego ou egípcio, tinha as respostas. E quando pediu uma história do Egito que pudesse ler em sua própria língua, descobriu, é claro, que não havia tal coisa; nenhum livro sobre esta matéria a não ser os trabalhos de Heródoto de Halikarnassos, o grego que muitos chamam de o Pai da História, embora muitos outros prefiram chamar de o Pai das Mentiras.

Ptolomeu teve então o súbito desejo e vontade de saber os nomes e características dos Faraós do passado. De repente, sentiu vontade de saber mais sobre as Pirâmides, e a Grande Esfinge de Mênfis, e quando tinham sido construídas. Porém, para todas as suas perguntas, os sacerdotes e sumos sacerdotes do Egito, todos eles, abriam os braços, fingindo que ninguém tinha as respostas para tais mistérios.

Assim, Ptolomeu encarregou o sumo sacerdote de Mênfis de procurar o homem, fosse quem fosse, no Egito, que consideraria o mais capacitado de escrever o livro sobre a história do Egito, que ele considerava um livro que tinha de estar em sua Grande Biblioteca de Alexandria. O homem que lhe foi encaminhado era Maneto de Sebenitos, o sumo sacerdote de Heliópolis, que escrevia e falava grego tão bem quanto o melhor dos gregos, e Ptolomeu deu a ordem para que Maneto começasse a escrever.

Não havia ninguém mais versado em matérias históricas do que esse Maneto. Ele tinha à sua disposição, no grande Templo de Rá em Heliópolis os arquivos da Casa da Vida. Na língua egípcia, o nome desse homem era pronunciado Mer-en-Tehuti, Amado de Thot, e o próprio Thot supervisionou o trabalho de escrever esse seu livro de história.

Maneto escrevia com rapidez, porque o sátrapa não gostava de esperar.

Maneto não escrevia, entretanto, tudo o que poderia escrever sobre o Egito. É claro que deu impressão de completa autoridade sobre o assunto. Coletou informações na biblioteca dos sacerdotes de Rá. Nomeou os trezentos Reis do Egito. Porém, ao mesmo tempo que escrevia verdades, encheu seus papiros também com histórias atraentes que, segundo imaginava, fariam Ptolomeu sorrir, e preservou dos gregos toda a verdade sobre as Duas Terras.

Maneto repetiu a história sobre Menes, o primeiro Rei do Egito, que reinou 62 anos e foi comido pelos hipopótamos.

Reproduziu a história do Rei Neferkheres, que governou durante 25 anos, incluindo um período de 11 dias quando o rio transbordou com mel.

Num passado não muito distante, dois gregos, Platão e Eudoxos, haviam passado um total de 13 anos com os sacerdotes de Heliópolis, estudando com eles, pensando subtrair deles seus segredos mais preciosos. No entanto, tiveram pouco êxito, e por fim Platão escrevera: *os bárbaros escondem a maioria das coisas.*

Da verdadeira história do Egito, Maneto, de fato, não revelou muito. Seu propósito era fazer Ptolomeu pensar que sabia tudo o que precisava sobre o seu reinado, porém deixá-lo no escuro sobre os temas de real importância. Assim, os segredos do Egito permaneceram ocultos.

Por exemplo, algumas das guerras egípcias travadas no passado contra usurpadores, pensando já que viria o dia em que o Cão Grego não estaria mais sentado no trono do Hórus Vivo, o Falcão de Ouro. Ptolomeu, eles o viam como nada melhor do que um visitante. Logo, sem dúvida, ele voltaria para seu lar na Grécia. Logo, o Egito seria devolvido ao seu rei legítimo. Logo, eles pensavam, um faraó nativo governará Menufer novamente.

Pensamentos de Thot: para os gregos, o passado distante é obscuro, sem importância. A sua história é obscurecida pelo trágico e o monstruoso. Eles contam histórias absurdas de as irmãs de Faeton terem sido transformadas em álamos; em que Dafne se viu transformada numa arvoreta de loureiro.

Sem dúvida, mais da metade de suas histórias é ficção.

O que pensa o egípcio? Pensa que é somente da verdade que o leitor pode obter proveito. Sem a verdade não existe nada a não ser uma história vazia.

Nada é de mais alta importância para os egípcios do que a Verdade de Thot.

Mais pensamentos de Thot, então: no Egito, o persa era odiado por diversas razões; principalmente porque o seu rei, Cambises, assassinou o Touro Sagrado, o Ápis de Mênfis. Ah, sim! Esse tal Cambises penetrou no Templo de Ptah e zombou da imagem do deus, dizendo que Ptah nada mais era do que um anão.

Cambises foi responsável por se terem arrombado ataúdes em Mênfis, em busca de jóias de ouro e, por conta disso, sua lembrança era repulsiva a todos os sacerdotes.

Esse Cambises havia dito: *quando eu for um homem adulto, revirarei todo o Egito de cabeça para baixo*. E ele cumpriu a sua promessa.

Acima de tudo, os egípcios odiavam os persas porque haviam recolhido os mais belos dos jovens egípcios para os transformar em eunucos. Capados, assim eles os chamaram, e se riam da infelicidade dessas criaturas. E as mais belas jovens egípcias foram levadas ao rei Persa para serem suas concubinas.

Em verdade, o persa era mais odiado do que qualquer outro inimigo do Egito — mais do que qualquer outro povo sobre a terra.

Alguns homens entre os egípcios, de fato, também odiavam Ptolomeu; porém a maioria, por onde quer que passasse, recebia-o bem, com educados aplausos, e lhe atiravam flores, como se fosse um herói. Pois, sim, esse sátrapa foi popular entre o exército da Macedônia, e ele acreditava agora que ele era popular também entre o povo do Egito. Ao contrário de Cambises, tomava sempre o cuidado de visitar o touro Ápis, e manifestava claramente a sua reverência a esse deus.

Anemhor disse-lhe muitas vezes: *Ápis — não existe nada mais importante em todo o Egito.*

Por essa época, Anemhor insistiu novamente, em sua conversa com Ptolomeu, que ele devia aceitar as Coroas, e concordar em ser rei e Faraó do Egito, embora Ptolomeu ainda hesitasse, declarando que não tinha certeza.

Anemhor não sabia qual seria a melhor maneira de mudar o coração do sátrapa e obrigá-lo a fazer o que seria, em suma, apenas a melhor coisa para as Duas Terras, quando afinal teve a idéia de sugerir a Ptolomeu: *por que não pergunta ao Ápis o que ela acha disso?*

De forma que Ptolomeu resolveu dirigir a pergunta ao Ápis, dando-lhe o tratamento de oráculo do seu próprio futuro. Por dias seguidos, compareceu ao estábulo do Ápis, que fica na ala mais ao sul do grande Templo de Ptah, a fim de conhecê-lo melhor.

O Ápis tinha envelhecido, e passava a maior parte do tempo deitado, ruminando grama ou como se estivesse dormindo. O Ápis era gordo, com enormes ombros musculosos — a Imagem Viva de Ptah; e Ptolomeu o ficou observando.

Viu a língua de Ápis lamber a sua narina esquerda, depois a direita.

Viu o Ápis levantar sua pata direita traseira para coçar a barriga. Viu como Ápis agitava as orelhas e abanava a cauda para afugentar as moscas. Estava atento para a possibilidade de algum presságio, e perguntou a Anemhor o significado de cada movimento do Ápis, até que Ptolomeu soubesse quase tanto sobre o Touro Sagrado dos egípcios quanto o sumo sacerdote de Mênfis — já que, nessa matéria, Anemhor não escondia nada. Não era certamente necessário que os segredos do Touro Sagrado fossem ocultados do homem que seria o Faraó.

E Anemhor sabia mais sobre o Ápis e a história do Ápis do que qualquer homem no Egito, ou melhor, do que qualquer homem vivo. Anemhor tinha servido e adorado o Ápis desde que era um garoto de cinco anos de idade. Não havia lembrança de algum momento, em toda sua vida, de quando teria deixado de vir conversar com o Ápis. Ah, sim! O velho Anemhor *amava* o

Ápis, o Touro Sagrado, e amor não era uma palavra forte o bastante para exprimir o que ele sentia.

Porém, em nenhuma ocasião durante todas estas visitas de Ptolomeu — e ele visitou o Ápis todos os dias, por dias seguidos — houve algum sinal com respeito a se o sátrapa devia ou não se tornar o rei do Egito; de forma que, finalmente, Ptolomeu foi levado a fazer sua pergunta diretamente ao Ápis, para experimentar o Oráculo do Ápis: então aproximou-se do Touro no seu estábulo, dentro da cerca, e falou no seu ouvido peludo.

Ptolomeu preparou-se para tanto seguindo estritamente as recomendações do Velho Anemhor. Ele se banhou sete vezes. Colocou natrão sobre a sua língua até senti-la formigar. Vestiu-se com roupas de linho branco recém-lavado. E a seguir aproximou-se do estábulo de Ápis — em jejum, é claro, desde a véspera — de modo que a sua barriga roncava.

Na escuridão do estábulo, Ptolomeu sussurrou no ouvido do touro, e o Ápis estava de pé; então Ptolomeu sentiu o seu bafo quente, escutou seu suspiro, e o Ápis relanceou os olhos sobre o sátrapa, para logo desviá-los. Ptolomeu segurou os chifres compridos e pousou as mãos sobre o flanco do Ápis, que estava quente, e o seu pêlo era suave ao tato. Ptolomeu respirou o adocicado odor do touro, e mais uma vez fez a pergunta, para dar sorte. Então, tapou os ouvidos com as mãos e encaminhou-se para fora da clausura do touro, na direção da luz do sol.

As primeiras palavras que Ptolomeu escutasse quando tivesse destapado os ouvidos seriam a resposta do deus a sua pergunta, e essas palavras foram as que saíram das bocas das crianças egípcias que brincavam neste lado de Mênfis, ao sul da grande muralha do templo, onde havia uma planície arenosa.

O que foi que Ptolomeu ouviu? Quais teriam sido as palavras que esses garotos gritaram, ele se perguntava, esses garotos que brincavam com uma bola de couro? Com certeza, o que quer que Ptolomeu tivesse escutado, ele não entenderia. Quaisquer que fossem as palavras, teriam de ser traduzidas para ele pelo sumo sacerdote. Porém Anemhor estava com ele exatamente por essa razão.

Ptolomeu postou-se ao sol, já ao ar livre. Então, retirou as mãos dos ouvidos e se pôs a escutar. Escutou o mugido do Ápis atrás de si. Escutou as trombetas de seus próprios soldados, desfilando exercitando-se em ordem unida à distância. Escutou o burburinho dos egípcios no mercado local, o gorjeio dos pombos e a tagarelice dos macacos de Thot; no entanto, não escutou nada que soasse como uma palavra, em qualquer língua que fosse.

Ele olhou para Anemhor, e Anemhor olhava para os garotos egípcios, chutando a sua bola de couro por toda a planície arenosa, e quando a bola ultrapassava a linha entre duas marcas no chão, isso significava um tento assinalado por uma equipe sobre a outra, e justamente então a passagem da bola por entre as marcas que conferia um ponto ocasionou por parte dos jogadores um grito de comemoração: *tiu, tiu, t-i-i-i-i-i-i-u, tiu, tiu, tiu*; e para Ptolomeu aquilo soou, em verdade, muito semelhante ao piado de uma andorinha, estridente, como qualquer língua bárbara; mas significava *sim!*

E o garoto que dera o chute berrava — sem absolutamente saber da presença do sátrapa atrás dele, sem nenhum conhecimento sobre o que dependia de suas palavras: *Eu sou Rei, eu devo me tornar Rei, ser Rei, ser Rei.*

E Anemhor traduziu as palavras para o grego, e ali estava a resposta de Ptolomeu: *Seja Rei.* E assim ele disse que sim, aceitaria as Coroas; sim, seria o Faraó; sim, usaria a touca listrada de vermelho-e-dourado, a *nemes*, e a cauda do touro, e, sim, ele se sentiria honrado em utilizar-se da carruagem feita de uma liga de prata e ouro, embora sendo grego, e concordaria também com todas as coisas que o sumo sacerdote de Ptah e todos os sacerdotes do Egito queriam que fizesse.

Ele cravou, então, bem fundo, seus olhos nos olhos do Velho Anemhor, e o olhos deste homem brilhavam, e Ptolomeu observou o meio sorriso — o sorriso acanhado, misterioso, do sumo sacerdote — tornar-se cada vez mais aberto, mais e mais, espalhando-se por todo o rosto dele, até que esse homem estivesse ostentando um sorriso maior do que todos os que Ptolomeu já vira em sua face, e tudo porque o Sacerdote Supremo de Ptah, Mestre de Segredos no Lugar Secreto, conseguira finalmente o que desejava: o Egito seguro, o Egito salvo, o futuro do Egito garantido, e Ptolomeu, o Grego, completa e inteiramente sob controle egípcio.

Anemhor acompanhou Ptolomeu até sua residência, passando pelo estábulo do Ápis, para agradecer a este deus, cujo odor adocicado o fazia lembrar da sua infância em Eordaia, vivendo com os animais dentro da casa. Eles fizeram uma pausa para olhar mais uma vez o grande touro, que acenou a cabeça, em assentimento, para Ptolomeu, e olhou-o dentro dos olhos, como se quisesse dizer que de fato desejava que Ptolomeu se tornasse Faraó. E o Ápis mugiu três vezes, e pisoteou com o casco esquerdo da frente, e agitou levemente a sua cauda, e mugiu mais três vezes; e foi então que Ptolomeu começou a amar o Ápis, a Imagem Viva de Ptah, o próprio Ptah.

2.30

Comedores de Esmeraldas

No primeiro dia após o *prostagma* proclamar que Ptolomeu iria se tornar Faraó, e deixar de ser um sátrapa, sua vida mudou para sempre, e tudo que havia se mantido inalterado no passado se transformara em algo diferente.

Quando o sol se levantou, a fila de anões postou-se de pé do lado de fora da porta do seu quarto, esperando, e eram eles os escravos anões que serviram ao último Faraó nativo, aquele Nektanebo II, por cerca de quarenta anos ou, pelo menos, assim se proclamaram, os que eram os filhos e netos dos últimos anões reais — e afirmaram que era seu dever tomar conta do corpo do Faraó, como antes.

E, em verdade, Ptolomeu não teve escolha senão submeter o seu corpo a eles, e ser o Faraó que era agora.

As mãos dos anões o imprensaram sobre sua cadeira. O Guardião da Peruca do Faraó trouxe a peruca, que era de pêlo de girafa, colocou-a sobre a cabeça de Ptolomeu e ajustou-a atrás e dos lados.

O Guardião do pé direito do Faraó massageou o pé direito de Ptolomeu, e seu irmão gêmeo anão idêntico fez o mesmo com o pé esquerdo dele.

O Guardião do Guarda-Roupa do Faraó apresentou a Ptolomeu suas roupas do dia, o saiote *chendjyt*, ou seja, a tanga do Faraó, e a sua brancura era mais intensamente branca do que qualquer coisa branca que Ptolomeu já vira em toda vida, e as pregas mais retas e perfeitas do que qualquer outra prega no mundo.

O Guardião das Sandálias do Faraó enfiou os pés de Ptolomeu dentro das sandálias de ouro que tinham as imagens dos seus inimigos nas solas, para que ele os reduzisse a poeira a cada passo que desse.

O Guardião das Jóias do Faraó trouxe-lhe, então, a gola de ouro e pedrarias — todas, as mais preciosas: cornalina, safiras e ametistas —, que foram arrumadas no formato da cabeça de abutre, e tinha incrustado também o Olho de Hórus, que ele devia usar naquela manhã, e essa gola era algo que Ptolomeu nem sequer sabia que existia, e jamais lhe tinham deixado pôr os olhos nela; mas, agora que era Faraó, muitas coisas que haviam sido ocultadas eram trazidas à luz.

Anões harpistas e anões cantores tocavam e cantavam a música apropriada que deveria ser tocada enquanto o Faraó era preparado para enfrentar o dia.

E assim a cerimônia prosseguiu. Certamente Ptolomeu teria preferido fazer todas essas coisas sozinho, como sempre tinha feito, mas agora ele era o Faraó e entregou naquela manhã o seu corpo aos criados que cuidavam do seu corpo, como se a sua própria carne não mais lhe pertencesse, como se não fosse mais senhor de si mesmo, mas sim uma espécie de prisioneiro do estado. E então o pensamento atravessou-lhe a mente, como se tivesse entregado também a sua vida a essa nação, e, sim, lhe foi trazido, pelo Guardião do Bracelete, o bracelete de ouro, pesado, todo incrustado das gemas mais preciosas, que ele devia usar nos pulsos durante todo aquele dia, e também durante todos os dias, tão mais pesado do que qualquer coisa que tivesse sido obrigado a usar antes, em toda a sua vida, com a única exceção do peitoral de armas de bronze que usava em batalhas — como se para fazê-lo lembrar a cada instante do dia que havia se tornado o Faraó e jamais deveria esquecer isso.

Um prisioneiro numa gaiola de ouro, assim era ele — e nunca seria libertado.

Assim, o que fez esse homem, agora que ele era o Faraó? Começou imediatamente a emitir uma série de moedas de ouro com valores gregos: dracmas, tetradracmas e octodracmas, além de óbolos e hemióbolos, com sua própria efígie em um dos lados, usando o diadema de um Rei grego, e, no reverso, Alexandre, na sua carruagem puxada por elefantes.

Toda Alexandria perguntava-se se o homem de olhos esbugalhados como os de um percevejo, sobrancelhas caídas como as de um besouro e expressão preocupada, cujo queixo parecia está tentando tocar a sua testa, era o Ptolomeu que conheciam e amavam. Toda Alexandria se perguntava se Alexandre tinha algum dia andado numa carruagem puxada por elefantes, e concluiu que não. No entanto, tais coisas eram de pouca importância. O que importava não era a arte tosca do gravador de moedas, mas o fato de haver agora moedas com o nome de PTOLEMAIOS, que mostravam o rosto de Ptolomeu, com a palavra mágica BASILEUS, Rei. Era tudo o que importava, e embora tivesse assumido ser um rei egípcio, a sua condição de grego também era enfatizada, e não esquecida. O que importava era que o nome de Ptolomeu e o seu rosto estivessem na mão de todos os homens, nos dedos de todos os homens, nos lábios de todos os homens, de maneira que os gregos jamais pudessem esquecer o quanto lhe deviam.

Mas como se comportaria ele, agora que era Rei, um rei de verdade? Ele consultou Demétrio de Faleron, que lhe enviou os rolos de papiros que continham os tratados gregos *Sobre a Realeza*, para seus estudos mais aprofundados, afirmando que Ptolomeu podia encontrar neles os conselhos que os seus cortesãos não se atreviam a lhe dar cara-a-cara.

Ptolomeu ficou lendo até tarde da noite sob a luz oscilante de um candeeiro.

Um Rei deve ser um Rei, não um Tirano...

Um tirano é a pior coisa em que um Rei pode se tornar...

O objetivo do Tirano é o seu próprio prazer; o do Rei é cumprir com o seu dever...

Um Tirano visa ao dinheiro: um Rei nada mais almeja exceto a honra...

O Exército de um Tirano é formado por mercenários, por estrangeiros; o Exército de um Rei deve ser formado por os seus próprios cidadãos...

Um Tirano não confia nem mesmo no seu próprio povo: toma dele suas armas; maltrata o pobre; não fará nada que não seja para o seu próprio benefício...

O Tirano acha que livros são perigosos, porque eles encorajam a imaginação, e não deseja que o seu povo faça uso de sua imaginação. Não, prefere que o povo faça apenas o que ele manda que faça...

Um Tirano emprega espiões e dissemina desavenças. Ele empobrecerá seus subalternos, mantendo-os ocupados em grandes empreitadas, tais como a construção de monumentos inúteis...

Um Tirano está sempre fazendo a Guerra, de modo que o seu povo nunca esteja desocupado e sempre precise de um líder, que será ele mesmo...

E assim por diante. Ptolomeu preocupou-se um pouco a respeito de seus mercenários. E pensou no Colosso de Rodes, nas Pirâmides... porém, não havia nenhum perigo real de Ptolomeu tornar-se um tirano. Ele fora feito rei devido às suas virtudes superiores, por seus atos de valor. Tudo correria bem no Egito, a menos que surgisse algum Ptolomeu que não fosse um homem bom, sem virtudes superiores, que não praticasse nenhum ato de valor. Então, talvez, pudesse haver problemas no Egito.

Ptolomeu absorveu a grande lição do tratado. Passou-lhe pela cabeça que seu filho Keraunos fosse justamente a espécie de garoto que poderia se tornar um tirano. No entanto, afastou esse pensamento imediatamente. Realmente, era ainda muito cedo para pensar sobre a sucessão.

Depois de tomada a decisão de se tornar Faraó, Anemhor passou a procurar Ptolomeu com ainda maior freqüência para que ele se inteirasse mais sobre as crenças dos egípcios, sobre a vida após a morte, o Campo de Juncos e a pesagem do coração do homem morto na Balança contra a Pena de Maat, a Pena da Verdade. Anemhor fez sua explanação e Ptolomeu fitou-o, perplexo, como se não tivesse entendido uma só palavra do que ouvira, e o sumo sacerdote quase achou que Ptolomeu estivesse inclinado a rir, embora a expressão continuasse inalterada; e ele não acreditaria em um deus de cabeça de íbis mais do que acreditava nos deuses do seu próprio país.

Ptolomeu, Anemhor pensou, não tinha fé nas coisas do coração, nas coisas do espírito; era um guerreiro; o desejo incutido em seu coração era apenas matar.

Porém, em verdade, Anemhor estava equivocado, pois era realmente o desejo mais sincero de Ptolomeu promover a paz.

Quanto a Berenice, ela fez muitas perguntas a Anemhor, agora exercendo seu pleno direito, relacionadas a sua nova vida.

Qual é o vestido apropriado, ela perguntou, *para uma deusa na sua vida cotidiana?*

E Anemhor disse: *uma deusa deve usar vermelho.*

Assim, aquela Berenice teria que usar vermelho, a despeito de sua crença, como grega, de que o vermelho era a cor da morte.

A seguir, perguntou ela: *Qual é o alimento mais apropriado para uma deusa?*

Pois tinha-lhe sido dito, por insidioso diabólico, que os deuses do Egito viviam sob uma dieta de olíbano e de pedrarias, as mais preciosas, e nada mais. *Como*, ela perguntou, preocupada, *posso viver apenas de incenso e perfumes, e de aspirar o suave ar do norte e de usar jóias?*

Porém Anemhor tranquilizou-a. Era verdade que um prato de *smaragdoi*, esmeraldas, podia manter Berenice por tempo considerável; porém, o seu lado humano — o estômago — ficaria muito satisfeito com os mesmos alimentos que ela consumia antes de se tornar uma deusa.

Anemhor disse que ela podia continuar a comer azeitonas e tâmaras, e pão e peixes, e toda espécie de alimento grego.

Uma Rainha, ele disse, *tão somente comerá esmeraldas quando ela voar para os céus.*

A divindade, então, trazia lá seus percalços. *Porém como ser um deus?* eles pensaram. *Como ser meio-divino?* E o que tudo isso representava, se, em verdade, nada significava?

Tal assunto requereu muitas lições de Anemhor e enorme atenção para o detalhe do ritual.

Um deus, Anemhor disse, *não deve correr, exceto em seu Festival de Sed, que é o seu Jubileu, quando deve participar da corrida do Touro Sagrado, o Ápis.*

Pois, certamente, um deus não pode se movimentar do mesmo modo como um mortal. De maneira alguma. De modo que Ptolomeu e Berenice, assim como os filhos de Ptolomeu, deveriam agora, todos eles, aprender de novo a andar, e tomar lições com Anemhor, que se divertia, obrigando a família real a andar para cima e para baixo pelo Salão de Audiências vazio, a fim de praticar o modo de andar dos deuses.

Anemhor não sorriu nenhuma vez. Nem mesmo um sutil riso brotou em seu rosto.

A nova residência de Ptolomeu, em Alexandria, transformava-se agora na residência de Faraó, guardada por cães de presas feito serras. As janelas voltavam-se para o norte, a fim de permitir apenas a entrada da luz e do ar necessários. Não havia janelas voltadas para oeste, para que o seu interior não fosse invadido pelas tempestades de areia provenientes do deserto na primavera; porém a areia penetrava assim mesmo, de modo que, de tempos em tempos, todos os objetos dessa residência supostamente à prova de areia ficavam cobertos de uma grossa camada de areia e poeira, e levava meses para os escravos conseguirem removê-las, com suas vassouras, quando então as tempestades vindas do deserto sopravam novamente.

Nenhum homem entrava neste palácio sem o conhecimento de *Dioiketes*, o Vizir do rei Ptolomeu, e os seus portões estavam decorados com imagens dos inimigos do Egito, ajoelhados e amarrados, com as mãos atadas atrás das costas, de modo que não representassem nenhuma ameaça à estabilidade das Duas Terras.

Ptolomeu dormia agora na cama de madeira folheada a ouro, com seus quatro pés feitos de cascos de touros, já que era agora, o *Poderoso Touro*, em pessoa. Ele dormia numa cama de Faraó. Sonhava os sonhos de um Faraó. Estava protegido por uma poderosa magia faraônica, e todos os insetos que poderiam picá-lo eram afastados pelos melhores encantamentos egípcios, de modo a manter intocável a sua carne dourada.

A residência era sua Casa dos Milhões de Anos, a despeito de ser um projeto grego, grega no desenho e estar repleta de criados gregos. No entanto, agora também se tornara uma residência egípcia. Ptolomeu estava contente. Tinha os seus filhos, seus herdeiros — frutos do seu próprio sangue. Tinha tudo o que desejava. Não se preocupava com nada. Não, com coisa alguma.

Sempre que podia, e sempre que julgava apropriado, Ptolomeu cuidava de observar os costumes egípcios, e era costume nas residências reais, quando qualquer cão morria, que todo servo raspasse os pêlos do corpo inteiro e ficassem de luto. Jogavam fora então todos os estoques de vinhos finos, todos os grãos, todos os gêneros alimentícios, e a despensa do Rei era suprida novamente.

Ptolomeu amava os seus cachorros: seus cães de guarda, seus cães de caça. Quando o seu próprio cão partiu desta vida, derramou uma lágrima, e fez com que esse animal fosse sepultado com um grande osso rodeado de carne junto ao seu focinho, para que acordasse na Vida Após a Morte dos Cães com aquilo que lhe fosse mais caro. Todos os gregos amavam os seus cachorros. Até Berenice tinha seus cachorrinhos, que se deitavam no seu colo no *gynaikeion*. Nessa época, tudo desse Faraó grego era perfeito. Contudo, o aspecto desafortunado da vida desses gregos era que, na verdade, tinham dificuldade de se amarem reciprocamente.

PARTE TRÊS

Faraó

3.1

Viver Para Sempre

A ascensão do Rei Ptolomeu ao trono foi marcada para o amanhecer, de modo que ele surgisse como o nascer do Sol, em sua glória, para o matraquear dos babuínos de Thot; e foi nesse grande dia, o primeiro dia do seu glorioso reinado, que ele assumiu todos os títulos dos Faraós do passado.

Ele era Hórus, o Jovem.

Era Senhor das Coroas.

Era Senhor do Mundo Inteiro.

Era o escolhido de Rá.

Era o Mais Querido de Amun.

Era Rei do Baixo e do Alto Egito.

Era o filho do Sol, o filho de Rá, Ptolomaios, Aquele que Viveria Para Sempre.

Para o povo do Egito, que não poderia jamais enrolar a língua com a dificuldade de pronunciar o som correspondente à palavra Ptolomaios, ele era *Ptlumis*, e proferiam essa corruptela do seu nome numa melodia ritmada, que ressoou por todo o primeiro dia do seu reinado. Iriam entoá-lo onde quer que ele estivesse pelo resto de sua vida, pois, acima de qualquer coisa, Ptolomeu era popular — tão popular que os sacerdotes do Egito ensinaram ao povo que, de fato, ele fora Faraó desde a morte de Alexandre, e que os seus anos de reinado deviam ser recontados de acordo com essa data.

Apesar de se tornar Hórus, o Jovem, Ptolomeu fazia 62 anos de idade naquele ano, e os cabelos, se tivessem deixado que crescessem, bem como o chumaço em seu queixo, estariam brancos.

Berenice, sua rainha, sua Grande Esposa Real, dela diziam que tinha 43 anos de idade, e era seu o nome a ser entoado e enaltecido em todo lugar, pois o nome de Eurídice, a esposa de segunda classe, não era mencionado em nenhum lugar, exceto para se dizer que ela não teria o título de Rainha, nem merecia o privilégio e as atenções de uma rainha, pois não passava de uma outra esposa, pouco mais do que uma concubina, a ser ignorada e esquecida.

Mesmo assim, o Príncipe Ptolomeu Keraunos era tido em todo o Egito como herdeiro do seu pai. Tinha 16 anos e seguia atrás do pai em toda procissão egípcia, usando a trança para o lado, como Hórus, que representava a sua juventude, e com o restante da cabeça raspada, como qualquer egípcio. Usava sandálias egípcias, uma tanga egípcia, um colar com o símbolo Falcão-e-Águia incrustado de pedras preciosas, e odiava tudo isso.

Keraunos desejava mais do que qualquer outra coisa ser Rei, embora acalentasse em seu coração a idéia de se tornar um rei grego, um rei macedônio, não um rei egípcio. *Ah, sim!*, pensava ele, *hei de fechar todos os templos, vou expulsar desta terra todos os egípcios.*

Como a família de Ptolomeu se sentia agora, que eram a realeza? Sentiam-se estranhos, e não sabiam exatamente como deviam se comportar, ou o que deviam ou não fazer, agora que haviam sido separados das crianças comuns.

O próprio Ptolomeu recorria com freqüência ao sumo sacerdote de Mênfis para saber *Qual a touca? Que ornamento?* Ou para saber se era dia para o *nemes* listrado ou algum outro. E se devia aparecer num determinado dia vestido como grego ou como egípcio. Porque lhe parecia agora que, qualquer que fosse a maneira como se vestisse, poderia estar desse modo ofendendo tanto aos gregos como aos egípcios, e havia vezes em que ele lançava as mãos para os céus, sem saber como proceder ou o que fazer.

Anemhor, seu amigo, com sempre, o traqüilizava. Foi ele quem trouxe o rabo do touro que Ptolomeu devia usar, sempre, fixado às costas de seu cinturão, representando o seu poder. Foi quem ensinou a Ptolomeu a colocar a falsa barba do Faraó no queixo, a qual ele era obrigado a exibir quando quer que aparecesse em público. Foi quem explicou o significado do bracelete com pedrarias que acompanham o olho *udjat*, chamado o Olho de Hórus, o qual era feito de ouro puro e safiras.

O olho humano e sobrancelha, disse o sumo sacerdote, *representam a piedade filial. Trata-se do mais poderoso amuleto contra todas as doenças e que pode mesmo trazer de volta o morto à vida.* E enquanto ele prendia o bracelete ao pulso, Ptolomeu dava-se conta novamente do seu grande peso, do significado do bracelete do Faraó; o qual ele precisaria usar sempre, dia e noite.

Foi dessa maneira que Anemhor ajudou Ptolomeu a ser Rei do Egito. Providenciou para que, em muitas coisas, Ptolomeu dependesse exclusivamente do seu auxílio, para informações e explicações. Anemhor estava freqüentemente ao lado de Ptolomeu, escutando, observando, assegurando-se. Não havia nada que esse homem deixasse de enxergar: o sumo sacerdote era os olhos do Faraó e os ouvidos do Faraó.

O que quer que Ptolomeu fizesse no Egito, esse sumo sacerdote anotava em detalhes. Cada excursão rio acima e abaixo era registrada. Cada desjejum que ingerisse era detalhado no livro chamado *Os Anais de Thot*. Não havia absolutamente nada que Ptolomeu fizesse, ou tentasse fazer, de que esse sumo sacerdote não tomasse conhecimento. Nada ele omitiu no seu livro. Não se esqueceu de nada.

Para a Data da Coroação, Anemhor calculou o dia e a hora mais auspiciosos daquele ano, e era o décimo oitavo ano da satrapia de Ptolomeu.

Desde a noite de véspera, Ptolomeu tinha sido posto em jejum, e seus lábios já tinham adquirido aquele sereno e inalterável meio sorriso de Faraó. Sem dúvida, ficaria contente se pudesse eliminar aquele vazio no estômago a que não se submetia desde o deserto de Gedrosia, mas havia prometido fazer exclusivamente o que seu amigo lhe pedira. Tirou a comida dos pensamentos, apurando os ouvidos para escutar os cânticos entoados pela multidão de egípcios, que não pararam de gritar o seu nome durante toda a noite.

Antes do amanhecer, de acordo com as exigências da coroação, o sumo sacerdote de Ptah supervisionou pessoalmente a sucessão de banhos e purificações com óleo, e a remoção de todos os pêlos da sua cabeça e do seu corpo, desde as sobrancelhas até os pêlos pubianos, até que esse homem, que não era mais um sátrapa, ficasse sob a navalha dos sacerdotes, nu como um peru depenado — exceto pelos talismãs gregos que se recusava a retirar fosse para homem ou deus —, mas sim como o mais puro dos puros, o homem mais puro do Egito, com o natrão ardendo na ponta da língua, de modo puro tanto por dentro quanto por fora.

Com a cabeça pelada e os pés descalços, Ptolomeu não usava nenhuma outra roupa a não ser o saiote branco puro, o *chendjyt*, ou seja, a tanga do Faraó. Ele aspirava o ar. Ele expirava, lentamente, mais do que lentamente, e o estômago agitava-se como se habitado por traças, porque era um homem mortal no dia em que estava para virar o Hórus Vivo, o Falcão de Ouro, um deus caminhando sobre a Terra, um deus ainda em vida — e também porque estava faminto.

A procissão do Faraó deslocou-se para fora dos portões duplos da residência de Mênfis, com Ptolomeu sentado num trono portátil, ornamentado com leão e esfinge, e o trono estava sendo conduzido apoiado em traves, de modo que balançava de um lado para o outro nos ombros dos generais do seu exército. Era acompanhado, nesse percurso, pelos sacerdotes e escribas do Egito, milhares deles; por sua guarda de soldados, sua banda de trombetas, tambores e flautistas, e pelos portadores de leques de penas de avestruz de púrpura e ouro que protegiam a sua pele do sol abrasador; e a multidão pela qual passava não parava de entoar *Ptlumis*, *Ptlumis*, *Ptlumis*, numa só voz, e o ritmo da gritaria era como o ritmo das batidas do seu coração, e o seu coração batia rápido e forte.

Ainda que fosse grego, estava cercado por egípcios e não pôde avistar sequer um rosto grego naquele dia — exceto o rosto de sua esposa, que era carregada, bem alto, às suas costas — ali estava Berenice e esse era o seu dia de glória, como nenhum outro que *jamais tivera*.

Diante de Ptolomeu passava o sacerdote egípcio chamado Cantor, que conduzia os livros de Thot, o qual continha os hinos dos deuses, e todos os mandamentos relacionados à vida de um Faraó.

Atrás do Cantor passava o *Horoscopos*, o Sacerdote do Horóscopo, que conduzia a ampulheta e o ramo de palmeira, símbolos da astronomia, pois era o homem que tinha intimidade com os livros de astronomia de Thot, com estrelas e eclipses, e dava a última palavra sobre o nascer do Sol e da Lua.

Atrás do *Horoscopos* seguia o *Hierogramateus*, ou Escriba Sagrado, que usava penas na cabeça e carregava nas mãos materiais para escrever, pois esse era o homem cujo dever consistia em entender e explicar os hieróglifos, a escrita sagrada dos egípcios.

Atrás do *Hierogramateus* vinha o *Stolistes*, o sacerdote cujos deveres eram concernentes a sacrifícios e orações, procissões e dias santos. E depois havia uma grande procissão de sacerdotes, todos completamente calvos e vestidos de branco, calçando sandálias brancas, cujos títulos e funções foram ensinados a Ptolomeu, e que entretanto continuavam para ele absolutamente estranhos, mesmo depois de 18 anos de sua vida no Egito, e eram eles:

Os guardiões dos Portões do Grande Mar
Os *Galactoforos*, ou Carregadores de Leite
O Profeta da Serpente Ouraios
A Boca de Deus
O Homem de Anúbis
O Superior dos Divinos Vestuários
O Carregador de Crocodilos
O Chefe dos Cervejeiros de Min de Koptos
O Carregador de Cestas
O Tratador dos Íbis
O Escriba do Selo Divino
O Escriba dos Memorandos
O Mestre da Necrópole
O Servo da Coroa Branca
O Servo da Coroa Vermelha
O Sacerdote das Crianças Mortas do Ápis
A Aia de Bastet, o Gato
O Guardião-em-Chefe do Falcão Sagrado
O Mestre dos Macacos
As Orelhas do Rei do Baixo Egito
Os Olhos do Rei do Alto Egito
O Mestre dos Segredos de Ísis
Os Pastores das Vacas de Min de Koptos

O Guardião das Concubinas Reais
O Guardião dos Cães Sagrados
O Sacerdote do Rio
O Profeta da Deusa Maat
O Guardião do Tesouro de Hórus de Behdet
O Servo da Deusa de Ouro
O Chefe de Rebanhos
O Controlador das Terras Reais
O Mestre das Serpentes Divinas...

Em verdade, se Thot fosse listar os títulos de todos esses sacerdotes, a relação encheria por completo todo o livro.

À frente de Ptolomeu caminhava o próprio Anemhor, o sumo sacerdote de Ptah, o Diretor de Todos os Trabalhos, que presidia todas as coisas sagradas e a grande cerimônia da coroação do Faraó, e, enquanto caminhava, queimava incenso adiante de Ptolomeu, para que a fumaça alcançasse as suas narinas, purificando também o seu coração e os pulmões.

Se ainda restasse a Ptolomeu pelo menos um pêlo na nuca, teria ficado eriçado, agora. Na situação em que estava, percebia o formigamento na pele, e que suas partes íntimas coçavam por conta da raspagem à navalha de bronze, mas sabia que não deveria se coçar. Mordeu o lábio para prender um espirro, que era o efeito do incenso no seu nariz; no entanto, se deu por vencido e espirrou três vezes, e para um grego isso significa boa sorte, as graças de Tykhe e a aprovação de Zeus.

Vinte e dois sacerdotes então carregaram à frente a grande imagem em ouro de Amun-Rá, o grande deus, sobre sua liteira de ouro, e atrás de Amun-Rá caminhavam mais milhares de sacerdotes com suas túnicas brancas e as cabeças raspadas reluzindo à luz solar.

À frente de Amun-Rá seguia o touro sagrado que era o protetor do Faraó em sua coroação, o próprio Ápis, levado por uma corrente, usando a sua coroa, o disco dourado brilhante do Sol, e protegido do sol por um dossel púrpura e dourado. Vez por outra, o Ápis entoava seu mugido, e sua voz ecoava através de Mênfis, e a multidão aplaudia, pois ele era a imagem viva de Ptah, da mesma forma que Ptolomeu, o Faraó, era a imagem viva de Hórus, o Falcão de Ouro.

É certo que Ptolomeu tinha visto alguma coisa dessa marcha da coroação anteriormente, em honra a Alexandre; porém não prestara muita atenção nos bárbaros, encontrando-se muito mais ansioso para aplacar a sua enorme sede. Agora, entretanto, tudo era diferente, e ele não mais se achava entre os bárbaros. O incenso elevava-se no ar, em nuvens de fumaça, e Ptolomeu via, sem enxergar, a multidão, e ouvia, sem escutar, o clamor do seu nome sendo gritado; o deus estava com ele, uma presença quase palpável, e, a despeito do calor, um calafrio percorria de cima a baixo sua espinha.

Quando Ptolomeu penetrou no Primeiro Pilono do Templo de Ptah, os sumos sacerdotes do Egito estavam com ele, e ninguém mais, pois a parte secreta da cerimônia desenrolava-se antes, e, enquanto caminhavam na sua direção, ele viu bandos de pássaros brancos voarem para o alto, liberados para os quatro cantos da Terra para proclamá-lo Faraó.

Três sacerdotes postavam-se de pé diante dele, usando as máscaras dos deuses: Anúbis, o deus-cão de focinho negro, Faraó do Mundo dos Mortos; o deus criador Aton, de face humana, a primeira e última fonte do poder faraônico, usando a Dupla Coroa do Egito e a barba falsa pregueada; Hórus, o deus-falcão, com bico curvo e sua coroa de penas altas, com seus olhos pretos fixos. Esses três conduziram Ptolomeu pelas mãos, sem lhe dirigir uma palavra sequer, até o *Pylon*, o Pátio Principal do Templo, e ali, naquele salão guarnecido de pilares, realizaram o primeiro ritual de entronização.

Ptolomeu entrou na piscina rasa e os deuses despejaram sobre ele, com ânforas de ouro, a água sagrada que carrega a vida divina, de modo que esse corpo, agora, transformava-se e era digno de se apresentar diante dos deuses.

As figuras mascaradas o conduziram a seguir ao Salão do Júbilo, onde havia fileiras de colunas gigantescas esculpidas como hastes de papiros, e foi lá que pôde contemplar o rosto de Nekhbet, a deusa-abutre, e Wadjet, a deusa-cobra, e também o rosto de Neith, Senhora do Arco e das Flechas, e Ísis, a Senhora de Muitos Nomes, assim como as faces de Thot, o Íbis, Três Vezes Grande — já que esses eram os principais deuses do Egito.

Eles pousaram suas mãos sobre Ptolomeu, assentindo com um gesto de suas cabeças, e lhe entregaram a imagem do Ankh, que é o símbolo da vida, e ele a tomou em suas mãos, e suas mãos tremiam.

Em palavras que ele não pôde compreender, prometeram-lhe que o seu reino deveria ser longo e glorioso, e que ele deveria desfrutar de tranqüilidade e de algumas vitórias sobre seus inimigos.

Isso porque para Ptolomeu, a partir de então, já não haveria *Infortúnio*.

Quando ele penetrou na Capela Sul, Wadjet, a deusa-serpente, abraçou Ptolomeu com seu capuz de cobra intumescido, e ele foi reconhecido como herdeiro do trono do Egito. Logo a seguir, Anemhor veio em sua direção, devagar, ereto, e esse idoso sacerdote ergueu uma por uma as seis coroas e as colocou sobre a cabeça deste que era O Escolhido de Amun, habilitando-o assim a carregar sobre os ombros suas tarefas e seus poderes, o fardo do Faraó.

Primeiro, a Dupla Coroa de Nekhbet e Wadjet, o abutre e a cobra, que era metade vermelha, metade branca, e a Coroa das Duas Terras, cujo nome era Pasekhemty, As Duas Coroas Poderosas, que os gregos chamavam de Pschent, e que eram compostas da Coroa do Sul, também chamada de Senhora dos Terrores, e da Coroa do Norte, a Senhora dos Encantamentos, e as duas coroas envergadas juntas formavam a Dupla Coroa que era chamada de Senhora do Poder, ou Senhora da Chama. A coroa foi colocada sobre a cabeça de Ptolomeu, o grego, o usurpador, e lhe deu a sensação de ser ao mesmo tempo pesada e leve. Quando o grande Osíris envergou essa coroa, ela gerou tanto calor que Osíris desfaleceu. Agora, chegada a sua vez, Ptolomeu sentiu o calor, e suas pernas falharam, enfraquecidas, e ele sentiu o poder da cobra que o protegeria para sempre — a cobra, cujos olhos sem pálpebras jamais se fechavam.

Anemhor colocou também na cabeça deste rei a Faixa de Seshed, e a Coroa Atef, de Rá, ornamentada de penas, e o Diadema das Duas Plumas. Ao final de tudo veio a Coroa Khepresh, a Coroa Azul da Guerra, feita de couro, aquela que Ptolomeu usaria com mais freqüência, seu elmo de guerra.

A seguir, a Ka, a Dupla Coroa Real, desceu sobre esse rei, envolta numa névoa de luz proveniente de Rá, o Deus-Sol, seu pai, e Ka tomou a forma de um falcão vivo.

Então, Anemhor ungiu Ptolomeu com óleos perfurmados, de modo que ele deixou esse recinto sagrado com um suor grudento sobre seu corpo, e a Coroa Azul da Guerra estava em sua cabeça, e a cauda do touro balançava do cinto às suas costas, e em seu punho esquerdo estava atado o bracelete de couro dos arqueiros, com as palavras, em hieróglifos: *Possa Toda a Proteção desta Vida Estar com Ele.* Na bainha de ouro de sua adaga estava inscrito: *O Bom Deus, Possuidor de Braço Forte,* PTOLOMAIOS, *Aquele que Recebeu a Vida.* E, em seu cinturão estava inscrito em hieróglifos: *O Bom Deus* PTOLOMAIOS, *Aquele a quem Foi Dada a Vida Eterna, como Rá.*

Em seus pés, foram colocadas as sandálias do Faraó, e com elas calçadas ela atravessou a entrada do Terceiro *Pylon*, até o altar cortado de um sólido bloco de granito rosado de Siene, e ele se ajoelhou ali, de costas para o Deus Amun, e sentiu a mão do deus tocando sua nuca enquanto o deus confirmava sobre a sua cabeça a Kepresh, que lhe concedia o domínio de todo o circuito do sol.

Calafrios desceram por sua espinha dorsal e ele sentiu a majestade desse deus, Amun, o Vento Oculto, e o deus se fez real para ele.

A seguir, deram a Ptolomeu os cinco grandes nomes que os Escribas da Casa da Vida de Mênfis haviam escolhido para o Faraó, e esses nomes eram os seguintes: primeiro, seu Nome de Hórus, que o descrevia como um novo rei, e seu Nome de Hórus era Grande Em Seu Poder; o segundo era seu nome das Duas Senhoras, que expressava sua dupla natureza com a imagem do Abutre e da Cobra, Nekhbet e Wadjet, as deusas guardiãs do Egito, e seu nome das Duas Senhoras era Poderoso Conquistador, Virtuoso Soberano; o terceiro era seu nome de Hórus de Ouro, que era o princípio de uma vida boa e eterna, prevalecendo sobre todo o mal, e seu nome de Hórus de Ouro era Forte Soberano Sobre Toda a Terra; quarto, o seu nome do Trono, porque era ele a encarnação terrena da vitalidade e da energia dinâmica do Deus, e seu Nome do Trono era Setepenrameriamen — Bem-Amado de Rá, Escolhido de Amun, Rei do Alto e do Baixo Egito; quinto, seu nome Solar, seu nome de nascimento, que era, obviamente, Ptolomaios, precedido do augusto título de Filho do Sol — seu próprio nome, então, que ele escutava ao longe entoado pelo povo no lado de fora, já que ele estava bem no coração do Templo de Ptah.

Ptolomeu agarrou os dois cetros do grande deus Osíris, o *heqat*, ou báculo, de Rei do Sul, e o *nekakha*, ou mangual, de Rei do Norte, que eram feitos de alternadas faixas de ouro e safiras, e ambas as suas mãos tremiam quando os segurou.

Ptolomeu encaminhou-se, então, de volta para a ala central do Templo. Penetrou no Santuário da Barcaça do Sol. Passou pelo Salão das Oferendas. Entrou no mais sagrado dos sagrados de Ptah de Mênfis, Ptah da Bela Face. Pela primeira vez, executaria os sagrados ofícios, como o Sacerdote de Todos os Sacerdotes — de quem mesmo os sumos sacerdotes do Egito eram meros representantes — e isso ele precisava fazer sozinho, seguindo as ordens estritas de Anemhor.

Em primeiro lugar, acendeu a tocha e partiu o selo de argila sobre o altar. Fez deslizar para trás as pesadas trancas e lá ficou, imóvel, com seus globos oculares fixos nos globos oculares do reluzente deus de ouro, cuja estátua era incrustada de pedrarias da cabeça aos pés e cujo barrete justo era de vidro azul. Passou um longo tempo contemplando aqueles olhos negros e brilhantes, pensando em tudo e em nada, e a seguir se prostou diante do deus, em assombro e medo, e beijou a terra, e as lágrimas escorreram de seus olhos; e eram lágrimas de orgulho e de alívio. Mergulhou, então, seu dedo mínimo direito no ungüento e ungiu a Bela Face de Ptah com a matéria grudenta. A seguir, depositou os pratos com comida diante da estátua do deus. Selou as duplas portas do altar com argila. Deixou o altar caminhando de costas, varrendo suas pegadas com uma vassoura, para que a santidade dos domínios de Ptah se mantivesse inviolada, apagou a tocha e deixou o deus na escuridão.

Ptolomeu, e até mesmo este general Ptolomeu, que fora um Grande Chacinador, ficou trêmulo, nesse instante, do mesmo modo como tremia na primeira vez em que matou um homem.

A parte secreta da cerimônia de coroação estava concluída, e agora Ptolomeu poderia se mostrar ao seu povo. Os sacerdotes mascarados — o Cara de Cão, o Cara de Íbis, o Cara de Falcão — executaram de novo, e dessa vez à luz do dia, a mesma cerimônia, toda ela, inteira.

E assim prosseguiu, hora após hora da cerimônia, até que Ptolomeu enfim deixou o templo pelo Grande Pilono, e apresentou-se na carruagem de ouro e eletro exclusiva do Faraó, e conduziu-a descendo de volta a via das procissões, onde comida e bebida vinham sendo distribuídas ao povo desde antes do alvorecer, e onde entoavam seus cânticos de louvação ao rei que restituiria ao Egito os seus dias de prosperidade. Ele fez tudo o que deveria ser feito, até mesmo a anistia de praxe concedida aos prisioneiros de todas as prisões. Mênfis não conhecia tanta alegria desde antes da chegada dos persas.

Quando esse Faraó apeou de sua carruagem e entrou na Residência, não era capaz de pronunciar uma só palavra. A despeito das instruções de Anemhor, pouco compreendera do significado dos intermináveis rituais. Desconhecia o que havia acabado de fazer. Tudo o que sabia era que os deuses do Egito pareciam ser deuses de grande poder, que puseram seu coração em rebuliço dentro do peito.

Ele era Ptolomeu, Aquele que Vive Para Sempre. Renascera, e quase chegava a acreditar nisso; mas, naquele exato instante, estava com muita fome. Depois do Banquete de Coroação, durante o qual não cessou, mesmo enquanto comia, de sorrir aquele misterioso sorriso tão sereno do Faraó, não conseguiu dormir. Era um Deus Vivente. Era o Filho do Sol. Era Hórus, o Falcão, feito em carne e osso. A luz dos céus habitava nele. Seus súditos o cultuariam e seus inimigos o temeriam. Ele era o que tudo sabia. Ele era a perfeição. Nada do que fizesse seria errado, nem então, nem nunca. Era tanto um deus quanto um ser mortal, tanto humano quanto divino, e quase sentia medo de ter feito o que fizera: sentia medo da *hybris*, medo de ter ofendido os deuses da Grécia, e medo do que aconteceria no futuro.

Ao mesmo tempo, regojizara-se por cada momento de sobressalto. Ptolomeu seria um bom Faraó, assim acreditava Anemhor — e Anemhor estava certo.

Do lado de fora da residência, o povo cantava:

Os tempos felizes começaram...
Um Senhor surgiu nas Duas Terras...
A Cheia será farta...
Os dias serão compridos...
O reino do bom Ptlumis é absoluto e inconstestável,
De acordo com os livros dos rituais...

Os egícpios entoariam essas canções em honra de quem quer que fosse entronizado Faraó, e fosse ele egípcio ou estrangeiro, pois esse era o costume. As crônicas dos profanos viam os acontecimentos sob uma ótica diferente. O Faraó era sufocado por ardis. Nenhum Faraó estava livre de intrigas, de complôs, de conspirações, de homens com facas à noite. Mas, por ora, parecia tanto a Ptolomeu quanto ao sumo sacerdote que o povo de Mênfis e todo o Egito continuava dançando e cantando até as horas mortas da madrugada.

No Alto e no Baixo Nilo, foram erguidas estátuas desse Ptolomeu, como Faraó, envergando a touca, *nemes*, e com a falsa barba plissada do faraó. A cobra e o abutre, seus protetores, postavam-se em sua testa. O corpo desse rei foi modelado com ombros largos, braços e peito musculoso, para expressar sua força sobre-humana. Em verdade, entretanto, Ptolomeu não possuía mais músculos do que qualquer homem comum, já que não praticava nenhum exercício físico no Egito. Na pedra, no entanto, foi imobilizado em eterna juventude, sorridente, com aquele mesmo tênue sorriso de todos os Faraós que o haviam precedido.

Nessas estátuas, Ptolomeu era mostrado com seu pé direito avançado. Parecia orgulhoso. Parecia um tanto satisfeito. Mas a verdade era que agora passaria os seus dias inteiros em sua cadeira de ouro, escutando petições. O trono em que se sentava tinha o formato de um cubo, com um descanso para o recosto das costas que atingia a altura de seus ombros, e acima do descanso estava Hórus, o deus falcão, guardando a cabeça de Ptolomeu com suas asas. Os pés do trono eram patas de leão. Os braços eram Nekhbet, o abutre, e Wadjet, a cobra, deusa com asas estendidas para a sua proteção, e o trono era duro de se sentar, nada macio, como a cadeira que ele ocupava como sátrapa.

Por alguns meses, Ptolomeu deliciou-se vestindo os trajes do Faraó, e praticamente esqueceu que existiam *khlamys*, *khiton*, *himation*, *kausia*, *petasos*, *krepides*, todos os seus trajes gregos — manto, túnica, manto pesado, elmo de sol de feltro, chapéu de viagem e botas de cadarços de soldado —, os quais despira no dia de sua coroação. Ao vê-lo, esse rei tinha toda a aparência do Faraó que de fato era. Ele caminhava como o Faraó. Sorria como o Faraó. Até mesmo ordenava que lhe servissem comida de Faraó, em vez de azeitonas gregas, queijo grego e pão grego, que foram o seu alimento até então. Havia dias em que ele não comia nada a não ser favas egípcias, tâmaras egípcias, tortas de pombos, bananas e leite de camela; e nem pensar em comer peixes, os quais, como um sacerdote do Egito, não deveria comer, e afirmava que nada deveria fazer que o distinguisse de seus súditos: *De modo que eu até mesmo comece a pensar como um egípcio*, dizia.

Nem todo mundo estava convencido da mudança dos hábitos de vida desse homem. Anemhor sabia que esse grego não seria capaz de deixar de comer peixe por muito tempo. Anemhor, amigo de Ptolomeu, às vezes refletia no mais profundo e secreto de seu íntimo: *Uma vez grego, sempre grego...* E a verdade era que, a despeito de seu sorriso, por trás de sua impenetrável reserva, esse sumo sacerdote ainda mantinha muito de sua desconfiança em relação a estrangeiros.

Havia vezes, momentos, em que Anemhor tinha de repetir para si mesmo que ele conhecia o futuro e que Ptolomeu e sua Casa, Ptolomeu e os gregos, afinal de contas, não durariam para sempre.

3.2

A Grande Esposa Real

Foi Berenice, é claro, tia Berenice, e não Eurídice a quem coroaram Rainha em Mênfis, com a Coroa da Rainha de penas de avestruz e os dois grandes chifres de Hathor, a deusa-vaca, a Dourada, Senhora da Turquesa, e com o grande disco de prata da Lua. Não foi Eurídice, mas Berenice que recebeu os muitos títulos de Herdeira, Grande em Seu Palácio, Bela de Rosto, Adornada com as Duplas Plumas, Dotada de Favores, Senhora da Felicidade, a Grande Esposa Real, Senhora das Duas Terras, Aquela cuja Voz Deleita o Rei, sua Bem-Amada. Foi Berenice, cujo nome grego ficou sendo, em egípcio, *Barenicat*, e foi aclamando Berenice que gritaram nas ruas: *que ela viva para todo o sempre!*

Da outra esposa de Ptolomeu, nada disseram e por ela não aclamaram. Nem sequer uma sílaba lhe dedicaram, já que Eurídice não era a Senhora da Felicidade, mas sim a Senhora da Infelicidade.

Berenice mudou da noite para o dia. Assumiu todos os paramentos de uma rainha como se assim tivesse nascido. Já há muito tinha escravos e aias. Tinha total liberdade nas grandes residências: os enormes labirintos inextrincáveis dos salões de audiências, pátios, colunatas, pavilhões, alas das crianças, cozinhas, despensas, aposentos privados, terraços e jardins com vista para o rio e a cidade de Mênfis, ou, em Alexandria, para a Grande Baía e o Grande Mar, mais além. Tudo era domínio de Berenice, já que ela supervisionava tudo, do preparo da ceia do Faraó aos servos que varriam os assoalhos e os cavalariços. Berenice recusava-se a ficar no ócio. Controlava a criadagem de ambas as residências, e fazia isso muito bem.

A despeito da mudança advinda de ter se tornado rainha, continuava também a velha Berenice de sempre. Continuava removendo a pele áspera de seu rosto com o velho remédio grego, óleo de rabanetes. Ainda fazia uso do tratamento para a pele que era a mistura de pernas de gafanhotos, formigas maceradas, urina de ratos e sangue de abutre, tudo isso amassado com sebo de cabra. Ela não abriu mão de seus hábitos cotidianos característicos de uma aristocrática grega, mas seu rosto exibia um novo brilho, que era, por sua vez, o reflexo de seu marido, o Filho do Sol, e cuidava de suas tarefas ostentando todas as jóias de uma rainha do Egito cujo peso pudesse suportar: ouro, cornalinas, calcedônias, esmeraldas, safiras, e todas as demais pedras de grande valor.

Berenice vestia os brancos trajes de bainha apertada, os quase transparentes vestidos das rainhas dos egípcios, e a coroa vermelha de deusa. Sobre sua cabeça, usava agora a Tiara do Abutre que nenhuma outra mulher no Egito poderia ostentar, com a cabeça e o bico do abutre pairando sobre a sua testa, as asas do abutre envolvendo suas orelhas, e a cauda do abutre balançando sobre sua nuca. Os lobos das orelhas de Berenice se alongaram por conta do grande peso dos brincos de ouro que insistia em usar. Vez por outra, tinha a oportunidade de exibir também a alta coroa de penas de rainha, e sua liteira era carregada pelas ruas de Mênfis sobre os ombros de homens fortes até o Templo de Ptah, onde ela agitaria seu sistro de ouro, o chocalho de Ísis, a Senhora de Muitos Nomes; e o propósito de agitar esse chocalho era afastar a ira de Hathor, a deusa-vaca. E isso era de extrema importância para o Egito e, além do mais, enorme prazer para Berenice.

Sim, ela aprendeu os ritmos que imitavam as cobras, a hipnótica música das mulheres do templo que forçaria o olhar de Rá, o deus-sol, a se dirigir para o seu marido, o rei Ptolomeu, Aquele que Vive por Toda a Eternidade, Bem-Amado de Amun, Filho do Sol.

Pessoalmente, não nutria temor em relação ao Sol; nunca se resignara a viver na penumbra do *gynaikeion*, mas sempre fizera passeios, sendo carregada pela cidade, vendo o que precisava ser feito e o que não deveria ser feito, e levava suas opiniões a Ptolomeu, que por sua vez não ignorava o que ela lhe dizia, e prestava bastante atenção. De fato, Ptolomeu fazia quase tudo o que Berenice lhe pedia. Ora, Ptolomeu chegara mesmo a concordar com a exigência de Berenice no sentido de instalar, sob sua gestão, uma manufatura de perfumes, o que serviria ao útil propósito de aumentar a renda real. A fábrica de perfumes era muito refinada, e proporcionava a Berenice a justificativa perfeita para experimentar seus pós e óleos. Era também uma cobertura perfeita para que essa rainha fizesse experiências com todos os tipos de venenos. Venenos eram a sua especialidade. E Berenice, então, vivia ocupada, bastante ocupada.

Eurídice foi a esposa rejeitada, que permaneceu confinada no *gynaikeion*; por dias e dias, apenas sentada, sentada o tempo todo, levando aquela vida de tartaruga, sem nada para fazer. Havia dias em que Eurídice choraria lágrimas de desesperança que apenas uma esposa abandonada pode chorar. Havia dias em que realizaria o feitiço do despeito, destinado a privar sua rival de tudo o que ela conquistara, e sua magia era a mais rancorosa das que aprendera com a própria Berenice.

Nessa época, Eurídice guardava o mais melancólico silêncio, típico de uma mulher possuída por Dionísio, aquele olhar fixo de uma quase enlouquecida mênade. Havia vezes em que o olhar dela tornava-se selvagem, como se o horror da perda ou da desesperada situação em que se encontrava a estivesse impelindo para a loucura. Adotou então o hábito de enrolar as cobras domésticas de Alexandria, Agathos Daimon, que supostamente trariam boa sorte, nos seus cabelos emaranhados, e levava as cobras consigo para a cama, para ter sorte, para confortarem-na, e deixava que passeassem por sua pele morna e lambessem seus ouvidos. Permitia que as suas línguas agitadas tocassem até mesmo a sua própria língua, como continuava de algum modo desejando que Ptolomeu tocasse sua língua. Mas as serpentes lhe trouxeram pouca sorte. Pois a verdade é que Eurídice descuidava de sua aparência, raramente se lavava e parara de comer refeições regulares. Havia boas razões para que Ptolomeu raramente colocasse os pés, calçados em suas sandálias de ouro, nos aposentos de Eurídice.

Visto que, antes, fora Berenice que parecia desfigurada, magra demais, doentia, envelhecida demais para a sua idade, agora era a vez de Eurídice, e era como se as duas tivessem trocado de lugar: enquanto uma desabrochava, a outra decaía, e isso era algo que traria as mais profundas conseqüências sobre o Egito.

A todo lugar que ia, Ptolomeu levava consigo o dossel de madeira de acácia folheado a ouro, que poderia ser assentado ou retirado à vontade, sendo que o propósito disso era proteger o rei e a rainha, durante as cerimônias ao ar livre, do causticante sol do Egito. Agora, quando Ptolomeu viajava rio acima, era Berenice que o acompanhava e Eurídice era deixada para trás.

Uma vez ao ano, Ptolomeu e Berenice assumiriam os papéis de Zeus, Deus do Trovão e do Céu Brilhante, e Hera, sua irmã e esposa, e encenariam o drama grego chamado *A Teogamia*, o Casamento dos Deuses. O casamento de Zeus e sua esposa era famoso por suas brigas e turbulências, e no entanto, pelo que se acreditava, o casamento de Ptolomeu e Berenice era perfeito, tanto quanto a imaginação poderia conceber, e abençoado pela fortuna.

Ptolomeu jamais havia encenado Zeus e Hera com Eurídice: seu casamento com ela parecia agora bem longe da perfeição, e seus filhos com ela, igualmente, estavam longe de parecerem perfeitos, já que nunca paravam de brigar. De fato, Eurídice nunca havia se parecido muito a uma deusa para Ptolomeu, e sua esposa inferior estava sempre ausente da encenação da peça.

Mas o que seria de Eurídice? Isso a preocupava. Será que Ptolomeu a expulsaria da residência? Ela seria mandada embora? Como poderia impedir que isso acontecesse? Não sabia. Não sabia e roía as unhas de seus dedos até a raiz, de tanta preocupação a esse respeito.

Já Berenice, em verdade, não sentia raiva de sua sobrinha. De modo algum: Berenice tinha muitos motivos para ser grata a Eurídice. Berenice não tinha por que ter receio algum, porque já havia posto em prática o encantamento para neutralizar toda magia que lhe fosse hostil e estava imune a ataques. Berenice estava segura, nos braços do Faraó, nada poderia preocupá-la. No começo, só de fato, essas duas esposas conviveram pacificamente, mas era impossível que, em longo prazo, não entrassem em alguns conflitos. O tempo foi passando e elas começaram a brigar, inicialmente, por meio de palavras. Mais tempo transcorreu e Eurídice primeiro desferiu unhadas, depois, vez por outra, socos, e tudo porque o Faraó não tinha o bom senso de ter apenas uma esposa, mas sim duas, despejando todos os privilégios da monarquia em apenas uma delas e negando todos à outra.

Anemhor expressou suas preocupações quanto às tensas relações entre a tia e sua sobrinha, mas intimamente acreditava que era uma família com defeitos irreparáveis, muito dividida entre si. A família de Ptolomeu seria para sempre como a tripulação de remadores de uma galera. Para movê-la à frente, os remadores precisavam impulsionar todos ao mesmo tempo. Caso contrário, o navio rodopia em círculos e não avança. E a família de Ptolomeu não se movia com todos ao mesmo tempo: era um navio que inevitavelmente encalharia. De fato, já estava fazendo água, e condenado a naufragar.

Anemhor sabia de tudo isso. O naufrágio não aconteceria logo, mas não demoraria. Os mares à frente estavam turbulentos.

3.3

Pintas de Leopardo

Tanto em Alexandria como em Mênfis, o alvorecer era acompanhado do latido dos cães do palácio, o clamor das pombas e das galinhas, o matraquear dos macacos de Thot, em sua adoração a Rá. Mas, se Ptolomeu pensava que escaparia de Anemhor por viver em Alexandria, estava enganado, porque, na maioria das manhãs, onde quer que estivesse Ptolomeu, lá estaria também Anemhor, usando seu manto de pele de leopardo, como de hábito, em alguma missão de grande gravidade para o bem do Egito, ou transbordando de advertências sobre mais alguma coisa que Ptolomeu não estaria fazendo direito. Certamente, havia por um lado o prazer e o regozijo de ser o Faraó; mas, por outro, havia um lado escuro, o perigo de ser um rei e um homem de poder, o que significaria que haveria sempre aqueles que, por ele, só nutririam ressentimentos.

Certa vez, Anemhor apresentou-se e disse: *Os fluidos corporais de um deus contêm toda a essência divina e o poder da criação.*

Ptolomeu encarou-o, pensando: *O que foi agora? O que vem por aí?*

Quando ele cospe, prosseguiu Anemhor, *quando urina, quando assoa seu nariz ou mesmo quando derrama lágrimas...*

Ptolomeu franziu o cenho.

Os fluidos de um faraó precisam ser preservados para sempre, disse Anemhor, *ou descartados com todo o zelo.*

Ptolomeu ficou olhando para ele, intrigado.

No passado, disse Anemhor, *houve faraós contra os quais se praticou encantamentos por meio de lascas de suas unhas dos pés, de fios de seus cabelos...*

Ptolomeu coçou a cabeça que todos os dias era raspada bem rente, para que pudesse usar a Coroa Azul da Guerra.

Na história do Nome Secreto de Rá, disse Anemhor, *a saliva do sol foi usada para envenená-lo...*

Ptolomeu acomodou-se melhor em seu trono de ébano e marfim, perguntando-se se os dejetos de todos os Faraós seriam estocados em Mênfis, rotulados e arrumados sobre prateleiras numa ordem cronológica... Sem dúvida, Mênfis cheirava como se assim fosse... Dez milênios de excrementos de Faraós, guardados para a posteridade, para todo o sempre...

Se Ptolomeu não fosse o próprio Faraó, explodiria em gargalhadas com tal pensamento. Mas, agora, ele se perguntava... Deveria ignorar o sumo sacerdote e essa absurda exigência, e seus dejetos que fossem atirados, junto com os dejetos de todos os demais, no rio, que era a fonte de água de que bebiam todos os egípcios?

Mas não fez aquela pergunta. Aí estava um segredo cuja resposta não fazia questão de conhecer. Anemhor, já que era um artesão de maravilhas, que tomasse conta dos dejetos reais, se assim quisesse, até o dia em que se mostrariam, quem sabe, úteis...

Sim, Anemhor sabia que os excrementos de um inimigo eram um grande trunfo, a matéria-prima essencial para lançar feitiços contra um homem, e era necessário que se acautelassem quanto à possibilidade de serem utilizados contra esse Faraó.

Quando Anemhor se curvou e beijou a terra, e a pele de leopardo que ele costumava trajar saiu de sua posição, Ptolomeu se conteve para não rir diante de um assunto de tamanha seriedade. Mas Anemhor pensava apenas nas palavras sábias que diziam que os gregos, comparados aos egípcios, eram crianças: os gregos não sabiam de nada; os gregos nada entendiam. Anemhor sorriu, seu habitual meio sorriso, mas raramente se dava ao luxo de uma risada aberta. Um sacerdote do Egito não deveria rir com freqüência. O serviço dos deuses era austero demais para permitir risadas, e ele cruzou os braços, sob a pele de leopardo, e começou a tratar de seus outros assuntos, pensando e repensando.

Anemhor sempre voltava, e ainda antes de se completar um mês da coroação levou a Ptolomeu suas mais novas exigências.

A tradição, ele disse, *ela nos diz que o Faraó deve presentear seus cortesãos egípcios com gansos, pombos, cisnes, patos, galinhas gordas. Vossa Majestade irá seguir esse costume?*

Ptolomeu calculou as despesas. Em tudo, estava disposto a seguir a tradição, pois proceder de outro modo seria um convite à desordem, ao caos, ao desastre.

É o mais sábio a ser feito, Anemhor acrescentou.

E assim, é claro, Ptolomeu nem sequer opôs resistência e ordenou a distribuição de aves. Ordenou também que todas as sobras das mesas da residência fossem enviadas aos cortesãos, ou aos sacerdotes de Ka, para que fossem depositadas sobre a mesa de oferendas aos mortos.

Pensou então nas palavras de Periander, de Corinto: *Preserve as leis antigas, mas o peixe fresco*. Mudança, só para mudar, não eram boas. Tudo precisava continuar a ser feito como sempre fora no Egito. E ele de novo pensou em peixes, que já não deveria comer. O desejo tomou conta dele e, assim que Anemhor partiu de volta para Mênfis, Ptolomeu ordenou que fossem à ágora e lhe trouxessem peixe, e ele se empanturrou de salmonetes, e sua abstenção em relação a peixes havia durado trinta dias. Mas Anemhor, ele pensou, nunca precisaria saber disso.

No segundo mês, Anemhor apresentou-se de novo, e com mais exigências, dizendo: *O Faraó Ramsés ofertava sessenta gansos a todos os templos do Egito, e isso durante todos os dias de seu reinado...*

Ptolomeu o encarou sem dizer nada.

Ramsés dava 1.820 gansos aos templos, todos os meses, disse Anemhor.

Ptolomeu só pensava no quanto isso lhe custaria.

Ramsés dava 21.935 gansos todos os anos, disse Anemhor.

Ptolomeu soergueu a pele onde antes havia suas sobrancelhas. *São gansos demais*, ele replicou.

De fato, são muitos gansos, disse o sumo sacerdote. *Um total de 680.000 gansos para as divinas oferendas.*

Os cantos da boca de Ptolomeu arriaram.

Todos os Faraós antes dele e desde então, disse Anemhor, *fizeram o mesmo.*

E mais uma vez Ptolomeu chegou à conclusão de que não haveria paz se ele não fizesse o mesmo, de maneira que sessenta gansos passaram a ser enviados aos templos, todos os dias, e assim seria por tantos anos quanto ele continuasse a reinar. E os criadores de gansos separavam mais ovos de ganso para chocar, criavam e engordavam mais gansos, e barcaças cheias de gansos navegavam rio acima e abaixo, com seus carregamentos de 1.827 gansos, todos os meses, como sempre havia acontecido; como vinham fazendo desde o tempo de Nakhthoreb.

Assim aconteceu que a Casa de Ptolomeu manteria as entregas de gansos por dez gerações.

Em Mênfis, o Horoscopus previu que o número de gansos a serem ofertados por Ptolomeu e seus descendentes seria de seis milhões, quatrocentos e noventa e cinco gansos, exatamente. Mas não contou a ninguém esse número, achando que ninguém acharia isso possível. Trezentos anos de Ptolomeus seria mais do que se poderia suportar. E o próprio Horoscopus duvidava que a sua previsão estivesse correta.

Em todos esses primeiros meses, a pergunta mais constante nos lábios de Ptolomeu era: *Como ser um Faraó?* Com freqüência, Anemhor mal havia retornado a Mênfis e Ptolomeu lhe enviaria alguma pergunta que significava que o sumo sacerdote deveria tomar a barcaça para o norte imediatamente. Mas Anemhor contribuía com sua sabedoria de boa vontade porque estava interessado em ajudar Ptolomeu de toda maneira que pudesse, já que um Faraó estável significava um Egito estável.

Cuidado com os súditos que não são ninguém, Anemhor o aconselhou, *homens capazes de conspirar contra você, por suas costas.*

Numa outra ocasião, ele disse: *Não confie em um irmão, nem mesmo em Menelau, filho de Lagos.*

Ptolomeu assentiu com a cabeça, já sabendo o que ele queria dizer. O inútil Menelau não receberia de volta seu comando.

Numa terceira oportunidade, Anemhor disse: *Não tenha amigos. Não fique íntimo de ninguém; é algo sem valor.*

Ptolomeu sabia que um rei não pode ter amigos. Via seus conselheiros, seus ministros, os seus escravos e os membros de sua família, mas estava aprendendo a não confiar em absolutamente ninguém. Aprendeu a estar sempre vigilante quanto a veneno, tendo seu próprio Provador de Alimentos, seu *Progeustes*, assim como ele fora o provador de Alexandre.

Mesmo a Grande Esposa Real não lhe merecia total confiança. Mesmo Berenice não deveria compartilhar de seus pensamentos mais secretos, porque de fato não era costume de um grego conversar muito com sua esposa, apesar de toda a utilidade que Berenice tinha com seu hábito de expressar livremente cada nova idéia que lhe ocorria. Assim, ele não lhe contava seus pensamentos. Quanto a Eurídice, raramente falava com ela.

Às vezes lhe passava de novo pela mente: *Não se esforce para ser um deus... As coisas dos mortais adequam-se melhor à mortalidade*, mas já havia ignorado tal advertência. Era tarde demais para voltar atrás. O que quer que fizesse agora, as Parcas fariam dele o que bem entendessem. E assim, encontrava alívio ao dizer para si mesmo: *Um deus não necessita de amigos... Um deus basta a si mesmo...*

Ele concentrava seus pensamentos em ser um bom rei. Fora escolhido, ungido pelos deuses para prosseguir com o trabalho deles, na Terra. Era O-que-Tudo-Sabe. Ele, a fonte de toda a vida. Controlava todas as coisas. Era o Filho do Sol.

Acreditava e não acreditava nisso, e quando despertava, à noite, suando por causa do calor, ou com seu ataque de calafrios, era porque sentia medo pelo que havia feito e não entendia coisa alguma do que fizera — não, absolutamente nada — e porque somente uma revolução ou a morte poderiam livrá-lo do fardo de seus deveres.

Ptolomeu nada podia fazer a não ser manter-se na estrada que iniciara a percorrer, e, olhem só, que estrada longa era essa, e tão cheia de obstáculos.

Assim, os ensinamentos de Anemhor deveriam prosseguir também, e Ptolomeu cada vez recaía em maior débito com esse homem, e cada vez mais se colocava sob seu controle.

A primeira obrigação do Faraó, disse Anemhor, *é manter a comunicação com os deuses, de modo a garantir a vitória, a prosperidade, a ordem, a paz...*

Ptolomeu fixava seus olhos naquela cabeça calva, na mosca pousada nela, flexionando as patas.

Ou seja, prosseguiu Anemhor, *você deve proceder segundo os rituais. O ritual é a coisa mais importante...* E tão absorvido estava em sua explanação que não parecia ter notado a mosca.

A integridade do Egito depende, continuou, *das ações do Faraó. Se não fizer isto ou aquilo, a conseqüência será uma cheia escassa no Nilo, fome nas terras e revoltas no Alto Egito.*

Era simples impedir o caos.

Logo depois dos rituais, disse Anemhor, *o mais importante é oferecer Maat aos deuses. Somente o Faraó pode fazer tal coisa.*

Ptolomeu conteve seu bocejo. Disse a Anemhor que estava entendendo: *Sim*, respondeu, *Maat é retidão, determinação, lei, ordem. Maat é a ordem universal, o equilíbrio cósmico, a verdade...* Mas ele ainda depositava mais fé em Tykhe, deusa da Boa Fortuna. Ele obtinha consolo em saber que o Faraó era protegido pelo falcão, Hórus, cujos dois olhos são o Sol e a Lua, cuja plumagem multicolorida é o céu estrelado, e ele então pensava nos dois portões de Alexandria, que eram chamados de Portal do Sol e Portal da Lua, como se toda Alexandria não fosse senão o reflexo terrestre do estado das coisas celestiais, assim como o Egito era um reflexo dos céus.

O falcão até então abria sua asas para proteger Ptolomeu, e assim tudo corria bem; o sumo sacerdote de Mênfis, seu maior amigo — talvez seu único amigo —, havia prometido que assim seria.

Desse modo começou a estranha vida de Ptolomeu. Os seis anões escravos que tomavam conta do corpo do Faraó o acompanharam a Alexandria, de maneira a permanecer executando sua exclusiva função, que era apresentar a Ptolomeu as vestimentas que usaria a cada dia, cortar as unhas, dar-lhes brilho, aprontá-lo para o banho, e secá-lo, depois.

Ptolomeu se acostumou a não fazer nada sozinho, mas ser servido da manhã à noite. Ele apreciaria, é claro, de tempos em tempos, secar suas próprias mãos, raspar ele mesmo suas costeletas e tomar banho sozinho; mas não havia como escapar a ser o Faraó. Tinha de ser o Faraó em tudo o que fazia, e não apenas um grego que estivesse fingindo ser o Faraó, interpretando o Faraó.

Ele *era* o deus, Aquele que Vive Para Sempre; ele precisava *ser* o deus.

Vez por outra, sentia ímpetos de urrar, atado à lentidão dos procedimentos de vestir-se e despir-se, e mesmo a sua ablução privada era feita por mãos estranhas. Fora o que escolhera. Não tinha motivos para reclamar. Fora aprisionado por sua própria vontade. Mesmo depois de sua morte, ainda seria o Faraó, que teria então voado para os céus nas asas de Thot, o Íbis. Mesmo na Vida Depois da Morte, como uma das Estrelas Imperecíveis, não deixaria de ser o Faraó.

Toda vez que o sumo sacerdote de Ptah, ou o sumo sacerdote de Rá, de Heliópolis, ou o sumo sacerdote de Amun, de Tebas, vinham a Alexandria, traziam para Ptolomeu esfinges de pedra, obesliscos, estátuas de granito de faraós antigos, com os quais ornamentava-se a nova cidade. E tais presentes eram dados com o propósito deliberado de tornar a cidade grega tão egípcia quanto possível. Um presente não poderia ser recusado sem que isso representasse uma ofensa. Um presente significava que Ptolomeu teria de perguntar: *O que pode lhe dar o Faraó, em retribuição?*

E Anemhor, ou fosse qual fosse o sumo sacerdote em questão, poderia dizer *Um novo templo em Letópolis*, ou *Reconstruir o Santuário de Licópolis*, ou *Mais oferendas para o deus em Filai*. E Ptolomeu teria de aceitar.

Se dependesse dele, Ptolomeu preferiria uma cidade com nada, a não ser coisas gregas, mas a fileira de obeliscos egípcios logo cobriu toda a extensão da Via Canopus; estátuas colossais de Ramsés, Amennophis e Amenhotep ornamentavam o Grande Porto, e as ruas começaram a ganhar colunas em forma de lótus, assim como colunas dóricas e coríntias, e havia estátuas de Anúbis, o Cachorro, protetor contra todos os males, em cada esquina. Alexandria passaria a amar Anúbis, Faraó do Mundo dos Mortos.

Os presentes chegavam também no Ano-Novo, e nos aniversários do Faraó e de sua Ascensão, e também nos da Rainha, isso porque havia muitos e muitos dias para se dar algum presente. E havia presentes como amuletos de boa sorte, também, e estatuetas de Sekmet, a leoa, Ptah e Hórus, o Falcão, e ainda jóias, tão belas que faziam Berenice perder o fôlego de tanta admiração.

Ptolomeu, acreditando que o sumo sacerdote de Ptah fosse seu amigo, confessava-lhe mais e mais de seus pensamentos secretos, e indagava sua opinião sobre todas as suas dificuldades, e passou a contar com seu apoio mais do que contava com qualquer outro homem no Egito, mais do que com qualquer grego. Em verdade, Ptolomeu não teria resistido a trinta dias como Faraó sem a ajuda de Anemhor.

Conhecer os segredos do grego era justamente o que Anemhor mais queria. Isso porque um homem tem poder, muito poder, quando conhece todos os segredos de seus amigos.

Sob o controle desse sumo sacerdote, a egiptianização de Ptolomeu e de sua Casa tomou vigor, e tudo foi feito com tanta habilidade que eles quase não o perceberam. Certamente Ptolomeu não se esquecia de sua condição grega, nem abriu mão de seu modo de vida grego, nem parou de falar grego, já que nenhum conquistador se dá ao trabalho de aprender a língua de uma nação dominada. Mas Ptolomeu começou a adquirir hábitos egípcios — primeiro, de brincadeira, mas posteriormente com a maior seriedade.

O tempo foi passando e mesmo os gregos, que encaminhavam suas petições, começaram a copiar os hábitos nativos, quando tentavam conseguir uma audiência, ocultando seus rostos quando se viam na divina presença do Faraó, de modo a não ficarem cegos pela luz que lhe emanava do semblante. Isso porque, para os egípcios, Ptolomeu era Rá, o deus-Sol, e nenhum homem dele poderia se aproximar sem se proteger, porque se ousasse até mesmo olhar para o deus sem a sua permissão, seu coração se incendiaria dentro do corpo, ele todo arderia em chamas e morreria.

Quando se sentia o tremor do terremoto, Ptolomeu murmuraria para si mesmo: *É o cadáver de Osíris se remexendo*, e não falaria como gracejo, mas tocaria com os dedos o talismã contra terremotos que pendia do seu pescoço, assim como o pesado colar de Hórus, próprio do Faraó.

Ptolomeu se divertia rindo, às vezes, dos onipresentes deuses do Egito, que a tudo escutavam e viam, fosse o que fosse que os mortais fizessem ou dissessem. Divertia-os saber que o próprio Ptolomeu, como um deus, tinha 77 olhos e 77 ouvidos, e tão enigmáticas eram as informações que conseguiam extrair de Anemhor que Berenice, no final, acreditou conhecer tudo o que se podia a respeito dos deuses dele.

No princípio, tudo o que fosse egípcio fazia os gregos rirem até as lágrimas, mas Ptolomeu já não se ria.

Infeliz do filho que soltasse uma gargalhada durante a procissão do Sagrado Falcão, em Apolonópolis.

Infeliz do príncipe ou da princesa que desse uma risada disfarçada que fosse, durante os 29 dias de rituais funerários de Hesis, o Touro Sagrado de Heliópolis.

Infeliz do súdito que desviasse seu nariz grego, reagindo ao fedor de um íbis mal mumificado.

Ptolomeu começou a falar, e muito depressa, sem nenhum espanto, do Carneiro de Amun, o Macaco de Thot, o Crocodilo de Sobek, todas as encarnações da divindade. E isso não ocorreu muito antes de o próprio Ptolomeu começar a pensar que fosse muito natural que os deuses deveriam passear por Mênfis sobre suas quatro patas, ou que poderiam ser avistados pousados em todos os telhados.

Claro, Ptolomeu desejava aprender, e os deuses egípcios eram quase complexos demais para até mesmo os *egípcios* os entenderem, mas havia vezes em que agradava a Ptolomeu procurar o velho Anemhor e lhe dirigir uma pergunta que fazia o grande homem ter de se conformar a ficar com a boca aberta, sem nenhuma palavra em resposta — e obrigar Anemhor a confessar: *Nenhum vivente tem a resposta a tal pergunta.*

Isso, Ptolomeu acreditava, mantinha o sumo sacerdote em seu devido lugar. Fazia Anemhor compreender, Ptolomeu acreditava, quem era o seu amo.

No entanto, para Anemhor, nem sempre era uma questão de *não saber*, mas de nem sempre se dispor a revelar alguma coisa. Anemhor não esquecera as palavras de Platão, o grego, que, comparados aos egípcios, os gregos *eram crianças*.

E esses gregos, embora da boca para fora cuidassem de reverenciar Osíris e Hórus, no fundo mantinham seu modo grego de ver o mundo, sem ter muita consideração por deus algum, nem mesmo os deuses da Hélade.

Após sua coroação, Ptolomeu por vezes murmurava para Berenice, no meio da noite, quando os problemas egípcios o mantinham acordado: *Os modos gregos são os melhores que existem.*

E Berenice, é claro, concordava.

3.4

As Flechas de Eros

No ano da coroação de seu pai, Ptolomeu Keraunos, o Raio, atingiu a idade de 16 anos, despediu-se de sua infância e pendurou sua bola de couro e seus demais brinquedos no templo de Hermes, o das Sandálias Aladas, que ficava na Via Canopus, em Alexandria, como recordações de sua bem conduzida adolescência.

Tudo isso era correto, era o costume grego, mas o fato era que a adolescência de Keraunos não foi de modo algum bem conduzida, porque lhe fora permitido crescer sem limites e fazer tudo o que bem quisesse.

Quando os pêlos cresceram em volta do *rhombos*, já em sua juventude, e uma sombra escura brotou sobre o seu lábio superior, Ptolomeu Soter realizou a primeira das três celebrações da *Anakleteria*, ou Chegada da Idade, de seu filho legítimo mais velho, que estava designado, obviamente, a ser o seu herdeiro no trono do Egito.

Assim, o futuro de Keraunos estava assegurado, e o sumo sacerdote de Ptah buscava garanti-lo ainda mais, dando-lhe, em sua Chegada da Idade, o colar egípcio chamado *Baraka*, o Portador da Sorte, que ele usaria pelo resto de sua vida, tornando-o ainda mais o Afortunado Keraunos. Naquele ano, também Anemhor decidiu assumir a tarefa de lhe ensinar um pouco mais sobre os deuses do Egito, de modo que ele ao menos se tornasse capaz de reconhecer os nomes e os rostos de Anúbis, Hathor, Sobek, Ptah e saber um pouco mais a respeito dos atributos de cada um, o que deveria prepará-lo para exercer o posto que lhe estava reservado; e o Faraó concordou que aprender isso tudo seria bom para ele.

Anemhor, então, vinha a Alexandria e, vez por outra, se punha a conversar com Keraunos sobre Thot, sobre a Vida Após a Morte e sobre como, ao entrar no mundo seguinte, o coração do morto era pesado na Balança, em contraposição à pena de Maat, a deusa da Retidão e da Verdade.

Infelizmente, Keraunos não estava muito interessado em retidão ou em verdade, e tudo o que ele não queria era pensar sobre a sua morte. Fosse como fosse, o garoto fora levado a acreditar que, como o próximo rei Ptolomeu, viveria para sempre, e achava que não tinha necessidade de receber os ensinamentos de Anemhor.

O que Anemhor disse, no entanto, foi: *Não pense que tudo será esquecido no Dia do Julgamento. Não deposite toda a sua confiança numa vida longa, porque os deuses vêem a vida como nada mais do que uma única hora.*

Keraunos ria, desdenhosamente. Sabia que teria, pelo menos, setenta anos de vida.

Após sua morte, prosseguiu Anemhor, *o homem continuará a existir, e todos os seus atos, bons e maus, serão empilhados junto a ele...*

Keraunos brincava com o seu *khiton* entre os dedos, e tinha os olhos postos na porta do aposento onde estavam sentados.

O homem que chegar sem pecados diante dos juízes dos mortos, esse prosseguirá em liberdade, acompanhando os senhores da eternidade...

Keraunos ria-se, com o rosto coberto por sua manga. Essas eram, sem dúvida, crenças bárbaras. Quanto à eternidade, Keraunos só conseguia pensar no fedor da podridão que exalava das galerias dos íbis, em Mênfis, e entrava pelas janelas da residência real do seu pai, impregnando tudo. Em verdade, ele pensava que não havia nada a não ser decomposição, e disse: *Não quero saber nada sobre Thot.*

Então Anemhor citou trechos da sabedoria do Egito para Keraunos: *O mal que acomete um tolo, sua barriga e seu falo é que o acarretam*. Mas Keraunos riu-se disso também, e bastante alto, e debochou do ridículo do que lhe dizia Anemhor, e jurou fazer todo o possível para se manter longe desse sumo sacerdote.

Na sua entrevista seguinte com o rei Ptolomeu, Anemhor citou novamente a sabedoria do Egito: *Melhor uma estátua de pedra do que um filho tolo*, ele disse.

E mais: *Um tolo numa casa é como uma refinada roupa na adega de vinhos.*

E mais: *O tolo que tem poder, tudo o que lhe acontecer só pode ser ruim.*

Ptolomeu lançou um olhar duro sobre Anemhor e deixou de rir seu inesgotável sorriso de Faraó. Não era necessário que lhe dissessem de quem Anemhor estava falando, e por muitas horas o sorriso não retornou.

Anemhor empenhou-se ao máximo para instruir Keraunos sobre o caminho que deveria seguir, dizendo-lhe: *Quando você vive como alguém que detém o poder, deve permitir que a ira em seu coração seja reduzida.*

Mas Keraunos ficou olhando para ele como se não soubesse do que estava falando. A ira no coração de Ptolomeu Keraunos nunca se reduziria. Em tudo, ele viveria de acordo com o seu nome.

Anemhor perserverou com suas lições. Mas chegou o dia em que Keraunos berrou até mesmo com o sumo sacerdote de Ptah, o Mestre dos Segredos, exatamente como Anemhor previra, pois insistia em experimentar esse jovem, tendo já escutado o que diziam desse filho do rei: que tinha temperamento explosivo, que a ira impregnava seu cérebro.

O comportamento de Keraunos, portanto, não se aprimorou por conta dos ensinamentos de Anemhor, pelo contrário, tornara-se ainda pior. O garoto começou a percorrer a residência de Alexandria pendurando gatos de cabeça para baixo, pela cauda, e gostava de agitá-los no ar, algumas vezes com grande brutalidade, e ria uma estranha risada própria das hienas, muito parecida com a dos loucos.

Anemhor, quando soube disso, disse-lhe: *O gato é cultuado por toda a extensão das Duas Terras. Se você maltratar a criatura sagrada de Bastet, a deusa-gato, o povo do Egito também maltratará você.* Isso porque, em verdade, se um egípcio visse o que Keraunos fazia, eclodiria uma revolução, e talvez até mesmo o fim da Casa de Ptolomeu, que mal havia se iniciado.

Anemhor disse: *Se você matar um gato, o povo do Egito matará* VOCÊ. Mas isso só fez Keraunos rir ainda mais, e ele continuou, sempre que podia, agitando gatos no ar, e também matava gatos porque precisava do sangue dos gatos para o encantamento que atormentaria os demais garotos condutores de carruagem nas corridas, permitindo-lhe vencê-las.

Anemhor balançava a cabeça. Era como se Keraunos tivesse decidido suplantar a todos em mau comportamento; como se estivesse resolvido a ser perverso em tudo o que fazia; como se estivesse tentando evitar a *Moderação em todas as coisas* dos gregos e se devotasse, em vez disso, ao excesso. E, em verdade, parecia nessa época a Anemhor como se Keraunos estivesse destinado a se transformar na mariposa que revoa em torno da chama, porque ninguém era capaz de controlá-lo; e parecia que ele também não tinha controle sobre si próprio e que a última pessoa a tentar controlar o filho era o seu próprio pai, que estava ocupado demais sendo o Faraó do Egito e, de qualquer modo, amava cegamente ao seu filho, porque era o seu herdeiro e tinha toda a aparência de um bom e feroz guerreiro, que jamais teria receio de beber uma taça de vinho não diluído. Esse tipo de filho seria sempre um orgulho para um pai macedônio.

E o Faraó era, em certo sentido, cego de fato, porque havia pedido para ter problemas quando denominara essa criança de Raio, que era um dos títulos do próprio Zeus. Tratava-se de mais um terrível gesto de orgulho, e esse pai devia saber o que estava fazendo quando dera a esse filho o nome de Keraunos.

A meia-irmã de Keraunos, Arsinoë Beta, a quem seu destino estava ligado, comportava-se exatamente como uma garota, o que era de fato. Ela chorava, e mostrava toda a brandura de uma mulher, dando inteira vazão aos seus sentimentos quando da morte de algum mascote — o papagaio escarlate que treinara para falar algumas palavras em grego, ou seu cãozinho, tão pequeno, que vinha correndo quando ela o chamava, ou quando algum dos gatos do palácio, que ela adorava, era estrangulado por seu irmão, Keraunos.

Quando Arsinoë chorava, sua mãe, Berenice, a repreendia, dizendo: *A maioria das mulheres é fraca, inútil, incapaz de defender a si mesma. A maioria das mulheres não é lutadora... Mas você, Arsinoë, você não pode se tornar como as outras mulheres. Deve se fazer dura. Deve ser forte. Deve mostrar ao mundo que uma mulher é tão boa quanto um homem...*

E foi o que Arsinoë Beta fez. Ela se fez dura como ferro, como se tivesse garras.

Desde o começo, Arsinoë era capaz de conversar, sentindo-se à vontade, com os seus irmãos, sentar-se no mesmo aposento com eles e participar das brincadeiras mais rudes sem estar sob o olhar vigilante de sua ama, e já isso era bem diferente do hábito grego, segundo o qual as garotas são mantidas separadas dos garotos, mas assim foi feito segundo as ordens de Berenice. Foi Berenice que disse: *Minha filha Arsinoë não será uma prisioneira no* gynaikeion. *Confiamos tê-la criado como uma boa filha. Ela não precisa ser vigiada noite e dia.*

Não, Arsinoë Beta sentia-se plenamente à vontade fazendo o que bem entendesse, dentro dos limites da residência, fosse em Mênfis ou em Alexandria, e recebia o que queria, também, em termos de instrução, porque exigia que lhe ensinassem exatamente o que ensinavam aos garotos, tal como matemática e geometria, assim como tática e estratégia, e toda a arte e ciência da guerra, e ela se tornou muito vigorosa — muito mais do que as garotas gregas comuns. E, sim, era bom ser forte, era bom ter garras. Era uma boa coisa ser feita de ferro, até que um magneto passasse por perto e a atraísse. Porque era isso o que estava destinado a Arsinoë Beta.

Ela cresceu depressa, lia livros, e logo chegou o dia em que já não era mais uma criança, e o único pensamento de seu pai era que essa filha de Berenice era esperta como um homem; tão boa quanto um filho, *se não melhor.*

Ptolomeu acompanhava suas filhas com olhar duro enquanto iam crescendo, e fazia seus cálculos, pelo suave intumescimento de seus seios, que o momento em que deveria lhes arranjar um casamento estava chegando. Tinha os nomes de suas filhas anotados em um papiro, e andava para lá e para cá sobre o assoalho de mosaico pensando sobre que casamento lhe traria a melhor aliança.

No tempo devido, enviou embaixadores aos pais dos filhos que julgava poderem se tornar seus genros, todos munidos de uma lista de questões e encarregados de perguntar: *Se o rei Ptolomeu sugerir isso e aquilo, Vossa Majestade concordaria com tal e tal...?*

Ptolomeu deu-se conta de que tinha seis filhas para tirar de suas mãos, listou seus nomes e perguntou o que poderia ser oferecido em troca de cada uma, à maneira dos tratados de paz e aliança para a guerra, e eram elas: Theoxena, Ptolemaïs e Lysandra, as três filhas com Eurídice; e Arsinoë Beta e Filotera, as duas filhas com Berenice; e Antígona, sua enteada.

A mais velha, Theoxena, estava já na idade de se casar... Já a mais nova, Filotera, ainda não começara a desabrochar, embora nunca fosse, assim pensava Ptolomeu, cedo para fazer planos.

No que concerne a um casamento, o que mais se destacava nos pensamentos do Faraó era a questão da aliança que deveria acompanhar o matrimônio, porque um casamento era antes de tudo uma questão política.

Em segundo lugar, vinha o dote, e quanto menos ele pudesse gastar, melhor, pois embora fosse agora um egípcio, era um egípcio apenas na superfície. Por dentro, era grego, sempre fora grego.

Em último lugar em ordem de importância vinham os sentimentos da filha, que faria o que lhe mandassem fazer ou levaria uma surra.

Nunca deveria ser desconsiderado que se casar com uma filha do rei Ptolomeu, mesmo uma filha ilegítima, deveria ser visto como a maior das honras para a família do noivo.

No tempo devido, Ptolomeu pôs por escrito tudo que pensava, colocando a lista de suas filhas ao lado da lista dos possíveis maridos, reis se possível, ou filhos de reis, tendo o grego como idioma, com países inteiros sob seu comando e controle:

Theoxena poderia se casar com Agathokles de Siracusa.

Antígona poderia se casar com Pirro, rei de Epeiros.

Lysandra poderia se casar com Alexandros, filho de Cassandro.

Arsinoë Beta poderia se casar com Lisímaco, rei da Trácia.

Ptolomaïs poderia se casar até mesmo com o grande inimigo de Ptolomeu, Demétrio Poliorketes, o Sitiador de Cidades, e assim produzir o melhor dos resultados: uma paz duradoura e o fim das guerras no mundo grego.

As filhas, quando souberam o que estava sendo planejado para elas, não ficaram contentes. Pensaram apenas em quanto seria odioso serem mandadas para longe, já que nenhuma delas queria outra coisa senão viver no Egito, e, no Egito, em nenhum lugar senão Alexandria, a mais bela cidade do mundo. Assim, as filhas ficaram um tanto aborrecidas, mas nada reclamaram, para evitar que fossem surradas por conta de seus comentários. Nenhuma dessas garotas sabia nada a respeito de seus projetados maridos, e foram deixadas no escuro a respeito do que estava por vir.

E quanto ao casamento desse seu filho, o herdeiro? O que o Faraó pensava a esse respeito? Se fosse se tornar o herdeiro do seu pai, Keraunos, segundo a tradição, não deveria se casar até herdar seu reino, de modo a conseguir a melhor das alianças e de modo que seus filhos já nascessem em berço real, como filhos de um rei. Mesmo assim, o casamento de Keraunos deveria ser planejado com antecedência, sob o risco de, quando a hora chegasse, não haver uma esposa apropriada disponível, e a melhor de todas as alianças então iria para as mãos de algum outro monarca.

Do jeito como as coisas aconteceram, entretanto, esse filho já estava abertamente desafiando seu pai, quando declarou que escolheria sua própria esposa, quando chegasse o momento, e não antes, e que seu pai não faria a escolha por ele.

Keraunos mostrava grande interesse por mulheres. Percorria os melhores bordéis de Alexandria, tinha mulheres na cidade, as mulheres que passavam a noite com ele, e havia lendas correndo sobre seus festins de tolerância, os quais faziam seu pai sorrir — pois, nesse aspecto, era bem filho de Ptolomeu.

Não, Keraunos não trazia muitas preocupações a Ptolomeu. Ele o queria um genuíno grego, um genuíno macedônio. Ser maluco por mulheres era normal, não era motivo de cuidado. Melhor do que ser maluco por garotos, como Alexandre. Keraunos, assim pensava Ptolomeu, cresceria. Keraunos iria ganhar juízo. Ele tinha fé em Keraunos, seu herdeiro, que demonstrava bastante interesse em argumentações, discussões, em se preparar para a guerra, e todos esses sinais eram auspiciosos. Ptolomeu queria que, acima de tudo, seu filho fosse um guerreiro. Não fora por isso que dera a ele o nome de Ptolomaios?

O que o rei Ptolomeu não sabia, entretanto, era que o Raio andava demonstrando grande interesse também no corpo de sua meia-irmã, a princesa

Arsinoë Beta, que era apenas quatro anos mais nova do que ele, cujos seios ainda não haviam atingido a altura de três dedos, mas que continuavam a crescer decididamente, como marmelos ficando maduros para a colheita.

Quando seu pai envergou as Coroas do Egito, o povo começou a chamar essa Arsinoë Beta, e suas irmãs, de *basilissa*, princesas, e ela tinha então 11 ou 12 anos. Quando fez 14 anos, os escravos da residência e as aias do *gynaikeion* começaram a chamá-la pelo título de *Kyria*, a palavra grega para senhora.

Todos os olhos se voltavam para essa bela filha de Berenice, imaginando que grande rei receberia sua mão em casamento. E o próprio Ptolomeu continuava olhando-a com afeto e cuidado, vigiando o contínuo crescimento de seus seios, agora como dois pães crescendo no forno que era o Egito, porque quando os seios da garota atingissem a altura de três dedos, ela estaria madura para o casamento e se poderia firmar uma aliança.

Já Berenice, ela guardava essa filha, nessa época, com muito zelo, sabendo que o impulso da *aphrodisia* é muito forte em seu início, ciente da grande necessidade de manter uma garota grega intacta em sua virgindade.

Ptolomeu, então, vigiava, e Berenice vigiava, pensando no casamento político com um homem de alta linhagem e temperamento sereno, um homem de uma família satrapal, talvez, que se tivesse demonstrado digno do título de rei. Mas, se bem que pai e mãe vigiassem, não vigiavam com a atenção necessária. Não pareciam perceber que essa Arsinoë Beta passava tempo demais com seu meio-irmão, o príncipe Ptolomeu Keraunos. Não perceberam que algo impensável estava para acontecer bem debaixo do seu teto e de seus narizes.

Na aparência, as relações entre Ptolomeu Keraunos e Arsinoë Beta eram bastante inocentes. Eram crianças que brincavam juntas, trocando a cada dia e a cada hora os insultos que todo irmão e irmã trocam, brigando por causa de trivialidades como qual deles teria mais ervilhas em seu prato, ou quando um colocava aranhas na cama do outro. Aproveitavam uma turbulenta infância típica de crianças gregas, as vozes elevando-se, raivosas, do alvorecer ao pôr-do-sol e por qualquer motivo, fazendo sempre tempestades em copo d'água.

Havia vezes em que Berenice escutava uma gritaria furiosa, mas dava pouca importância a isso. Tributava tais discussões ao calor e ao fato de que todo grego ama brigas e disputas. E, não, não tomou nenhuma providência para afastar Arsinoë e Keraunos, sem jamais lhe ocorrer que o horror dos horrores poderia acontecer.

Essa princesa Arsinoë Beta continuou a crescer até se tornar uma fascinante jovem. Seus olhos reluziam. Seus cabelos louros, ela os usava bem compridos, de modo que, quando eclodisse a guerra, os cortasse, para serem tecidos como rijas cordas que disparariam as catapultas de seu pai e as máquinas de cerco, uma vez que estava determinada a tomar parte nas vitórias do Egito. Não esquecera o infortúnio de seu pai em Salamina, Chipre, e era, de fato, uma mulher afeita à guerra, já que lera todos os textos que pôde sobre tática, estratégia, navegação no mar e história da guerra. Havia mesmo muito pouca coisa que Arsinoë Beta não soubesse sobre os assuntos de guerra gregos, sobre os mercados militares no continente grego, onde um exército inteiro de soldados poderia ser contratado. Sabia quanto se devia pagar a cada homem e exatamente como lidar com os soldados de modo a garantir sua lealdade. Havia interrogado seu pai sobre as campanhas de Alexandre, e era bastante prezada por esse seu pai: sim, ela era um orgulho para ele, um grande orgulho.

Arsinoë Beta praticamente vivia para a guerra, e o seu maior propósito, quando tivesse a oportunidade, era ir para a batalha, ela própria, e lutar, como fizera Adéia-Eurídice, a rainha de Felipe Arrhidaios.

Nessa época, os olhos dessa garota de tantos talentos eram de um azul surpreendente, como se fossem safiras, e eram do mesmo azul que fazia os estranhos pensarem no Olho do Mal e alisarem seus talismãs de Boa Sorte quando se deparavam com eles, e pode mesmo ser que essa Arsinoë tivesse o Olho do Mal, ou tenha sido vítima dele, porque em verdade parecia que tudo o que fazia em sua vida era minado pela Má Sorte.

Esses seus olhos azuis, seja como for, vez por outra caíam sobre seu meio-irmão, Ptolomeu Keraunos, e captavam suas olhadelas, quando então se encaravam, fixamente, tentando ambos não desviar o olhar, como fazem todas as crianças. E ambos se empenhavam, com determinação, nesse jogo, e era como se algumas vezes não conseguissem mesmo escapar um do olhar do outro, como se estivessem grudados indissoluvelmente; como se tivessem sido alvejados pelas flechadas do menino Eros.

Sem dúvida, olhar fixamente nos olhos de outra pessoa é o que de mais perigoso se pode fazer, seja em que momento for, mas o efeito disso sobre Arsinoë e Keraunos foi impeli-los a se aproximarem um do outro, e a seguir a língua do Raio agitou-se, lambendo os lábios, e então ele enfiou a língua na boca dela, num momento em que ninguém os observava, e a língua dele sentiu a maciez, e os lábios dele sentiram o calor.

Esses primeiros beijos eram desprovidos de intensidade, breves, mas então essas crianças já crescidas ficaram não apenas grudadas por seus olhos, mas também por seus lábios, imitando o comportamento dos mais velhos, e Ptolomeu Keraunos nem sequer parava para recuperar o fôlego.

Arsinoë Beta disse: *O que faz você, garoto-sátiro, enfiando as suas mãos por debaixo do meu* peplos?

Keraunos não dava ouvido a nenhuma palavra de seus protestos, mas continuava fazendo o que queria. *Por que você está tremendo?*, disse ele, rindo. *Como você é tímida.*

Por Pan, ela disse, *estou quase desmaiando, tire as suas mãos de mim.*

Mas Keraunos não a atendeu, não largou as carnes dela.

Não seria Arsinoë Beta tão maliciosa quanto o seu meio-irmão? No início, resistia a ele, sabendo que o que ele estava tentando fazer era proibido, e ela murmuraria: *Nosso pai vai cortar seu nariz e suas orelhas com sua faca que não perdoa, e vai cortar fora até mesmo as suas partes privadas e dá-las para os cachorros comerem, ainda cruas, por conta do que você está tentando fazer.*

Mas Keraunos meramente sorriu dos medos dela e nem tomou em consideração o que ela lhe dizia, e mais uma vez estava sobre ela, arfando, como um sátiro prensando uvas. Isso até Arsinoë, conseguindo afinal pensar no que estavam fazendo, livrar-se do abraço dele e fugir correndo do *gynaikeion*, com o rosto em brasa. E de modo algum ela estava o tempo todo sob a vigilância de sua ama. Seus pais achavam que não precisavam vigiá-la noite e dia, como se ela fosse capaz de cometer algum crime; confiavam nela e nem sonhavam que algum mal poderia lhe acontecer dentro das muralhas do palácio.

Então foi fácil os beijos de Keraunos se tornarem um hábito regular, quando quer que a encontrasse sozinha, e seus beijos eram ávidos, ardentes como carvões em brasa, e faziam Arsinoë Beta sentir-se como se os beijos dele incendiassem a ambos.

O que aconteceu, então? Teria de fato o menino Eros penetrado sem ser visto no palácio do Rei Ptolomeu procurando travessuras a praticar, como sempre, como um moscardo, picando o gado que pasta? Teria ele realmente vergado seu arco e sacado uma flecha de sua aljava? Teria atravessado a entrada, despercebido, agachado-se junto aos pés de Ptolomeu Keraunos, fixado o entalhe da flecha no centro da extensão da corda, puxado-a o mais que seus braços podiam e disparado-a em Arsinoë? E depois não teria ele fugido, rindo, deixando sua flecha cravada bem fundo no seio de Arsinoë Beta, agora pegando fogo? Só para deixar claro, todos esses eventos ocorreram. Arsinoë não podia mais evitar lançar espiadelas para o seu meio-irmão, vezes e vezes seguidas, e o fogo do amor varria o seu coração, e suas faces macias e rosadas passavam a pálidas, e ela já não sabia como lidar consigo mesma, de tão perturbada.

Sim, Arsinoë apaixonou-se por seu próprio irmão, e ele lhe deu todos os sinais de que estava igualmente apaixonado por ela.

Eros, assim dizem os gregos, está sempre à solta, e nenhum homem consegue escapar de suas flechas. Ah, sim! E nenhuma mulher também!

3.5

Equilíbrio e Desequilíbrio

Até completar sete anos de idade, o mais novo dos filhos de Ptolomeu, Ptolomeu Mikros, viveu no *gynaikeion* com as mulheres, sendo bastante mimado. Quando ficava chateado, lhe eram dadas guloseimas doces, tais como tâmaras e figos, para comer. Quando se feria, era beijado até parar de berrar.

Quando já tinha idade bastante para saber quem fora Héracles, lhe ensinaram que Héracles nunca chorou e a conter as lágrimas.

Aprendeu também que o propósito de uma mulher é proporcionar prazer. Gostava dos perfumes da Síria que impregnavam os aposentos das mulheres e aspirava profundamente as fortes essências toda vez que era carregado através da porta dupla de cedro, passava pelos negros eunucos e penetrava na ala das mulheres, onde pássaros de plumagem escarlate provenientes da Índia viviam empoleirados dentro de gaiolas de vime, e gritavam palavras em grego, já que alguns deles jamais foram ensinados a pronunciar outra coisa que não o nome Ptolomaios.

Aos sete anos, Ptolomeu Mikros foi tirado da guarda das mulheres, como acontece a todo garoto grego, e passou a viver no *andron*, a parte da residência reservada aos homens, onde dormia entre os homens, cercado de armaduras de bronze, dos reluzentes peitorais, das grevas e dos elmos de bronze ornados com penas negras de avestruz, num lugar, portanto, onde não se conversava sobre a arte de tecer tapeçarias, mas de fazer a guerra, onde não havia o odor dos perfumes sírios, apenas o do suor, o cheiro de bode de axilas. No início, Ptolomeu bem queria retornar àquela serenidade perfumada, às vestes farfalhantes, à repousante batida regular do tear, mas não lhe era permitido voltar para lá. O lugar das mulheres passou a ser proibido para ele, e o garoto que corresse em busca da proteção da mãe era debochado sem piedade. Agora, Mikros era governado pelo *paidotribes*, o garoto-instrutor, que o fazia correr e saltar, quer o desejasse ou não, e cuja tarefa era transformar meninos em guerreiros e heróis, para os campos de batalha.

Mikros, com oito anos, cresceu, e aos dez já possuía músculos peitorais bem definidos e as pronunciadas curvas ilíacas de um garoto grego comum, que arremessava pesos e disputava as corridas a pé com outros garotos, arremessava discos e dardos, e nunca era o último colocado nos torneios. Aos poucos, os aposentos das mulheres foram se apagando de seus pensamentos. Já nessa época, ele sonhava apenas com o dia em que se tornaria um *ephebos*, e poria em prática toda a teoria da guerra, e usaria sua espada curta não contra um saco cheio de palha, mas, ferozmente, contra os inimigos de seu pai numa guerra.

Entretanto, não era destino de Mikros tornar-se um grande soldado. Alguns homens poderiam acusar esse Ptolomeu de ser preguiçoso, de sua gloriosa e voluptuosa preguiça, e, quando cresceu mais ainda, se viu mais interessado nas artes da paz do que nas da guerra, bem como o pai.

Por vezes, Mikros via Berenice, sua mãe, mas isso, raramente, a não ser que ela própria o procurasse, talvez para lhe dar, por ocasião de seu aniversário, algum traje que ela mesma tecera, em lã púrpura e bainhas de fios de ouro. Berenice se mantinha afastada de Mikros porque era o que uma mãe grega tinha de fazer: porque era melhor para um filho crescer sob a influência de outros homens do que de uma mulher e imitar o seu pai, e não a sua mãe.

Mas essa mãe amava seu filho, esse Ptolomeu Mikros? Talvez amasse, talvez não. Como pode Thot saber tal coisa? Fosse como fosse, se existia qualquer afeto numa família grega, seria entre a mãe e sua filha, não entre a mãe e seu filho. Obviamente, um pai grego quase sempre ama os seus filhos, e o rei Ptolomeu não era diferente, nisso, dos demais. Sem dúvida, ele amava o Raio, que era praticamente uma cópia dele próprio. Mas, a verdade? O que era verdade? Era que ele amava Ptolomeu Mikros mais ainda, porque ele era o filho mais novo, porque era filho de seu grande amor por Berenice. E porque Mikros costumava subir por cima dele, embora Ptolomeu fosse o Faraó, e o fazia rir um pouco, enquanto os demais filhos agora se portavam segundo o cerimonial e, por algum motivo, tinham medo do seu pai e mantinham distância em relação a ele.

E, não, não era igualmente óbvio que Ptolomeu amasse suas filhas. Chegaria inevitavelmente o dia em que diria adeus a cada uma e as mandaria embora, para algum país estrangeiro, e as confiaria aos braços de algum homem que elas sequer teriam visto antes, que poderia, ou não, tratá-las com gentileza, com o propósito exclusivo de manter em bom termos uma aliança. E, certamente, essa não era a maneira como um pai egípcio procedia.

Ptolomeu, então, se esforçou para não ficar ligado demais a suas meninas, mas as manteve ao seu alcance, pensando na despesa que teria com seus dotes, pensando que eram a imagem de suas mães, pensando que, logo, estaria desejando intrometer seus dedos por dentro de seus *peplos*, e que a *aphrodisia* com a própria filha era uma afronta grotesca aos deuses da Hélade, e mesmo assim ele vigiava o crescimento de seus seios... tentava, sim, não olhar, não ser tentado; mas, a contragosto, não podia evitar ficar esperando que os seios delas tivessem três dedos de altura; não podia evitar pensar que os seios de suas filhas eram redondos, como maçãs vermelhas prontas para serem colhidas.

Não conhecia bem suas filhas. Não conversava com elas com freqüência, pois vivia esmagado sob o fardo dos negócios de Estado. Conhecia melhor a seus filhos.

A educação de Ptolomeu Mikros começou de verdade aos pés do *grammatikos*, o professor grego de letras, que ensinou a essa criança a segurar a pena vermelha e a ir do alfa ao ômega. E Mikros, bom garoto que era, aprendeu de cor as máximas dos sábios da Grécia, da *Moderação em todas as coisas* a *Pensar no que se estava fazendo*, antes de completar oito anos. Ele sabia de cor os nomes e as características de todos os deuses da Grécia, mas nenhum dos nomes dos dois mil deuses do Egito, não, não, nem mesmo o nome de Thot. Ele aprendeu a fazer vibrar a lira e a cantar porque, como lhe disse seu tutor, *Sem a música, um homem é um completo bárbaro*.

Mikros corria, então, quando precisava, e tinha os músculos desenvolvidos nos lugares necessários; mas, para dizer a verdade, não gostava de exercícios físicos. Com freqüência, reclamava *Está quente demais para correr*, e levava uma surra por dizer tal coisa. Mikros tinha a pele clara e se queimava com facilidade ao sol do Egito. Depois de algum tempo, recebeu licença para não mais se exercitar despido, no *gymnasion*, com os demais garotos, e depois de mais um tempo recebeu licença para não se exercitar de todo, e isso foi graças à influência de Berenice, sua mãe, que se intrometia em tudo. Infelizmente, era o destino desse garoto tornar-se gordo quando crescesse e, como era o filho de um rei, não teve problemas com isso, com o fato de ser um príncipe gordo, que comia tâmaras demais e doces em excesso.

Mikros, de toda a sua família, era quem mais via Arsinoë Beta, sua irmã de pai e mãe, e era com freqüência ela própria que assumia o papel de sua ama, porque já tinha oito ou nove anos quando ele nascera. Mikros preferia a companhia das mulheres. Quando alcançasse a condição de adulto, se cercaria de mulheres, deliciando-se com a carne delas — como o seu pai — e com as coisas que um homem deve fazer com uma mulher, e em verdade ele repelia o tipo de amor pelo qual os gregos são famosos, o amor de um homem por garotos, e de um homem por outro homem, isso por causa do fedor, como o dos bodes, do *andron* — de fato, ele o achava repulsivo.

Para Ptolomeu Mikros, então, havia três coisas apenas: comida (e para o Hades com *Nada em excesso*), mulheres (e para o Hades com os *kinaidoi*) e ócio. Mikros seria notório por sua preguiça, por ficar sem fazer nada. Estava destinado a ser um dos homens mais preguiçosos que já viveram.

E ainda assim seria famoso por sua riqueza, pela glória e por sua extravagância.

Mas tudo isso repousa no futuro. Muitos anos se passariam até que se iniciasse sua gloriosa preguiça, e nesse meio tempo ele teria de se exercitar com a *sarissa*, na falange, e montar junto com a cavalaria, e aprender geometria, e escrever poemas no estilo dos melhores poetas gregos. Embora tivesse aprendido muito, Mikros era imprestável para a matemática, imprestável para a teoria das artes da guerra, e, se aprendeu alguma coisa, foi que, por toda a sua vida, teria de depender de alguém para verificar a contabilidade, as finanças, os impostos, o balanço de pagamentos, os lucros e as perdas, e toda a parte financeira de se contratar um grande exército, porque, quando esse garoto olhava uma página coberta de números, sua cabeça parecia dar voltas e, quando pensava em somas e subtrações, os sinais matemáticos pareciam misturar-se formando uma massa negra.

Se Mikros aprendeu alguma coisa de importância, quando garoto, foi que sua irmã mais velha, Arsinoë Beta, possuía justamente as habilidades matemáticas e financeiras das quais ele carecia.

Embora não fosse precisar pensar em tais coisas nos próximos vinte anos ou mais, nunca esqueceu que sua irmã era muito melhor do que ele em contas. Arsinoë Beta era melhor até mesmo do que o *Dioketes* de seu pai, o Faraó, em identificar os equívocos no Recolhimento de Impostos de Todo o Egito, um documento de cem rolos de papiros. Mais notável ainda era essa garota ter o interesse de ler as páginas de cálculos, uma por uma, do começo ao fim do relatório.

Se Mikros possuía algum talento, era para as palavras, não para os números. Arsinoë Beta tinha talento para os números. Já Ptolomeu Keraunos, de todos os filhos do Faraó, era famoso, desde então, por não possuir talento algum, a não ser para matar. Keraunos era de fato muito bom em matar.

Quanto à meia-irmã dos dois, Lysandra, filha de Eurídice, era uma garota de tez clara e cresceu com um temperamento ameno. Não possuía a feroz determinação de Arsinoë Beta, nem a inteligência dela, nem a sua vontade ardente de ser tratada como um garoto.

Não, Lysandra não chamava atenções sobre si. Possuía os dotes femininos com as agulhas. Vivia feliz na penumbra do *gynaikeion*, e não pedia por mais nada, a não ser para, quando chegasse a hora, criar em paz as suas crianças e se tornar uma boa esposa grega de algum bom marido grego, quem quer que ele fosse. Lysandra, diferente de Arsinoë Beta, não ansiava por ser rainha de alguma terra estrangeira, ou de ter grande poder nas mãos. Era modesta, despretensiosa, como Eurídice, sua mãe, mas não tinha a tendência à loucura que impregnava a família de Cassandro. Lysandra apegava-se ao seu zeloso serviço aos deuses da Grécia, sempre fazendo oferendas apropriadas, preces apropriadas, sacrifícios apropriados. Na alma de Lysandra não havia espaço nem para excesso de amor nem de ódio. Também não comia nem em excesso, nem pouco demais, mas vivia no perfeito equilíbrio tão amado pelos gregos, enquanto, se Thot diz a verdade — e ele diz —, a vida de Arsinoë Beta era de total desequilíbrio; a vida de Keraunos era de total desequilíbrio e a vida de Eurídice era, igualmente, de total desequilíbrio.

O que Anemhor sabia, mas nem Ptolomeu Soter nem Lysandra sabiam, era que seria destino de Lysandra, seu inevitável destino, se casar duas vezes, e que ambos os seus casamentos redundariam em desastres, se não na mais terrível das tragédias gregas.

3.6

Aphrodisia

Já tendo beijado Arsinoë Beta, sua meia-irmã, Keraunos, é evidente, queria agora mais do que beijos, e na vasta residência de mármore de seu pai, sempre adormecida durante as tardes de calor e deserta quando as carruagens disputavam corridas no hipódromo, Keraunos e Arsinoë poderiam alegar alguma dor de cabeça ou desarranjo intestinal e ficar em casa. Não era incomum que os filhos de Ptolomeu fossem encontrados arfando nas adegas, por baixo da residência, por conta do intenso calor do Egito, e lá embaixo uma coisa levou a outra, até que Arsinoë Beta, uma garota virgem e casta, deitou-se com seu meio-irmão, às escondidas, e cometeram o que, para os gregos, era o crime dos crimes.

E Thot? Ele dá de ombros. Para os egípcios, um incesto como esse não é um grande horror, nada de extraordinário, mas sim, entre as famílias dos Faraós, algo corriqueiro. No entanto, é certo que os gregos pensavam muito diferente a esse respeito, pois tal atitude significava atrair a ira dos deuses da Grécia, de todos eles, de Apolo a Zeus, e além disso problemas, muitos problemas.

Então, o que aconteceu? Lá estavam eles, na grande adega onde o vinho era estocado, milhares de ânforas de vinho, e Keraunos fincou suas unhas na carne de sua irmã, em volta da cintura dela, e disse que cortaria suas orelhas se ela não fizesse o que ele queria. E Arsinoë Beta, de fato, não teve escolha senão obedecer a esse maluco, porque ele iria mesmo, isso ela sabia, fazer o que ameaçara, e a faca dele já lhe pressionava a garganta, como se além de tudo ele fosse matá-la. Mas ele a beijou, então, pressionando com força seus lábios, embora este fosse um ato inocente, pois para os gregos um beijo não é sinal de amor. *Molhado*, ela pensou, *repulsivo*, ela pensou, e isso a machucou, e lhe ocorreu também que o seu irmão cheirava a vinho.

Mas a seguir ele enfiou o seu *rhombos* nas partes privadas dela, e começou a se sacudir sobre ela, com o suor escorrendo dele, e ofegava como um cachorro, o tempo todo, e no final gritou, sem se importar com quem pudesse escutar, e arriou sobre o corpo dela, e eles descansavam no chão, na sujeira, e suas roupas ficaram sujas, e havia sangue, e tudo estava pegajoso.

Não quer dizer nada, ele sussurrou, *nada*, mas não a estava olhando nos olhos, e sorriu apenas com a boca.

Contanto que nós dois concordemos que não significa nada, ela disse. Entretanto, sabia que significava alguma coisa. Ter *aphrodisia* com o irmão não era um ato sem significado, e ela sabia em seu íntimo que os deuses não teriam deixado de tê-los visto, ali, mesmo que fosse na hora depois do almoço, quando se sabia que todos os deuses estariam adormecidos, à exceção de Pan.

Mas entre todos os deuses gregos, Pan era o mais perigoso e, se algum deus os estivesse vigiando, seria Pan, o de pés de bode, que era justamente mais perigoso depois do almoço, a hora mais quente do dia.

Não conte a ninguém, ele murmurou, apertando a sua garganta, *não diga uma palavra sobre isso*, sibilou, espremendo os seus seios rijos com as duas mãos, fincando as unhas em sua carne, tanto que a machucou. *Jure que você não vai contar a ninguém*, ele disse.

Eu juro, ela respondeu, *por Zeus e por todos os deuses, eu juro.*

E ele a soltou, mas lhe fez cócegas antes para que ela risse um pouco.

Juro pelo túmulo de nossa avó, sussurrou Keraunos, *que não tive a intenção de lhe fazer mal...*

No entanto, o que lhe passou pela mente foi que ele era tão mentiroso quanto um cretense, porque sabia que ele lhe causaria, e de propósito, todas as dificuldades que pudesse, e que ele, sem dúvida nenhuma, adorava sentir ódio. E a verdade, fosse como fosse, era que nenhuma dessas crianças havia conhecido suas avós, nem sabia se elas estavam em seus túmulos ou não. A família dos Ptolomeu não tinha ancestrais, já que Ptolomeu Soter havia apagado inteiramente o seu passado, com a mesma determinação com que Berenice, sua esposa, havia apagado o dela. E aqui estavam eles, numa nova terra e iniciando uma vida inteiramente nova, e tudo começando ali, como um tablete de cera que é raspado para ser reutilizado.

Não, nada significava coisa alguma para os membros dessa família, à exceção do momento presente, hoje, agora, a sensação do instante fugaz, e tirar disso todo o prazer possível. Daí, essa *aphrodisia* com sua própria irmã, a despeito das severas proibições dos gregos quanto a esse ato, a despeito de ele saber que esse seria, à exceção de matar a própria mãe, o pior crime que um grego poderia cometer.

Keraunos, no entanto, não sabia o significado de fazer algo errado, e ele se gabou do que fizera para seus amigos, dizendo que era simples, que era fácil, que de fato não havia nada de errado em ter feito o que fez; que o que sua irmã tinha entre as pernas não passava de um buraco. Quando os companheiros de Keraunos sugeriram que uma *aphrodisia* com sua meia-irmã seria uma afronta aos deuses da Grécia, um comportamento extremamente insensato para um grego se permitir, Keraunos riu como uma hiena.

Os deuses fazem isso, ele disse. *Os persas também. Os pássaros também. É verdade, não há nada de errado em ter* aphrodisia *com sua própria irmã*. E ele mentiu afirmando que, fosse como fosse, ela também queria fazê-lo, que ela lhe suplicara para que ele o fizesse, e ele se gabou dizendo: *Não há nenhuma mulher em toda Alexandria mais ardente do que a minha irmã*, como se ele pensasse em alugá-la a seus amigos para aquele mesmo propósito e fazer dela uma prostituta ordinária.

Os amigos de Keraunos sorriram, mas não sorriram junto com ele. Afinal de contas, naquela idade, ele mostrava mais interesse em mulheres do que qualquer dos demais garotos da cidade, que tinham tempo apenas para outros garotos. A atmosfera elétrica do *gymnasion*, onde os garotos corriam nus, lutavam nus e apuravam seus corpos bronzeados até alcançar a perfeição grega, até parecerem, em verdade, nada menos do que as esculturas do famoso Praxiteles, como jovens deuses, e se apaixonavam pela beleza máscula uns dos outros — nada disso atraía muito Ptolomeu Keraunos, cujo pai se assegurara de que esse filho não seria criado para ser um *kinaidos*, mas deveria apreciar as mulheres, tirar prazer dos seios fartos das mulheres, tão intumescidos como melões maduros, e do figo maduro que toda mulher esconde entre as pernas. Ptolomeu Soter ensinou a Keraunos o que deveria fazer com uma mulher assim que ele cresceu o bastante para fazer aquilo que um homem deve fazer. Soter queria que Keraunos fosse um homem — não um meio-homem como Alexandre e Hefaiston. Assim, em certo sentido, o que aconteceu foi *culpa inteiramente de Ptolomeu Soter*.

Claro, havia precisado de algum encorajamento, mas agora o que estava fazendo? Estava semeando sua selvagem semente não apenas no interior da residência de seu pai, mas também nos limites de sua própria família, na cama de sua própria irmã, e em verdade não se importava nem um pouco com as conseqüências, e isso porque não se importava com coisa alguma.

Ah, sim! Tudo era parte da lição que ele aprendera com o seu pai, a lição da Escola Cirenaica de Filosofia, que sustentava que um homem deve viver para o prazer do momento que corre e deixar que o passado e o futuro se resolvam sozinhos.

O que importa, diria Keraunos, *é o hoje, o agora*. E assim ecoavam palavras do seu pai, porque o filho era exatamente igual ao pai.

Thot? Thot não é um seguidor da Escola Cirenaica. Thot acredita que o passado tem grande importância. Não se pode deixar o passado para trás. Não se pode esquecer o passado. E o próprio Ptolomeu Soter, embora negasse o passado e dissesse que o passado estava esquecido, acabado — ele mentia, como bom grego que era, porque, em verdade, não esquecera. Poderia querer esquecer, mas não conseguia. Ninguém poderia ter passado pelo que Ptolomeu Soter passara e esquecer tudo. De modo algum: esse homem lembrava cada momento, em mínimos detalhes. Thot fala: Ah, sim! De fato! Para o egípcio, o passado é supremo. A educação nos hieróglifos leva o sacerdote para um mundo há muito esquecido, cujo conhecimento herdado é a palavra final. O sacerdote que preza as escrituras vive numa terra de sombras. Isso porque o mundo do presente não tem significado vital. Ele vive no passado. Ele é sempre alguém perdido no ontem.

Essa nobilíssima princesa, Arsinoë Beta, aprendeu depressa como abrir as pernas, tal qual uma prostituta, e como envolver as costas do seu irmão com suas pernas nuas e apertá-las, naquilo que os gregos chamam de *amphiplix*. E, em toda a sua vida, Arsinoë Beta conheceria apenas mais um amor que foi tão poderoso, ou pelo menos próximo, do que esse que sentiu então por seu meio-irmão. Ela se deliciava na carne quente de Ptolomeu, o Raio, e sobre as conseqüências de seu ato proibido estavam ambos desavisados.

Arsinoë Beta, certamente, fora alertada sobre o que deveria e o que não deveria fazer, no que concerne a *aphrodisia*. Sua ama a alertou com a história do Cavalo e da Moça, porque tal era a advertência que toda ama deve dar a toda menina de que tome conta, para assegurar-se de que ela se preserve como uma *parthenos*. E, sim, a história que contou foi sobre uma menina que perdeu sua virgindade antes da época de se casar e foi encerrada numa casa com um cavalo, em algum lugar remoto, de modo a ninguém poder escutar os seus gritos, e daí por diante esquecida.

O que acontece com uma menina, numa situação dessas? Arsinoë perguntou.

Ora, a ama respondeu, *o cavalo fica tão faminto que a come viva.*

E Arsinoë Beta, que acima de todas as coisas era muito esperta, deu uma risada alta e disse: *mas como poderia um cavalo devorar uma garota? Um cavalo não come carne, somente grama.*

E a ama lhe deu uma bofetada, e ainda lhe bateu com sua sandália, e a perseguiu por todo o *gynaikeion*, com a menina fugindo berrando, por conta de sua esperteza.

Arsinoë, no entanto, preocupava-se com o que aconteceria com eles, se fossem descobertos, e tinha bons motivos para se preocupar. Ela encenava, às vezes, alguma briga com seu irmão, que começou agora a se esgueirar pelos corredores e salões da residência, procurando por ela, mas, na maioria das vezes, ela era sua parceira, de boa vontade, arranjando modos de escapar do *gynaikeion* para encontrá-lo sorrateiramente.

Na primeira vez que Keraunos ousou subir aos telhados da residência para penetrar no *gynaikeion* pela janela de sua irmã e tapou com sua mão quente a boca dela para impedi-la de gritar, Arsinoë, de fato, tentou resistir, porque ele a tinha pegado de surpresa, mas, depois disso, nem sequer se incomodava de cerrar suas janelas, para evitar que entrasse, de maneira que ele vinha a ela fosse qual fosse a hora da noite que desejasse, e os guardas do palácio, se chegaram a ver Keraunos, faziam apenas piscar para ele, porque esse garoto era amigo de todos os soldados: enfim, ele era Ptolomeu Keraunos, o maravilhoso garoto que se tornaria Faraó, e fazia o que bem entendesse, e tinha uma espécie de crença de que vivia uma existência encantada e que seria afortunado para sempre.

Arsinoë Beta compreendia que não seria capaz de impedir Keraunos de fazer o que ele fazia, mesmo que quisesse, e em verdade ansiava para que seu irmão voltasse a visitá-la.

Ptolomeu Keraunos — ele não sentia culpa pelo que fazia? É evidente que sabia que a *aphrodisia* com sua irmã era proibida. É claro que sabia que se tratava de algo impensável, uma brutal afronta contra os deuses da Hélade. Mas não, não se perturbava nem um pouco com isso. Fora criado para não temer tanto assim os deuses. Fora criado para não temer coisa alguma. E era assim que Keraunos deveria se tornar um guerreiro tão grandioso, um Faraó do Egito tão poderoso: não tinha absolutamente medo de nada, não tinha medo de nenhum homem ou deus, nem de nada no mundo.

Além do mais, Keraunos conhecia o bastante da mitologia grega para ver que o que fazia com Arsinoë Beta não era em nada diferente do que Zeus, o grande deus, fizera com sua irmã, Hera; e ainda por cima era o que os reis antigos do Egito faziam — chegavam mesmo a se *casar* com suas próprias irmãs. O que, então, havia de errado em seus atos? Nada. Era assim que, se ainda lhe restasse alguma dúvida, ele justificava suas ações diante de si mesmo.

Talvez Arsinoë hesitasse diante dos argumentos de seu irmão, mas, ao mesmo tempo, ficava apavorada com a possibilidade de ser apanhada, e mesmo aterrorizada, acreditando que o pai deles os mataria no ato.

Mas a *aphrodisia* continuava e continuava, e isso durou meses, e Arsinoë Beta era mesmo capaz de ficar acordada, a noite inteira, deitada, esperando que a sombra de seu irmão se projetasse sobre a sua cama. Quando dormia, tinha terríveis pesadelos, nos quais era devorada viva por um cavalo que não comia grama mas carne, e o rosto do cavalo era o rosto do seu irmão, com os cascos do cavalo esmagando seu corpo, na escuridão.

Quando via Keraunos, no dia seguinte, silvaria contra ele e lhe mostraria os arranhões em seus seios, ou as marcas vermelhas em seu pescoço, e dizia algumas palavras como: *Minha mãe vai bater em você como se você fosse um* polypus *por causa do que fez comigo.*

Keraunos riria muito, e arranhava a pele dela de novo com suas unhas.

Quando Arsinoë Beta vomitou todo o seu desjejum, certa manhã, no assoalho do *gynaikeion*, ficou claro para sua ama que ação deveria ser tomada.

Primeiro, obrigou Arsinoë a comer apenas tâmaras egípcias. O resultado foi um violento desarranjo intestinal.

Em segundo lugar, a obrigou a tomar banhos quentes. O resultado foi que o chão do *gynaikeion* ficou alagado.

Em terceiro lugar, obrigou-a a ingerir grandes goles de vinho de heléboro, mas o resultado disso foi apenas uma bebedeira.

Em quarto, fez Arsinoë comer alho, depois uvas egípcias, depois excremento de abutre; mas nenhum desses remédios da ama, fossem gregos ou egípcios, interrompeu o inchamento de sua barriga.

Então, a ama fugiu do palácio, porque, em verdade, havia falhado na sua obrigação de tomar conta da garota e tinha conhecimento do que andava acontecendo — isso porque como poderia um garoto subir ao telhado do *gynaikeion* e sair antes do amanhecer por meses a fio sem que a ama, que tudo via, que tudo sabia, descobrisse?

A barriga de Arsinoë crescia cada vez mais, e apesar de se obrigar a ficar pulando, se agachando e se erguendo, no mesmo lugar, isso redundou em nada mais do que mau humor até que não conseguiu mais esconder sua silhueta de suas irmãs, nem de Berenice, sua mãe, e foi forçada a contar a verdade: o filho de Eurídice, Ptolomeu Keraunos, havia tirado sua *parthena* contra sua vontade e a engravidara, e ela vinha comendo terra e havia tentado interromper a gravidez comendo excrementos de crocodilo.

A reação de Berenice foi gritar e berrar. Ela avançou sobre essa sua filha e a golpeou em suas pernas e braços com as mãos, com seu leque de madeira de acácia folheada a ouro, e também com os punhos cerrados, e então chutou e socou Arsinoë Beta até que a menina estivesse coberta de equimoses negras e azuladas, e a gritaria de Berenice, rainha do Egito que fosse, ecoou por toda a residência, enquanto ela arrastava a chorosa Arsinoë Beta até diante de seu pai, o Faraó.

Quando a garota viu Ptolomeu Keraunos, pai de seu bebê, evitando se aproximar, tentando ocultar-se, Arsinoë gritou para ele: *Avie-se e venha já para cá, porque minha mãe descobriu o que você fez e jurou que vai usar suas bolas como brincos.*

Keraunos já sabia que alguma coisa estava errada porque sonhara o sonho de estar comendo a parte polpuda do seu traseiro, e isso era mau, muito mau, porque significava o completo reverso do que teria sido até então o modo de vida de um homem.

Keraunos, então, preparou-se para o pior.

Ptolomeu andava para um lado e para o outro, sobre o mosaico de golfinhos, pensando: *Zeus e Hera fizeram o mesmo. Com certeza, os persas e até mesmo os egípcios também.* O que, então, havia de tão *errado* na *aphrodisia* de um homem com sua irmã? O que foi, afinal, ele se perguntou, que o deixou tão zangado e fez sua mulher gritar daquele jeito?

A resposta é que um incesto não é certo. É o ato que, acima de todos os demais, não deve ser cometido por quem seja um genuíno grego. Na Grécia, costumavam dizer que uma criança gerada de tal união nasceria com uma cauda de porco, e Ptolomeu não desejava de modo algum tamanha desgraça como um neto com cauda de porco. Tampouco queria suas filhas gregas comendo excremento de abutre, fosse por que motivo fosse. Não, sua raiva foi inteiramente justificável.

Ptolomeu Keraunos foi deixado aguardando fora dos aposentos do Faraó, por horas e horas, enquanto ele terminava seu banho, passava as instruções para o seu Doiketes e punha seu selo em pilhas de papiros. Ptolomeu Soter sabia que o seu filho não seria capaz de suportar uma manhã que fosse das obrigações de um Faraó, para não falar de passar o resto da vida escutando petições. Fez Karaunos esperar de propósito, até o final de seu dia de trabalho, e a essa altura o garoto já estava pingando de suor, no limite de sua paciência, prestes a verter lágrimas de ódio, já que os soldados tinham ordens de não o deixar ir embora e assim ele precisou ficar de pé diante da porta, com sede e sem comer coisa alguma, esperando e esperando, vendo a distância seu pai, que o ignorava.

Quando afinal Ptolomeu chamou Keraunos para junto de si, seus olhos faiscavam e suas mandíbulas estavam cerradas, e quase lhe foi impossível pôr os olhos sobre esse garoto, de tanta contrariedade. Mas Keraunos, então, fingiu indiferença, desviando os olhos para o assoalho decorado com estonteantes figuras de tritões e criaturas do mar, e para o teto abaulado, feito de cedro e ouro, para as sandálias de ouro do seu pai, e já quase esperava que seu pai mandasse que o surrassem nas solas dos pés, castigo reservado para os infelizes escravos, e que era tão temido porque a vítima poderia se tornar incapaz de andar de novo.

Sua Majestade estava nessa ocasião como Sek, a deusa-leoa, em seus momentos de raiva. Ptolomeu Soter quase brilhava de tanta raiva, e em seu íntimo tinha vontade de bater nesse seu filho e derrubá-lo no chão, pela vergonha que ele trouxera para a casa de seu pai.

Não seria a primeira vez que Keraunos escutaria seu pai berrar, mas dessa vez escutá-lo fez o coração do garoto bater como de um antílope, e Ptolomeu Keraunos, que não sentia medo de nada, tremeu um pouco. Ficou imóvel diante do seu pai, cerrando e abrindo os punhos, com o suor escorrendo das suas costas de modo que seu *kíton* estava colado à pele.

Acusado desse crime, Keraunos exibiu seus dentes frontais, os que eram usados para sorrir sarcasticamente, e riu na cara de seu pai, o que fez Ptolomeu gritar ainda mais alto. Os olhos de Sua Majestade faiscavam como os da pantera do sul prestes a saltar sobre sua presa. *Diga a verdade*, ele falou, *você fez o que me disseram que fez?*

E como Keraunos não respondeu coisa alguma, Ptolomeu fez um gesto com a mão e os guardas introduziram nos aposentos de Sua Majestade vinte testemunhas que juraram, uma depois da outra, terem escutado e visto o príncipe Ptolomeu Keraunos fazer o que ele dizia que não fizera, em lugares e horas em que pensava que ninguém o estava vendo.

Keraunos mordeu a língua com força, e assim não se desgraçou caindo no choro, mas disse apenas: *Juro o juramento mais solene que jamais fui para a cama dela e nunca me deitei com ela da maneira como os seres humanos fazem, entre um homem e uma mulher.*

Sua Majestade disse: *Zeus resseca o coração do orgulhoso.* E disse ainda: *seu inimigo é você mesmo. Como uma lâmina afiada e de dois gumes, a maldição do seu pai vai eliminá-lo desta terra.*

Somente então ocorreu a Keraunos que um pai grego pode expulsar o filho de sua casa, mas não deserdá-lo, a menos que ele seja culpado de um crime como o incesto ou o assassinato de um irmão. Keraunos se esqueceu do que poderia advir para si mesmo. Não pensou que a maldição desse pai poderia cair sobre ele. Acreditava que nada do que fizesse poderia ser errado.

Já no final, balbuciou uma parte da verdade:

Fiquei cego, ele disse. *Escutei apenas a persuasão do meu coração.*

A culpa não é toda minha, acrescentou. *Arsinoë e eu ficávamos constantemente sozinhos... Todo mundo precisa se divertir... Quando todos iam às corridas, inventávamos alguma desculpa...*

O rosto de Sua Majestade escureceu-se. Não via nenhuma esperança para esse filho — em verdade o seu destino seria pior do que o da pele da raposa.

O que faria Sua Majestade com esse filho? Ele pronunciou então uma única palavra: *Ataxia*, indisciplina, e Ptolomeu Keraunos foi levado embora para ser surrado com bastões.

Mas o que deveria fazer depois? Deveria cortar o nariz e as orelhas dele e mandá-lo, como prisioneiro, para Rhinokolura? Deveria mandar que tornassem Keraunos um eunuco por esse crime? Deveria expulsar o filho do Egito, de uma vez por todas? Ou deveria ser clemente e perdoá-lo?

Sua Majestade pensou em dizer: *Embora você seja meu filho, devemos daqui para a frente tratá-lo como um inimigo.* Mas não conseguiu se obrigar a pronunciar essas palavras.

Pensou em dizer: *Se eu visse esse garoto morto e levado para o Hades, diria que o meu coração não se comovia com a sua desgraça.* Mas, em verdade, ele amava esse filho, que era o seu herdeiro, e não tinha coragem de bani-lo da corte, esse garoto que deveria sucedê-lo como Faraó.

Ptolomeu Soter se preocupava com muitas coisas, mas acima de tudo se preocupava com as Fúrias, e disse a Berenice: *As Fúrias vão se instalar em minha Casa para sempre. Cantarão sobre o frenesi que se iniciou aqui, despejando maldições sobre o garoto que profanou o leito de sua irmã.* E embora Berenice desdenhasse tais pensamentos, ambos sabiam que era verdade, e Thot sabia disso também.

Não, não havia como perdoar; tampouco como reconciliar. Keraunos era culpado, culpado de um ato absolutamente desonroso. O garoto havia plantado sementes de um grande infortúnio para toda a sua família.

Mas, ao mesmo tempo, pensava Ptolomeu Soter: *O que diz a Ilíada de Homero? Não deves ter um coração incapaz de perdoar.*

Pensamento de Thot: não é da natureza do grego perdoar ninguém por coisa alguma. Um grego prefere sempre a vingança.

Quando os guardas do palácio trouxeram Keraunos de volta, depois de ter recebido sua surra, ele estava num estado lamentável, mas mantinha-se desafiante.

A qualidade exigida por um rei, proferiu Sua Majestade, *é* ataraxia — *serenidade, equilíbrio.*

Keraunos cuspiu no chão. Não possuía serenidade. Não sabia o significado de equilíbrio. E não sentia peso algum na consciência pelo que havia feito a sua irmã. Não se sentia culpado. Não ensaiou nenhum pedido de desculpas.

E assim, finalmente, Sua Majestade ordenou a tradicional punição grega, e Keraunos foi despido de suas vestes. Rasparam seus cabelos, de modo a que ficasse parecendo um escravo, e ele ficou com vergonha de mostrar seu rosto em público por um mês inteiro.

Quando queimaram seus pêlos pubianos com uma tocha em chamas, Keraunos, que jamais chorara, começou a urrar. Proferiu terríveis maldições. Debateu-se. Ficou com o rosto em brasa, mas mãos fortes o mantiveram no chão.

Quando enfiaram um rabanete no ânus desse garoto, ele gritou, porque os rabanetes são bastante grandes no Egito, e ele proferiu a mais terrível maldição que conhecia contra o rei, e a maldição elevou-se no ar, e estava feito o mal, porque não há retorno para uma maldição do filho contra o seu pai.

Sua Majestade esperava que Keraunos houvesse aprendido uma lição. A maldição, preferiu não escutá-la, pensando que tudo que esse rapaz dizia era carregado pelo vento.

Mas o que faria com Keraunos? Não o obrigou a embarcar num navio para alguma terra estrangeira. Não, Keraunos apenas causaria problemas para o Egito, do exterior. Seria melhor mantê-lo sob suas vistas. E assim, por enquanto, Sua Majestade confinou o seu filho à residência, e deixou que as coisas ficassem como estavam. Era cedo, ainda, ele pensou, cedo demais para decidir-se sobre a sucessão ao trono.

Já Anemhor, sumo sacerdote de Mênfis, disse a Ptolomeu Keraunos: *Tendes sorte por continuardes vivo.*

E dessa vez Keraunos não riu dele.

Quando a rainha Berenice descobriu toda a história sobre o que sua filha Arsinoë Beta havia feito, começou a correr aos gritos por seus aposentos particulares, cortou os cabelos e suas vestes, como se alguém houvesse morrido.

Se minha filha não é mais uma parthenos, ela lamuriou-se berrando, *quem vai querer se casar com ela?* Pois, além de toda a sua dor, não tinha a menor idéia do que faria com a deflorada Arsinoë Beta.

Pela tradição, disse o rei Ptolomeu a sua filha, *você deveria ser vendida como escrava, seus cabelos raspados e sua testa marcada com a marca de sua grande desgraça...*

E Arsinoë Beta chorou, porque fora criada acreditando que viveria como rainha de algum país estrangeiro.

O ideal, seu pai lhe disse, *é que uma garota que tem a* aphrodisia *antes de se casar seja executada...*

E Arsinoë chorou mais ainda, porque tinha esperança de viver mais do que seus 15 anos de até então.

Os dois cônjuges num casamento grego, disse seu pai, *devem ser imaculados...*

Mas agora Arsinoë tinha uma mácula. Ela seria não uma *parthenos*, mas uma *pseudoparthenos*, a simulação de uma virgem, e ela chorou pela perda do que não poderia ser recuperado.

Já Berenice disparou contra a sua filha: *Que poderoso e nobre príncipe vai querer você agora?*

Que homem, ela disse, *vai levar você, agora que perdeu o maior tesouro que uma garota pode ter?* E Berenice gritou: *O que você estava pensando que iria acontecer quando deixou que o seu irmão fizesse isso?*

Arsinoë ficou parada de pé, diante de seus pais, com sua cabeça abaixada, e em seu desespero pensou no que Keraunos havia lhe sugerido: *Diga a ele que foi o deus que meteu em você...*

E bem que ela tentou, no início, dizer que foi engravidada por meios divinos, e não humanos. Ensaiou descrever a aparição de um deus em seus aposentos, durante a sesta, o forte bater de suas asas, o hálito adocicado que saía de sua boca. Mas seu pai torceu o nariz diante de tantos absurdos e, quando viu aquela expressão no rosto dele, ela não pôde dizer mais nada.

Tudo isso é tolice, disse seu pai. *Odeio mais do que o Hades uma garota que oculta algo em sua mente e fala outra coisa.*

Então, Arsinoë chorou de novo, e disse, *Juro pelas ninfas do lago que jamais pedi ao meu irmão para fazer o que ele fez... Juro pelas águas do Estígio*, e era o mais poderoso e inviolável juramento que uma garota poderia proferir, e Ptolomeu teve ímpetos de ser clemente em relação à filha, porque ela era apenas uma garota muito jovem, e ele acreditava que o principal culpado fora Ptolomeu Keraunos.

Berenice sustentou que não seria direito mandar executar essa filha, fosse qual fosse o crime que ela houvesse cometido, e sugeriu que o maior entre todos os castigos que se adequaria a esse crime seria o do Cavalo e a Moça.

Assim que Berenice expressou seus pensamentos, Arsinoë Beta chorou mais uma vez e ajoelhou de mãos postas diante do pai, suplicando.

Sim, de fato, Ptolomeu disse, *o único procedimento que devemos adotar é encerrar você numa casa com um cavalo, sem nenhuma comida, até que o cavalo a devore. É só isso que você merece.*

Arsinoë começou a berrar. Culpou Keraunos e disse que ele ameaçara matá-la se ela contasse a alguém. Jurou que não era culpada de nenhum crime. Alegou que tudo fora por iniciativa de Keraunos, que ele a violentara enquanto ela estava dormindo, que tapara sua boca com a mão e que ela não pôde gritar. E assim, Arsinoë Beta tentava salvar a própria pele.

Já no final, o rei Ptolomeu teve pena de sua filha e disse: *Para evitar um vexame público, não devemos recorrer a qualquer das punições prescritas por lei. Talvez, devamos expulsar você do Egito, mandá-la para Lysimakheia, no Helesponto. Quem sabe Lisímaco possa ser convencido a tomá-la por esposa?*

Quem é Lisímaco?, perguntou Arsinoë, como se já não soubesse.

É o rei da Trácia, respondeu Ptolomeu.

E assim, Arsinoë Beta escapou da morte pela primeira vez, porque seu pai não teve coragem para matá-la.

A vingança está nas mãos dos deuses, ele disse. *Eles podem, ou não, tratá-la com generosidade.*

Já que uma humilhação pública seria impensável, Arsinoë Beta, em vez disso, sofreu uma humilhação na sua privacidade. Isso porque, então, não sabia ainda que um casamento com o rei Lisímaco da Trácia já seria em si uma punição e tanto. Ela teria a sua lição e seria quase a parte mais dura de sua punição jamais poder pôr os olhos em Alexandria novamente, mas permanecer no exílio.

Para que esse casamento pudesse ser celebrado, os cirurgiões gregos do rei Ptolomeu trouxeram um objeto de bronze chamado *ambleterion*, cujo propósito era esmagar a criança ainda não nascida dentro do ventre de sua mãe. A seguir, arrancaram do corpo dela, por meio de ganchos e cordas, uma criatura disforme, e os gritos dessa garota foram abafados pelas servas, batendo panelas de cozinha e cantando o mais alto que conseguiam. Quando isso já estava feito, as amas começaram a trabalhar sobre o corpo de Arsinoë Beta, de modo a lhe conferir de novo uma *parthenos*.

Alguns chegaram a pensar que essa Arsinoë Beta fez por merecer tudo aquilo que lhe estava por acontecer, mas apenas os horoscopistas e o sumo sacerdote de Ptah sabiam a verdade a esse respeito: que no futuro dessa princesa nada havia senão infortúnios e que, não, os deuses não seriam generosos com ela.

Ptolomeu Soter enviou mensagem para Lisímaco, propondo-lhe o casamento que planejava para Arsinoë Beta. Com isso afugentou os problemas que pairavam sobre sua família e pôde se preocupar com a guerra na Síria.

3.7

Moderação

A grande cautela de Ptolomeu Soter em assuntos militares, segundo alguns, o privou da grandiosidade como general. Acusavam-no de nunca ter feito nenhum esforço para recuperar a ilha de Chipre. Acusaram-no também de jamais ter se importado em desafiar a maestria de Demétrio Poliorketes no mar, porque, quando Demétrio navegou com a sua frota de Rodes para águas gregas, o que fez Ptolomeu então? Nada, nada, até que a sua aliança com Cassandro, Lisímaco e Seleuco o fez pensar que talvez conseguisse reocupar a Palestina e até mesmo a Síria.

Ptolomeu não fez praticamente nada, nos três anos que se seguiram ao Cerco de Rodes, a não ser regozijar-se com seu título de Soter e se tornar um Faraó. Para Ptolomeu bastava ser Faraó. Não desejava nada além da sobrevivência da dinastia após a sua morte.

Não, Ptolomeu estava farto de guerras, cansado de correr riscos, e sempre se chocava com a estúpida perda de vidas da guerra. Queria apenas ser deixado em paz, agora, envelhecer sem ter de olhar a face da morte antes que chegasse a sua hora. Declarava que já havia matado homens o bastante e sentia-se exaurido por tantos pesadelos.

Assim, Ptolomeu dedicou um galo de ouro maciço a Ares, deus da Guerra, e pendurou a sua espada e seu escudo no Templo de Ares, na Via Canopus, e anunciou que estava se aposentando das batalhas, já que estava com 65 anos de idade.

Mais de uma vez Ptolomeu chamara a si mesmo simplesmente de *O Macedônio*, de preferência a rei do Egito. Era o estilo grego mais apropriado, mas demonstrava — ou não? — que ele não apreciava bazófias desnecessárias. Bazófia não era coisa de grego. Muito mais característico era o culto à modéstia, que não atrairia sobre um homem o ciúme dos deuses.

Mesmo assim, havia quem desdenhasse a maneira como o rei recuava, sempre que podia, mesmo depois de uma vitória, alegando que seus recuos provavam nada além de falta de confiança em sua própria habilidade. Mas não se tratava de recuos de um covarde, porque Ptolomeu não era covarde.

Moderação em todas as coisas, dizia Ptolomeu. *Nada em excesso, e especialmente sem matanças.*

Assim, na maioria das vezes o louvavam por sua sabedoria.

A despeito de sua tendência para recuar, a espada de Ptolomeu não permaneceu pendurada no Templo de Ares por muito tempo. Já no intervalo de dois anos, desde o cerco de Rodes, três dos outros Sucessores — Cassandro, Lisímaco e Seleuco — o haviam convencido a unir-se a eles numa campanha para destruir o poder de Antígonos Caolho para sempre, e Ptolomeu viu-se de novo empunhando sua espada.

Então, Cassandro rechaçou Demétrio, e Lisímaco serviu-se como quis da maior parte da Jônia. Nesse meio tempo, Ptolomeu penetrou com suas tropas na Palestina e retomou as cidades da Coele-Síria, uma em seguida à outra, e armou cerco contra Sidon.

Se Ptolomeu houvesse perdido o seu apetite para a guerra, o que aconteceu a seguir devolveu-o, já que teve a precaução de invadir a cidade de Hierosolima no dia de Sabbath dos hebreus, quando as leis proibiam qualquer hebreu de pegar na sua espada e lutar, mesmo que fosse para se defender, nesse que era o mais sagrado dos dias, já que a guerra era trabalho; e assim, Ptolomeu, que não tinha a necessidade de se submeter a tal lei, tomou Hierosolima para si, e entre muitas risadas e comemorações porque os hebreus não podiam fazer mais do que ficar imóveis e observar, boquiabertos diante da ousadia desse grego.

Tal circunstância, tão maravilhosa para Ptolomeu, embora não tão maravilhosa para a população de Hierosolima, capacitou os sábios gregos a destacar a lição aprendida: *Nunca recorrer a superstições e sonhos a não ser quando todos os conselhos humanos tiverem falhado.*

Ptolomeu deportou vasto número de prisioneiros de guerra para o Egito e, quando impôs a evacuação de Hierosolima, foi previdente o bastante para demolir as muralhas, de modo que o Caolho não pudesse usá-la como reduto.

Enquanto Ptolomeu ainda estava acampado em Sidon, escutou alguns rumores vagos dando conta de que o Caolho havia derrotado Lisímaco e Seleuco numa grande batalha, e não viu razão para deixar de acreditar nisso porque sabia que o Caolho estava a caminho da Síria.

O que fez, então, Ptolomeu? Assinou um armistício de quatro meses com o bom povo de Sidon, garantiu a ocupação das cidades que havia capturado com guarnições e retirou-se para Mênfis com suas tropas.

Assim que retornou ao Egito, soube que os rumores sobre a tal batalha eram falsos, que não houvera batalha nenhuma e que seus aliados não haviam sido derrotados. Ptolomeu, assim, havia perdido a sua grande oportunidade de estender as fronteiras do império egípcio em direção ao Norte porque, quando os seus aliados fizeram os arranjos finais para a batalha que estava por vir, a Batalha de Ipsos, sequer se preocuparam em saber a opinião de Ptolomeu a esse respeito, porque já tinham o seu caráter como imprestável e inconfiável, por ter rompido os termos da aliança ao retornar cedo demais para casa.

A Grande Batalha de Ipsos, na Frígia, aconteceu no quinto ano do reinado de Ptolomeu, quando Antígonos Caolho — então com 81 anos, cabelos brancos, curvado pela idade, com deficiência de visão e dificuldades para escutar —, pessoalmente, avançou para a luta, tendo seu filho, Demétrio Poliorketes, consigo, contra a coalizão de quatro reis: Seleuco, Lisímaco, Cassandro e Ptolomeu, excetuando-se que Ptolomeu, como se comentou, não teve a preocupação de retornar para a guerra.

Essa batalha ficou conhecida como a Batalha dos Reis, e havia oitenta mil soldados e dez mil cavalarianos em cada lado, de modo que as tropas se equivaliam. Nessa luta, o próprio Caolho foi ferido por dardos, lanças e pedras, e morreu no campo de batalha, de modo que Demétrio o sucedeu no trono, fugindo pelo mar em direção a Chipre, que ainda controlava.

Ptolomeu não tomou parte nessa batalha, mas, como aqueles que não eram seus amigos gostavam de dizer, *escondeu-se* no Egito, aguardando apenas para tirar vantagem dos seus resultados. Foi também cuidadoso o bastante para fortificar-se, prevenindo-se contra o ameaçador avanço de Seleuco, valendo-se para tanto do estreitamento de seus laços de amizade com Lisímaco, da Trácia, e pondo em prática seus planos de compor um tratado de paz com esse rei, que seria selado por meio do casamento dele com Arsinoë Beta.

Embora Lisímaco, na época, estivesse muito feliz, casado com a esposa persa chamada Amastris, Ptolomeu sugeriu que seria mais vantajoso para ele tirar a esposa do caminho e se casar com Arsinoë Beta, que era, disse ele, sua filha mais velha com Berenice, uma jovem muito bela de ainda 15 anos, pronta para o casamento, e ele recomendava encarecidamente seus adoráveis seios, rosados, cheios, como dois suculentos pêssegos.

Depois de algum tempo, chegou a resposta de Lisímaco, e foi *sim*.

Arsinoë Beta foi, assim, entregue por propósitos políticos e, sob esse extraordinariamente conveniente arranjo de negócios, ela seria mantida a distância da perversão de seu meio-irmão.

Nesse meio tempo, outro assim chamado aliado de Ptolomeu, Seleuco, tomou a iniciativa de se aproximar de Demétrio Poliorketes, o qual, embora sendo um fugitivo sem reino, tinha total controle sobre o Grande Mar, incluindo Chipre e muitas das ilhas menores, e a maior parte da costa da Kilikia.

Portanto, Ptolomeu teve de sair em busca de novos amigos, e chegou ao ponto de escrever uma carta até mesmo ao presunçoso Agathokles, tirano de Siracusa, na Sicília, oferecendo-lhe a mão da princesa Theoxena, filha de Eurídice, em troca de mais uma aliança de paz.

Agathokles de Siracusa era um homem frio, que procurava uma jovem esposa atraente, o que era exatamente o que Ptolomeu lhe oferecia, enfatizando o caráter dócil de Theoxena; assim, Agathokles também disse *sim* à proposta de Ptolomeu.

E, sim, Ptolomeu esfregou as mãos e sorriu um largo sorriso, isso porque estava conseguindo o que queria.

No acordo firmado antes da Batalha de Ipsos, o território da Coele-Síria foi demarcado e reservado para Ptolomeu, no caso de vitória. No entanto, os reis que efetivamente lutaram em Ipsos agora achavam que, como Ptolomeu não se deu ao trabalho de mostrar a cara no campo de batalha, não tinha direito a recompensa alguma, e assim Seleuco e Lisímaco anexaram toda a Coele-Síria ao Império de Seleuco.

Ptolomeu, como era de se esperar, recusou-se a reconhecer o novo arranjo, protestando que a Coele-Síria era sua por direito, alegando que fora ludibriado pelo maldoso boato e que não era sua culpa não ter se apresentado no campo de batalha. Mas Seleuco recusou-se a cumprir o acordo original, considerando-o invalidado, e recusou-se também a ter qualquer relacionamento com Ptolomeu, que supostamente seria seu amigo, portanto tornando-se seu inimigo.

Longe de afastá-lo da guerra, então, esse agravo despertou em Ptolomeu um novo vigor, e ele deu ordens para que suas tropas marchassem uma quarta vez sobre a Coele-Síria. Quando Seleuco chegou com seu exército à Coele-Síria, pretendendo tomar posse do território, descobriu que Ptolomeu já a havia tomado para si e que a tinha sob seu inteiro controle.

E assim prosseguia. Ptolomeu jurou de novo e de novo que não tomaria parte nunca mais em nenhuma guerra contra os reis, seus rivais, que estava absolutamente farto de guerras e do desperdício das perdas que a guerra acarretava, privando-o da possibilidade de viver sob seu próprio teto, e que seus generais se encarregariam das guerras, dali para a frente. Daí ofertou mais um galo de ouro maciço e pendurou sua armadura de bronze pela quinta e última vez no Templo de Ares e enviou mensageiros ao Oráculo de Zeus-Amon, na Líbia, dizendo que desejava saber o que o futuro lhe reservava, e que tinha esperanças de parar de combater, pondo um fim definitivo em todas as guerras.

Mas o Oráculo de Zeus-Amon enviou como resposta a Ptolomeu a verdade, como sempre fizera e sempre faria, prevendo que a disputa sobre quem era o senhor da Síria e quem reinaria sobre a Síria assolaria a Casa de Ptolomeu e a Casa de Seleuco por muitas e muitas gerações. E, de fato, o pronunciamento final de Zeus-Amon sobre essa matéria, embora ninguém lhe desse crédito, foi que o mundo guerrearia pelo controle da Síria, da Palestina, da Coele-Síria e do Líbano e pelo de todos os países desse recanto do planeta *para sempre*.

No final da Guerra da Síria, e antes do início de uma nova Guerra da Síria, Ptolomeu acolheu cerca de trinta mil colonos hebreus no Egito: comerciantes, agricultores, horticultores, artesãos, pedreiros, construtores de navios, homens com capacitações de que ele necessitava em Alexandria, onde havia muito espaço ainda para construções — isso porque, segundo Aristóteles, esse era um estado de coisas que não deveria perdurar numa cidade.

Os hebreus de Alexandria receberam a promessa de terem seu próprio bairro na cidade, chamado Delta, no setor noroeste, bem próximo à residência real. Foram tratados com tolerância e encorajados a manter seus próprios costumes e a cultuar seu deus na maneira tradicional, em suas próprias sinagogas.

E, sim, os hebreus ficaram satisfeitos, excetuando por demonstrarem sua desaprovação quanto às estátuas das ruas, estátuas gregas, do rei Ptolomeu, de Alexandre e de outros heróis — em parte porque qualquer imagem santa era proibida em sua religião, mas em parte também porque se sentiam aviltados pela nudez do estilo grego. Havia noites em que, acobertados pela escuridão, as estátuas eram vestidas com roupas de baixo de linho, por pessoas que se mantinham anônimas, mas que, segundo se acreditava, seriam hebreus. E assim continuou essa história, até que foi combinado que não haveria estátuas nuas divinizadas no bairro do Delta, respeitando-se a suscetibilidade dos hebreus, que afinal se declararam completamente satisfeitos.

Ptolomeu disse aos colonos que era amigo deles, diferentemente do Faraó antigo que perseguira os hebreus em seu retorno à Palestina, e assim todos concordaram em permanecer no Egito, onde seriam muito úteis ao rei Ptolomeu fazendo empréstimo de suas vastas reservas de dinheiro.

Com o tempo, os hebreus esqueceriam até mesmo o idioma hebreu, adotando o grego. Comerciavam milho e construíam navios, e ajudavam Ptolomeu a financiar seus projetos de construção de templos e de obras públicas, tal como o canal que ligaria o Grande Mar ao Mar Vermelho.

Não demorou muito até que os hebreus se declarassem felizes por encarar Ptolomeu como um amigo.

E Ptolomeu disse, como sempre dizia: *Queremos que todos sejam felizes. Deixa-nos felizes que vocês estejam felizes de viver conosco no Egito.*

Foi este o primeiro, e talvez o único, momento de genuína felicidade em toda a história da Alexandria. Todo o resto seriam disputas, sordidez, apelidos insultuosos e, então, os anos se verteram em séculos, e haveria tumultos e revoltas, e derramamento de sangue pelas ruas, assim como no interior do palácio.

Alexandria começou bem, mas se desenvolveria mal sempre. Na raiz de tudo estava a família dos Ptolomeus, sobre a qual muitos comentavam a mesma coisa.

Mas não por enquanto. No início, tudo era muito promissor, e todos os membros da Casa de Ptolomeu sorriam, ou fingiam sorrir — a não ser, talvez, Eurídice. E, nessa época, ninguém era mais feliz do que o próprio Ptolomeu; a despeito de não conseguir dormir, a despeito das moscas que picavam sua carne, a despeito da tensão entre os gregos e os egípcios, ele assim mesmo dizia que era feliz.

No mesmo ano da Batalha de Ipsos, como se, embora feliz que certamente estivesse, Ptolomeu não tivesse problemas o bastante, o Touro Sagrado, Ápis, cria da Vaca Ta-nt-Aset II, morreu de velhice, deixando todo o Egito de luto. Rio acima e rio abaixo, as mulheres cobriam-se de lama, socavam os próprios seios e gritavam seus lamentos. Em Mênfis, o sumo sacerdote preocupava-se, e muito, com o problema de como arranjar dinheiro para custear o elaborado ritual de embalsamamento do touro, e dirigiu-se a Ptolomeu, sugerindo-lhe enfaticamente que era costume que o Faraó desse uma contribuição generosa para as despesas do funeral.

Ptolomeu encarou duramente Anemhor. *Quanto?*, perguntou.

Anemhor ficou em silêncio por instantes, olhos fixos no assoalho.

Mil dracmas?, perguntou Ptolomeu.

Anemhor sacudiu a cabeça.

Mil e quinhentas?, perguntou Ptolomeu.

Anemhor não respondeu.

Duas mil dracmas?, perguntou Ptolomeu incrédulo.

Mas Anemhor disse: *Dracmas, não, Majestade. Talentos.*

E Ptolomeu perguntou: *Dois talentos?*, o que equivalia a doze mil dracmas — uma soma impossível, ele pensou.

O rosto de Anemhor assumiu uma expressão desalentada. *Mais*, ele disse, *muito, muito mais. Muitos, muitos talentos.*

Cinco talentos?, indagou Ptolomeu, mas sem esperanças, sabendo que não desejaria doar nem mesmo a soma que primeiro sugerira.

Mas Anemhor apenas balançou a cabeça.

E assim prosseguiu até que os dois chegaram à quantia de cinqüenta talentos, e Ptolomeu foi acometido de uma sensação de colapso no fundo de suas entranhas, porque sentiu como se seu tesouro estivesse sendo assaltado. Mas, a seguir, sorriu, porque amava o Ápis e denominou os cinqüenta talentos de um empréstimo, de modo que Anemhor não fosse pensar que se tratasse de um direito, mas meramente uma concessão.

Mesmo assim, a rapidez com que Ptolomeu providenciou os fundos foi vista como uma boa coisa, como era a sua intenção: poderiam acontecer, então, futuras concessões, futuros empréstimos, futuras doações, e outros favores, por parte desse rei. Ele não havia agido como os persas, que mostraram tal desprezo em relação ao Ápis que chegaram a assassiná-lo. De modo algum, Ptolomeu era amigo do Ápis. Rezava apenas para que o novo touro não morresse ainda jovem.

A mumificação do Ápis foi realizada, com suas patas dianteiras imobilizadas, saindo para fora, à sua frente, e seus longos chifres folheados a ouro destacando-se das bandagens, e eles transportaram o Ápis sobre uma grande carroça até a câmara mortuária dos touros sagrados, na margem oeste do rio, na fronteira com o deserto da Líbia, enquanto todo o Egito chorava e se lamentava, e os funerais do Ápis duravam 29 dias.

A seguir, procedeu-se à meticulosa busca do novo Ápis, que deveria substituir o antigo. No alto e no baixo rio, meses e meses de buscas, até que o bezerro negro com as marcas corretas na testa fosse encontrado, e havia ao todo 29 sinais de identificação do Ápis, que era cria da Vaca Ta-nt-Merwer, e Anemhor, o sumo sacerdote de Ptah, instalou o touro em seu estábulo, no recinto de Prah, em Mênfis, e o coroou com a Coroa de Ápis, assim como havia coroado o próprio Ptolomeu como Faraó, e os horoscopistas previram que o reino de Ápis duraria 22 anos, e que o rei Ptolomeu não morreria antes dele.

Isso espantou Ptolomeu que calculou então que viveria, se fosse verdade, até quase a idade inaudita de 88 anos.

Ptolomeu não morreria jovem, já que os horoscopistas estão sempre certos.

3.8

A Aliança com a Trácia

Cinco anos haviam se passado, desde que Ptolomeu recebera as coroas, quando então confirmou a sua grande aliança com o rei Lisímaco da Trácia, o companheiro que havia servido junto com ele, sob o comando de Alexandre, e que fora, primeiro, seu amigo, depois seu inimigo, e que agora voltava a ser amigo.

Lisímaco agora, com entusiasmo, concordava em se desfazer de sua atual esposa, sua segunda esposa, Amastris, com quem havia se casado apenas um ano antes, para trazer para o seu leito, no lugar dela, Arsinoë Beta, a jovem filha de 16 anos de seu aliado nos mares, a deleitável, a mais linda de todas e mais efetivamente esperta das moças, essa Arsinoë Beta, restaurada depois da *aphrodisia* com seu meio-irmão, episódio o qual, naturalmente, Lisímaco desconhecia.

Sim, os embaixadores viajaram intensamente entre Alexandria e Lysimakheia, no Helesponto, louvando os longos cabelos louros da garota, tão dourados quanto o sol, quanto o próprio ouro, que eram sua grande glória, e por fim Ptolomeu jurou por Zeus, Hélio e todos os demais deuses gregos que cumpriria esse acordo. Jurou que os amigos de Lisímaco seriam seus amigos e que os inimigos de Lisímaco seriam seus inimigos, e jurou ainda: *Que meus negócios prosperem, se eu cumprir este juramento, e que o contrário ocorra, se eu o trair.* E Lisímaco fez o mesmo juramento.

O juramento seria tornado permanente e imperativo pela entrega de Arsinoë Beta, cujas grandes virtudes Ptolomeu insistia em proclamar, como todo grego típico, a despeito da verdade, e tudo com o fim de conseguir tirá-la de sua casa e selar o acordo o mais brevemente possível. Acontecia que tudo o que ele disse sobre essa garota, incluindo sua beleza e inteligência, era verdade.

Ptolomeu não contou à sua filha, no entanto, coisa alguma sobre o quanto seu marido era velho, e nenhuma informação pessoal a respeito dele, fosse qual fosse, mas lhe passou apenas as informações políticas, e todo pensamento sobre a possibilidade de ela gostar ou não desse homem, ou se o acharia uma companhia prazerosa, ou se ele teria uma bela aparência e se teria uma conversa agradável era irrelevante. Só o que importava era a aliança e o fato de Lisímaco ser um rei e isso também, até então, era o que importava para Arsinoë Beta.

Não, ela não estava se casando por amor. De modo algum: estava se casando pela estabilidade do Egito e de seu império, e pela paz, naqueles tempos tão difíceis. Seu casamento não concernia a amor, mas a conceber um filho legítimo. Fosse como fosse, tudo o que dizia respeito a amor era loucura, e casar por amor nada mais era do que procurar problemas. Nenhuma mulher grega tinha expectativa de receber afeto. Era mais provável que recebesse tapas e surras de seu marido do que beijos. Tal é, seja o que for que se pense disso, o costume entre os gregos, que se deliciam em dizer que não são bárbaros; e são bastante diferentes dos homens egípcios, no convívio com suas esposas.

Quando chegou o dia feliz de Ptolomeu Soter despachar sua filha, a família ficou reunida a noite inteira para as despedidas, o que era um costume grego, comeram tordos assados, azeitonas e *moussaka* e beberam vinhos finos de Mareotis, tentando reter o tempo. E a celebração foi um pouco menor do que o habitual, em função do episódio com Keraunos, que Ptolomeu agora tentava fingir que jamais acontecera, e foi um bom exemplo de sua habilidade de esquecer o passado e pensar apenas no agora, no momento presente. Ptolomeu, afinal, derramou uma ou duas lágrimas ao abraçar sua garota, porque esse era o costume, e, em verdade, não se sentia entristecido por estar se livrando dessa filha que quase trouxera a ruína para a sua Casa. Não; e em troca de se separar dela, teria a coisa que mais desejava em todo o mundo: paz, e um ininterrupto suprimento de artigos de luxo do Helesponto, tal como peixe salgado, ervilhas de Bizâncio, tapetes de púrpura, garotas de olhos oblíquos... uma interminável lista de delícias da Trácia.

Por seu lado, Arsinoë Beta encarou com alguma indiferença ser remetida para a Trácia como um pacote de tâmaras, demonstrando não se importar muito com o que fosse lhe acontecer. Não havia esquecido que seu casamento era uma punição — embora não entendesse o que essa punição representaria para a sua vida, já que partir para a Trácia, como rainha, parecia-lhe mais como uma maravilhosa recompensa, e, no final, ela acabaria se casando com alguém, não importando o que tivesse feito de errado.

Berenice teve o cuidado em martelar nos ouvidos de Arsinoë Beta que ela deveria concordar com todos os desejos de seu marido, e com tudo o que lhe pedisse e dissesse. Marido nenhum vai se dar bem com uma esposa que não queira o que ele queira.

Berenice a alertou para ter boa vontade com tudo, não importando quais fossem seus desejos íntimos, e insistiu para buscar ser indispensável, senão Lisímaco a mandaria de volta para casa, marcada para sempre como uma garota que fracassara em dar ao marido prazer na cama.

E enfatizou o exemplo de Amastris, a anterior esposa de Lisímaco, que logo fora substituída quando se mostrou insatisfatória.

Arsinoë Beta sorriu seu melhor sorriso de ferro. Aprendera tudo o que deveria ser aprendido sobre *aphrodisia* com seu próprio irmão, e pensou nos dois suando contra a cabeceira da cama de madeira folheada a ouro, sob as cortinas contra insetos feitas de velhas redes de pesca, que era só o que os gregos conheciam como eficaz para se livrarem de picadas, e então sentiu uma pontada pela perda do passado; no entanto, as lições que aprendeu nas mãos de seu irmão não seriam, afinal, desperdiçadas.

Por essa ocasião, Arsinoë Beta estava pronta. A restauração de sua *parthenos* perdida não estava além das habilidades de suas amas, que lhe confeccionaram um novo hímen de borracha, proveniente da Terra de Punt, e que produzia um som em nada desagradável, quando tocado pelos dedos, como se fosse algum instrumento musical bárbaro.

Arsinoë Beta tomou o navio para a Trácia acompanhada de duas amas e de seu inacreditavelmente vasto dote de artigos valiosos, mais generoso do que qualquer grego jamais concedera à sua filha, ou assim se dizia: escravos, ébano, marfim, jóias, especiarias, ungüentos e, é claro, barras de ouro, pepitas de ouro, assim como ouro em forma de moedas, sacos e mais sacos de octodracmas e decadracmas, todas tendo gravadas a efígie invulnerável ao tempo de seu pai. Ela levou também seu médico particular, Dion, um eunuco instruído que desempenharia as funções de seu *apokrisarios*, um secretário, assim como daria seus sábios conselhos sobre assuntos femininos, gravidez, parto e alimentos apropriados para crianças. Mais importante ainda, Dion auxiliaria

Arsinoë a fugir da Trácia se e quando tudo despencasse por lá, já que em Lysimakheia, como na maioria das cidades da época, tudo eram incertezas e nenhum homem poderia prever quando mesmo um rei tão poderoso quanto Lisímaco poderia ser derrubado de seu trono por revolucionários, ou por algum usurpador, ou por alguma tribo selvagem da Trácia, ou por uma invasão de bárbaros das ilhas do norte, ou se, apenas um mês depois, poderia ser envenenado por algum membro de sua própria e tão querida família.

A última coisa que Arsinoë Beta fez no Egito foi dedicar suas bonecas de cerâmica com membros móveis ao templo de Artêmis, situado na Via Canopus, e ela chorou ao se despedir de sua infância, mas proferiu preces adicionais para Artêmis, Aquela que Maneja os Arcos e as Flechas do Poder, para obter um acréscimo em forças para lidar com as dificuldades que estivessem por vir.

A entrega das bonecas marcava o final da infância de Arsinoë Beta, e também o final de sua feminilidade. Excetuando a desagradável necessidade de gerar filhos e herdeiros, sua vida agora seria devotada aos assuntos masculinos: guerra e governo, à negociação de alianças, ao equilíbrio do poder na Europa e na Ásia, e à manutenção do poder, fosse pelo derramamento de sangue, ou tramando o desaparecimento de parentes nas horas mortas da noite, ou o assassinato a sangue frio e à luz do dia. E, que fique bem claro, Arsinoë Beta executaria todas essas funções melhor do que qualquer homem, e seu pai, o rei Ptolomeu, teria orgulho dela.

Ao mesmo tempo, sendo muito parecida aos homens, Arsinoë Beta tinha a necessidade de se comportar como a mulher que era, e colocou em sua bagagem sua maquiagem de rosto, seus óleos para manter a pele macia, sua pletora de véus coloridos e de vestidos, suas sandálias de ouro e a tapeçaria que jamais faria. A caixa de jóias de Arsinoë Beta, princesa do Egito, estava repleta de magníficos braceletes egípcios, tornozeleiras, anéis com guirlandas e escaravelhos, todos de ouro e incrustados com as mais preciosas pedrarias, e, no fundo da caixa, por debaixo das jóias, sua adaga de bronze, com um cabo de ouro, incrustada de esmeraldas, rubis, turquesas e cornalinas, o presente de despedida de sua mãe, Berenice, que lhe disse: *nunca se sabe quando se fará uso dela.*

No entanto, o mais importante item de sua bagagem era a substância semelhante a terra, um pó acinzentado, embrulhado em tecido oleoso e bem amarrado com corda de papiro, e que era veneno — um veneno poderoso o bastante para eliminar metade de um exército.

Para o caso de alguma necessidade, disse Berenice, que sabia tudo que se precisava saber sobre venenos e sobre ardis para administrá-los, já que esse pó também foi presente de Berenice.

E Arsinoë Beta bem teria necessidade de usá-lo.

Antes de subir a bordo do *trieres*, Berenice lhe deu o último de seus mais sábios conselhos, que foi fugir da Trácia, no caso de uma revolta — quando então a esposa de um rei não deve pensar em outra coisa senão em salvar a própria pele — e disse ainda: *O segredo de um casamento bem-sucedido é que a esposa esteja pronta para aceitar sem questionamento as regras impostas por seu marido, sem dar importância aos seus defeitos e qualidades.*

Arsinoë assentiu de cabeça, demonstrando que entendera, embora tivesse idéias próprias quanto a esse assunto.

Uma esposa, prosseguiu Berenice, *não tem sentimentos próprios... Irá se adaptar aos estados de espírito de seu marido... Não rirá quando ele estiver de mau humor, nem ficará com uma expressão chateada quando ele estiver sorrindo*.

Arsinoë disse que se esforçaria ao máximo para tanto, embora fosse haver poucos motivos para riso em Lysimakheia.

O casamento, acrescentou Berenice, tem como único propósito... *gerar herdeiros para o trono*. E no entanto ela desconsiderava o fato de Lisímaco já ter seu herdeiro, embora Arsinoë possuísse idéias próprias a esse respeito também.

Impossibilitada de comparecer ao casamento da princesa Arsinoë Beta, sua família entoou a Canção do Corvo, típica dos gregos, no cais de Alexandria, para que Arsinoë agradasse a Lisímaco e fosse fiel a ele enquanto vivessem.

Mas, em verdade, a mente de Arsinoë Beta era como a de um homem, e ela sabia que nenhum homem jamais amou e tampouco foi fiel por muito tempo.

No último momento, ela já não queria pôr os pés no navio de aparência tão frágil e fazer a viagem para a Trácia, por ter escutado relatos sobre a ocorrência de terremotos por lá. Mas seu pai prometeu fazer preces adicionais a Poseidon, Senhor dos Terremotos. Arsinoë Beta lançou, então, um último e demorado olhar para o seu meio-irmão, o Raio, que estava ali próximo, de cara amarrada. Ela amava e odiava Keraunos, ambos os sentimentos em igual medida, e não sabia se o veria de novo. Mas Keraunos sabia, havia consultado o Oráculo e lhe foi dito: *Menino, esta não será a última vez que você verá essa sua irmã.*

Quanto ao velho Anemhor, tudo o que disse à princesa foi: *Aqueles que bebem da água do Rio retornarão para bebê-la de novo* — como se soubesse que Arsinoë Beta estava predestinada a retornar. Isso porque, sim, ela sempre bebera da água do Nilo, e de nenhuma outra.

Ptolomeu Soter fez então a oferenda de praxe, sacrificando um touro negro aos deuses dos Mares, e as trombetas ressoaram, e o *trieres* se pôs em movimento, os remos subindo e descendo em perfeita ordem como asas de uma enorme gaivota; os remadores entoaram canções do mar e o faziam em uma só voz, para manter o ritmo, e Arsinoë Beta não olhou para trás, mas fixou seu olhar à frente, pensando na Trácia, pensando e pensando...

Ela havia ingerido o remédio do lagarto verde contra os enjôos do mar, e o das cinzas de caramujos, com semente de urtiga e mel, que lhe prometiam uma viagem sem distúrbios, mas seu rosto ficou inteiramente esverdeado antes mesmo de passarem pelos penhascos que ficavam na boca da Grande Baía de Alexandria.

Não estando acostumada a navegar, como a maioria das mulheres gregas, e com medo de se afogar, Arsinoë Beta murmurava preces a Poseidon, o deus dos Mares Furiosos, para ter uma travessia tranqüila, e pensava em por que estava fazendo aquilo; não era algo apenas em seu benefício — aliás, não era por ela, de modo algum —, mas pelo bem e pela glória do Egito, pela paz e porque era o desejo e a vontade de seu pai.

A família ficou observando o *trieres* tomar velocidade mar afora, tão leve e ligeiro que nem mesmo o falcão, o dos ágeis rodopios, a mais rápida criatura alada, poderia acompanhá-lo, e até que a embarcação se tornou um ponto negro no horizonte, quando então Ptolomeu e Berenice emitiram um suspiro de alívio pelo final feliz de um começo difícil. Mas acabou acontecendo que essa não seria a última notícia que se escutaria no Egito sobre essa nobre princesa, que foi comparada, em temperamento, a Sekmet, a deusa-leoa. Em verdade, essa Arsinoë possuía uma língua tão afiada e um coração tão rijo que seus pais não estavam totalmente insatisfeitos por vê-la pelas costas.

Agitando seu *khausia* em despedida à sua irmã estava Ptolomeu Mikros, seu irmão mais novo, então com nove anos de idade. Arsinoë Beta tinha quase idade o bastante para ser a mãe do menino, e foi sobre esse menino que ela derramou os sentimentos maternais que possuía, tratando-o como uma de suas bonecas de cerâmica, vestindo-o e despindo-o, dando-lhe ordens e obrigando-o a fazer tudo o que ela mandasse. De fato, bastava Arsinoë Beta estalar os dedos que Mikros *pulava*.

Enquanto Mikros acenava com o seu capuz, usou-o para enxugar a lágrima que escorreu por sua bochecha. Quase amara essa sua irmã, sua irmã por parte de pai e mãe, sua irmã mais velha, e não podia imaginar, naquela época, que era seu destino casar-se com ela.

Quando Ptolomeu Mikros revisse Arsinoë Beta, estaria com 29 anos e casado com outra mulher; Arsinoë Beta estaria próxima dos quarenta anos e com a sua vida em ruínas. Mas, mesmo depois de tanto tempo, Mikros ainda quase a amaria, por ter sido a única pessoa em toda a sua vida que haveria sido bondosa para com ele.

Mas teria também bons motivos para odiá-la.

Já Ptolomeu Soter jamais poria os olhos de novo em Arsinoë Beta, e no seu íntimo sabia disso. Por muito tempo, sua voz forte ficaria embargada, e seus olhos, umedecidos de lágrimas, e seriam talvez lágrimas de arrependimento porque não chegara a conhecer essa sua filha bem o bastante.

Se Arsinoë Beta tivesse o poder de prever o futuro, talvez ficasse mais satisfeita com o castigo do Cavalo e da Moça, em vez de pegar aquele navio e se tornar a rainha da Trácia. Isso porque Thot diz a verdade quando anuncia que, em certo sentido, sua sorte será pior, muito pior, do que se tivesse sido devorada viva por um cavalo faminto.

Se as lágrimas escorreram pelas macias faces de Arsinoë Beta quando ela deixou o Egito, não foi pela perda do convívio com a sua família, nem por estar tendo a sua última visão da ilustre e mais ilustre de todas as cidades, Alexandria. Não: ela chorava, em verdade, por achar que jamais veria de novo seu meio-irmão, Ptolomeu Keraunos, o irmão que havia amado mais do que se ama um irmão e odiara mais do que se odeia um inimigo. E foi só então que sentiu um pouco de pena de si mesma.

As últimas palavras que murmurou para Keraunos, cujo rosto não lhe haviam permitido ver desde o episódio do rabanete, foram: *Não escreverei... Nunca nos veremos de novo.*

E tinha certeza disso, tanto quanto de qualquer outra coisa, mas aconteceu que estava errada. Ela fitaria outra vez aqueles olhos escuros e reluzentes de Ptolomeu, o Raio.

Keraunos tinha apenas 19 anos quando da partida de sua irmã, e ele lhe pareceu, naquele dia, mais do que nunca semelhante aos deuses.

Quinze, vinte anos se passariam antes que o visse outra vez, mas nem Keraunos nem o Egito haviam visto pela última vez Arsinoë Beta, embora, naquele momento, se esforçasse ao máximo para esquecer-se de ambos, para esquecer o passado, para, enfim, usufruir da sensação do fluir do instante, assim como seu pai, observando os golfinhos que apostavam corrida com o seu *trieres* sobre o reluzente oceano.

3.9

Mikros, o Pacífico

Mais ou menos na mesma época em que sua filha pegou o navio para a Trácia, o rei Ptolomeu designou o famoso Strato de Lampsacos como tutor de seu filho mais novo, Ptolomeu Mikros.

Strato era autor de inúmeros livros, inclusive o interessante *Sobre a realeza*, o importante *Sobre a justiça*, e o útil *Sobre os sonhos*, além do essencial *Sobre a criação de animais*. Suas obras sobre física e cosmologia lhe granjearam o apelido de O Físico, e sua grande teoria afirmava que toda a vida, todas as coisas viventes, poderiam ser explicadas por causas naturais; que as coisas viventes nada tinham a ver nem com os deuses da Grécia nem com nenhum outro.

Thot, é claro, conhece melhor tal assunto, mas foi esse Strato que proporcionou a Mikros sua curiosidade científica: isso porque Mikros demonstraria, durante toda a sua vida, uma grande paixão pelo conhecimento científico e por projetos de engenharia. Mais do que qualquer outra coisa, ele gostava do que era novo, do que era diferente, e gostava de pensar que era um desbravador de caminhos.

Ao passo que ia se desenvolvendo a disposição escolástica de Mikros, simetricamente diminuía seu interesse em assuntos militares. Seu pai era um homem rude, endurecido pelo treinamento militar; mas Mikros seria uma pessoa suave. A despeito do seu nome, jamais seria um guerreiro.

Quem seria o responsável por se criar esse garoto sem dedicação à guerra e sem desejo, igualmente, de ampliar as fronteiras do Egito, cujo grande prazer era sentar numa cadeira e ficar lendo um livro?

Alguns dizem que fora a mãe dele, Berenice, que dedicava os seus dias, agora, a sua manufatura de perfumes, às sedas provenientes da ilha de Kos, às jóias e a organizar pródigos entretenimentos teatrais, ou exóticas e dispendiosas excursões para percorrer a Via Canopus.

Outros diziam que Strato de Lampsacos, o tutor, seria o culpado. Strato, que tornara o seu aluno tão civilizado a ponto de levá-lo a perder o ímpeto macedônio para combater seus inimigos, por isso Mikros preferia ficar em sua casa, pensando em assuntos científicos: sobre o desenho de mosaicos, sobre a Teoria do Prazer, desperdiçando os seus dias em conversas sobre *idéias*, como se pretendesse se tornar um segundo Aristóteles, em vez de um segundo Alexandre; *e para que servia tudo isso, afinal de contas?*

Para os macedônios, um homem que não fosse de ação, um herdeiro sem vocação para a guerra, era um desastre. O único herdeiro possível para o Egito era o herdeiro de direito, o filho mais velho de Ptolomeu Soter: Ptolomeu, o Raio, um garoto que, ao menos, tinha a coragem de pegar a sua espada e lutar pelo seu país.

Mas Mikros... Mikros não queria combater nem ao menos as baratas gigantes alaranjadas que infestavam a residência. Ficava nervoso só de pensar em esmagar aranhas e moscas. Tinha medo de encontrar cobras em sua cama — e com boa razão, porque era o seu irmão mais velho, Ptolomeu Keraunos, que as colocava ali.

O rei Ptolomeu insistiu com a educação do seu filho mais novo, e havia rumores de que ele tinha pago a fenomenal soma de oitenta talentos a Strato para tê-lo como tutor de Mikros em ciência e matemática, mesmo Mikros não sendo muito bom em números. A educação desse garoto custou, então, exatamente, o equivalente ao soldo anual de 1.972 soldados de infantaria, ou a décima parte do Farol. Thot jura que é verdade.

Ptolomeu garantia que Strato era o homem mais inteligente do mundo, e que valia cada uma dessas dracmas, e, pelo que veio a acontecer, Thot pode revelar que os oitenta talentos foram um dinheiro muito bem gasto, o melhor investimento que Ptolomeu Soter poderia ter feito em benefício do futuro de sua dinastia.

Isso porque Mikros era inteligente — tão inteligente quanto a sua irmã de pai e mãe, Arsinoë Beta, e aqueles que gostavam de sussurrar palpites sobre o futuro já sussurravam que Ptolomeu Mikros era o futuro, o novo recomeço. Algumas pessoas na corte do rei Ptolomeu até mesmo sussurravam que um jovem como Ptolomeu Keraunos não traria nenhum bem ao Egito, porque estava um tanto atrasado em seu aprendizado, isso se não fosse mesmo um tanto estúpido, como a sua mãe, Eurídice.

De fato, os filhos de Eurídice não iam muito bem, e a próxima de suas crianças a começar a ir mal foi Theoxena.

Na mesma época em que Arsinoë Beta foi mandada para a Trácia, Ptolomeu Soter entregou Theoxena, filha de Eurídice, em casamento a Agathokles, o tirano de Siracusa.

Agathokles fora um garoto de origem humilde, mas espantosamente bonito, filho de um oleiro, e que enriquecera vendendo o próprio corpo, permitindo a qualquer homem que desfrutasse de sua luxúria segundo os hábitos dos gregos. Mas quando atingiu a maturidade, deixou perplexos os seus clientes, trocando seus negócios com homens por mulheres, e ficou mais rico ainda estabelecendo-se como pirata, pilhando todos os navios que atravessassem o Grande Mar.

Se Ptolomeu tinha conhecimento disso — e como poderia não ter? —, nunca disse uma palavra a esse respeito a Theoxena, a quem se contaram apenas as histórias de Agathokles, o Herói, e de sua arrasadora vitória sobre os cartagineses. O tenebroso passado de Agathokles estava encerrado e superado: ele era agora um homem de poder, muitíssimo respeitado por suas habilidades militares, e chamava a si mesmo de Rei da Sicília.

Theoxena estava agora com 15 anos, madura o bastante para o casamento, embora não tivesse seios como dois grande melões, mas, de fato, um busto plano, e tinha muita vontade de fazer algo melhor com os seus dias do que tecer cenários de Alexandria em fios de ouro e de púrpura.

Ptolomeu contara tantas coisas sobre Agathokles, um homem que na realidade não conhecera pessoalmente, e tanto sobre a Sicília, um lugar que, na realidade, ele jamais visitara, e tanto também sobre a cidadela de Euryalos, em Siracusa, onde ela viveria, e sobre as áridas ilhas com seu incessante alarido de grilos, que Theoxena quase ansiava por partir de vez do Egito.

Tanto quanto para encorajar Theoxena, seu pai esforçou-se também para lhe dar seus mais sábios conselhos e para lhe transmitir suas mais solenes advertências sobre sua nova vida, na Sicília, o novo mundo que era rico, jovem, generoso.

Sófocles diz, ele falou, *que o silêncio valoriza uma mulher*. Ele tinha em mente o fato de Agathokles ser aficcionado por garotos e de essa sua filha, por vezes, ter dificuldades de parar de falar.

Conversar, disse Ptolomeu, *é para os homens. Uma esposa deve se manter em seus aposentos e viver para seus trabalhos, o tear e o fuso.*

E, se Theoxena havia pensado em dizer adeus à tapeçaria, estava equivocada, mas prometeu: *Vou ficar tão silenciosa como uma pedra.*

Ptolomeu lhe disse tudo o que ela deveria saber; tudo para proceder da melhor maneira — à exceção do fato de que esse seu marido era, agora, um homem velho, de 61 anos: porque sabia que, se Theoxena soubesse disso, imediatamente se recusaria a ir para a Sicília.

Quando chegou o dia que seria o último de Theoxena no Egito, sua família atravessou a noite acordada, comendo tâmaras e azeitonas e tordos assados, e bebendo os capitosos vinhos de Mareotis, e jogaram a água da clepsidra fora, tentando reter o tempo. Bem cedo, na manhã seguinte, Theoxena ingeriu o remédio à base de lagarto verde, contra enjôo no mar, e subiu a bordo do *trieres* que no porão transportava seu espantoso dote, sendo que todas as decadracmas dela tinham a efígie benigna de seu pai, o BASILEUS PTOLOMAIOS, que a havia negociado.

A despeito do lagarto verde, Theoxena ficou muito enjoada a bordo, e pôs os pés em terra, na Sicília, com o rosto algo esverdeado e com seu manto de viagem ainda com manchas de vômito. Quando ela pousou os olhos sobre o rosto do homem que seria o seu marido, ficou chocada ao constatar que ele parecia ainda mais velho que seu pai, mas recordou as palavras de Ptolomeu sobre o que deveria fazer, e que o seu casamento era em prol do bem maior do Egito e pela paz no mundo grego. Ela sabia que não deveria falar em olaria, tampouco sobre belos garotos, e se esforçar para manter a boca fechada, vezes e vezes, porque olaria e garotos, os dois grandes segredos de Agathokles, eram, de fato, as duas únicas coisas sobre as quais desejava saber. Sabia apenas que deveria lubrificar o *rhombos* de Agathokles na noite de núpcias. E que de modo algum deveria montá-lo como a um cavalo, mulher por cima, e que não deveria de modo algum executar o *amphiplix*, não importando o quanto ele lhe pedisse por isso, e que não deveria em absoluto olhar para fora de nenhuma janela, porque somente as prostitutas executam o *amphiplix*, e somente prostitutas olham pelas janelas, e Theoxena não seria uma prostituta, mas uma esposa e uma rainha.

É claro, Theoxena sabia como fazer do seu casamento o sucesso que o casamento de sua mãe Eurídice não fora. E foi Berenice, sua tia-avó, quem lhe transmitira as mais rigorosas instruções e os mais inflexíveis avisos, num momento em que Eurídice não poderia escutá-las.

Berenice contou a Theoxena que Siracusa estava a apenas seis ou sete dias de navio, com bom vento, e que, se tudo desse errado com ela, na Sicília, sempre poderia retornar para casa. Disse-lhe como deveria executar a sua fuga de Agathokles, se as coisas se mostrassem amargas demais entre os dois, e lhe disse que não desse muita importância aos seus modos, mas chegasse mesmo a enfrentar Agathokles com seus punhos, se necessário. Ela não deveria tolerar ser maltratada. Nunca deveria se esquecer de que era uma filha da Casa de Ptolomeu, a filha de um rei.

Sob todas as pedras, disse Berenice, *acautele-se para que não haja escorpiões.*

O que deixaram de contar a Theoxena? Disseram muito pouco sobre a natureza política desse seu casamento, que não passava de uma propina ou uma recompensa para Agathokles em retribuição por ter ajudado Ptolomeu a reconquistar o controle do território de Cirene, depois do quase desastre da Revolta de Ofelas, cerca de cinco anos antes, assim como para assegurar o suprimento de milho.

Antes de deixar Alexandria, Theoxena teve a sensatez de consultar os oráculos para descobrir qual seria o seu futuro. Enviou perguntas ao deus Zeus-Amon, na Líbia, e até mesmo ao grande Oráculo de Dodona, na Thesprotia, mas ficou surpresa ao receber de todos a mesma profecia: que esse seu casamento duraria 12 anos e nem mais um dia.

Theoxena tinha esperanças de encontrar um marido com quem viveria para sempre, mas não ficou de todo abatida. Doze anos, ela pensou, pode ser mais do que suficiente, se ela viesse a detestar esse Agathokles — bem, ela teria apenas vinte e oito anos, quando seu casamento terminasse, e ainda haveria tempo para um novo marido, para mais filhos, uma vida nova — se esse casamento de 12 anos não tivesse um término por causa de sua morte. Theoxena disse a si mesma para parar de pensar no futuro, para seguir o exemplo de Ptolomeu Soter, seu pai, e viver para o presente, para o instante, sem se preocupar com coisa alguma.

Em seu íntimo, Ptolomeu pensou que seria uma sorte se Theoxena conseguisse que o seu casamento durasse 12 dias, quanto mais 12 anos, dado o gosto de Agathokles por garotos sicilianos ardentes, com nádegas lisas, mas desejava a sua filha todas as bênçãos de Tykhe, a deusa da Boa Fortuna, e não quis preocupar Theoxena contando-lhe que Agathokles era famoso não apenas por sua vitória sobre Cartago, mas por seu péssimo temperamento, sua crueldade pervertida e por sua brutalidade, quando se embebedava. Mas efetivamente informou Theoxena de tudo que dizia respeito a milho, porque seria a mais importante tarefa de Theoxena garantir o suprimento de milho proveniente da Sicília. Uma filha não era um desastre. Uma filha, acima de todas as coisas, era um patrimônio valioso.

E assim Theoxena partiu, para nunca mais ser vista no Egito, ou assim acreditava então a sua família: porque 12 anos é um casamento curto, e os oráculos sobre o seu futuro tinham de estar enganados.

Na Sicília, Theoxena apreciou as azeitonas, os limões e as laranjas que eram enviados para ela das encostas férteis do Etna. Ela calculou que a famosa montanha fumegante, de exatamente 2.274 cúbitos de altura, era 24 vezes maior do que a Grande Pirâmide de Mênfis, e a impressionou ver que tinham o mesmo formato.

No princípio, ela se preocupava com a possibilidade de a montanha cuspir seu fogo para os céus, mas os siracusianos asseguraram-lhe que isso não aconteceria, e que o Etna não tivera uma irrupção sequer nos últimos cem anos, e que era bastante seguro viver à sua sombra.

Theoxena se acostumou com os cabelos prateados e com o rosto profundamente enrugado de seu marido. Ela era a terceira esposa do Tirano, e ele já tinha o seu filho e herdeiro, mas, como o próprio Agathokles disse, *a terceira vez é a vez da sorte*. Esse marido nunca teve uma discussão áspera com sua nova esposa, e o mau temperamento não chegou jamais a se mostrar. Agathokles havia muito deixara de levar garotos para o seu leito, ou assim se dizia. Sua embriaguez constante era um mito. Ele só tinha olhos para a sua princesa Theoxena, a linda filha do rei Ptolomeu, e, para grande surpresa de todos em Alexandria, Theoxena escreveu contando que estava completamente apaixonada por seu marido de 61 anos, e justamente porque ele se parecia exatamente como seu pai e ela sabia muito bem como deveria tratá-lo.

O início do casamento de Theoxena, apesar dos tão notórios maus presságios, se mostrava assim um grande êxito.

3.10

O Enteado

Quando o ligeiro *trieres* de Arsinoë Beta aportou em Lysimakheia, a multidão reunida para saudá-la prorrompeu em cânticos e aplausos, já que essa garota seria a sua rainha, e ela atraiu todos os olhares para o seu rosto, porque se recusou a exibir-se com véu, como seria o costume grego, determinada a, desde o início, fazer o que bem entendesse.

Arsinoë correu o olhar pela fila de oficiais, procurando por alguém que se parecesse com um rei e pudesse ser seu futuro marido, e seus olhos recaíram primeiro e de imediato sobre um jovem de cerca de 19 anos, que estava trajando as vestes de uma cerimônia de casamento, um *khiton* branco, e tinha uma coroa de folhas de carvalho de ouro em sua cabeça, e os membros bronzeados do sol; um jovem que pareceu a Arsinoë Beta mais bonito do que seu irmão Keraunos, e pensou que esse deveria ser o rei Lisímaco a quem fora enviada para se casar: imediatamente foi atravessada pelas flechas de ouro do Menino Eros e apaixonou-se por ele.

Eros, no entanto, apreciava lograr as pessoas, e foi o *Dioketes*, o primeiro-ministro de Lisímaco, que conduziu Arsinoë Beta pelo braço até outro homem, que estava de pé próximo ao primeiro, também vestido com trajes todos brancos, envergando uma guirlanda de flores carmim e emplastrado de mirra, o qual se apresentou como Lisímaco da Trácia, e estendeu sua mão, para que ela a apertasse, no *dexiosis* dos gregos. Mas a mão de Arsinoë Beta não se moveu para tomar a mão desse homem. Nem seu rosto abriu-se num sorriso. Nem o seu coração saltou, porque o rosto de Lisímaco era entalhado de rugas e coberto de cicatrizes de suas batalhas, e ele tinha uma comprida barba branca, e cabelos brancos — era um velho — e o pensamento que ocorreu a Arsinoë Beta foi que ela fora enganada e que essa seria, de fato, a punição pela *aphrodisia* com o seu irmão.

Não, Ptolomeu, seu pai, não lhe dissera uma palavra sequer a respeito da idade ou da aparência de seu marido. Ptolomeu Soter era um grego, ardiloso como todo grego, e sabia que se contasse a Arsinoë Beta que Lisímaco era um velho, com mais de sessenta anos, e com cicatrizes por todo o corpo, e que ele era irascível, notório por sua crueldade, com idade bastante para ser avô dela, sua filha faria um escândalo sobre ter de ir para a Trácia e mesmo se recusaria a ir, e a aliança de Ptolomeu estaria perdida.

Arsinoë Beta estremeceu ligeiramente; então quando se recompôs um pouco, perguntou ao *Dioketes* quem era o belo jovem com as folhas de carvalho de ouro na cabeça; e veio a resposta, a terrível resposta, que se tratava do príncipe Agathokles, *filho* do rei, herdeiro do trono da Trácia.

Calafrios percorreram a espinha de Arsinoë Beta, ao descobrir qual seria o primeiro dos muitos horrores que vivenciaria na Trácia, já que aquele jovem por quem com toda certeza acabara de se apaixonar era o homem que, embora mais velho do que ela, não seria seu marido, mas seu enteado.

O que fez Arsinoë Beta? O que poderia qualquer garota fazer, sob tais circunstâncias, senão tomar a mão ainda estendida pelo velho para o *dexiosis*, e fechá-la na sua? E, sim, achou a mão dele fria, enrugada, calosa como a carne de um lagarto egípcio mas forçou-se a proferir palavras gentis em retribuição às suas boas-vindas. E apesar de ter tentado recolher a mão para tomá-la de volta, por conta do asco de tocar nesse homem velho, Lisímaco reteve-a e não a soltou porque a verdade foi que, embora grego, velho, louco, esse rei havia acabado de se apaixonar pela beleza dessa garota, e isso tão logo seus olhos se postaram em seu rosto, já que Eros andava trabalhando bastante naquele dia.

Quando afinal Lisímaco soltou-a, Arsinoë Beta foi apresentada a Agathokles, o filho do rei, e segurou a mão dele para o *dexiosis*, como fora ensinada, e a mão que ela agora segurava era quente, lisa, viva, tão quente quanto até mesmo as mãos de seu irmão Keraunos, e os calafrios percorreram de novo a sua espinha no que ela apertou essa mão; ela cravou seus olhos naqueles olhos reluzentes, azuis como safiras — ela ficou parada, sem conseguir desviar os olhos, e seu rosto ficou em brasa, e não sabia mais onde se meter de tanta confusão.

Mas lembrou-se das palavras de Berenice bem a tempo e decidiu-se a fazer o melhor do que dispunha, até porque, sendo realista, não tinha como mudar nada, já que a aliança e a paz estavam assinadas e eram irrevogáveis, e ela, Arsinoë Beta, era como a poderosa e rija cola que iria mantê-la inteira.

O casamento de Arsinoë Beta com Lisímaco aconteceu naquele mesmo dia. Foram sacrificadas centenas de touros negros com chifres folheados a ouro, uma oferenda muito pródiga a todos os deuses da Grécia, mais pródiga do que qualquer coisa que já tivesse visto no Egito.

Arsinoë Beta teve a forte sensação de que ela mesma era um dos sacrifícios. Sentia-se como se grande parte dela houvesse morrido; como se o seu próprio sangue tivesse sido derramado no altar, como se o seu próprio pescoço tivesse sido cortado pelo machado, como se fosse ela a mugir, e não os touros assassinados; e sentiu que suas pernas falhavam, como se fosse desmaiar. Em tais condições, Arsinoë Beta não poderia dançar, e quando os cortesãos de Lisímaco pediram aos berros que ela se levantasse e se movimentasse ao ritmo da lira e da harpa, ela se recusou.

Ferimos nosso tornozelo, quando apeamos do trieres, disse ela, e ficou mancando por um dia ou dois, depois, até se esquecer das palavras que havia pronunciado.

Infelizmente, durante todas as cerimônias que a uniram a esse idoso rei, ao longo do dia, ela não conseguiu desviar os olhos da pele dourada do jovem Agathokles, que era apenas dois ou três anos mais velho do que ela e não tinha, ainda por cima, assim lhe disseram, uma esposa, nem estava prometido em casamento, e o coração de ferro de Arsinoë Beta, agora derretido e branco de tão quente, bateu mais forte e mais alto por esse seu novo amor que, mais uma vez, era tanto proibido quanto impossível.

Por toda a viagem até a Trácia, Arsinoë Beta não conseguiu parar de pensar em seu irmão, a despeito das palavras que Berenice lhe dissera, na despedida, insistindo que ela deveria esquecê-lo: *Não permita que ele pese sobre a tua alma*, ela dissera. *Não pense demais nele*, ela tinha dito, como se talvez entendesse o que Arsinoë estava sentindo. Mas, enquanto esteve no mar, em seu íntimo acreditava que jamais poderia deixar de amar Keraunos.

Agora, entretanto, uma vez na Trácia, já o esquecera, e seu coração batia então numa batida estranha que ela não sentira nem sequer nos braços do irmão.

Que infelicidade! Thot balança a cabeça e chora por essas crianças, porque, de fato, a semente de uma mortal tragédia, para essa Arsinoë Beta, já estava plantada, e a semente cresceria. A semente jamais pararia de crescer.

Quando Arsinoë Beta se recolheu à sua câmara nupcial, naquela noite, tendo sido cantada a Canção do Corvo e da Andorinha e concluído o Epitalâmio, e os convidados do casamento haviam se fartado de tanto lançar sobre ela duras nozes e figos verdes que lhe causaram equimoses na pele, e quando ficou pela primeira vez a sós com o rei, seu marido, ela então começou a conhecer o seu caráter.

Lisímaco era um macedônio de Pella, um companheiro de armas de seu pai, um ex-guarda-costas de Alexandre. Tinha sido bastante bonito quando jovem, mas toda sua beleza se fora. Falava em voz alta, passional, e era um homem com grande voracidade para bebida, comida e *aphrodisia*. Era bastante gentil, mas não parava mais de espremer a carne de Arsinoë. Em verdade, Arsinoë Beta se viu bastante satisfeita com esse seu marido em todas as coisas, a não ser naquela que mais importava: o fato de ele ser um homem idoso; para ela, o prazer não advinha de homens velhos, mas de jovens, e apesar de Lisímaco receber honras divinas, não se parecia com um deus, quando se olhava para ele.

Lisímaco entediou Arsinoë com as mesmas histórias sobre Alexandre que seu pai costumava lhe contar, apenas exagerando-as um pouco menos. No entanto, o consolo de Arsinoë era a riqueza de seu marido, porque ele tinha toda a Trácia como província sua, e era o senhor de todas as terras da Ásia que ficavam ao norte das Montanhas Tauros. Ela pensava no grande poder dele, em sua riqueza, e realmente não tinha alternativa a não ser suportar esse homem velho, se conseguisse, pelo bem da aliança com o Egito.

Quanto à sua reputação de sovina, desde o início do casamento Lisímaco demonstrou o amor que tinha por sua mulher, cumulando-a de presentes em ouro e pedrarias.

Ela tinha temor em relação a esse homem velho, tão forte, que, assim se dizia, enfiara seu punho pela goela de um leão e arrancara a língua do animal. Decidiu-se a fazer o papel da esposa dedicada dali para a frente. Tomou o cuidado de não se indispor com ninguém, e dirigia preces três vezes ao dia a Afrodite, a Portadora da Felicidade Conjugal, para que ocorresse alguma mudança em sua situação, tal como a súbita morte de seu marido.

Embora a verdade fosse que Arsinoë Beta tivesse sido deflorada por seu próprio irmão, conseguira preservar a ilusão da sua virgindade, e disse a Lisímaco: *Ninguém jamais me tocou... Sou ainda a* parthenos *que era em meu lar...* E seu marido não percebeu nada de extraordinário acerca do seu hímen de borracha da Terra de Punt, e esse momento dela de ansiedade passou. Lisímaco era frio como um peixe, e despertava seu asco, porque Arsinoë não conseguia pensar em outra coisa que não no jeito de Ptolomeu Keraunos fazer aquelas coisas, e que o príncipe Agathokles poderia ser muito diferente do seu pai.

Pensou nas palavras de Ptolomeu: *Não é a mais doce risada rir de nossos inimigos?*

Agora, o inimigo do seu pai era o amigo de sua filha.

A filha de Lisímaco não se tornaria amiga de Arsinoë Beta. No palácio em Lysimakheia, Arsinoë Beta descobriu que precisaria compartilhar o *gynaikeion* com as demais mulheres de Lisímaco — incluindo outra Arsinoë, filha dele com a esposa falecida, Nikaia, e uma outra garota, que vivia sob a sombra de um mau horóscopo. Em relação a essas garotas, Arsinoë Beta deveria agora se comportar como madrasta, apesar de ser apenas sete ou oito anos mais velha. Tal estado de coisas não era o melhor dos começos. Existindo duas Arsinoë no mesmo *gynaikeion*, não era difícil se confundir uma com a outra. Não melhorava o relacionamento de ambas que as cartas de uma fossem abertas e lidas pela outra, de modo que a enteada lera as palavras meigas de seu pai, dirigidas à sua jovem esposa, e a madrasta lera as palavras meigas de metade dos jovens nobres da Trácia, que já buscavam obter a mão da jovem Arsinoë em casamento.

Pior do que isso foi que Lisímaco decidira pôr um fim nessa confusão dando à sua filha o nome de Arsinoë *Alfa*, sendo que Arsinoë, a filha de Ptolomeu, ficou como Arsinoë *Beta*. Isso de modo algum agradou a Arsinoë Beta, que julgava que cabia à esposa e rainha de Lisímaco ter a precedência sobre a filha do rei, e que era ela que merecia o título de Arsinoë *Alfa*.

Mas Lisímaco não quis escutar reclamações, sua palavra era lei, e Arsinoë Beta ela continuou, para o resto de sua vida, e de fato para todo o sempre.

Arsinoë Alfa já era então uma atraente, dócil e bela garota, tão bonita quanto o seu irmão, Agathokles, e se dizia sobre ela que, algum dia, sem dúvida se tornaria a esposa de algum monarca grego.

Ora, na Grécia, era costume antigo que uma madrasta *nunca* se desse bem com as suas enteadas; havia uma longa história de perversas e cruéis madrastas gregas, e já que essas duas Arsinoë iniciavam tão mal, tudo indicava que Arsinoë Beta iria manter a velha tradição de ser uma madrasta horrorosa.

Em verdade, Arsinoë Beta não concordava com Arsinoë Alfa em coisa alguma, e uma das razões de tal tensão era que precisavam compartilhar o *gynaikeion*; e já que Lisímaco, em sua imensa crueldade, mandou imediatamente de volta para o Egito as aias de Arsinoë Beta, ela precisava também compartilhar as aias com Arsinoë Alfa, cujos hábitos eram muito pouco familiares a ela, e que gostavam de ficar tagarelando num pesado dialeto trácio que Arsinoë Beta realmente não entendia.

Arsinoë Beta se ressentia bastante da presença de Arsinoë Alfa no setor feminino, julgando que a rainha da Trácia devesse ter espaçosos aposentos só para si, e não ser obrigada a compartilhar nada com ninguém, e além do mais porque precisava lidar com um bando de escravas trácias que também a aborreciam com seu dialeto trácio já mencionado, o que servia apenas para que Arsinoë Beta pensasse que estavam falando mal dela.

Por conta desses arranjos, as duas Arsinoë tiveram um péssimo início de relacionamento, e que só piorou, e não demoraram muitos dias para que a voz de Arsinoë Beta fosse ouvida, saindo pelas janelas do *gynaikeion*, alterada pela raiva, ou aos berros, e as palavras ofensivas voavam de seus lábios, e ela foi absolutamente deselegante com suas enteadas, chamando-as de *Cara-de-Íbis* e *Cara-de-Hipopótamo*, muito como se dirigia a Keraunos, seu irmão; e apesar de todas essas ofensas e brigas, que eram sobre nada senão trivialidades, a outra Arsinoë, Arsinoë Alfa, e a irmã dela, nunca pronunciaram uma ofensa sequer contra a sua madrasta, e por todo o tempo continuavam sorrindo e retrucavam com palavras gentis àquelas palavras iradas; não podiam entender por que Arsinoë Beta se aborrecia tanto com elas e com tudo o que faziam.

Arsinoë Alfa, afinal, chegou à conclusão de que sua madrasta meramente *adorava procurar briga*, e que essa garota deveria ter sido encarregada de alguma guerra, e se tornar Ministra da Guerra de toda a Trácia, já que nunca parava de falar sobre batalhas, e, em verdade, era a mulher mais agressiva e venenosa que já havia conhecido, que gostava de procurar falhas em tudo e se queixar de tudo.

Arsinoë Beta descobriu que a cidade que era a capital de seu marido não era o que ela havia sido levada a acreditar. Lysimakheia havia sido fundada oito anos antes, e não era de modo algum uma cidade tão esplendorosa quanto Alexandria, mas ainda em construção. As ruas eram precariamente pavimentadas, sem colunas gregas de espécie alguma, e cobertas de imundícies dos animais. Os templos de Apolo e de Zeus e de todos os demais deuses estavam construídos apenas pela metade, e sem telhados. Quanto ao assim chamado palácio de Lisímaco, as paredes não ostentavam as refinadas pinturas com cenas da *Odisséia* e da *Ilíada*, o chão não tinha mosaicos de golfinhos e tritões, e inúmeros de seus quartos estavam abertos para o céu, de modo que a água da chuva formava poças, e os pássaros, como pombos, corvos e outros, entravam pela casa, o que não era o melhor dos augúrios. O palácio de Lisímaco não era nada como a residência moderna e bem mobiliada que haviam prometido a Arsinoë Beta.

Ela expressou seu desagrado diante de tanta falta de conforto. Reclamou com Lisímaco até mesmo a respeito dos trácios, entre os quais suas escravas eram recrutadas, e que davam a aparência de serem um povo hostil e primitivo, que resistia à cultura grega. Lisímaco a ignorou.

Ocasionalmente, o tempo em Lysimakheia ficava frio, e uma chuvarada de brancas plumas despencava dos céus, fazendo as mulas escorregarem nas ruas. Arsinoë aprendeu, então, o que era o milagre da neve e o mistério do gelo, e reclamou contra o frio, o rigoroso frio, assim como costumava reclamar do abrasante calor do Egito. Mas Lisímaco riu-se dela, dizendo que mesmo um rei não tem poder sobre o clima.

Quando até mesmo a água no interior das ânforas do palácio solidificou-se, Arsinoë declarou-se convencida de que fora mandada para um país de bárbaros, e desejou que lhe permitissem voltar para casa, em Alexandria. Sentia sua vida na Trácia justamente como se tivesse sido encarcerada em algum lugar remoto, e esquecida. Ela tremia de frio, odiando a Trácia, odiando Lisímaco e toda a sua família, à exceção do belo Agathokles, mas acima de tudo odiando a si mesma, e rezava para os deuses da Hélade para ser tirada de um tormento que lhe parecia pior do que o do Hades.

Mas o que aconteceu foi que as preces de Arsinoë Beta não chegaram aos ouvidos dos deuses: ela precisou suportar o seu fardo, isso porque, quando enviou mensagem ao grande oráculo de Claros para perguntar o que ainda estava por vir, lhe foi dito que *deveria habitar aquele lugar e agüentar*. E agüentar foi o que ela fez.

Com o passar do tempo, Arsinoë Beta acabou se acostumando à Trácia e ao seu clima, e descobriu que seu marido gostava dela. Parou de reclamar e passou a ver tudo com outros olhos. Tudo o que estava errado, tudo o que a desagradava, tudo que estava inacabado, agora ela via como desafios, e decidiu-se a se empenhar ao máximo para acertar o que estava errado. Tomava cuidado para não entrar em confronto com o seu marido, e sim para cooperar com ele, servindo-lhe de firme apoio em todas as empreitadas, buscava atraí-lo para conversar com ela e escutar tudo o que lhe dizia em resposta, de modo que, num curto espaço de tempo, ele começou a valorizar a sua inteligência, a confiar em sua ajuda e a até mesmo em suas opiniões.

No final das contas, foi o que Berenice havia lhe dito que fizesse.

Movido pela gratidão de ter essa esposa, que não era uma persa e que não opunha resistência aos seus arroubos noturnos, Lisímaco começou a designar grandes somas em ouro para essa garota, para custear seu guarda-roupa e para satisfazer a sua súbita e insaciável exigência por jóias. Uma mulher formada para entender de negócios, ciente das glórias da matemática e que trilhava sem embaraços a estrada real da geometria rumo à perfeição, Arsinoë Beta resolveu fazer aquele homem idoso pagar por todos os favores que lhe proporcionava, desempenhando o papel da tigresa, e o apaixonado e velho Lisímaco fazia tudo o que Arsinoë Beta lhe ordenava até mesmo no que dizia respeito aos assuntos da Trácia, de modo que o rei começou a ficar sob o inteiro controle dela.

Isso porque Lisímaco admirava tanto os talentos de Arsinoë Beta que lhe deu permissão para estar presente até mesmo nos conselhos de Estado. Afinal de contas, ela estava habilitada a ler e a escrever, diferente das primeiras duas esposas de Lisímaco. Tinha olhos de falcão para números. Sabia exatamente que medidas deveriam ser tomadas para superar uma crise de escassez de alimentos, ou algum conflito que estourasse entre os escravos do palácio. Sabia como um exército deveria ser conduzido, e como acabar prontamente com uma revolta. Sabia tudo sobre a contratação de soldados nos mercados de mercenários do Peloponeso. Em verdade, nada havia que essa garota não soubesse acerca da manutenção de uma frota de ligeiros *triereis*.

A Arsinoë Beta, de fato, foi ensinada a arte da sobrevivência da esposa de um grande monarca, e ela não foi mandada de volta para casa, por suas reclamações, mas sobreviveu, de modo que os presentes do grato rei da Trácia não cessavam. Pelo contrário, e ela veio a entrar na posse de uma enorme fortuna, toda dela.

Berenice havia ensinado a essa filha todos os seus segredos, tão bem que Arsinoë Beta se tornou capaz de abrir caminho para uma posição de muitíssimo poder, da qual não seria desalojada com facilidade.

Acima de tudo o mais, Lisímaco confiava tanto nessa sua esposa que quando precisava viajar até os limites de seu reinado — buscando firmar alianças com outros reinos, talvez, ou quando precisava travar batalhas — não era nem mesmo o seu *Dioketes* que era deixado como responsável pelo Grande Sinete do Estado, tampouco os chefes de seus exércitos, nem mesmo o seu filho e herdeiro, o príncipe Agathokles, mas a própria rainha Arsinoë Beta.

Não, essa esposa não desapontou o seu marido em nada, nem uma vez sequer, nunca.

Por diversas causas, o rei Lisímaco havia sepultado 15 de seus filhos e filhas. Como Arsinoë Beta deu à luz três filhos saudáveis, no mesmo número de anos, e seguidos, ele se apressou a investi-la na posse de três feudos relativos a três poderosas cidades, como sinal de sua enorme satisfação.

Éfesos, ela recebeu pelo nascimento de seu primeiro filho, a quem insistiu em não chamar por outro nome que não Ptolomaios, em homenagem ao seu pai. Lisímaco pessoalmente refizera o projeto dessa cidade, que passou a pertencer a Arsinoë, para fazer dela o que bem entendesse. Talvez, ele lhe sugeriu, ela quisesse usar os tributos anuais e os impostos auferidos dessas cidades para comprar sapatos novos. Mas Arsinoë riu, secamente. Ela preferiu guardar os tributos em seu tesouro. Tinha sapatos o bastante. Não estava interessada em comprar mais, e ela não pediu nada a não ser que a cidade tivesse seu nome mudado para Arsinoëia, em homenagem a si mesma, e o que ela pediu foi feito.

Éfesos-Arsinoëia estava construída sobre um pântano, e assim era sujeita a epidemias da doença dos calafrios, de modo que, se a verdade fosse dita, não foi para ela nenhum deleite imediato tornar-se dona dessa cidade. Quando a visitou, foi picada até quase ser feita em pedaços pelos mosquitos, e obrigada a dormir, embora sobre um sofá de ouro, sob a rede de um pescador, que era a única maneira conhecida de se manter longe os insetos.

No entanto, havia coisas que compensavam as picadas de insetos, e não seria a menos importante delas o fato de poder agora cunhar as moedas dessa cidade com a sua efígie aposta numa de suas faces, exibindo os olhos redondos da rainha e seu rosto alongado e sério em ouro — uma regalia que mesmo Berenice não teve, no Egito.

Na ágora de Arsinoë, uma grande estátua, maior do que seria o tamanho natural, contemplava, abaixo de si, os estabelecimentos dos açougueiros e peixeiros, do topo de uma coluna jônica folheada a ouro, e a própria estátua era de ouro, ouro sólido, reluzindo durante o dia, quando o sol decidisse brilhar sobre ela.

Lisímaco passou a sua esposa mais quatro cidades que, anteriormente, haviam pertencido a sua esposa Amastris: a própria cidade chamada Amastris,

Tlos, Heracleia Pontike e também a cidade de Cassandréia, no Khersonesos. Tais coisas serviam como compensação, em certa medida, por estar casada com um homem velho, com longos cabelos brancos, e havia momentos em que ela se esquecia de tudo quanto se referia a Alexandria, ao Egito e a Raio, que deixara para trás.

Dia após dia, entretanto, Arsinoë Beta despertava já sentindo o predominante cheiro de peixe vindo do Helesponto. Em quase todas as refeições, era apresentada a algum novo tipo de prato de peixe. Não havia outra vista, do palácio de Lisímaco, que não fosse a da vazia baía de Lysimakheia e do piscoso Helesponto, seus barcos de pesca e pescadores, e a ocasional possibilidade de assistir às manobras de treinamento executadas pela frota de seu marido. Não demorou muito até Arsinoë começar a odiar ver peixes.

Odiava também o cheiro de peixe, que impregnava seu marido, que se abraçava a ela, nas noites suarentas, aquele homem velho a quem o calor da juventude já havia abandonado; cujos olhos, no passado faiscantes, agora se fixavam nela com toda a fascinação de um peixe morto e frio.

Mesmo assim, como se para compensar suas desvantagens físicas, quase diariamente Lisímaco lhe dava presentes em ouro, sob a forma de anéis, colares e brincos, nos quais as figuras de Afrodite e Eros tinham lugar de honra, e Eros sempre empunhava o *iunx*, sua roda mágica, que era um talismã de amor representando o despertar do desejo: objetos que eram refinados trabalhos de artesanato, símbolos de seu amor por ela.

Em verdade, entretanto, Arsinoë Beta estava tão envolvida com as idéias e os negócios desse seu marido que não obtinha prazer das jóias de ouro, em si, mas apenas pensava em seu valor monetário, e os amealhava em seus aposentos particulares, pensando no dia em que poderia realizar seu desejo mais ardente, que era deixar a Trácia e seu marido com cheiro de peixe para sempre. Nem mesmo Eros pôde despertar o amor de Arsinoë por Lisímaco. De modo algum. Ela tinha amor apenas pelo filho dele, o belo Agathokles.

Ininterruptamente, os presentes de Lisímaco chegavam às suas mãos: leques de ouro, cetros de ouro, braceletes de ouro e tornozeleiras, com freqüência trazendo a figura de Ares, deus da Guerra, e de Atená, a deusa de Todos os Ofícios. Quase tudo o que essa garota possuía era feito de ouro. Todo presente que recebia era feito de ouro sólido, ou folheado a ouro, ou incrustado ou adornado com pedras preciosas, como se o seu marido fosse o próprio Midas.

Chegaria o dia em que Arsinoë Beta e toda a Casa de Ptolomeu estariam fartos de ouro, fartos de riquezas, exauridos pelos infindáveis excessos, mas não por enquanto.

Ouro: por ora, todo o ouro que Arsinoë obtinha não lhe bastava.

3.11

Rumores de Felicidade

Tendo se desincumbido de três de suas seis filhas, e aproveitando, praticamente, pela primeira vez, do conforto de uma paz ininterrupta como resultado de suas alianças, Ptolomeu voltou suas atenções para a arte da paz, e com grande zelo.

O que deveria fazer, agora que já não precisava se preocupar com a guerra?

Nessa época, instalou-se fortemente no coração de Ptolomeu uma grande idéia: fundar o grande Templo das Musas, o *Mouseion*, que seria o Palácio do Pensamento, um lugar fértil de novas idéias, que seria a contraparte grega da Casa da Vida dos egípcios, a qual integrava todos os templos egípcios.

Seria o próprio Ptolomeu um homem de grandes idéias? Não, não era. Se tivesse, efetivamente, sido discípulo do famoso Aristóteles, não teria absorvido dele nenhum grande amor pela filosofia. Ptolomeu não gostava de pensamentos abstratos. Gostava mais de pensar sobre fatos.

O seu único grande pensamento abstrato formulado até então fora acerca da glória conquistada em batalhas, algo que já alcançara. Ptolomeu tinha, é verdade, toda a glória pela qual qualquer homem poderia ansiar. Ainda assim, já tendo a sua glória, havia algo de que carecia a sua lista de realizações. Quem sabe, mantivesse seus pensamentos na Grécia, na Macedônia, na sua terra; mas para isso estaria no lugar errado agora. Quem sabe, ainda, fosse ter seu nome glorioso imortalizado, lembrado para sempre no Egito.

Uma solução seria fazer de Alexandria uma cidade mais grega do que a Grécia, e assim Ptolomeu encomendou mais colunas coríntias, mais teatros e templos gregos, e despachou pedidos para trazer mais imigrantes gregos, que viessem se estabelecer em sua cidade grega. Dobrou o número de navios gregos trazendo ânforas de vinhos gregos, azeitonas gregas e queijos gregos, da Macedônia para o Egito.

Enviou também inúmeros convites para sábios gregos, insistindo para que viessem morar em Alexandria: homens como Menander, Stilpon de Megara, Strato e Theophrastos — homens que poderiam formular novas e maravilhosas idéias gregas e tornar Alexandria famosa pela produção de conhecimento grego. *Venham o mais breve possível*, escreveu. *Venham pensar para Ptolomeu e para o Egito...* E ofereceu tantas e tantas dracmas a esses estudiosos gregos que eles acharam muito difícil ignorar seus convites.

Algumas pessoas insistiam, repito, que o *Mouseion* não fora idéia de Ptolomeu, mas do brilhante Demetrio de Faleron. No entanto, se não foi idéia dele, Ptolomeu a reivindicou como sua: uma fundação onde os estudiosos gregos cultivariam o conhecimento grego e a civilização grega, estudariam a poesia grega, a tragédia grega, a comédia grega — e tudo isso para grande glória do nome de Ptolomeu.

Primeiro, vinham os projetos para a construção do prédio, no estilo grego, com frontões triangulares e pátios, além das colunas gregas; e um passeio público, com assentos, onde os gregos pudessem travar conversas gregas, e um salão de refeições comunitário, onde os homens de conhecimento poderiam comer suas azeitonas gregas, seu queijo grego e também o típico pão grego, todo o tempo refletindo, pensando, sem serem perturbados pelo tráfego de carruagens e o zurro das mulas — e não haveria sequer uma esfinge ou uma coluna em forma de lótus à vista. Sim, seria um Palácio do Pensamento Criativo, ou das Argumentações Criativas. Porque, sem questionamentos quanto a isso, Ptolomeu achava que algo benéfico sempre surgiria, já que, se havia algo em que os gregos eram insuperáveis, era em discordâncias.

Alguns dos eruditos de Ptolomeu vieram para Alexandria por livre escolha. Outros, Ptolomeu adulou tanto que vieram por gratidão, por serem lembrados. Alguns, surrupiou das cortes de outros Sucessores, de Pergamon, da

Macedônia, da Babilônia; e riu-se muito porque nenhum de seus rivais dispunha de algo para rivalizar com aquilo tão novo que ele havia inventado.

As cerimônias e os sacrifícios, tanto de animais quanto de seres humanos, em honra da fundação, estavam em pleno curso, e o Templo das Musas foi inaugurado e posto para funcionar. As idéias começaram a surgir, os eruditos recebiam hospedagem gratuita e generosas remunerações, além de toda independência para seu trabalho acadêmico (isso porque Ptolomeu não era um tirano), além de alimentação, e assentos de graça nos teatros. Tudo quanto fosse necessário foi proporcionado a esses homens de graça, porque um erudito não deve ter preocupações de natureza prática que desviem sua mente da formulação de novas idéias.

Ptolomeu expressou a sua satisfação, e tudo no *Mouseion* era maravilhoso, muito maravilhoso, e extremamente grego.

Então, sim, Thot pergunta: que idéias tiveram os eruditos de Ptolomeu, os mais sábios entre os sábios gregos, dedicando-se tão a fundo na sua produção profissional de idéias, com todas as despesas pagas, no *Mouseion*?

Depois de um mês, Ptolomeu enviou mensagem com essa pergunta, e, depois de algum tempo, deram-lhe uma resposta. *Nenhuma idéia ainda. Nenhuma idéia significativa... Nenhuma idéia que mereça ser mencionada...* Ptolomeu, assim lhe disseram, teria de esperar mais um pouco. Ptolomeu, assim lhe disseram, deveria ter muita paciência.

Nesse meio tempo, os eruditos discutiam a respeito da ordem dos assentos no salão de refeições, sobre quem deveria dispor de aposentos particulares, sobre quais entre eles deveriam falar menos e sobre a ordem na qual deveriam desfilar à frente de Sua Majestade.

Assim, enquanto as polêmicas prosseguiam, e mesmo intensificavam-se, em vez de se abrandarem, o *Mouseion* passou a ser chamado por alguns de *Gaiola dos Galináceos*, por causa dos altos cacarejos que brotavam dali, e porque as discussões faziam muito barulho — embora significassem muito pouco, porque se tratava da interminável contestação de um sábio contra o outro, chegando sempre a lugar nenhum.

A Grande Biblioteca de Alexandria e o *Mouseion* se tornariam, com o passar do tempo, belas instituições, famosas para todo o sempre, mas foram construídas para parecerem menores em comparação ao projeto realmente colossal de Ptolomeu, o Grande Farol de Alexandria.

Mas teria sido este também idéia de Ptolomeu? Talvez. Alguns assim pensavam. Outros juravam que somente um Alexandre poderia ter a idéia de construí-lo tão grande; que o próprio Alexandre foi quem percebeu que era necessário pôr um fim aos desastres em que navios eram esmagados contra as rochas ao entrar na Grande Enseada de Alexandria, e que isso se conseguiria com um grande farol.

Outros, mais uma vez, os bajuladores, atribuíram a primeira idéia do farol a Ptolomeu Soter, e outros, ainda, a Demétrio de Faleron, que idealizara, no mínimo, todo o restante do projeto.

Quem quer que tenha tido a idéia, nunca houve controvérsias sobre quem pagou pelo farol: foi Sostratos, filho de Dexifanes. E o nome de Sostratos apareceria em enormes letras deixadas numa de suas paredes — tão enormes que talvez a idéia do farol tenha sido do próprio Sostratos.

Sostratos de Knidos era um homem de grande riqueza e influência no Egito, oriundo de uma família que possuía carruagens de quatro cavalos — o que era algo pelo qual somente um homem muitíssimo rico poderia pagar. Havia ficado rico com a construção de navios, tanto de guerra quanto mercantes, que percorriam o Nilo. Havia ficado mais rico ainda com a corrida na construção de navios entre os Sucessores, na qual Ptolomeu procurava superar os seus vizinhos, visualizando embarcações cada vez maiores e melhores, que necessitavam de centenas e mesmo milhares de remadores para se locomover.

Os navios de Sostratos freqüentemente eram esmagados em colisões contra as rochas, na chegada a Alexandria, de modo que o próprio Sostratos foi quem obteve os maiores benefícios com a construção do farol. No mínimo, era quem tinha menos a perder com a construção do farol e quem mais tinha a lucrar com a sua existência. Acontecia que ele era também o proprietário do Banco de Alexandria, e assim encaixava-se perfeitamente bem que fosse ele a pagar do seu próprio bolso pelo farol.

É certo que Sostratos não estava muito *desejoso* de pagar por coisa alguma, já que, como todo homem rico, ficaria muito mais satisfeito em manter seu dinheiro em suas mãos; mas era o único homem no Egito, excetuando o próprio Ptolomeu, a possuir oitocentos talentos — ou quatro milhões e oitocentas mil dracmas, exatamente — o que os eruditos do *Mouseion*, mostrando sua utilidade pela primeira vez, calcularam como sendo o custo da gigantesca estrutura de três andares, que assomaria sobre a cidade e a enseada, e seria lembrada pelos homens como uma das Maravilhas do Mundo para sempre, enquanto o mundo não chegasse ao seu fim.

Sostratos esperava que Ptolomeu dissesse: *o Egito vai pagar a construção*. Pensou que o farol fosse financiado pelos lucros auferidos com o óleo de oliva, ou o lucro obtido com as Guerras Sírias, ou do monopólio de Ptolomeu da manufatura de papiros. Mas não, nisso foi frustrado. Viu-se obrigado a dar o farol como um presente a Ptolomeu, como sinal de sua estima pelo rei — uma homenagem a Sua Majestade — e ele jurou ter visto Ptolomeu rindo dele, por ter aceitado.

A despeito disso, Sostratos de Knidos ainda ficou com muitas dracmas sobrando. Sua recompensa foi, sem dúvida, ter se tornado famoso para sempre, já que a fama de um homem que empreende tal construção vale quase tanto quanto a de um Faraó.

No entanto, não foi bem essa a intenção de Sostratos, e sempre se disse que o choque da perda dos seus oitocentos talentos embranqueceu seus cabelos do dia para a noite, e sempre que seu olhar se desviava para a enseada, sentia-se mal só de pensar no custo daquilo.

O farol foi iniciado imediatamente, já que a grande vantagem de ser um rei e Faraó, além de um deus vivo, era que qualquer idéia de Ptolomeu começaria a ser executada quase no mesmo instante em que ele a formulava. *Ginestho*, ele disse, *que seja feito...* Foram assentadas fundações à prova de terremotos. Travou-se a guerra contra as ondas. As prisões do Egito foram esvaziadas e bandos de escravos, carpinteiros e pedreiros trabalhavam sob o sol, centenas e milhares deles. Alguns debochavam, prevendo que mesmo antes que a luz pudesse ser acesa, o farol desabaria no mar; mas adicionais sacrifícios humanos foram oferecidos, touros com chifres de ouro foram sacrificados, e a primeira pedra foi assentada pela própria mão de Ptolomeu.

O Heptastadion tornava-se, agora, uma constante procissão de mulas e de burros, carroças e comboios, cascalho, andaimes, argamassa e todos os materiais para o mais belo dos faróis. Logo, o primeiro pedreiro, como se esperava, despencou para a morte nas rochas, e Ptolomeu deu de ombros, dizendo: *Tudo o que acontecer será por vontade dos deuses.*

A despeito do número de trabalhadores, demorariam vinte anos ou mais até que o farol da ilha de Faros fosse terminado, e a grande luz pusesse um fim à escuridão noturna da cidade de Alexandria. Até mesmo Ptolomeu temia não viver o bastante para vê-la, mas sempre encorajava seus trabalhadores, dizendo: *vai valer a pena esperar...* e ele sorria, exibindo os dentes, usando então o seu sorriso antigo, que era o dobro do meio sorriso de um Faraó do Egito, como um sorriso grego, como se tivesse esquecido, por um instante, do seu fardo e das suas obrigações, e pensasse apenas como um grego pensaria, que estava fazendo uma coisa mais grandiosa do que qualquer homem já havia feito.

Mais ou menos nessa época, o rei Ptolomeu pôs seu sinete real para a aprovação das palestras públicas no *Mouseion*, e aconteceu que a maior platéia foi atraída por Hegesias, de Cirene, um filósofo da escola Cirenaica, cujo tema era *Felicidade.*

O boato que corria era que esse Heregias havia encontrado o Verdadeiro Segredo da Felicidade, ou que pelo menos iria revelar uma erudita descoberta sobre a Natureza da Felicidade, por meio da qual, talvez, a felicidade de toda Alexandria poderia ser alcançada. Mas Hegesias não era sequer um homem feliz e disse não saber nada sobre a Felicidade e que só poderia pensar em coisas infelizes para dizer. O resultado disso foi que ele ganhou o apelido de Melancólico Hegesias, no que pontificou que a felicidade é impossível. Disse que um homem sábio não deve nem sequer tentar ser feliz, mas apenas procurar afastar-se de contrariedades.

A felicidade não pode ser encontrada em lugar algum, ele disse, *e menos do que em qualquer outro lugar na cidade de Alexandria.* E todos aplaudiram ao escutar essas palavras, mostrando concordar com ele.

Na platéia, havia muitos rapazes com problemas amorosos, que dedicavam seu tempo a realizar encantamentos com excremento de crocodilos, segundo o costume dos egípcios, de modo a forçar alguma moça ou algum outro rapaz a aceitar seus avanços. Hegesias também foi escutado por homens que já não tinham esperanças de prosperar sob o governo do rei Ptolomeu, cujos níveis de taxação de impostos sobre todas as mercadorias eram tão altos que era quase impossível a qualquer um, à exceção de um homem como Sostratos, ficar rico.

Circulava, então, muita desolação pela cidade, mas não muito depois de Hegesias realizar sua palestra surgiu a primeira vítima da Felicidade: um jovem chamado Andronicos, que se atirou de seu *trieres* na enseada de Eunostos, a Enseada do Feliz Retorno, deixando um bilhete em que escreveu: *Somente um homem morto é feliz.*

Mais mortes se seguiram. Alguns não despencaram, por acidente, mas sim se atiraram do primeiro andar do farol, esmagando seus crânios contra as rochas da ilha de Faros. Cadáveres foram encontrados nas praias a oeste e a leste de Alexandria, com seus rostos semidevorados pelos peixes. Outros entraram no Nilo com rochas amarradas em seus pescoços, tornando-se assim, segundo o pensamento egípcio, imediatamente, deuses.

Para os gregos, que detestavam a covardia acima de todas as outras coisas, o suicídio era a forma extrema de covardia. Um grego deve ser bravo, um guerreiro, não um covarde.

Mas Hegesias prosseguiu com tanto êxito seu curso de Melancolia Prática que, segundo dizem, fez decrescer o montante de felicidade no Egito inteiro. No que caminhava pela ágora, davam-lhe encontrões, sibilavam contra ele, atiravam-lhe frutas podres, e passaram a chamá-lo de Hegesias *Peisithanatos* — o Insuflador da Morte.

No final das contas, já haviam ocorrido tantos suicídios que Ptolomeu encerrou as palestras de Hegesias e o baniu do Egito, em desgraça. Tentando restaurar o equilíbrio, Ptolomeu decretou novos dias festivos e saiu alardeando: *Em verdade não há nada errado em ser feliz.* Mas, ao mesmo tempo que dizia isso, Ptolomeu sabia, como todo grego, que não traz sorte ser feliz demais. Ser bem-sucedido significa provocar as Parcas, porque os deuses do Egito sempre ficam com ciúmes de um homem feliz e exitoso.

Isso, é claro, pressupõe que os deuses tenham algum significado, e havia homens em Alexandria que acreditavam que os deuses da Grécia não contassem para grande coisa. O principal desses era Theodoros, que ensinava que *não existiam deuses*, e que todo o panteão grego era uma farsa e um mito. A despeito de o nome desse homem significar Dádiva de Deus, Theodoros adotou, por sua própria conta, o nome de *O Ateísta*, e concordava com Strato de Lampsacos que tudo o que acontece tem uma causa física, e que nenhum deus não tem nada, seja o que for, com isso.

Theodoros, no entanto, *não* foi impedido de ensinar nem banido da Corte de Ptolomeu. Uma prova, talvez, de que mesmo Ptolomeu não se importasse muito com os deuses de sua própria terra.

Depois que Hegesias deixou a cidade, o surto de suicídios pelo menos diminuiu, e o nível de felicidade em Alexandria, se é que havia alguma, voltou ao normal.

Ptolomeu dizia que era feliz. E acreditava-se que houvera dito: *Somos felizes. Nossa família é a mais feliz das famílias*, e repetiu vezes sem conta essa afirmação, onde quer que estivesse, e com quem quer que conversasse. *Queremos que todos sejam felizes*, ele dizia. *Não há razão para infelicidade*, ele dizia. *Tudo está caminhando para o melhor.*

Mas o que de fato aconteceu foi que o futuro não reservava felicidade para a sua família, e sim mais e mais infelicidade dessa vez para Ptolomaïs, a filha mais nova de Eurídice.

3.12

Costumes Gregos

Ptolomeu olhava pela Janela das Aparições em Mênfis, pensando no que deveria fazer durante esses anos de paz, e desejando que enfim a paz também se disseminasse no mundo grego; isso porque havia apenas uma facção que ainda o olhava com hostilidade, e era Demétrio Poliorketes, seu velho inimigo.

Como, pensava ele, poderia entrar num acordo de paz com Demétrio, cujo maior deleite era a guerra, e o prolongamento da guerra, e entrar em disputas pelo prazer de disputar?

Foi uma carta de Seleuco da Síria que lhe recordou seu antigo plano de maquinar o casamento entre uma das suas filhas com Demétrio; e acontecia que a única de suas filhas sobrando, já madura para o casamento, era Ptolemaïs. Ptolomeu a observava longamente, pensando nos seus seios, que, por baixo de seu *peplos*, cresciam como dois redondos bolos de mel no forno que era a sua residência. Se uma aliança dessas puder ser firmada, *Ora*, pensava ele, *haverá paz para sempre*.

Então, Ptolomeu enviou seus embaixadores, com ordens para sugerir uma aliança de paz que se concretizaria por meio do casamento de Ptolemaïs; e Demétrio, assim disseram, mostrou algum interesse, embora em nenhum momento tivesse parado de polir a armadura, durante toda a audiência. Quanto a Ptolomaïs, ela deixou bem claro ao seu pai que ficaria muito feliz com tal arranjo, se isso acarretasse a paz e a glória maior do Egito, e, é claro, da Casa de Ptolomeu, pois tinha escutado falar muito em Demétrio; achava mesmo que o havia visto, certa vez, em ação. Assim, os papiros foram providenciados e despachados para que se colhessem as assinaturas, onde quer que Demétrio estivesse então acampado com suas máquinas de guerra, seus arremessadores de projéteis e catapultas, e sua mais nova Heliópolis, seus aríetes e suas miríades de soldados, e a aliança parecia bem encaminhada.

Por diversas razões, entretanto — e nem mesmo Thot sabe por quê — esse poderoso Demétrio, que se considerava quase igual aos deuses em sabedoria, declarou que não estava ainda pronto para se casar com Ptolomaïs e — talvez porque tivesse já duas outras esposas e um filho já crescido, seu herdeiro, chamado Antígonos Gonatas, ou Rótula — conseguiu se eximir de marcar o dia, o mês, ou mesmo o ano no qual ele mais apreciaria que esse novo casamento fosse realizado.

Tinha batalhas a lutar, alegava, e providências a tomar; o fato era que, apesar de deter o controle, na época, do Grande Mar, não tinha nenhum reino em seu nome, e precisava conseguir para si algum reino antes de tomar mais uma esposa.

Para compensar o adiamento, e como demonstração de sua maior boa vontade, Demétrio enviou seu jovem companheiro Pirro, ex-rei de Epeiros, que ficava na Grécia continental, para Ptolomeu, como seu refém. O mais curioso acerca disso era que Pirro — cujo nome, bem adequado à surpreendente cor dos seus cabelos, significava *Ruivo* — fez enorme sucesso no Egito, já que era muito bonito, tinha boas maneiras, e era mais charmoso do que qualquer cortesão alexandrino. Ele tornou-se amigo não apenas de Mikros, mas também do extremamente odioso e temperamental Keraunos, que vagava pela corte de seu pai aguardando pelo que seria feito dele, uma vez que o seu pai não conseguia se resolver a mandá-lo partir.

Pirro era amigo de todos, e tornou-se até mesmo amigo pessoal de Ptolomeu Soter, que o admirava por seu bom temperamento e porque não se importava nem um pouco em ser derrotado nos dados e nos jogos de ossos, ou nos dardos, nem de fato em jogo nenhum, e também porque não tinha medo de fazer Ptolomeu rir; pelo contrário, apreciava fazer gracejos, já que possuía um atributo que era o mais raro entre os gregos: um apropriado senso de humor.

Pirro também caiu nas graças da rainha Berenice, que passou a vê-lo quase como mais um filho, e angariou tanta simpatia real que, quando se sugeriu que ele daria um marido bem adequado para a filha de Berenice, Antígona, a Rainha com grande generosidade consentiu e abençoou a união: e assim Pirro e Antígona ficaram compromissados.

Os termos e condições do contrato de casamento foram, é claro, que Pirro transferisse sua aliança de Demétrio para Ptolomeu, pois não havia a menor possibilidade de que Pirro se casasse com a enteada de Ptolomeu e continuasse a apoiar seu maior inimigo.

Assim, iniciou-se a aliança de Ptolomeu e Pirro, que foi declarado não mais um refém, mas recebeu de volta a sua liberdade, além de um dote de grande valor, de modo a poder manter Antígona com o estilo de vida condizente com o de uma esposa que fosse, em tudo menos no título, uma princesa do Egito.

Como o desenvolvimento dos acontecimentos, Antígona já seria mãe, e estaria havia dez anos em seu túmulo, antes que sua meia-irmã, Ptolomaïs, chegasse sequer a conhecer o notoriamente ausente Demétrio Poliorketes.

Antígona casou-se, então, e foi por fim viver em Epeiros como rainha daquela terra, isso porque Pirro, no tempo devido, foi reempossado de seu reino — mas Ptolomaïs não se casara com ninguém, tendo sido abandonada em seu lar em Alexandria, aguardando, aguardando, e dedicou os seus dias de espera à tecedura e à tapeçaria e a cerzir as peças de linho domésticas das quais iria necessitar como esposa de um marido real. Ela jurava que havia visto de relance esse belíssimo homem, uma vez apenas, anos antes, quando tinha dez anos de idade, e isso foi na Batalha Naval de Salamina, em Chipre; e, embora o tivesse visto apenas a distância, e houvesse muito nevoeiro baixo, e fogaréus ardendo sobre as águas, e fumaça, e o mar estivesse revolto, Demétrio lhe pareceu, Ptolomaïs dizia, um homem dotado de tudo o que uma garota poderia desejar, em inteligência e boa aparência; o tipo de homem com quem uma garota como Ptolomaïs sonhava. Mas embora o nome desse homem, agora, ocupasse todas as horas de sono de Ptolomaïs, e estivesse em seus lábios do alvorecer ao pôr-do-sol, a ponto de todas as aias já estarem cansadas de escutá-la falar a respeito desse homem que ela desconhecia, Ptolomaïs, em verdade, há muito esquecera como ele era.

Doze meses inteiros se passaram, durante os quais Ptolomaïs não parou de sorrir; mas Demétrio não mandava buscar sua prometida, e embora ela mandasse indagar, duas vezes ao dia, pelos navios aportados na Grande Enseada, não havia navio algum com a bandeira de Demétrio, nem sequer notícia alguma sobre ele.

Nesse ínterim, Ptolomaïs já havia reunido todos os seus pertences numa arca de viagem, preparada para o dia em que deveria pegar o navio que a levaria para a Grécia, onde se tornaria a esposa desse homem. Ptolomaïs aguardou com paciência, e depois com impaciência. Mas quando, em desespero, mandou consultar o oráculo de Zeus-Amon na Líbia para saber por quanto mais deveria arrastar-se a sua espera, o Oráculo lhe respondeu com apenas uma única palavra: *Anos*.

De tempos em tempos chegava uma carta de Siracusa, na Sicília, repleta da felicidade conjugal de Theoxena e de seu marido, o Tirano. Agathokles, ela dizia, dava todas as demonstrações de amá-la com grande ternura, e Theoxena dizia que o adorava. A carreira de Agathokles como um *kinaidos* ordinário parecia ter se encerrado e, em dois anos, Theoxena pôde informar o nascimento de dois belos filhos, chamados Arkhagathos e Agatharkhos, que haveriam, assim ela pensava, de dividir o governo de Siracusa entre si, senão de toda a ilha da Sicília.

Alguns intuíram que o êxito do casamento de Theoxena se devia a ela ter tido, em Alexandria, uma educação de menino, já que não desperdiçara sua infância não fazendo nada mais do que costurar e tecer, mas, tivera, como todas as filhas de Soter, lições aos pés dos tutores de seus irmãos, aprendendo estratégia e tática, como defender uma cidade contra um cerco, enquanto os meninos bocejavam, esmagavam baratas alaranjadas e sonhavam com *aphrodisia*. O resultado foi que também Theoxena pensava de modo bastante semelhante ao de um homem. Sabia quase tudo o que se referia à guerra — sobre contratação de mercenários, alianças e a manufatura de armas e armaduras. Uma esposa como essa seria da maior utilidade para o Tirano de Siracusa, e talvez o seu conhecimento de assuntos militares fosse o responsável pela felicidade em seu casamento.

Sob o intenso calor da Sicília, Theoxena julgou mais confortável usar seus cabelos bem curtos, como os de um garoto. Ou então os deixaria crescer até ficarem bastante longos, quando então os cortaria, para que fossem transformados em rijas cordas que servissem para disparar as máquinas de guerra, e ao fazer isso daria um belo exemplo às mulheres de Siracusa, que passariam a imitá-la.

Theoxena não possuía curvas e carnes abundantes, como a maioria das mulheres gregas, porque comia como um passarinho, e era magra como um lebréu. Em suma, Theoxena era muito parecida com um garoto, e pode ser por isso que Agathokles gostava tanto dela, e a razão pela qual esse seu casamento era um estrondoso sucesso. Mas, ao mesmo tempo que satisfeita, Theoxena se preocupava; pois todos os oráculos consultados continuavam dizendo que o seu casamento não duraria mais do que 12 anos.

Theoxena recebera a mais meticulosa instrução em matemática, e assim calculou o exato número de dias e noites que lhe sobravam na Sicília: 4.380.

Ela entalhou esse número em marcas na parede de seus aposentos e riscava os dias e as noites à medida que passavam, vivendo somente para o momento, quando conseguia, de acordo com os princípios de seu real pai, mas sempre pensando em seu futuro — o qual estava fadado a ter um fim mais cedo do que o desejava. E, durante todo esse tempo, não disse uma só palavra a Agathokles, o Tirano, sobre o que o oráculo lhe revelara, porque senão ele a mandaria embora: pelo contrário, mentiu para ele que as marcas representavam apenas o cálculo dos dias pelo calendário do ano egípcio.

Foi seis anos após a Batalha de Ipsos que Ptolomeu reassumiu o controle sobre a ilha de Chipre, que ficara dez anos em poder de Antígonos Caolho, e esse evento trouxe grande alegria para Alexandria.

O acontecimento mais notável foi a derrota das forças do famoso Demétrio Poliorketes, filho do Caolho, na qual a defesa contra o rei Ptolomeu foi feita com grande energia pela brava Fila, esposa de Demétrio. Essa Fila era precisamente a filha do Velho Antipatros, de modo que se tratava também da irmã da primeira esposa de Ptolomeu, Eurídice, e sua própria cunhada, que foi afinal obrigada a erguer a bandeira branca da rendição em Salamina com sua própria mão.

Ptolomeu mais uma vez retribuiu o cortês tratamento de Demétrio, de dez anos antes, enviando Fila e seus filhos de volta para a sua terra, Pella, na Macedônia, carregada de presentes sob a forma dos mais refinados artigos egípcios, e isso a despeito de seus sentimentos ocultos, ou seja, que ele teria grande satisfação em cortar em tiras Demétrio e toda a sua família. Mas a generosidade de Ptolomeu prevaleceu. *Não somos bárbaros*, ele disse. *Não vamos decepar as orelhas de homem algum, tampouco seus narizes, como fazem os bárbaros. Essas pessoas já foram nossas amigas... E talvez voltem a sê-lo... Afinal de contas, Fila é a irmã de nossa esposa...*

Eurídice, em seu lar, em Alexandria, esforçou-se para não tomar partido de Fila, sua irmã, nem o de Demétrio, seu cunhado. Pelo contrário, Eurídice esforçou-se ao máximo para se manter alheia aos resultados da guerra em Chipre e a como seu marido se sairia por lá. Tampouco, em verdade, ela se importava muito que seu marido conquistasse Chipre ou não, e talvez esse fosse todo o problema com essa esposa: ela não se importava com nada, enquanto Berenice se interessava por tudo o que Ptolomeu se interessasse, e o apoiava em todos os momentos difíceis.

Ptolomeu sabia, em seu íntimo, quais eram os sentimentos de Eurídice, e qual lado estaria ela desejando que vencesse a guerra por Chipre. Era essa mais uma das razões pelas quais devia rejeitar essa esposa que, nos seus pensamentos mais secretos, rezava para que Zeus e todos os deuses da Hélade provocassem a derrota de seu próprio marido. E ele estava certo. Eurídice, de fato, queria que Ptolomeu conhecesse uma derrota, de modo que aprendesse uma lição por ter se casado com Berenice, sua tia, preterindo-a.

Na celebração do oitavo aniversário da Coroação de Ptolomeu Soter, realizou-se uma grande procissão de sacerdotes e um desfile do exército inteiro pelas ruas de Mênfis, com distribuição gratuita de pão e de *booza* para os nativos, e o entoar incessante de *Ptlumis, Ptlumis, Ptlumis*, pelas ruas, e já fazia dois anos que Ptolomaïs aguardava que Demétrio Poliorketes mandasse buscá-la, enquanto este continuava tentando guerrear contra o pai dela.

Ptolomaïs, por essa época, já não era uma garota nova, mas uma jovem mulher, com seus seios como dois melões maduros e com muito mais de três dedos de altura: mais do que madura, portanto, para o casamento, que não acontecia. Nos dias quentíssimos e abafados em Mênfis, ou nos dias frios e cinzentos de inverno, mas com mais freqüência quando as tempestades de areia varriam o Egito, como se fosse uma gigantesca manta amarela, algo próximo ao desespero dominou a filha de Ptolomeu, e as lágrimas escorreram por suas faces, e ela começou a uivar que Demétrio jamais mandaria buscá-la, que fora ludibriada, e que se ele não lhe providenciasse logo um casamento, iria enforcar-se com sua própria cinta, já que não suportaria esperar muito tempo mais.

As aias de Ptolomaïs se empenharam ao máximo para consolá-la, e instaram Eurídice, sua mãe, a pedir a Berenice para pedir a Ptolomeu que mandasse seu mais ligeiro *trieres* a Demétrio, com o propósito de descobrir se suas intenções eram honradas. Por fim, a resposta chegou, ele desejava se casar com Ptolomaïs, mas que ela aquiescesse em esperar mais um pouco, e perguntava a idade dela e pedia uma descrição de suas feições, como se tivesse esquecido tudo a respeito da moça.

Assim, Ptolomaïs, a prometida, retornou à sua costura e à contagem dos dias desperdiçados de sua vida, e também começou a entalhar marcas na parede de seus aposentos privados, mantendo a contagem dos dias que esse Demétrio a faria esperar.

Com sua irmã Arsinoë Beta tendo partido para a Trácia, Ptolomeu Keraunos permaneceu no Egito nem propriamente deserdado, nem propriamente tendo recuperado a plena aprovação de seu pai, sendo que ficaram se observando mutuamente, como dois cães que houvessem tido uma briga, e sempre pensando se iriam se enfrentar novamente, e como se estivessem *esperando para ver o que iria acontecer*. Ptolomeu aguardava e vigiava, tentando descobrir se o caráter desse seu filho e herdeiro se tornava mais benigno ou se piorava.

Keraunos polia sua armadura e afiava sua espada, mas, à parte seus exercícios e treinamentos diários juntamente com os exércitos egípcios, na planície arenosa diante de Mênfis, ou suas excursões de montaria pelas praias de Alexandria, e, claro, seu treinamento físico no *gymnasion*, que mantinha seu corpo como uma estátua grega, não tinha qualquer outra ocupação. De fato, Ptolomeu Keraunos nada tinha para fazer a não ser esperar que o seu real pai morresse, de modo que ele pudesse substituí-lo no trono.

E será que o caráter de Keraunos melhorava? Não. Havia informações de inúmeros ultrajes, e o rei Ptolomeu os escutava sem comentar nada, apenas vigiando, esperando e vigiando. Chegar próximo das Pirâmides de Mênfis, depois de escurecer, era sempre um ato voluntarioso, que sem dúvida atrairia sobre o visitante a fúria dos Faraós mortos. Um homem com algum juízo evita os túmulos à noite, quando os espíritos dos mortos emergem à superfície para aproveitar o ar mais frio. Mas era divertimento e prazer de Ptolomeu Keraunos, o Raio, galopar com seu cavalo ao redor das Pirâmides já bem depois de escurecer, elevando o grito de guerra dos macedônios. E quando se cansava de galopar, detinha-se e invadia os túmulos dos sacerdotes de Mênfis, localizados sobre o platô do deserto, procurando objetos que pudesse roubar.

O sumo sacerdote de Mênfis advertiu-o para não fazer isso, mas Keraunos era um garoto que se deliciava em ignorar advertências. Ele profanaria os túmulos, se assim desejasse, caçando tesouros. Realmente, não gostava que lhe dissessem o que deveria fazer.

As palavras de Thot não são segredo: *Qualquer um que viola um túmulo terá o seu pescoço quebrado como o pescoço de um pássaro.*

Mesmo assim, e a despeito de todos os atos condenáveis praticados por Keraunos, ele ainda não havia perdido as graças de seu pai. Mesmo então, nada que esse garoto pedisse lhe era negado. A despeito de suas falhas, todos o estimavam, e mesmo o admiravam por conta de sua força física e por sua beleza. Mesmo para o seu pai, era quase como se nada do que Ptolomeu Keraunos fizesse pudesse estar errado. Ele ainda era destacado dos outros filhos do Soter como aquele que *deveria* ser o Faraó.

3.13

Amor e Loucura

Ptolomaïs, filha do rei Ptolomeu, celebrou seu aniversário de 25 anos sem um sorriso sequer, porque então já haveria ultrapassado, segundo seus cálculos, 1.460 dias desde que fora prometida a Demétrio, e ele ainda não a mandara buscar para se tornar sua esposa.

O desespero de Ptolomaïs crescia cada vez mais, como se isso fosse possível, e lhe ocorreu o pensamento de que, em sua idade, muitas mulheres já haviam dado à luz nove ou dez filhos e, havia muito, tinham descido para o Hades.

Ela passou a, diariamente, sacrificar um ganso a Afrodite, Portadora da Felicidade Conjugal, e isso de algum modo manteve as suas esperanças vivas. Fazia uso constante do remédio para manter a pele perfeita, feito com cebolas egípcias e nabos selvagens, de modo a garantir que, não importando o quanto fosse longa a sua espera por esse marido, ainda tivesse a aparência jovem, mesmo não sendo mais uma jovem. Também lhe ocorreu o pensamento de que seus cabelos embranqueceriam antes de se tornar esposa e mãe, e vez por outra atormentava-se tanto em sua ira que quebrava pratos atirando-os no assoalho de mosaicos.

Depois de quatro anos de casamento, pelos cálculos de Theoxena, ela ainda teria 2.920 dias de sobra para viver com o seu marido, e ainda então não sabia se era ela que estava fadada a morrer, ou seu Tirano, ou se apenas ele ficaria cansado dela, depois desses 12 anos, e se divorciaria. Mas Theoxena tinha juízo demais para perguntar a Agathokles se lhe agradava ou não, porque, caso ele dissesse não, ela precisaria partir da Sicília imediatamente.

O que fez, então, Theoxena? O que ela *poderia* fazer senão continuar riscando as marcas que contabilizavam os dias que lhe restavam, dia após dia, e tentar esquecer que o término do seu casamento já estava profetizado?

Theoxena esforçava-se ao máximo para viver do presente, para o *agora*, seguindo a filosofia de seu pai, e fingindo que o futuro não existia.

Se Ptolomaïs e Theoxena pareciam ter sobre suas cabeças todos os infortúnios do mundo, o que seria então de Arsinoë Beta, sua meia-irmã, na Trácia? Que notícias chegavam de Lysimakheia?

Vez por outra, Arsinoë Beta colocava o seu instrumento de escrita feito de junco sobre o papiro e escrevia para o Egito. Três vezes ela escreveu relatando o nascimento de um filho saudável; três vezes houve regozijo em Alexandria, pelo nascimento de um novo neto do rei Ptolomeu, e as notícias eram boas, mas a verdade, que jamais fora contada à família, no Egito, era que nem tudo corria bem com a vida de Arsinoë Beta.

Sim, todo o problema de Arsinoë Beta era Agathokles, o outro Agathokles, príncipe da Trácia. Arsinoë Beta ainda se sentia *em fogo*. Arsinoë Beta *queimava* de amor por Agathokles, e lançava melancólicos olhares e ardentes relances para esse jovem todos os dias, dia após dia.

Em seus momentos de ócio, sentada na penumbra do *gynaikeion*, Arsinoë Beta rabiscava sobre seu tablete de cera palavras como essas:

Eu amo Agathokles
Eu me fascino com Agathokles
Estou louca por Agathokles

Ela sentia como se estivesse queimando até virar cinzas de tanto amor por esse jovem, e mesmo assim não podia confidenciar nada a ninguém a esse respeito. Já Agathokles não tinha, nessa época, a menor idéia de que a sua madrasta alimentasse tais sentimentos por ele; mal trocava duas palavras com Arsinoë Beta, exceto para cumprimentá-la, quando se cruzavam nos corredores do palácio de seu pai.

Mas, agora, quando tinham a oportunidade de conversar, Arsinoë Beta passou a modular a sua voz da maneira mais insinuante, pensando em fazê-lo conhecer quais eram os seus sentimentos em relação a esse homem que ela via como o seu amor. Mas, como reagia Agathokles? Parecia não perceber coisa alguma.

Agathokles, com seus cabelos louros e seus olhos azuis como safiras, sua carne rija e ombros largos, seu peito másculo, sua inacreditável beleza — tudo isso junto estava levando Arsinoë Beta à *loucura*, já que esse rapaz estava no auge de sua forma física e, de fato, sua pele dourada parecia se derreter sob o olhar ardente de sua madrasta, que ficava estonteada pelos atributos de beleza de seu corpo, pela meiguice e nobreza de seu caráter, pensando que olhar para ele era como olhar para os deuses, como se ele fosse um jovem Apolo.

Arsinoë Beta estava apaixonada. Mas o que deveria fazer a respeito? Ela sabia, sem nenhuma dúvida, que o parâmetro grego, fosse no que fosse, era o equilíbrio são; mas acontecia que perdera todo o seu equilíbrio. Amor era loucura, e Arsinoë Beta não estava em seu juízo perfeito, e a sua vida só iria piorar.

O que ela deveria fazer? A única solução para o seu problema era esquecer — tentar esquecer — Agathokles, mergulhando nos afazeres do Estado em vez dos afazeres do coração, porque era somente quando voltava os seus pensamentos para a guerra, para a defesa, para a construção de navios de guerra, para a contratação de mercenários, para as provisões dos exércitos da Trácia que conseguia obter uma pausa em seus pensamentos luxuriosos sobre seu enteado.

Mesmo assim, Arsinoë Beta não conseguia sufocar sua paixão, e seu suplício não terminava, e ela não sabia o que fazer quanto a isso. Essa que era a mais forte das mulheres sofria, apenas, em silêncio, e, em segredo, derramava torrentes de lágrimas femininas, e durante todo esse tempo, Agathokles, o Belo, de nada sabia sobre o que Arsinoë sentia por ele.

Sem dúvida, em Lysimakheia, no Helesponto, Arsinoë Beta desfrutava de tudo de melhor que poderia desejar. A única coisa de que essa rainha da Trácia se sentia privada era justamente o que não poderia ter: amor — um amor que lhe retribuísse sentimentos na mesma intensidade dos seus, e o amor de seu marido, o rei Lisímaco, que de fato *amava* essa mulher, nada tinha a ver com isso, já que ela não *o* amava nem podia amá-lo.

Ah, sim! Amor era tudo o que Arsinoë Beta desejava, e amor era a única coisa que jamais tivera.

Já fazia seis anos que Arsinoë Beta chegara à Trácia, onde agora era a mãe de três filhos, quando então Lisímaco enviou seu filho e herdeiro,

Agathokles, para as terras do norte, com um exército e ordens para subjugar a feroz tribo chamada Getai, cujo líder era Dromikhaites, e que lutava suas batalhas completamente despido, a não ser por um colar de ouro, e com seus cabelos feitos na ponta como ferrões. *Como típicos sátiros*, diziam os gregos.

Agathokles tinha então 24 anos, e era essa a sua primeira campanha militar como único comandante das tropas. Seu exército desfilou pelas agora belamente pavimentadas ruas de Lysimakheia, ovacionado por todo o percurso pelo povo, que estava convencido de que obteria uma rápida vitória sobre os bárbaros. Arsinoë Beta assistiu a Agathokles partir em seu cavalo para a batalha, à frente de seus soldados, de sua janela, bem alta, e quando suas aias perguntaram qual era o problema, o que estava errado, lhes disse: *Eu não estava chorando, era poeira nos meus olhos, a poeira levantada pelas botas dos soldados em marcha*... Mas o pensamento que acometeu Arsinoë Beta foi: *Quando verei Agathokles outra vez*? E seu coração se oprimiu dentro do peito, como se fosse uma massa de chumbo contraindo-se.

Da região onde acontecia a guerra tudo que chegou foi um prolongado silêncio, a costumeira total falta de notícias, a costumeira falta de qualquer notícia da frente de batalha, e durante muitos dias de incerteza, Arsinoë Beta não comeu outra coisa senão as unhas, e arrancava fartos chumaços de seus famosos cabelos louros, e despertava berrando, nas horas mortas da noite, porque havia visto, em seus sonhos, abutres revoando em círculos sobre Agathokles.

Por fim, o arauto usual, coberto de sangue e bandagens, adentrou Lysimakheia vindo da direção do rio Istros, para o qual o exército de Agathokles supostamente havia rumado, e despejou as notícias de que o príncipe havia sido derrotado pelos bárbaros e feito prisioneiro pelo próprio Dromikhaites a quem recebera ordens de subjugar, e que havia um resgate de milhares de talentos a ser pago pela vida desse rapaz, o que equivalia a toda riqueza que se produzia no reino da Trácia pelo período de dez anos.

Arsinoë Beta, não tão máscula agora, correu para seus aposentos particulares e mordeu o travesseiro para abafar o perigoso barulho de seus soluços, pois acreditou que jamais veria Agathokles novamente.

Mas, embora tenha oferecido os mais pródigos sacrifícios aos deuses da Grécia e tenha feito tudo ao seu alcance para convencer Lisímaco a pagar o resgate, o avaro rei recusou-se a entregar um meio óbolo que fosse aos *getai*, e disse a sua mulher que seus sacrifícios eram tanto um desperdício de dinheiro quanto de tempo, pois os deuses da Grécia haviam perdido a utilidade havia anos.

Setecentos e trinta dias se passaram, durante os quais os *getai* enviaram mensagens cada vez mais exigentes, pedindo o pagamento, mas Lisímaco respondia que não havia meio de se levantar uma soma tão extraordinária e que a Trácia não tinha realmente como pagar pela libertação de Agathokles.

Se Arsinoë Beta tivesse sido capaz de resignar-se à perda de Agathokles, um dos seus próprios filhos poderia se tornar o rei da Trácia quando da morte de seu marido, e toda a história teria sido diferente, mas Arsinoë Beta não era capaz, então, de pensar em nada senão em Agathokles, e suplicou a Lisímaco para enviar o dinheiro, ou pelo menos uma parte, ou que pelo menos fizesse alguma coisa, fosse o que fosse, e berrava com ele, oferecendo-se para, reunindo tudo o que tinha, pagar um quarto do resgate ela própria, porque só de pensar em nunca mais ver Agathokles, que ficaria prisioneiro para sempre ou seria morto, era mais do que podia suportar, não obstante o seu coração de ferro.

Somente quando, depois de muitas brigas e obstinação, ela suspendeu os seus favores na cama, impedindo Lisímaco de se aproximar dela por trinta noites seguidas, ela finalmente o fez concordar em atacar pessoalmente os bárbaros, apesar de sua idade, e assim ele marchou atravessando o rio Istros com um enorme contingente, pretendendo dar aos *getai* uma lição que jamais esqueceriam.

Mas foram os *getai* que deram a Lisímaco uma lição, porque também o fizeram prisioneiro, de modo que ele agora compartilhava a mesma sorte do seu filho, tendo se tornado refém de Dromikhaites, um homem que Lisímaco desprezara e desdenhara no passado, julgando-o primitivo, feroz e totalmente privado das habilidades militares dos gregos, já que Dromithaikes era um homem que se vestia com peles de animais, e Lisímaco de modo algum o consideraria um adversário à altura.

Já em Lysimakheia, Arsinoë Beta tinha agora razões para berrar ainda mais, mas havia sido deixada sozinha, encarregada do reino de seu marido, de modo que pelo menos poderia fazer alguma coisa para resgatar a sua família. Mesmo assim, a situação era ruim, muito ruim, para Arsinoë Beta, pois o exército inteiro da Trácia fora capturado, juntamente com o seu rei.

Tudo em que Arsinoë Beta pensava era que uma tal seqüência de desastres não poderia ter acontecido se ela estivesse pessoalmente no campo de batalha. Ela despachou seus mensageiros, enviados, embaixadores, batedores e espiões. Fixou pregos de bronze nos mapas que mostravam onde seu marido e seu enteado poderiam estar sendo mantidos prisioneiros, e esteve prestes a se colocar ela própria na estrada, rumo ao norte, e Thot bem sabe que ela teria tido êxito em trazer de volta os prisioneiros, porque essa rainha era tão esperta quanto a raposa, aliás, tão matreira quanto uma raposa fêmea.

Então, o que aconteceu? Os selvagens nus gritavam, exigindo que Lisímaco e seu filho fossem entregues a eles para receberem uma punição adequada — ou seja, a morte —, mas Dromikhaites surpreendeu a todos convidando pai e filho para um pródigo festim, e em vez de matá-los, os tratou com exagerada cortesia. E Dromikhaites disse que não, não deixaria que o velho Lisímaco tivesse o controle do território que desejava, nem então, nem nunca, e enviou esses dois prisioneiros de volta para Lysimakheia humilhados e parecendo dois idiotas.

A libertação do rei da Trácia foi aceita somente contra a promessa de Arsinoë Beta de pagar o resgate de Agathokles e de firmar uma aliança com os *getai*, que seria sacramentada com o casamento do próprio Dromikhaiates com a filha mais nova de Lisímaco. Certamente, para uma filha do rei da Trácia, ser entregue em casamento a um bárbaro era uma terrível desonra para sua Casa, mas Lisímaco não pôde fazer nada a não ser concordar, e Arsinoë Beta ficou muito satisfeita de se livrar de uma das mulheres de Lisímaco, que apinhavam o *gynaikeion* e a perturbavam. Arsinoë Beta, que poderia, em outras circunstâncias, ter combatido a idéia de um casamento com um bárbaro, deu seu consentimento, instando seu próprio marido a concordar com todas as exigências, porque isso significaria ter de volta seu amado Agathokles, e poderia ficar contemplando o rosto dele.

Sim, na ausência de seu marido, que estava nas terras para além do rio Istros, foi Arsinoë Beta que tomou conta de todos os assuntos de Estado na Trácia. Então, enquanto ele era mantido prisioneiro entre os bárbaros, Arsinoë Beta provou pela primeira vez o gosto do poder e ela *amou* o poder, e não tinha intenções de largá-lo.

No tempo devido, Agathokles chegou num veículo à cidade de Lysimakheia, tendo o pai ao seu lado, trazendo presentes dos *getai*, e com nem ao menos um arranhão no corpo, mas com aparência, se isso fosse possível, ainda mais formosa do que antes. De modo que, quando Arsinoë Beta o viu a salvo, suas pernas falharam e ela desmaiou, e longe de o seu amor ter diminuído com o tempo de separação, só fez aumentar.

Acreditando que Agathokles fora salvo da morte certa pelas suas incessantes preces e sacrifícios dedicados aos deuses, Arsinoë Beta ofertou um par de orelhas de bronze, cada qual com seis cúbitos de altura, ao templo de Artêmis, filha de Apolo, por tê-la escutado.

Já Lisímaco, em seu retorno, parecia mais velho do que nunca; mas os presentes que deu à esposa por ter tomado conta do reino em sua ausência foram generosos, mais do que generosos, e todos em ouro, testemunhando mais uma vez a alta consideração que tinha por ela, assim como o seu amor por sua jovem esposa, o qual ela achava cada vez mais difícil de corresponder. De fato, Arsinoë não tinha sentimentos em relação ao seu marido que não fossem de repulsa.

Mas e quanto, então, à desafortunada filha de Lisímaco que precisou ser sacrificada aos bárbaros, em prol da paz? Ela teve de fazer a travessia do rio Istros, em cumprimento ao juramento de seu pai, o qual ele não ousava quebrar, pois sabia que, se deixasse de entregar essa garota, a tribo selvagem invadiria e anexaria a Trácia, e afinal dera sua palavra em relação a essa filha, que agora partia de seu lar rumo à fronteira norte da Trácia, e seu rosto jamais seria visto de novo na sociedade civilizada.

Para todos os efeitos e propósitos, essa filha estava morta, e seria um dos desaparecidos, cujo nome não voltaria a ser pronunciado de novo por sua família, mas a qual, por vezes, derramaria algumas lágrimas, na privacidade, por desconhecer que pavoroso destino lhe fora dado.

Já as lágrimas dessa garota logo secaram, e ela foi para os *getai* muito satisfeita, dizendo que viver com bárbaros seria melhor, e muito mais tranqüilo, do que passar o restante de sua vida sob o mesmo teto que uma cobra como Arsinoë Beta.

E foi assim que Arsinoë Beta se livrou de uma de suas enteadas, que foi tão meticulosamente esquecida depois desse episódio que a história da Trácia nem sequer registrou o seu nome.

3.14

A Sogra

A vida de Arsinoë Beta como rainha da Trácia não era, em verdade, privada de momentos prazerosos. Ela ganhava todas as jóias e todos os objetos de ouro que pedisse, riquezas inacreditáveis, tinha seus belos filhos, ainda tão novos, a quem amava como toda mãe grega ama seus filhos, ou seja, o bastante mas não em exagero.

O que mais perturbava o espírito de Arsinoë Beta era o que se referia a Agathokles, mas se contentava em, vez por outra, meramente pousar os olhos na pele desse homem, e isso era quase o bastante para, vez por outra, satisfazer o seu desejo.

Toda essa existência comum e mais ou menos pacífica de Arsinoë Beta estava, no entanto, prestes a mudar, e mudar para pior, porque se aproximava o dia em que a sua própria meia-irmã, a princesa Lysandra, filha de Ptolomeu com Eurídice, desceria de um ligeiro *trieres*, proveniente de Alexandria, e transformaria o seu amor fraternal em amargo ódio que traria o desastre e a total ruína para a Casa de Lisímaco.

Qual era a história dessa Lysandra? Mais ou menos na mesma época em que Arsinoë Beta casou-se com Lisímaco, essa garota havia se casado com Alexandros, filho de Cassandro, um garoto de cerca de 15 anos, que era também seu primo em primeiro grau. E, VEJAM! — Lysandra se casara com um jovem marido, e foi Arsinoë Beta que teve de se casar com um velho.

Esse Alexandros, no entanto, era um filho mais novo, que não tinha muitas esperanças de herdar o trono da Macedônia. Mas sua mãe, Thessalonike, uma das filhas de Felipe da Macedônia, era uma mulher que gostava de ter a sua palavra respeitada como se fosse lei, e quando Cassandro morreu, e seu filho, Rei Felipe, também, apenas quatro meses depois, Thessalonike insistiu para que seus dois filhos remanescentes dividissem o trono da Macedônia, já que não gostava do filho mais velho, Antipatros, que tinha na época 17 anos, enquanto Alexandros, o mais novo, era o seu predileto.

O primeiro pensamento de Ptolomeu fora que um rei ainda menino já era ruim o bastante; mas deixar dois garotos reinarem juntos equivalia a estar procurando encrenca, porque nunca conseguiriam chegar a um acordo em nenhum assunto. Careceriam da capacidade de previsão e do conhecimento militar de homens adultos, assim como lhes faltaria a sabedoria dos anos. Seriam um atrativo para usurpadores e para invasores estrangeiros, que se sentiriam com mais possibilidades de tirar proveito da confusão. Ptolomeu pensou que a guerra seria a decorrência inevitável, mas, ainda assim, sob esse novo arranjo, a princesa Lysandra, sua filha, seria rainha de metade da Macedônia, e essa era uma oportunidade de aliança que Ptolomeu não poderia deixar de tentar aproveitar.

Lysandra foi, então, mandada de navio para a Grécia e se casou com o jovem Alexandros, e, quanto aos reis meninos, todos os receios de Ptolomeu se comprovaram justificados. Concordaram, de início, em dividir a Macedônia pela metade, com Antipatros reinando sobre o Leste, e Alexandros sobre o Oeste. E como os vizinhos se deliciaram: afinal, cortar ao meio o reino foi visto como nada mais do que um convite a todo aquele que reivindicasse o trono para interferir nos assuntos macedônios. Lisímaco, Demétrio Poliorketes, Pirro de Epeiros — vizinhos próximos da Macedônia —, todos logo se entusiasmaram com a idéia de anexarem uma ampla fatia dos novos territórios e, é claro, como todos já haviam previsto, os dois garotos não conseguiam chegar a um acordo em coisa alguma, por mais trivial que fosse o assunto, e logo começaram a brigar seriamente, tornando-se assim um inimigo fácil de ser batido numa batalha.

O jovem Antipatros logo se cansou de sua mãe mandona, que não conseguia se conter e ficava interferindo em todos os assuntos de Estado, e ele a assassinou a sangue-frio, e então expulsou Alexandros de Pella, que era a capital desse seu irmão.

Alexandros, aterrorizado com a possibilidade de perder a sua metade da Macedônia, de uma hora para outra, entrou em pânico e mandou mensageiros tanto a Pirro quanto a Demétrio, pedindo urgente apoio militar. Pirro foi o primeiro a se apresentar e se serviu de uma vasta extensão de território em retribuição por seus serviços, conforme alegou, deixando de lado, nesse episódio, suas boas maneiras.

Demétrio chegou com um grande exército e suas máquinas de guerra de sempre, suas torres de cerco e milhares de setas de ferro para as suas catapultas, e todas elas com seu temível nome gravados nelas; mas ele assustou Alexandros com o seu poder e com sua fenomenal reputação militar, além dos lúgubres relatórios que lhe foram transmitidos, a respeito de as tropas de Demétrio terem pilhado, queimado e estuprado à vontade, em todo o seu percurso, até o quartel-general do garoto.

Alexandros era muito novo. Não tinha experiência na guerra; possuía pouca experiência na diplomacia, e muito afeto e amor por sua bela esposa, Lysandra, embora não escutasse, talvez, seus sábios conselhos, já que ela era uma mulher, e ele já tivesse dado ouvidos demais aos conselhos de sua mãe. Ele conheceu Demétrio, a quem recebeu como convidado de honra, na cidade de Dion, mas as primeiras palavras que lhe disse foram que ele não mais precisava da sua ajuda.

Demétrio não fez meia-volta e marchou para casa. Ele soubera de alguns boatos de que havia um complô para assassiná-lo durante o banquete de boas-vindas oferecido por Alexandros, mas não fez outra coisa que não alinhar seus soldados junto às paredes do salão de banquetes, armados para uma luta. E isso sobressaltou Alexandros ainda mais porque os soldados de Demétrio eram em número superior aos seus.

O banquete transcorreu sem nenhum distúrbio, mas Demétrio mesmo assim não fez o que Alexandros queria, ou seja, não partiu. Na noite seguinte, Alexandros aceitou o gentil convite de Demétrio para um outro banquete e, no meio do festim, Demétrio subitamente levantou-se de seu sofá e deixou o aposento com passadas pesadas. Alexandros, perguntando-se qual seria o problema, seguiu-o. Mas quando Demétrio atravessou a porta, disse aos seus guarda-costas *matem o homem que vem atrás de mim*, e Alexandros foi morto prontamente e deixado caído na poça do seu próprio sangue.

Os gritos de Lysandra ecoaram por todo o acampamento de seu marido, mas, de algum modo, ela conseguiu escapar para a corte de seu pai, Ptolomeu, do Egito. Assim terminou o curto casamento de Lysandra, que agora era uma viúva em busca de um novo marido.

Lysandra já havia sido casada. Era como se estivesse morta e, em Alexandria, encontrou pouca solidariedade, já que uma filha casada não deveria retornar para a casa do seu pai em menos de um ano. Poucas pessoas derramaram lágrimas por Lysandra, de quem não se esperava também, em todo caso, que tivesse nenhum sentimento pessoal por seu marido. Tudo que se relacionava a arrancar seus cabelos, arranhar suas faces, lamentar-se aos berros e socar os próprios seios com seus punhos era meramente para cumprir os costumes gregos, e não significava coisa alguma; seus sentimentos pessoais não tinham nada a ver com isso.

Entretanto, Lysandra, contrariando o costume grego, havia amado Alexandros, e sentia-se agora como se o seu coração tivesse sido arrancado do peito pelas facas de açougueiros. Ao mesmo tempo, fora educada na escola das mulheres fortes, na qual uma garota não exibia seus sentimentos, mas sim deveria recolhê-los e manter-se tranqüila.

Quando Lysandra retomou sua tapeçaria do Farol de Alexandria, em púrpura e fio de ouro, seu pai enviou embaixadores para os homens que talvez apreciassem receber essa garota como esposa, mas acabou que o único marido de seu nível seria o príncipe Agathokles, o jovem filho do rei Lisímaco, da Trácia, que, por consenso, era o mais belo homem vivente.

Os papiros foram assinados; os termos, as condições e as cláusulas de reversão, pactuadas; e então Lysandra foi despachada para a Trácia, como um pacote de nozes, indo para Lysimakheia, no Helesponto, onde sua malfadada história conjugal deveria prosseguir seu terrível curso.

De fato, esse segundo casamento da princesa Lysandra estava destinado a terminar num desastre tão horrendo quanto o primeiro, senão pior, e todo o problema por trás disso era que ambas as meias-irmãs, Arsinoë Beta e Lysandra, terminavam assim, por meio desse novo arranjo, vivendo sob o mesmo teto, compartilhando o mesmo *gynaikeion*, casadas com dois maridos — um jovem, outro velho — que aconteciam de ser pai e filho.

Lysandra concordou, como tinha de concordar, em viajar para a Trácia, onde se tornaria *a nora de sua própria jovem meia-irmã*, e seria essa uma situação que qualquer homem que valesse duas dracmas poderia prever que acarretaria todos os problemas do mundo.

Como, em nome de Zeus, se permitiu que algo assim sucedesse? Os horoscopistas e os videntes de Alexandria, todos, balançaram as cabeças e transmitiram a Ptolomeu Soter os mais sombrios augúrios e avisos. Isso porque, no catálogo das decisões estúpidas, essa seria, sem dúvida, a mais estúpida de todas que qualquer pai poderia tomar em relação a uma filha, e talvez a mais estúpida que Ptolomeu já tomara em toda a sua vida. E Ptolomeu não ficou perturbado. Ele não mostrava a sua cara no *gynaikeion* havia anos, porque de fato não queria encontrar Eurídice. Nunca soube o quanto Lysandra e Arsinoë Beta se desentendiam. Nunca havia visto a leoa que Arsinoë Beta era, quando punha suas garras para fora. Ptolomeu, infelizmente, conhecia muito pouco suas filhas, e foi totalmente incapaz de prever o que iria acontecer. Afinal de contas, ele era um homem que gostava de viver para o momento, e nada mais. Pensara apenas em sua aliança, sua dupla aliança com Lisímaco, e no fato de que, quando o velho Lisímaco morresse, uma filha sua ainda seria a rainha da Trácia, e teria poder e influência sobre a Trácia. Ptolomeu Soter era um bom homem — bondoso, generoso, famoso por sua gentileza — mas, em verdade, não refletia muito sobre o futuro.

Quando a princesa Lysandra desceu do ligeiro *trieres*, em Lysimakheia, sua irmã mais nova, a rainha da Trácia, Arsinoë Beta, a envolveu com falsos sorrisos e lágrimas de crocodilo, e em seu íntimo pensava que o dia do casamento de Lysandra com Agathokles seria o pior de toda a sua vida.

Mas Arsinoë Beta — excetuando cometer um assassinato, o que mais poderia fazer? Estava impotente para impedir esse casamento, já que Lisímaco não perguntara a sua opinião sobre o assunto, que era privado, concernente ao seu lado da família. Seja como for, Lysandra daria a melhor das rainhas e tinha quase a mesma idade de Agathokles: o casamento era perfeito, e não viu razões para consultar Arsinoë Beta quanto a isso.

Assim, Lysandra foi apresentada ao rei Lisímaco, que seria o seu meio-cunhado e seu sogro, e fez o *dexiosis*, apertando também a mão do príncipe Agathokles que seria o seu marido, além de encontrar também a sua bela irmã, Arsinoë Beta, assim como a princesa Arsinoë Alfa e os demais membros da família real da Trácia — notavelmente, os três agitados garotos que eram os filhos de Arsinoë Beta, o príncipe Ptolomaios, o príncipe Felipe e o príncipe Lisímaco Mikros, de quem já era meia-tia, e esses garotos, com idades agora de cerca de seis, cinco e quatro anos, curvaram-se numa reverência diante dela e sorriram, e todos lhe deram demonstrações plenas de serem uma família feliz — embora, Thot sabe, a verdade fosse justamente o contrário.

O casamento de Agathokles e Lysandra foi celebrado com grande pompa e ostentação, com desfiles, dança e cem touros sacrificados, e toda a população de Lysimakheia festejou pela madrugada adentro, já que Lysandra era a jovem que se tornaria a próxima rainha da Trácia.

Lysandra ficou deliciada ao descobrir que o seu novo marido era jovem, inacreditavelmente bonito, como também charmoso, gentil e generoso — de fato, o marido perfeito; e ambos foram alvejados imediatamente pelas setas do menino Eros, e, bem diferente da maioria dos demais maridos e esposas gregos, tornaram-se devotados um ao outro desde o começo.

Mas e quanto a Arsinoë Beta, a atual rainha? Ela não sorriu, tampouco exibiu os dentes. Seus olhos não se iluminaram, nem se regozijaram, nem ela se reuniu à dança no casamento. Arsinoë Beta não conseguiu fazer nada senão fechar a cara, de modo que Lisímaco lhe perguntou qual era o problema, e ela respondeu: *não estou me sentindo muito bem... um pouco de dor...*

Que infelicidade, pobre Arsinoë Beta — quem não pode encontrar por essa mulher, essa que é a mais infeliz das mulheres, alguma solidariedade? Isso porque se viu transformada na sogra de sua própria irmã mais velha. E, por algum tempo, as duas irmãs efetivamente se chamaram de *Mãe* e *Filha*, e riam um pouco da sua curiosa situação. Mas nem tudo andava bem no *gynaikeion*, onde a irmã mais nova e sogra Arsinoë Beta esperava de todo que sua irmã mais velha e nora, Lysandra, fizesse tudo o que ela lhe ordenaria, enquanto Lysandra achava que esse estado de coisas seria exatamente o oposto como havia sido em Alexandria, onde tentara sempre, embora nunca com êxito, mandar em Arsinoë Beta.

Na primeira oportunidade, Arsinoë Beta começou a dar ordens a Lysandra sobre tudo o que se relacionasse com os aposentos das mulheres — sobre a comida, as roupas de cama, onde ela poderia ou não deixar seus sapatos e tudo o mais — e assim estabeleceu-se imediatamente um tenso conflito entre as duas. De fato, houve tanta gritaria e berros que a outra Arsinoë, Arsinoë Alfa, vez por outra fugia correndo também, berrando, do *gynaikeion*, e ia procurar refúgio junto ao seu pai, chorando e se queixando que não suportaria conviver um minuto mais com duas irmãs egípcias.

Mas sobre o que brigavam essas duas irmãs? E por quê?

A raiz da tragédia, na Trácia, era que Arsinoë Beta amava em desespero o marido de Lysandra. Até então fora capaz de, mal ou bem, ocultar os seus sentimentos, mas agora, tendo a sua própria meia-irmã compartilhando os aposentos e o leito do belo Agathokles, e tendo de suportar ver sua irmã beijar os lábios desse homem, alisar sua pele bronzeada, por debaixo da túnica de Agathokles, e vê-la cravando seus olhos nos olhos azuis de Agathokles com amor, genuíno amor, e ver que o amor dela era correspondido, e pensar que aquela sua irmã teria o prazer e a satisfação de gerar os filhos de Agathokles — todas essas coisas se tornaram de repente mais do que Arsinoë Beta poderia agüentar, e ela em verdade acreditava que enlouqueceria de tanto desejo frustrado; ainda assim precisava manter silêncio sobre isso, e não podia contar a ninguém, porque não havia ninguém em Lysimakheia, nem mesmo as suas aias, a quem pudesse confessar seus mais íntimos pensamentos e seus segredos mais privados. Pelo contrário, tinha de fingir que o amor de Agathokles por Lysandra não significava coisa alguma para ela e que seria impossível se interessar menos pelo que acontecera.

Tudo isso se tornava dez mil vezes pior pelo fato de que Lisímaco, seu marido, envelhecia rapidamente: estava mais curvado, mais frágil, mais velho e mais mal-humorado do que nunca. E embora continuasse agraciando essa garota com todo o ouro e jóias da Trácia, nada disso compensava o fato de que ela deveria agora, do alvorecer ao entardecer, suportar o *sorriso* da sua irmã, seus olhos em fogo de tanto amor por Agathokles, enquanto ela, Arsinoë Beta, tinha de enfrentar seu horroroso casamento com um homem velho, de carnes gélidas, e dormir todas as noites sozinha em seu leito ou nos braços desse rei-peixe.

Foi por essas razões que uma terrível inveja e um terrível ódio desencadearam-se no palácio do rei Lisímaco da Trácia, e, para falar a verdade, *nada*, *nada* que se soube se compararia, em todo o mundo grego, desde as pavorosas histórias que contavam sobre Agamênon e Clitemnestra e o Cavalo dos Atreus. Não, a tragédia da Casa dos Ptolomeus seria mais funesta, muito mais funesta do que esta, com o sangue a correr fartamente por dez gerações.

Por alguns dias depois do casamento, Arsinoë Beta se retiraria mais cedo para os seus aposentos, onde poderia ser escutada uivando como a hiena, como o chacal do deserto, e certa noite ela chegou mesmo a destroçar a mobília de madeira folheada a ouro de seu quarto, além de espatifar no chão de mosaicos todas as valiosas baixelas de vidro, todos os vasos de cerâmica e, de fato, tudo o mais que conseguiu quebrar, deixando intacto apenas o que havia em sua arca de jóias, que eram objetos valiosos demais para serem destruídos.

Lidou dessa maneira com sua fúria, até ficar exausta; então se fez um prolongado silêncio em seus aposentos, durante o qual suas amas se recusaram a se aproximar dela, com medo de levarem mordidas. No entanto, Arsinoë Beta se acalmou. Recompôs-se, a raiva passou, voltou a ficar submersa em seu íntimo. Apareceu em público exibindo por todo o palácio suas sandálias de ouro e suas jóias de ouro exatamente como antes, e como se nada houvesse mudado, foi vista até mesmo sorrindo um sorriso irônico.

Lysandra prosperou na Trácia. Era saudável, plena de satisfação em sua vida, feliz no casamento, embora as estrelas que a governassem fossem muito ruins, e era melhor para Lysandra não saber disso.

Por outro lado, a boa saúde de Arsinoë Beta — insatisfeita, infeliz, desafortunada, mais do que todas as outras mulheres, com suas estrelas — não duraria muito tempo.

Quando os homens que pescavam no Helesponto fisgavam um estrujão, enfeitavam-se e a seus navios com guirlandas de flores, e marchavam em procissão, com esse que era o maior dos peixes, para o palácio; isso porque o estrujão, sagrado na Grécia, deveria ser trazido para a mesa real dessa maneira, precedido das flautas.

Arsinoë Beta juntava as mãos e aplaudia, como todos os demais, quando via esse enorme peixe; mas agora executava seus feitiços, os terríveis feitiços gregos que havia aprendido no colo de sua mãe, e orava a Artêmis para que uma espinha de peixe se alojasse na esbelta garganta de sua bela irmã e a fizesse morrer sufocada. Ela *desejava* fortemente que isso acontecesse.

Mas Lysandra, de algum modo, já adivinhara o que poderia acontecer entre ela e a irmã, sua venenosa irmã, e havia executado o feitiço que faz qualquer feitiço voltar-se contra aquele que o executa, de modo que o quer que Arsinoë Beta desejasse contra Lysandra se voltaria contra ela mesma.

De qualquer modo, era Lysandra quem mostrava todos os sinais de boa saúde e Arsinoë Beta quem adoecia com mais freqüência do que lhe era habitual, e isso lhe despertou suspeitas, e talvez tenha sido por causa de sua misteriosa enfermidade, de seus acessos diários de vômitos, de seus estranhos problemas com o funcionamento de seu estômago que essa mulher tenha se tornado uma verdadeira serpente para venenos.

Lisímaco presenteava sua esposa quase diariamente com jóias de ouro mas seu presente mais freqüente eram serpentes de ouro, e isso porque as serpentes eram o perfeito ornamento a se enroscar nos dedos das mulheres, em seus tornozelos e na metade do braço, e para as cintas que circundavam suas cinturas, de modo que o corpo de Arsinoë Beta, por acaso, estava freqüentemente ornado com uma ou outra serpente. Não era, de fato, um descabido atributo para essa mulher que costumava, quando se irritava, cuspir fogo como uma cobra egípcia; uma mulher que tinha, em verdade, como rainha, o poder de exterminar a respiração de um homem com apenas uma palavra, e até mesmo por um aceno de sua mão ornada de jóias.

Ela ainda não sabia disso, só para deixar claro, mas estava chegando o dia em que essa mulher, essa Arsinoë Beta, teria o prazer e a satisfação de usar uma serpente *em sua testa.*

3.15

Arsinoë Explode

No vigésimo ano de reinado do rei Ptolomeu Soter, a segunda etapa do grande Farol foi declarada concluída, com o término do andar octogonal que se assentava sobre a maciça base quadrada, toda feita de calcário numulítico, e que reluzia ao sol intensamente, como o próprio deus Sol, como o Rá dos egípcios.

Ptolomeu promoveu as adequadas celebrações, de modo que os deuses fossem apaziguados e não ficassem com inveja desse monumento; o sacrifício de cem cabeças de gado com chifres folheados a ouro, banquetes públicos em honra de Poseidon, Senhor do Mar Revolto, e de Zeus, Pai dos Deuses e dos Homens. Toda Alexandria ovacionou quando o próprio Ptolomeu concedeu pôr sua sandália de ouro nos degraus em espiral e galgá-los para entrar no Farol, de modo a poder verificar o andamento da obra e incentivar os trabalhadores, e também para apreciar a maravilhosa vista de sua capital. Ele olhou, viu e se maravilhou, tendo ficado plenamente satisfeito.

Ptolomeu congratulou-se: nenhum monarca jamais sonhara com algo tão grandioso antes, nem mesmo Alexandre. Nenhum homem jamais erguera um monumento que fosse tão útil.

Sem se gabar, escreveu de seu próprio punho as notícias sobre o Farol para suas filhas que viviam em terras estrangeiras, para que pudessem ter conhecimento disso e, sabendo, ficassem orgulhosas de seu pai e de Alexandria, sua cidade, a qual certamente nenhuma delas deveria jamais rever. E quando Theoxena, na Sicília, leu as palavras escritas pelo pai, escreveu de volta imediatamente, para elogiá-lo pela magnífica obra. Do mesmo modo fez Lysandra, a esposa de Agathokles. Mas Arsinoë Beta rabiscou todo o papiro do seu pai, já que não conseguia suportar ler nada a respeito da felicidade de sua família, deixada no seu lar, e jogou-o no braseiro, sem ler.

Para Arsinoë Beta, as dificuldades ainda não estavam terminadas. De fato, mal haviam começado.

Enquanto Lisímaco envelhecia mais e mais, era a sua esposa, perturbada pelos seus próprios problemas de saúde, quem passara a tomar as mais importantes decisões em relação à Trácia. Ninguém duvidava da capacidade de Arsinoë Beta, ou sequer questionava seu sábio julgamento, pois ela sempre mostrara estar correta.

A criação de seus três filhos, disso cuidou ela mesma, e apenas com relutância entregou a educação deles aos melhores instrutores gregos. De modo algum era privada de instintos maternais; e embora alguns homens pudessem reclamar de seu coração duro e frio, descobriu-se sendo calorosa em tudo o que dizia respeito a seus filhos, embora não calorosa demais. Ainda assim, em tudo o que concernia ao príncipe Agathokles, esse coração supostamente de ferro se dissolvia de pronto, e ela se tornava branca de tão quente de desejo por ele. O coração de ferro, o coração como uma pedra fria — era provavelmente um mito, uma dissimulação, uma maneira de obter para si mais poder e influência do que já tinha; isso porque, de fato, nesse mundo masculino da Trácia ela necessitava ser assim.

Por anos, Arsinoë Beta nada fizera em relação ao seu desejo por Agathokles, apenas acalentando-o, ou abafando-o, apavorada demais com o que poderia acontecer a ela se fosse descoberta. Mas, à medida que o tempo foi passando e passando, Arsinoë Beta mudou seu comportamento. Havia chegado à Trácia quando era uma garota de cerca de 15 anos. Tinha apenas 21 quando Lysandra chegou à corte; mas agora sua autoconfiança crescera.

Enquanto Lisímaco envelhecia, vinha com cada vez menos freqüência, à noite, para o leito de sua esposa, e assim ela ansiava mais do que nunca pelos abraços do jovem Agathokles, que era mais próximo a ela em idade.

Arsinoë Beta pensou muito, e por muito tempo. O que poderia fazer? Passaria a vida inteira sem ter feito nada em relação a esse grande amor? Enquanto ela própria ia ficando mais velha, começava a pensar que talvez Agathokles pudesse ser persuadido a corresponder a seus sentimentos, e esse pensamento tanto perturbava suas horas insones que chegou o tempo em que ela sentiu que, realmente, nada tinha a perder, pois, se não confessasse logo a Agathokles o que sentia por ele, sem dúvida morreria de tanto sofrer por seu amor impossível.

Também começou a raciocinar que, se Lisímaco morresse, Agathokles, como novo rei, bem podia mandá-la embora da Trácia. Ela temia que ele, sem hesitar, assassinasse seus três filhos, que representavam uma grande ameaça à sua estabilidade, como possíveis usurpadores do trono, e ela não os havia criado para serem dóceis, mas afoitos, duros, tão duros quanto ela mesma tentava ser: garotos que deveriam se tornar homens, grandes guerreiros, generais, senão reis de pleno direito. Compreendia que, se era para Agathokles fazer dela sua esposa e, seu filho mais velho, o seu herdeiro, precisava entrar em ação sem mais demora.

Primeiro, ela começou a se assegurar de cruzar com mais freqüência o caminho de Agathokles.

A seguir, começou a fazer sugestões impróprias, oferecendo-se para beijar Agathokles nos lábios e dizendo que ela gostaria muito de enfiar a língua na boca dele, pois já estava cansada de seu marido velho e de corpo frio.

Agathokles ficou surpreso, mas sorriu aquele seu sorriso devastador que fez Arsinoë Beta sentir-se quase desmaiando, como se não apenas o seu coração mas também as pernas estivessem se dissolvendo; porém ele respondeu que preferiria não beijá-la.

Quando Arsinoë Beta desrespeitou a si mesma a ponto de erguer a barra do seu *peplos* e mostrar a Agathokles sua *bolba*, como as mulheres de Mênfis, na recepção ao novo Touro Ápis, ele girou nos calcanhares e afastou-se sem dizer uma só palavra.

O comportamento da rainha Arsinoë era, então, muito semelhante ao de uma prostituta, e ela permanecia sendo a rainha da Trácia. Todas as suas maliciosas insinuações, no entanto, Agathokles rejeitou, da maneira mais polida, dizendo que não tinha a menor intenção de fazer de sua madrasta uma concubina.

Toda vez que Arsinoë Beta deitava os olhos no príncipe, sentia-se desmaiando e doente. À noite, ficaria deitada por horas, sem dormir, em seu leito marchetado de ouro, pensando em Agathokles e em sua pele dourada. E quando dormia, então, seus sonhos eram repletos de visões da pele nua de Agathokles, que a beijaria nos lábios, enfiaria a língua em sua boca e o seu *rhombos* em suas partes privadas, fazendo tudo aquilo que se recusava a fazer durante o dia.

Seus sonhos eram igualmente preenchidos pela figura de sua meia-irmã, Lysandra, que sempre estava morta, sendo carregada num ataúde para a sua pira funerária, e todas as vezes o rosto de Lysandra seria devorado pelas chamas. Então, Arsinoë via os ritos matrimoniais sendo celebrados para Agathokles e ela, ambos coroados com flores rubras, e enquanto atravessam, de mãos dadas, sorrindo, as grandes portas de cedro do palácio, os cidadãos de Lysimakheia lançavam sobre eles figos e nozes que cortavam como facas e eram pesadas como pedras, e sua carne ficava coberta de ferimentos, sangraria, e então ela despertava, chorando aos uivos.

Por sete anos, ou 84 meses, ou 2.555 dias e noites, Arsinoë Beta havia suspirado por esse jovem, seu enteado, seu cunhado, sem confessar-lhe que o amava. Agora, pelo menos, ela se empenharia ao máximo para trazê-lo ao seu leito alto para ter prazer com ela, enquanto durante todo esse tempo Agathokles estaria casado com sua irmã.

Mais ou menos nessa época, como se a história dessas duas casas já não fosse complicada o bastante, Ptolomeu Soter enfiou na cabeça tornar sua grande amizade e sua aliança com Lisímaco ainda mais forte, com um terceiro casamento, e ele enviou a proposta, por meio dos embaixadores de praxe, dizendo que seu filho mais novo, Ptolomeu Mikros, agora com dezenove ou vinte anos, apreciaria tomar a mão da filha de Lisímaco, Arsinoë, também chamada Arsinoë Alfa, para distingui-la de Arsinoë Beta, que era ainda, é claro, a rainha de Lisímaco.

A Arsinoë em questão era filha de Lisímaco de seu primeiro casamento, com Nikaia, e tinha agora cerca de 16 anos de idade, e era a elegante e bela irmã do belo Agathokles, estando ela madura para o casamento, com seus seios, como realçou seu pai, intumescidos como frutos do medronheiro, e grandes, de modo que se Ptolomeu Mikros fosse ao menos um pouco parecido com seu pai, ficaria mais do que satisfeito.

Reflexões de Thot: como resultado desse casamento, Arsinoë Beta se tornaria a sogra, ou a madrasta-sogra de seu irmão por parte de pai e de mãe, embora vivessem em diferentes cortes, em diferentes países e nunca pusessem os olhos um no outro; mas ninguém na Trácia ou no Egito levava isso em consideração, já que as famílias dos Sucessores, que haviam se nomeado reis, eram tão interligadas por laços conjugais, e tão enroscadas entre si que, no final das contas, nenhum outro que não Thot seria capaz de destrinchar as árvores genealógicas, e seria totalmente impossível, mesmo para o deus, distinguir todas as relações de parentesco entre eles.

No entanto, partindo para o Egito, a princesa Arsinoë Alfa teria arranjado a sua fuga da claustrofóbica atmosfera do *gynaikeion*, em Lysimakheia, e se livraria de precisar conviver, ano após ano, com o mau temperamento de Arsinoë Beta, sua madrasta. Assim, Arsinoë Alfa estava mais do que desejosa de se tornar a esposa de Ptolomeu Mikros. De fato, ela implorou ao seu pai para deixá-la ir viver no Egito, já que escutara da própria Arsinoë Beta que Mikros era, de fato, pessoa meiga, generosa, de bom temperamento, equilibrada, bonita, mais rico do que qualquer homem pudesse imaginar, e jovem... Arsinoë Beta, num momento de sinceridade, lhe confessara que se casar com um marido jovem como aquele era o sonho de toda mulher, e Arsinoë Alfa percebeu, então, que tormento deveria ser para a sua madrasta ser casada com um homem idoso como Lisímaco.

Arsinoë Alfa tomou uma embarcação para Alexandria, um ligeiro *trieres*, e se casou com a mais alta pompa e cerimônia, porque seu marido era filho do homem mais rico do mundo; já a outra Arsinoë, permaneceu, é claro, no outro lado do Grande Mar, e foi assim que cada nação obteve a sua Arsinoë, que manteria como refém, em garantia do bom comportamento da outra nação, e todas as partes ficaram satisfeitas com esse arranjo.

Arsinoë Alfa estava feliz por ter escapado de Arsinoë Beta.

Arsinoë Beta estava feliz porque havia se livrado da segunda das duas filhas de Lisímaco.

Lisímaco estava feliz porque tornara ainda mais sólida a sua aliança com o Egito.

Ptolomeu Soter estava feliz porque tinha em vista a geração seguinte da sua dinastia.

E Mikros estava feliz porque asseguraram que sua esposa tinha um belo rosto, temperamento brando, seios fartos e muita carne nos quadris — *kallipygous*, como Mikros gostava de dizer — e era de mulheres assim que ele gostava.

O único que não demonstrava prazer era Ptolomeu Keraunos, o filho legítimo mais velho do Faraó, que ainda não tinha esposa e que, embora já estivesse com 32 anos, ainda não tinha herdeiros de seu sangue que pudessem ser vistos como a terceira geração da Casa de Ptolomeu, já que o Raio nada havia inseminado senão bastardos nas prostitutas da cidade de Alexandria — alguns dos quais não tinham a pela branca, mas *negros*.

Sobre Arsinoë Alfa, os embaixadores relataram: *De rosto, ela é como uma deusa*, e Ptolomeu Mikros não ficou desapontado, já que tivera o cuidado de escrever a sua irmã e a fizera jurar por Zeus, Pan e Poseidon, todos juntos, que Arsinoë Alfa era de fato uma mulher tão bonita quanto a decreviam.

Juntamente com essa esposa para Mikros, chegou ao Egito, como parte do dote dela, um presente, uma demonstração de boa vontade da parte de Lisímaco para Ptolomeu Soter — enjaulado num engradado de madeira e preso com correntes de ferro, e que teve de ser transportado com o máximo cuidado. Quando o engradado foi aberto, por ordem de Ptolomeu Soter, o Faraó encontrou em seu interior um urso branco, destinado ao seu Jardim de Feras: uma criatura tão rara que, assim se supunha, seria o único exemplar de sua espécie em todo o mundo, presente mais do que apropriado para o rei do Egito.

Foi Ptolomeu Mikros, no entanto, que mais apreciou esse presente, já que dava enorme valor a todo animal extraordinário — fosse exótico, ou bizarro — e, por algum tempo, tomou o hábito de ir todos os dias visitar a fera, para escutar seus urros: prezava o urso branco, diga-se a verdade, quase tanto quanto prezava a própria esposa.

No começo do seu casamento, tudo corria bem, e a princesa Arsinoë Alfa, em um ano, já carregava um rebento. Ela passou os seus primeiros meses no Egito maravilhando-se com todas as novidades à sua volta, adorando o seu marido e aliviada de não ter mais Arsinoë Beta, sua madrasta, controlando a sua vida. Não se deixou perturbar pelo calor, nem pelas tempestades de areia, nem pelo farfalhar das palmeiras. Deu-se muito bem com Eurídice, e mesmo com Berenice, sua sogra, e vivia satisfeita no *gynaikeion*, com Eurídice, já que ela também se divertia em cuspir os caroços de azeitona pelas janelas na cabeça dos passantes, uma coisa que Arsinoë Beta jamais lhe permitiria, na Trácia.

Claro, Arsinoë Alfa também passou por um pouco de abandono, no Egito, mas em verdade nunca esperou nada muito diferente. De fato, apreciava ser deixada em paz, ser ignorada, já que havia sofrido em silêncio os maus-tratos e insultos de Arsinoë Beta por longos anos, e agora, graças a algum milagre dos deuses, conseguira escapar dela, por isso dizia: *Na verdade, é como ter sido libertada da prisão*. É evidente que ela não dizia tal coisa a Berenice, mãe de Arsinoë Beta, mas apenas a Eurídice, que ria sua louca risada toda vez que escutava isso.

Arsinoë Alfa se ocupava no Egito com as tarefas femininas: tapeçaria, tecelagem, costura. Não tendo tido o luxo de uma educação de homem, não passava suas horas ao lado do marido, dando-lhe conselhos sobre assuntos militares, que eram um mistério para ela. E a ela não foi propiciado o prazer de aprender o *alpha beta*, para que pudesse ler as mensagens que seu marido lhe enviava. Não teria *utilidade* para esse seu marido em nenhum aspecto senão na criação de seus filhos; mas Mikros não desejava nada mais dessa sua esposa: sentia-se feliz, e até mesmo mais do que feliz.

Enquanto isso, Arsinoë Alfa cultuava os deuses da Grécia, para ser agraciada com o melhor da Boa Fortuna, e para que desse à luz um saudável garoto, que também fosse afortunado, e que talvez tivesse até mesmo a fortuna de se tornar o rei do Egito.

Arsinoë Alfa conhecia, talvez melhor do que qualquer pessoa no Egito, o verdadeiro caráter de Arsinoë Beta. Teve de aturar aquela mulher por 4.380 dias, enfrentando a sua vontade férrea e seu mau temperamento, vivendo nos mesmos aposentos, no mesmo espaço que ela, e via a outra Arsinoë, seja dita a verdade, com o mesmo horror que lhe despertavam as serpentes.

Isso porque, para Arsinoë Alfa, Arsinoë Beta era a Rainha das Serpentes; por isso sentia-se feliz, muitíssimo feliz, de pensar que *jamais* teria de rever essa mulher.

3.16

A Gaiola de Pássaros

Depois de oito anos no perfeito casamento siciliano de Theoxena, ela calculava que lhe sobravam apenas 1.460 dias pela frente, embora não sentisse nenhum sinal de enfermidade, assim como não via nenhuma indicação de qualquer perturbação na pessoa de seu marido, o Tirano, que continuava afetuoso, generoso e satisfeito com tudo o que Theoxena fazia. Seus dois filhos tinham agora sete e seis anos, e Theoxena cuidou para que recebessem instrução e não desperdiçassem suas aulas de matemática, de modo que Arkhagathos e Agatharkos pudessem ser tiranos de valor caso ocupassem o lugar de seu pai.

Se tudo corria bem para Theoxena, a despeito de seu sombrio destino, o que era feito de Ptolomaïs, que a essa altura esperava já havia oito anos que Demétrio Poliorketes viesse buscá-la para se casar com ela, e que não tinha filhos para confortá-la na idade avançada? A essa altura, Ptolomaïs já havia confeccionado mais vestes para esse homem do que ele seria capaz de usar, até gastá-las, em todo o seu tempo de vida — túnicas com bainhas de fios de ouro, por exemplo, havia dúzias delas; e a moça agora trabalhava arduamente numa grande peça de tecido púrpura que seria um manto duplo para Demétrio.

De tempos em tempos, Ptolomaïs enviava esses artigos para Demétrio, como presentes, na esperança de lembrá-lo de sua existência e para fazê-lo pensar em suas obrigações para com ela; mas mesmo o manto púrpura, com os signos do Zodíaco, o Sol, a Lua e as estrelas, que exigiu seis anos de trabalho de costura, não fez com que Demétrio Poliorketes marcasse a data de seu casamento com Ptolomaïs.

Nesse ínterim, Ptolomaïs se ocupava tocando a lira, mas as músicas que tocava eram melancólicas, porque no fundo do seu coração temia que Demétrio jamais a chamasse para torná-la sua esposa e que ela estivesse fadada a ser solteira para sempre.

Ela enviou consultas a todos os oráculos do mundo grego, incluindo o Grande Oráculo de Zeus-Amon, na Líbia, mas todos lhe deram a mesma resposta: que seu futuro seria penoso, muito penoso, de fato, mas sem lhe revelar *por quê*.

Eurídice, a mãe de Ptolomaïs, não estava mais feliz do que a sua filha. Havia tardes em que o calor de Mênfis era tão intenso, o ar tão parado, e tão forte era o odor que penetrava pelas janelas, vindo da *nekropolis*, de babuínos e íbis mumificados, que Eurídice rasgava seu *peplos* e sua cinta e começava a correr nua pelo *gynaikeion*, gritando toda sorte de disparates a respeito de Ptolomeu, seu marido, a quem jamais via, e odiava com todo seu ser, porque não conseguia se refrescar e isso era culpa de Ptolomeu.

Nos melhores dias, Eurídice se contentava em bater portas e espatifar cerâmicas, atirando-as no assoalho de mosaico, sem nenhum motivo.

Havia dias em que gritava insultos contra os criados negros, que não entendiam sequer uma palavra de grego e achavam que ela estaria possuída por algum espírito do mal.

Eurídice vivia essa estranha e ociosa existência, sem ocupar seu tempo com nada de útil. *Para que serve Eurídice?*, ela se perguntava, mas a resposta parecia ser que ela não servia para coisa alguma. Havia gerado crianças. Não sabia ler. Não sabia escrever cartas.

A paixão íntima de Eurídice era por Ptolomeu, o marido que nunca se aproximava dela, a quem ela pensava que amava, agora que o perdera.

Eurídice também gostaria de ser amada por seus filhos, mas gritava tanto com eles que se haviam cansado de seu mau gênio e achavam que ela estava maluca.

Mais do que qualquer outra coisa, ela desejava agora estar na Grécia — na Macedônia, em Pella. Dizia abertamente que, desde o início, jamais quisera vir para o Egito, e agora estava presa numa armadilha; que virara uma prisioneira, um pássaro engaiolado almejando ser posto em liberdade. Eurídice era prisioneira de seu marido. Sim, tudo de que precisava agora era ser posta em liberdade, viver a sua própria vida, do jeito que quisesse, já que tinha certeza de que Ptolomeu não necessitava mais dela.

Havia dias em que Eurídice era encontrada chorando. Mas, no fim, teve a idéia de solicitar a Ptolomeu permissão para deixar o Egito e estabelecer sua residência em alguma cidade da Jônia — talvez, Mileto —, onde o calor fosse mais suportável, onde não teria de temer cobras e escorpiões, onde poderia caminhar pelas ruas sem atrair a desaprovação de ninguém, onde poderia se debruçar nas janelas e olhar à vontade sem ser chamada de prostituta.

Quanto a Ptolomeu, era bem capaz de concordar em deixá-la partir já que, em verdade, não desejava mal à sua esposa e Eurídice não tinha utilidade nenhuma para ele no Egito.

Mas Eurídice tinha medo de fazer o pedido. Tinha medo do desconhecido. Tinha medo do futuro. E assim, por enquanto, Eurídice permaneceria onde estava e continuaria a suar abundantemente.

3.17

As Mandíbulas do Tirano

Quando chegou o décimo primeiro aniversário do perfeito casamento de Theoxena, sabendo que tinha apenas 365 dias de felicidade sobrando, ela começou a entrar em pânico, dirigindo preces e fazendo sacrifícios para todos os deuses, o tempo todo sem saber o que aconteceria para dar um fim a sua existência feliz na Sicília.

Mas foi nesse décimo segundo ano que o idoso Tirano, seu marido, começou a sofrer dores nas mandíbulas e foi levado a consultar os seus médicos, homens em quem não confiava, por medo que lhe dessem algum veneno, embora, em verdade, Agathokles não confiasse em homem algum. Por isso, coube à própria Theoxena, sua esposa devotada, trazer para Agathokles os remédios que seu médico recomendava e misturá-los com suas próprias mãos, já que Agathokles não confiava em ninguém mais para tal tarefa, e foi ela também a provadora de seus medicamentos, para lhe dar garantias de que não haveria risco de envenenamento.

Depois de onze anos e um mês, quando tinha 330 dias sobrando, Theoxena convenceu Agathokles a experimentar o dentifrício de carne de baleia.

Depois de onze anos e dois meses, com trezentos dias restantes, ela o fez raspar suas gengivas com o ferrão de uma arraia que, assim se supunha, poderia ser benéfico.

Depois de onze anos e três meses, com 270 dias sobrando, ela trouxe rãs inteiras, para pendurar em seu queixo, como talismãs.

Quando Theoxena percebeu que o seu casamento já durava onze anos e seis meses e que lhe restavam apenas mais 180 dias, derramou aranhas esmagadas em óleo de rosas nos ouvidos de seu marido.

Nenhum desses medicamentos fez o menor efeito, e Agathokles queixava-se agora de uma dor terrível em seus maxilares, que rangiam quando os movimentava.

Ele buscou tratamentos cada vez mais desesperados, chegando mesmo a pernoitar durante um mês do Templo de Asclépios, deus da Saúde, na esperança de algum milagre; mas Asclépios não deu ouvidos ao Tirano de Siracusa.

Com somente sessenta dias sobrando, Theoxena derramou nos ouvidos de seu marido minhocas fervidas em óleo.

Com trinta dias restantes, já havia ministrado no Tirano todos os remédios conhecidos; mas a dor, como se isso ainda fosse possível, piorava cada vez mais. Agathokles não conseguia mais dormir por causa da dor e, no silêncio das horas mortas, seus gemidos poderiam ser escutados em todos os recantos da cidadela de Euryalos.

Quando Theoxena se via sozinha, chorava, porque sabia agora, e finalmente, o que iria acontecer, e porque não sabia mais o que fazer para ajudar seu marido. Quatorze dias antes do décimo segundo aniversário do seu casamento, os médicos de Agathokles abriram os braços e murmuraram que nada mais podia ser feito pelo Tirano de Siracusa, e que ele deveria morrer em breve.

Theoxena amara esse seu Tirano quase com loucura, esse cruel Agathokles, tão gentil com ela, mas cujo maior prazer sempre fora punir os homens com o extermínio de toda a sua prole, e que tanta satisfação tirara de ajustar contas com as cidades massacrando sua população inteira, incluindo as crianças. Theoxena amava a esse homem pelo que ele era para ela, e fechava os olhos ao seu lado negro, assim como fechava os olhos em relação aos garotos sicilianos que costumavam visitar os aposentos dele, garotos sensuais como Erotes, que faziam coisas com seu marido que nenhuma esposa poderia fazer, e nem mesmo sonhava em fazer — garotos cujos olhos faiscavam como estrelas, e cuja pele azeitonada era tão macia quanto um pêssego.

Theoxena dera a esse homem dois belos filhos, que não estavam, infelizmente, destinados a suceder o Tirano. Ela amava a Cidadela que era o seu lar. Havia apreciado a vida de esposa de um tirano, com jóias, ouro, toda sorte de pedrarias preciosas, escravos e servos enfim, todo o luxo que poderia almejar, com todos os seus desejos instantaneamente realizados.

Mas o filho mais velho e o neto de Agathokles já entravam em disputa para ver quem deveria sucedê-lo, e ambos reivindicavam seus direitos ao trono, como se o velho homem já estivesse morto.

Alguns supunham que Agathokles era vítima de um veneno de ação lenta; outros imaginavam que seu problema fosse um câncer na mandíbula. Fosse o que fosse, não encontrou alívio para a sua agonia, permanecendo prostrado, dia após dia, em seu leito marchetado a ouro, com panos enfiados entre seus dentes e gemendo.

Agathokles estava morrendo e sabia disso, mas não sabia o que seria de Siracusa depois que descesse ao Hades, e tinha os piores receios em relação a Theoxena e seus filhos e com o que aconteceria a eles em meio à conturbação que se seguiria à sua morte. Vivera pela matança indiscriminada, punindo a muitos pelo crime de apenas um, e granjeara muitos inimigos, dos quais a sua família, ele pensava, não poderia esperar piedade. Agathokles tinha certeza de que, no momento em que expirasse, Theoxena e seus filhos seriam passados a fio de espada.

Então tomou a decisão de enviar Theoxena com os filhos e todo o seu tesouro, o qual era mais magnificente do que qualquer outro (à exceção do tesouro de Ptolomeu), para a casa de seu pai, no Egito, onde estaria em segurança.

Theoxena continuava cuidando de Agathokles como antes e implorou para não ser separada do homem que amava. Afirmava que, ao se casar com ele, havia assumido não apenas a sua boa fortuna, mas também os infortúnios; e esperava, assim dizia, que quando a hora chegasse, realizaria com carinho os serviços de seu funeral, do modo que apenas uma esposa poderia realizar, e aos quais, tinha ela certeza, ninguém se daria ao trabalho, caso partisse.

Agathokles sabia, no entanto, que fosse qual fosse o homem que o sucedesse, se tornaria o mais rancoroso inimigo de sua esposa; por isso gritou com ela, brandiu seus punhos cerrados, atirou sobre ela tudo o que conseguiu agarrar em seu leito de morte — travesseiros, pratos, taças, sua bengala de ouro — dizendo que ela deveria escapar enquanto isso fosse possível.

Theoxena lamentava-se: *O que vai ser do suprimento de milho do Egito, se eu for mandada embora*?

Mas Agathokles respondeu apenas: *Se você dá valor à sua vida, deve obedecer a meus desejos sem questionar.*

Theoxena dirigiu a seguir preces a Atená, filha de Zeus, a fim de conseguir salvar Agathokles do Hades, mas a deusa não respondeu a suas preces, e assim Theoxena se preparou para embarcar.

Doze anos depois *do dia* em que a princesa Theoxena pôs pela primeira vez os olhos em Agathokles, o Tirano de Siracusa, seu casamento, como havia sido profetizado por todos os oráculos do mundo grego, chegou ao fim.

Ela deixou a ilha em meio a muitas lágrimas. Seus filhos choravam pelo pai moribundo, e o pai chorou pelos filhos exilados, que, mesmo no Egito, teriam um futuro totalmente incerto.

O *trieres* de Theoxena deixou a baía, com os remadores murmurando as canções que os faziam remar, todos ao mesmo tempo. Mais do que nunca, Theoxena não sabia o que deveria fazer, sem o marido que amava, e sentiu o seu coração se partir, dentro do peito, erguendo sua voz num lamento.

Não muito depois de Theoxena ter alcançado o seu lar, em Alexandria, chegaram as notícias da morte do Tirano de Siracusa, vítima, como foi dito, de *gomphalgia*, ou seja, dor de dentes, e a Sicília foi invadida por Cartago, tendo tudo por lá mergulhado em grande confusão.

Agathokles tinha 72 anos quando morreu; Theoxena, a viúva, que precisaria continuar vivendo, 28.

Sim, a princesa Theoxena havia partido de Alexandria 12 anos antes com o rumor das cornetas, e ornada de guirlandas de rosas. Sabia que seu casamento poderia ser curto mas retornar ao seu pai, mesmo com seu dote tendo sido integralmente ressarcido, e muito aumentado — ainda era uma desgraça, e talvez a pior coisa que pode acontecer a qualquer mulher. O fracasso do seu casamento, sem dúvida, não foi culpa de Theoxena, mas ela se culpava, mesmo assim, e se insurgiu contra Tykhe, deusa da Fortuna, em particular. *Ardilosa Tykhe*, refletia ela, revoltada com a sua sorte, e ficou chorando por dias sem fim, a ponto de suas servas pensarem que ela havia enlouquecido, como a mãe.

O rei Ptolomeu deu as boas-vindas à sua filha em regresso à residência, mas recebê-la de volta, em verdade, não era nada conveniente. Pensava que nunca mais veria nem escutaria a voz de Theoxena, e não dispunha de um marido novo para casá-la outra vez. Era sempre mais difícil arranjar casamento para uma esposa de segunda mão do que para uma que não tivesse ainda se casado, mesmo sendo a filha de um rei; mesmo sendo uma moça de 28 anos.

Mas não: tudo havia mudado em Alexandria desde que Theoxena partira; isso porque, depois da exclusão da mãe dela do leito do Faraó, ele se comprazia em ignorar os filhos dela, tanto quanto podia.

Doze anos haviam se passado, e havia rostos novos na residência: mulheres que não conheciam a princesa Theoxena. Que tinham a gentileza de expressar a sua solidariedade por ela, mas para quem ela era uma estranha, uma recém-chegada com os hábitos diferentes desenvolvidos em sua vida como Tirana de Siracusa, que esperava que todos fizessem o que ela pedia prontamente, tendo ainda desenvolvido um paladar por alimentos estranhos e exóticos; além do mais, ninguém entendia toda a sua tristeza por conta da perda de um marido tão idoso — um homem com uma reputação tão extravagante — e por tudo isso começaram a pensar que Theoxena era mais do que simplesmente um pouco louca.

A pergunta, então, estava nos lábios de todos: *O que vai ser de Theoxena? Que homem se casará com Theoxena?* E havia, além disso, o problema do que fazer com dois garotos numa família que já tinha homens demais, para intranqüilidade geral, e todos eles pensando na sucessão ao trono do Egito; todos eles atentos para o momento em que Ptolomeu Soter morresse, sabendo que o herdeiro do Faraó, quem quer que fosse, seria obrigado a passar pelo fio da espada todos os seus parentes homens, porque essa é a única maneira de um herdeiro de qualquer trono sobreviver: era uma questão de assassinar ou ser assassinado.

Assim era o encantador costume entre os gregos.

Por ora, então, Theoxena se sentia insegura, e sua posição, tanto quanto o seu futuro, eram incertos, e Ptolomeu não tinha idéia do que fazer com ela.

Fosse como fosse, ele não poderia fazer nada até que as lágrimas de Theoxena secassem, e, por enquanto, Theoxena só queria saber de chorar.

3.18

As Quatro Mil, Setecentas e Quarenta e Cinco Noites

Longe de ter garantido seu tratado de paz com Demétrio Poliorketes, no décimo sétimo ano de seu reinado e aos 79 anos de idade, Ptolomeu Soter mais uma vez foi empurrado para a Guerra com seu futuro genro. Foi nesse mesmo ano que Ptolomeu e seus aliados, o velho Seleuco da Síria, e o velho Lisímaco, da Trácia, lançaram uma expedição contra a Ásia, e foi uma campanha maciça, maior do que qualquer outra empreendida desde os tempos de Alexandre.

Enquanto as frotas se preparavam para se lançar ao mar, esses três reis firmaram uma aliança *contra* Demétrio e enviaram mensageiros ao exilado Pirro, em Epeiros, que almejava reaver o império antigamente governado por seu pai, instando-o então a atacar a Macedônia como uma manobra-chamariz, de modo que Demétrio fosse obrigado a lutar em diversas frentes simultâneas e isso antes que estivesse preparado para enfrentar fosse quem fosse — porque, embora Demétrio houvesse instalado as quilhas de quinhentos dos mais modernos navios de guerra, nenhuma dessas embarcações fora ainda posta na água.

Mesmo assim, mais à frente naquele ano, Demétrio lançou ao mar seu *hekkaidekeres*, ou dezesseis, uma embarcação gigante, da qual se gabava de ser o maior navio impulsionado a remo jamais construído.

Ptolomeu então navegou pessoalmente até a Grécia, comandando a sua frota, e levou consigo a maior parte de sua família: Ptolomeu Keraunos, com 32 anos, Ptolomeu Mikros, com vinte, e que entrava no serviço ativo pela primeira vez, e até mesmo Berenice e as meninas que ainda moravam com eles, todos foram para a Grécia, assim como os netos, seguindo o ensinamento de Platão de que seria benéfico para as crianças conhecerem a guerra. A guerra, para esta família, era um assunto doméstico. E Ptolomeu até mesmo brincava, dizendo que a guerra era o seu negócio familiar, principalmente agora que ia combater o homem que seria o seu genro, e que, na época, estava casado com Fila, irmã de Eurídice, esposa de Ptolomeu.

Assim, pergunta Thot: O que aconteceu? Lisímaco invadiu a Macedônia, cruzando a fronteira com a Trácia; Pirro invadiu a Macedônia, cruzando a fronteira com Epeiros, e ambos os exércitos devastaram o interior daquela terra, incendiando campos e mais campos cultivados com trigo maduro, ao longo de sua marcha, de modo que todas as habitações ficaram em chamas, e uma imensa nuvem de fumaça negra pairava sobre toda a região. A Macedônia, de uma ponta à outra, ardia em chamas.

Alarmado, Demétrio deixou seu filho de 31 anos, Antígonos Gonatas, ou o Rótula, encarregado da Grécia e se apressou a marchar contra Lisímaco para libertar a Macedônia. Já a caminho, um mensageiro lhe trouxe a notícia de que Pirro havia tomado a cidade de Verróia, e saber desse grande desastre foi algo que se espalhou pelas hostes macedônias com um efeito tão devastador que, sem exceção, todos os soldados se arriaram sentados no chão, com a cabeça nas mãos, e choraram. Quando se recompuseram um pouco, começaram a entoar canções de revolta contra Demétrio, seu comandante, de modo que ele perdeu totalmente o controle de seu exército, já que seus homens se recusaram a permanecer com ele por mais uma hora que fosse, deram meia-volta e declararam que estavam voltando para os seus lares, desertando, todos, para o acampamento de Lisímaco.

Demétrio percebeu que suas tropas já não tinham necessidade de seus serviços. O que fez, então? Não se deixou abater. Simplesmente descartou seu diadema real, suas vestes reais — o manto de púrpura e fios de ouro, trabalho de Ptolomaïs, assim como as botas de feltro púrpura — e vestiu um manto simples, de tecido grosseiro cinzento, com botas de laço, como um soldado comum. A seguir, passou lama no rosto e fugiu do acampamento militar, deixando para trás todos os paramentos de rei, como se fosse um ator que, depois de desempenhar o papel de rei, tirasse seu figurino, uma vez terminada a representação.

Para Demétrio, de fato, a representação estava quase terminada.

Ele refugiou-se na cidade de Cassandréia, na região de Khersonesos, na Trácia, não distante de Pella, onde sua esposa, Fila, filha de Antipatros e irmã de Eurídice, viu-se incapaz de suportar a idéia de seu famoso marido reduzido à condição de um cidadão comum, de ele não ser mais um rei, um herói, nem um deus, e ela própria, lamentavelmente, não mais uma rainha e então ingeriu veneno e morreu em horríveis convulsões, vomitando seus intestinos, do modo mais repulsivo.

E Demétrio? Demétrio deu de ombros. Tinha assuntos mais urgentes para tratar do que cuidar de ritos funerários. Havia muitas outras mulheres no mundo. A maioria dos gregos tinha pouco afeto por suas esposas. Talvez, agora, pensou ele, pudesse se casar com a três vezes rica Ptolomaïs, filha de Ptolomeu. Para todos os efeitos, anunciou que estava farto de batalhas destinadas apenas a aumentar o seu poder e incrementar o seu luxuoso modo de vida, e aderiu ao acampamento de seu inimigo, Pirro, aquele mesmo *Ruivo*, cuja esposa era, é claro, Antígona, filha da rainha Berenice, do Egito.

Não muito depois disso, Demétrio Poliorketes surgiu na cidade de Mileto. Precisava de uma esposa, precisava de um reino e de dinheiro, e talvez lhe conviesse, agora, assim pensou, firmar a paz com Ptolomeu e selá-la por meio do casamento com sua filha. Sim Demétrio deitou seu instrumento de escrita feito de junco no papiro e marcou a data do casamento, encerrando assim o noivado de Ptolomaïs, que foi o mais longo noivado da história do mundo.

Ptolomaïs agora estava com 32 anos. Havia passado a maior parte de seus 4.745 dias de noivado ornando a maior tapeçaria em que qualquer pessoa já havia posto os olhos, em Alexandria, — um mosaico da vida e das aventuras de Demétrio, o Sitiador de Cidades —, deixando fora apenas a sua derrota, ou infortúnio, nas mãos do pai dela, Ptolomeu, e o *infortúnio* de Ptolomeu nas mãos de Demétrio, em Salamina, na ilha de Chipre; e esse seria o seu presente de casamento para seu marido, esse tão adiado marido.

Ptolomaïs esperara muitos e muitos dias, e quando os papiros foram lidos para ele, por seu pai, pulou de alegria e perdeu o controle, começando a gritar. Quando se recompôs, Ptolomaïs mandou consultar, como se tornara seu hábito freqüente, o oráculo de Zeus-Amon, na Líbia, para descobrir se o seu futuro ainda seria muito ruim. Ficando aliviada ao receber como resposta que seria a mais feliz das mulheres e mãe do mais belo dos filhos que já vivera, Ptolomaïs foi vista sorrindo, e essa era a primeira vez que sorria em 13 anos.

Ptolomaïs saiu pela residência sorrindo, a despeito do fato de esse seu marido ser um rei sem reino, que perdera a maior parte de tudo o que possuía, e de lhe restar pouco mais do que um teto sobre sua cabeça, e a despeito do fato de estar imobilizado em Mileto sem sequer meios para ir de navio para Alexandria. Fosse como fosse, não iria para lá, temendo que Ptolomeu voltasse atrás em sua palavra, de modo que Ptolomaïs deveria enfrentar a travessia do Grande Mar para se casar, assim como as suas outras irmãs.

Mas Ptolomaïs não se importava com nenhuma dessas desvantagens. Ela tinha sua própria fortuna. Tinha o substancial dote de uma filha do rei Ptolomeu. Era rica em escravos, em jóias, em decadracmas, uma das mulheres mais ricas do mundo, e iria para qualquer lugar se fosse para se casar com Demétrio.

Infelizmente, o que o Oráculo de Zeus-Amon não havia lhe dito era que estava fadada a ser a mulher mais feliz do mundo por somente um mês. E Ptolomaïs, que alcançara a questionável honra de estabelecer o recorde do mais longo noivado de todos os tempos, estava igualmente fadada a obter (por pouco tempo, pelo menos) o recorde do mais curto casamento.

Todos diziam que Ptolomaïs havia sido paciente acima de qualquer padrão razoável. Uma mulher de menos têmpera teria abandonado suas esperanças e pedido para se casar com outro homem. Mas Ptolomaïs, por todo esse tempo, vinha dizendo: *Demétrio Poliorketes é o único homem com que irei me casar.*

Pelo menos, por fim, essa criança crescida pôde dedicar suas bonecas de cerâmica com membros móveis, presos por fios, ao templo de Artêmis, na Via Canopus, junto com seu guarda-roupa de *peploi* comido pelas traças. Finalmente, deixou para trás sua infância há muito terminada. Finalmente, pôde erguer a cabeça e, pela primeira vez desde que podia ser lembrada, passou um dia inteiro sem derramar lágrimas.

Eurídice e Ptolomaïs, no tempo devido, seguiram para Mileto, onde a mãe encomendou milhares de rosas cor-de-rosa e milhares de brancos narcisos para os rituais de casamento, porque Ptolomaïs, apesar de tudo, era a filha de um rei, e não poderia se casar sem o apropriado espetáculo de extravagância.

Quando Demétrio Poliorketes finalmente se dignou a aparecer, e Ptolomaïs ergueu a mão direita na *dexiosis* dos gregos, ela lhe disse: *Aqui estão, de fato, 4.745 narcisos brancos e 4.745 rosas cor-de-rosa — um narciso e uma rosa para cada dia desperdiçado e cada noite solitária da minha espera por você...*

E Demétrio, atormentado pelo odor das flores, teve a cortesia de dizer que sentia muito pelo que lhe causara, por tê-la feito infeliz durante aqueles 13 anos; mas Ptolomaïs disse que o perdoava e que mesmo assim valera a pena esperar.

Isso porque estava satisfeita em constatar que seu marido continuava jovem, e que ele não tinha ainda nem cinqüenta anos. Ela ficou aliviada por descobrir que o seu casamento terminaria por acontecer, no final das contas, depois de esse homem ter perseguido tantas e tantas outras mulheres e, para compensar o tempo perdido, estava satisfeita em saber que ficaria grávida na noite de núpcias já que tinha receado, e muito, que fosse tarde demais para gerar uma criança.

O Sitiador tinha 37 anos quando do seu noivado, e tinha os cabelos da cor das chamas mais pálidas e seu corpo era notoriamente parecido com a estátua de Hermes, esculpida por Praxíteles, tão belo que homens e mulheres o seguiriam pelas ruas. Agora suas têmporas estavam ficando grisalhas. Seu rosto ganhara muitos sulcos por conta de preocupações, e sua pele exibia vívidas cicatrizes de muitas batalhas, mas apenas na frente, pois ele era um homem que jamais, em toda a sua vida, voltou as costas para um inimigo; ele era bravo — bravo como Háracles, bravo como Aquiles —, e a multidão de gregos que o acompanhava agora era apenas um pouco menor do que a que o havia acompanhado durante os seus anos de grande fama.

Já Ptolomaïs guardava pouca semelhança com a garota de 19 anos que havia sido descrita para Demétrio pelos embaixadores do pai, 13 anos antes. Sua alegria havia praticamente se esgotado durante a interminável espera. Antigamente, louvada por sua serenidade, Ptolomaïs era mais propensa agora a demonstrar mau humor, e havia dias mais agitados em que ela transparecia um pouco da loucura de Eurídice, sua mãe. No entanto, agora começaria sua vida como *esposa.*

Demétrio e Ptolomaïs, de fato, regozijaram-se com apenas trinta dias da vida conjugal. A certa manhã, o marido disse que precisava voltar ao trabalho, a suas intermináveis guerras, por sua urgência absoluta em recuperar, se fosse capaz, o reino da Macedônia, que lhe pertencia por direito, e alimentar a sua insaciável sede pelo derramamento de sangue humano. Assim que ele a deixou, as lágrimas retornaram aos olhos de Ptolomaïs, ela não sabia quando, ou se, esse seu perfeitíssimo marido retornaria. Mas manteve a cabeça erguida. Não roeu as unhas dos dedos, e seu ventre cresceu decididamente com o filho e herdeiro do Sitiador de Cidades.

Nove meses após o casamento — oito meses dos quais ela passou em sua costumeira solidão — Ptolomaïs pariu o filho que seria famoso para todo o sempre com o nome de Demétrio Ho Kalos — Belo Demétrio, o mais belo homem que já viveu. Mas era, infelizmente, destino desse garoto ter o mais desafortunado dos fins, e seu início de vida não foi tampouco bom, já que jamais pôs os olhos no homem que era o seu pai.

O exército de Demétrio Poliorketes contava então com onze mil soldados de infantaria e um número indeterminado de soldados, e era realmente notável que esse homem conseguisse encetar seu ressurgimento do nada, e mais uma vez tomar parte no grande drama dos episódios públicos. Mas, embora se empenhasse, como sempre fez, ao máximo, Demétrio foi pego numa cilada na Kilikia, 12 meses depois, tendo sido forçado a se render ao velho Seleuco, o rei da Síria.

Seleuco, assim disseram, encarcerou Demétrio numa jaula de vime, como se ele fosse uma fera selvagem e, embora lhe permitisse vez por outra sair para caçar, sob forte vigilância, também lhe permitiu beber todo o vinho que queria. Em verdade, Seleuco fornecia a seu prisioneiro tanto vinho e lhe proporcionava tão generosa hospitalidade que em dois anos o Sitiador de Cidades, ainda em sua jaula, e já rugindo, de fato, como um animal, morreu de tanto beber.

Demétrio tinha então 55 anos. Seus restos mortais foram enviados de volta para o filho destruído pela dor Antígonos Gonatas, o Rótula, que lhe rendeu as maiores homenagens, em termos de ritos funerários, já que esse seu pai foi de fato grande entre os grandes e a perda da sua vida foi um golpe terrível para a Macedônia.

Ptolomaïs havia esperado, talvez, tempo demais por esse seu marido, mas agora, tendo se casado com ele, se viu esperando um pouco mais. Nenhuma notícia fora enviada da Khersonesos-Síria sobre seu marido ou seu estado de saúde ou a possibilidade de libertá-lo do cativeiro. Nenhuma notícia sobre Demétrio chegou a Ptolemais, até lhe avisarem que ele havia morrido.

Quando contaram a Ptolomaïs, ela rasgou as roupas, golpeou os seios com seus punhos, besuntou o corpo com a lama negra de Mileto e derramou poeira e cinzas sobre a cabeça; e uivava, em seu lamento, como deve fazer toda esposa grega. No entanto, diferentemente do luto de tantas mulheres gregas (um luto fingido, já que jamais haviam conhecido as Flechas de Eros, o Menino), a dor de Ptolomaïs era genuína, já que seu amor era genuíno e os represados sentimentos de 13 anos de espera por esse homem transbordaram de vez; então ela enfureceu-se, irou-se, berrou, quebrou a mobília, e não sabia o que fazer de si, ou o que deveria fazer, mas pensou que também deveria, então, morrer.

Suas aias a abraçavam, às lágrimas, dizendo: *Não o deixe penetrar fundo demais em sua alma... Não pense demais nele...*

Mas Ptolomaïs não podia senão pensar e pensar sobre esse homem, por quem passara quase a metade da sua vida esperando. Sentiu como se o seu coração tivesse sido arrancado do peito, e as lágrimas não cessaram de correr por quarenta dias, como se agora fosse quebrar o recorde não apenas do mais longo noivado e do mais curto casamento, mas também do maior número de dias de pranto ininterrupto.

As aias, temendo por sua sanidade, lhe diziam: *Vamos encontrar um novo marido para você*, mas Ptolomaïs balançava a cabeça. Não queria nenhum outro homem senão Poliorketes. Jamais houvera outro homem em seus pensamentos e não havia espaço neles para mais ninguém. Não, as maneiras calmas e serenas, a pele quente e rija do Sitiador nunca poderiam ser substituídas.

Decerto, chegavam inúmeros pedidos de casamento para Ptolomaïs, mas ela descartou todos os pretendentes, dizendo que já havia tido o bastante dos caprichos masculinos. Vestiu então o *peplos* negro de uma mulher velha, embora tivesse apenas 35 ou 36 anos.

Em verdade, Ptolomaïs estava mais do que satisfeita com o fantasma de Demétrio Poliorketes, que agora aparecia em seu quarto nas horas mortas da noite.

Nenhuma outra mulher jamais viu essa assombração, mas Ptolomaïs sempre jurou que seu falecido marido tinha o hábito de se sentar na extremidade da cama, com seus cabelos desfeitos, suas roupas manchadas de sangue e rasgadas e seu corpo tão magro que todos os seus ossos transpareciam, exalando um forte cheiro de bebida.

Quando as aias que a serviam escutavam Ptolomaïs falando de seu fantasma, um calafrio percorria suas espinhas, e ofereciam mais e mais preces aos deuses da Hélade, além de pedirem aos médicos para conversarem com ela. No entanto, Ptolomaïs insistia, dizendo que Demétrio gostava de beijá-la, como sempre fizera, enfiando a língua em sua boca, e que ele fazia todas as outras coisas que os homens apreciavam tanto fazer.

O grande peso do corpo de Demétrio pressionando o seu era prova mais do que suficiente de que ela dizia a verdade, e tinha ainda os ferimentos e os hematomas de um púrpura lívido, deixado pelas mordidas dele em seu pescoço. Além do mais, era um fato bem conhecido que qualquer grego que morresse antes de sua hora predeterminada voltaria para assombrar os vivos até que atingisse, pelo menos, a idade em que geralmente os homens morriam.

Ptolomaïs, então, tinha esperanças de usufruir de mais cerca de vinte anos de visitações noturnas desse seu fantasma *Sete mil e trezentas noites*, como dizia e ela ficou satisfeita de constatar que o número de noites em que desfrutaria da companhia do morto era maior do que o número de noites pelas quais tivera de esperar por ele, vivo.

Durante o dia, Ptolomaïs irrompia em estranhos surtos de gritos. À noite, entretanto, os olhos de Ptolomaïs reluziam com um estranho brilho, e ela estava, sim, vivenciando certa felicidade, já que tinha esse seu fantasma só para si e tinha a certeza de que um fantasma era algo que ninguém nem nada no mundo, nem mesmo a Morte, nem o próprio Hades, poderiam lhe arrebatar, e que ela teria Demétrio Poliorketes para si, para todo o sempre.

Ptolomaïs, assim, vivia com amigos de seu falecido marido, em Mileto, e instou Eurídice, a mãe, para empreender a viagem e vir visitá-la e Eurídice fez várias vezes essa viagem, ida e volta, entre o Egito e Jônia, passando com a sua filha temporadas cada vez mais longas, e proporcionava certo alívio à Casa de Ptolomeu, no Egito, que ela fizesse isso.

Ptolomaïs tinha o seu fantasma, que ficava junto a ela, e nada mais a não ser o seu filho, seu único filho, Demétrio Calos. Pelo que se sabe, esse rapaz foi criado em Pella, na corte de Antígonos Caolho, onde recebeu a educação própria de um príncipe da Macedônia. De modo que, assim Thot presume, quando Ptolomaïs terminou por perder de vez e completamente sua sanidade (e como poderia ser diferente?), o garoto foi retirado dos seus cuidados e do seu controle pelos parentes e amigos do pai.

Uma mãe, sem dúvida, tem pouca serventia no mundo grego sem o seu marido. Qualquer que tenha sido o destino de Ptolomaïs depois disso ninguém poderia dizer com certeza. Sim, o mundo estava repleto, naqueles dias, de histórias que não tinham um final; de pessoas que se contavam entre os Desaparecidos. Ptolomaïs, princesa do Egito, que por algum tempo se chamou de *Basilissa*, ou seja, ex-rainha da Macedônia, era uma dessas.

Assim Ptolomaïs seria lembrada apenas como a mãe do mais belo homem do mundo, cuja trajetória *não* seria esquecida. Talvez tivesse verificado que, afinal de contas, fora lembrada, o que era talvez um consolo por ter tido a vida totalmente arruinada.

3.19

Belo Coração

Thot agora pergunta: Não havia, entre todos os casamentos dos filhos de Ptolomeu Soter, um único caso de felicidade, parecida à felicidade dos egípcios? E a resposta é Sim, havia, no que toca ao casamento de Ptolomeu Mikros com Arsinoë Alfa, que era um casamento feliz, muito feliz.

Mikros havia se casado com sua mulher sem jamais tê-la visto, baseado nas descrições dos embaixadores de seu pai e no juramento de sua irmã, mas também em obediência às ordens de seu pai, porque é assim que os gregos procediam em tais assuntos: simplesmente não era o caso de o filho escolher por conta própria uma esposa, assim como não acontecia com qualquer filho grego. Mas tudo corria bem para esse marido e sua esposa. Não importava se faltava a Arsinoë Alfa a inteligência de Arsinoë Beta — que podia administrar guerras, lidar com exércitos de soldados e conhecia a resposta para todo e qualquer problema — fosse assunto externo ou doméstico. Não, Arsinoë Beta estava a estádios de distância, casada com um outro homem e, no que concernia a Ptolomeu Mikros, era como se estivesse morta.

De forma alguma: Mikros não pensava em Arsinoë Beta em nenhum momento do ano, a não ser quando escutava, de tempos em tempos, os relatos de sua esposa sobre o estranho comportamento dela na Trácia. Sua irmã não escrevia cartas para o Egito. Não perturbava minimamente a Ptolomeu Mikros.

Com poucos meses de casamento, a princesa Arsinoë Alfa começou a arredondar seu ventre, onde crescia uma criança, e ocorria-lhe o pensamento de que esse seu filho poderia, algum dia, vir a se tornar o Faraó do Egito já que Ptolomeu Keraunos, ao que tudo indicava, havia perdido a preferência de seu pai, e porque logo percebeu que o rei Ptolomeu conversava com freqüência com Mikros, trocando idéias sobre os livros da Grande Biblioteca e sobre como manter os escorpiões distantes dos rolos de pergaminho, assim como sobre o grande *Mouseion*, e como impedir as pequenas serpentes de se enfiarem entre as roupas de cama dos eruditos, e sobre o Grande Farol e (a despeito do desinteresse de Mikros), sobre o exército, a frota de navios de guerra, ao passo que jamais conversava com Keraunos sobre nenhuma dessas coisas, e raramente entabulava algum diálogo cordial com Keraunos.

Arsinoë Alfa foi se tornando mais e mais pesada. Evitava olhar para qualquer coisa feia, acreditando que onde quer que pusesse os olhos, isso poderia afetar o caráter de sua criança. Não se mostrava hostil quanto às coisas do Egito, e quando o sumo sacerdote de Ptah lhe trouxe um largo colar de múltiplas voltas de contas, com três cabeças de Hórus, Arsinoë teve satisfação em usá-lo.

O nascimento da criança de Arsinoë Alfa ocorreu à maneira egípcia, com a mãe ajoelhada sobre dois grande tijolos numa tenda improvisada, feita de folhagens, instalada no telhado da residência em Mênfis, e era a primeira vez que esse tipo de evento era arranjado de maneira diferente dos costumes gregos, porque essa criança era neta, em linha direta, do Faraó.

Os egípcios diziam que havia três tipos de nascimentos. O normal, chamado *hotep*. O difícil, chamado *bened*. O totalmente extraordinário, com muito sofrimentos e gritos, e perturbado por muitos problemas, que chamavam de *wedef*. O parto de Arsinoë Alfa foi do tipo *wedef*, como se esse príncipe não desejasse ver a luz do dia. Mas a parteira apressou o parto, queimando resina de terebintina junto ao ventre da mãe, e as mulheres massagearam seu abdome com pó de açafrão dissolvido em cerveja, e depois com pó de mármore dissolvido em vinagre, tudo para diminuir suas dores.

A criança de Arsinoë, foi, é claro, um filho, já que seus pais haviam adotado todas as apropriadas medidas para tanto, desde amarrar o testículo esquerdo de Ptolomeu Mikros até a ingestão de grandes doses de excremento de falcão dissolvido em hidromel e Arsinoë tinha a pena do abutre sob seus pés, sempre que se deitava em seu leito.

Esse que era o mais ilustre dos seus filhos seria o primeiro Ptolomeu a nascer desde que Ptolomeu Soter assumira as Coroas do Egito, e talvez tenha sido por essa razão que o velho Anemhor teve grande cuidado em traçar, com suas próprias mãos, o horóscopo desse garoto, uma vez que o dia do seu nascimento deveria determinar inteiramente o seu destino e todos os dias do seu futuro.

O velho Anemhor explicou como essas coisas funcionavam: *Um garoto nascido no Nono dia de Phaophi,* ele disse, *deve viver até a velhice...*

Um garoto nascido no vigésimo-terceiro dia de Phaophi, ele disse, *será devorado pelos crocodilos...*

Um garoto nascido no vigésimo segundo dia de Thot, ele disse, *não sobreviverá...* E por aí em diante.

Mas aconteceu que esse garoto nasceu no mais afortunado dos dias. O velho Anemhor certificou-se disso, contando de trás para frente os dias, e dizendo aos pais em que dias deveriam ou não deveriam ter sua *aphrodisia*.

Chamaram-no, é claro, Ptolomaios — Ptolomeu. Desde esse início, o velho Anemhor fez certas exigências que jamais fizera. Insistiu, por exemplo, para que a placenta e as membranas fetais fossem preservadas, dizendo: *É o irmão gêmeo do recém-nascido, que deve acompanhá-lo por toda a sua vida, como um fantasma.*

Ptolomeu Mikros, o pai, fechou a cara e exclamou: *Repulsivo*!, como faria qualquer grego.

O velho Anemhor pareceu não notar, e prosseguiu: O *Ka é um descendente dos remanescentes do nascimento*.

Mikros pareceu mais contente, pois sabia o que era o Ka, o Duplo que todo homem possuía, o Duplo Espírito.

O destino dos remanescentes desse nascimento, disse Anemhor, *afetará o futuro da criança. Se forem destruídos, seu futuro também será prejudicado. Portanto, devemos preservá-los com o maior cuidado.*

Assim, envolveram esses remanescentes em tecidos e o que veio a acontecer é que essa coisa sanguinolenta seria carregada à frente desse novo Ptolomaios, sobre um pedestal, e o acompanharia a todo lugar que ele fosse pelo resto da sua vida.

Mikros aquiesceu às curiosas exigências do velho Anemhor. Em seu íntimo, pensava: *Que coisa obscena!* E privadamente reclamou para o rei Ptolomeu. *Somos helenos*, ele resmungou, *não egípcios... Certamente não se praticam esse imundos rituais na Hélade.*

O Faraó deu de ombros e sorriu seu meio sorriso. *Somos todos egípcios agora,* ele disse. *Quando estiver no meio de macacos — faça como os macacos*, e exibiu seus dentes num sorriso, como se fosse uma piada.

O costume grego mandava queimar numa pira os remanescentes do nascimento, e observar meticulosamente os estalidos produzidos enquanto queimavam, porque isso habilitaria os pais a preverem o futuro dessa criança. Mas os gregos no Egito não eram mais completamente gregos, a situação deles não era completamente normal, e a partir desse nascimento, os Ptolomeus adotariam muitos procedimentos em obediência aos costumes egípcios.

De tempos em tempos, Mikros expressaria seus temores ao seu pai, pelo que havia feito, contrariando os costumes gregos, e afirmava que sentia medo, muito medo, de ferir a tradição. No entanto, o rei Ptolomeu, como sempre, tranqüilizava Mikros. *Tudo vai correr bem*, ele dizia, *tudo caminha da melhor forma*, e sorria, e punha o seu braço sobre os ombros do jovem, para encorajá-lo.

Assim, a família de Ptolomeu Soter penetrava um pouco mais na escuridão, numa estrada que desconheciam, e não havia caminho de volta. Aos poucos, iam queimando as pontes e só podiam ir em frente.

Esse novo Ptolomeu, que seria chamado de Ptolomeu Euergetes, não sofreu o mesmo destino de seu tio, o Raio, já que sua ama jurou por Zeus e Poseidon que amamentaria esse príncipe do seu próprio puro e descontaminado leite. Ela jurou por Zeus e Posêidon que tomaria os apropriados cuidados consigo mesma e com a criança deixada ao seu encargo. Ela jurou jamais causar-lhe dano por ingerir vinho nem *booza*. Transmitiria o seu bom caráter à criança, juntamente com seu leite, e o amamentaria por seis anos, segundo o costume dos egípcios.

A seguir, quando o trabalho desse *Agathon Gala*, o Bom Leite, estivesse concluído, Ptolomeu seria amamentado pelas deusas do Egito: por Sekmet, a Leoa, por Hathor, a Vaca de Ouro, e por Ísis, a Senhora dos Muitos Nomes. Ele ingeriria não somente o leite das deusas, mas também sua divindade.

Tudo correria muito bem para esse novo Ptolomeu, o filho de Ptolomeu Mikros, neto do Hórus Vivo, Ptolomeu Soter. Os deuses zelariam por ele, e ele seria chamado de o Benfeitor, Aquele que Proporciona Boas Coisas ao Egito.

Ptolomeu Mikros e Arsinoë Alfa realizaram as apropriadas celebrações gregas pelo nascimento de seu filho e o futuro da Casa de Ptolomeu parecia perfeitamente promissor, repleto de bênçãos, como lhes disse o sumo sacerdote.

Isso porque os horoscopistas previram que esse filho viveria 63 anos, quatro meses e três dias. De fato, todos os oráculos que esses gregos consultavam e todos os augúrios prediziam a perfeição e um glorioso futuro.

Mas, Thot, que tudo conhece, sabe que mesmo um casamento perfeito como o de Mikros e Arsinoë Alfa pode estar fadado a terminar prematuramente em tragédia.

Já os egípcios, estes têm melhor sorte.

No décimo quinto ano do reinado de Ptolomeu Soter, o neto do velho Anemhor, Padibastet, também chamado Nesisty, e também Esisout, como Eskedi, seu pai, casou-se em Mênfis, e o nome de sua esposa era Nefersobek, que os gregos, em sua teimosia, chamavam de Nephersouchos, sendo que seu nome significava Belo é o Crocodilo.

Nefersobek era da cidade que os gregos chamavam de Crocodilópolis; isso porque seu pai era o sumo sacerdote de Sobek, o deus crocodilo. E Nefersobek foi criada desde pequena para honrar e cultuar os crocodilos que viviam no Lago Sagrado de sua cidade. Ela havia, com suas próprias mãos, adornado as orelhas e os tornozelos das feras sagradas com braceletes e brincos de ouro, e com freqüência assistia à alimentação dos crocodilos, a quem se dava carne de porco e os mais finos vinhos do Egito, reunindo-se ao culto dessa criatura que encarnava o deus.

A despeito de viver tão próxima à Face do Terror, o caráter de Nefersobek não se tornou agressivo. Seu temperamento não era perverso como o dos crocodilos. De modo algum: ela tinha o mais meigo dos temperamentos. Era a mais linda das mulheres e, no templo de Ptah, em Mênfis, deliciava-se conduzindo os tocadores de sistro, o sagrado chocalho que afugentava todos os maus espíritos, que é a mais importante parte do ritual de Ptah, o da Bela Face.

Nefersobek, em verdade, sorria do alvorecer ao crepúsculo, e seu marido, Padibastet, sorria ao contemplá-la. E o amor de um pelo outro era considerado o mais doce de Mênfis.

Seguiu-se então que no décimo sexto ano do rei Ptolomeu, no terceiro dia do terceiro mês de Peret, o terceiro mês da estação da Emergência, nasceu uma criança que foi chamada de Novo Anemhor, ou Anemhor II, o primogênito de Padibastet I e Nefersobek.

Embora Padibastet fosse, por essa época, um jovem sacerdote de vinte anos de idade, encarregado do posto menos importante de Profeta do Santuário de Ramsés II, no templo de Ptah, estava destinado a ocupar um dia o posto então exercido por seu avô, o velho Anemhor, tornando-se sumo sacerdote.

Thot diz: esse garoto nasceu para se tornar o Grande Chefe do Martelo, e desde o dia de seu nascimento foi criado para ter um lugar entre os Puros, treinado para o seu alto posto, ensinado para amar a todos os deuses do Egito, porém, acima de todos, a Ptah, o Deus Criador.

O avô, o velho Anemhor, que já tinha mais de oitenta anos, traçou o horóscopo dessa criança com suas próprias mãos, de modo a descobrir o número de dias de sua vida sobre a terra, e ficou satisfeito em saber, antes que o dia de sua partida para o ocidente chegasse, que esse seu neto viveria 72 anos, um mês e vinte dias.

A dinastia dos sumos sacerdotes de Ptah de Mênfis estava então assegurada para o futuro, assim como o da Casa de Ptolomeu. De fato, as previsões dos horoscopistas para ambas essas Casas eram que durariam o mesmo tempo e que terminariam *no mesmo dia*.

Mas, por enquanto, que ambas as Casas pudessem ter um fim era impensável.

O jovem Anemhor seria o pai de três filhos. Seria o Senhor dos Segredos do Lugar secreto, com seus dias plenos de paz, sem a perturbação de quaisquer horrores. Esse garoto nascera mais ou menos na mesma época que o novo Ptolomeu, o primogênito de Ptolomeu Mikros e Arsinoë Alfa, que seria o Ptolomeu Euergetes. Conheceriam-se um ao outro desde a infância, o grego e o egípcio, e nunca haveria hostilidade entre ambos, seriam amigos. Seus pais conheceriam uns aos outros e se respeitariam. Juntos, realizariam grandes coisas para Ptah e para o Egito.

O velho Anemhor, se sabia qual seria o número de dias de sua vida (e sabia), e o nome do dia no qual a sua vida na terra terminaria — será que tal conhecimento perturbava o seu coração? Não. Isso porque os egípcios vêem a morte como nada mais do que uma mudança de residência. Ele entende a morte com serenidade não com medo, como acontece com os gregos.

E será que Anemhor se dava ao trabalho de contar os dias que faltavam para a sua partida para o Ocidente? Não. Tudo estava nas mãos dos deuses. A morte em verdade não perturba o povo egípcio: eles se preparam para a morte no inteiro decorrer de suas vidas. Os egípcios sentem alegria ao encarar a morte — Anúbis, Senhor do Outro Mundo, deus da casa da embalsamação, é seu amigo de confiança e o guia na Outra Vida.

O novo Ptolomeu, amarraram-no com bandagens, segundo o costume dos gregos. Ao novo Anemhor, não amarraram, isso porque os egípcios não amarram seus filhos, como se já estivessem mortos, achando que os membros de uma criança devem crescer livremente. E, assim como Eskedi, o avô disse: *Vai haver muito tempo para bandagens depois...*

Ptolomeu Mikros ensinaria ao seu filho que um autêntico grego deve aprender a mentir para viver. Já Padibastet ensinou ao jovem Anemhor que um egípcio sempre diz a verdade, e seu treinamento no conhecimento começou assim que ele se tornou capaz da compreensão, porque seu pai costumava ler para o filho, no Livro da Sabedoria:

Seja pequeno em ira, grande no coração, e então seu coração será belo.

Mesmo antes disso, praticamente as primeiras palavras que esse garoto escutou na vida foram palavras de sabedoria:

Que bem faz alguém se vestir com elegância
Se ele tenta ludibriar deus?

E também:

Faiança disfarçada em ouro,
O dia chegará que se transformará em chumbo.

Padibastet ensinaria ao jovem Anemhor, esse filho que se tornaria o sumo sacerdote de Ptah — se o deu o permitisse —, exatamente como seus ancestrais que haviam sido sumos sacerdotes antes dele as virtudes do autocontrole, da moderação, da gentileza, da generosidade, da justiça e da devoção à verdade. E essas virtudes deveriam ser praticadas em relação a todos os homens, todas as mulheres. Padibastet não ensinou ao seu filho valores marciais. Não, nada disso. Padibastet não presenteou seu filho com uma espada de madeira, já que o seu filho não seria um guerreiro, como Ptolomeu — como os Ptolomeus —, mas um homem cuja vida estaria devotada à paz.

A instrução sacerdotal desse garoto se iniciaria antes que ele completasse cinco anos de idade. Aprenderia sobre todos os deuses. Aprenderia a arte da profecia. Aprenderia as artes da magia e da medicina.

Padibastet era o Mestre dos Segredos. Ele já sabia tudo o que acontecera no passado, tudo o que deveria acontecer no futuro. Sabia ler os pensamentos de um homem, mesmo daquele que não lhe dissesse coisa alguma. Sabia o que um homem faria, mesmo aquele que nem chegasse a abrir boca. Um homem como esse seria o mais poderoso amigo para o rei Ptolomeu, para o seu filho e para o seu neto. E o novo filho seria criado para ser uma cópia perfeita de seu pai, assim como o seu pai era uma cópia do pai dele, de modo que pudesse envergar a pele de leopardo, substituindo Padibastet quando esse se fosse para o Campo dos Juncos, para o ventre do Ocidente.

A família do sumo sacerdote acumulava quatro gerações, agora, desde que Ptolomeu chegara ao Egito: o velho Anemhor, Eskedi, Padibastet e o jovem Anemhor — que adorava sorrir e soltar gargalhadas. Seus membros nunca disparavam palavras de ira uns contra os outros. Sobre o ódio, nada sabiam.

E os gregos? Continuavam dando a seus filhos o nome de *Ptolomaios*, ou seja, Guerreiro. E continuavam discutindo, disputando, lutando. Os gregos eram fiéis aos seus nomes. Mas qual era a verdade? Não seriam os gregos felizes? Acreditavam que os gregos fossem melhores do que os egípcios, que o modo de vida grego fosse muito melhor do que o egípcio. Mas a verdade era que o Egito era mais antigo; a sofisticação dos gregos era, na melhor das hipóteses, recente e, no fundo, eram pouco mais do que selvagens, ainda dando a seus filhos o nome de Ptolomaios —, como se vissem grande virtude em lutar pelo gosto da luta.

Padibastet ensinou ao seu filho a ser bastante diferente: *O homem ideal é um homem de paz.*

No décimo sétimo ano, terceiro mês do verão, décimo segundo dia do Senhor das Duas Terras, Ptolomeu, Senhor dos Diademas, Que-A-Ele-Seja-Concedida-Vida-Eterna-Como-Rá, o rumor de lamentos e de gemidos elevou-se da casa do sumo sacerdote de Ptah, pois aconteceu que Anemhor partiu para os Céus, para descansar na Casa da Embalsamação, sob os encargos de Anúbis, que ele mumifique seu corpo.

Os filhos e netos, a nora e a nora-neta choraram pelo homem idoso, e os gemidos de sua viúva assomaram sobre todos os demais na vizinhança do falecido. Ela esmurrou os seios. Rasgou seu rosto com as unhas. Ninguém jamais esqueceria a dor da esposa de Anemhor, diante da perda do marido que tanto amava.

O corpo de Anemhor foi embalsamado de acordo com a tradição, removendo-se o cérebro através de suas narinas com um gancho. Retiraram as entranhas, realizando a incisão de praxe em sua parede estomacal. Mergulharam o corpo desse homem num banho de natrão, pelos usuais setenta dias e noites. E durante todo esse tempo, os gemidos e o pranto dessa família prosseguiram.

Nesse ínterim, foram feitos três féretros antropóides de cedro, que seriam colocados um dentro do outro, pintados de dourado sobre preto, com as cenas da embalsamação dos mortos, e Anúbis, o deus de cabeça de chacal da embalsamação, e imagens de Thot, que é Três Vezes Grande, e da Pesagem do Coração, que aconteceria na Outra Vida.

Envolveram os restos do velho Anemhor em muitos e muitos cúbitos de faixas de linho, e por sob essas faixas esse grande homem usava as cápsulas de ouro tradicionais, cobrindo as pontas de seus dedos da mão. Usava também cápsulas de ouro sólido cobrindo as pontas dos dedos dos seus pés. Todo o crânio do sacerdote foi folheado a ouro, diretamente sobre a pele, de modo que seu rosto *brilhava* como ouro, como a pele dos deuses. Assim, o velho Anemhor tornou-se um só com o deus Osíris, e foi chamado, segundo o costume, de Osíris Anemhor, e deixado pronto para a sua viagem até o Mundo dos Mortos.

A esposa do velho Anemhor, que também ocupava o alto posto de Esposa de Ptah, viu com o olho de sua mente o seu marido atravessando os salões escuros da Vida Após a Morte. Ela assistiu à pesagem do coração dele contra a Pena de Maat, a Pena da Verdade, e soube assim que seu coração demonstrou ser leve na balança tão leve como a Pena. Em seus sonhos, viu Osíris, o grande deus, sentado em seu trono de ouro maciço, com o grande deus Anúbis a seu lado esquerdo e o grande deus Thot a seu lado direito, segurando o instrumento de escrita feito de junco, pronto para escrever, enquanto Anúbis fazia seu discurso ao visitante. Escutou então Anemhor declarar que não havia feito mal a nenhum homem, que não cometera nenhum crime, que não oprimira os pobres, que não fizera nada que não deveria ter feito durante toda a sua vida. Ela sabia que Anemhor fora um bom homem, determinado a buscar sempre servir a deus. Não, não havia encantamento que o velho Anemhor não pudesse entoar de cor e invocá-los em seu auxílio para preservá-lo dos terrores da Vida Após a Morte. O velho Anemhor nada tinha a temer.

A esposa viu o marido atravessar as chamas, penetrando no Campo dos Juncos, no Campo das Oferendas, no Campo dos Gafanhotos, e nada disso o feriu, mas ele caminhou sem empecilhos, sorrindo. Ela o viu transformado em um único com as Estrelas Imperecíveis, desfrutando de sua vida de bênçãos nos céus, e chorou, porque não tornaria a vê-lo, mas ao mesmo tempo estava feliz por ele.

Para o falecido Velho Anemhor, eles entoaram o encantamento que assegurava que o escriba dispusesse de todo o seu material de escrita no mundo seguinte: sua tigela de água, seus blocos redondos de tinta seca, um vermelho, o outro negro, e seu instrumento de escrita de junco. Isso porque se um escriba dispuser desses objetos, no mundo seguinte, conhecerá todos os segredos mágicos contidos nos escritos de Thot.

Entre os joelhos inertes de Anemhor, não colocaram o papiro que alguns chamam de *O livro da ressurreição para a luz do dia*, e que outros vulgarmente chamam de *O livro dos mortos*, mas sim um rolo de papiro em branco de noventa cúbitos de comprimento, de modo que o velho Anemhor pudesse continuar escrevendo na Vida Após a Morte, e por toda a eternidade, por milhões e milhões de anos.

O velho Anemhor não procedera de modo abertamente hostil aos gregos — especialmente em relação a Ptolomeu Soter —, mas nunca se mostrara totalmente amistoso. Manteve reservas, uma certa cautela sobre o que dizia a esse Faraó que não era um egípcio. Claro, havia cooperação entre ambos, já que o velho Anemhor enxergava muitas qualidades nesse homem, e Ptolomeu sabia muito bem que mesmo ele não tinha o poder de destituir o velho Anemhor de seu posto, mas que todo sumo sacerdote deveria permanecer sendo sumo sacerdote enquanto vivesse, carregando o cetro *kherep* até o dia em que tombasse morto.

O velho Anemhor sentia bastante orgulho de seus ancestrais: de pai para filho, haviam sido todos sumos sacerdotes desde os dias de Hatshepsut, muito antes até mesmo da era dos raméssidas. Havia mostrado a Ptolomeu suas estátuas de madeira no grande templo de Ptah, uma longa fileira delas os Grandes Senhores do Martelo, e todos com o mesmo misterioso sorriso do homem que conhece todos os segredos dos Céus, da Terra e do Mundo dos Mortos. Todos foram Mestres dos Segredos do Lugar Secreto, todos com suas cabeças raspadas totalmente à exceção da mecha lateral dos sumos sacerdotes de Ptah, e todos com a perna esquerda à frente — 48 gerações, cobrindo 960 anos.

E, sim, Ptolomeu se assombrara com toda essa extensão de tempo, perdera a fala. Agora, entretanto, o velho Anemhor se fora, e Ptolomeu precisava encontrar o sacerdote de Ptah capaz de substituir esse grande homem, de grande sabedoria: algum membro da ordem que trabalharia com ele em tudo e que não tivesse a tendência a se opor a ele. Aconteceu que Ptolomeu escolheu como novo sumo sacerdote de Ptah um outro Anemhor, que também atendia pelo nome de Nesisty, e também Esisout, mas, com mais freqüência, pelo de Eskedi, e que era o filho do Anemhor que havia partido, isso porque, embora não fosse um *direito*, por tradição, o filho do morto deveria ser indicado para o posto do seu pai, e Ptolomeu percebeu que Eskedi trabalharia com ele em tudo; que não havia reservas, não havia desconfianças; que Eskedi era o melhor homem para se tornar o Grande Chefe do Martelo.

Assim foi que Eskedi, aos 35 anos, foi conduzido a Sua Majestade, e ele curvou-se sete vezes e se prostrou de corpo inteiro no assoalho, beijando o chão junto aos pés de Sua Majestade, e então se tornou o Primeiro Profeta de Ptah, o Primeiro Servo do deus, e Sua Majestade ergueu-o e pronunciou as palavras que deveriam ser ditas em tal ocasião:

> *Daqui para a frente sois o sumo sacerdote de Ptah...*
> *Os tesouros dele e os celeiros dele estarão sob vosso selo...*
> *Sois o Cabeça desse Templo, todos os servos estarão sob vossa autoridade...*

E Sua Majestade presenteou Eskedi com os dois anéis de ouro e o cetro de electro que era o cetro *kherep* de seu posto, e ele se tornou ao mesmo tempo Chefe da Dupla Casa da Prata e do Ouro, Chefe do Duplo Celeiro, Chefe dos Ofícios, Chefe de Todos os Negócios de Mênfis e Grande Senhor do Martelo.

Mensagens reais foram espalhadas por todo o Egito, deixando saber que a Casa de Ptah fora confiada a Eskedi, filho do velho Anemhor, assim como todos os seus bens e pessoas.

Eskedi louvou Ptah, o da Bela Face, o grande deus, o deus que possuía a capacidade de até mesmo fazer o Tempo voltar atrás.

Thot diz: O temperamento desse egípcio é sereno. É meigo. Ele ama sua esposa, Neferrenpet. E sua esposa o ama também.

Eskedi, ele tem um imenso coração. Sua ira é pequena. Ele é belo de coração.

3.20

A Boca que Despeja Fogo

Assim aconteceu que Eskedi, o filho, passou a auxiliar Ptolomeu, substituindo o velho Anemhor, seu pai, vestindo o manto de pele de leopardo, com suas pintas, característico de seu augusto-posto. Eskedi não presenteava os gregos com crocodilos. De modo algum. Trouxe, sim, o melhor dos gatos de Bubastis. Trouxe os mais ligeiros dos cães de caça, para caçadas nos desertos. Trouxe macacos, dizendo: *Belo é um macaco entre crianças*. E era Eskedi, agora, quem dava a Ptolomeu sábios conselhos. Foi Eskedi quem herdou a tarefa de instruir Keraunos sobre os assuntos egípcios, dos quais Keraunos não queria escutar nem uma palavra sequer.

Desde a coroação do seu pai, Ptolomeu Keraunos fora tido como herdeiro do trono e do reino de Ptolomeu Soter. Para Keraunos, e somente para ele, entre todos os filhos de Ptolomeu, Eskedi revelou alguns dos Segredos do Egito, embora, de fato, ele realmente não quisesse saber de coisa alguma que se referisse ao Egito.

Quando Eskedi explicou a Keraunos o significado de Thot e do Oito de Hermópolis, ou seja, a Companhia das Oito Deidades do Caos, esse jovem teve a ousadia de bocejar.

E quando Eskedi lhe perguntou: *Por que, lhe suplico, não escutais?*, Keraunos replicou: *Sou grego. Os deuses do Egito nada significam para mim.*

Exatamente: Ptolomeus Keraunos rejeitou, de princípio, qualquer coisa que não fosse grega. Não estava interessado em saber nada sobre Anúbis, o cão, que é o Faraó do Mundo dos Mortos, ou sobre Hórus, o Falcão de Ouro, ou sobre Osíris e o absurdo de se voar para os céus e se tornar um único com as Estrelas Imperecíveis, depois da morte. Keraunos era um grego e professava ódio a tudo o que fosse estrangeiro, inclusive a populações estrangeiras.

Dava-se o mesmo, entretanto, com a educação grega de Keraunos, já que ele mostrava pouco interesse também pelos deuses gregos. Não apreciava ler livros gregos, nem, de fato, livro nenhum — nem mesmo Homero; nem mesmo a *Ilíada*, em que abundam guerras e matanças. Não, Keraunos estava apenas interessado em lutar, nas diferentes maneiras de se matar um homem; em armas e treinos com espada. Não lhe interessava ler sobre táticas, nem estratégias. Julgava ter pouca necessidade de geografia, ou de matemática, ou de geometria. Quanto à lira, dizia que a música era para os *kinadoi.*

Keraunos vivia, em verdade, muito ao acaso, bastante semelhante a um bárbaro. Em nada diferente de um bárbaro, nem dos animais, já que não era guiado pela razão.

Um tal homem, refletiu Eskedi, *não será capaz de carregar o fardo de ser o Faraó do Egito.*

Não, Keraunos não se assemelhava nem um pouco à imagem de Hórus Vivo. Parecia cada vez mais a imagem de Seth Vivo, o Inimigo da Luz, a encarnação da desordem.

Ptolomeu Keraunos fora criado, no entanto, para acreditar que, não importando o que fizesse, seria o rei, sucedendo o seu pai, e era esse seu direito como filho legítimo mais velho de Ptolomeu Soter, e era isso o que o fazia prosseguir pensando que poderia fazer o que bem entendesse. Não surpreendeu a ninguém, portanto, que, quando a promessa de torná-lo rei foi posta em dúvida e começou a tomar corpo o pensamento de que Keraunos poderia não ser o homem certo para se tornar rei, o rumor tenha se alastrado com rapidez.

Eskedi dedicava muitos de seus dias a meditar sobre o problema da sucessão e da disputa entre os deuses Hórus e Seth, entre a Luz e a Escuridão, o Bem e o Mal, que parecia se reproduzir nos dois filhos de Ptolomeu Soter, candidatos ao trono. Parecia a Eskedi quase como se esses dois revivessem a antiga disputa; quase como se o mito tivesse servido de modelo para a História — quase, ele pensou, como se alguma criatura de grande poder mágico houvesse feito esse arranjo deliberadamente.

Se Ptolomeu Mikros triunfasse sobre Ptolomeu Keraunos, seu meio-irmão, seria a vitória da razão. Mas se Keraunos se tornasse o Faraó, sem dúvida, o Mal e a Desordem seriam coroados juntamente com ele. Seria o começo do reinado de Seth, o Eterno Criador de Tumultos, prevalecendo sobre o trono de Osíris, algo que não deveria de modo algum acontecer. De fato, ninguém poderia entregar a Keraunos, sequer, o comando de um *trieres*, muito menos de um reino.

Para Eskedi, a escolha entre os dois herdeiros parecia muito simples. Estava claro para ele quem seria o melhor Faraó — quem era o *kalokagathos*, o perfeito cavaleiro dos gregos.

Mas como persuadir Ptolomeu Soter a escolher o filho certo, o mais adequado Faraó para o Egito?

Quando Ptolomeu Soter começou realmente a envelhecer, e até mesmo a pegar no sono durante as audiências em que precisava ouvir petições de seus súditos, embaralhando as palavras nos rituais do templo, encontrando dificuldade em prestar atenção, por um período prolongado, a qualquer coisa que lhe dissessem, seus conselheiros, em particular os conselheiros egípcios, insistiram que ele decidisse quem seria o seu herdeiro.

Qual seria o melhor procedimento a ser tomado? Ele não conseguia se resolver. Assim, perguntou a opinião de outros, e no dia em que deveria decidir, havia três lados envolvidos numa querela de perguntas e respostas sobre o seu herdeiro: Eskedi, sumo sacerdote de Ptah e os demais sumos sacerdotes do Egito; Demétrio de Faleron, conselheiro de Ptolomeu para assuntos gregos, e Berenice, a Grande Esposa real do Faraó.

Defendendo Keraunos, o mais enfático apoio veio de Demétrio de Faleron, que se esforçou para fazer prevalecer o filho de Eurídice ao citar

Aristóteles: *Todo garoto não é às vezes maldoso, às vezes bom?* pois acreditava que os erros cometidos por Keraunos eram nada senão tropeços infantis.

Mas, contra isso, disse Eskedi: *Keraunos não é mais uma criança, mas um homem adulto. Já teve todas as oportunidades de mostrar o seu valor. E ele não é perverso apenas vez por outra, é perverso o tempo todo.*

Sem dúvida, o velho Anemhor preferia Keraunos mas Eskedi, seu filho, tinha Mikros em melhor conta, o qual, mesmo sendo a cria mais nova, o menor da prole, não era um louco como Keraunos.

Eskedi até mesmo murmurou para o Faraó: *Existe o homem cruel que é sereno como o crocodilo na água*, e ele se referia a Keraunos. Disse ainda: *Maior é o clamor do homem sereno do que o do forte.*

E Eskedi até mesmo disse ao pai desse homem: *Ptolomeu Keraunos tem a Boca-que-despeja-fogo. É como um homem que queima por dentro. Faz o que bem entende, assim ele é, e nada faz daquilo que o desagrada. Não tem senso do que é certo nem apropriado. Não tem noção de dever...*

E Ptolomeu Soter assentiu de cabeça, porque tudo o que Eskedi dizia era verdade.

Eskedi prosseguiu: *Quais são as qualidades necessárias a um Faraó? Ele precisa do talento para atrair afeto. Precisa do talento para transmitir energia. Mas Keraunos não atrai afeto. Jamais conquistará o coração de ninguém. O Faraó necessita de carisma. É Grande na Brandura. Keraunos não tem carisma, ele não é brando, mas amargo.*

Em verdade, disse Eskedi, *o Faraó precisa ter o seu lado severo. Precisa aterrorizar qualquer homem que se opõe a sua vontade. O Faraó precisa esmagar cabeças. O temor ao Faraó deve se espalhar por toda a terra, de modo que ninguém se atreva a desafiá-lo. Keraunos é assim, mas ele possui apenas as más qualidades de um Faraó.*

Para Eskedi, Keraunos era o voluntarioso tão desprezado pelos homens sábios do Egito. Era como *puraustes*, a mariposa que se deixa queimar na chama de uma vela, assim ele oprimia o coração desse jovem sumo sacerdote.

Eskedi foi ainda mais incisivo ao dizer: *O homem-de-boca-que-despeja-fogo é como um lobo jovem numa fazenda. Ele bloqueia a luz do sol.* E disse ainda: *O barco dos gananciosos pára na lama, enquanto a barcaça do homem silencioso navega ao vento.*

Ptolomeu refletiu profundamente. Mikros, certamente, havia se acostumado à ociosidade, mas também à vida erudita. Havia alcançado a *arrepsia*, o equilíbrio do espírito. Mas não era um guerreiro, era pacífico. Era sagaz, dotado de muito bom senso, como o seu pai, enquanto Keraunos, em verdade, era justamente o oposto.

Mikros havia sido criado na sombra, porque sua pele clara se queimava com facilidade ao sol. Havia crescido muito mole, diferente de Keraunos, que era um homem enrijecido. Mas Keraunos era enrijecido demais, e um homem assim traria grande dano ao Egito.

Soter impacientava-se com Mikros, que mal tinha escutado sequer uma trombeta do inimigo, muito menos erguera sua espada em batalha mas havia tempo de sobra, pensou ele. Mikros ainda era jovem. Incomodava a Soter que Mikros fosse tão avesso à violência, que tivesse tão pouco do espírito de um guerreiro; no entanto, os egípcios detestavam a guerra. Queriam um Faraó que preferisse a paz.

Ptolomeu pensou nos tratados sobre a realeza que Demétrio de Faleron o obrigara a ler, e disse: *Um bom homem é mais forte do que si mesmo. É capaz de controlar seu apetite para a comida e a bebida, para o sono e para a* aphrodisia. *Entretanto, Keraunos não controla seus desejos. É um homem descontrolado.*

E disse: *Um rei precisa ser um honrado senhor de seus prazeres, não um vergonhoso escravo deles.*

Ptolomeu escutou por longo tempo o que tanto Demétrio de Faleron e Eskedi, o sumo sacerdote, disseram, mas as últimas palavras de Eskedi foram aquelas que se instalaram em sua mente e retornaram à noite, quando ele tentou conciliar o sono: *Não inicie um fogo se não puder extinguir-lhe as chamas; não desencadeie uma seqüência de acontecimentos que você não será capaz de deter.*

E não conseguiu pensar em mais nada, a noite toda, a não ser no fato de que Ptolomeu Keraunos era, por natureza, *maluco* por guerras, um homem do tipo condenado por Aristóteles como subumano.

Quanto às opiniões das esposas de Ptolomeu sobre a sucessão, a de Eurídice — ausente em Mileto, fazendo companhia à filha — não foi ouvida, a não ser por intermédio de Demétrio, mas ela não apoiaria ninguém mais a não ser seu próprio filho, e reservadamente expressava seu horror quanto à possibilidade de Ptolomeu sequer pensar em escolher qualquer outro.

Berenice, é claro, preferia Ptolomeu Mikros, já que era sua mãe, e sabia íntimo o que aconteceria se o rei Ptolomeu morresse e Keraunos o substituísse no trono: sim, Keraunos mandaria assassinar Berenice e seu filho, Mikros, e confessou seus receios a seu marido, que sabia que Mikros faria a mesma coisa com Eurídice, assim como com Keraunos, se se tornasse rei. Ele sabia que, o que quer que acontecesse, um de seus filhos — de sua carne e sangue — estava fadado a morrer.

Quanto aos demais filhos — esses que nem sequer foram cogitados como herdeiros —, morreriam todos, também. Não havia ele próprio criado Keraunos para pensar desse modo — para entender o assassinato de parentes como a única maneira de um rei sobreviver?

O que, então, deveria fazer Soter? Não iria escolher como seu herdeiro o filho da mulher que amava, a rainha Berenice, e banir a louca Eurídice para sempre, juntamente com seu louco filho, Keraunos?

No final, foi uma escolha fácil: entre Ptolomeu Keraunos, com seu mau temperamento e seus cabelos escuros, aquele cujos olhos eram muito próximos um do outro, e a graça e os talentos de Ptolomeu Mikros, um Apolo com o cabelo da cor da manteiga, um jovem que tinha toda semelhança com seu pai. A escolha era, sim, entre a brutalidade e a inteligência, entre o vício e a virtude. De fato, não havia a possibilidade de o Egito ser governado por um homem brutal como Ptolomeu, o Raio.

E como Soter justificaria tal decisão? Certamente, a melhor das razões era que um rei deveria seguir o exemplo dos deuses, e, assim, ele citou Cronos, o último a nascer de Ouranides, e Zeus, o mais jovem dos crônidas, e indicou assim Ptolomeu Mikros, o mais novo de seus filhos legítimos.

O que possui mais realeza, ele disse, *e mais divindade, é o sangue que corre nas veias do último que nasce, numa prole...* Portanto, concluiu: *Mikros deverá nos suceder, Mikros deve ser o co-soberano.*

A luta pela sucessão, para se dizer a verdade, foi travada e ganha no *gyenaikeion*, entre duas mulheres que se enfrentavam pelo título de Mãe do Rei. Tanto Berenice quanto Eurídice tinham tudo a perder, incluindo suas vidas. Se Mikros, filho de Berenice, se tornasse rei, ela seria a Grande Vaca

Real que Habita o Nekher, a Grande Mãe Real, e seus dias de glória prosseguiriam. Mas se o filho de Eurídice, Keraunos, se tornasse rei, seria morta, e era impensável para o Rei Ptolomeu que sua amada Berenice não se tornasse Rainha-Viúva depois que ele descesse para o Hades, ou para onde quer que o Faraó do Egito fosse, na Vida Após a Morte dos egípcios.

Assim foi que, no lugar de seu filho legítimo mais velho, seu herdeiro por direito, Ptolomeu Soter acabou escolhendo seu filho predileto, filho de sua esposa predileta, apesar de esse filho não ter um corpo esbelto, não ser um guerreiro, e não ter, de modo algum, sido educado para se tornar um rei, ou um Faraó, ou um deus vivo.

Muitos dos gregos pensaram que Ptolomeu Soter estaria contrariando o seu bom senso ao fazer isso, porque Ptolomeu Keraunos era belo, popular, másculo, enquanto, em verdade, Ptolomeus Mikros não era nada disso, e o exército de Soter não ficou muito satisfeito de saber quem seria o seu novo comandante supremo. Isso porque era Keraunos a quem eles admiravam, era Keraunos quem saía todas as manhãs conduzindo seu carro, com eles, enquanto Mikros permanecia na cama, dormindo até tarde. Ptolomeu Mikros nunca se exercitou com a falange.

Berenice — o que ela estaria pensando, então? Será que acreditava que governaria por intermédio de seu filho? Talvez. Apesar de todo o seu ouro, jóias e esplendor, ela era dura, uma mulher enrijecida, que apreciava ostentar o abutre — que era repulsivo para qualquer grego — sobre sua cabeça; e que se obrigara a não se deter diante de nada para conseguir tudo o que queria. E agora, havia conseguido: Berenice possuía tudo.

Era chegado, então, o momento do grande triunfo de Berenice, a avassaladora vitória de Berenice e, quando se viu sozinha, nos seus aposentos particulares, naquela noite, Berenice dançou, Berenice gargalhou, Berenice cantou, porque o futuro pertencia a Berenice — todo ele — e sobre essa crucial decisão de Ptolomeu, Eurídice, sua esposa rejeitada, ainda em Mileto, na Jônia, nada sabia.

3.21

Unhas de bronze

Quando Ptolomeu Keraunos viu a si mesmo, em sonhos, tendo *aphrodisia* com um porco, soube que o pior estava para acontecer, já que tal sonho significava que o homem seria privado de suas posses.

Ao mesmo tempo, deu risadas, já que buscar significados no reino dos sonhos era tão absurdo quanto acreditar nos deuses.

Entretanto, na manhã seguinte, o rei Ptolomeu convocou Keraunos e lhe comunicou o que havia decidido sobre sua sucessão. E Soter acrescentou: *Quanto mais cedo você partir, melhor. Apresse-se e vá.*

Keraunos, paralisado, ficou olhando para o seu pai como se não conseguisse acreditar em suas palavras. Tentou, então, chamar Soter de *Patridion*, papai, como se estivesse suplicando a ele, dizendo-lhe, *Sou o mais velho dos seus filhos...* Como se fosse capaz de fazer o Soter mudar de idéia. Mas a decisão de Soter estava tomada, e ele não a mudaria.

Vá para o porto, disse Soter, *o* trieres *está esperando para levá-lo embora...*

Quando percebeu que até mesmo Keraunos estava prestes a chorar, disse: *Não piore as coisas*, e colocou o braço sobre os ombros de Keraunos, fitando-o bem nos olhos, e acrescentou: *Assim que eu morrer... Mikros se tornará seu inimigo.*

Mikros já é meu inimigo, replicou Keraunos.

Quando eu estiver morto, disse Soter, *seu irmão vai com toda certeza tentar matá-lo*. E Keraunos viu as lágrimas nos olhos do seu pai, isso porque Soter não odiava esse seu filho, por mais desencaminhado que ele fosse, mas sim o amava.

Que ele tente, disse Keraunos, e soltou uma risada desesperada, como alguém que sabe que perdeu tudo.

Para onde devo ir?, indagou Keraunos. *Como vou viver fora do Egito?* E seu pai lhe explicou que receberia uma dotação em dinheiro enquanto se mantivesse distante das Duas Terras.

No entanto, Keraunos não desejava deixar Alexandria, e ainda julgava que era ele quem deveria ser o herdeiro de seu pai. Assim, pediu por algumas horas para reunir seus pertences, mas, em vez de fazer isso, galopou pela cidade, naquela tarde, durante a sesta, tentando sublevar seus amigos, e todos os que o apoiavam, até mesmo o exército egípcio, e assim provocar uma revolta, de modo que seu irmão, Mikros, e até mesmo o rei, seu pai, fossem assassinados naquele mesmo dia.

Foi Eskedi, sumo sacerdote de Ptah, que se apressou a levar palavras de urgência ao rei Ptolomeu, sobre aquele seu filho, dizendo: *Agora que ele sabe qual será seu destino, mostra-se com a verdadeira aparência que tem. Ele agita sua cauda como o jovem crocodilo. Ele arma seu bote. Seus lábios podem ser suaves, mas sua língua é amarga. O fogo queima em seu ventre...* E Eskedi instou Ptolomeu a obrigar Keraunos a entrar imediatamente no *trieres*, antes que conseguisse sua vingança contra o irmão mais novo — aquele mesmo Mikros, o qual, em se tratando de uma luta, não teria agilidade para se defender, e que seria, sem dúvida, derrubado, derrotado e morto.

Quando avistou Mikros a distância, Keraunos berrou para ele: *Vou matar você, ainda esta tarde*, e o chamou de *skubalon*, imundo, e coisas piores, e quando se aproximou, foi preciso que seus amigos o detivessem pelo braço, por medo de que, de fato, investisse contra o seu irmão.

O exército de Ptolomeu Soter provou, entretanto, sua lealdade ao rei, e os soldados, com satisfação, levaram esse filho para o pai, amarrado e acorrentado como um prisioneiro de guerra.

Ptolomeu disse novamente a Keraunos que já não havia lugar para ele na cidade, e que o *trieres* o aguardava no porto privado, para levá-lo embora, e que ele seria um tolo, senão até mesmo um homem morto, se tentasse retornar.

A portas fechadas nos aposentos de seu pai, Keraunos deu vazão à sua fúria. O Faraó o escutou, por alguns instantes, mas poucas de suas palavras faziam qualquer sentido e, quando Soter bateu palmas, os guarda-costas carregaram-no embora, com Keraunos debatendo-se e gritando insultos contra o seu pai, mesmo nesse momento.

Do terraço mais alto de seu palácio, Ptolomeu assistiu ao grande navio levantar âncoras, e seus duzentos remadores erguerem e abaixarem os remos, ao mesmo tempo, como asas de um gigantesco abutre, e ficou observando até que a vela fosse mais nada senão um ponto negro no horizonte. Somente então uma lágrima escorreu dos olhos desse rei, lamentando-se por esse filho que o desapontara em todos os aspectos; o filho que, sem dúvida, ainda causaria muitos problemas, mas a quem ele não teve coragem de mandar executar, já que não havia cometido crime algum, a não ser a *aphrodisia* com sua irmã.

Também no *trieres* estavam Melagros e Argaios, os outros filhos de Eurídice, que seguiam com seu irmão para a Trácia, buscando seu destino. Isso porque estava claro que nenhum dos filhos de Ptolomeu com aquela mulher estava em segurança, já que colocava em risco a estabilidade de Mikros.

Ptolomeu enxugou a lágrima, aborrecido, e retornou para os negócios do Egito: petições, decretos, *prostagmata*, o suprimento de milho, as perspectivas da interminável guerra com a Síria e a Casa de Seleuco, e afastou a lembrança de Ptolomeu Keraunos do seu coração, assim como o escriba apaga um erro do seu papiro. Para os filhos que permaneceram em Alexandria, disse: *Deveis encarar Ptolomeu Keraunos como se não o conhecessem*, e ninguém falou no nome do Raio, naquela residência, outra vez.

Keraunos nunca bebera da água do Nilo, já que via os nativos despejando seus dejetos no rio. Não, Keraunos nunca bebeu nada senão vinho não diluído, no Egito, e jamais retornaria. Keraunos perdeu seus privilégios, e com ele caiu em desgraça seu grande aliado, Demétrio de Faleron, que havia defendido Keraunos tão ardorosamente que, em relação a ele, nada poderia ser como antes. O que aconteceu com este que era o mais sábio dos homens ninguém pode afirmar, exceto que há uma história, que circulou na época, segundo a qual ele teria viajado rio acima, encarregado de alguma missão, ou pensando, talvez, em escapar em segurança através do deserto de Coptos, ou pelo Mar Vermelho, e dali chegar à Índia, mas que teria pegado no sono debaixo de uma palmeira, na hora mais quente do dia, e então fora picado por uma serpente.

De fato, essa desafortunada morte de Demétrio de Faleron foi imortalizada num poema por um de seus colegas eruditos do *Mouseion*:

Uma ÁSPIDE com muito veneno
Que não deveria ser incomodada,
Faiscando não a luz
Mas a negra morte
De seus olhos
Matou o sábio Demétrio.

Talvez não seja um poema muito bom, mas foi tudo o que restou dele, fora suas grandes idéias. E é o quanto coube à sabedoria, não mais, ao conselho sábio, à inteligência das palavras, já que nada disso salvou o famoso Demétrio de Faleron de ser lançado no Hades, como todos os demais, e bem mais cedo do que ele pretendia.

Logo que Ptolomeu conseguiu se livrar de seu filho Keraunos, e Demétrio de Faleron tão convenientemente partiu rio acima, quem deveria aparecer de novo em Alexandria, senão Eurídice, que instalou residência outra vez no palácio do homem com quem era legalmente casada, conforme seu direito.

O que vai ser de Eurídice?, Berenice perguntou ao Faraó.

Talvez ela aprecie voltar para Mileto, e ficar lá para sempre, ele respondeu. *Eurídice pode fazer o que bem entender. Ela não é uma prisioneira, aqui*, ele disse, e abriu os braços, e soou quase como se não lhe importasse o que sua esposa faria, já que tinha assuntos mais importantes com que se preocupar.

Mas, consigo mesma, Berenice calculava que essa sua sobrinha provavelmente tramaria algo por suas costas, tentando levantar apoios para que o seu filho recuperasse o trono. E, certamente, sabia que Eurídice era bem capaz de arranjar para que Mikros fosse apunhalado, ou envenenado, e também a própria Berenice, se isso pudesse possibilitar a Keraunos se tornar rei, no final. Em verdade, Eurídice era conhecida como uma pessoa perigosa para ficar perambulando pelo palácio, e tão preocupada ficou Berenice sobre o que essa sua sobrinha poderia fazer, que deu ordens para que fosse mantida sob vigilância o tempo inteiro, exigindo um relatório diário sobre com quem Eurídice conversara.

A despeito dos guardas plantados do lado de fora de seus aposentos, Berenice passou a trancar sua porta tanto de dia como à noite, para impedir que Eurídice e seus agentes pudessem entrar sem serem notados. Esta situação não podia se estender por muito tempo.

Quando Keraunos foi mandado embora, Demétrio de Faleron deixara para Eurídice, a ser entregue quando ela retornasse de Mileto, uma mensagem de advertência, para ficar alerta para punhais, venenos, infelizes acidentes em escadarias; como resultado, Eurídice, em sua volta ao Egito, ficou tão temerosa de ser assassinada que ordenava a sua aia de maior confiança que provasse tudo o que ela comia.

Nesse meio tempo, o que Eurídice fazia, de fato? Em seu banheiro, enfiou cravos de bronze numa imagem de seu sobrinho, o príncipe Ptolomeu Mikros, feita de restos de sabão e vela de cera: um em cada olho, um em cada ouvido, um em cada narina e mais um entre as pernas — e cravos, efetivamente por todo o corpo de Mikros. Pôs para flutuar a imagem de Mikros em sua banheira, e a manteve sob a água, para depois escondê-la por detrás de uma laje solta no assoalho do seu banheiro.

Ao saber que Mikros pegara uma gripe, pressentiu seu êxito, mas na verdade só conseguiu fazê-lo espirrar, e um espirro, como todo grego sabe, nada mais é do que um sinal de Boa Sorte, um sinal de Zeus, e Mikros não obsequiou Eurídice partindo desta vida.

Eurídice chegou mesmo a abandonar a magia grega pela magia egípcia, aprendida apenas sumariamente com suas aias. Ela esfregou incenso nas mãos. Enxaguou a boca com natrão. Balbuciou as sagradas palavras de Rá numa língua que não compreendia, para forçar o deus a lhe conceder o que ela queria: a morte de Ptolomeu Mikros e a indicação de seu filho, Ptolomeu Keraunos, como herdeiro do Egito, em seu lugar. Mas, a despeito de Eurídice se banhar sete vezes ao dia por três dias seguidos, e de pintar a imagem de Maat em sua língua com tinta verde, sua magia não surtiu efeito, já que as palavras que pronunciara não faziam sentido. A magia, para Eurídice, havia parado de funcionar tempos atrás.

Mikros ficou de fato surpreso por ser nomeado herdeiro de seu pai, já que não havia sido criado para se ver como o futuro rei do Egito. No entanto, intimamente, Mikros sorriu. Achava que Keraunos recebeu o que merecia: nada. Considerava Keraunos um idiota nato, irremediável, um tolo completo, incapaz de controlar o seu próprio *rhombos*.

Mikros, decreto, não tivera instrução suplementar em economia e matemática, muito menos as lições de estratégia e tática que seu irmão recebera. De modo algum. Fora sempre Keraunos que usufruíra do *kudos*, todo sinal de predileção, enquanto Mikros fora sempre deixado por sua própria conta e em menor importância, um garoto cujo futuro poderia ser governar Chipre, ou Epistates, na Líbia, mas não se tornar um rei, muito menos um deus vivo.

Mas um dia após Keraunos ser mandado embora para sempre, Ptolomeu Mikros já compartilhava do trono de seu pai, o Faraó. E isso não era novidade, mas uma prática comum entre os Faraós de antigamente, pois assegurava que, quando o rei morresse, não haveria dúvida sobre quem o sucederia, assim, o banho de sangue, que era sempre uma possibilidade, mesmo no Egito, quando da ascensão de um novo rei, não ocorreria. Tudo, então, estaria bem. O rei Ptolomeu poderia desfrutar de sua velhice sem preocupações, Ptolomeu Mikros se preocuparia em seu lugar.

Não muito depois desses episódios, Ptolomeu Soter embarcou pela última vez em seu octoforos, para uma obrigação ritual, que seria ungir com o dedo mindinho de sua mão direita a estátua cravejada de jóias de Ptah, com incenso, e, quando retornou à residência, lhe foi informado que os aposentos de Eurídice no *gynaikeion* estavam vazios e desertos. Tão espantado ficou, que galgou as escadarias para verificar com os próprios olhos se o que lhe diziam era verdade. E, sim, encontrou todos os aposentos vazios, totalmente despojados dos objetos de ouro e já não se ouvia ali o alarido das mulheres, nem as batidas do tear, mas apenas o *plapt plapt plapt* dos pés descalços dos anões, fugindo dele, descendo os corredores, e a risada aguda dos anões, então, à distância, e depois o silêncio.

Ptolomeu pisou, é claro, no *skubalon*, o excremento, que foi deixado sobre o mosaico do assoalho, como se para lhe dizer o que ela pensava de sua realeza, de sua falta de sinceridade, de seu casamento real; e então proferiu maldições, mas sabia que ao expulsar o Raio e permitir que sua mãe partisse estava apenas fazendo o que era melhor.

Alguns relataram que Eurídice fugira de navio para Biblos, na Fenícia; outros, que se juntara a uma caravana de camelos a qual seguira pela estrada de Hórus, passando por Gaza, Tiros e Sidon, e pegando a rota mais comprida para Mileto, já que em verdade ela tinha medo de viajar por mar; ou que, sem nenhuma escolta, tinha retornado a Mileto, indo diretamente para lá, arriscando-se a atrair a atenção de piratas.

Seja como for, todas as histórias concordam que Eurídice retornou a Mileto e lá viveu até que veio o dia em que teve de baixar para o Hades.

Ptolomeu Soter pensava apenas em sua bela Berenice, sua rainha, a Senhora da Felicidade, Ela Cuja Voz Delicia aos Reis Escutar, a Afortunada Berenice, e o que teria sido dela se ele permitisse que Keraunos continuasse como seu sucessor. Sim, ele bem podia prever que Keraunos *assassinaria* sua madrasta, no momento em que ele deixasse de respirar. E Berenice não merecia, acreditava Ptolomeu, um destino tão cruel.

Sim, é fato, o mais forte de todos os motivos por que ele escolhera Ptolomeu Mikros era que se tratava do filho de Berenice, a do Rosto Belo, sua Grande Esposa Real, sua bem-amada — a única que ele amava.

Eurídice, uma mulher ainda em seus 48 anos, e que não tinha perdido seus encantos, poderia muito bem ter se casado novamente, em Mileto, já que existiam muitos homens, por lá, que a abordaram com generosas ofertas. Não faltava riqueza a Eurídice, em seu próprio nome, como filha do velho Antipatros, sátrapa da Macedônia. Entretanto, seus pretendentes não eram príncipes — nem ao menos soberanos de reinos menores — e ela recusou a todos.

Se as minhas tetas, ela declarou, *ainda pudessem amamentar, então talvez eu ainda subisse a um novo leito nupcial sem tremer... mas a idade deixou mil rugas em minha pele... Eros não tem por que ter pressa de voar em minha direção com sua dádiva de sofrimento.*

O primeiro marido de Eurídice já havia dado suficientes mostras de sua ingratidão. Ela verdadeiramente não tinha a intenção de arcar com novos fardos.

Eurídice depositava sua esperança nas garotas pobres de Mileto, e lhes concedia um dote para que pudessem se tornar esposas, em vez de prostitutas, e para que tivessem a sua independência. As esperanças da própria Eurídice haviam resultado em nada. *Talvez*, ela disse, *o casamento de alguma outra mulher possa ter êxito onde o meu fracassou.*

Na Trácia, o rei Lisímaco deu as boas-vindas a Keraunos, o meio-irmão de sua esposa, sobre cuja duvidosa reputação ele não sabia coisa alguma. Mas

Arsinoë Beta recusou-se a se encontrar com o Raio. Alegou dores de estômago e simulou estar confinada à cama no *gynaikeion,* um lugar no qual Keraunos não poderia pôr os pés. Mas a verdade era que ela não queria ver o rosto dele.

Lisímaco acabou escutando a história de Keraunos, que lhe disse que seu pai, da maneira mais injusta, o havia banido do reino que era seu por direito.

Lisímaco ficou gostando de Keraunos e transmitiu a ele o recado de Arsinoë Beta.

Conte essa história a minha irmã, pediu Keraunos. *Peça a minha irmã soldados e dinheiro. Implore a ela que tome meu partido.*

Arsinoë Beta, então, deu ao seu irmão mercenários e muitos talentos de ouro para fazê-lo ir embora. Comunicavam-se apenas por mensagens escritas, mas por fim Keraunos cansou-se, como sempre, de esperar e seguiu seu caminho.

E o que fez Arsinoë Beta, essa que era a mais poderosa, a mais rica das mulheres, cujo marido fazia tudo o que ela lhe pedia? Ela deu ao seu irmão tudo o que ele lhe pediu: mais e mais dinheiro, mais e mais soldados, pois acreditava que seu irmão mais velho merecia ser o Faraó do Egito.

Foi então que um pensamento atravessou a mente de Ptolomeu Keraunos, e foi que se ele se *casasse* com sua irmã, essa Arsinoë Beta, poderia com a ajuda dela assassinar Lisímaco e se tornar o rei da Trácia; poderia, com a ajuda dela, até mesmo depor o seu meio-irmão, no Egito, assim que Ptolomeu Soter morresse, e se tornar então rei do Egito porque, como ele mesmo disse, o velho não viveria por muito tempo.

Alguns dias depois, tendo se fartado da Trácia e de peixes, Ptolomeu Keraunos apareceu na entrada da casa de sua mãe, em Mileto, em armas e sorrindo. Eurídice demorou demais a avaliar a prudência de deixá-lo atravessar a porta, porque em verdade ela tinha medo dele e do seu temperamento violento, e porque ter convivido com esse homem fora como viver com uma tempestade de relâmpagos debaixo do mesmo teto.

Mas Keraunos não exibiu sua violência para a mãe, nem para sua irmã viúva, Ptolomaïs, e sim ofereceu a sua proteção e guardas para a casa já que essas mulheres eram a esposa e a filha de um rei e como ele havia agora organizado o seu próprio exército de mercenários, pago pela fortuna de Arsinoë Beta, sua irmã, e como havia assumido seu comando, sua posição de direito, conduziu a mãe até a porta da rua, para lhe mostrar suas tropas de milhares de soldados perfilados em silêncio, do lado de fora, todos ostentando seu emblema púrpura, e quando Keraunos ergueu seu braço, todos gritaram o seu nome e emitiram o grito de batalha e se espalharam, cobrindo toda a distância que Eurídice era capaz de enxergar, e todos os homens estavam munidos de espadas e escudos para a campanha que faria de Keraunos o rei do Egito.

Agora, seu pai e toda a Casa dos Ptolomeus veriam do que Ptolomeu Keraunos, o Raio, era capaz; agora, veriam as grandes vitórias que poderia conquistar; agora, seu pai veria o herdeiro que havia rejeitado.

Eurídice perdeu o fôlego ao ver o exército de Keraunos, e ele lhe jurou, então, que faria de si próprio o rei, mesmo que isso significasse que, no enfrentamento entre os dois, tivesse de matar seu pai; mas quando fizesse isso, ela, Eurídice, seria a mãe do Faraó, a Grande Mãe Real, e a seguir soltou a risada da hiena, tão típica dele; e Eurídice a seguir fez algo que jamais fizera até então — ela o abraçou e cobriu seu pescoço de beijos.

3.22

O Farol

No Egito, haveria paz, por algum tempo, até, talvez, Ptolomeu Keraunos conseguir a façanha de atravessar o Grande Mar e encetar o ataque contra a sua terra natal. Mas, por enquanto, os soldados estavam ociosos, e as obras que prosseguiam na ilha de Faros receberam a ajuda de soldados da infantaria, que não tinham outra utilidade, trabalhando então em Faros, com o propósito de terminar esse formidável monumento antes que Ptolomeu Soter fosse para o seu túmulo sem acender pessoalmente a extremidade do grande farol, e visse a conclusão daquilo que iniciara.

O Grande Farol já projetava sua comprida sombra, e essa sombra crescia cada vez mais, e Ptolomeu costumava ficar parado na Janela das Aparições, da qual distribuía, vez por outra, o Ouro do Mérito, ou, no Ano-Novo, presentes para os seus ministros de Estado, cortesãos, seus principais aliados, seus aliados secundários — e observava o farol, como costumava dizer, *crescendo*.

Havia vezes em que mandava embora a fila de pessoas com petições, algumas das quais estavam paradas em suas enormes escadarias fazia meses, uma fila interminável, que não parecia diminuir nunca, e dizendo apenas a palavra que nenhum grego deve dizer jamais: *Amanhã*. A razão disso era o seu desejo de ir até Faros, apressar os trabalhadores verificar o andamento das obras e contemplar de novo a vista da ilustre e mais ilustre das cidades, Alexandria, e se um homem poderia, ou não, enxergar até mesmo as Grandes Pirâmides de Mênfis do topo do Farol.

Ptolomeu galgava as escadarias internas pelas quais, dia e noite, uma procissão de mulas passaria carregando o combustível que alimentaria a grande chama, e pela qual, no momento, uma procissão de mulas passava carregando blocos de pedra, e andaimes, e todo o material necessário para o término do terceiro e mais alto andar.

O Farol estava praticamente terminado. Nas oficinas de metal da cidade, já existiam protótipos da Grande Estátua de Posêidon, que seria posicionada no topo, e as grandes letras de chumbo que formavam o nome de SOSTRATOS DE KNIDOS, sem o qual o Farol não existiria, e que seria, no tempo devido, afixada na lateral do segundo andar, ou andar octogonal, com a promessa de que as letras deveriam ficar de frente para a terra, e não para o mar, contanto que Sostratos entregasse o restante dos oitocentos talentos, que foi o custo da construção do Farol.

Ptolomeu não se cansava de olhar, e tudo o que via lhe agradava. Apenas tinha a esperança, e para tanto dirigia as suas preces, de que os deuses não o levassem antes do dia glorioso em que Alexandria cessaria de viver na escuridão, já que lhe haviam assegurado que a visão de Alexandria *iluminada à noite* seria a mais estonteante que o mundo já teria visto.

Alexandria estava preparada para ser a maior, a mais famosa, a mais afortunada das cidades de todos os tempos. Atenas não seria nada comparada a ela, Pergamon seria pouco mais do que um vilarejo. A tão gabada Seleukeia-in-Pieria — bem, fora feita de tijolos de argila, pouco superior às cidades dos egípcios.

3.23

A Noiva de Hades

Durante todos esses anos, atravessando a crise da sucessão do trono e os problemas com Ptolomeu, o Raio, a filha mais nova de Ptolomeu Soter, Filotera, permaneceu no Egito, solteira.

Toda vez que uma de suas irmãs ou meia-irmãs se casava, era tarefa obrigatória de Filotera, como a mais nova, arrumar o leito nupcial, um costume grego que agregava santidade ao casamento. Mas já que nenhuma de suas irmãs se casara em casa, Filotera nunca havia precisado executar essa sua obrigação. Em verdade, essa garota nunca estivera presente na cerimônia de casamento de ninguém, exceto de Mikros com Arsinoë Alfa, e assim parecia-lhe algumas vezes que o casamento era algo proibido.

Quanto ao seu próprio casamento, era coisa com que Filotera nunca sonhara e, quando perguntada, respondeu que seu único desejo era se tornar uma sacerdotisa virgem de Artêmis.

Tudo aconteceu, é claro, como designado pelas Parcas, em seu nascimento, e era destino de Filotera não conhecer nenhum homem, nem mesmo o seu irmão, Ptolomeu Keraunos, e nunca deveria vivenciar um parto.

Filotera havia escutado por todo o palácio os gritos das mulheres que davam à luz suas crianças. Haviam-lhe contado a que uma mulher tinha de se submeter para se tornar mãe, e ela não desejava sofrer tais tormentos.

De tempos em tempos, suas irmãs escreviam cartas para ela da Trácia, de Siracusa e de Chipre, dizendo-lhe coisas como *Não se case. Nunca. O casamento é aterrorizante. É loucura.* Assim, Filotera firmou sua repulsa em relação à idéia de matrimônio.

Quando Ptolomeu, seu pai, a alertou de que uma mulher que se recusava a se casar estaria condenada a carregar vasos com rachaduras, no Mundo dos Mortos, Filotera lhe respondeu que não se importava com isso. Disse que preferiria carregar água, desse modo, já que não gostava de homens e não tinha vontade de dar à luz crianças.

E quando o rei Ptolomeu lhe disse: *É o maior dos infortúnios, morrer sem jamais ter casado*, ela elevou a voz para proferir sua última palavra sobre o assunto:

Prefiro ser colocada três vezes na falange de seu exército, durante batalhas, a dar à luz uma única vez.

Ptolomeu ameaçou chicoteá-la, por desobedecê-lo, mas ela replicou que um mês de chicotadas não a fariam mudar de idéia, e assim Ptolomeu desistiu de convencê-la.

Sem experiência de vida, e insensível, assim parecia, aos assaltos de Eros, o menino, Filotera nunca seria a jovem esposa amadurecida para o casamento com homem algum neste mundo.

Mas Filotera, sempre na condição de anerastia, ignorante do amor, e sem ser amada também, era mais feliz do que suas outras irmãs, e talvez mais feliz do que qualquer outro membro da sua família.

Como Esposa do Deus Ptah, um posto que era atribuído, com freqüência, à filha do Faraó, e como uma sacerdotisa de Ptah, ela estaria de fato impedida de se casar, obrigada a permanecer virgem, e adotaria a filha do próximo rei como sua herdeira ao posto.

E, sim, era pensamento de Eskedi, sumo sacerdote de Ptah, que permitir a essa garota grega tal indicação seria muito bom para as relações entre os gregos e os egípcios, e aproximaria ainda mais ambas as nações.

A princesa Filotera passaria o resto dos seus dias indo do Templo do deus egípcio ao templo da deusa grega, como sacerdotisa de ambos. Dedicaria a sua vida a chocalhar o sistro para os deuses do Egito, de modo a afugentar maus espíritos. Ela vestiria e pele com pintas do leopardo, característica de uma sacerdotisa do Egito.

Filotera não seria a noiva de nenhum homem vivente. Estava fadada a ser noiva apenas de Hades, no Mundo Subterrâneo, mas ela não levava uma vida vazia. De modo algum. Filotera sorria mais do que qualquer outro membro da sua Casa.

Sobre a sua irmã, Theoxena, fora dito que, depois de seu retorno da Sicília e a morte de seu amado Tirano, nunca mais sorriu. Theoxena começou a andar durante o sono, vagando pelos corredores labirínticos da residência, noite após noite, até que sua família, temendo que ela despencasse do parapeito do terraço e encontrasse a morte no pavimento do Grande Porto, centenas de cúbitos abaixo, começou a amarrar seus membros à cama, logo que o sol se punha.

Depois, Theoxena não parecia nem sequer saber onde se encontrava, mas balbuciava, durante o dia, alguma coisa qualquer sobre Siracusa, e quando começou a sair da residência, durante a sesta, e foi encontrada, certa vez, já a meio caminho da descida da Via Canopus, em estado de completa confusão — e se relatou que havia exibido sua *bolba* de modo indecente no ágora —, começaram a amarrar Theoxena também durante o dia.

Certamente, cuidavam de Theoxena o melhor que podiam, e Filotera lhe trazia comida, quando não estava ocupada nos templos, mas realmente não havia mistério no que Theoxena se tornara: ela enlouqueceu, pois era, afinal de contas, filha da sua mãe, e assim viveu o resto de sua existência encerrada em algum aposento oculto e remoto.

Evidentemente, a prisão da louca Theoxena ficava numa parte retirada da residência, de modo que os visitantes não escutassem seus uivos e jamais descobrissem o mais triste segredo da Casa de Ptolomeu. Theoxena teve tudo que poderia ter desejado, e suas tapeçarias deleitavam as mulheres pobres de Alexandria, para as quais eram distribuídas, porque não se podia mais confiar à ex-tirana uma agulha, e ela precisava costurar com seus dedos e dentes.

Os dois filhos de Theoxena eram netos do rei Ptolomeu e não poderiam senão receber a melhor educação grega. Na idade de 11 anos, o garoto mais velho, Arkhagathos, foi admitido no *gymnasia* da mais ilustre das cidades, começando então a desenvolver rijos músculos e habilidade no manejo de armas típicas de um guerreiro grego. Teve a apropriada instrução em tática e estratégia, geometria e matemática. Exercitava-se com a falange e saía a cavalo com as tropas, quando chegou o momento propício. Era um garoto que, se tudo corresse bem para ele, poderia ter lutado nos exércitos do Egito, ao lado de seus primos da Casa dos Ptolomeus; ou então ter desempenhado o papel de *strategos* nas vitórias sobre os inimigos das Duas Terras.

Com 18 anos, Arkhagathos foi iniciado como um *ephebos* e prestou o juramento de lealdade ao seu rei Ptolomeu. Por toda a sua trajetória, seus progressos eram supervisionados e aprovados pelo próprio Ptolomeu, que admirava esse filho de Theoxena — e pelos oficiais gregos da corte.

No entanto, todos esses que observavam Arkhagathos não se preocupavam senão com uma coisa: o sangue da poderosa Berenice não corria nas veias desse jovem; ele era o neto de desafeta Eurídice, filho da louca Theoxena; e a sua linhagem era a mesma de Agathokles de Siracusa, de moral tão duvidosa; e nem tudo correria bem tanto para esse garoto quanto para o seu irmão, porque seus dias estavam contados, assim como os de Theoxena.

A única coisa certa era que aos filhos da princesa Theoxena não seria permitido viver por muito tempo, já que, quanto mais envelhecia Ptolomeu, mas perigosa se tornava a existência desses seus netos, cujos nomes estavam quase no topo da lista de Relações Conturbadas.

Mikros também observava Arklagathos e Agartharkhos, é óbvio, porque seria Mikros quem bem poderia encontrar alguma utilidade para eles, de modo que não ameaçassem sua posição, ou riscá-los definitivamente da Lista das Conturbações, os dois juntos.

3.24

Carne de Rouxinol

Ptolomeu, o velho Ptolomeu, envelhecia cada vez mais. Havia nomeado seu herdeiro e, depois disso, o fato é que Mikros pensou que seu pai faria o que qualquer homem que tivesse feito tudo o que poderia fazer no mundo — e bem além disso — faria, ou seja, simplesmente morrer para que ele, Mikros, se tornasse o novo Faraó. Mas Ptolomeu Soter não morria, e continuava a viver como se fosse viver para sempre.

Os gregos, em sua maioria, acham que se um homem dura até os seus setenta anos já fez muito, mais do que muito. Viver além dos setenta anos significaria atrair espanto, como se tivesse sido esquecido pelos deuses e sido abençoado com a imortalidade — e Ptolomeu agora estava com mais de oitenta.

Ptolomeu Soter — suas pernas agora se ressentiam do seu peso, haviam ficado lentas, e mais lentas ainda ficariam. Seu lábio inferior tremia, e sua mão igualmente trêmula espalhava a comida ao tentar alcançar a boca. Esse homem idoso estava ressecado, tostado pelo sol do Egito, seu rosto parecia uma casca de noz.

Reunido com o *Dioiketes*, seu Primeiro Ministro, debatendo-se com problemas em relação à paz, aos gregos, aos egípcios, aos sacerdotes, Ptolomeu agora caía num sono profundo, durante o dia, roncando mesmo sentado em seu trono de ouro, e isso vinha acontecendo com tanta freqüência que o *Dioketes* foi conversar com Eskedi, e os dois combinaram fazer o que pudessem para aliviar o homem idoso do fardo de seu posto, começando então a transferir o peso para Mikros.

Velhice, dizia Ptolomeu, sua voz falhando, *é como palha, não vale coisa nenhuma!* Então, ele ria um pouco, mas percebiam que ele já estava prestes a morrer, e tomavam todas as providências de que foram capazes. Só que Ptolomeu continuava a viver.

Mês a mês, Mikros tomava mais e maior controle dos negócios de governo. Seu pai fazia o trabalho que lhe era possível, tarefas que ele mesmo escolhia. E Mikros tinha o cuidado de não dar nenhuma espécie de ordem direta ao seu venerado pai. Ptolomeu, como sempre, expressava suas opiniões sobre os negócios egípcios, mas, agora, assim como as opiniões das mulheres e das crianças, tudo o que dizia era, dissimuladamente, ignorado.

Já Mikros dava muitas ordens, e tomava muitas providências, sobre as quais nenhuma palavra era dita a seu pai, com esse seu filho já fazendo o que bem entendia, mesmo antes de se tornar o único soberano.

O velho Ptolomeu passava acordado, agora, a maior parte da noite, pensando no passado, tentando esquecer, tentando não lembrar, e os médicos lhe serviam de alimento carne de rouxinol, para ajudá-lo a dormir.

Ela ia mastigando cestas e cestas de rouxinóis, e dormia, ou pelo menos tentava dormir, com a cabeça sobre um travesseiro de penas de rouxinol, embora reclamasse que aquilo era inútil. Posteriormente, acabou por desistir de tentar dormir, e se sentava sob a luz tênue de candeeiro de óleo *kiki*, registrando sobre um papiro, com sua própria mão, algo de sua história. Mesmo assim, nunca ultrapassou a travessia do Helesponto, no início da campanha da Ásia, mas ficava sentado, pensando, mastigando o instrumento de junco próprio para escrever.

Havia noites em que sonhava com uma águia pousada sobre a sua cabeça, as garras da ave escavando seu crânio, e o sonho o perturbava tanto que terminava por acordar.

Preocupado sobre o que poderia significar um sonho tão estranho, consultava, como de hábito, o oniroscopista, o intérprete grego dos sonhos, que sabia que sonhar com a águia significava a morte daquele que sonhava. Mas não se atrevia a contar tal coisa ao Faraó. Não, disse-lhe que a águia significava vida, prosperidade, saúde, e Ptolomeu ficava aliviado, e dormia um pouco melhor, apesar de continuar sonhando com águias.

Como sempre, ele estava cercado por sua multidão de mulheres, mulheres mais jovens do que Berenice, sua esposa, que exercitavam seu *rhombos* a cada três dias, às tardes, mesmo nos seus 82 anos de idade.

No entanto, Ptolomeu dizia a si mesmo *Do que vale ser um Faraó, se ele não pode satisfazer todos os seus desejos?*

E tomou o hábito de mastigar sementes de mostarda com pimenta e xarope para prover a tumescência, sendo que a pimenta o fazia espirrar, o que para um grego nunca seria coisa alguma senão o melhor dos augúrios.

Portanto, por vezes, Ptolomeu conhecia a mais completa paz, em sua mente.

Mesmo assim, a morte espreitava, sempre próxima, aguardando a hora de levá-lo. Um guarda do palácio que tinha toda a aparência de quem ainda prestaria mais trinta anos de bons serviços tombou morto, em seu posto. Uma das lavadeiras do palácio, que havia parido dez crianças e parecia ainda apta a parir mais dez, caiu morta em sua bacia. No Egito, a maioria das mães não sobrevivia ao parto. A maioria das crianças morria ainda muito pequenas. Até mesmo uma princesa grega estava sujeita a morrer no primor de seus 25 anos.

Quando Ptolomeu atingiu a idade de 83 anos, foi a justificativa para uma grande celebração, e houve um desfile de tropas, marchando e a cavalo, e crianças cantando ao longo da Via Canopus, e grandes corridas no hipódromo, e toda a população de Alexandria banqueteou-se e bebeu em excesso por três dias, à custa de Ptolomeu. Parecia que aquele rei jamais subiria para as estrelas ou para o seu túmulo no Ocidente.

Ele vai viver até os cento e vinte anos, entoavam em Mênfis, *como os etíopes*, e não era simples delicadeza.

Ptolomeu sentia-se sempre cansado, pensando na rejeição de Aquiles à velhice sem fama, preferindo uma morte prematura com glória. Ptolomeu tinha a velhice e a glória, e ele havia sobrevivido às guerras e às dificuldades de sua juventude como se graças a um milagre concedido pelos deuses. *É melhor*, pensava agora, *morrer jovem em batalha do que ter de suportar a morte em vida da velhice.*

Por vezes recordava Sibila, que havia pedido para ter vida eterna, mas se esquecera de pedir eterna juventude, e sabia então o que Sibila havia sofrido.

E havia vezes em que pensava em Sófocles: *Nunca ter vivido é melhor...*

E por vezes pensava também em Alexandre, que partira envolto numa aura de glória, quarenta anos antes, e nesses momentos se perdia no passado.

Ia com mais freqüência agora visitar o corpo, junto ao cruzamento das avenidas da capital, e servia, com mais solenidade, as libações de leite, mel e vinho não diluído, em honra ao seu amigo morto, contemplando o seu rosto de cera, que ao mesmo tempo era e não era de Alexandre, e chorava pela vida há tanto tempo interrompida de seu general. Conversava com o cadáver, assim relatavam os guardas, embora nunca conseguisse nenhuma palavra dele — e a Alexandre confidenciou seus problemas, todos os segredos que remoía, e até o último detalhe acerca da Casa de Ptolomeu, agradáveis e desagradáveis. Sim, o Egito estava em boas mãos, ele disse, tudo ia correr bem... Havia dias, no entanto, que descarregaria seu rancor contra o homem morto, pela estupidez que ele demonstrara, em deixá-los todos por sua própria conta. Teriam necessitado de Alexandre vivo, não que os deixasse enfiados numa confusão que levou meio século para ser desfeita.

Havia dias em que Ptolomeu jurava por Zeus e Pan, os dois juntos, que as pálpebras de Alexandre estremeciam, que seu lábio superior se retorcia, como se estivesse prestes a dizer algumas palavras, embora tivesse certeza de que as pálpebras de Alexandre estivessem cerzidas e que seus lábios estavam selados tão apertados, com fios de papiro, que o homem não conseguiria revirar os olhos nem pronunciar palavra alguma, caso de fato acordasse, e que ele apenas imaginara ter visto tais coisas.

Alexandre, o Grande Alexandre, estava morto, e embora o prostagma ainda estivesse registrado nos livros oficiais — e ninguém, sob pena de ser surrado nas solas dos pés, deveria falar desse homem como se ele estivesse morto, porque não estava morto, apenas adormecido, e viveria, em verdade, para todo o sempre —, Ptolomeu sabia agora e enfim, que Alexandre, filho de Felipe, jamais, nem por força de magia grega, tampouco de encantamentos egípcios, nem dos desejos e esperanças ou das preces intermináveis dirigidas aos obscuros deuses egípcios (cujos nomes os gregos não eram capazes de sequer pronunciar), nem de preces a todo o panteão de deuses da Hélade (que, fosse como fosse, não existiam mesmo, a não ser na imaginação dos homens), e não apenas no tempo que ainda durasse a vida de Ptolomeu ou de qualquer dos Sucessores, nem até o final dos tempos e a derradeira parada da História, enfim, que ele nunca mais voltaria a respirar.

3.25

O Bico do Abutre

E Berenice? O que era feito da rainha? Ainda não recordava nada, pois desejava esquecer o passado, tão decididamente quanto Ptolomeu não o poderia esquecer. Essa que era a mais dura das mulheres duras — ela não tinha sonhos atormentados por carnificinas e águias. Berenice sonhava apenas com a glória, e dormia sonoramente, já que não tinha fardos de negócios de Estado para carregar. De modo algum: Berenice não tinha necessidade de carne de rouxinóis, nem mesmo uma pequena porção.

Nesses seus últimos anos de vida como rainha, seu filho, Magas, de Cirene, cunhou enormes quantidades de octodracmas gravadas com a efígie de sua adorada mãe. Berenice não foi retratada como uma jovem deusa, mas como uma mulher idosa, com nariz alongado, adunco e pontudo, não muito diferente do bico do abutre que, como rainha do Egito, ela usava com tanta freqüência na cabeça.

Nas moedas, tinha aparência entediada, e seus cabelos — cuidadosamente arranjados, com cachos estritos e perfeitos — não pareciam senão uma cesta de vime despencando pelo lado da cabeça. Em todos os seus anos como rainha, essa mulher não se ocupou de preparar sequer uma refeição. Vez por outra, talvez, ficara andando de um lado para o outro sobre o assoalho de mosaico, quando o estalido de suas sandálias de ouro era a única coisa a se ouvir no *gynaikeion*. Berenice era a rainha, e era o seu dever de rainha não fazer coisa alguma, a não ser viver como uma deusa viva, o símbolo vivo do poder aterrorizante. E Berenice *era* aterrorizante.

Na sua velhice, houve dias em que Berenice rezava para que a morte viesse depressa, mas nem Anúbis nem Hades a visitaram, já que o dia marcado pelas Parcas como o seu último ainda não havia chegado. Ela prosseguia vivendo, e os cantos de sua boca pareciam permanentemente encurvados para baixo.

Teria o artista feito o bico de abutre em Berenice de propósito, ou apenas teria entalhado o que vira?

Sim, sem dúvida, o nariz dela era exatamente igual ao bico do abutre. E, sim, essa mulher era plenamente capaz de rasgar a carne, tão capaz como o resto da sua família e como o abutre. Mostrava a mesma confiança de seu marido de que sua dinastia duraria para sempre. E, como o abutre, vigiava, para se assegurar que isso aconteceria; e assim só fazia esperar.

Quanto ao restante da família, havia apenas um membro ainda em Alexandria, da mesma geração de Ptolomeu Soter, pois somente um parente fora mantido próximo: tio Menelau, o irmão mais novo de Ptolomeu Soter, o irmão inútil que vivia no Egito por não ter mais para onde ir.

Menelau tinha quase oitenta anos, e não era mais capaz de controlar o fluxo de saliva que escorria de sua boca, mas insistia em oferecer ao seu irmão seus bons conselhos sobre assuntos de Estado.

Com certeza, Menelau merecia pouca consideração. Estivera presente na fundação da cidade, e estabelecera sua residência no palácio, com seu séquito de escravos, suas sinecuras e obrigações cerimoniais. Menelau nunca seria um deus, e nenhum homem que havia perdido uma ilha seria um herói. Não, ele merecia alguma consideração, mas não muita, e Ptolomeu jamais o perdoara, mesmo já tendo recuperado Chipre, e isso porque um grego, mesmo um grego famoso por sua generosidade e gentileza, simplesmente jamais perdoa ninguém por coisa alguma.

Já Ptolomeu Mikros, ele não levava os bons conselhos de Tio Menelau a sério. Prestava ao homem idoso a deferência devida à sua idade, mas, na privacidade, dizia: *Tio Menelau é um velho babão*. Menelau não conquistara nada em sua longa vida em termos de honrarias, a não ser ter de acompanhar a procissão do Culto ao Divino Alexandre, carregando a cesta de vime — o único encargo de que era capaz de cuidar, alguns diziam, porque tudo que os sacerdotes de Alexandre deveriam fazer era segurar a cesta durante a procissão; e mesmo assim Menelau sempre a deixava cair.

Realmente, Menelau era quase uma desgraça tanto para a Casa de Ptolomeu quanto Keraunos. Desse modo, Mikros se perguntava: Deveria se livrar de Menelau na noite de sangue que se seguiria à sua ascensão? Ou deveria deixar o velho babão morrer de velhice? De fato, Mikros não conseguia pensar no seu tio como uma ameaça à sua segurança. E ainda assim, ninguém nunca sabe quem pode estar envolvido numa conspiração até ser tarde demais.

Sim, seria bastante simples ordenar que o velho ficasse confinado à prisão em seus aposentos, e espalhar a notícia de que ele não estava bem de saúde.

Logo chegaria o dia em que seria providenciado o desaparecimento de Menelau. Então, Mikros anunciaria que ele havia se sufocado com uma espinha de peixe, e decretaria três dias de luto público, além das libações de leite, mel e vinho não diluído, que ele próprio realizaria no túmulo.

Tão inofensivo durante a vida, Menelau não causaria problemas depois dela, e isso porque havia vivido mais anos do que tinha direito, e tal tipo de homem não retornaria, com certeza, para assombrar ninguém.

Havia noites em que Mikros dedicava-se a tais reflexões, mas Mikros era de fato um príncipe honrado, um *kalokagathos*, se jamais houve um homem de total pureza de alma, e expelia essas idéias de seu coração, desgostoso, e erguia seus braços, em preces aos deuses da Grécia, pedindo perdão.

3.26

O Sonho de Estar Comendo Estrelas

Quando foram lhe comunicar que uma idosa mulher estava nos portões do palácio pedindo para ver Ptolomeu, filho de Lagos — uma mulher com os membros retorcidos por causa da lepra, uma mulher com cabelos brancos, quase curvada ao meio, praticamente incapaz de andar — Ptolomeu perguntou quais tinham sido as suas palavras:

Digam a Ptolomeu que fui a famosa Thaís, ela dissera. Mas ele balançou a cabeça, dizendo: *Todas dizem isso: mas não é possível que todas sejam Thaís...* Então, recusou-se a vê-la. *Dêem a ela um pedaço de pão*, ele ordenou.

Como sempre, a estranha mulher nos portões perturbou-o, e o fez começar a pensar novamente no passado que ele preferiria esquecer, mas não podia evitar de recordar. Thaís — onde estaria, ele se perguntava, com o brilho dourado de sua famosa beleza? Onde estaria agora o seu cenho desdenhoso, seu espírito orgulhoso, seu pescoço delgado, os preciosos adornos de ouro em seus altivos tornozelos? Agora, com certeza, seus cabelos devem estar desarrumados e desfeitos, e apenas trapos devem cobrir seus pés. *Ela deve*, ele pensou, *ser agora apenas como a mulher nos portões, quase tão velha quanto ele próprio, e pobre*. Esse era o fim das prostitutas. Se, é claro, ainda estivesse viva.

Olhou para fora de sua alta janela, e seus olhos cruzaram-se com os olhos daquela mulher, olhando para cima, esperando, e ele sabia que tanto era quanto não era, nem podia ser ela, e voltou-se bruscamente, fazendo a cauda de touro, sempre pendurada entre as suas pernas, chicotear com violência. A areia soprada do deserto encheu seus olhos de lágrimas.

Mesmo assim, mandou para ela uma bolsa com octodracmas — moedas com a sua efígie gravada nelas, e seu título de *Basileu*, e seu nome, Ptolomaios. Acima de todas as coisas, era o pensamento em Thaís, a perda de Thaís e o que teria sido feito dela, a primeira mulher que amara, que o mantinha acordado à noite.

Ptolomeu passava as noites acordado, como, assim dizia ele, uma mula presa num espinheiro, e isso uma noite após a outra, pensando não no hoje, mas no ontem, contrariando assim todos os seus princípios filosóficos. Quando se queixava, seus médicos aumentavam as doses de carne de rouxinol contra a insônia, de modo que, agora, ele caía no sono durante as audiências com embaixadores estrangeiros, ou durante as sessões do Conselho de Estado, o que levou Eskedi a sugerir que talvez lhe fosse conveniente delegar todas as responsabilidades de governo a Ptolomeu Mikros.

Mas Ptolomeu se recusava. *Ainda não*, ele dizia.

Ptolomeu dormia cada vez menos, e quando efetivamente conciliava o sono, despertava gritando *Alalalalai* — e ao amanhecer, seu rosto com freqüência estava molhado de lágrimas, porque era a hora em que se sepultavam os mortos, e ele pensava nos seus amigos no Hades.

Percebendo o idoso homem tão perturbado, Eskedi sugeriu: *Deixem que ele ponha por escrito as suas memórias. Que escreva suas reflexões num papiro. Deixem que esqueça por rememorar.*

E foi assim que Ptolomeu retomou sua história de Alexandre, a qual havia, de fato, tentado escrever ao longo de todos esses quarenta anos. Por algumas horas todos os dias, e com freqüência nas horas mortas da noite, ele tomaria na mão seu instrumento de escrita feito de junco e se sentaria para escrever.

A insônia melhorou, mas apenas um pouco, e Eskedi perguntou à rainha Berenice e a Mikros, seu filho, o que poderia trazer paz ao seu coração perturbado. A esposa pensou a respeito, o filho pensou a respeito, e responderam que a única coisa de que o velho Ptolomeu poderia estar sentindo falta era a companhia de seus velhos camaradas; ele poderia estar sofrendo da *solidão* do poder.

Assim, a rainha, o príncipe e o sumo sacerdote, juntos, perguntaram ao velho homem o que mais poderia agradá-lo, e a conclusão a que chegaram foi que gostaria de voltar a ser uma pessoa comum.

De fato, tudo foi arranjado como se a idéia tivesse partido do próprio Ptolomeu: ele apreciaria mais do que tudo exercitar-se de novo com suas tropas, envergar de novo a sua *sarissa* e se tornar parte de novo da grande falange de infantaria.

Até mesmo Berenice, que anteriormente poderia ter rido de tal idéia, e debochado dela, disse: *Deixem que volte a ser um soldado comum, se é o que ele mais deseja, porque isso significaria que seu filho, Ptolomeu Mikros, passaria a ostentar todos os paramentos do Faraó*. Significaria que esse Mikros seria o rei, em tudo a não ser no nome, e esse seria o início do grande triunfo da viúva macedônia.

Uma co-regência servia para manter sólida a autoridade do Faraó no momento mais perigoso, a sucessão entre dois reis. Mas não era novidade nenhuma. De modo algum. Era, sim, o costume antigo, no Egito, assentar o filho no trono, junto ao pai, e o Faraó Ammenemes iniciou essa prática, ou, como alguns diziam, teria sido Piopi I, centenas de anos antes, quando aquele Faraó teria dito *Que ele seja coroado rei, para que eu assista à sua glória enquanto ainda estou vivo, e convocou os camareiros reais para colocarem a coroa sobre sua cabeça*.

Eskedi, sumo sacerdote de Ptha, tomou todas as providências. Não se tratava de alguma novidade inventada pelos gregos, que, em verdade, não se intrometiam nesses altos assuntos — ou pelo menos ainda não.

Chegou o dia, então, em que Ptolomeu Mikros apresentou-se usando a Dupla Coroa, chamada a Grande Coroa, e com a serpente Ouraios sobre a sua testa, e, para todos os efeitos, assumiu a imagem do Rei do Egito; e Ptolomeu Soter deixava de envergar a coroa *khepresh* o dia inteiro, já que estava aposentado como Faraó, e Berenice quase morreu de satisfação ao ver seu filho, seu próprio filho, transformado em rei e num deus vivo.

Assim, Ptolomeu Soter alistou-se novamente, e dessa vez em sua própria guarda palaciana, e retornou aos exercícios com a falange, todas as manhãs, antes que o calor do dia se intensificasse demais. Ele empunhou de novo sua *sarissa*, a lança dos macedônios, lado a lado com os jovens. Descia marchando a Via Canopus, no desfile dos veteranos de Alexandre, e ficava apenas um pouco fora do passo. Até mesmo juntou-se à clássica exibição de marchas e contramarchas, o silencioso espetáculo do poder macedônio, que tanto impressionava os bárbaros nas fronteiras da Trácia, quando ele próprio era um jovem. Cantou, ainda, o Paian a Apolo, e todos as canções gregas de guerra, assim como as canções de marcha, e até mesmo nas adegas de Alexandria, com os veteranos, e voltava para casa, subindo a Via Canopus, já de madrugada, com os outros homens, berrando *Alalalalai*, e sorria o seu antigo sorriso, não mais o meio sorriso dos Faraós.

Não, Ptolomeu nunca desejara ser um *strategos*. Nunca almejara os altos comandos, que foram jogados sobre ele. Agora, reencontrava a satisfação de beber com seus companheiros de armas e o benefício que lhe trazia conversar sobre os velhos tempos.

E, não, ninguém pensou mal dele por causa disso. Pelo contrário, era a maior honra que ele podia prestar ao soldado comum, sem o qual nenhuma batalha, nem da história grega nem da egípcia, teria sido vencida.

Mais do que tudo, embora pudesse ser impensável que o Faraó perambulasse pelas ruas e se tornasse de novo um cidadão, com sua vida privada, era o que Ptolomeu fazia agora em Alexandria — e os gregos o amaram ainda mais por conta disso.

Ptolomeu passeava *a pé* pelos jardins de sua grande residência branca. Passava horas e horas contemplando o Grande Mar, o mar cinzento, do qual se elevava o farol. Conversaria com os pescadores de atum, junto ao Porto de Eunostos, a Enseada do Feliz Regresso. Buscava a companhia dos velhos soldados, com os quais marchara atravessando o Parapomisos, o Kush do Indo e o terrível deserto de Gedrosia, e contavam uns aos outros suas histórias, e riam, e derramavam lágrimas, e recordavam os mortos, e Ptolomeu enfiava suas tetadracmas de prata nas mãos deles, e as moedas tinham cunhadas sua testa saltada, seu queixo saliente, seus cabelos encaracolados revoltos, e seu nome: PTOLOMAIOS.

A todo lugar que ia Ptolomeu, o fragor dos aplausos o seguia. No ágora, os comerciantes gregos se prostravam diante dele na poeira dourada e socavam o solo com seus punhos, até que Ptolomeu deixasse claro que tal reverência não era necessária, não agora que, na prática, ele não era mais rei do Alto e do Baixo Egito.

Ptolomeu vivera para além do seu tempo. Um a um, seus contemporâneos haviam falecido e ele viveu mais do que todos, à exceção de Menelau, seu irmão. Aguardava agora para que Hades o viesse buscar, com a esperança de renascer em seu túmulo no Ocidente, na expectativa da jornada que o tornaria um único com as Imperecíveis Estrelas. Estava fazendo as suas despedidas.

Quando marchar tornou-se difícil, por causa de sua enfermidade, Ptolomeu, o da Vida Eterna, passaria seus dias na residência, vendo ninguém a não ser fantasmas, olhando todas as manhãs pela janela, em direção a ilha de Faros, pensando *Quase terminado*, e contemplando a glória de sua Grande Enseada, observando os navios indo e voltando, os remos erguendo-se e abaixando-se em perfeita ordem, como asas de uma águia.

As tardes, as passava escrevendo, ou tentando escrever, mas continuava completamente acordado até bem depois da meia-noite, vagando pelos corredores, pensando, pensando.

Certa vez, consultou o oráculo de Homero para descobrir quantos dias ainda lhe sobravam e só obteve como resposta palavras que pareciam se aplicar mais a Keraunos, o herdeiro em desgraça: *Assenhore-se de sua desmensurada paixão. Você não deve ter um coração que não saiba perdoar.*

Mas os gregos nada sabiam sobre o perdão. Um grego é sempre propenso à vingança. E não, ele não perdoaria a Keraunos por sua estupidez, por seu descontrole, por ter procedido como um verdadeiro bárbaro. Acima de tudo, não conseguia perdoar a *aphrodisia* com a própria irmã, como se tal ato não pudesse acarretar funestas conseqüências para a Casa de Ptolomeu nas gerações futuras.

Havia vezes em que Ptolomeu enraivecia-se sobre esses assuntos; havia vezes em que mastigava rouxinóis; havia vezes em que dormia, e outras em que não dormia. Mas ele dormiria o longo sono, o sono de bronze, assim pensava, muito em breve.

Nos dias em que viver parecia quase tão problemático quando morrer, Ptolomeu pensava que bem poderia voar para as estrelas num rodamoinho e não se importar em absoluto com isso. Mas ainda não era para acontecer: ainda não alvorecera o dia marcado pelas Parcas — as Três Irmãs, Klotho, Lakhesis e Atropos — para o término da vida de Ptolomeu.

A Morte, a qual esse mesmo Ptolomeu havia instado para que se apressasse tantas e tantas vezes — enquanto cortava em pedaços seus inimigos no campo de batalha e, como Rei do Egito, com o poder de enviar um homem para o Hades com uma única palavra —, a Morte ainda demoraria a chegar para Ptolomeu.

Ele teria tempo de sobra para escrever suas memórias, sua História de Alexandre; teria tempo, ainda, para registrar tudo o que era capaz de recordar, a despeito do tremor de sua mão. E quando o sezão, a febre dos pântanos, abatia-se sobre ele — porque era ainda uma ocorrência regular, freqüente —, tremia tanto que ninguém, além dele mesmo, poderia ler as palavras que rabiscava no papiro: *A velhice tem sido bem cruel para comigo...*

O tempo passou e passou mais ainda, e Ptolomeu sonhou que formigas aladas penetravam em seus ouvidos, e sabia que tal sonho significava perigosas viagens.

Sonhou que estava comendo estrelas e sabia que, enquanto comer estrelas significava *Boa Sorte* para os astrônomos, para os demais homens significava morte.

Quando mais uma vez sonhou com a águia pousada sobre a sua cabeça, Ptolomeu de novo consultou os onirioscopistas, e dessa vez lhe disseram a verdade.

A águia pousada sobre a cabeça de um homem, disse o intérprete dos sonhos, *significa a morte do sonhador, porque a águia mata tudo o que consegue prender em suas garras.*

Assim, Ptolomeu começou a se preparar para a sua última jornada, a curta viagem no Barco de Caronte, atravessando o Rio Estígio, até o Hades. No caso de não despertar, começou a tentar se habituar, para ver como se sentia, a ter um óbolo debaixo da língua, quando se recolhia ao leito, já que essa era a moeda a ser paga ao barqueiro; então se perguntava se um homem morto, sem ser essa sua vontade, seria capaz de engolir a moeda.

E é o quanto deveria ser dito sobre os modos gregos de morrer. Mas ele sabia de cor, agora, as corretas palavras do poder dos egípcios, e as sussurrava quando se deitava em seu leito, com os olhos fechados, sorvendo o que poderia ser o seu último fôlego: os capítulos relevantes de *O livro da ressurreição para a luz do dia*:

Eu sou o Ontem; Eu conheço o Hoje..
Quem, então, é este?
Ontem é Osíris... Hoje é Rá...

Primeiro o velho Anemhor, e depois Eskedi, haviam cuidado para que Ptolomeu fosse devidamente instruído. Não assumiria nenhum risco em relação à Vida depois da Morte; queria o melhor de todos os Outros Mundos, tanto o grego quanto o egípcio, mas se recusava a se comprometer sobre qual tipo de rito funerário desejava, de modo que — quando o fim chegou —, poderiam, quem sabe, lhe dar ambos os funerais, ou ao menos decidir por ele, porque, certamente esse homem que não era completamente grego nem completamente egípcio, e não conseguiria se resolver a esse respeito.

Havia dias em que Eskedi vinha conversar com ele, mas ele acenava, recusando-se a aceitar o ritual egípcio.

Somos gregos, ele dizia, *não egípcios...* E viu o horror no rosto moreno de Eskedi porque, para o sumo sacerdote de Ptah, sepultar um Faraó de acordo com os costumes egípcios — o cérebro extraído por meio de um gancho pelas narinas, o corpo mergulhado por setenta dias em natrão seco, as solas dos pés removidas e substituídas por ouro, os olhos substituídos por duas cebolas brancas, as cápsulas de ouro para os dedos, milhares de cúbitos de faixas, e sobre o rosto uma máscara de ouro — era o mais monumental momento de sua carreira sacerdotal, de sua vida inteira, e a própria razão de sua existência.

Eskedi respirou fundo, pacientemente. Ajeitou seu manto de pele de leopardo, sentou-se junto a Ptolomeu, e recomeçou a ministrar a lição de todas as lições, mais uma vez, a Instrução para a Conduta na Vida depois da Morte.

Ele explicou que todo o Capítulo 125 do *Livro da ressurreição para luz do dia* fora escrito por Thot para purificar Ptolomeu de seus pecados; e disse ainda que o capítulo fora escrito por ele num papiro, e que este deveria ser colocado entre os joelhos de Ptolomeu, dentro do sarcófago marchetado de ouro.

Mas tudo o que Ptolomeu disse foi: *Você nos havia dito que nada que o Faraó fizesse seria pecado...* como se quisesse debochar do sumo sacerdote de Ptah.

Diante disso, Eskedi tornou-se mais enfático em sua fala, repetindo insistentemente para Ptolomeu que o papiro era um Guia indispensável para a descida ao Mundo Subterrâneo; que Ptolomeu não deveria acreditar que pudesse chegar lá sem esse documento e que, sem o embalsamamento, à maneira dos egípcios, seu Ka não iria nem poderia sobreviver, e nesse caso Ptolomeu não se tornaria o Ptolomeu da Vida Eterna, mas seria um homem morto, na Vida Após a Morte.

Mas Ptolomeu, em sua incompleta compreensão, estava satisfeito. Defrontar-se-ia com o desconhecido com compostura. Sentia-se plenamente preparado para comparecer à Pesagem do seu Coração na Balança. Fora levado a entender Thot, o Íbis, que registra a Sentença dos Deuses, como seu amigo particular. Então, ele disse que, fosse como fosse, ainda não iria morrer, pois não estava pronto para tanto, e sentou-se com a agilidade de um homem com a metade da sua idade, balançou as pernas sobre a borda do leito de ouro, fez um gesto com a mão para dispensar o sumo sacerdote com suas pintas de leopardo, e foi escrever mais um capítulo de sua grande História.

Não, Ptolomeu não estava pronto para ir ao encontro Daquele das Largas Passadas, ao Devorador de Sombras, ao Estraçalhador de Ossos, ao Sorvedor do Sangue, ao Arauto dos Combates, ou a nenhum outro dos demônios que veria na Vida Após a Morte. E ainda não precisava, não ainda, do Guia do morto para a Vida após a Morte.

Ptolomeu, o da Vida Eterna, queria viver um pouco mais.

3.27

O Nariz Úmido de Anúbis

Já sua família via as coisas de um jeito diferente; achava que ele não poderia durar muitos dias mais, e que o homem morto seria o mensageiro deles, enviado ao Mundo Subterrâneo, e se ocupavam em escrever cartas aos mortos, seguindo o curioso costume grego, cartas as quais queimariam na fogueira funerária, assim como o derradeiro estafeta ao mundo invisível, convictos de que Ptolomeu não poderia ter outro último tributo que não fosse grego.

As filhas ensaiavam as mensagens que sussurrariam no momento de seu último beijo, no ouvido do falecido, que era como pensavam fazer contato com os que haviam morrido antes dele.

Berenice deixou prontas mensagens para seu parente Antipatros (*Uma rainha*, ela escreveu, *uma deusa...*), e uma mensagem para Felipe, seu primeiro marido (*Riquezas inacreditáveis...*); e Theoxena decorou as palavras que diria para Agathokles de Siracusa (*Infeliz, mas logo me juntarei a você...*).

O costume era novidade para eles. Ainda não haviam lidado com um morto. Não tinham experiência alguma com a morte. Nessa família, os parentes não morriam, simplesmente desapareciam. Thaís havia sumido. Seus avós, era como se jamais tivessem existido. Ninguém que esses filhos e netos conheciam havia morrido, até então, tampouco tivera um funeral. Era como se na corte do rei Ptolomeu, a morte, à exceção da morte do Touro Sagrado, não existisse.

Mas esse estado de coisas estava para mudar.

O próprio Ptolomeu orava a Apolo-Febo, pedindo uma travessia pacífica; para não ser queimado *vivo*, em sua pira, mas quando estivesse propriamente morto. Com tais coisas, todos os gregos se preocupavam, mas, agora, quando a incerteza da morte se acercava dele, achou que os deuses da Grécia existiam, afinal de contas, e isso foi um conforto para ele nas suas últimas horas.

Eskedi, sumo sacerdote de Ptah, vinha freqüentemente conversar com ele, e observava esse idoso rei, sua pele enrugando-se como uma casca de noz, seus membros pesados, seus olhos já nublados pela idade, e dizia: *Veja, agora, Vossa Majestade — Vida, Saúde e Força para ele! — envelheceu. Vossos ossos são como prata. Vossos membros são como ouro. Vossos cabelos são como safiras...*

E ele dizia: *Não devais perecer; vossos membros não devem ser destruídos. Vós não devais ser apagado para todo o sempre. Devei viver!*

E Ptolomeu lhe era grato.

Ele tomou providências para a sua morte, segundo os costumes gregos. Tomou o banho ritual. Deixou em dia seus negócios. Proferiu a prece para

Hestia, Deusa da Família, e a prece por sua segura travessia do Estígio. E pronunciou suas últimas palavras para seus funcionários de Estado, seus ministros, seus generais e almirantes, para os seus amigos e toda a sua família — aos membros dela que ainda estavam no Egito —, que se postaram junto ao leito de Ptolomeu, juntaram as mãos e disseram: *Até breve, Ptolomaios, até a Casa de Hades!*

Então, ordenou que todos saíssem de seus aposentos, para que ninguém assistisse ao momento de sua passagem. Mas a família recusou-se a arredar-se dali, acreditando que, em sua morte, a alma do homem se eleva a um plano mais alto de consciência do qual ele é capaz de predizer o futuro. Assim, o moribundo Pátroclos havia profetizado a morte de Heitor; e assim o moribundo Heitor profetizara a morte de Aquiles.

Todos os gregos esperavam que o discurso de um homem moribundo fosse memorável, e queriam escutar o que Ptolomeu diria. Queriam saber, acima de tudo, o que seria da Casa de Ptolomeu, no Egito, sem ele, e desses gregos exilados em terra estrangeira. Tinham todos eles o ardente desejo de saber o que os aguardava.

O herdeiro, príncipe Ptolomeu Mikros, debruçou-se sobre o seu pai e cravou os olhos em seus olhos fixos, sabendo que, enquanto conseguisse enxergar alguma imagem refletida nas pupilas do homem idoso, ele continuaria vivo. Mas a verdade é que todo herdeiro de um trono quer que seu pai morra.

Junto à cama, ficou sentada a velha rainha, Berenice, com a bainha de seu *peplos* enfiada na boca para abafar os soluços.

Um homem amado pelo coração de Zeus, ela murmurou, *vale por muitos exércitos.*

Berenice receberia o último sopro de vida de Ptolomeu, como era sua obrigação. Cessaria, então, de ser a Grande Esposa Real e se tornaria a nova Mãe do Rei, com o pesado título de Grande Vaca Branca que Habita o Nekher. Considerava indizível ao extremo para Berenice, Bem-Amada do Abutre, que sorria sob a Tiara do Abutre, tomar a forma de uma vaca, um animal sagrado para os egípcios, mas repulsivo para qualquer grego, uma criatura que se deliciava em viver em meio à própria imundície, e era inacreditavelmente estúpida.

Mas a vida de Berenice mudaria pouco. Ela nunca deixaria de se entediar ao ver ouro, que dizia agora ser como *skubalon*, como dejetos. Nunca deixaria de se entediar com o refinamento, de se entediar com a realeza, de ser carregada para toda parte em sua liteira folheada de electro, quando, de fato, preferiria andar, e se entediava acima de tudo com sua vida de tanto fingimento.

Com freqüência ocorria a Berenice que ela apreciaria voltar a lavar suas roupas sobre as pedras, como uma das mulheres nativas que ela observava de suas altas janelas, uma ocupação útil que, no passado, ela achara muito satisfatória.

Foi na estação em que os cachorros enlouqueciam que chegou para o rei Ptolomeu Soter o dia fadado a ser o da Tesoura da Fortuna, quando o fio de sua vida deveria ser cortado, e era um dia quente.

Ptolomeu estava deitado, respirando com dificuldade, como um peixe sobre a margem enlameada, e ainda usava no pescoço, nos pulsos e nos braços os talismãs gregos que usara durante toda a sua vida e jurara jamais retirar, e que estavam agora fechados em cápsulas de couro e de ouro, porque havia pouco restando deles, a não ser poeira. E ele não cessava, mesmo nesse dia que era o seu último dia de vida, de acariciar com os dedos o amuleto *phallos* que lhe proporcionara a melhor das sortes.

Já para o final da manhã, Mikros tomou a mão do seu pai, de modo que seu coração não se oprimisse com o medo. Quando Ptolomeu ficou em silêncio, tiveram esperanças de que estivesse morto, e Mikros pressionou dois dedos em seu pulso, procurando a batida do coração, ou a ausência desta; mas o pulso de seu pai batia, célere, como se formigas estivessem correndo por debaixo da pele.

Na Hora de Perfumar a Boca, com o Sol no seu ápice, abanaram o homem velho com leques de folhas de palmeira, e ele se moveu para esconder o rosto, pensando em permitir seu espírito deixá-lo e embarcar na barca de Caronte, e ele pareceu cair outra vez num sono do qual não se desperta. Mas os dedos de Mikros ainda sentiam formigas correndo em seu pulso.

Tantas e tantas vezes acreditaram que ele os deixara. Tantas e tantas vezes executaram o infalível teste para a morte, que era o toque do dedo no globo ocular, e quando por fim não houve resposta, quando o dedo do príncipe Mikros afundou, Berenice cerrou os olhos do homem morto, alinhou-lhe as pernas e reuniu fôlego para os seus gemidos.

Mas Mikros franziu o cenho. *Formigas...*, murmurou, e Berenice suspirou profundamente, e lentamente arrastaram-se para fora do aposento e o deixaram — em verdade, um tanto exasperados por ele não morrer de vez, por mantê-los na expectativa —, e providenciaram alimento: azeitonas, pão mergulhado em mel e vinho não diluído, que era o desjejum dos gregos.

Primeiramente, a meia dúzia de escravos anões que deixaram com Ptolomeu pensaram que ele estivesse apenas descansando. Pensavam que estivesse somente dormindo, embora seu peito não se movesse e não houvesse mais respiração.

Não o perturbem, disseram. *Não o toquem*. E naquele momento esse Faraó estava, como Alexandre, nem completamente vivo nem completamente morto.

Uma mosca-varejeira pousou no restolho de seus cabelos, no crânio, e lá ficou, flexionando as patas, preparando-se para o banquete.

Um dos anões escravos que cuidava do Guarda-Roupa Real, então, enfiou seus negros pés descalços nas sandálias do Faraó e ensaiou alguns passos, pelo assoalho de mosaico, exibindo seus alvos dentes para os companheiros.

Uma segunda mosca-varejeira pousou sobre a cabeça de Ptolomeu, e uma escura nuvem de moscas egípcias passou, ligeira, pelas persianas fechadas da Janela das Aparições, onde ele havia mostrado seu sorridente rosto pela última vez.

Um segundo anão escravo, o qual cuidava dos insígnias, pegou o báculo e o mangual de ouro com safiras e os segurou cruzados sobre o peito, emitindo a sua risada estridente: no intervalo entre dois reinados até mesmo um anão escravo pode se tornar rei; e os dentes alvos dele brilharam em seu rosto escuro como a noite.

Numa outra parte da residência, uma outra nuvem de moscas conseguiu encontrar uma entrada e dispare, voando, seguindo o odor acre-doce da morte.

Um por um, os objetos pessoais do rei foram sendo tirados da mesa junto à sua cama, feita de ébano, marfim e ouro — o afugentador de moscas de ouro, o bracelete de ouro do Olho de Hórus, a cauda do touro que ficou enfiada entre suas nádegas pelos últimos 22 anos — e foram adornar o corpo de seus servos. As risadas agudas e altas escapavam dos lábios escuros dos anões escravos, e eles continuaram sendo reis por mais alguns instantes.

Ptolomeu não se moveu. Um pouco de líquido escuro escorreu de sua boca e pingou sobre o assoalho de mosaicos. Agora, uma total imobilidade reinava, e os escravos pareciam ter prendido a respiração, aguardando por quem poderia fazer o que eles não poderiam: encerrar uma velha era e iniciar a nova.

Posteriormente, todos juraram que a alma do velho saiu voando de sua boca fazendo o exato som de um pavão fugindo de seu abrigo, e reproduziram o piado da ave; mas, em verdade, Ptolomeu morreu silenciosamente e ninguém reparou quando isso aconteceu.

Apolo concedera a esse grego a maior das dádivas em seu poder: uma morte pacífica.

Quando a família real entrou, lentamente, de volta no aposento, espremeram o corpo de Ptolomeu com as mãos, para forçar a alma a abandoná-lo, segundo o costume dos egípcios, e Mikros juraria que enxergara a alma de seu pai sair voando dos lábios dele sob a forma de um corvo.

Tudo ficção. Todos sabem das mentiras que os gregos contam.

Verdade é que um homem moribundo sempre vê coisas, e Ptolomeu viu coisas, em seus últimos momentos, que nenhum homem lhe poderia explicar. À distância, ele avistou Anúbis, o Cabeça de Cão, caminhando em sua direção através de uma sucessão de câmaras contíguas, e era Eskedi, é claro, o sumo sacerdote de Ptah em Mênfis, usando a máscara do chacal, e ele era Anúbis, Faraó do Mundo Subterrâneo: Ptolomeu sabia que a visão da máscara do cão era sinal de que havia chegado a hora de sua morte.

Eskedi sabia, por sua vez, tudo sobre o horóscopo desse rei, e que chegara a hora de ele ir para os céus; para que ele se tornasse, finalmente, um único com as Estrelas Imperecíveis.

Para os sacerdotes do Egito, a passagem de um Faraó jamais os pega de surpresa. Desde o começo, sabem quanto anos, quantos meses e quantos dias viverá cada criança que nasce, já que a morte não é um acidente, mas parte do grande plano dos deuses, como tudo o mais na vida.

O Negro Anúbis tomou Ptolomeu pela mão, e a mão de Anúbis era esguia, negra, macia, peluda como a pata de um cachorro, e, para Ptolomeu, que tanto havia esperado, perguntando-se quantos dias lhe restavam, veio enfim a resposta, já que o úmido nariz de Anúbis agora se pressionava em seu ombro, impelindo-o para a frente. A pata de Anúbis, o Chacal, o Supervisor dos Segredos, o pôs para andar, e foi conduzindo Ptolomeu. Anúbis: o interior de suas orelhas e a coleira em torno de seu pescoço eram de ouro, e seus olhos eram brancos como calcita, com pupilas negras como larva cristalizada, delineados com ouro; suas sobrancelhas eram de ouro, e suas patas brilhavam como prata, apertando a carne da mão de Ptolomeu, ásperas, e as orelhas de Anúbis estavam eriçadas; e ele sabia que Anúbis era o deus, que Anúbis era real, por causa de seu rosnado gentil, e pelo fato de que a mão e o braço do cão eram quentes, quentes como carne vivente, e porque seu focinho estava molhado, e seu hálito de cachorro era quente sobre a nuca de Ptolomeu, e porque seu nariz molhado o impelia à frente.

Eskedi disse então à família que, *Sim, o escaravelho egípcio voa na hora mais quente do dia, e por essa razão está associado ao deus-Sol, Rá.*

Mikros, Berenice e os demais, agora, observavam Eskedi, com curiosidade, talvez compreendendo, talvez não.

O rei morto, prosseguiu Eskedi, *voa agora como um pássaro, e pousará como o besouro sobre o trono vazio no barco celestial de Rá.*

Quando o espírito de Ptolomeu deixou seu corpo, alçou vôo, com um piado selvagem, com um frenético bater de asas, como um pato nos pântanos de papiros, e aquele era verdadeiramente o *Ka* de Ptolomeu, como um pássaro de cabeça humana, e ficou revoando e revoando pelo quarto, como um pardal preso numa casa, sem conseguir encontrar a saída; e Eskedi, sumo sacerdote de Ptah, o Mestre dos Segredos do Lugar Sagrado, escancarou as persianas da Janela das Aparições, para permitir que ele saísse, e foi assim que o espírito de Ptolomeu, o que Viveria Para Sempre, partiu.

3.28

O Banquete Vermelho dos Mortos

Logo que constataram, sem nenhuma dúvida, que as formigas haviam parado de correr e que o último suspiro fora exalado, a rainha Berenice fez o que toda esposa de um grego falecido deve fazer, e tirou as suas jóias de ouro. Tirou os anéis de abutre de seus dedos, seus brincos de sereia, seu pesado colar de abutre feito de ouro e cravejado com todas as majestáticas e preciosas pedrarias, e suas manilhas de ouro dos tornozelos, e colocou para substituí-los os brincos negros, o colar de contas de azeviche, os braceletes de ébano lisos. Trocou seus trajes de linho branco por peplos pretos e calçou as sandálias pretas de luto.

Ela esfregou lama do Nilo em seu rosto, nas mãos e nos seios, e sentiu repulsa de tudo aquilo, da sujeira, e seu luto seria um falso luto, já que não sentia coisa alguma por esse homem morto, a despeito da história que contava que seu casamento fora por amor. Seu amor fora um amor morto, que esfriara havia muito e alguns diziam que jamais fora quente.

Berenice preparou-se para os lamentos em voz alta, e Eskedi, sumo sacerdote de Ptah, escancarou as portas duplas de cedro e ouro, ornado com marfim da Terra de Punt, e proferiu as terríveis palavras para os guardas das portas: *O Falcão alçou seu vôo para os céus... e o rei, seu filho, sentou-se, agora, no trono de Rá.*

Fez-se um longo silêncio, então, com o *plaft plaft plaft* de pés descalços sobre o assoalho de mosaico, e eram os pés dos anões do palácio, em correria, e imediatamente começaram os gemidos, os assustadores uivos de Berenice, a viúva, ecoados e ampliados não apenas pelas mulheres nativas do Egito, mas também pelas mulheres de sangue grego, que emitiam uivos capazes de fazer os cabelos de qualquer homem se arrepiarem na nuca, e um calafrio percorrer as espinhas de todos eles, a despeito do calor; o pranto em voz alta das mulheres sempre ressoava, quando qualquer um morria, mas eram especialmente agudos na morte do Faraó.

Os lamentos atravessaram logo os pátios gregos, com suas colunas, e saíram pelos portões gregos, penetrando na cidade grega, rápidos como chamas na grama seca, desceram a Via Canopus e Via do *Soma*, ou corpo de Alexandre, adentrando o bairro nativo chamado Rhakotis, atravessando o Hepstadion e alcançando o Farol ainda não terminado, atravessando os Portões da Lua, e correndo pelo Canal de Canopus, subindo o rio até Mênfis; e então, rápido como uma epidemia, os lamentos voaram para o sul, até Heliópolis e Hermópolis, Hiercanópolis e Apolonópolis, para Philai e Siene, e até as fronteiras do Egito; e daí se alastraram, entrando pela Núbia e pela Terra de Punt, a terra das especiarias, carregando a notícia de que Ptolomaios, o grego, Ptlumis, rei Ptolomeu, Bem-Amado de Amon, O da Vida Eterna, estava morto, até parecer que todas as mulheres do Egito uivavam seus lamentos numa única voz.

A tragédia despencara sobre o Egito, e haveria caos nos Céus até que o novo Faraó, sucessor de Ptolomeu, fosse coroado; um breve reinado para o eterno Causador de Tumultos, Seth, que era a encarnação de todo o Mal, até o retorno de Osíris, e seu filho, o Hórus Vivo, na forma de um novo Ptolomeu, o Ptolomeu que seria chamado de Ptolomeu Philadelfos, o Dotado de Amor Fraternal, a quem, até o momento, todos conheciam como Mikros.

Mais alto do que o de todas as mulheres eram os gemidos da Rainha. Berenice uivava como uma loba, como o chacal do deserto. Ela uivava pelo marido morto e por ter sido deixada sem ele, e pela incerteza quanto ao seu futuro, e pelo derramamento de sangue de todos os parentes, que ela sabia que iria advir em breve; mas, acima de tudo, lamentava-se pelo começo do fim de seu tempo de glória no Egito, sabendo que já não duraria muito.

Longe, em Mileto, a auto-intitulada ex-rainha do Egito, Eurídice, despertou nas horas mortas da noite, ainda parcialmente submersa em sonhos que a haviam transportado de volta para a suntuosa vida no palácio em Alexandria, agora perdida, berrando e tremendo, apesar do calor.

Sim, Eurídice pressentiu o que acontecera, não precisando esperar pelas notícias, e ao alvorecer ela não vestiu o *peplos* branco e as jóias de ouro de uma mulher que era quase uma rainha, mas o *peplos* negro de luto pelo falecido.

Quanto a Ptolomeau Keraunos, o Raio, seu filho, o príncipe que, naquele dia, deveria ter se tornado o novo Faraó, que tinha então 36 anos de idade, quando o mensageiro o alcançou com a notícia de que seu pai, o rei, estava morto, não houve alteração na expressão de seu rosto rosado. Ele não disse palavra alguma, mas seus lábios se curvaram, como em escárnio, e ele cuspiu no chão. Apenas quando caiu a noite esse que era o mais duro dos homens cedeu aos seus sentimentos, e apenas sobre as cobertas de seu leito, onde nenhum homem poderia ver o seu rosto, talvez tenha chorado a morte de seu pai e pela perda de tudo o que possuíra.

De volta a Alexandria, as lamentações prosseguiram, incessantes, por setenta dias e noites, que eram a duração do processo de embalsamamento, até que o funeral do grande rei fosse realizado — uma abundância de lamentações, para um Faraó que não era sequer egípcio.

Na residência, todas as atividades foram interrompidas. Nenhuma tarefa nem trabalho eram executados. Nenhuma comida era preparada. Nada aconteceria na residência por setenta dias, senão os gritos incessantes das mulheres.

Pelo menos, a sucessão estava assegurada, e o rei Ptolomeu Soter, sem dúvida, morreu feliz, mas no caos que imediatamente se seguia à sua ascensão aos céus, a grande preocupação daqueles que permaneceram vivos era o que fazer com os seus restos mortais.

Thot também pergunta: O que fazer com ele, com esse rei grego que morreu num país distante? O procedimento grego normal seria colocar seu corpo em exposição, deitado numa carruagem, e permitir que os gregos passassem por ele em fila, para prestar seus últimos respeitos, como havia sido feito quando Alexandre morrera. Assim, vieram todos os soldados de seu exército e derramaram lágrimas por ele não estar mais vivo. Beijaram seus lábios ainda quentes e apertaram seus dedos quentes e enrijecidos, e todos sussurraram mensagens para os mortos nos espiralados orifícios que eram as suas orelhas.

Nesse ínterim, essa família grega discutia com os egípcios sobre as últimas vontades do falecido, as vozes se erguiam e se emudeciam, Mikros e Berenice, Filotera, Arsinoë Alfa, Eskedi, o sumo sacerdote de Heliópolis, de Hermópolis e de Tebas, todos adentrando a madrugada argumentando.

Mumificação, segundo o costume egípcio, não era o que Ptolomeu desejara. Ele vira centopéias invadindo as narinas do cadáver de Alexandre. Vira os besouros entrando e saindo dos ouvidos tamponados de Alexandre e não queria nada disso.

Queimem-me, dissera ele, *pois não tenho nenhuma vontade de viver para sempre, como Alexandre.* E os gregos juravam que fora o que ele dissera, repetidas vezes, até que Eskedi abriu os braços, as pintas de leopardo desceram aceleradamente os corredores do poder, e foi a primeira e última vez que o viram correr.

As servas lavaram o cadáver de Ptolomeu e o esfregaram com óleo de oliva, depois lhe vestiram uma túnica branca limpa e colocaram nele o seu manto púrpura, dando-lhe o tratamento dos heróis mortos de Homero, já que o mundo dos gregos, assim como o mundo dos egípcios, era um mundo no qual nada deveria mudar, onde tudo deveria ser feito, para sempre, de acordo com as tradições.

Enfeitaram-no com guirlandas de flores brancas e o deitaram sobre o seu esquife, deixando-o pronto para a jornada até a pira, ao modo grego. Por dois dias, a família velou-o, para se certificar, até a exaustão, de que o velho estava morto, atentos a qualquer mínima centelha de vida, evitando assim que o queimassem ainda vivo, e, sim, procurando algum sorriso. Isso porque, se o cadáver ostentasse um sorriso, isso significava que levaria logo consigo um outro membro da família. E de fato Ptolomeu sorria. Mesmo na morte, abriu aquele misterioso sorriso, o meio sorriso do Faraó. E apesar de todas os tapas que Berenice lhe deu, em suas faces gordas, o sorriso sardônico estava bem fixo nela, como se fosse feito de gesso egípcio, e não se desfazia, como se ele não estivesse pretendendo arrastar um deles, mas a todos, consigo; como se fosse necessário que ocorressem repetidas mortes, muitas e violentas mortes, algo inimaginável para qualquer homem.

E Thot sabe que assim seria.

No terceiro dia, antes do alvorecer, a procissão saiu pelos portões da residência, transportando o corpo até a praia a leste da cidade de Alexandria, onde, depois de anos recebendo ordens para permanecer em silêncio, as mulheres gregas poderiam ter voz.

A rainha Berenice, comandando a cerimônia, postou-se à cabeceira do ataúde e iniciou o *klama*, a canção de luto, erguendo sua voz em louvações a seu marido. Suas pernas estavam quase paralisadas, seus cabelos em desordem, e o seu véu, ela estendeu sobre os ombros, segurando cada ponta com uma mão, movendo-o para cima e para baixo no ritmo lento do réquiem.

Berenice golpeava os seios com os punhos. Fincou as unhas em suas faces e, ao final, não se ouvia dela nada senão guinchos estridentes, sem significado algum, e Filotera e Arsinoë Alfa entoaram a canção por ela.

Berenice arrancava chumaços de seus cabelos e os atirava sobre o ataúde, exatamente como Aquiles e os mirmidões haviam lançado seus cabelos sobre o ataúde de Pátroclos. Berenice cambaleava, como uma bêbada, seus cabelos despencando como uma mixórdia sobre suas faces, seu rosto todo cortado por fios de lágrimas e sangue, e profundas rugas que não mais desapareceriam.

As aias aristocratas, que conheciam Berenice mais do que qualquer outro, consideraram que ela exagerara em suas lamentações, que não estava sendo totalmente sincera em sua dor, e as línguas trabalharam bastante nos dias que se seguiram.

Quanto aos homens, Mikros, tio Menelau, os filhos bastardos de Soter, cujos nomes ninguém recordava, e Lagos e Leontiskos, filhos de Thaís, a qual ninguém mais mencionou — sentiam-se constrangidos, em meio a essa demonstração pública e descontrolada de sofrimento. Seus olhos estavam fixos no chão, pensando sobre a noite dos punhais que estava para chegar e remexendo com os pés a areia dourada.

E assim ele foi cremado numa muralha de chamas, e a fumaça cobriu seus rostos, fazendo-os lacrimejar.

Na ausência de Keraunos, cabia a Mikros reunir os ossos, depois da cremação, lavá-los em vinho límpido e envolvê-los em suaves tecidos púrpura bordados com fios de ouro pelas mulheres da Casa, para depois colocá-los numa apropriada *larnax*, ou caixa de ouro, segundo o costume dos gregos. Depositaram seus restos junto a Alexandre, no Grande Túmulo, ou *Sema*, na rua Kanopus, no cruzamento das principais avenidas da cidade.

Por todos os anos que se seguiram, ao longo de três séculos, a Casa de Ptolomeu celebraria o dia do aniversário do falecido Ptolomeu Soter, dirigindo-se em solene procissão ao Túmulo, realizando as devidas libações de leite, mel e vinho não diluído. Lá derramavam os líquidos, de acordo com suas obrigações religiosas, como se um homem já em seu túmulo pudesse usufruir de qualquer benefício por receber inúmeras ânforas cheias de vinho, guardadas entre as fendas das pedras de seu último lugar de repouso.

Posteriormente, houve controvérsias a respeito do Fundador dessa Casa, já que haviam esquecido não apenas quais haviam sido as disposições tomadas em relação ao primeiro Ptolomeu, mas até mesmo onde o haviam colocado. É certo que chegaria o dia em que já não saberiam se esse rei recebera um funeral de grego ou de Faraó, sendo que nesse caso teria sido depositado no triplo sarcófago de ouro sólido, envolvido em faixas, na morte, assim como as bandagens o haviam envolvido no nascimento, de modo que ele terminaria justamente como começara.

Ninguém jamais esqueceu, no entanto, o que aconteceu imediatamente depois do funeral de Ptolomeu Soter. De modo algum. Isso eles lembrariam para sempre, porque o grupo todo retornou ao túmulo, depois do número prescrito de dias, para comer a *Thaunatousia*, o Banquete dos Mortos, o festim fúnebre dos gregos, no qual toda a comida era *vermelha*, já que comiam, nessa ocasião tão triste, todos os alimentos que eram proibidos em qualquer outra refeição, empaturrando-se de tomates, amoras, morangos e salmonetes, camarões de água doce e do mar, lagostas, bacon, beterrabas, framboesas e arandos — fartando-se de pratos da cor do sangue.

Isso porque, na Grécia, vermelho é a cor da morte.

Thot diz: Em verdade, a família de Ptolomeu apreciou a *Thanatousia*, e mais do que qualquer outra refeição, e o Banquete Vermelho dos Mortos era algo esperado, com ansiedade pela família do falecido, algo para ser lembrado depois, de modo que alguns desses gregos chegariam até mesmo a rezar por uma nova morte na família para que pudessem outra vez ter a permissão de comer lagostas e morangos, com o suco vermelho escorrendo por seus queixos. E assim prosseguiu, sim, um ano depois do outro, uma geração depois da outra, pois que ocorria uma morte depois da outra, mortes e mais mortes, e outras mortes mais, no seio dessa família, e todas as vezes sucedia-se a mesma coisa: seus lábios e queixos ficavam vermelhos, e suas vestes gregas de linho branco ficavam manchadas de vermelho, como se fosse com sangue.

Isso porque na Casa de Ptolomeu a morte era um evento quase bem-vindo, não tanto a causa da dor e do luto, mas de um silencioso deleite.

E, de fato, a morte viria visitar os Ptolomeus com freqüência.

3.29

Causadores de Problemas

Quando haviam concluído os últimos ritos, restava a questão de o que fazer com os Causadores de Problemas, e no topo da lista das pessoas difíceis estava tio Menelau, irmão de Ptolomeu, que continuava salivando em abundância, em seus ricos aposentos, mas que teria de ser o primeiro suspeito, mesmo assim, de traição.

Por algumas horas, o novo Faraó, Ptolomeu Mikros, andou de um lado para o outro sobre o assoalho de mosaico, observando os golfinhos e tridentes e refletindo sobre o que deveria ser feito. Menelau poderia morrer num tempo suficientemente breve, de causas naturais. Na verdade, não representava nenhuma ameaça à segurança. Mas havia a questão dos seus filhos, de cujo nome ninguém, nos anos vindouros, se lembraria, e também os filhos desses filhos, e o problema era que os filhos e os netos não poderiam ser assassinados sem que se matasse também o avô.

Mikros — não era verdade que desprezava esse seu tio, o babão, cujo maior prazer era ficar sempre lhe dizendo o que deveria fazer? Esse homem, cujo auge da carreira militar fora a perda da ilha de Chipre?

Mikros perguntava-se se seria possível que tio Menelau sofresse algum acidente com suas lâminas de bronze.

Mas deveria, perguntava-se, apressar a partida de tio Menelau para a estrada que descia ao Hades?

Mas Mikros tinha seus receios. Era um rei dotado da mais extrema honra, que dizia sempre a verdade. Afastou seus pensamentos sombrios e enviou a Menelau uma cesta de figos, como gesto de boa-vontade.

Em Mênfis, corria a informação de que Menelau ainda vivia em seus velhos aposentos em Alexandria.

Em Alexandria, a notícia era que Menelau usufruía de uma bem merecida aposentadoria em Tebas, onde o clima era mais saudável, mais seco.

A deusa alada do Rumor espalhava, entretanto, diversas versões: Menelau havia fugido do Egito, dizia-se, assim que o rei falecera. O gentil, generoso

Menelau, diziam, fora eliminado logo que seu sobrinho subiu ao trono, e com ele sua devotada esposa, seus filhos, educados desde a infância para se tornarem *strategoi* do exército egípcio, e também seus netos, todos eles usurpadores, uma dinastia rival aguardando o momento de pôr as mãos no poder: a genuína encarnação dos Problemas.

Ptolomeu Soter havia alertado esse seu filho para fazer o que precisava fazer e prontamente. A Noite das Espadas Curtas, assim a chamou, quando um rei tem de cuidar da lista.

Mikros ainda escutava a voz do homem idoso, bem nítida e bem alta: *Para garantir sua segurança, todos eles devem ser passados a espada.*

E quando Mikros o encarou com perplexidade, ele foi ainda mais enfático: *Se você não eliminar todos os seus parentes, você é que estará condenado, e Ptolomeu Mikros entrará na Casa de Hades com cinqüenta anos de antecipação.*

Logo surgiu o comunicado oficial: tio Menelau havia comido figos verdes em demasia e engasgara-se, morrendo sufocado; aconteceu tudo por culpa de sua própria estupidez — embora, em verdade, o único crime desse que era o mais inofensivo dos homens (excetuando ter perdido a ilha de Chipre) fora ser irmão do rei.

Quanto à família de Menelau, houve rumores sobre disenteria, picadas de cobras, espinhas de peixe atravessadas na garganta: de uma febre fatal qualquer alastrando-se entre seus filhos e netos, resultando no triste falecimento de um depois do outro.

Contra-rumores, é claro, diziam que a febre fora o próprio Mikros. Mas não, Mikros era o Faraó, um homem de altíssima honra, que sabia como manter as mãos limpas, assim como a sua reputação.

Fosse qual fosse a verdade, nenhum membro da Casa de Menelau sobreviveu, e nenhuma lembrança foi deixada deles. Ficaram entre os desaparecidos, como se alguém houvesse lançado sobre eles o Feitiço da Invisibilidade.

A ligeira deusa dos Rumores espalhava também, aos cochichos, boatos que davam conta da morte de Argaios, meio-irmão de Mikros, filho de Eurídice. Diziam que Argaios fora executado por conspiração. E era justamente o que

Eurídice mais temia: que a família recorreria à matança mútua, para se sentir em segurança.

Ptolomeu havia executado os apropriados rituais da purificação: derramou a taça com o sangue de um leitão sobre as mãos. Despejou toda uma taça de sangue de leitão sobre sua cabeça. É certo que ele jamais ergueu sua espada pessoalmente, mas, a despeito do aspecto meramente técnico relacionado à culpa pelo derramamento de sangue, apesar de não ser, de modo estrito, culpado de crime algum, mas apenas, se tanto, de tê-los encomendado, Ptolomeu Mikros sentia-se culpado, e essa culpa jamais o abandonaria.

Isso porque para os gregos, um assassinato em pensamento vale tanto quanto o ato de assassinar.

Ao fundar Alexandria, os gregos criavam uma cidade onde tudo era permitido; onde nada que um homem desejasse fazer seria proibido — o que significaria, talvez, tanto coisas ruins como boas que um homem pudesse fazer.

O crime de Argaios foi simplesmente existir. Sua conspiração consistiu em ser o irmão vivo do rei Ptolomeu e um filho da instável Eurídice; além disso, havia demorado demais em Alexandria, sem ter o que fazer ali.

Mesmo assim, foi esse mesmo Ptolomeu Mikros — esse Ptolomeu — que fundou a ilustre e a mais ilustre das cidades, no distrito do lago de Moeris, ao qual deu o nome de Filadélfia, ou seja, Amor Fraternal. Mikros, que não era um guerreiro, estava evoluindo bem.

O que fora feito, então, do resto da família? Eurídice permaneceu em Mileto, na Jônia, sob a proteção de seu filho, mais afeito à guerra, Ptolomeu Keraunos. Com ela, por fim, foram morar suas filhas viúvas, Theoxena e Ptolomaïs — *Três mulheres loucas reunidas*, diziam — já que não poderiam mais residir em segurança em Alexandria, nem manter seu luxo de antigamente, tampouco, de fato, sentir-se à vontade, em qualquer aspecto, temendo que alguém viesse lhes bater à porta depois do escurecer. Isso porque ocorreu a Mikros que até mesmo uma irmã poderia recorrer a venenos, a punhais; que mesmo uma irmã poderia encomendar um assassinato, se oferecesse dinheiro o bastante por isso, e ele imaginou que mesmo essas irmãs insanas de Ptolomeu Keraunos o estariam apoiando. E talvez estivesse certo.

Quanto aos dois jovens filhos de Theoxena, que haviam permanecido no Egito, o mais velho, Arkhagathos, casara-se com Stratonike, filha de Demétrio Poliorketes. Quando sua mãe retornou ao Egito, ele estava com dez anos de idade, um príncipe sem futuro; mas, ao completar 21 anos, foi indicado como *Epistates*, ou seja, governador, da Líbia, e isso com o propósito de tirá-lo de Alexandria, onde poderia criar problemas.

Arkhagathos foi, assim, enviado rio acima, onde, se não morresse vitimado por alguma febre, poderia, talvez, retornar algum dia e ser útil ao Faraó, seu tio, ou poderia ser assassinado com discrição, quando chegasse o momento para as disposições apropriadas, ou tão logo se relatasse que dera algum passo errado.

Arkhagathos por alguma razão começou a acreditar que poderia fazer o que bem entendesse e dedicou o seu tempo não apenas às suas obrigações, o que incluía a captura de elefantes de guerra para Ptolomeu Mikros, mas também aos prazeres da carne. Arkhagathos pensou que, na Líbia, ninguém o estivesse vigiando, mas, em verdade, ele era meticulosamente espionado pelos agentes de Ptolomeu, e todos os seus atos, bons e maus, eram comunicados à residência.

Além da referência à sua estada na Líbia, ninguém poderia dizer com certeza o que fora feito desse jovem, a não ser que ele deixara de ser mencionado nos arquivos justamente na época da coroação de Ptolomeu Mikros.

Reflexões de Thot: Em verdade, não é difícil adivinhar o que aconteceu a esse garoto.

Quanto ao irmão mais novo, Agatharkhos, sabe-se ainda menos, e ele deve ter sofrido sorte ainda pior, já que ninguém nem sequer recorda seu nome, quanto mais sua história, e isso é mau sinal, porque, para os egípcios pelo menos, se o nome de um homem não é lembrado, ele não terá existência na Vida Após a Morte.

E é tudo o que se pode dizer sobre a família de Theoxena, uma garota que iniciou sua vida adulta com grandes esperanças e a terminou em tragédia, sem marido, sem herdeiros e privada de sua felicidade; pois como uma tal mulher pode ser considerada feliz?

Com freqüência, Theoxena se poria a contar a história de seus dias na Sicília, a qualquer mulher que se dispusesse a escutá-la, dizendo: *Tive um marido, muitos anos atrás... o mais corajoso e o melhor de nossa raça... um homem de coração de leão...* Mas nunca conseguia terminá-la, porque começaria a chorar, e isso aconteceu não apenas uma vez, mas sempre, e as mulheres desconfiariam de que a verdade era que, mesmo o amando de tal maneira, e mesmo falando nele de tal maneira, esse seu Agathokles a teria tratado com a sua crueldade costumeira.

O que diz o grande Sólon: *Não diga que um homem é feliz até que ele morra; no máximo, ele pode estar tendo sorte.* E ele poderia ter acrescentado: *o mesmo vale para as mulheres.* Mas Theoxena não tinha nem mesmo sorte.

3.30

A Grande Vaca Branca

A esposa de Ptolomeu Mikros, Arsinoë Alfa, filha de Lisímaco, estava deliciada com a iminência de se tornar a rainha do Egito e de usar a Coroa de Jóias das Duas Terras, e se deliciava também com a adoração dirigida a ela, como a jovem esposa do Hórus Vivo, o Falcão de Ouro, Filho de Rá. Arsinoë Alfa — quase automaticamente passou a sorrir o sorriso da rainha do Egito, vago, misterioso sorriso, porque era, já por si mesma, em verdade, uma jovem vaga, cujos pensamentos também tendiam a serem vagos, e, certamente, não os pensamentos voltados para navios de guerra, geometria, ou como melhor comandar um exército de mercenários, e isso porque não a tinham educado para nada a não ser tecelagem, tapeçaria e costura e, para dizer a verdade, ela não era capaz sequer de ler do *alfa* ao *delta.* Arsinoë Alfa nada sabia de coisa alguma que fugisse aos afazeres domésticos. Mas nada disso importava para Ptolomeu Mikros, na época do seu casamento.

No entanto, Arsinoë Alfa se considerava bastante afortunada, e tinha tudo o que desejava. Estava cercada de aristocráticas aias, e o *gynaikeion,* em

Alexandria, sempre ressoava com a conversa incessante e as risadas das jovens, que eram lindas de se olhar como deusas, e nada existia para estragar a alegria delas.

Arsinoë Alfa passava o seu tempo ora em Mênfis, ora em Alexandria, dependendo de onde estaria instalada a corte de seu marido. De fato, ela não via o marido todos os dias, mas sabia que os negócios de um rei são um fardo incessante. Havia aprendido de Arsinoë Beta, sua madrasta, como deveria uma rainha se comportar, e embora lhe faltando o interesse sobre assuntos militares que a outra Arsinoë tinha, estava ansiosa para se envolver nos assuntos egípcios, onde quer que pudesse ser útil, e entendia um pouco do que acontecia à sua volta. Assim, Arsinoë Alfa supervisionou uma frota de navios mercantes, que comerciava em seu nome, rio acima e abaixo, com cargas de grãos, bananas, azeitonas e ânforas cheias de óleo e vinho, e assegurou-se de que a frota mercante trouxesse lucros para o Tesouro do rei Ptolomeu Mikros.

Arsinoë Alfa dirigia também a manufatura real de perfumes e ungüentos, incentivando sempre a interminável busca por uma mistura que mantivesse a transpiração da mulher grega no mínimo e, ao mesmo tempo, afugentasse as moscas e evitasse picadas de insetos egípcios, que tanto apreciavam pousar sobre ela com a intenção de atacar sua carne.

O trabalho de Arsinoë Alfa, portanto, não era trabalho de homem, mas uma guerra contra as moscas; no entanto, seu propósito era sempre enriquecer os cofres do marido. Todos os seus empreendimentos visavam ao incremento da glória de Ptolomeu, já que ela era a Grande Esposa Real, e a Esposa do Rei não era mulher de ficar sentada o dia inteiro sem fazer nada. Arsinoë Alfa, assegurava Mikros, não seria uma outra Eurídice.

A rainha Arsinoë viajava com o rei Ptolomeu Mikros, quando o ritual do templo exigia a sua presença ao lado dele. Ela desenvolveu bastante a habilidade de chacoalhar o sistro. Na parte alta do Nilo, vestia seus trajes de Ísis, a Grande Deusa, Grande em Mágica. Usava a touca de chifres de Hathor, sem reclamações, e o quase transparente vestido da deusa-viva, e até mesmo sorria o vago sorriso de rainha, e era feliz, mais do que feliz, com a sua nova vida. Em retribuição, Mikros sentia que nunca em sua vida fora tão feliz, e em seu íntimo achava que possivelmente — embora fosse uma loucura pensar isso — amasse essa sua esposa, essa bela rainha, que envergava a Tiara do Abutre com tanta graça.

Arsinoë Alfa poderia ter vivido sua plácida existência no Egito pelo resto de seus dias, mas o que aconteceu foi que as Parcas decidiram outra coisa.

Thot sabe que, no horizonte, avizinhavam-se desse homem e de sua esposa problemas piores do que todos os que já haviam conhecido na vida, e a causa seria uma outra mulher, cujo nome também era Arsinoë — Arsinoë Beta, a outra Arsinoë, a mulher a quem Arsinoë Alfa pensou que jamais veria de novo. Mas, não, a felicidade de Arsinoë Alfa não duraria para sempre, mas estaria fadada a ser interrompida dramaticamente.

E quanto à velha rainha? O que fora feito de Berenice, a Rainha-Viúva, nascida cerca de setenta anos antes? Nesses dias, ela falava mais da beleza da Grécia, da Macedônia, sua terra natal, isso porque desejava, acima de todas as coisas, uma paz que durasse para sempre com a Macedônia, de modo que pudesse ir para sua terra e morrer em seu próprio país; e assim poderia morrer uma morte fria, em vez de morrer de calor no Egito que era, segundo dizia, nada mais do que um forno.

Mas Berenice sabia que jamais poderia retornar para a Grécia. Não, ela precisava ficar no Egito e se acabar de tanto transpirar.

No verão, providenciou para ser levada no *harmamaxa* para a praia ao sopé dos penhascos a leste da cidade de Alexandria, com seus netos, suas amas e o instrutor de natação, e se divertiam banhando-se no Grande Mar, já que a água do mar, supostamente, seria saudável.

É importante, dizia Berenice, *saber nadar bem*. E, a exemplo do seu falecido marido, ela pensava no curioso fato de Alexandre não saber nadar e parecer totalmente incapaz de aprender. Assim, tornou-se uma espécie de tradição de família que todo Ptolomeu aprendesse essa arte, e se orgulhasse de saber fazer algo que Alexandre fora incapaz de fazer, e aprender a patinhar como um cão, sobre a água, tão bem quanto Berenice.

Já a esperta Berenice, ela nadava muito bem; em seu traje de banho diáfano e sem formas marcadas, a Grande Vaca que Habita o Necker parecia nada mais do que um gigantesco monstro marinho. E, quando flutuava de costas, expeliria grandes jorros de água, bem como as baleias que às vezes surgia na Enseada de Eunostos, a Enseada dos Felizes Retornos.

Mas, Berenice, de fato, viveu muito mais do que seu marido, e era como se tivesse morrido porque, se continuasse viva, morreria de vergonha pelo que estava prestes a acontecer na Casa de Ptolomeu, sobre o que Thot irá falar mais abaixo. Não pare de seguir a história, leitor.

Por ocasião da morte da rainha Berenice — que se tornou Berenice Alfa, para distingui-la da rainha Berenice que viria a seguir — as lágrimas de seu filho Mikros seriam lágrimas de crocodilo. Em verdade, ele não se sentiu abalado pela morte dessa mulher, que havia se mantido distante dele por toda a sua vida.

Teria Berenice abandonado esse filho com a ama e lhe demonstrado ter pouco afeto por ele? Sim. Nem uma vez sequer, depois de ele atingir a idade dos sete anos, ela o abraçou ou cobriu sua cabeça de afetuosos beijos. Nem uma vez sequer disse a esse seu filho que o amava.

Por que isso? A rainha Berenice era boa em sorrir, boa em qualquer tipo de dissimulação, mas havia cerrado o seu coração contra as flechas de Eros, o Menino Impetuoso. Seu coração era duro como uma bota de couro, e ela jamais sentiu os arroubos do amor depois do fracasso de seu casamento com Felipe, o macedônio, e aprendera a fingir para obter tudo o que desejasse. Era uma questão de sobrevivência, de uma mulher fazendo tudo o que lhe fosse possível por si mesma e por seus filhos. E, sem dúvida, poucas mulheres na história do mundo fizeram isso tão bem quanto Berenice que, apesar de um nascimento sem brilho, terminou como rainha, deusa e a mais rica mulher vivente.

Mesmo assim, tinha orgulho de seu filho Mikros ter se tornado Faraó.

Alguns homens diziam que a frieza de Arsinoë Beta viera de Berenice, sua mãe — uma mulher linda, mas com o coração de pedra, já que sua vida havia sido estragada, arruinada, antes mesmo de ela vir para o Egito, por aquele Felipe cujo nome e destino teriam sido terríveis demais para serem sequer mencionados.

Para a sua irmã mais velha, Arsinoë Beta, rainha da Trácia, Mikros enviou uma mensagem, lacônica, ao jeito grego, já que nenhum deles desperdiçaria seis palavras que fossem, se pudessem empregar apenas três: *Nossa mãe morreu.*

Acontece que Arsinoë Beta já sabia. Ela havia despertado, durante a noite, com lágrimas escorrendo por suas faces sem nenhuma razão que pudesse lhe ocorrer, e sem nada a ver com o belo Agathokles. E, então vira a pálida figura da rainha Berenice de pé, junto ao pé de sua cama marchetada de ouro, o rosto como um raio, e quando foi perguntar mais tarde, fora justamente a hora de sua passagem.

Nos aposentos das mulheres havia sempre fortes laços de afeição. Se essa fria, feroz Arsinoë Beta verdadeiramente amara alguém da sua família, fora sua mãe, a quem tinha muito o que agradecer, já que Berenice lhe ensinara tudo o que sabia sobre mágica, encantamentos e poções contra todos os tipos de enfermidades, e também sobre venenos, e como se descartar de um homem que fosse, seja por que razão fosse, indesejado. Berenice era uma sobrevivente, e Arsinoë Beta devia a ela sua habilidade para sobreviver.

Cremaram a velha rainha vestida com seu mais refinado *peplos* púrpura e todas as jóias que possuía, como todas as nobres da Macedônia, exceto que havia jóias demais, todas de enorme esplendor, e eram jóias egípcias: colares de abutre, braceletes de serpentes, Olhos de Hórus, e mais colares e colares com genuínas pedras preciosas.

Ou, talvez, estivesse usando suas jóias até ser colocada sobre a pira e, antes que as chamas fossem acesas, generosamente as tivessem retirado, porque seriam tesouros valiosos demais para virarem fumaça, e Arsinoë Alfa as queria para si.

Com os ossos de Berenice, pelo menos, sepultaram duas ânforas cheias de óleo e a mesa das oferendas do festim funerário, segundo o costume grego, e toda a comida incluída: azeitonas gregas, pão para ceia, queijo de cabra, tâmaras e ânforas de vinho — os pratos simples macedônios. Foram providenciadas guirlandas de rosas e de narcisos, e as oferendas de incenso queimadas em seus ritos funerários foram mais volumosas do que todos os templos do Egito juntos poderiam usar no período de um ano. Se Berenice não era exatamente amada, ela, no mínimo, granjeara o respeito daqueles que deixou.

Assim, e seja como for, o segundo Rei Ptolomeu, tendo se livrado de todos os parentes seus que poderiam se insurgir e derrubá-lo do trono, ocupou-o em segurança, e apreciava o que havia feito, apreciava muito.

Tudo parecia agora correr bem no Egito, e esse novo Faraó estaria apto a começar seu reinado de paz, riqueza e glória. *Vida! Prosperidade! Saúde!* para Sua Majestade.

Nesse ínterim, nem tudo corria bem no palácio de Lisímaco da Trácia; havia problemas graves, e haveria ainda mais, e a causa deles era a rainha, Arsinoë Beta.

Pois, para Arsinoë Beta estariam reservados todos os problemas do mundo porque seu horóscopo havia muitos anos os profetizar: terríveis problemas, e horrores tais que fariam seus cabelos se eriçarem como se fossem chifres.

PARTE QUATRO

Arsinoë Beta

4.1

O Belo Agathokles

Arsinoë Beta recebeu de Lisímaco a possessão de Éfesos, e nessa cidade, exercendo seu direito, emitiu moedas — tetradracmas e octodracmas de ouro — com a sua efígie aposta numa das faces. Deu ordem para que tivesse aparência jovem, majestosa, com rosto redondo e usando véu — a epítome de uma rainha grega; uma mulher que, com 22 anos, havia alcançado tudo o que uma mulher deve alcançar, a não ser se tornar uma deusa em vida.

Fazendo o sol incidir sobre as moedas, era possível enxergar um sorriso em Arsinoë Beta. Mas a verdade era que, embora ela pudesse sorrir nas dracmas de Éfeso, raramente sorria pessoalmente, e ostentava sempre uma expressão solene, ou contrariada, já que era muito propensa à irritação.

Todas as cartas que Berenice enviava para suas filhas na Trácia terminavam com as mesmas palavras: *Quanto ao resto, façam-nos um só favor, cuidem bem de sua saúde.*

Lysandra de fato tomava cuidados, e isso não lhe trazia grandes benefícios, mas Arsinoë Beta ignorava o sábio conselho de sua mãe, e fazia tudo o que bem lhe agradasse, comendo alimentos que lhe fariam mal. Tênues dores de estômago a perturbavam, ocasionalmente, mas Arsinoë Beta não lhes dava atenção, e nada fazia para mudar seus hábitos de vida. Havia dias em que os problemas de estômago se tornavam tão graves que precisava ficar de cama, mas mesmo assim não mandava chamar os médicos de seu marido, homens que ela considerava pouco melhores do que feiticeiros e mágicos. Preferia medicar-se ela mesma, com medo de ser envenenada.

Certa ocasião em que Arsinoë Beta pediu ajuda ao seu médico particular, aquele mesmo Dion que fora mandado com ela para o Egito, ele percebeu o inchamento de sua barriga, o que o fez pensar que ela estivesse de novo grávida e que havia chegado a hora do parto. Insistiu para que ela fosse se sentar no banco real do parto. Mas, apesar de todos os seus gritos e de toda a força que fez, não expeliu nada além de uma rala e negra diarréia.

O que fez então Arsinoë Beta? Parou de se empanturrar de carnes assadas, e não comeu senão uvas por um mês para ficar magra e agradar mais aos olhos do príncipe Agathokles, mas, logo que voltou a comer, caiu doente de novo.

Certamente, na maior parte desse período, tudo o que a rainha defecou foram pelotas negras, como se fossem excrementos de cabras, assim como na maior parte desse período as dores e cólicas na barriga não a deixaram em paz.

Tal foi o início dos problemas físicos de Arsinoë Beta, que aliás não cessaram e, assim como seus problemas amorosos, pioraram ainda mais.

No decorrer dos meses e anos, os sentimentos de Arsinoë Beta em relação ao jovem Agathokles mudaram, de modo que, assim como o amava, começou também a odiá-lo um pouco, e em verdade ela mal percebia o que estava fazendo, porque seu amor, como todo amor, era uma espécie de loucura e a cegava para qualquer bom senso ou razão.

Começou a se queixar a Lisímaco de que Agathokles, seu filho, estaria se dirigindo a ela com linguagem imprópria, e que a insultara, enfiando a mão por dentro do seu *peplos*, tentando agarrar seus seios.

Lisímaco achava difícil acreditar que seu filho, um rapaz de comportamento perfeito, fosse capaz de fazer tal coisa e, no momento, não tomou nenhuma atitude, deixando o rancor de Arsinoë crescer até que ela desejasse não somente ver Agathokles punido, mas expulso da Trácia, e tudo para impedir que essa sua beleza que se assemelhava à dos deuses continuasse atormentando-a dia e noite.

Agora, ela amava e odiava em igual medida, e ofereceu a Agathokles recompensas impensáveis se ele se dispusesse a, pelo menos, vir ao seu leito; se ele ao menos a segurasse em seus braços e a beijasse nos lábios. Mas Agathokles sempre balançaria a cabeça e, na privacidade, entre amigos, mencionava sua preocupação sobre a saúde mental de sua madrasta e sobre a compaixão que lhe causava o sofrimento dela. Não tinha noção do que ela contava ao seu pai e jamais sequer insinuara qualquer coisa a Lisímaco sobre o que Arsinoë Beta vinha tentando obrigá-lo a fazer, porque tinha a certeza de que esse rei certamente condenaria sua esposa à morte, ou no mínimo se divorciaria e a baniria, e esse garoto não desejava mal a sua madrasta. A verdade é que não havia malícia no coração do belo Agathokles, que era um dos mais virtuosos jovens que já viveram.

Thot diz: Como seria diferente a vida dessa mulher se ela tivesse se casado com o belo filho em vez de com o seu horroroso e velho pai. Mas o destino de Arsinoë Beta fora prescrito desde o início e ela não poderia mudá-lo, assim como ninguém mais é capaz de fazê-lo. Sim, pois o destino de Arsinoë Beta era árido, como se ela houvesse sido fadada a ser não uma mulher, mas uma serpente venenosa vestida nas roupas de uma mulher.

Que infelicidade! Vendo-se incapaz de convencer Agathokles a fazer o que queria dele, Arsinoë Beta tentou, então, a magia grega que havia aprendido de Berenice, sua mãe, e tudo fez com a intenção de *forçá-lo* a se apaixonar por ela, segui-la como um autômato ao seu leito, e lá executar, com seu *rhombos*, o que quer que ela ordenasse, tornando-se assim em tudo o seu escravo.

Claro que, vendo o rumo que o problema estava tomando, Agathokles havia muito tomado cuidadosas medidas preventivas, executando os contrafeitiços contra a magia de qualquer mulher que tentasse se apoderar de um homem contra a vontade dele. Agathokles se tornou invulnerável a qualquer encantamento, e Arsinoë Beta, obviamente, não tinha nenhum conhecimento disso.

Será que Lysandra, mulher de Agathokles, sabia dos sentimentos de sua meia-irmã? Certamente, no começo Lysandra sentira alguma compaixão por Arsinoë, casada com um velho — isso porque Lysandra já se casara com homens jovens *por duas vezes* —, e porque, quando ainda meninas, no Egito, nem sempre haviam se dado bem. Mas, aos poucos, a piedade de Lysandra se desfez, quando escutou de Agathokles que Arsinoë Beta estava se tornando um grande inconveniente para ele. Lysandra tinha alguma noção do que estava acontecendo, mas, fora assassinar a irmã — e ela jamais faria algo tão pavoroso —, estava impotente a não ser dizer a Arsinoë Beta para parar de tentar seduzir seu marido, para parar, porque era repulsivo, e lhe dizer que fosse o que fosse que ela pretendesse com ele, jamais teria, porque Agathokles já tinha uma esposa, e era ela, Lysandra.

Esse estado de coisas, mais do que insatisfatório, prosseguiu, prosseguiu e prosseguiu, e nenhuma das partes envolvidas fez nada para evitar que acontecesse — o que seria óbvio se tivessem refletido a respeito — o que iria acontecer.

Isso porque Arsinoë Beta agora pensava: *Se Agathokles não pode ser meu, então não será de mais ninguém...* E penetrou em seu coração a idéia de que precisava se livrar do homem que a atormentava, e que havia uma única maneira de consegui-lo. Agathokles poderia ter se tornado invulnerável aos seus encantamentos mágicos, mas não era, pensou ela, invulnerável a venenos. Agathokles ainda não era um dos imortais, e Arsinoë começou a pensar qual seria a melhor maneira de assassinar esse jovem, cujo único crime, sem dúvida, era ser mais belo do que qualquer outro homem na Trácia.

Thot balança a cabeça, de novo, e diz: Ora, então, deveria Arsinoë Beta ter o desejo de praticar um ato tão terrível? E sua resposta, evidentemente, é essa: Ela queria, acima de todas as coisas, ser a rainha da Trácia, rainha para sempre e sempre, e estava ciente de que o seu poder teria a extensão da vida do velho que era o seu marido, Lisímaco. Logo, sem a menor dúvida, chegaria a hora em que sua irmã, Lysandra, se tornaria a rainha, e ela, Arsinoë Beta, rainha de nada, mas apenas a madrasta de um novo rei, Agathokles, quando então, sem a menor hesitação, seria expulsa da Trácia, pois não conseguia acreditar que Agathokles suportaria viver sob o mesmo teto com ela, depois de tudo o que ela tentara fazer. Não, o mais provável seria que Agathokles mandasse matá-la assim que ascendesse ao trono, já que, aos seus olhos, ela seria apenas outra causadora de problemas.

Sim, se Arsinoë Beta conseguisse providenciar o assassinato de Agathokles, isso significaria que Lysandra jamais seria rainha da Trácia, em seu lugar. Significaria que Arsinoë Beta seria a regente, enquanto o seu filho, seu filho mais velho, Ptolomaios (de Telmessos), fosse menor de idade, e depois a Rainha-

Viúva, porque, se Agathokles morresse, não haveria nenhum outro herdeiro para a Trácia a não ser o filho de Arsinoë Beta. Matar Agathokles, então, significava que Arsinoë Beta poderia reter o poder mesmo depois da morte de seu marido.

Então, certa noite, Arsinoë Beta ousou quebrar os selos do pacote de papiro que havia trazido do Egito e mantivera guardado em seus aposentos particulares, desde então, e que era parte dos presentes dados por Berenice, e cujo conteúdo era veneno o bastante para eliminar todo o exército da Trácia, e sobre o qual lhe disseram para explicar a Lisímaco, se algum dia o encontrasse, que se tratava de arsênico para matar moscas.

Quando pôs os olhos sobre o pacote, Arsinoë Beta sorriu e não parou mais de sorrir, porque já não se sentia indefesa nas mãos de seu destino, mas poderosa, possuindo o poder da vida e da morte — mais poderosa do que qualquer ser vivente. Assim foi que a idéia que principiou no coração de Arsinoë Beta como uma tênue semente começou a crescer, a lançar raízes, e a raiz principal de toda essa idéia era que o belo Agathokles iria morrer.

Mesmo assim, Arsinoë Beta tinha certeza, no fundo do seu frio ou ardente coração, que o que pretendia fazer era *errado*, e buscou decidir o que deveria fazer consultando os deuses, isso porque estava realmente lançada no maior dos desesperos em relação a Agathokles, a quem amava.

Ela derramou água do mar numa taça de ouro. Pingou azeite virgem sobre a superfície da água e, na escuridão dos seus aposentos, inclinou-se sobre o recipiente e expressou a pergunta, do fundo de seu coração, para a qual queria uma resposta. E, então, baixou sobre a taça a cabeça de um menino pequeno, que lhe deveria contar o que veria, um menino ainda puro, que não tivesse conhecido nenhuma mulher, e que era o seu próprio filho mais novo, Lisímaco Mikros, sobre cujo *rhombos* ainda não haviam nascido pêlos.

Havia dias em que as tentativas de Arsinoë Beta de predizer o futuro pela adivinhação da taça funcionavam com exagerada lentidão, e então ela queimaria um ovo de crocodilo sobre uma chama, para fazê-la funcionar mais depressa.

Havia vezes em que os deuses pareciam sem vontade de se manifestar para ela, quando então os forçava, misturando a bílis de um crocodilo com olíbano, sobre um braseiro.

Mas por fim, como todos os que se utilizavam de tais encantamentos, Arsinoë Beta ficou espantada ao receber a resposta que buscava, e seu sorriso, que tão raramente aparecia, se alargou.

E Lisímaco Mikros, o que ele viu? O que contou à sua mãe? Ele lhe contou o que achou que ela queria saber, e manteve segredo acerca do que viu na taça de água e que o fez gritar. Não, não queria contar a Arsinoë Beta o que viu, porque viu sangue, sangue esguinchando, sangue nas ruas, sangue nas paredes, e dois garotos mortos nos braços de sua mãe — e isso o apavorou.

4.2

O Que Lambe Sangue

Cerca de 18 anos depois de Arsinoë Beta deixar o Egito, a região em torno do Helesponto foi sacudida por um violento terremoto, e o maior dano foi sofrido pela cidade de Lysimakheia. Arsinoë sentiu os seus aposentos estremecerem, seu mobiliário de ouro deslizar pelo assoalho, e ela começou a berrar porque o Palácio de Lisímaco demonstrou não ser à prova de tremores de terra, e então a rainha ficou apavorada.

Os intérpretes dos augúrios disseram que o sinistro era um aviso mandado pelos Céus, uma amostra dos males que se abateriam sobre todo o mundo grego, e profetizaram a mais sombria ruína para Lisímaco, para a sua Casa e também para o seu reino.

Outros, mais serenamente, observaram que os terremotos não eram incomuns na região da Khersonesos-Trácia; que já houvera terremotos antes e que, sem dúvida, haveria terremotos depois, e que o terremoto era um fenômeno natural, sem nenhum significado, e muito menos uma prova da ira dos deuses gregos.

As profecias de tragédia, no entanto, estavam fadadas a se comprovarem corretas.

Não muito depois desse tremor de terra, o próprio Lisímaco começou a alimentar ódio por Agathokles, um ódio em tudo anormal, não apenas num pai, mas em qualquer ser humano, porque agora acreditava que havia alguma verdade nas histórias de Arsinoë Beta, e começou a se deixar tomar pelo pensamento de fazer o que Arsinoë queria que ele fizesse, que era lhe conceder a permissão para que ela se livrasse de Agathokles, seu próprio filho.

Tudo isso a despeito de já ter indicado Agathokles como seu herdeiro, e apesar do indubitável talento de Agathokles como soldado, ele que havia servido a Lisímaco em inúmeras batalhas; e quando tudo chegou ao seu termo, nenhum homem foi capaz de entender por que ele fizera o que fez, exceto indicando o fato de Agathokles ter ido longe demais ao dar a uma cidade o nome de Agathópolis, em homenagem a si mesmo, e de ter se deixado levar ao ponto de cunhar dracmas com sua própria efígie, usando o real diadema do soberano — algo que o próprio Lisímaco jamais fizera.

Talvez Agathokles não fosse, então, inocente de todo crime; era culpado de ter buscado afirmar alguma autoridade, e não seria, portanto, de todo desmerecedor da ira do seu pai, embora ninguém precisasse morrer por uma coisa tão pequena.

Quando tudo terminou para Lisímaco da Trácia, houve homens que disseram que o filho de Arsinoë Beta, Ptolomaios (de Telmessos), tivera algum envolvimento no fim de Agathokles. Ptolomaios tinha então 15 anos, estava quase na sua plenitude física, e era um belo garoto que seria bem capaz, e com isso teria tudo a ganhar, de compactuar com as conspirações de sua mãe, pois se o herdeiro da Trácia morresse, não haveria nenhum óbvio sucessor ao trono que não esse garoto.

De fato, esse jovem Ptolomaios tinha forte tendência a fazer tudo o que a sua mãe lhe ordenasse.

Mas que papel poderia um garoto, um mero garoto, desempenhar num assassinato? Teria feito seu amigo, Agathokles, ingerir uma dose fatal de veneno? Teria sido Ptolomaios aquele que destravou as portas, o garoto que deixara o assassino penetrar nos aposentos de Sua Alteza, o príncipe? Sem dúvida, Arsinoë Beta não macularia as suas finas mãos com um assassinato, mas empregaria alguém para executá-lo por ela. E por que, ela pensou, não deveria o seu filho Ptolomaios cometer pessoalmente o assassinato? E ela riu sua risada seca, já pensando em instruir o garoto sobre o que deveria fazer: torná-lo capaz de tomar os necessários cuidados para se proteger, de manipular os acasos em seu benefício. Sim, ela pensou, era chegado o momento de esse jovem se fazer útil — esse belo rapaz, esse especial amigo do belo Agathokles, que tinha, afinal de contas, livre acesso à pessoa dele, bem segundo os hábitos gregos, e que, fosse como fosse, já tinha o hábito de procurar Agathokles nas horas mortas da noite, sem que ninguém visse nisso nada de mais nem pensasse o pior de ambos ou sobre o que faziam.

Sim, pensou Arsinoë Beta, embora Agathokles tivesse tomado todas as medidas para se defender de feitiçaria e de mágica, chegando mesmo a pendurar o focinho de um lobo em seus aposentos, não haveria se protegido contra a traição de um amigo íntimo, um amigo em quem confiava.

Certamente, esse Ptolomaios *não* foi apenas o filho submisso de sua mãe no que concerne à sua posterior trajetória, quando mostraria ser um diligente e responsável Tirano de Telmessos. Por outro lado, como filho dessa mãe, filho dessa mulher dominadora, precisava fazer o que quer que ela lhe ordenasse, ou desfrutar da afiada lâmina de sua língua. E que garoto grego, afinal, poderia resistir à tentação de se tornar um rei, quando apenas um assassinato estivesse em seu caminho? Era o costume, entre os gregos, agarrar o poder fossem quais fossem os meios para obtê-lo. Mesmo que significasse matar seus próprios parentes; mesmo se significasse trair a mais sagrada confiança e a primeira regra da amizade.

Na última vez em que Arsinoë Beta tentou fazer com que Agathokles se deitasse em sua cama, ele lhe dissera: *Ora, minha madrasta, você já deveria saber que eu prefiro garotos...*

Mas Arsinoë sabia que o amor que Agathokles demonstrava por Lysandra, sua esposa, era genuíno, e que ele senão raramente havia demonstrado interesse por garotos bonitos, à exceção do filho dela — um interesse que ela, dissimuladamente, havia encorajado, em verdade, como meio de se aproximar de Agathokles e poder matá-lo. No entanto, sabia que ele não era um *kinaidos* a não ser ocasionalmente, e ela gargalhou na sua cara, sua risada privada de alegria, repleta de descrença, sabendo que ele apresentava apenas uma desculpa para que ela o deixasse em paz.

Seja como for, o que sem dúvida aconteceu foi que Eros bateu suas asas de ouro e voou para longe de Arsinoë Beta uma segunda vez, e não lhe restou mais nada a não ser o ódio por Agathokles. Ela chegou mesmo a ser ouvida dizendo: *Não me importo minimamente com esse homem.*

E foi assim que a paciência de Arsinoë Beta se dissolveu, e ela deu suas ordens, e tornou seus pensamentos em ações. Ela foi vista no Sétimo Daisios discutindo com o seu filho Ptolomaios, que falava como se de fato não desejasse fazer algo que sua mãe lhe pedira, de modo que ela elevou a voz, e as palavras ecoaram por todo o pátio do palácio: *Creia-me, demasiada meiguice é o melhor caminho para a destruição.*

Durante toda a noite do Oitava Daisios, Arsinoë Beta permaneceu acordada, às lágrimas, o espírito oprimido pelo terror do ato que estava prestes a praticar, e já sentia uma profunda tristeza pois havia ordenado a morte do homem que amava. Mas, na batalha entre o ódio e o amor, o ódio saiu-se vencedor naquela noite, pois seu último sentimento, antes do alvorecer, foi que Agathokles não poderia viver nem mais um dia, porque ela não suportava mais o martírio de sua tenebrosa beleza e sentia que, matando-o, poderia se libertar, por fim, do fardo de todos os seus problemas.

No entanto, sendo este o primeiro assassinato de Arsinoë Beta, ela não tinha noção do que lhe aconteceria, e menos ainda que, no que diz respeito a problemas, era apenas o começo.

Na manhã do Nono Daisios, o dia que havia marcado para ser o da morte de Agathokles, ainda restavam últimas dúvidas em Arsinoë Beta sobre se deveria ou não praticar aquele ato, e tentou se decidir recorrendo ao poder divinatório dos ossos, de modo que pudesse, talvez, dar paz ao seu atormentado coração e se certificar de que todos os augúrios lhe eram favoráveis.

A seu pedido, o sacerdote de Apolo ordenou que o cordeiro fosse levado para o altar, e o animal fazia muito barulho, debatendo-se para conseguir escapar dos braços do garoto que o carregava. Era um cordeiro com forte balido, mas não continuou a balir por muito tempo, já que os ritos gregos de praxe, nos sacrifícios, eram praticados com muita presteza, e o sangue jorrou na tigela, o cordeiro foi morto, e a carne extraída dos seus ossos.

O sacerdote de Apolo ergueu para o sol a omoplata, e entregou o osso ao vidente para o seu exame.

Se o osso fosse branco e os raios do sol o atravessassem, o significado seria extrema pobreza e infelicidade.

Se o osso apresentasse manchas negras em torno das bordas e uma única e pequena mancha escura no centro, seria o aviso de que ocorreria alguma tragédia.

Arsinoë Beta prendeu a respiração, quase impossibilitada de olhar, de tanta comoção, porque o sangue corria mais acelerado no seu corpo, pela expectativa de conhecer o futuro; mas prontamente recebeu a resposta à sua pergunta, e o osso tinha um brilho avermelhado em suas bordas, e também no centro, como tinha de ser, e os raios do sol brilharam através dele. Arsinoë sorriu então, um sorriso que não era da boca apenas, mas também dos olhos: significava que ela obteria o que desejava, fosse o que fosse.

Durante todo aquele dia, Arsinoë Beta cuidou de seus afazeres como se estivesse em meio a um sonho; seus membros tremiam. Tentou comer, mas esparramava a comida por causa do tremor de suas mãos. Tentou dormir a sesta, mas seu coração estava por demais acelerado. Estava agitada demais para fazer qualquer coisa que não fosse pensar no que estava prestes a acontecer.

Naquela noite, na hora de os candeeiros serem acendidos, Arsinoë Beta deu a ordem ao seu agente, o homem que talvez tenha sido ou não o seu filho, Ptolomaios — aquele que faria qualquer coisa que ela lhe mandasse, sem objetar — seu agente, em quem ela confiava — e ela pronunciou para ele uma única palavra, a palavra grega *Ginestho*, cuja tradução é *Que seja feito!*, ou *Faça!*

Muitas histórias foram contadas sobre o belo Agathokles da Trácia. Algumas diziam que Arsinoë Beta primeiramente tentou lhe dar o veneno que trouxera do Egito, mas que, tendo este passado 17 anos envolvido em papiro, havia perdido o seu poder, e não teve efeito sobre a saúde de Agathokles. Outros disseram que ela, efetivamente, lhe ofereceu veneno para comer, mas ele tinha o hábito de ingerir pequenas poções de arsênico, por anos, de modo a se tornar invulnerável a qualquer ação desse gênero, como aliás muitos príncipes faziam, naquela época de incertezas, sabendo muito bem que confiar em qualquer homem poderia lhes custar a vida.

Também foi dito que a própria Arsinoë tinha o hábito de ingerir pequenas poções de arsênico, pela mesma razão, e que *essa* seria a causa de seus acessos diários de vômito e do estarrecedor estado de sua saúde, nos últimos anos.

Seja como for, Arsinoë Beta escolheu uma noite quando Lisímaco e Lysandra se ausentaram do palácio para ir ao teatro, deu permissão às suas aias, escravas, servas e eunucos para ver a representação e ordens ao seu segundo filho para aplicar uma surra nos cães, de modo que o ruído do assassinato fosse abafado pelos latidos e que ninguém pudesse vir em socorro do condenado Agathokles, que permaneceu no palácio, usando-se contra ele o artifício de uma visita desse agente de Arsinoë Beta, que pode ou não ter sido o filho dela, Ptolomaios.

Alguns relatos então mencionam veneno; outros juram que os punhais entraram em ação. As histórias diferem nos detalhes, mas concordam num ponto, que é o assassinato do herdeiro do trono.

Ao ter a garganta seccionada, Agathokles guinchou como um porco, e seus guinchos pareciam ter se prolongado por horas, e o sangue escuro verteu-se de sua carne dourada, jorrando de muitos e muitos ferimentos, e inundou o chão de mosaicos e manchou o linho branco dos lençóis de sua cama de ouro. O corpo de Agathokles retorceu-se, revirou-se, debateu-se, e ele lutou, mesmo nu como estava, com seu atacante também nu, berrando, guinchando, gritando de raiva, e tudo estava escuro, muito escuro à sua volta, e ele não podia enxergar quem o atacava com uma adaga de bronze, mas sabia de quem se tratava. De fato, Agathokles conhecia o seu assassino, já que fora com satisfação que abrira a porta para ele. Que caíra na cama, num apertado abraço, com o homem que o matou. No fim, o corpo de Agathokles imobilizou-se, e a bruma da morte desceu sobre seus olhos, sendo que ele iniciava então a jornada que nenhum homem deseja, descendo para a Mansão de Hades, nas ocultas profundezas da terra.

Agathokles — Ah, sim! Foi o agente de Arsinoë Beta que decepou as extremidades desse que era o mais belo dos homens, que decepou, então, suas belas mãos, seus pés de pele lisa e acetinada, que o privou até mesmo de suas partes fundamentais e amarrou esses troféus sanguinolentos em torno do pescoço do homem morto e sob suas axilas, com cordão de papiro, para que ele carregasse o peso da culpa por seu próprio assassinato, de modo que o fantasma de Agathokles, seu ressentido fantasma, ficasse mutilado e portanto inofensivo. Foi esse agente de Arsinoë Beta que três vezes lambeu o sangue de Agathokles morto, e três vezes o cuspiu fora, como deve fazer todo assassino, e que limpou a sua adaga ensangüentada na cabeça de Agathokles, nos seus reluzentes cabelos louros e encaracolados, de modo a impedir o fantasma desse homem de segui-lo, para onde quer que ele fosse e para o resto de sua vida. E tenha esse agente sido ou não o filho de Arsinoë Beta, seu próprio filho, esse Ptolomaios naquela noite teve um espasmo de náusea e vomitou por tudo em volta, e derramou uma torrente de lágrimas que não cessou até o alvorecer, e qual outra razão disso se não que Ptolomaios fosse esse agente e tivesse acabado de matar justamente o homem que amava?

A despeito de todas as precauções, no entanto, a culpa pelo assassinato desabou pesadamente, e foi sobre a cabeça de Arsinoë Beta, não sobre seu filho. Ela havia matado o homem que amara tanto que chegara a odiar, e havia achado que matá-lo haveria de apagá-lo para sempre de seu íntimo. Mas, em verdade, já passara tantos dias e noites pensando nesse jovem que não havia maneiras de parar de pensar nele, agora que estava morto. De modo algum: tê-lo matado somente a fez pensar nele com ainda mais intensidade.

Quando Lysandra retornou para os seus aposentos, deixados às escuras, e escutou os cães latindo, pressentiu de imediato que alguma tragédia havia acontecido. Chamando aos gritos os escravos e pedindo luz, atravessou correndo os ambientes vazios, procurando por seu marido. Que infelicidade, haveria de ter pesadelos com essa noite medonha pelo resto de seus dias: com as paredes manchadas de sangue, o assoalho com sangue, seus lençóis rasgados e transformados numa pasta de sangue. Finalmente, chegou junto ao corpo de seu amo, uma retorcida mixórdia de membros, e lá estava ele, caído, com olhos frios e opacos, despido, e a lembrança de não ter estado ao seu lado quando ele exalara seu último suspiro atormentou Lysandra para sempre. Lysandra — seus gritos foram terríveis, diferentes das lamentações de pesar da maioria das mulheres gregas, porque havia amado esse seu marido tanto quanto Arsinoë Beta o amara, ou mais, e seu amor não era uma dissimulação, mas genuíno. Porque, sim, Eros teve muito, muito trabalho com as mulheres dessa família.

O primeiro pensamento de Lysandra foi que o assassinato teria sido obra de sua meia-irmã, já que ninguém mais no palácio poderia ter desejado que ocorresse um crime tão hediondo, a ponto de seu marido ter sido feito em pedaços, um homem que em toda a sua vida nunca pronunciara uma palavra raivosa. Assim, Lysandra enegreceu seu rosto, prontamente, e fugiu para o porto, disfarçada, e de algum modo conseguiu pegar um navio para a corte do rei Seleuco em Seleukheia, no norte da Síria, e tinha com ela suas crianças menores.

Com Lysandra, seguiu também Alexandros, filho de Lisímaco com sua concubina Odrisian, e os dois suplicaram a Seleuco que declarasse guerra a Lisímaco, como vingança contra o assassinato de Agathokles.

Arsinoë Beta? Ela riu sua risada mais aguda por ter conseguido realizar seus planos, e sua risada foi como a risada de uma mulher louca. Mas Arsinoë Beta não continuaria rindo por muito tempo.

Seu filho Ptolomaios? Sem dúvida, esse jovem estava coberto de um sangue espesso, que ele não poderia lavar. Sabe-se com certeza que tomou seis banhos seguidos naquela noite. Ele chorou e vomitou a noite inteira, e sua mãe anunciou que foi de pesar pela morte de seu tio Agathokles, a quem ele amava, o que era, em parte, a verdade. Ptolomaios recuperou-se. Depois de um ou dois dias começou a sorrir de novo. Os macedônios sempre dizem que o primeiro homem que se mata é o mais difícil. Não, não, Ptolomaios logo estaria sorrindo de novo: ele seria o próximo rei da Trácia.

Quanto a Arsinoë Beta, ela colocou sua adaga de bronze com a bainha de ouro, cravejada de pedras e ensangüentada, de volta no fundo de seu baú de jóias, e disse *para o próximo assassinato*.

4.3

O Sangue do Leitão

Assim que fitou os olhos inertes do cadáver de Agathokles, Arsinoë Beta desejou, de todo o coração, não ter feito o que fizera, e soube que jamais se livraria da imagem desse homem, caído sobre uma piscina de seu próprio sangue, seu lindo corpo mutilado e retorcido. Ela vomitou a última refeição que fizera quando viu o cadáver de Agathokles, e em verdade jamais conseguiria evitar vomitar tudo o que comesse, como se tivesse sido amaldiçoada a nunca mais conseguir segurar nada em seu estômago, o que seria, certamente, a pior das maldições que poderia cair sobre uma mulher ou sobre um homem.

Quando conseguia dormir — e não conseguia com freqüência —, era perturbada por pesadelos nos quais o falecido Agathokles a perseguia, sempre gotejando sangue, e tentava apertar as mãos em torno do pescoço dela, para esganá-la. Em suas horas de vigília, chegava a desejar jamais ter ordenado tal ato, e ainda assim, é claro, arrepender-se não adiantava nada; não havia nada no mundo que pudesse trazer o homem que matara de volta à vida, a não ser um milagre, mas era tarde demais para milagres.

O que de fato qualquer assassina poderia fazer, a não ser dirigir preces aos deuses da Grécia, suplicando perdão e misericórdia e um fim para o que parecia agora um sofrimento interminável? Mas as preces de Arsinoë Beta não tiveram resposta. Os deuses da Hélade não tomaram conhecimento de suas generosas ofertas e de seus sacrifícios diários, e ela jamais conheceria outro dia de paz para o resto de seus dias, já que o tormento prosseguiria até o dia em que ela também estivesse morta.

Com Agathokles morto, veio o problema imediato do que fazer com o corpo. Por um lado, o primeiro impulso de Arsinoë Beta foi entregar o cadáver aos cães e pássaros, para dele se fartarem, considerando que era tudo o que poderia merecer alguém que conspirara contra o pai e que desdenhara dos desejos de sua madrasta. Por outro lado, Lisímaco sentia que deveria cumprir suas obrigações paternas em relação a esse seu filho, não importando que crimes ele tivesse cometido, e disse à esposa que, não importando de que crimes Agathokles fosse culpado, precisava dar-lhe um sepultamento honrado, segundo os costumes gregos. Era, talvez, também desejo de Lisímaco fazer que sua esposa sofresse um pouco, pois havia sido idéia dela livrar-se de seu filho, e, em verdade, quando Lisímaco pôs seus olhos sobre o cadáver, não pôde evitar derramar lágrimas pelo que acontecera. A seguir, já tendo recuperado a razão, amaldiçoou-se por nada ter feito para impedir tal ato. E assim Lisímaco considerou que seria um bom procedimento dar a Agathokles um funeral com todos os ritos gregos.

Talvez seja mesmo melhor... Arsinoë murmurou, assustada só de pensar nesse funeral.

Mas que mulher, perguntou Lisímaco, *vai conduzir a lamentação pelo meu filho? Não será Nikaia, sua mãe, porque Nikaia está morta... Nem Lysandra, que fugiu... Nem Arsinoë Alfa, sua irmã, que está no Egito... Quem entoará o* klama *por Agathokles?*, inquiriu, encarando Arsinoë Beta. E o cachorro dele rosnou para ela, então, como fazia havia vinte anos.

E Arsinoë permaneceu calada e imóvel, aterrorizada com o que ele lhe diria a seguir, e Lisímaco disse, de fato, exatamente aquilo que ela temia que ele dissesse: *Sem dúvida, a tarefa de conduzir a lamentação terá de ser desempenhada por você mesma.*

E assim, de fato, a madrasta de Agathokles, a própria Arsinoë Beta, seria aquela a conduzir as lamentações, a mulher que iniciaria o pranto no funeral.

Mas como poderia Arsinoë Beta abrir as lamentações pelo homem que havia assassinado? E seu coração se revirava, no interior do peito, e o peso do que lhe estava reservado percorreu todo o seu corpo, dos pés à cabeça, só de pensar no que deveria fazer, pois jamais tinha imaginado que teria de chorar por esse homem que odiava, e teve medo de que as lágrimas não chegassem aos seus olhos, de tanto que enrijecera o coração contra esse homem.

Chegou o alvorecer do terceiro dia após o assassinato, o terrível dia em que o corpo precisaria ser cremado, e Arsinoë Beta não havia dormido um minuto sequer, mas ficara acordada, revirando-se no leito. Entretanto, no final, não foi uma coisa assim tão difícil para ela porque Arsinoë amava o belo Agathokles com um amor louco, que era amor genuíno, e um tal amor, um amor tão tremendo, tornou a lamentação fácil para ela, e o ódio desapareceu.

Na procissão até a pira funerária erguida para ele, até a praia, sentiu as pernas falharem, e sua cabeça girava, como se ela estivesse prestes a desmaiar, de tanta tensão, mas suas aias a ampararam, enquanto todas juntas entoavam as tristes canções, andando junto ao caixão no qual estava estendido o belo Agathokles, já tendo o seu cadáver sido lavado de todo o sangue, a não ser do que escorria de seu nariz e dos ouvidos, mas com o seu rosto lívido e gelado parecendo, se ainda possível, mais belo do que quando ele era vivo.

No início, Arsinoë sentiu como se a sua língua estivesse colada no céu da boca, como se a língua não a fosse obedecer, recusando-se a cantar uma nota sequer, mas então ela lançou um olhar sobre o rosto do morto e o gemido alto praticamente brotou de seus lábios, e pela primeira vez ela entoou uma canção sobre seu amor por Agathokles, sobre seu desesperado e impossível amor por ele, o qual jamais expressara em palavras, já que era um amor proibido, e, quando cantou, sua voz ressoou alta, aguda e bela na lamentação, como nada que ninguém ali junto dela houvesse escutado antes, num fluxo impossível de ser interrompido, e no começo tudo se encaixava muito bem, mas depois o significado das palavras se esvaneceu, de modo que Arsinoë entoou uma canção sem palavras, de pura dor, que foi mais bonita do que qualquer canção de lamentação que já se escutara: como a voz do rouxinol, até que a sua voz sumiu repentinamente, e a canção encerrou-se num murmúrio entrecortado de gemidos, um gralhar feito o de um corvo, e as aias a substituíram na canção e nos lamentos.

Por todo o tempo em que cantava, Arsinoë Beta tocava a carne de bronze de Agathokles morto, pela primeira vez, sem censura, acariciando a pele macia e lisa de seus braços, cobertos de pêlos dourados, e correndo os dedos pelos seus cabelos louros como um campo de trigo maduro, e pousando as mãos sobre seu pescoço bronzeado, soluçando, dando-lhe cem beijos e derramando por ele uma torrente de lágrimas, isso porque pela primeira vez ela podia se comportar com Agathokles como se ele fosse seu amante, alguém que ela havia amado até a loucura, e ninguém saberia do quanto se sentia culpada, ninguém suspeitava do que estava escondendo, porque esse comportamento era o que se esperava e o que convinha à mulher que conduzia as lamentações no funeral de um homem.

E Ptolomaios de Telmessos? Ele não derramou lágrimas naquele dia. Já havia recuperado seu equilíbrio. Seria o rei da Trácia, sucedendo seu pai. Ficou lá, parado entre os demais homens, parecendo entristecido, remexendo a areia com os pés, olhos baixados para o chão, evitando os olhos da mãe.

Em verdade, o coração de ferro de Arsinoë Beta batia dentro do peito dela como se tivesse sido cortado em duas metades, e ela orava para que o impossível acontecesse — para que Agathokles se sentasse e sorrisse para ela, novamente vivo —, embora soubesse muito bem que ele era apenas um homem morto, e, por mais ardorosamente que alguem pudesse rezar aos deuses, na maioria das vezes o impossível não acontece.

E assim cremaram Agathokles da Trácia numa muralha de chamas e, quando a fogueira esfriou, Lisímaco obrigou a própria Arsinoë Beta a reunir os ossos, lavá-los em vinho doce e envolvê-los com tecidos púrpura macios, guardá-los dentro do *larnax* e carregá-los em suas próprias mãos para o túmulo e, durante todo o tempo, às suas costas, como se a vigiasse por sobre o ombro dela, Arsinoë sentia o fantasma de Agathokles, filho de Lisímaco, seguindo-a, acusando-a do ato que ela havia praticado.

Ela acreditava que a decepação das extremidades de um homem impediria seu espírito de aproximar-se dela, já que sabia que qualquer fantasma assombraria seu assassino por quanto teria durado a vida natural dele, o que a rainha calculara que seria algo em torno de cinqüenta anos, ou 18.250 dias e noites, exatamente, porque ele encontrara a morte quando tinha ainda em torno de 25 anos.

No entanto, o que aconteceu foi que o espírito de Agathokles perseguiria Arsinoë pelo resto da vida dela, e foi sua culpa que isso acontecesse e todos os que escutaram sua história, depois, concordaram que ela recebeu o castigo que merecia.

Quando as notícias sobre o príncipe Agathokles se tornaram públicas, os mais destacados cidadãos de Lysimakheia enviaram uma delegação para expressar seu pesar sincero pela morte de um general tão hábil, um príncipe tão bondoso, um homem tão bonito, que já não seria o rei deles.

Lisímaco retribuiu esse belo tributo permitindo-se massacrar aqueles que o haviam prestado, e correu a opinião de que ele era tão louco quanto a sua esposa.

O resultado desse infeliz banho de sangue foi que os sobreviventes e os oficiais do exército desertaram, todos eles, indo se reunir ao Rei Seleuco, da Síria, e instando-o a atacar o Rei Lisímaco, que era algo que já estava nas cogitações de Seleuco, por inveja da reputação de Lisímaco.

Ao mesmo tempo, Philatairos, o tesoureiro da fortuna de Lisímaco, chocado com o assassinato e tomado de suspeitas em relação a Arsinoë Beta, ocupou a cidade de Pergamon, em Kaiokos, e entregou-se, bem como o que restava do tesouro de Lisímaco, por meio de um arauto, a Seleuco.

Esse rei, então, marchou com suas tropas, invadindo a Kilikia e a Panfylia, e uma cidade após outra foram abrindo os seus portões para ele. No ano seguinte, Lisímaco não teve escolha senão contra-atacar, e a batalha que se seguiu seria o derradeiro embate entre Sucessores, os reis que haviam sido companheiros de armas de Alexandre.

Era agora a vez de Lysandra começar a conspirar. Sua irmã havia assassinado seu bem-amado marido, e ela não podia pensar senão em vingança.

Lysandra, certamente, mataria Arsinoë Beta, e a mataria, mais certamente ainda, com suas mãos nuas, se conseguisse se aproximar dela o bastante. No entanto, Arsinoë era esperta demais para permitir que algo assim acontecesse, e providenciara para receber proteção dia e noite de dúzias de seus mercenários.

Não, Lysandra teria sua vingança de um modo mais sutil. Acreditava que, se pudesse se vingar do assassinato, talvez Agathokles lhe aparecesse em sonhos, mas não mutilado nem coberto de sangue, e sim inteiro e sorridente. Assim, Lysandra executou contra a sua irmã todos os encantamentos gregos que conhecia, todos os encantamentos gregos para se apropriar da vida da vítima que foi capaz de recordar.

A princesa Lysandra não tornou a se casar, e recolheu-se ao *gynaikeion* em Seleukeia, na Pieria, onde dedicava seus dias a enfiar cravos em bonecos de cera da Arsinoë Beta, e isso tornava mais fácil carregar o seu sofrimento.

Talvez tenha sido a magia de Lysandra que fez Arsinoë Beta ficar tão doente do estômago, e, certamente, a própria Arsinoë Beta estava convencida disso, tanto que, por seu lado, executou o contra-encantamento contra Lysandra, e ambas as irmãs usavam a magia aprendida de Berenice, a mais poderosa bruxa grega que se conheceu.

O final da história de Lysandra, ninguém no Egito chegou a conhecer, nem mesmo Thot, a não ser por supor que ela deve ter terminado por perder a sua sanidade, porque qual mulher passaria pelo que ela passou sem perdê-la? A última notícia chegada da Seleukeia sobre Lysandra foi que gastou toda as suas energias em sua fúria contra a irmã que antes amara. Depois, nada mais se soube sobre ela.

Quanto aos filhos pequenos de Lysandra e Agathokles, garotos de famílias reais sempre representariam uma ameaça à estabilidade, onde quer que estivessem, e se Seleuco poderia proteger os interesses de Lysandra enquanto vivesse, as coisas se modificariam após a sua morte.

Em questões tais como a sobrevivência de filhos homens de uma família real exilada, o mais sensato é pensar no pior.

A própria Arsinoë tomou todas as precauções, a despeito de haver meramente ordenado o assassinato. Ela seguiu os mesmos procedimentos estabelecidos por Zeus, que, ardentemente, sentia repulsa por se matar um homem, mas que teria satisfação em proteger uma assassina, se ela se arrependesse. E por isso Arsinoë se dedicou a executar os ritos pelos quais poderia ser perdoada se suplicasse por asilo no coração sagrado.

Ela tirou um filhote de porco ainda se amamentando de sua mãe, que deveria estar com as tetas ainda inchadas da amamentação.

Susteve o leitão, berrando e se debatendo, sob o seu braço esquerdo.

Cortou a garganta do leitão com uma faca.

Deixou o sangue se espalhar por suas mãos, e invocou Zeus, o Purificador, aquele que escuta com ouvidos solidários todas as preces dos assassinos.

E ela proferiu as preces a Zeus, na esperança de que ele obrigasse as inclementes Fúrias a deixá-la em paz e de que Zeus, mais uma vez, sorrisse para ela. Mas, mesmo tendo oferecido as preces apropriadas, ela acreditou que Zeus jamais sorrira para ela, e começou a pensar que ele jamais o faria.

Nesse assunto, talvez Arsinoë Beta estivesse certa, isso porque as Fúrias, essas três Filhas do Nilo, vestidas de negro, tendo serpentes como cabelos, cujo propósito é tirar vingança pelos que são culpados de derramamento de sangue, não a deixaram e jamais a deixariam em paz, e no que toca a essa questão, todo o cerimonial com o leitão foi uma sanguinolenta perda de tempo.

4.4

Arsinoë, Dura Como Garras

Arsinoë Beta tentou voltar à sua vida normal, comportando-se como se nada houvesse acontecido, como se ela não tivesse cometido um assassinato e tampouco fosse, em qualquer sentido, responsável pela morte de um homem inocente: mas isso, é claro, se mostrou impossível para ela, e a vida de Arsinoë Beta nunca retornou ao seu normal, mas repleta de estranhos pensamentos e visualizações e de intrigantes acessos de lágrimas.

Quanto às suas relações com seu marido, o rei Lisímaco, correram murmúrios de que ele tinha plena ciência do que Arsinoë havia feito com Agathokles, já que as pessoas que moravam no palácio de Lysimakheia eram as mais espionadas entre todas as viventes. Mas diziam também que no final da sua vida Lisímaco nada mais tinha de seu, porque havia entregue suas últimas posses à sua mulher, a assassina: não apenas cidades e possessões, mas também suas riquezas em barras de ouro, pepitas e tudo o que tinha em dracmas e talentos.

A terrível Arsinoë Beta, assim diziam, subtraiu de seu idoso marido tudo o que pôde, reduzindo-o à condição de mendigo.

Ou pior, ou por causa disso, ou por causa *dela*, os amigos dele o abandonaram e se tornaram seus inimigos.

O fim de Lisímaco da Trácia logo chegou, embora ele não tenha morrido de idade ou decrepitude, mas em batalha, como resultado da guerra que agora eclodira contra Seleuco da Síria. Na gloriosa juventude, esses dois heróis haviam marchado junto com Alexandre. Agora eram homens velhos, com os cabelos prateados: Seleuco tinha 77 anos, e Lisímaco, 74, mas ambos ainda se sentiam imbuídos plenamente do ardor da juventude, ambos tinham a sua insaciável avidez pelo poder. Os dois juntos tinham nas mãos a maior parte do mundo grego, e ainda queriam mais.

Em Koroupedion, perto da cidade de Magnésia-no-Sipylos, na Lídia, os dois reis lançaram seus exércitos um contra o outro, em batalha, e esse era exatamente o lugar onde, de acordo com a tradição, fora realizado o banquete oferecido aos deuses por Tanatos, no qual Pélops fora feito em pedaços e colocado na sopa, e era isso que Seleuco ameaçava agora fazer com Lisímaco.

Embora dezenas de milhares de soldados se defrontassem, não era intenção desses reis que seus exércitos resolvessem a disputa, já que insistiram em travar, apenas os dois, um combate singular diante de suas tropas reunidas. Primeiro, espada contra espada, depois com a espada curta, depois as adagas, por último com as mãos nuas, eles golpearam e rasgaram um ao outro, trocando gritos, e ambos os exércitos, imóveis, guardavam silêncio, como se mantivessem presa a respiração, enquanto o destino de metade do mundo estava sendo decidido. Então, rugiram e entoaram cânticos, cada exército incentivando o seu líder, até que, ao final, somente um dos homens idosos permanecia de pé, e o rei que brandiu a sua espada no ar em resposta à saudação de suas tropas foi Seleuco, já que Lisímaco estava estirado sobre o solo, com a terra sob o seu corpo tornando-se escarlate.

Por alguma razão, o corpo desse rei não foi recolhido para que lhe fosse dado funeral — talvez porque seus homens tenham fugido —, e assim ficou onde caiu, por alguns dias, e contou-se a história de que Cauda-de-Fogo, o cão de Lisímaco, recusou-se a deixar o seu dono e permaneceu no campo de batalha, uivando, até morrer de fome, o único que o velou.

Quanto a Seleuco, ele comemorou muito e foi para a Macedônia, para reclamar para a Síria os despojos da vitória. No entanto, em sua satisfação, Seleuco perdeu a cautela, tornando-se falastrão, e chegou mesmo a dizer: *Esta não é a conquista de um mortal, mas o presente dos deuses.* Mas embora já idoso e sábio que fosse, desconhecia o futuro e que logo ele próprio se tornaria um exemplo da fragilidade da condição humana.

Quanto a Thot, que tudo sabe, Thot pergunta: Qual foi a verdade? E o que não foi verdade? Isso porque num diferente relato de Korupedion não há uma única palavra sobre um combate entre os dois reis, mas afirma-se que Lisímaco foi morto por Malacon, de Pontike-Heracléia, um soldado do exército de Seleuco, que o abateu com um escudo.

Ninguém, pelo menos, contradiz que Lisímaco tenha sido morto. Mas quem deveria sucedê-lo? Este desafortunado homem sepultou, vítimas de epidemia, sarampo, natimortos, paralisação das entranhas e outras causas de óbito, algo em torno de 15 de seus rebentos. Agathokles, seu filho e herdeiro, já estava morto. Agora, Lisímaco também morria, e era o fim do reinado da Casa de Lisímaco sobre a Trácia, e todos os seus sonhos de fundar uma dinastia que durasse para sempre foram carregados pelo vento.

Também foi dito que Ptolomeu Keraunos, o famoso Raio, que se encontrava lutando no exército de Lisímaco, foi feito prisioneiro em Korupedion, por Seleuco, que lhe demonstrou toda a gentileza, lembrando que o pai de Keraunos, Ptolomeu Soter, havia demonstrado grande generosidade em relação a ele, quando fora refém em Alexandria, anos antes. Assim, é claro, esses dois já se conheciam havia muito tempo, desde quando Keraunos não era mais do que um garoto.

Arsinoë Beta, a rainha, aguardou pelas notícias sobre o desfecho da Batalha de Korupedion, na cidade próxima de Éfesos, ou Arsinoéia, a qual era possessão sua. Quando tomou conhecimento das notícias, e eram as piores possíveis — que seu marido estava morto e que os exércitos da Trácia haviam sido derrotados —, não derramou sequer uma lágrima. Não rasgou seu *peplos*, não exibiu seus seios nem bateu neles com os punhos, em sinal de dor. Não se lamentou aos uivos, nem executou os ritos funerários daquele homem que ela não amava, mas pôs em ação o plano que tinha para sua própria sobrevivência, já que para ela essa era a coisa mais importante.

Tudo estava terminado para Arsinoë Beta na Trácia, agora, e ela deveria pensar primeiro na própria segurança, já que, das tropas de Lisímaco, todos os homens haviam desertado, transferindo-se para o acampamento de Seleuco, e assim ela já não estava segura nem mesmo em sua própria cidade, mas temia que até ela fosse executada; e assim se pôs a trabalhar em sua fuga.

Não obstante as circunstâncias, para um grego, deixar de realizar os ritos funerários era o mais grave crime contra os deuses que poderia cometer qualquer homem ou mulher.

Thot pergunta: Seria Arsinoë Beta uma mulher a quem faltasse todo sentimento humano, exceto, talvez, a luxúria? Era o que pensavam alguns; alguns chegaram mesmo a expressar esse pensamento. Thot registrará o Julgamento dos Deuses, quando o coração dessa rainha for pesado na Balança contra a Pena de Maat, a Pena da Verdade. Não cabe aos humanos julgar os mortos.

Mas o que fez Arsinoë Beta? Quando Menekrates, o comandante selêucida, tomou Éfesos e ordenou que essa rainha fosse caçada e passada no fio da espada, e quando as tropas atravessaram as ruas, na escuridão, procurando-a, e não havia nenhum ruído ressoando nessa cidade, a não ser o ruído de passos apressados e de botas dos soldados de Seleuco, Arsinoë não tinha muita escolha senão fugir o mais depressa que pôde. Pensou então nas prudentes palavras de Berenice, e vestiu uma de suas leais aias com as vestes púrpuras da realeza, e fez com que essa mulher trêmula se pusesse em sua cadeira em seu *octoforos*, sua liteira, e despachou esse veículo carregado por oito homens para o porto com ordens de *correrem*.

Arsinoë Beta então tomou fuligem do braseiro e passou no rosto, vestiu trajes rasgados e sujos de mendiga e, descalça, deslizou sorrateiramente pelas ruas já ocupadas pelas tropas sírias, que pilhavam e queimavam, e estupravam todas as mulheres em que podiam pôr as mãos, e o tempo todo caçando Arsinoë Beta; no entanto, nesse disfarce, ela conseguiu alcançar o porto de Éfeso, onde um de seus próprios navios estava ancorado, pronto para partir para a Macedônia.

De fato, era uma grande vantagem ser tão forte, tão enrijecida como essa Arsinoë Beta, que não pensou em nada senão em salvar a si mesma, à custa de sua aia, que, é claro, foi trucidada assim que foi vista, cortada em pedaços pelos homens de Seleuco. Arsinoë Beta — não era ela mais dura do que qualquer dureza, dura como ferro? Sim, era, e era uma boa coisa ser dura como ferro, até que um *magneto* como Agathokles passasse por perto, quando então Arsinoë Beta seria atraída. Já acontecera uma vez, duas, e aconteceria ainda uma terceira vez, isso porque os seus deuses ainda não haviam terminado de brincar com Arsinoë Beta.

Mas o que fez essa que era a mais dura das mulheres? Ela ainda possuía sua presença de espírito, no que dizia respeito à sua riqueza, e não havia perdido suas habilidades organizadoras, que lhe permitiram levar consigo os imensos tesouros que reunira na Trácia, e seus três filhos também: Ptolomaios, Felipe e Lisímaco, a quem chamavam Mikros, para distingui-lo do seu pai. Essa infeliz família, agora, pegava um navio em Cassandréia, outra das cidades que pertenciam à rainha, e se lançava na travessia do Mar Egeu, até a península Calcídica, a oeste, não muito longe de Pella, que era a mais rica cidade da Macedônia, um lugar onde o marido de Arsinoë era cultuado com honras de divindade, mesmo em vida. A posição de Cassandréia, num estreito istmo de terra, facilitava a sua defesa, e Arsinoë Beta planejava entrincheirar-se nessa cidadela e lutar contra todos os seus inimigos.

Thot pergunta: Como poderia essa Arsinoë, uma mera mulher, conseguir tais coisas? Mas a resposta é que ela era uma mulher de grande riqueza e poder pessoais e era a filha do seu pai, uma autêntica herdeira de Ptolomeu Soter, e Thot insiste: era esperta como uma raposa fêmea. Sua riqueza significava que, para ela, contratar soldados mercenários, às dezenas de milhares, era tão fácil quanto comprar uma fôrma de pão. Ter um navio já pronto para empreender a sua fuga de Éfesos era meramente o tipo de cautela que essa rainha estava acostumada a tomar. Arsinoë Beta não apenas era plenamente capaz de tomar conta de si mesma quanto mais esperta do que todas as outras mulheres e do que a maioria dos homens, além de ser modelo e exemplo para todas as mulheres da Casa de Ptolomeu que se seguiram a ela. Isso porque aprendera com Berenice, sua mãe, como sobreviver, e a grande lição de sua mãe é que uma mulher *nunca* desiste de tentar, *nunca* perde as esperanças, *nunca* aceita a derrota, e sim prossegue sempre lutando.

Em verdade, essa mulher tinha o gume da faca que transforma um escravo em eunuco.

Acima de tudo, ocupava os pensamentos de Arsinoë Beta a questão do que fazer quanto ao reino da Trácia. O mais natural seria providenciar para que seu filho mais velho, Ptolomaios, fosse proclamado rei, e isso imediatamente, e fazer de si mesma regente, já que o garoto, com cerca de 17 anos de idade, era privado de toda a sabedoria e experiência necessária para ser o soberano, sem tutela, de uma nação em meio a uma crise tão grave.

Tornar-se regente significaria que Arsinoë Beta poderia manter-se no poder, mas, por ora, nada fez, coisa alguma, a não ser aguardar para ver o que aconteceria.

Thot pergunta: Qual a razão disso? E a resposta foi que, em verdade, nenhum grego faz coisa alguma sem primeiro descobrir qual é a vontade de seus deuses. Não, eles sequer saem pela porta de suas casas sem consultar os bons e maus augúrios dos deuses. Arsinoë Beta fez uma pausa, então, porque primeiro deveria pedir orientação aos oráculos. Executou então seus encantamentos divinatórios. Passou longas horas com Lisímaco, seu filho mais novo, obrigando-o a olhar dentro da tigela de água com óleo flutuando em sua superfície, para que ele lhe dissesse o que estava vendo em relação ao futuro. Interrogou seus videntes sobre o vôo dos pássaros e o aspecto das entranhas dos animais sacrificados. Mas, apesar de muitas tentativas, não conseguiu obter um sinal favorável para o que desejava fazer, e a verdade era que seus pensamentos continuavam perturbados pelo assassinato de Agathokles, cujo fantasma, sempre presente, acabava com o seu sono, e além disso ela era seguida, para qualquer lugar que fosse, pelas três mulheres vestidas de negro, cujos cabelos não eram cabelos, mas serpentes.

Embora fosse bastante forte, Arsinoë Beta não era um homem nem um *strategos* e não tinha a experiência prática da guerra, e embora pudesse estar presente, em sua montaria, nas batalhas, isso era bem diferente de ter milhares de soldados mercenários recebendo ordens de uma mera mulher. Não, ela via necessidade de um homem forte para reinar sobre a Trácia, um homem forte que pudesse, também, ser seu marido — e dessa vez ela própria o escolheria. Mas, no momento, não via nenhum homem com a força suficiente para agradá-la, e ao mesmo tempo que fosse jovem o bastante, porque, sem dúvida, já havia tido o quanto bastava de velhos.

No momento, Arsinoë Beta tentava garantir os tronos vagos da Trácia e da Macedônia para o seu filho, Ptolomaios. Mas, ao fazer isso, acabou por atrair a atenção do homem forte que era Ptolomeu Keraunos.

Assim, terminou que tudo para Arsinoë Beta redundou num enorme tumulto, como se um terremoto estivesse de novo sobre ela, com a mobília correndo o assoalho, inteiramente solta, e todos gritando, incluindo ela mesma, além da fumaça por toda a parte, e poeira, pedras, destroços — exceto que o terremoto não estremecia sua casa, nem seu palácio, mas sim a sua *vida*, agora caindo aos pedaços.

4.5

Keraunos Mata

O que então estivera fazendo Ptolomeu Keraunos, esse tempo todo, a não ser, talvez, tentando se tornar rei do Egito? Depois da Batalha de Korupedion, tornou-se prisioneiro de Seleuco, que sempre o tratou com bondade, franqueando-lhe todo o vinho que ele fosse capaz de beber, assim como comida e todas as melhores coisas que o filho de um falecido rei do Egito mereceria. Mas não aprisionou Keraunos numa jaula, como o desafortunado Demétrio Poliorketes. De modo algum: Keraunos era *amigo* de Seleuco, e não seu inimigo.

No entanto, Seleuco já não tinha rival nenhum para o supremo comando que pertencera a Alexandre, e toda a Ásia havia caído em suas mãos, com o que então ele pretendia relaxar e aproveitar suas realizações.

Para Ptolomeu Mikros, o novo Faraó do Egito, a situação parecia bastante grave, porque escutara que o seu meio-irmão Keraunos ainda habitava a corte de Seleuco e tudo indicava que Seleuco apoiaria Keraunos em sua reivindicação do trono do Egito. Assim, esse novo rei Ptolomeu começou o seu reino já temeroso de que a coroa em breve lhe fosse tomada.

Mikros, nessa época, não fazia nada a não ser aguardar para ver o que aconteceria a seguir — muito parecido com a postura que sua irmã de pai e mãe, Arsinoë Beta, adotara em Cassandréia. Mikros não havia tomado partido na Batalha de Korupedion, mostrando-se, a despeito de seu nome, mais avesso à guerra ainda, mas acompanhava os recentes desdobramentos do episódio com sobressalto. Passava as noites acordado, assim como acontecia ao seu pai, como se tivesse herdado a insônia de Soter, juntamente com o seu reino, mas se recusava a adotar a dieta de carne de rouxinol. Durante o dia, enviava consultas ao oráculo de Zeus-Amon, na Líbia, para descobrir do deus o que deveria fazer. Todos os seus sonhos eram submetidos à interpretação dos oniroscopistas. Passava horas buscando descobrir o que aconteceria no futuro. Mas Mikros sempre acabava por concluir que o mais fácil seria não fazer coisa alguma. Finalmente, no entanto, ele deu ordens para que o Egito se preparasse para repelir uma invasão e, quando pensou no quanto seu reinado no Egito havia sido curto, chorou, isso porque se havia uma certeza, nesses tempos incertos, era que as tropas de Seleuco e Keraunos, reunidas, poderiam derrotá-lo.

O rei Seleuco da Síria, no entanto, não sonhava em nada mais violento do que fazer sua jornada para a Macedônia, retornando à terra natal, de modo a poder desfrutar de uma aposentadoria pacífica. Ele de fato não pensava em se envolver em nenhuma outra guerra. Não tinha realmente o desejo de se dar ao trabalho de invadir o Egito, que, notoriamente, era uma empreitada difícil, perigosa e dispendiosa, como o descobriram Antígonos Caolho, Demétrio Poliorketes e Perdikkas. Seleuco não queria desperdiçar tanto de suas energias numa luta para que o destemperado, volátil e inconfiável Raio se tornasse o rei do Egito.

Seleuco havia observado Keraunos, quando garoto, no período em que passou meses aguardando ser restaurado como sátrapa da Babilônia, e conhecia Keraunos mais do que a maioria dos homens. Certamente, ele gostava de Keraunos, mas não confiava nele, e suas suspeitas eram justificadas. Seleuco percebeu, como todos os demais — à exceção de Demétrio de Faleron —, que Keraunos não seria um bom governante e que, se por acaso se tornasse rei, não ocasionaria senão problemas para todo mundo, porque, verdade seja dita, Keraunos nunca tinha noção do que fazia e nunca *pensava* no que estava fazendo, mas se comportava em todos os aspectos como um porco entre as rosas, investindo às cegas, causando estragos. Faltava a Keraunos toda e qualquer previdência, faltava-lhe imaginação.

Seleuco então mandou seus mais calorosos cumprimentos a Ptolomeu Mikros, no Egito, e expressou a opinião de que ele, Mikros, seria o melhor herdeiro para o Egito, e lhe comunicou que não iria lutar em apoio a Keraunos. *De fato*, ele escreveu, *Keraunos é nosso amigo, mas Mikros é ainda mais amigo*.

O velho Seleuco, então, cometeu o que talvez tenha sido o seu pior erro, o mais tolo de toda a sua vida, porque confidenciou a Ptolomeu Keraunos seus desejos íntimos.

Vamos retornar para a nossa terra natal, a Macedônia, disse Seleuco. *Já somos velhos demais para lutar mais uma guerra.* E percebeu o rosto de Keraunos se tornando muito semelhante a um trovão. *Não temos forças restando para lutar em favor de um jovem*, ele disse. *Keraunos vai ter de lutar suas próprias batalhas.*

O rosto do Raio expressou toda a sua amarga decepção, seguida por um espetáculo de berros, ali mesmo no palácio de Seleuco, com os quais Keraunos disse ao velho o que pensava dele, desse rei que era o soberano de toda a Ásia, senhor da metade do mundo e o maior entre todos os Sucessores de Alexandre (depois de Ptolomeu). Mas os gritos de Keraunos apenas serviram para confirmar a opinião de Seleuco. *Você não tem modos que convenham a um monarca. E é por isso que você não é agora o rei do Egito*, ele disse.

Os berros e insultos aumentaram de tom, até que Keraunos começou a enfiar o dedo no peito de Seleuco — o rei Seleuco —, e seus berros soavam como os de um lunático, e os guardas agarraram seus braços porque ele já respirava pesadamente, e o carregaram dali, fazendo-o andar de costas, antes que agredisse o rei Seleuco.

Trancado numa despensa, onde passou a noite isolado, Keraunos remoía, tinha acessos de fúria, mas, quando o deixaram sair, não providenciou sua partida da corte de Seleuco, e Seleuco não expulsou Keraunos, mas deixou esse louco vivendo sob o seu teto, como antes. A única diferença era que não se mencionava coisa alguma sobre o *Egito.*

Kereunos acalmou-se um pouco. Não levantava mais a voz. Não dava mostras de seu mau gênio em público. Mas começou a alimentar um profundo ódio pelo rei da Síria, demonstrando as mesmas violentas oscilações em suas emoções que a sua meia-irmã, Arsinoë Beta, havia sentido em relação ao belo Agathokles.

Agora era Keraunos que não conseguia conciliar o sono à noite, e permanecia acordado, irritado, resmungando para si mesmo, obcecado sobre como conseguiria reaver o trono do Egito, seu por direito, e se tornar um rei. Ele se ressentia, acima de tudo, do fato de Seleuco ter prometido ajudá-lo e empenhado solenemente a sua palavra, e chegou por fim à conclusão de que havia uma única coisa a ser feita a respeito da perfídia de Seleuco, sobre a traição de Seleuco em relação à sua causa, e foi assim que, com uma expressão impiedosa no rosto, seu coração decidiu que deveria matá-lo.

No verão do ano em que Ptolomeu Keraunos completava 38 anos, Seleuco atravessou o Helesponto, rumo à Europa, e Ptolomeu Keraunos ainda marchava ao seu lado, ainda se beneficiando da liberalidade com que lhe concedia vinho à vontade, e agora rindo e trocando gracejos com Seleuco, como se nada houvesse se interposto entre os dois e continuassem, portanto, amigos como sempre foram — dando toda a aparência de ser seu devotado aliado, como se houvesse esquecido a maneira infeliz como Seleuco o havia desapontado.

A maior parte da falange de Seleuco estava aquartelada na cidade que fora de Arsinoë, Lysimakheia. Não muito longe, na Khersonesos-Trácia, mas a alguma distância da rota militar, existia uma tosca pilha de rochas chamada Argos, cuja tradição dizia que era o altar erguido pelos famosos Argonautas, ou pelo hóspede de Agamênon, ou em memória dos mortos na Guerra de Tróia.

Fosse o que fosse, essa pilha de rochas era velha, e Seleuco, sempre curioso sobre a gloriosa história dos gregos, dirigiu seu cavalo para fora da estrada de modo a ver esse assim chamado altar dos Argonautas, e somente uns poucos de seus guarda-costas pessoais o acompanharam, um dos quais foi Ptolomeu Keraunos, que mantinha a posse de sua espada, e além disso envergava armamento completo, já que era o filho de um rei e amigo de Seleuco, a quem acompanhava para protegê-lo.

Quando Seleuco desmontou de seu cavalo e se curvou para examinar o antigo monumento, como também para escutar a história contada pelo guia local, Ptolomeu Keraunos estava bem próximo, junto ao rei, seu idoso benfeitor, seu amigo, e foi então que puxou a cabeça desse homem pelos cabelos, com sua mão esquerda, e vergou-a para trás, e com uma faca de caça em sua mão direita cortou a garganta desse rei de um ouvido ao outro.

O sangue de Seleuco jorrou fartamente, cobrindo os braços e o rosto de Keraunos, que ficou de pé junto à sua vítima, que se esvaía em grunhidos, como se fosse um animal selvagem, e Keraunos exibia seus dentes numa risada feroz, como se dissesse que qualquer um que ousasse vingar esse crime teria a mesma sorte.

Sim, Seleuco ficou caído no solo, e Keraunos atravessou-o várias vezes com a sua espada curta, seu *kopis*, para se assegurar de que o ancião estivesse morto, para se certificar de que ele não retornaria à vida para acusá-lo do crime; e suas sandálias ficaram mergulhadas na poça do sangue ainda vivo de Seleuco, embora Keraunos não se apercebesse disso.

Tendo executado esse assassinato que planejara havia tanto tempo, Keraunos arrebatou o diadema, a faixa de tecido branco que era o símbolo da realeza, da cabeça do homem idoso e a atou, mesmo ensangüentada como estava, em torno de sua própria cabeça. Então, saltou para a sela do seu cavalo e galopou de volta para o acampamento de Lysimakheia, com a guarda real escoltando-o, e ele emitia berros de alegria enquanto galopava, como se fosse um idiota, e fazia seu cavalo rodopiar, dançar e executar truques, pelo caminho, sem que o sorriso largo, bem aberto e forçado, jamais abandonasse seu rosto.

Keraunos fez soar o sino de alarme, no acampamento, reunindo as tropas e se dirigindo a elas aos gritos: *O rei está morto... Seleuco não é mais o rei...* E sugeriu que havia apenas um homem que poderia se tornar rei, e que seria ele mesmo.

O exército, tomado de surpresa, e temeroso a respeito do que Keraunos poderia fazer se demonstrasse que não desejava que ele se tornasse rei, e com medo de que ele pudesse até mesmo ordenar um massacre, não teve escolha senão se colocar sob suas ordens. Assim, os soldados prontamente o elegeram como rei da Macedônia pela usual exibição das mãos. Então, carregaram-no sobre os ombros por toda a volta do acampamento, saudando-o, como se não soubessem que haviam eleito um assassino; como se nada sentissem pela morte do velho Seleuco. Mas, em verdade, aqueles homens estavam fascinados por esse homem jovem e forte, que possuía mais fogo em si do que o idoso Seleuco, e eram, pelo menos a maioria deles, soldados mercenários, tão endurecidos pela guerra incessante que já não se importavam muito com quem fosse o rei, contanto que pagasse seus soldos. Seja como for, Keraunos, que bem sabia que tais homens trocariam de lado e jurariam fidelidade para sempre para qualquer que fosse o general que lhes oferecesse mais dinheiro, de imediato triplicou o soldo diário, de quatro óbolos para doze, e essa foi a primeira razão por que ergueram suas mãos e o aclamaram aos gritos.

Ptolomeu Keraunos, assim, tornou-se rei, e seu plano era invadir o Egito, com o exército de Seleuco seguindo suas ordens, e derrubar o seu meio-irmão, Ptolomeu Mikros, do trono, tornando-se rei do Egito, no lugar de Mikros. Porque, assim como sua meia-irmã Arsinoë Beta tinha um incontrolável desejo por se tornar rainha, também Ptolomeu ardia por se tornar rei, e era instado pelo ressentimento da injustiça que fora cometida contra ele, já que clamava que o Egito era seu por direito, como filho legítimo mais velho de seu pai.

Todos esses belos planos, no entanto, deram em nada, porque Antíocos, filho de Seleuco, se apressou a se apresentar para vingar o assassinato do seu pai logo que soube da notícia, e se Keraunos queria marchar para o Egito atravessando a Síria, bem, isso lhe seria impossível, porque precisaria cruzar o exato centro do ex-reino de Seleuco, onde a população inteira fervia de raiva, ansiosa para punir o assassino do seu rei, querendo mais do que tudo rasgar sua carne em pedaços e pendurá-lo ao sol para que os corvos vazassem seus olhos.

E, se Keraunos quisesse tomar uma outra rota para o Egito, e fosse por mar, bem, também não poderia fazer isso, porque precisaria atravessar a frota de Mikros, seu meio-irmão, que era o absoluto senhor dos mares. Além do mais, Keraunos não possuía navios de guerra, nem ao menos um único navio de carga, à sua disposição, nem um sequer.

O que, então, fez Keraunos? Se não podia pôr as suas mãos no Egito, por enquanto, agarraria em vez disso o trono da Trácia, que acontecia de estar vago no momento, por causa da morte de Lisímaco. Assim, virou o rosto na direção da Macedônia e tentou cunhar para si um trono europeu.

Não, ele não poderia ainda ser rei do Egito. Mas, nesse ínterim, seria rei de outro lugar. Ele, assim pensava, nascera para ser rei. Tinha de fato total ansiedade de se tornar rei de onde quer que fosse.

Seja como for, foi assim que terminou a vida de Seleuco Nicator, o Conquistador. Ele marchara com Alexandre. Fora Sátrapa da Babilônia. Fundou grandes cidades, como Antiokheia e Sekeukeia, no Tigre. Era, em verdade, o maior de todos os reis (excetuando-se Ptolomeu) entre os reis que sucederam a Alexandre.

De um lado, o mundo grego inteiro, como se poderia esperar, amaldiçoou Ptolomeu Keraunos por ter mandado para o Hades o homem que lhe havia concedido generosa hospitalidade num momento em que o jovem não dispunha sequer de um lar. E o mundo grego inteiro louvava Seleuco como um monarca de sentimentos religiosos e altíssimo nível. Por outro lado, não teria sido o assassinato de Seleuco uma vingança de Keraunos pela morte do marido de sua irmã, Demétrio Poliorketes, seu cunhado? Talvez, embora Keraunos e Poliorketes jamais tivessem se encontrado, a não ser uma única vez, na Batalha de Salamina, quando Poliorketes aprisionara toda a família de Ptolomeu.

Na ocasião em que Seleuco encontrou seu fim, havia três homens disputando a primazia sobre a Macedônia: o próprio Keraunos, Antígonos Gonatas, o Rótula, filho de Poliorketes, e Ptolomaios (de Telmessos), que navegara com sua mãe, Arsinoë Beta, para Cassandréia e que também almejava se tornar rei.

As histórias que chegaram ao Egito, trazidas pelos barcos de pescadores, confundiam-se sobre o desdobramento dos acontecimentos.

Primeiro, houve notícias sobre uma batalha naval entre o Raio e o Rótula, na qual o Rótula fora esmagado, mas que não poderiam ser verdadeiras já que o Raio não tinha navios de guerra.

Segundo, houve alguns boatos sobre um tratado de paz entre o Rótula e o Raio, que parecia pouco provável, porque era notório que Keraunos preferia a guerra à paz.

Terceiro, houve rumores sobre uma batalha em larga escala entre Keraunos e o jovem Ptolomaios, que supostamente recebera ajuda de um certo Monounios, um chefe ilírio.

E então espalhou-se uma história que contava que Keraunos havia se casado com sua meia-irmã, Arsinoë Beta, o que todos em Alexandria descartaram desdenhosamente como uma história impossível, porque tal coisa seria um insulto aos deuses da Grécia, uma afronta à natureza, e algo que nem mesmo Ptolomeu, o Raio, ousaria fazer.

Mas era exatamente isso o que planejava Keraunos, e a verdade era que esse homem não poderia ser mais indiferente à possibilidade de um casamento entre um irmão e uma irmã ofender a sensibilidade dos deuses da Grécia.

Não, Keraunos circulava dizendo muito abertamente: *Vou fazer o que bem entender. Vou fazer o que mais me agradar. Ninguém pode dizer a Ptolomeu, o Raio, o que ele deve e o que ele não deve fazer, ninguém, seja mortal ou deus.*

4.6

Carne de Irmã

Thot diz: Que sentimentos acalentava Keraunos? O que achava que estava fazendo, quando propôs casamento à sua meia-irmã?

Thot responde: No seu íntimo, pensava que estava ganhando, com ela, três filhos, os filhos de Lisímaco. Se pudesse adotar esses garotos, que passariam a ser seus filhos, eles não se voltariam, nem poderiam se voltar, contra ele, por respeito à sua condição, pelo menos nominalmente, de pai. E, não, não se oporiam a que Keraunos tomasse a Trácia para si.

O Raio escreveu então uma carta ao rei Ptolomeu Mikros, seu meio-irmão, afirmando que estava deixando de lado sua raiva por haver perdido o Egito. Dava sua palavra que não mais tentaria se tornar rei do país, já que, de maneira mais honrada, segundo disse, ganhara, de Seleuco, o trono da Macedônia, que fora inimigo de seu pai.

Keraunos contou a Mikros que todos lhe diziam que ele era um ótimo Faraó, tentando com isso fazer as pazes entre ele e Mikros, já que temia que Mikros se juntasse às forças de Antígonos Gonatas, ou de Antíocos, filho de Seleuco. E Keraunos não tinha nenhuma necessidade de um terceiro inimigo.

Thot diz: Quais seriam os pensamentos de Ptolomeu Keraunos nesses dias de incerteza?

Pensava Keraunos: *Chega de Seleuco, chega do passado... Keraunos é o futuro.* E ele pensava em sua irmã, a assassina Arsinoë Beta, a viúva que estava imobilizada em sua cidadela, Cassandréia, com uma pilha de octodracmas de ouro, milhares e milhares de talentos, mais riqueza portanto do que ela saberia como gastar.

Keraunos, então, sempre uma pessoa para agir primeiro e pensar nas conseqüências depois, mandou a carta fatídica a sua irmã, dizendo, entre outras coisas:

> *Terei toda satisfação em torná-la a rainha da Macedônia...*
>
> *Terei muita satisfação em adotar seus pobres filhos sem pai, como se fossem meus...*
>
> *Terei todo prazer do mundo em assegurar o Trono da Macedônia (após a minha morte) para o mais velho dos seus filhos, Príncipe Ptolomaios.*
>
> *O que me diz sobre tudo isso?*

Isso porque sabia muito bem que Arsinoë Beta não teria condições de recusar sua proposta.

Keraunos, então, como um novo Alexandre, levou suas torres de cerco e engenhos de guerra até as muralhas da cidade de sua irmã, sitiou Cassandréia com seu exército de soldados mercenários pagos com soldo triplo e se preparou para aguardar até que ela morresse de fome.

No entanto, em verdade Keraunos não tinha nem a paciência nem o gênio de Alexandre, e logo se fartou de ficar sentado esperando, dia após dia, sem fazer nada, até que a irmã se rendesse ou aceitasse sua proposta de casamento. A seguir, experimentou arremessar enormes rochas, areia fervente e peixes estragados com suas máquinas de guerra, mas não conseguiu desalojar a irmã, que lhe enviou uma mensagem, dizendo: *Nunca nos renderemos, então é melhor você ir embora.*

E ela também escreveu: *Por que eu iria me casar com um irmão que arremessa rochas contra a minha cidade?*

O primeiro pensamento que ocorreu a Arsinoë Beta foi, é claro, que todas as promessas que ele fizera na vida de nada valeram. Era como se ele fosse um papagaio da Índia, capaz de falar algumas palavras em grego, mas sem saber o que dizia. Assim, ignorou as demais mensagens de Keraunos, e quando ele lhe mandou presentes, como brincos de ouro e jóias brilhantes, ela os devolveu.

Na sua tenda de couro, no acampamento improvisado, Keraunos agora ensaiava os encantamentos de amor e possessão que aprendera de seu tutor grego, de sua ama grega e de Eurídice, sua mãe. Pegou três peixes vivos e os pôs, enfileirados, numa grelha, sobre o fogo. Enquanto os peixes eram assados, sovou-os com dois pequenos gravetos e proferiu as palavras de poder: *Assim como esses peixes se sufocam, que a moça que eu amo fique ofegante de desejo.*

Quando os peixes estavam tostados até terem virado carvões, Keraunos pegou de um almofariz e pilão e moeu-os até que se tornassem um pó fino, o qual misturou numa poção e enviou para a sua irmã, em Cassandréia, numa garrafa lacrada, com uma mensagem dizendo: *Beba, é o remédio mais recente contra dispepsia.*

Mas Arsinoë estava cansada de saber o que Keraunos planejava fazer e recusou-se a tocar naquela mistura negra de peixe líquido. Era um encantamento que ela própria experimentara, sem resultados, com Agathokles. De fato, Arsinoë Beta era esperta demais para ser enganada de modo tão tolo. Já havia muito tempo se convencera de que qualquer presente que fosse para ser bebido deveria conter veneno.

Sim, ela suspeitava que Keraunos tinha a intenção de assassiná-la, desde o começo, e expressou a Dion, seu *apokrisiarios*, seus pensamentos íntimos, seu enorme desgosto com relação ao irmão.

No entanto, Keraunos não se afastava de Cassandréia. Deu sua palavra de honra de que dividiria a coroa da Macedônia com seus filhos, contra os quais, alegava, havia pego em armas não por desejar roubar-lhes o reino, mas porque queria lhes dar um pedaço dele, a cada um, como gesto de boa vontade.

Arsinoë soltou gargalhadas quando leu a mensagem. Jamais desconfiara que Keraunos fosse tão estúpido.

Keraunos intensificou sua tentativa de arrebatar o afeto de sua irmã. Disse-lhe que ela poderia enviar seus embaixadores, para receber seu juramento, se assim desejasse, e prometeu se comprometer em sua presença diante dos deuses da Grécia, fossem quais fossem as palavras que Arsinoë lhe exigisse.

Arsinoë deu novas gargalhadas, o que era uma ocorrência rara, mas também sentiu-se tentada.

Ao mesmo tempo, não confiava de modo algum em seu irmão, nem tampouco sabia qual seria o melhor procedimento a ser tomado. Tinha medo de que, se de fato enviasse seus embaixadores, fosse ludibriada por algum falso juramento: mas, se não enviasse ninguém, provocaria a ira de Keraunos e mais um ataque militar. Já havia presenciado a fúria de seu irmão, no passado. Testemunhara a sua crueldade, sabia do que ele era capaz, quando não conseguia o que queria. Estava bem ciente do fato de que Keraunos era plenamente capaz de arrasar Cassandréia, com ela e seus filhos dentro da cidade, e que ele morreria de rir ao ver a cidade incendiar-se, isso porque acima de tudo amava provocar a destruição.

No entanto, ela se perguntava se os seus três filhos não estariam mais bem protegidos por um pai forte como Keraunos, em relação aos demais reis que, sem dúvida, já se preparavam para invadir seu território. Começando a hesitar, ela enviou Dion, que era nada menos do que o amigo em quem mais confiava, em embaixada a Keraunos, para ver o que se poderia conseguir conversando com ele.

Ptolomeu Keraunos sorriu seu melhor sorriso, exibindo os dentes da frente, os dentes que forçam os lábios a se abrirem nos sorrisos, e era o sorriso de um homem prestes a conseguir o que queria. Recolheu, então, suas máquinas de guerra, os demolidores de muralhas, os aríetes, as bestas, seus arqueiros, vigias, espiões e os bandos que acompanhavam os acampamentos, e fez até mesmo as suas tropas recuarem, até saírem de vista da cidade de Cassandréia, ordenando-lhes que aguardassem futuras instruções.

No dia seguinte, conduziu o embaixador de sua irmã ao Templo de Zeus-Amon, que se erguia no promontório de Pallene, um lugar tido em altíssima conta por todos os macedônios. Ele agarrou-se ao altar com ambas as mãos. Tocou as imagens do deus. E jurou — juramentos que ele próprio jamais havia proferido nem escutado, que pretendia se casar com sua meia-irmã em plena sinceridade de sentimentos. Prometeu que lhe concederia o tratamento e o título de Rainha da Macedônia, que não a desonraria tomando nenhuma outra esposa além dela enquanto vivesse. Jurou a seguir que não teria outras crianças, a não ser as crianças dela, que nunca mais teria relações com prostitutas, tocadoras de flauta, nem animais, e que jurava isso por todos os deuses da Hélade.

Era uma espantosa abjuração de tudo aquilo que qualquer pessoa que conhecesse Keraunos apostaria que ele jamais abandonaria, já que jamais demonstrou a mínima restrição a qualquer dessas coisas até então.

Ainda mais espantoso foi que, na época em que proferiu tal juramento, já não via a sua irmã havia vinte anos, a não ser acenando-lhe a distância, ou brandindo os punhos para ele, do alto das muralhas de sua cidade.

Como, então, pergunta Thot, isso pôde acontecer? E o que aconteceu a seguir? Teria Arsinoë de fato ficado louca devido ao seu amor por Agathokles e depois disso por causa do fantasma do morto? O que estaria acontecendo no íntimo de Arsinoë Beta para que fosse levada a praticar esse ato tolo que estava inclinada a praticar? Thot balança a cabeça, desconsolado, e não tem resposta.

Mas Ptolomeu Keraunos sabia como funcionava a cabeça de sua irmã e que a única coisa em que ela pensava era no que havia perdido: a sua condição de rainha, a glória de ser uma rainha, o título de rainha da Macedônia, especialmente se isso significasse também tornar-se algum dia a rainha do Egito. Isso porque Arsinoë Beta tinha a absoluta necessidade de ser rainha de algum lugar.

Durante a noite, quando o fantasma de Agathokles a mantinha acordada, Arsinoë Beta ficava deitada em sua cama remoendo o mais novo problema em sua vida: se ela deveria ou não se casar com o seu irmão.

Em seu íntimo, sabia que tal coisa seria uma ofensa contra os deuses da Grécia, assim como ser uma assassina, em pensamentos, também o era, e a sua voz interior lhe disse que ela não deveria nem sequer pensar nesse casamento, já que seria uma idiotice completa, a extrema e completa insanidade.

Mas havia também uma segunda voz em seu coração, lhe dizendo que se casar com Keraunos não era de fato uma coisa tão grave assim, nada como uma grande calamidade, como talvez estivesse imaginando.

Ela se virava e se remexia em seu leito a noite inteira, noite após noite, revirando também os pensamentos mais secretos e, quando já não suportava mais tanto tumulto dentro de si, mandou chamar seu secretário particular, Dion, e enviou-o, como de hábito, ao oráculo de Claros em Didyma, na Jônia, para pedir a opinião dos deuses.

E, claro, no devido tempo, ele retornou com a resposta que ela desejava: *Casar com um irmão não é tão errado assim*, e então Arsinoë Beta ficou repleta de alegria.

Quando finalmente se encontraram, em campo neutro, para uma conversa cara a cara, Arsinoë Beta ficou admirada, embora não o expressasse, pela exuberante saúde exibida por Keraunos. Ele estava tostado de sol. Mostrava-se ereto e musculoso. Embora já estivesse com 36 anos, parecia mal ter vinte. A habitual expressão mal-humorada havia desaparecido de seu rosto. Ele sorriu, fez piadas, e era bem o Keraunos de quem ela *gostava*, antes de ele ter crescido, antes que toda sua malevolência tivesse se desenvolvido. *Olhá-lo*, pensou ela, *era como olhar para um deus*, e se viu incapaz de desviar o olhar dele. E os olhos de Keraunos cruzaram com os dela, e se fixaram uns nos outros, como costumavam brincar de ficar se encarando, quando eram crianças, no Egito. É sempre perigoso cravar tão intensamente os olhos nos olhos de outra pessoa, mas, dessa vez, Arsinoë Beta não desviou o olhar, enrubescendo, mas sustentou-o, sem hesitar, pensando, *Deuses de verdade não piscam*, e se lembrando do que acontecera entre os dois no sofá de ouro, nas tardes quentes de suas adolescências, havia muito tempo agora, e o quanto ela amara esse seu irmão a despeito de toda a crueldade dele.

Arsinoë Beta acreditou, então, que as palavras juradas por seu irmão tinham de ser sinceras e que ele haveria, de fato, mudado de caráter.

E ainda por cima ele lhe fez súplicas, dizendo que precisava de seu conhecimento especializado em assuntos militares, sua habilidade em estratégia e tática. Disse que necessitava desesperadamente receber seus conselhos sobre tantos e tantos assuntos, e ela se sentiu envaidecida por suas palavras e por seus serviços estarem sendo requisitados por um *macedônio*, e isso começou a fazer seu coração balançar, isso e a belíssima aparência de Ptolomeu Keraunos, que despertaram de novo seus sentimentos femininos, e ela praticamente esqueceu a grave advertência de Berenice, sua mãe, que lhe disse: *Nunca se permita apaixonar-se... Apaixonar-se nada mais é do que loucura.*

Mas nunca deve ser esquecido que esse amor de Arsinoë Beta não era novo. Ela já havia experimentado esses mesmos sentimentos por Keraunos muito tempo atrás, e foi como se o seu amor estivesse adormecido por vinte anos, ou mais, e agora despertasse, como as brasas acinzentadas de uma fogueira, uma vez abanadas, que brotam para a vida novamente, com brilhantes chamas, e foi assim que Arsinoë Beta também incendiou-se, e foi novamente alvejada pela flecha dourada de Eros, e sentiu um bramido em seus ouvidos como se fosse uma muralha de chamas, e de novo ela queimava.

Quando Ptolomeu Keraunos se atreveu a beijar essa sua irmã, agora e outra vez, nos lábios, foi um beijo que durou tanto que a fez engasgar-se, sem ar. Foi um beijo tão intenso que a saliva de seu irmão escorreu para os seios dela; e tão violento que os dentes deles tiraram sangue dos lábios dela. Mas Arsinoë Beta mal notou tudo isso, esses maus presságios, isso porque Ptolomeu Keraunos era jovem, ele ainda era um jovem e estava queimando, incendiando-se, e era tão diferente do velho e gélido Lisímaco, e estava tão desejoso dela, diferente do falecido e lamentado Agathokles, e fazia inteiros vinte anos desde que Arsinoë Beta havia beijado um homem por quem tivesse qualquer sentimento. De fato, isso não acontecia desde que esse seu irmão a tinha beijado pela última vez, que fora também a última vez que havia experimentado uma tal paixão como a dele, o que fez a sua própria paixão retornar. Keraunos, efetivamente, fez o coração de ferro de Arsinoë Beta bater como um martelo, e ela não deu atenção às advertências, e o coração dela tanto se aqueceu que Arsinoë teve receio de que fosse se derreter.

Arsinoë Beta apaixonou-se, então, e ficou cega, mas o amor não havia cegado suas aias. Se Keraunos estava realmente apaixonado, isso seria apenas pouco menos do que loucura, e muitos costumavam dizer que Keraunos já era um doido completo. Assim, se ele estivesse duplamente louco, as coisas poderiam ficar muito ruins. E tinham medo pela própria Arsinoë Beta, que apenas uma vez havia demonstrado emoções tão intensas, com relação a Agathokles e com funestos resultados. E se ela, assim se perguntavam suas amas, estivesse cega a ponto de não conseguir enxergar o verdadeiro Keraunos, que seria incapaz de mudar seus hábitos brutalizados; que ainda era, apesar de toda a dissimulação, o mesmo porco-entre-as-rosas que sempre fora?

As mulheres expressaram seus receios: *Não o deixe penetrar demais em sua alma; não o deixe ocupar demais os seus pensamentos.* Mas Arsinoë já estava decidida. Acima de todas as coisas, ela desejava um novo marido. Havia dormido sozinha em seu leito, sem amor, por vinte anos, e vinte anos era tempo demais. Eros, o Menino, havia feito sua flecha penetrar profundamente no coração dela pela terceira vez. Ela lembrou ainda que a terceira vez era a vez da sorte, e nada mais via além de um futuro dourado à sua frente. E talvez Keraunos houvesse tomado precauções para que assim acontecesse, e lhe teria imposto a cegueira, conjurado o amor dela, executando algum encantamento secreto — Keraunos, cujo coração estava repleto de pensamentos malévolos, como sempre estivera, mas dos quais Arsinoë Beta nada suspeitava.

A cega Arsinoë disse, então, sim, e já começaram a tomar providências para o casamento, e designaram a data na qual ela se tornaria Rainha da Macedônia. Ela pediu apenas uma concessão, que era se casar diante de todo o exército da Macedônia, reunido, que seria a sua testemunha.

Dois dias antes do casamento, Keraunos enviou uma mensagem, rabiscada num papiro, com sua própria caligrafia desordenada:

> *Nada de fato será mais precioso para mim do que protegê-la pelo resto da sua vida. Guarde isso em seu coração — nenhuma dor deverá acometê-la, e todos os cuidados serão tomados por mim para que nenhum problema a perturbe. Se eu estiver jurando tudo isso com sinceridade, que minha vida se encaminhe bem, e se estiver jurando em falso, que as mulheres de minha Casa dêem à luz monstros.*

Thot diz de novo: Não há quem minta como um grego, mas Arsinoë Beta acreditou que seu irmão não escrevia senão a verdade, e a chama do amor aquecera seu coração de metal, de modo que amor era a única coisa em que pensava. Mas Keraunos, de fato, mentia, e sua Casa, de fato, sofreria as conseqüências.

Quanto a Arsinoë Beta, ela se julgava feliz, mesmo sendo a sua felicidade algo próximo à loucura. Os cidadãos de Cassandréia estavam felizes, porque seria posto um fim, então, ao ataque de Ptolomeu, o Raio, à cidade. Mas nem todos se regozijaram com o casamento iminente, e menos feliz do que todos estava o filho mais velho de Arsinoë, o príncipe Ptolomaios, que tinha agora cerca de 18 anos de idade e que desconfiava que as intenções de seu tio fossem menos do que honradas, já que escutara muitas e muitas histórias a respeito dele, dos soldados mercenários.

Estou lhe avisando, minha mãe, ele disse, *tudo isso terminará em traição. Você é louca de se casar com um homem como o tio Raio.*

Arsinoë ria, sua risada tão rara. *Não devemos receber ordens sobre o que fazer de nossos próprios filhos*, disse ela. *Você nem chegou ainda a conhecer o seu tio, o Raio*, disse ela ainda, *então, como pode julgar o caráter dele?* E ela ignorou as palavras do seu filho, do mesmo modo como Keraunos ignorava todo e qualquer conselho, porque já estava decidida e não mudaria de opinião por nada.

Tudo vai correr muito bem, ela disse, e encomendou o banquete de casamento. Isso porque, sim, estava tão segura quanto ao seu futuro que se esquecera de que nenhum grego deve nem sequer pronunciar a palavra *amanhã*, por medo de provocar as Parcas. Arsinoë e Keraunos — eles seriam, sim, felizes, um deus e uma deusa, juntos, e seus filhos os sucederiam como deuses e deusas, e como ela já se via até mesmo como a nova Rainha do Egito, dobrou a oferta de um ganso ao dia em sacrifício a Afrodite, Aquela que Concede a Felicidade Conjugal, para que o que ela desejava acontecesse.

Em seus aposentos particulares, bem acima da cidade, Arsinoë discutia com o seu filho Ptolomaios todos os dias, dizendo-lhe que não fizesse aquela cara chateada, que não fosse tão desconfiado, e lhe prometia que tudo ficaria bem e que, além disso, seu casamento fora a maneira mais efetiva de encerrar o cerco a Cassandréia.

Mas, era isso o que Ptolomaios temia: que os propósitos do seu tio, o Raio, não fossem um casamento feliz, mas que ao matrimônio se sucedesse a violência, e tomou a decisão de fugir de Cassandréia, já temendo o pior, o inimaginavelmente pior; isso porque uma grande lição aprendera de seu pai, Lisímaco, e era que um rei não pode confiar em ninguém, nem mesmo na própria mãe, e certamente não num homem como Ptolomeu Keraunos, mesmos sendo seu parente. E que infelicidade, Thot diz, assim era de fato, *porque* Keraunos era um parente que não merecia confiança.

Na noite de véspera desse casamento, Ptolomeu Keraunos dispensou seus auxiliares e sentou-se à mesa dobrável militar que ele costumava usar para examinar mapas da Macedônia (país sobre o qual não tinha grande conhecimento), e começou a confeccionar uma imagem em cera. Depois de algum tempo, a cera tomou forma, em suas mãos, e era a forma de uma mulher ajoelhada, com as mãos amarradas às costas. Enfiou então cravos de cobre na cera: um cravo no topo da cabeça, um cravo em cada orelha, um cravo em cada olho, um cravo em cada narina, um cravo na boca, um cravo em cada seio, um cravo na barriga, um cravo na *bolba*, um cravo no traseiro — treze cravos de cobre, e sorriu ao examinar o seu trabalho. Sobre um retalho de chumbo, rabiscou as palavras: *Furo tais e quais partes de Arsinoë Beta para que ela não tenha pensamentos senão para mim, Ptolomeu.*

Quando pensou no que planejava fazer nos próximos dias, riu a sua risada lunática, de hiena, e cacarejou como um galo, e pediu mais vinho, mais e mais vinho.

Na noite da véspera do seu casamento, naquela mesma noite, Keraunos dormiu profundamente e sonhou o melhor dos sonhos, que era o de estar comendo carne humana, e acontecia ainda de ser a carne da sua irmã, e não poderia esse sonho significar nada senão Boa Sorte.

Quando entrou na cidade de Pella, para se casar, Keraunos exibia seus dentes da frente, os que forçam o sorriso, e murmurava as canções de batalha da Macedônia, convencido de que esse seria um bom dia, um dia auspicioso, e entoou então o Paian de Vitória para Apolo, Senhor do Arco de Prata.

Por uma estrada diferente, Arsinoë Beta também encaminhou-se a Pella, na Macedônia, naquela manhã. Quando se avistou a cidade, sua escolta de servos foi interceptada por cavaleiros vindos de Pella, e eram mensageiros de seu irmão, trazendo presentes, e entre os presentes estava um *leykythos* de ouro com a imagem de Eros, segurando um jovem galo de briga, e esse Eros tinha o rosto do próprio Keraunos.

Ele mandou também uma cratera de ouro que mostrava um par de grifos, lutando, com os rostos de Ptolomeus Keraunos e Arsinoë Beta.

Presságios, talvez, do que estava por vir, mas Arsinoë Beta continuava cega. Havia perdido todo o seu senso de equilíbrio. Não tinha mais em mente a Moderação em todas as coisas. Esquecera-se até mesmo do *Pense no Que Você Está Fazendo*.

Com esses presentes, Ptolomeu Keraunos enviava uma última mensagem, prometendo-lhe: *Enquanto eu estiver vivo e vendo a luz sobre a Terra, nenhum homem praticará violências contra você.*

E, pela primeira vez, era verdade, já que ele pretendia praticar violências contra outros.

4.7

O Casamento Sangrento

O sonho com afortunadas promessas que teve Ptolomeu Keraunos não foi, entretanto, o único da noite da véspera de seu casamento. Ele também teve sonhos perturbadores. Sem dúvida, sabia que o mais perigoso de todos os sonhos seria aquele em que a pessoa aparecia defecando na ágora, ou nas ruas, e mesmo em banheiros, e significavam, todos eles, a mesma coisa: a fúria dos deuses da Grécia, e o mais inapropriado dos comportamentos, e ainda uma perda extraordinária e que o sonhador seria objeto de ódio. Keraunos sabia de tudo isso, e mesmo assim se mostrou insensível aos avisos. Novamente, soltou sua risada de hiena. Os deuses que fizessem o que bem entendessem. Ele era Ptolomeu Keraunos, o Raio dos Raios, o próximo Faraó do Egito, o Para Sempre Vivo, e conseguiria o que queria sem a ajuda dos deuses, graças aos seus próprios esforços.

Assim era a terrível *hybris*, a mais do que presunçosa arrogância desse Ptolomeu, mas ele parecia desconhecer aquilo que todo grego sabe: que a soberba não passa sem punição, que a soberba não passa sem punição.

Já em relação a Arsinoë Beta, na noite anterior ao seu casamento, ela sonhou com fogo: tetos em fogo, sacadas em fogo, lintéis em fogo, todo um palácio em fogo. Mas o que isso significava? Significava a perda de propriedades e a morte de crianças. No entanto, pela manhã, Arsinoë deu uma risada, assim como Keraunos riu-se, e não pensou mais no assunto. De fato, ela achava ridículo e antiquado manter a crença de que todos os sonhos são mensagens urgentes dos deuses.

E tinha tanta certeza de que o que estava fazendo era certo que enviou uma última carta para o seu prometido: *Arsinoë para seu Irmão, Keraunos, Saudações. Você deve saber que não consigo ver o Sol porque você está fora das minhas vistas e é o único Sol para mim.*

Ptolomeu Keraunos, que já se via como o próximo Filho do Sol, riu sua risada de hiena, e por um longo tempo.

Para as cerimônias do seu casamento, esse noivo enfiou uma adaga com cabo negro em seu cinto. A noiva pôs a usual tesoura em seu sapato esquerdo, e o propósito desses objetos era cortar toda a má influência. Que infelicidade! Nem a faca nem a tesoura tiveram o menor efeito.

Arsinoë vestiu os trajes habituais de casamento, com o Nó de Héracles, que seu marido deveria desatar à noite. E no *Anaklypteria*, a Cerimônia de Retirada do Véu, quando a noiva deveria retirar seu véu de solteira, Ptolomeu Keraunos mal se deu ao trabalho de olhar para sua irmã. Em primeiro lugar, ela não era mais uma *parthenos* — e ele próprio cuidara disso. Era apenas a sua irmã, e ele já a vira antes. Sabia bem demais como ela era. Era magra — magra como os chacais famintos do deserto da Líbia — e seu coração era duro, como as rochas do deserto.

Nesse dia, entretanto, Arsinoë Beta estava mais generosa do que nunca, e deu de presente a esse seu irmão o traje de casamento da armadura de ouro, que é o que um principesco noivo deve envergar, e era uma armadura de pesado ouro maciço, o mais fino artesanato trácio.

Quando garoto, Keraunos sempre dava a Arsinoë Beta os usuais presentes em seu aniversário, mas eram todos detestáveis, escolhidos não para darlhe alegria, mas para aborrecê-la, e mesmo assim ela os amara: suas rãs, seus escorpiões, suas cobras. O que lhe deveria dar agora — agora que eram marido e mulher? Algo especial, ele pensou, mas algo também desagradável, já que essa mulher, em verdade, regozijava-se com coisas detestáveis.

Assim, depois de um bocado de trabalho para o agarrar, e um bocado de dificuldade para transportá-lo, e mais trabalho ainda para mantê-lo quieto durante os remates finais, ele lhe deu, como presente de casamento, um crocodilo, um jovem crocodilo do Rio Nilo, de um cúbito e meio de comprimento e usando em torno de seus tornozelos aros de ouro, como os egípcios, e brincos de ouro em suas orelhas, e ainda todo tipo de jóia preciosa do Egito, e todo tipo de gema preciosa, incrustada em sua armadura natural, de modo que, quando ele rastejava, brilhava ao sol — um crocodilo cravejado de jóias, preso a uma corrente também cravejada de jóias, como os crocodilos domesticados da infância deles, em Mênfis: um crocodilo que não oferecia a segurança de estar morto, mas que estava perigosamente vivo e era, assim calculou Keraunos, de todas as feras, a que mais se parecia a ela — brilhando, sim, mas muito, muito detestável e sempre propensa a matar.

Keraunos acreditava que Arsinoë estaria cega demais para enxergar o significado do presente, e ele estava certo. Apreciou, e muito, o crocodilo, e quando o viu guinchou de prazer, e abraçou o seu irmão, dando-lhe muitos beijos. E, em verdade, Pella nunca vira nada semelhante, nem o crocodilo nem um irmão e uma irmã se casando.

Esse casamento, então, foi celebrado com a maior magnificência, e com a dissimulação generalizada de júbilo, com música nas ruas, dança, tambores e trombetas, e procissões de crianças cantando, tudo testemunhado, como insistira Arsinoë, pelo exército inteiro da Macedônia, num total de 16.384 homens, exatamente.

Ao final, Keraunos prendeu o diadema em torno da cabeça de sua irmã e a saudou como *Basilissa*, Rainha, e a beijou em ambas as faces. O coração de Arsinoë Beta batia cada vez mais forte. Estava vestida de branco, com sapatos de casamento de feltro branco, usando grinaldas e a coroa de flores escarlates e perfumada com os mais caros perfumes da Síria; a tesoura aberta em seu sapato esquerdo a havia atormentado o dia inteiro.

Os noivos agiram como em todos os rituais gregos, sem esquecer os marmelos, sagrados para Afrodite, a Portadora da Felicidade Conjugal, que deveriam ser comidos, como parte do ritual; marmelos ocos recheados de mel e cozidos numa cobertura de massa que derretia na boca, e o mel escorria pelos queixos deles, e eles lambiam a mistura doce, trocando beijos nos lábios o tempo todo.

Em sua juventude, Keraunos sempre dizia: *Cantar é para* kinaidoi, mas, nesse banquete de casamento, foi persuadido a cantar, e cantou as canções de casamento da Macedônia, a Canção da Andorinha e a Canção do Corvo. Os convivas os aplaudiram e Keraunos sorriu um genuíno sorriso. Ele era, de fato, um bom cantor.

Naquela noite, do lado de fora do quarto nupcial, um coro de cantores cantou as canções típicas do himeneu, cujo propósito era abafar os gemidos de rouxinol que Arsinoë Beta emitia, enquanto seu casamento era consumado, assim como seus gritos, enquanto Keraunos torcia seus braços, fincava os dentes no seu pescoço, dava-lhe bofetadas, beliscões e a machucava, exatamente como havia feito quando eram pouco mais do que crianças, em Alexandria.

Em sua excitação, o coração de Arsinoë Beta batia com tanta força que ela chegava a poder escutá-lo, e foi justamente aí que se sentiu como se tivesse recuperado tudo o que tinha antes de ter ido embora, num navio, para a Trácia, e pensou que naquela noite estava sendo feliz e que jamais fora feliz em sua vida. Mas Arsinoë Beta não sabia que aquele seu casamento estava fadado a durar apenas um dia e meio.

O que Arsinoë Beta fez a seguir foi talvez o mais insensato ato que cometeu em toda a sua vida, isso porque disse a esse seu marido que tinha a intenção de lhe dar de presente de casamento a sua cidade de Cassandréia, e o convidou para visitá-la, de modo que ela pudesse lhe entregar as chaves da cidade, e combinou que, pela manhã, ela seguiria na frente de modo a deixar tudo preparado para recebê-lo.

Governar cidades, disse ela, *não é trabalho para mulheres. O trabalho das mulheres é dar à luz herdeiros e criá-los.* Isso porque tinha a intenção de ter filhos com esse seu meio-irmão.

Decretou então que o dia em que Keraunos entraria em Cassandréia seria um feriado público, e ordenou que todas as casas, todos os templos e todos os prédios públicos deveriam ser decorados com guirlandas de flores escarlates. Deu ordens para que cem touros tivessem seus chifres folheados a ouro, para o sacrifício, e que se proporcionasse à cidade inteira um banquete, à custa dela.

As flores, aos milhares, foram enviadas para Cassandréia, e Arsinoë esvaziou suas adegas para a festa, assim como forneceu todas as iguarias para um banquete que deveria ser de inigualável magnificência, incluindo os alimentos vermelhos, proibidos, que ela sabia que Keraunos tanto apreciava, e assim ignorou a crença infantil de que comer comidas vermelhas em qualquer banquete, a não ser em um banquete fúnebre, traria a pior das sortes. Sim, os cidadãos de Cassandréia se banquetearam nas ruas, e os escravos da cozinha dessa rainha passaram horas e horas surrando polvos nas rochas, para deixá-los prontos para o grande dia da celebração.

Na madrugada desse dia fatídico, quando estava programado que Ptolomeu Keraunos faria sua entrada em Cassandréia, o outro Ptolomeu, a quem mais tarde chamariam de Ptolomaios de Telmessos, agora com 18 anos de idade, pegou o mais veloz cavalo dos estábulos de sua mãe e galopou em direção ao Ocidente, rumando para Ilíria, onde pensava em pedir asilo a Monounios, chefe de uma tribo de bárbaros que tinha o grego como língua — uma tribo à qual ele conhecera, alguns anos antes, tendo estado presente aos entretenimentos que lhes ofereceram durante uma missão comercial à Trácia, e aos quais ele tinha, corretamente, como amigos.

Quando as nuvens de poeira de todo o exército da Macedônia foram avistadas a distância, os outros filhos de Arsinoë Beta, Felipe, de 15 anos, e Lisímaco Mikros, de 13 — garotos notórios por sua beleza —, saíram em seus cavalos brancos dos portões da cidade de sua mãe, com uma pequena escolta de infantaria, numa procissão formal de boas-vindas ao tio Raio, que agora também era o padrasto de ambos.

O Raio ainda vestia o *khiton* branco, e ainda estava enfeitado com guirlandas de flores, mas envergava também sua couraça de ouro, seu elmo e as grevas de ouro, todos os quais recebera de presente de casamento de Arsinoë Beta, e embora a sua pele estivesse oleosa de tantos ungüentos, ele estava emplastrado também, dos pés à cabeça, com mirra, carregava consigo seu escudo folheado a ouro e sua espada com bainha de ouro, além da *kopis*, a espada curta. Ah, sim! A adaga ainda estava em seu cinto, como se pronta para a luta, e sussurrava, de modo que apenas ele próprio escutasse, as preces para Ares, deus da guerra, e seus olhos brilhavam de entusiasmo, pois de fato estava de muito bom humor.

Keraunos, que tão notoriamente não dava importância aos deuses de sua própria terra, proferia preces e, Thot bem o sabe, isso nada mais poderia significar senão graves problemas.

As primeiras palavras que proferiu foram: *Mas não eram três garotos?* — pois de imediato deu pela falta de Ptolomeu, o mais velho, o herdeiro.

Mas Felipe disse: *Nosso irmão mais velho não está se sentindo bem. Comeu em excesso tâmaras ainda verdes...* Isso porque não se atreveu a contar a Keraunos que, suspeitando de uma armadilha, Ptolomeu fugira.

O padrasto abraçou seus enteados e sobrinhos, que vestiam pequenas túnicas novas, e coroas de folhas de carvalho de ouro. Ele era um homem em quem jamais haviam posto os olhos, a não ser a distância, e jamais haviam lhe dirigido uma palavra sequer, mas esse homem agora lhes beijava as faces e os braços, e até mesmo os seus lábios, como se os conhecesse desde o dia em que nasceram. Keraunos abraçou, apertando bem forte, esses dois garotos, algo que ultrapassava bastante a efusão de afeto genuína, e persistiu em beijá-los por algum tempo, de modo que Arsinoë Beta, assistindo a tudo das ameias, ficou se perguntando o que ele estava pretendendo. Mas suas dúvidas foram meramente momentâneas, já que Atená havia dotado Keraunos, naquele dia, com um tal charme mágico que todos os olhos só tinham admiração em relação a esse rei, e ninguém estava mais fascinado por ele do que a própria Arsinoë Beta. Nunca Keraunos parecera tão bronzeado aos seus olhos, nem tão bonito, nem tão desejável, e ela ordenou que as portas de Cassandréia fossem escancaradas para que ele pudesse penetrar na cidade.

Keraunos avançou em seu cavalo, e seu exército marchou, seguindo-o, totalmente em armas, com peitorais, grevas, elmo, espada e escudo, todos eles, mas com ordens de parecerem pacíficos, de rir, exibindo os dentes, e o povo de Cassandréia os recebeu com aplausos, com ovações e assovios, e houve também toque de muitos tambores, muitas trombetas e flautas sendo assopradas, e Cassandréia enlouqueceu ao dar as boas-vindas ao novo marido de Arsinoë Beta.

No entanto, tão logo o extremo final da coluna de tropas passou pelos portões e se viu dentro das muralhas, Keraunos começou a brandir sua espada acima da cabeça, a berrar e a gritar ordens, e sua primeira ordem foi que os portões da cidade fossem fechados e as travas descidas, de modo que homem nenhum pudesse escapar, e que a cidadela de Cassandréia fosse tomada. Para Arsinoë Beta, que descera para lhe dar as boas-vindas, ele gritou: *Num instante, seu sangue negro estará pingando da minha espada.*

Houve uma balbúrdia tremenda entre a multidão, os sinos de alarme repicaram, mas era tarde demais, pois Cassandréia fora pega numa armadilha. Todos os homens ali estavam imbuídos do espírito de uma festa, e nenhum trazia sua espada ou tampouco qualquer proteção para o corpo. E, sim! A bebida havia começado a circular antes do amanhecer, já que Keraunos havia mandado para a cidade, de presente, mil ânforas do melhor vinho, calculando que assim não haveria homem em condições de defender-se.

O massacre de Cassandréia começou — sendo mortos todos, indiferentemente, homens, mulheres e crianças —, e havia sangue em todas as ruas, sangue escorrendo pelas ruas, e os mortos permaneceriam caídos onde haviam tombado, já que não havia quem lhes desse funeral.

Arsinoë Beta voltou-se e saiu correndo, como se pudesse se recolher à segurança, em seus aposentos particulares, e seus filhos estavam junto com ela, mas foram perseguidos por soldados destacados especialmente para tomar conta deles, e já nas escadarias esses garotos foram atravessados por muitas espadas, bem no colo de sua mãe, enquanto ela os amparava e abraçava, suplicando aos homens de Keraunos que fizessem o que tinham de fazer com ela, até mesmo matá-la, se é o que precisavam fazer, mas que poupassem a vida das crianças.

O sangue de Felipe e Lisímaco Mikros espalhou-se sobre os brancos trajes de casamento de sua mãe e sobre os sapatos de feltro branco, e ela gritou e se encolheu quando viu o sangre escuro jorrando dos muitos ferimentos dos garotos, e durante todo o tempo Ptolomeu Keraunos, seu irmão e marido, ficou à sua frente, assistindo, parado, sorrindo, brandindo a sua espada de ouro como se tencionasse matar também a sua irmã.

Arsinoë uivou contra ele, então, amaldiçoando-o: *Homem nenhum será capaz de afastar os cães de seu cadáver. Nem mesmo a sua desonrada mãe se atreverá a colocá-lo num caixão e a chorar por você, e os cães e aves de rapina vão se banquetear em você, e não deixarão restar nada.*

E ela gritou: *Não vou descansar até fazer o Inferno desabar sobre você.*

Mas Keraunos, em resposta, gritou contra ela as palavras do oráculo de Homero, que havia consultado naquela mesma manhã: *Você não me matará, já que, sem dúvida, não estou sujeito ao Destino!*

E Arsinoë berrou: *Os abutres devorarão você... Os cães de patas ligeiras se alimentarão de você...* E a maldição brotou de seus lábios e não poderia mais ser recolhida de volta. Por um longo momento, os olhos dela estiveram cheios de lágrimas e as palavras ficaram paralisadas em sua garganta. Os filhos morriam nos braços dela, mas Keraunos não assassinou a própria Arsinoë Beta porque era sua esposa, e até mesmo Keraunos temia se tornar um assassino da própria esposa, e até podia ser que Keraunos ainda retivesse alguns vestígios de afeição por sua irmã, e que se retraísse também diante do pensamento de se tornar um assassino da própria irmã. Em verdade, no entanto, talvez Arsinoë Beta devesse a sua vida ao medo da vingança do irmão dela, por parte de pai e de mãe, Ptolomeu Mikros, rei do Egito, o homem que, apesar de não o ter de todo desejado, viu-se sem dúvida na condição do homem mais poderoso sobre a Terra.

Keraunos queria que sua irmã sofresse, e ela sofreria mais se lhe fosse permitido viver. Matá-la meramente interromperia o seu sofrimento, e ele queria mais do que tudo puni-la por tê-lo traído, contando ao pai deles o segredo de sua proibida *aphrodisia*, e por ter quebrado o juramento de jamais pronunciar uma palavra sequer a esse respeito para qualquer homem. Porque, sim, era apenas por culpa de Arsinoë Beta ele ter sido privado dos seus direitos ao reino e ao próprio trono do Egito.

E agora tinha a sua vingança. Agora ela saberia o que era a fúria de um Ptolomeu. Agora pensaria duas vezes antes de colocar-se em seu caminho.

E foi assim que Keraunos permitiu a Arsinoë Beta, sua esposa e sua irmã, escapar, e foi assim também que terminou o casamento de um dia e meio.

Thot pergunta: o que fizeram os soldados mercenários, os famosos soldados mercenários de Arsinoë Beta? Não levantaram sequer uma espada para ajudá-la? Ora, não! Os soldados mercenários estavam ocupados demais, bebendo seu vinho e se preparando para jurar aliança a Ptolomeu Keraunos, de modo a salvar as suas peles. Não, homem nenhum em Cassandréia se apresentou para ajudar Arsinoë, na sua hora de tormento, e homem nenhum ergueu um dedo sequer contra Keraunos para impedir seus terríveis crimes.

Já Keraunos, ele tinha muito trabalho a fazer: restava ainda metade da população da cidade de sua irmã para ser passada a fio de espada. Havia um tesouro a ser pilhado, mulheres a serem estupradas, e todo o banquete de casamento, já pronto, para ser devorado, porque nada como um massacre para avivar o apetite de um louco. Keraunos, então, empanturrou-se o mais que pôde, e o suco proibido das frutas vermelhas escorreu por seu queixo, e ele riu, às gargalhadas, porque a festa de casamento de Arsinoë Beta havia se tornado em uma festa fúnebre.

Quando se exauriram de massacrar e de comer e beber, os homens de Keraunos dançaram as danças do casamento grego, e um Keraunos completamente despido atravessou correndo a cidade, que agora era sua, berrando e com uma gargalhada de lunático.

De algum modo, Arsinoë Beta alcançou o porto de Cassandréia e subiu a bordo de um dos seus rápidos *triereis*, sem sofrer nenhum ferimento, e suas amas a acompanharam, carregando nos braços arcas com jóias e dinheiro, uma procissão de mulheres chorosas subindo no navio, sendo que homem nenhum de Keraunos levantou a espada contra elas.

E o que foi feito do crocodilo cravejado de jóias, que foi seu presente de casamento? Certamente, ela não levou consigo a fera para o exílio. De modo algum. Uma tal criatura era preciosa demais para que Keraunos a liberasse, e passou a levar o crocodilo com ele, para todo lugar que fosse, como um talismã.

Das ameias da acrópole de Cassandréia, Ptolomeu Keraunos berrou para Arsinoë, então de partida: *Que a sua viagem seja a pior possível*, e foi, de fato, péssima, e como sempre ela sentiu náuseas no mar.

Que homem poderia sentir alguma solidariedade por uma mulher como Arsinoë Beta? Não teria sido, tudo o que lhe aconteceu, exatamente o que ela merecia? Isso porque, sem dúvida, as Fúrias, as mulheres com olhos injetados de sangue e cabelos de serpentes, tinham a intenção de segui-la para onde quer que ela fosse, e ela não teria como escapar das horrendas atenções que recebia das mulheres de garras e asas de bronze que revoariam sobre ela até o dia de sua morte.

Por fim, Arsinoë chegou, depois de uma travessia difícil pelos mares, à ilha de Samotrácia, a qual Lisímaco, seu falecido marido, havia usado como base naval, e onde ela esperava encontrar asilo e uma amistosa recepção.

Ela encaminhou-se, então, para o altar supremo de Zeus Xênios, protetor dos Suplicantes Estrangeiros, o famoso lugar de refúgio, onde nenhum inimigo poderia tocá-la, e rezou para que, com a ajuda dos deuses, seu único filho sobrevivente, Ptolomaios, conseguisse alcançar a idade adulta. Lá ficou ela, sentada, com um galho envolto em lã branca, junto às estátuas dos deuses, rezando as preces de súplicas:

Oh, Zeus, tenha pena de mim, antes que eu sucumba de vez ao meu sofrimento...

E Zeus, pelo menos dessa vez, teve pena de Arsinoë Beta, já que nenhuma mulher, por pior que tenha sido o seu crime, merece que seus filhos sejam mortos.

Na Samotrácia, como de hábito, Arsinoë Beta consultava o oráculo dizendo: *Deus, Fortuna, Arsinoë pergunta a Apolo se lhe será propício ou não ir para Alexandria.*

E a resposta de Apolo veio:

Não faça isso.

Ela permaneceu em Samotrácia, mas, depois de um tempo, fez nova consulta ao oráculo e perguntou: *Deus, Fortuna, Ó Apolo, não seria melhor para mim partir para a Alexandria?*

E a resposta veio:

Você deve continuar vivendo onde estava e aguardar.

Na terceira vez em que fez a pergunta ao oráculo, disse:

Pela Boa Fortuna. Arsinoë pergunta a Apolo... Será ou não melhor para ela ir para a sua terra natal?

E, dessa vez, os deuses a deixaram partir.

Arsinoë Beta, sobre cujo coração sempre disseram que era quase tão duro quanto um quartzo, mostrava nessa ocasião da sua vida os mesmos sentimentos de qualquer outra mulher e mãe. Jurou que, se os seus desejos fossem atendidos, dedicaria um par de gigantescas orelhas de prata ao deus. Prometeu que, se pelo menos conseguisse escapar de Samotrácia, mandaria erguer o maior de todos os templos já vistos.

Ela esperou pacientemente a estação propícia para a navegação, mas o inverno foi rigoroso, com chuvas pesadas e muita neve. Dia após dia, ela os passava contemplando a montanha de granito de cujo topo Poseidon observara as planícies de Tróia.

Alimentava-se de carne de bode e de frutas secas, e já fazia o projeto da rotunda que seria chamada de Arsinoëion, em sua própria homenagem, que seria a sua oferenda de agradecimento por ter conseguido sair a salvo de Cassandréia, para encontrar algum refúgio seguro e para que algum dia pudesse vingar-se de seu irmão, Keraunos. O Arsenoëion seria o mais largo edifício circular já construído. E por quê? Porque tudo o que essa família construía tinha de ser o maior, o melhor, superior a qualquer coisa que qualquer outro já houvesse feito.

Sem dúvida, Arsinoë Beta pranteou suas perdas, e não havia como conseguir parar de chorar, e suas amas chegaram a temer que ela se ferisse, propositalmente, mas, no fundo de sua dor, havia sempre aquela mulher dura, que fora criada para jamais admitir a derrota.

Certa noite, por ocasião de seu maior desespero, invocou os deuses por meio de alguns dos seus encantamentos gregos secretos, para lhes fazer uma pergunta: *Vocês podem me jurar, solenemente, que jamais tramarão outra cilada contra mim?*

Mas os deuses responderam que não, não haveria fim para as dificuldades que Arsinoë Beta enfrentaria e para os problemas que causaria. A família de Arsinoë Beta usufruiria de três séculos de turbulências, trezentos anos de logros perpetrados contra eles pelos deuses.

Assim, mais uma vez ela se dedicou a tentar mudar o seu próprio destino. Acreditava nos deuses quando lhe convinha, fazendo então as preces apropriadas e os sacrifícios requeridos e, quando não lhe convinha, não fazia nada disso. Com freqüência, se comportaria como se os deuses e as deusas da Grécia de todo não existissem, isso porque ela era, em muitos aspectos, justamente como seu irmão Keraunos, uma lei em si e para si mesma.

Já Ptolomeu Keraunos, ele sabia muito bem o que a sua irmã estaria fazendo em termos de magia, feitiços, interferências, conjurações diante de imagens de cera, e tomou o cuidado de adotar as corretas medidas retaliatórias, executando a mais poderosa magia que conhecia contra ela.

Alguém que tenha sido ruim para você, ele murmurou, *a quem você precisa punir... tudo o que tem a fazer é escrever seu nome com tinta vermelha, algumas palavras do Livro das Palavras, então queimar o papiro. E, no que o papiro se queimar, ela tombará.*

Ah, sim! Assim como Arsinoë Beta havia se incendiado de amor, ela também tombaria.

Por ora, embora a magia de Arsinoë Beta fosse, Thot bem o sabe, poderosa, acontecia que a magia de Keraunos era ainda mais forte — e tão poderosa que continuaria exercendo seus efeitos por anos e anos, depois da morte dele: uma magia que, no devido tempo, acabaria por destruir essa sua irmã.

Ptolomeu Keraunos estava sentindo-se contente, muito contente, com o que fizera, e apreciava ainda mais, agora, estar ao seu alcance lançar mão sobre todos os territórios europeus de Lisímaco. Embora obtendo êxito, ele foi, pelo resto de sua breve vida, perseguido por dois rostos jovens e pálidos, com os cabelos da cor da palha, os quais via estando dormindo ou acordado, aonde quer que fosse; os quais ele avistava observando-o de todo carro ou carroça, e sentados diante a ele, à mesa, enquanto comia suas refeições, e marchando junto a ele, na falange de seu exército, e parados na entrada de sua tenda de couro de campanha, e não havia como afugentá-los.

Ptolomeu Keraunos sempre se riu diante das assim chamadas assombrações, já que de fato não acreditava em fantasmas — de modo algum. Mas começou a se tornar, por força disso, em seu cotidiano, mais irritadiço com seus generais, e passou a dormir pessimamente.

Aos seus inimigos, ele trucidava como se fossem bestas selvagens, e lhe dava o maior dos prazeres retalhar os mais jovens e belos soldados, aqueles com os cabelos claros e rostos como os de seus dois sobrinhos, Felipe e Lisímaco Mikros, dois rapazes que haviam morrido inocentes de qualquer crime.

Keraunos, pelo canto dos olhos, também via as Três Irmãs com asas e garras de bronze — Ah, sim! As Fúrias! —, cujo trabalho era atormentar aqueles que haviam ofendido os deuses da Hélade, mas Keraunos ria até mesmo das Fúrias, e investia cegamente à frente, o mesmo porco-entre-as-rosas que sempre fora, pisoteando tudo o que se interpunha em seu caminho.

Qualquer homem sensato perceberia que Keraunos teria uma morte violenta, cedo ou tarde. Todo homem enxergava isso, exceto o próprio Keraunos, que em verdade acreditava que vivia uma existência encantada, que tinha sorte, nascera com sorte, e não era sujeito às leis naturais que governam o comportamento dos seres humanos.

Tudo, entretanto, que acontecera a Keraunos estava predeterminado. Nada, em nenhum lugar do mundo, acontece por acaso. Tudo está sempre nas mãos dos deuses — Thot assim jura. E o que estava para acontecer a Keraunos incluía o derramamento de ainda mais sangue, dessa vez, seu próprio sangue.

4.8

Raio e Relâmpago

Não muito depois do massacre de Cassandréia, a maldição de Arsinoë Beta sobre Keraunos começou a surtir seus efeitos, sob a forma do exército dos keltoi, ou gauleses, que agora desciam do norte devastando todos os territórios que atravessavam, com o propósito de conquistar a Macedônia.

Ptolomeu Keraunos estava sentado havia dois anos, apenas, em seu trono, quando o avanço desses gauleses sobre Pella foi relatado — de fato, os bárbaros estavam a poucos dias de distância da cidade. Os reis dos territórios vizinhos escutaram as notícias com sobressalto, e enviaram seus embaixadores, prontamente, aos invasores, com sacos e sacos de tetradracmas e inúmeros presentes feitos de ouro e prata para tentar convencê-los a voltarem para sua terra. Somente Keraunos soube da iminência do ataque sem entrar em pânico. Saiu de Pella com seu exército, comandando-o pessoalmente com a maior satisfação, e com a intenção de, conforme declarou, dar uma olhada nesse novo inimigo. Assim, marchou com apenas uns poucos milhares de mal armados, mal treinados e mal exercitados soldados, como se pensasse que poderia lidar com uma invasão maciça com a mesma facilidade com que lidava com assassinatos.

Aconteceu então que os dardanianos tiveram a gentileza de mandar mensagens a Keraunos oferecendo vinte mil de seus soldados, se ele os aceitasse, como reforço, para ajudá-lo na luta contra os gauleses. Mas Keraunos soltou uivos e gargalhadas, e enviou mensagem de volta afirmando que seus homens eram filhos dos homens que haviam marchado com Alexandre e que seria o fim para a Macedônia se, tendo conquistado no passado toda a Ásia, precisassem agora depender da ajuda de frágeis dardanianos — e isso para enfrentar bárbaros — para defender suas fronteiras. Isso porque esse povo era ainda tão selvagem que escavava tocas, por dentro das colinas, que lhes servia de habitação.

E assim Keraunos prosseguiu, sem reforço nem ajuda, os quais, em verdade, ele bem que precisava, e muito.

O chefe dos gauleses, chamado Bolgios (ou Belgius), cujo nome, por acaso, significava Relâmpago, enviou ao Raio seus embaixadores, com a generosa oferta de deixar seu território em troca de uma grande quantidade de ouro.

Keraunos riu-se da proposta de paz de Bolgius, e mandou um seu mensageiro, agora declarando que não entregaria a Belgius sequer um quarto de óbolo, e exigia que os gauleses lhe entregassem seus líderes, como reféns e garantia de seu bom comportamento.

Então, foi a vez de Bolgius soltar gargalhadas, e a seguir deu ordens a suas centenas de milhares de gauleses para invadirem como um enxame as planícies da Macedônia, onde Keraunos estava acampado, num estado de relativa desordem e confusão, com suas tendas armadas do jeito que os gregos sempre armam suas tendas, não em linhas estreitas, mas dispersas, e sem estarem suas tropas de modo algum prontas para um combate corpo a corpo.

Foi relatado por embaixadores que o rei da Dardânia haveria declarado que o famoso reino da Macedônia parecia prestes a cair por culpa da temeridade de um jovem, do mesmo modo como havia se erguido. Keraunos não lhe deu importância.

Embora Ptolomeu Keraunos não fosse mais um jovem, e tivesse agora mais de quarenta anos, ainda carregava as marcas da imaturidade — precipitação, imprudência, impulsividade — e tinha enfiado em sua cabeça que deveria lutar todas as suas batalhas sem ajuda de ninguém, sem um exército em plenas condições e confiando apenas em suas habilidades pessoais de combate. Infelizmente, Keraunos não pensou bem o bastante acerca de quantos homens necessitaria para derrotar as inumeráveis hordas de gauleses que agora formigavam pelas florestas, entoando em rosnados suas canções de guerra, preparando-se para pôr fogo e retalhar o exército de Ptolomeu, o Raio. Alexandre talvez conseguisse uma vitória, mesmo em tais circunstâncias, mas Keraunos, infelizmente, não era Alexandre.

Keraunos era de fato um homem de ação, mas vivia no e para o momento, como fizera seu pai antes dele. Não possuía a habilidade de pensar à frente e tanto o passado quanto o presente significavam muito pouco para ele. Sem dúvida, ele era muito bom em combate corpo-a-corpo, mas na verdade não tinha genialidade o bastante para ser um general, e apenas ocupara o comando supremo por um acidente de nascimento e, é claro, porque havia trucidado Seleuco. Anteriormente, tivera sempre um oficial veterano que lhe diria o que deveria fazer, mas Keraunos odiava tanto quanto o Hades receber conselhos de outro homem. Odiava ter de fazer o que lhe ordenavam, como qualquer criança incontrolável. E assim, não, ele teria de enfrentar o seu inimigo sozinho, fosse qual fosse o custo disso. Ele era um rei ansioso para exercitar seu absoluto poder de comando, como seu herói, Alexandre. Estava ansioso para dar ordens, e pessoalmente, e para receber todo o crédito pela vitória, mais tarde.

Pior do que tudo era que Keraunos não se dava conta de que, no fragor da luta corpo a corpo, não importando toda a sua coragem, um comandante não pode enxergar a batalha como um todo, e disse aos seus generais que não sabiam do que estavam falando. Achou que sabia tudo sobre a guerra, mas estava errado: a pessoa que deveria estar ao seu lado, auxiliando-o, seria a sua meia-irmã e esposa, Arsinoë Beta, que seria capaz, efetivamente, de conquistar uma retumbante vitória para o seu irmão. Mas Arsinoë Beta ainda estava na ilha de Samotrácia, e dificilmente se disporia a ajudar o seu irmão a esta altura dos acontecimentos.

Os gregos sempre gostavam de dizer que os gauleses são malucos, já que lhes falta todo o *dike*, ou correção nos procedimentos, e eram a própria encarnação dos procedimentos equivocados. Os gauleses eram conhecidos por comerem vivas quaisquer crianças de peito que caíssem em suas mãos, e notórios por sua selvageria, por estupros e mutilações, e por outros crimes de guerra hediondos, tanto contra homens quanto contra mulheres, e também por nunca se darem ao trabalho de enterrar seus mortos. Quando os líderes desses bárbaros eram cercados, sempre se recusavam a se entregar e preferiam matar-se, o que, para os gregos, era uma vergonha mais grave do que qualquer outra, o comportamento dos covardes. No entanto, os gauleses não eram covardes, já que lutavam sem se importar com os ferimentos que sofressem e mostravam uma bravura em batalha que espantava todos os homens que os viam lutar.

Os gauleses, então, eram privados de todo e qualquer comportamento civilizado, e nisso eram muito parecidos com Ptolomeu Keraunos.

Mas, antes de se recolher, à noite, Keraunos se divertia consultando o oráculo de Homero, para ver o que os deuses desejavam que ele fizesse, e o oráculo respondeu: *Seu lunático, sente-se quieto e escute os conselhos dos outros.*

Mas Keraunos não era capaz de ficar parado por um momento que fosse, e ele não tinha a intenção de tomar conselhos de um mero oráculo.

Na noite da véspera da batalha, Keraunos mal dormiu por conta de sua excitação, mas, quando adormeceu, afinal, sonhou estar comendo livros, um sonho que admitia uma única interpretação, que era: *morte repentina*. De fato, Keraunos sonhou que estava comendo o livro mais sanguinolento de todos, a *Ilíada*, de Homero, um rolo de papiro depois do outro, já que eram feitos de massa de pastelaria; mas ele nem sequer cogitou que isso teria qualquer coisa a ver com a sua própria morte.

Keraunos afastou o pensamento de sua mente. Em todas as batalhas, isso é certo, morrem muitos homens, mas ele acreditava que, pessoalmente, estava fadado a jamais morrer, e a se tornar um Faraó do Egito, Ptolomeu *Ainobios*, Aquele Que Viverá Para Sempre.

Naquela manhã, ele atou ao corpo os laços da armadura de ouro, que fora presenteada por sua irmã, e acariciou com os dedos, repetidas vezes, seu colar egípcio feito de talismãs mágicos, o *Baraka*, o Portador da Boa Sorte, pedindo uma grande vitória sobre os gauleses, e não se mostrava nem um pouco preocupado com a perspectiva de enfrentar o estrépito sombrio da guerra. Estava indo para a batalha coberto de ouro, como uma garota, pobre idiota, e mesmo isso não o salvaria de uma morte mesquinha.

Enquanto seus homens comiam o que poderia ser seu último desjejum, constituído de pão molhado no vinho não diluído e lingüiças, Keraunos gritava:

Comam bem nesse desjejum, porque esta noite cearemos com Hades, e ele soltou a sua gargalhada de hiena. Quando os homens se aprontaram para a batalha, ele gritou: *Afiem bem as suas espadas, alimentem bem os seus cavalos de patas ligeiras, e verifiquem bem o estado de seus veículos, de modo que possamos suportar o julgamento do odioso Ares por todo o dia.*

O que de fato aconteceu foi que o único grego que, naquela noite, ceou com Hades foi o próprio Ptolomeu. Esse homem que se achava dotado de sorte, que nascera com sorte, que teria sorte para sempre, mas a sorte de Ptolomeu Keraunos escapuliu dele, isso porque esse foi o dia marcado pelas Parcas para que ele morresse, seu *termia hemera*, e ele não sabia disso.

Quando os gauleses começaram a se movimentar, em meio à floresta, os amigos de Keraunos insistiram para que ele aguardasse por reforços gregos, que já estavam na estrada a caminho de Pella, tendo sido retidos por chuvas torrenciais. No entanto, Keraunos estava tão entregue, agora, ao seu desejo de esmagar os bárbaros que ignorou seus amigos, como de hábito, e ordenou o ataque.

Não apreciamos esperar, ele disse, e emitiu seu grito de batalha, o *Alalalalai* da Macedônia, que foi repetido por seus homens, como se dissessem que estavam prontos para lutar e ansiosos para iniciar a batalha.

Naquele dia, Keraunos seguiu o exemplo de Felipe, pai de Alexandre, que sempre bebia vinho antes de montar em seu cavalo e entrar na batalha. Ora, pensou Keraunos, por que deveria proceder de modo diferente? E ele ordenou que uma ração extra de vinho fosse dada a todos os soldados, e a seguir dobrou-a, e triplicou-a, ainda, por conta do triunfo que estava por vir.

As tropas de Keraunos examinaram as florestas onde os bárbaros nus se reuniram, aos milhares, entoando em ritmo perfeito as canções de gelar o sangue que aquecia seus espíritos para o horror da batalha — homens que usavam seus cabelos louros eriçados em espigões, e cujos corpos musculosos eram pintados de azul, dos pés à cabeça, e cujo canto de guerra era um uivo que provocava mais calafrios do que o *Alalalalai* que os homens de Keraunos já não berravam agora, pois estavam parcialmente embriagados e porque Keraunos havia se esquecido de lhes dar a ordem para tanto, e porque já estavam hipnotizados pelos rugidos dos bárbaros.

O bramido da *karnyx*, a trombeta de guerra dos bárbaros, iniciou-se, os berros cortantes dos chifres de combate, e os gauleses investiram contra os homens de Keraunos com toda a fúria passional e desprovida de razão das bestas selvagens. Abatiam com seus machados e cortavam com suas espadas, e nada do que fizeram naquele dia se adequou às regras apropriadas e às sagradas leis dos procedimentos de guerra gregos: não alinharam suas tropas, não deram um aviso leal de que iriam atacar, não atacavam de apenas uma direção, mas pareciam cair, sobre os gregos, de todos os lados, como um milhão de maribondos. Keraunos gritava de prazer, ao assistir ao combate, mas sua voz, suas ordens que soavam como latidos, eram abafadas pelo fragor da luta, e assim o sangue começou a respingar para todos os lados. E, sim, os veículos dos bárbaros corriam em círculo em volta dos soldados de Keraunos e, quando eles perdiam suas espadas, continuavam lutando com as mãos nuas e com os seus dentes.

Quanto a Ptolomeu Keraunos, há três diferentes versões que tradicionalmente são contadas sobre o que aconteceu com ele.

Na primeira, se conta que quando os homens da falange se arremessaram à frente, Keraunos teria sido derrubado de seu elefante, e os bárbaros fizeram seu corpo em pedaços. Sua cabeça, assim se disse, foi separada do corpo; seus braços foram arrancados dos ombros, suas pernas, também arrancadas, como se fossem as patas de uma mosca. Suas partes íntimas foram decepadas e enfiadas entre os dentes dele.

Na segunda versão, Keraunos teria sofrido um ou dois ferimentos mais profundos e, tendo sido aprisionado, fora torturado, enquanto os gauleses disputavam entre si para ver quais entre eles tirariam prazer de seu belo corpo de uma maneira repulsiva demais para que Thot a relate. Depois, deceparam sua cabeça, enfiaram-na na ponta de um dardo grego e a carregaram em triunfo pelo campo de batalha, para aterrorizar as tropas macedônias que ao verem que não tinham mais rei, perderam a coragem, numa só voz emitiram um grande grunhido e fugiram.

A terceira versão sugere que nenhuma batalha corporal tenha ocorrido, mas que Ptolomeu Keraunos teria se confrontado, sozinho, com Bolgios, já que era um costume dos gauleses, quando haviam deixado tudo pronto para o combate, avançar um passo à frente das tropas, encarar o inimigo e desafiar o mais bravo entre eles para um combate singular.

E teria sido Keraunos, então, a gritar contra Bolgios: *Como alguém desesperado por bebida, é assim meu desejo de lutar contra você*, embora esse bárbaro que não falava grego não tivesse entendido uma palavra sequer.

Keraunos escutou a fala, que lhe era tão estranha, do bárbaro, e soltou uma risada. Achou engraçado que esses selvagens pudessem ter acreditado que seriam capazes de derrotar o poder dos macedônios, e aquele barulho que produziam — era realmente como o piado de andorinhas.

Enquanto Keraunos saltava de um lado para o outro, sem sair do lugar, aguardando, ansioso, pelo momento do combate, um de seus amigos segurou seu braço e lhe disse: *Não é para uma dança que ele o está convidando, mas para uma luta até a morte.*

Keraunos soltou outra gargalhada e deu um passo à frente. Nesse momento, ele já não estava completamente sóbrio. Mas quem senão Keraunos seria o mais bravo ali? Era, ele bem o sabia, o que Alexandre teria feito, e era a sua chance de provar que era tão bom quanto Alexandre, senão melhor. Tudo em que conseguiu pensar foi que seu meio-irmão, Ptolomeu Mikros, nunca ousaria fazer algo igual, e só isso já serviu como mais uma razão para Ptolomeu aceitar o combate dele, somente, contra Bolgios. No entanto, Mikros era um homem mais sensato.

O espadachim feroz, o poderoso criador de pânico, esse Raio, agora avançou com passos dançantes para enfrentar Bolgios, que era o homem mais alto que já se viu, e que lá estava, nu, a não ser pelo colar de ouro em volta do seu pescoço, com a sua espada de ferro e seu escudo de couro, tatuado em azul da cabeça aos pés, exibindo os mais rijos músculos em todo o corpo, e untado de gordura por todo o corpo também, mas não sujo de poeira, como os gregos estavam, de modo que Keraunos não tinha como agarrá-lo, pois tudo nele era escorregadio. Esse gigante era mais alto do que Keraunos, e rosnou contra ele, rindo-se de Keraunos e fazendo troça dele, de modo que ele se lançou contra o gaulês não com a cabeça fria, mas fervendo de ódio e berrando. E foi assim que o Raio entrou em luta contra o Relâmpago.

Ptolomeu Keraunos atacou com toda força, sim, mas pesava contra ele sua espada de ouro, seu escudo de ouro, seu peitoral de ouro, suas grevas de ouro, suas botas de couro de crocodilo, seu elmo de ouro, que ostentava no topo penas brancas de avestruz, que foram aliás a primeira coisa que Bolgios cortou.

Além disso, Keraunos tivera seu peso um pouco aumentado de tantos banquetes, e seus movimentos também estavam algo lentos; enquanto Bolgios dançava ao redor dele, muito leve sobre suas pernas nuas, sem grevas, nem botas de soldados, saltando no ar e derubando Keraunos no chão vezes e vezes seguidas, com seus pontapés voadores. Então, firmou finalmente o pé sobre o peito de Keraunos e o feriu repetidamente, nos braços e no pescoço, com sua espada, e por toda a duração do combate os gauleses rugiam seus cânticos de louvor aos poderosos feitos de seus ancestrais e a canção em que se gabavam de seus enormes êxitos e depreciavam seus inimigos, e o canto rítmico e ensurdecedor que vinha desses selvagens pintados tinha como propósito privar os gregos de seu orgulho, de sua coragem e ânimo, antes mesmo que ocorresse um único que fosse combate corpo-a-corpo — e foi o que aconteceu.

Esses bravos mercenários de Keraunos — a maioria deles não era plenamente fluente em grego, muito menos sabia de cor as letras das canções de guerras dos gregos. Não haviam sido treinados pelos seus comandantes para cantarem juntos, e assim não elevaram seus gritos e urros, em favor de seu comandante, para encorajá-lo, mas simplesmente permaneceram observando em silêncio. Não pode haver dúvidas sobre o que aconteceu: Bolgios atravessou a boca de Keraunos com o impiedoso bronze, e a lâmina de sua espada passou rente ao cérebro, por baixo, estilhaçando os brancos ossos. Os dentes foram arrancados e os olhos inundaram-se do sangue negro: então a boca alargada de Keraunos emitiu seu último grito de batalha lançando um jorro de sangue da boca e das narinas, e a bruma negra da morte o cobriu.

Quantas vezes Ptolomeu Keraunos despiu um inimigo morto de sua brilhante armadura? Quantas vezes decepou orelhas e dedos, cabeças e *rhomboi*, carregando-os como troféus de guerra e rindo a sua risada de hiena? Muitas vezes. Agora, era vez do próprio Keraunos sofrer tais indignidades que tantas vezes impôs aos outros.

Os gauleses se apossaram da brilhante armadura de Keraunos e o deixaram nu e ensangüentado, no campo de batalha, privado de qualquer cerimonial de purificação, esperando a realização de seu destino. E, sim, qualquer que seja a verdade nessa versão, o final foi o mais desgraçado, já que os soldados do macedônio voltaram-lhe as costas e fugiram correndo. Alguns se salvaram, mas a maioria foi aprisionada, tratada vergonhosamente e vendida como escravos, ou mesmo cortada em pedaços pelas espadas inimigas.

Enquanto os chifres dos gauleses ainda ecoavam nas planícies, os bárbaros estupravam os mortos, homens e mulheres, soldados e acompanhantes do acampamento, indiferentemente. Violaram os que já estavam mortos. E então, pior ainda, cometeram sacrilégios contra os deuses da Hélade, arrasando e profanando os locais sagrados, altares e templos, não se furtando a nenhum ato insultuoso. Enquanto se retiravam para o norte, pilharam, destruíram e chacinaram, incendiando todos os prédios das fazendas e todos os campos de milho, de modo que a Macedônia ardeu em chamas de uma fronteira a outra e uma nuvem negra de fumaça pairou sobre aquelas terras por dias.

Era, de fato, um comportamento digno do grande Alexandre, que se permitira tais atos durante toda a sua campanha na Ásia. A variante dessa vez foi que os macedônios receberam o mesmo tratamento que costumavam ministrar.

E Thot diz: Quem vai dizer que não o mereceram?

E o que foi feito de Ptolomeu, o Raio, que lá ficou, caído, com a noite chegando, abandonado, sem sua armadura de ouro, sem sua brilhante túnica, e tendo sido até mesmo suas roupas de baixo roubadas dele?

Seus olhos se foram primeiro, levados pelos corvos, já que os olhos são sempre privilégio dos corvos. Então, as partes macias, carnudas, que sempre causaram problemas a Keraunos. O que sobrou dele, coube aos cães devoradores de carcaças e às aves de rapina, que estraçalham os cadáveres deixados pela guerra sem nenhuma pressa; e as caudas dos cães batiam sôfregas sobre o chão alagado de sangue, com o ar acima deles pesado com as asas dos abutres. Antes do pôr-do-sol seguinte, os ossos dispersados de Ptolomeu Keraunos, um rei filho de um rei, já haviam sido descarnados pelo banquete dos pássaros e dos cães, exatamente como fora profetizado pelos horóscopos.

Não se tratava de um jovem cabeça quente, embora não aparentasse mais de trinta anos e agisse, às vezes, como se tivesse vinte, morreu aos quarenta ou quarenta e um anos de idade.

Os gauleses alimentavam a estranha crença de que todas as virtudes de um inimigo morto em batalha habitavam o seu crânio e acreditavam, mais ainda, que a cabeça decepada continuasse a viver, muito depois do corpo no qual se prendia ter morrido.

E assim a cabeça de Keraunos não foi deixada no campo, porque os gauleses retornaram mais tarde e a recolheram, e a levaram para sua terra, com eles, enfiada na ponta de uma lança. Bolgios admirara muito a selvageria de seu oponente, a quem, a despeito de estar bêbado, ou então por causa disso, lutara com o ânimo de um gaulês, e por isso deu-se ao trabalho de embalsamar a cabeça em óleo de cedro, que era o maior tributo que um gaulês poderia prestar a um inimigo.

Quando o embalsamamento estava terminado, Bolgios decorou a cabeça de Keraunos com ouro e a deixou numa arca, da qual a tirava, em ocasiões especiais, exibindo-a a visitantes, com muito orgulho, como um símbolo de sua proeza militar, e até o dia de sua morte recusou-se a desfazer-se dela, apesar de lhe terem oferecido o peso da cabeça em octodracmas de ouro.

Em algumas festividades gaulesas, Bolgios levaria consigo seu grande tesouro e a usaria como taça para servir libações aos seus deuses. Havia vezes em que ele colocaria a cabeça sobre um pilar e, derramando um pouco de água em sua boca, faria a cabeça pronunciar algumas palavras, embora em grego, um língua que o bárbaro, por definição, não teria condições de compreender.

Derramando vinho não diluído na boca de Keraunos, às vezes, fazia-o mexer um pouco seus lábios escurecidos, e até mesmo cantar alguns versos para os gauleses da Canção da Andorinha dos Gregos. Sob certa iluminação, via-se os olhos artificiais de Keraunos, feitos de valiosas gemas, colocados para que substituíssem os olhos devorados pelos corvos, como se soltassem chispas, ou um brilho próximo da alegria.

A cabeça de Keraunos, então — imunda, barba por fazer, desfigurada, emplastrada de sangue ressecado —, cantaria, assim como cantara a cabeça decepada de Orfeu, chegando a fazer as árvores e rochas se moverem.

Havia noites em que a cabeça de Keraunos poderia ser obrigada a emitir um lamento, ou a responder questões simples, ou a dar conselhos sobre toda questão importante. Mas o mais importante de tudo era que, a cabeça, enquanto permanecesse sob a posse dos gauleses, fertilizaria suas lavouras e repeliria qualquer invasão dos macedônios.

Ptolomeu Keraunos, então, viveria para sempre, mas não exatamente segundo as suas expectativas; do mesmo modo que o seu meio-irmão, rei Ptolomeu Mikros, o novo Faraó do Egito viveria para sempre.

Essa última relíquia do Raio, no entanto, terminou como um legado de família entre os bárbaros, que prezavam a sua coragem, em verdade, mais do que seu próprio povo. Já que Keraunos era tão parecido a um bárbaro, não era, afinal de contas, um fim despropositado em relação a ele.

Alguns homens viram a morte do Raio como uma desforra dos deuses da Grécia contra o assassinato de seus dois sobrinhos, cujo sangue clamava por vingança; outros entenderam que se tratava apenas do efeito de uma maldição, ou da magia de sua meia-irmã, Arsinoë Beta. Outros, recordaram as palavras de Heródoto: *Não há ninguém que não tenha a infelicidade como um ingrediente de seu destino.*

E o que aconteceu ao famoso crocodilo cravejado de pedrarias? Quando Keraunos foi morto, os gauleses se serviram não apenas da armadura do Raio, mas também do seu amigo encouraçado. As pedrarias, fizeram-nas saltar da pele do animal com suas facas de caça. Extraíram o ouro escamoso e o transformaram em calções. A carne, eles a arrancaram, aos nacos, já que estavam com fome.

Leitor, eles o comeram.

Assim, afinal, terminou Ptolomeu Keraunos, o famoso Raio, o garoto nascido para se tornar comida de cães.

4.9

Fantasmas Gregos

Quem, então, comeu o pudim de ervilha, o prato fúnebre, pelo falecido Ptolomeu Keraunos? Ninguém. Quem, então, empanturrou-se no Banquete Vermelho que Keraunos tanto apreciava, a ponto de se tornar um aficionado da morte? Ninguém.

E quanto a Arsinoë Beta, essa meia-irmã e por breve tempo sua esposa? O que sentiu ao se inteirar das notícias sobre a morte do seu irmão? Nada. Nem alegria nem tristeza, apenas o costumeiro entorpecimento que sente uma mãe que teve dois de seus filhos assassinados em seu colo, e não pode esquecer nem a cena nem eles. Arsinoë Beta não sentiu nada.

Assim mesmo, é crença dos gregos que o fantasma de um homem que morre antes do tempo irá vagar e disseminar o mal até que decorram os anos que a sua vida normalmente despenderia. Assim, o fantasma de Ptolomeus Keraunos estava fadado a perambular por cerca de trinta anos, ou seja, por todo o restante dos anos de Arsinoë Beta sobre a Terra; e a verdade é que esse fantasma surgiu para ela, é claro, de modo que ela não conheceu um dia sequer sem estar assombrada pelo meio-irmão, com sua pele acinzentada e as surradas roupas cinza próprias dos fantasmas gregos, e não se passou um dia ou noite na vida de Arsinoë Beta sem que ele irrompesse em seus aposentos, como um centauro, como fazia quando jovem, e ele se debruçaria, nu e atrevido, sobre o tronco dela, e agarraria suas duas orelhas e lhe daria o beijo *kuthra*, o beijo de alças, e colocaria suas mãos sobre os seios dela, e os apertaria com força, de modo que suas unhas a feririam, e ele morderia o queixo dela, e tanto, que ela gritaria, e ela não saberia se era de dor ou de prazer.

Em seu sono, ela gritaria para esse irmão: *Que os cães de patas ligeiras se alimentem de seu cadáver!* Mas o fantasma ensangüentado a montava, indiferente, e não a deixava em paz. Ainda muito nova, ela havia dirigido preces aos deuses da Grécia para que Keraunos ficasse ao seu lado para sempre. Pelo menos essa prece fora atendida.

Tampouco Arsinoë Beta conheceu uma única noite livre do fantasma do belo Agathokles, que surgia para ela, ensangüentado e belo na morte, sem as mãos nem os pés nem outras partes do corpo, a acusá-la de ser a maior responsável pelo seu assassinato.

Tampouco, é claro, Arsinoë Beta conheceu um dia ou uma noite sem que visse também os fantasmas de seus dois filhos assassinados, os príncipes Felipe e Lisímaco Mikros, que a seguiram na travessia do Grande Mar até Samotrácia, e ela era assombrada até mesmo pelos gritos deles, por suas vozes adolescentes, nem agudas nem graves, mas algo guturais, roucas, já começando a se transformar na voz de um adulto. Dia e noite via a imagem de seus jovens membros bronzeados por conta dos exercícios no *gymnasion* grego, manchados do próprio sangue. Via os seus rostos tão jovens, meio surpresa, meio horrorizada, e vivia de novo o assassinato deles em seus sonhos, como se tivesse sido culpada também desse ato.

Pelo resto de seus dias, Arsinoë Beta acordaria, no meio da noite, gritando, pingando de suor, muito antes da hora de despertar, e quem se surpreende com isso? Claro, se havia quatro fantasmas na vida dessa mulher, de modo que, à noite, seu quarto estava bastante povoado.

Reflexões de Thot: Arsinoë Beta, sem dúvida, ela havia previsto seu futuro — uma vida inteira de noites insones, o interminável horror de ficar contemplando seu passado. Alguns homens ainda encontram dentro de si alguma piedade por essa mulher, tão dura, que vivera para assistir à morte de seus filhos. Mas a maioria dos gregos daria de ombros: era o destino dela. Tudo o que aconteceu foi vontade dos deuses. E Arsinoë Beta, se quisesse mudar seu destino — bem, era inteligente o bastante para tanto. Teria a sabedoria necessária para prever o que iria lhe acontecer.

Era sem dúvida o destino de Arsinoë Beta, de um lado, usufruir da glória, da riqueza, do poder; e, por outro, os deuses da Grécia, sempre tão invejosos, não se puderam convencer a lhe permitir ter tudo: e a coisa mais importante que lhe negaram foi a felicidade.

Ninguém portanto deveria sentir-se surpreso pelo fato de essa rainha ser uma rainha enferma, e ninguém precisaria buscar demais pela verdadeira causa de sua interminável enfermidade; era, seguramente, vingança dos deuses, a desforra dos deuses, e somente a morte talvez lhe trouxesse a felicidade de liberá-la desse tormento.

No momento, seu único consolo consistia no fato de o quinto fantasma, o do velho Lisímaco, por enquanto não vir assombrá-la, já que esse homem havia vivido os anos que lhe cabiam e não precisaria mais vagar.

Mas Arsinoë Beta, embora fisicamente debilitada, tinha grande determinação, muita inteligência, e nenhum de seus infortúnios a fez sequer pensar em tirar a própria vida. Ela era forte demais para isso, e ainda causaria muitos problemas nos nove anos que lhe restavam na Terra, até que chegasse o dia fixado pelas Parcas para ser o dia de sua morte.

Naquele ano em que correu o primeiro veloz rumor da chegada dos gauleses, Terceiro Ano do rei Ptolomeu Mikros, com Eskedi como sumo sacerdote de

Ptah, em Mênfis, ocorreu a morte do Ápis, o Touro Sagrado de Ptah, cria da vaca chamada Ta-nt-Merwer, aos 22 anos de idade.

Eskedi e Neferrenpt choraram, e todo o Egito baixou a cabeça, mantendo-a encostada nos joelhos, lamentando a morte do Ápis. O novo rei Ptolomeu tomou imediatas providências para custear as despesas com o funeral e, no tempo devido, os 29 dias de ritos funerários foram cumpridos, e o touro, mumificado e enfaixado, carregado sobre o carro prescrito para o platô deserto a oeste de Mênfis, e enterrado na necrópole dos touros Ápis, em meio à cerimônia mais magnífica que se poderia imaginar.

Eskedi chorou. Neferrenpet chorou. Padibastet e Nefersobek choraram. Khonsouiou, irmão de Padibastet, também chorou. Todo o trabalho, no Alto e no Baixo Egito, foi interrompido enquanto se realizavam os funerais.

Essa tristíssima perda foi interpretada como um prenúncio de que alguma desgraça estaria por acontecer, e as notícias da morte de Ptolomeu, o Raio, para muitos gregos do Egito o Faraó por direito, chegaram a Alexandria pouco depois.

No entanto, houve mais pranto no Egito, uma cerimônia mais pródiga e um ritual mais esplendoroso, e mais sofrimento oprimindo os corações, mesmo entre os gregos, pela morte do Ápis do que, em todo o mundo grego, pela morte de Ptolomeu Keraunos.

Na realidade, quando a notícia da morte de seu meio-irmão alcançou Ptolomeu Mikros, no Egito, ele se permitiu, por um momento, esquecer a dignidade de seu alto posto, removeu o *khepresh* da cabeça, e até mesmo o elmo-coroa de couro azul, a coroa de Marte, e o atirou para cima, o mais alto que pôde, ali mesmo no Salão de Audiências, e diante de centenas e centenas de egípcios, e isso além de soltar um brado de satisfação.

Não existe tal coisa, disse ele a Arsinoë Alfa, *como acaso: tudo é decidido pelos deuses*.

E citou as palavras escritas por Heródoto, o historiador: *A fortuna dos homens está numa roda, a qual, em suas voltas, não permite que um mesmo homem prospere permanentemente...*

Com o fim da ameaça da invasão de Keraunos, o rei Ptolomeu Mikros poderia, sem dúvida, prosperar agora e voltar os seus pensamentos não para a guerra, mas para a glória do Egito, uma nação pacífica, desejosa de desenvolver seu comércio com as demais.

Após a morte de Ptolomeu Keraunos, seguiu-se uma grande incerteza na Macedônia, com muitos candidatos reivindicando a coroa, os quais permaneceram reis por apenas um curto período, antes de serem depostos.

O primeiro desses foi Meleagros, o quase esquecido filho de Ptolomeu Soter e irmão mais novo de Keraunos. Mas Meleagros não tinha exatamente o estofo de um rei. Havia vivido na sombra do Raio, sempre superado nas práticas de luta livre, boxe, em questões de entendimento e até mesmo ofuscado pela presença dominante do garoto que acreditava que seu destino era ser Filho do Sol, Filho de Rá. Meleagros, assim como Keraunos, nasceu para perder, e durou apenas sessenta dias como Rei da Macedônia, quando então foi descartado, considerado *inadequado*. Qual teria sido a sua história depois disso ninguém é capaz de contar.

Depois de Meleagros veio Antipatros, um sobrinho de Cassandro que reinou sobre a Macedônia por exatos 45 dias, e em conseqüência disso ganhou o apelido de *Etesias*, como os Ventos Etesianos, que sopram por 45 dias e cessam de repente. Nem Meleagros nem Etesias conseguiram oferecer uma apropriada resistência aos gauleses, a despeito do intenso treinamento das tropas de elite da Macedônia. Os gauleses então prosseguiram devastando e arrasando as terras gregas, e toda a Grécia lamentava-se.

Depois de Antipatros Etesias veio um general de Lisímaco, chamado Sóstenes, um homem sem sangue real, que se recusou a assumir o título de rei. Sóstenes reagrupou os remanescentes do exército e lançou-se à guerra, mantendo Bolgios ocupado, enquanto os arautos macedônios corriam atrás de Antígonos Gonatas, o Rótula, para lhe suplicar que voltasse para a Macedônia e assumisse o trono — embora para fazer isso tivesse, igualmente, de salvar a Macedônia do avanço dos gauleses.

Logo depois de Sóstenes, veio Ptolomaios, o filho sobrevivente de Lisímaco da Trácia e Arsinoë Beta, mas esse garoto de 19 anos não era páreo para as forças combinadas de Bogios e de todos os demais gauleses.

Sem dúvida, esse garoto estava fadado a se tornar rei, mas, evidentemente, a Fortuna não o destinara para o trono da Macedônia. Talvez, pensou ele, pudesse se tornar rei da Trácia.

Por fim, nomearam o famoso Pirro de Epeiros como rei, um homem de quem o mundo ouviria falar mais tarde. No total, esses cinco reis tão frágeis reinaram durante três anos sobre a Macedônia.

Falta relatar o que aconteceu a um personagem dessa história de Thot: O que foi feito de Eurídice, a mãe de Ptolomeu Keraunos? Isso porque esse rei havia instalado sua mãe em Cassandréia, durante o seu breve reinado na Macedônia, onde ela desfrutou, por fim e afinal, o título de Mãe do Rei, e sempre insistia que a chamassem de *Basilissa*. Mas não teria Eurídice pranteado a morte de Keraunos? Se o fez, não há registros a esse respeito. Mas que mãe não choraria se um filho morresse antes dela?

Sendo ainda uma mulher jovem, essa Eurídice poderia ter se casado com um novo marido, mas preferiu manter sua independência; ter toda a vida sob seu próprio controle.

A última notícia que se escutou de Eurídice foi que ela reinou em Cassandréia com o apoio de soldados mercenários, muitos dos quais haviam sido contratados por Arsinoë Beta. Eurídice, assim como o seu filho, preferia pagar pela lealdade de um homem — homens que a protegeriam, lutariam e matariam qualquer um, contanto que recebessem seu pagamento. Isso porque ela havia aprendido a grande lição que todo soberano deve aprender: ela não deveria confiar em ninguém.

Prosseguiu com as obras de assistência que havia iniciado no Egito, enviando bolsas de octodracmas de ouro para garotas pobres de Cassandréia e Mileto, como dotes, para que pudessem se casar, em vez de descerem na vida, reduzindo-se à condição de escravas ou de concubinas. Por tais atos de generosidade, Eurídice, talvez pela primeira vez em sua vida, era amada.

Quando chegasse sua hora, seria sepultada por mãos de estranhos, entre elas as das mulheres pobres que ajudara, e que retornavam ao túmulo todo aniversário de sua morte para servirem a apropriada libação de leite, mel e vinho não diluído, junto à sua sepultura.

Embora fosse notório em Miletos e Cassandréia quem era Eurídice, e o que ela fora, ninguém jamais a escutara pronunciar o nome do seu marido. Para essa mulher, Ptolomeu era um nome ao qual se deveriam dirigir maldições e execrações, e ser evitado como o de Hades. Ela sabia, do mesmo modo como muitos outros não sabiam, que a família de Ptolomeu e até mesmo o nome de Ptolomeu eram desafortunados, assim os horoscopistas lhe haviam revelado, e a Casa do belo marido que teve estava fadada a trezentos anos de má sorte.

Parte de Eurídice se regozijava por ter reconquistado a sua liberdade, e parte dela estava aliviada por ela e suas filhas não mais pertencerem à mais desafortunada família que já vivera.

Com Ptolomeu Keraunos morto, seu irmão Mikros sentiu-se enfim em segurança no Egito, pelo menos por ora. Dormia confortavelmente em sua cama marchetada de ouro, com pés de leão e cabeceiras de esfinges.

Mikros passou a devotar todo o seu tempo às artes da paz e a ampliar a glória de Alexandria, bem como de todo o Egito. Ignorando os perigos da *hybris*, ele permitia-se se gabar de que seu reino era o mais glorioso de toda a história das Duas Terras. Em suas jactâncias, não estava, entretanto, muito longe da verdade.

Quanto à guerra, e às ameaças de guerra, ele realmente não tinha o que temer, mas isso, como Eskedi, sumo sacerdote de Ptah, afirmou, *somente até a próxima vez.*

4.10

Voltando Para Casa

Arsinoë Beta, após ter aguardado alguns meses na ilha de Samotrácia — por um tempo melhor e pela volta da estação das navegações, e depois pelo vento certo —, por fim, embarcou num *trieres* com destino ao Egito e tomou o rumo de seu lar, com suas aias trácias, fazendo segredo de quem era, de quem fora, e acima de tudo sem comentar nada sobre os terríveis episódios ocorridos em Cassandréia.

Quando subiu a bordo do navio, seus amigos lhe disseram: *Que os deuses lhe concedam a felicidade de retornar para casa*, e ela ingeriu, como de hábito, o remédio à base de carne de lagarto verde contra enjôos no mar, e como de hábito o lagarto verde não lhe adiantou de nada, de modo que antes mesmo que as velas estivessem infladas, a *nausiasis* acometeu-a, e ela vomitou até as entranhas, debruçada nas amuradas, por todo o trajeto até Alexandria.

Quando essa ex-rainha viu-se segura na Enseada de Eunostos, a Enseada do Feliz Retorno, revelou afinal ao capitão a sua identidade: *Sou Arsinoë*, ela disse, *irmã do rei Ptolomeu*, e ordenou-lhe que enviasse uma mensagem ao seu irmão, pedindo-lhe que ele providenciasse para que ela fosse recebida.

Mas o capitão riu na cara dela e não acreditou numa palavra sequer do que ela lhe dissera.

Nem tampouco o mestre do porto deu crédito à história de Arsinoë, já que, como ele declarou, as mulheres ali eram todas estrangeiras.

Nem também o chefe da guarda, nos portões da grande residência branca do Rei, à visão da qual, reluzente ao sol, seus frontões triangulares de mármore, pórticos e colunas coríntias trouxeram profundo alívio a Arsinoë.

Mas, não, Arsinoë havia deixado a cidade ainda uma garota de 15 anos, 22 anos atrás, de modo que se espantou diante da grandiosidade do quase concluído Farol, assomando sobre o porto. Ninguém em todo o Egito pensou que voltaria a pôr os olhos no rosto dessa moça, e aqueles que conheciam bem o seu caráter apreciaram vê-la pelas costas, de modo que Arsinoë casada valia tanto quanto Arsinoë morta e esquecida.

Não seria surpresa nenhuma, portanto, que essa rainha não fosse reconhecida como uma princesa da Casa de Ptolomeu. Seu *peplos* estava rasgado e manchado de sangue. Seus cabelos, antes louros, estavam desgrenhados e o choque dos acontecimentos em Cassandréia os tinham tornado grisalhos. Ainda tinha muito de suas riquezas, em jóias e ouro, escondidos em meio a sua bagagem, mas não tinha nenhum outro pertence pessoal que não o traje branco salpicado de sangue que vestia, e o qual havia se recusado a tirar desde o dia do assassinato de suas crianças, assim como o pacote de papiro contendo o veneno, que trouxera consigo, recusando-se a acreditar que tivesse perdido todo o seu poder, e sempre pensando que poderia precisar dele, nesse seu retorno ao lar.

Arsinoë havia planejado fazer um dramático retorno, mas havia chegado antes da notícia do que lhe sucedera, e embora as notícias da morte de Ptolomeu Keraunos houvessem atravessado ligeiras o Grande Mar, o destino de Arsinoë Beta fora conhecido apenas pelos mares turbulentos e pela deusa que se apressa a espalhar os rumores.

Quando o mestre do porto, finalmente, conduziu essa mulher até diante do seu irmão, todos os cães rosnaram e latiram contra ela, e por uma boa razão. O rei Ptolomeu somente a reconheceu pela voz, porque ela havia rasgado as faces com suas unhas e as marcas sangrentas permaneciam vívidas, já que ela não pretendia esconder as cicatrizes de seu padecimento com cosméticos, para granjear a solidariedade de sua família. E, claro, já fazia vinte anos que Ptolomeu Mikros havia visto pela última vez essa sua irmã.

Não reconheci o seu rosto, ele disse, e isso porque não era a Arsinoë de faces como maçãs de quem ele se despedira, com a idade de nove anos.

Quando se encontrou com Filotera e Theoxena, abraçou-as às lágrimas e disse: *Aviso a vocês que suas lágrimas se derramarão muito em breve, quando escutarem minha história, isso porque a lista de infortúnios que os deuses me atribuíram é muito longa.*

E, quando terminou de contar, sua irmã, Filotera, lhe disse: *Arsinoë, você já chorou demais. Chega desse sofrimento incontinente, que não tem propósito algum.* E ela sugeriu que Arsinoë prestasse o sacrifício que todo viajante deve fazer, na chegada, e diante disso Arsinoë começou a lamentar-se, aos prantos: *Minhas mãos não foram lavadas e sinto vergonha de servir o brilhante vinho a Zeus do jeito que estou. Além do mais, ninguém pode fazer preces suja de sangue e imundície.*

Assim, aqueceram o cobre no fogo e aqueceram a água para o seu banho, a despeito do costume prescrever que as mulheres da Macedônia devem se banhar apenas em água fria.

Arsinoë Beta chorou tantas e tão amarguradas lágrimas que sua torrente de emoções femininas surpreendeu a sua família, que se lembrava de uma garota que, como Héracles, jamais chorava, e que a Arsinoë que partira do Egito era dura como uma corrente de cachorro, quase privada de emoções femininas.

Ela mudou muito, todos pensaram, mas se perguntaram também se não estaria chorando lágrimas como as do crocodilo, ao mesmo tempo que se esforçavam o mais que podiam para fazê-la sorrir, o que nunca seria, certamente, mesmo na melhor das ocasiões, uma coisa simples, e diziam então: *Não deixe a morte oprimir o seu coração...*

Quando já haviam banhado Arsinoë e vestido-a em roupas limpas, ela dedicou os sacrifícios a Zeus, Protetor dos Que Desembarcam, e a Apolo, Deus dos Felizes Desembarques, e sua alegria então foi verdadeira, porque, como dizem os gregos, não há visão mais doce para os olhos de uma mulher do que a da sua terra natal.

Logo a seguir, Arsinoë Beta encomendou uma receita para disfarçar seus cabelos grisalhos, feita de sangue de uma vaca amarela, gordura de uma cobra amarela e gemas de uma dúzia de ovos de canários, e assim ela conseguiu restaurar em seus cabelos quase a antiga e gloriosa cor dourada.

No ano do retorno de Arsinoë, seu irmão, o rei, reabriu o Grande Canal, que havia sido escavado por Dario, rei dos persas, e pelo Faraó Nekau, e além disso o último andar do Grande Farol de Alexandria foi concluído.

Arsinoë Beta fez tudo o que deveria fazer. Dedicou generosos e diários sacrifícios aos deuses da Grécia, a todos eles. Fez freqüentes consultas ao Oráculo do deus Zeus-Amon, no deserto da Líbia, para perguntar por que não conseguia realizar o seu maior desejo, que era se ver livre do horrível fantasma do belo Agathokles, que não ficara na Trácia, e sim a seguira até a Samotrácia, e agora ao Egito, e que ficava junto dela dia e noite, quer ela estivesse acordada ou dormindo.

Sim, ela chegara mesmo a ficar sob uma torrente de sangue de leitão por metade de uma manhã, mas Agathokles não a deixou em paz.

Havia noites em que Arsinoë Beta sentava-se em seu leito e começava a berrar. Tomou o hábito de se banhar diariamente mesmo na Grande Enseada de Alexandria, ou nas praias a leste e a Oeste, junto aos penhascos, e isso porque os banhos a faziam sentir-se limpa: tomar banho parecia fazer seus crimes menos graves, e o fardo do mal que praticara parecia menos pesado. Sempre entrava na água, com ela o ensangüentado fantasma do belo Agathokles, morto e nu, nadando como um cachorro junto a ela. Por fim, já não restava mais nada a fazer, a não ser aprender a conviver com esse fantasma, porque estava claro que Agathokles nunca iria embora.

Mas ela era forte. Decidiu que não enlouqueceria como Theoxena. E, por fim, começou a gostar de ter Agathokles seguindo-a pelo palácio. Entendeu que na verdade apreciava ter a companhia de Agathokles e de vê-lo ao pé de sua cama folheada a ouro. Por isso, nunca contou nada a Ptolomeu a esse respeito.

Agathokles, o Fantasma, mesmo na morte, tinha a aparência de um deus, e assim Arsinoë Beta começou a ver o fantasma como seu triunfo pessoal, já que, no final das contas, havia ganhado o que mais queria, que seria ter Agathokles para sempre ao seu lado.

Havia noites em que ela murmurava, enquanto dormia, quando conseguia dormir, *Um fantasma é semelhante a um marido*. E por ora era o marido que ela tinha. Na meia-luz antes do alvorecer, ou sob a luz fantasmal que sempre fazia na hora em que ele fora assassinado, Arsinoë conseguia se convencer de que o fantasma de Agathokles lhe sorria, brevemente, e que os olhos dele brilhavam para ela, e seu amor pela assombração não era menor do que pelo homem vivo. Assim, como o fantasma não a abandonava, Arsinoë Beta, talvez pela segunda vez em sua vida foi uma mulher quase feliz.

A outra Arsinoë no Egito, Arsinoë Alfa, seguramente não estava nada feliz.

Thot pede: Tenha a bondade de pôr a sua imaginação para funcionar. Foi Arsinoë Beta que assassinou o adorado irmão dessa mulher, e agora Arsinoë, a assassina, a única mulher no mundo em quem Arsinoë Alfa desejaria jamais tornar a pôr os olhos, a não ser para dançar em seu funeral, retornava a Alexandria, e passava a viver na mesma residência e, a não ser que ela se opusesse, prestes a se instalar no mesmo *gynaikeion* que ela, para vigiá-la dia a dia, lhe dar ordens em tudo e tornar sua vida infeliz outra vez.

O que faria Arsinoë Alfa? Não se empenharia ao máximo para se livrar dessa odiada madrasta, que chegara, como um abutre doméstico, assentando seu ninho num palácio do qual já se despedira?

E quanto a Arsinoë Beta? Não tentaria matar Arsinoë Alfa, antes que Arsinoë Alfa tentasse *matá-la*, por vingança pelo assassinado de Agathokles, seu irmão?

Arsinoë Beta — ela praticaria agora o mais hediondo ato em relação a Arsinoë Alfa, e ela era de fato uma cobra, uma autêntica cobra no que diz respeito à perfídia e ao veneno, e era quase como já se estivesse enroscando e preparando o bote, armando-se para cuspir seu veneno mais uma vez, como a cobra egípcia, mas calculando bem o tempo, aguardando o momento certo, esperando.

Quanto a Ptolomeu Mikros, o que faria ele acerca das duas Arsinoë, que de alguma maneira teriam de conviver em paz sob o seu teto? Mikros sempre achou que o mais fácil era não fazer coisa alguma e, no momento, achando que essas mulheres acabariam resolvendo suas diferenças e que os problemas entre elas não eram seus problemas, resolveu que também não faria nada, agora.

Quando Arsinoë Beta já tivera os dias que precisava para se acostumar com sua nova vida, no Egito, Mikros chamou-a para uma conversa a sós, em seus aposentos particulares, e a inquiriu sobre os boatos que havia escutado.

No entanto, Arsinoë Beta franziu o cenho e estendeu as mãos. *Olhe*, ela disse, *minhas mãos estão limpas. Não tomei parte nesse crime.*

Em seus sonhos, Mikros havia visto essas mesmas mãos de sua irmã cobertas de sangue e, em seu íntimo, sabia que essa era a verdade.

Questionou-a, então, acerca da morte de Agathokles uma segunda vez, e ela o olhou bem nos olhos.

Não matei Agathokles, disse ela, o que era verdade, já que havia apenas ordenado o ato e, tecnicamente, não era culpada de nenhum crime.

Não sou uma assassina, ela afirmou. *Amava Agathokles como meu enteado...*

Mikros se perguntou se ela não seria uma mentirosa nata, como Keraunos.

Quando cartas histéricas de Lysandra chegaram, da Síria, acusando Arsinoë Beta de medonhos crimes, Mikros teve a certeza de que Arsinoë Beta mentira. E, quando as cartas pararam, ele não soube mais o que pensar.

Mesmo assim, Mikros não tinha a intenção de mandar Arsinoë Beta embora de novo. A irmã já vinha se mostrando útil demais para que ele a dispensasse agora. Não, ele desejava poder consultar suas opiniões sobre política externa e sobre todos os detalhes dos assuntos domésticos, já que ela imediatamente provara ser a mais inteligente das mulheres. Mikros sabia que, fosse o que fosse que perguntasse à sua irmã, ela teria uma resposta; e sabia igualmente que o que quer que perguntasse à sua esposa, ela não saberia responder. Nesse ínterim, Mikros iria, assim planejava, procurar um novo marido para a sua irmã, de modo que, talvez, sua esposa, Arsinoë Alfa, fosse deixada em paz.

Mas enquanto ia lhe pedindo seus bons conselhos, sabia muito bem que essa sua irmã assassina bem poderia matá-lo, enquanto ele dormia, assim como matara Agathokles, e assim a manteve sob vigilância, e sugeriu-lhe que ela apreciaria usar os trajes quase transparentes das princesas egípcias, de modo que tivesse sempre a certeza de que ela não ocultava uma faca por baixo das roupas, e, é claro, ela regozijou-se com isso.

No entanto, Arsinoë Beta não pensava em matar o seu irmão. Era da mulher dele que ela pretendia se livrar. Pelo contrário, interessava a Arsinoë Beta fazer tudo ao seu alcance para manter o irmão vivo.

Quando Mikros lhe perguntou o que fora feito de Lysandra, ela olhou para ele como se não soubesse de quem ele estava falando. Então, abriu os braços, sem resposta, e balançou a cabeça. Afirmou não ter conhecimento sobre o destino dessa mulher que tomara dela o homem com que ela deveria ter se casado. Arsinoë Beta realmente se importava pouco com a sorte de Lysandra, a irmã que ela viera a abominar.

Embora Mikros tivesse despachado mensageiros, batedores e espiões para descobrir o que fora feito de Lysandra, sua amada meia-irmã, nunca mais se teve notícias dela.

Mikros conhecia muito bem Arsinoë Beta, embora não tivesse convivido com ela por metade de sua vida. Certamente uma parte dele amava essa irmã, de fato e verdadeiramente amava essa sua irmã por parte de pai e mãe. Do mesmo modo que uma outra parte dele a detestava. E agora ele jurava solenemente que, jamais em sua vida, confiaria em Arsinoë Beta, já que tê-la de volta como membro da família era muito semelhante a ter uma cobra venenosa vivendo debaixo do mesmo teto.

Quais teriam sido, então, os pensamentos de Arsinoë Beta, essa mulher tão ardilosa, tão poderosa, mais rica do que qualquer pessoa poderia imaginar, e que não conseguia refrear-se de continuar matando membros de sua própria família? Quais teriam sido seus pensamentos, enquanto vomitava, pendurada na amurada do *trieres*, em sua viagem para sua terra, proveniente da Samotrácia?

Ela viera pensando: *Se eu conseguir chegar em meu lar e até o meu irmão, o rei do Egito, ele irá se casar comigo; vou forçá-lo a fazer isso.*

E o fato de que Ptolomeu Mikros, Faraó do Egito, fosse seu irmão por parte de pai e de mãe e já fosse casado com uma esposa, aliás, que era uma outra Arsinoë, Arsinoë Alfa, filha de Lisímaco e irmã do homem cujo assassinato ela própria havia providenciado, não era absolutamente relevante. Nem tampouco seria um problema a lembrança de que a outra Arsinoë estaria vivendo no *gynaikeion*, já que Arsinoë Beta havia posto na cabeça que iria se livrar de Arsinoë Alfa também, assim que pudesse arranjar isso, porque não haveria maneira de viver de novo com essa mulher encerrada no mesmo *gynaikeion*, não depois do que acontecera, porque uma delas certamente mataria a outra, e também porque *Arsinoë Alfa tinha exatamente o mesmo rosto que o belo Agathokles.*

Sim, Arsinoë Beta, em toda a sua vida, fizera sempre o que bem entendera, e nada iria mudar. Então, o que ela queria agora? Queria o poder do Egito e haveria de obtê-lo.

Quando Mikros a inquiriu novamente acerca de Lysandra, e sobre o que acontecera na Trácia, Arsinoë Beta disparou contra ele: *O que lhe importa o que aconteceu com Lysandra? Ela era meramente sua meia-irmã, filha daquela louca, Eurídice.* E tudo o que ela queria era que ele parasse com suas perguntas.

Mikros esticou o lábio inferior para fora, como se não estivesse de fato refletindo sobre o que estava fazendo.

E Arsinoë prosseguiu: *Não é verdade que você está feliz de se ver livre dessa mulher que, se estivesse aqui, no Egito, só lhe causaria problemas?*

Mikros soergueria as sobrancelhas, se não tivessem sido raspadas e pinçadas fora de modo a torná-lo puro, no templo dos egípcios, o mais puro dos puros.

Mas o que aconteceu a Lysandra?, perguntou Mikros. E ele desejava sinceramente saber, mesmo que fosse apenas por curiosidade, se Lysandra estava morta ou viva. Em verdade, ele gostava muito de Lysandra, a quem, sem dúvida, vira muito pouco, mas a quem não achava tão impregnada de veneno quanto Arsinoë Beta.

O que você fez com Lysandra?, gritou, pressentindo que restava ainda mais traição a ser revelada. Foi a primeira vez que gritou com essa irmã. E também a última.

Assim, Arsinoë Beta mudou de assunto.

Você promoveu Jogos Fúnebres em honra de nosso pai?, lhe perguntou ela, com toda a inocência, como se aquilo houvesse simplesmente lhe ocorrido naquele momento e ela não tivesse planejado a noite inteira lhe fazer essa pergunta.

Mikros abriu a boca para falar, mas as palavras não brotaram.

Arsinoë o examinava, se perguntando se esse seu irmão não seria tão inútil como Menelau, tio de ambos.

Mikros abriu os braços e balbuciou: *Eu...não... Não houve como... Como poderíamos ter... Não houve uma oportunidade para... Eu não sabia...*

Arsinoë Beta cravou os olhos nele: *Você realizou ou não os jogos em homenagem a Ptolomeu Soter?*

Não, respondeu ele, *não realizamos*. E ele cruzou os braços. Então, tirou o *khepres*, a Coroa de Guerra, e coçou seu crânio do qual haviam sido removidos todos os cabelos.

Havia ameaça de guerra, ele disse. *Temíamos uma invasão, por parte de Keraunos e Seleuco... E não tínhamos certeza quanto ao procedimento apropriado...*

E, de fato, jamais haviam sido promovidos Jogos Funerários em honra a qualquer membro dessa família.

Arsinoë Beta soltou sua gargalhada enregelante, afiada, como se pensasse que esse seu irmão era tão idiota quanto o famoso Felipe Arrhidaios. *Bem*, ela disse, *vamos realizar esses Jogos agora. E já que você não tem a mínima idéia de como organizar Jogos, eu mesma vou cuidar disso.*

Vez por outra, os Jogos Funerários lhe vinham à mente, e ela visualizava a corrida com a tocha, e uma corrida de revezamento, à noite, usando tochas como bastões, e foi então que Arsinoë Beta teve a sua grande idéia.

Ora, temos de acender o Farol, também, na mesma noite... Os jogos funerários poderão ocorrer nas horas do dia, e o Farol seria aceso, à noite, como homenagem a Ptolomeu, nosso pai, que não viveu para assistir a esse grande momento.

Mikros resistiu um pouco à idéia, dizendo que o Farol ainda não estava terminado; a grande estátua de bronze de Poseidon, que deveria ser posicionada de pé, no cume do Farol, ainda não havia sido feita... embora não visse nenhuma boa razão para que o Farol não fosse aceso de vez, já que o terceiro andar, o mais alto, já estava praticamente pronto.

E assim Arsinoë Beta tomou a seu cargo, pela primeira vez, uma tarefa que, em verdade, seria de seu irmão, o Faraó.

Arsinoë Beta, que tinha a capacidade de conjurar exércitos de milhares de soldados mercenários, tinha também bastante capacidade para organizar uma parada pelas ruas e então deu ordens para que o exército inteiro de Ptolomeu Mikros estivesse pronto para marchar, com armamento completo, e sem que faltasse nenhum homem. Ela emitiu o *prostagma* para todos os sacerdotes nativos do Egito, convocando-os a estarem presentes no dia marcado e preparados também para desfilar.

Claro que os problemas estomacais de Arsinoë Beta desapareceram durante todo o período em que esteve ocupada com o grande desfile. Ela organizou a lista de atletas, encomendou aos comerciantes vinho e azeitonas, estoques de peixe e de carne bovina e todas as iguarias gregas imagináveis, já que planejava que Alexandria se banqueteasse a noite inteira à custa do irmão.

Convocou corredores para as corridas a pé e para as corridas com armadura, assim como para as intermináveis corridas a cavalo, e o vencedor do maior número de corridas teria a honra de acender a fogueira do altar sacrificial, onde cem touros seriam imolados, todos dedicados a Zeus.

Arsinoë Beta programou corridas de veículos no hipódromo, corridas de asnos, de camelos, de avestruzes, e mais e mais e mais corridas, e toda Alexandria praticava corridas, ou antes do alvorecer ou depois do crepúsculo, nas partes mais frias do dia.

Já de há muito Alexandria vinha mandando seus melhores atletas na travessia ao Grande Mar para a Grécia, até Olímpia, para competirem nos Jogos Olímpicos realizados lá. Arsinoë Beta também enviou convites a todos os atletas do mundo de fala grega, para que viessem ao Egito e disputassem os mais grandiosos prêmios que já haviam sido oferecidos, desde o início dos Jogos, para celebrar a admissão do próprio Ptolomeu Soter no Olimpo. Os jogos seriam chamados de *Ptolomaieia*, e deveriam rivalizar com os Jogos Olímpicos realizados na Grécia, mas seriam melhores, com prêmios mais valiosos e todos os detalhes projetados em grande escala, sendo que absolutamente tudo foi trabalho de Arsinoë Beta, que parecia ter mão para conduzir qualquer assunto ou trabalho, e que era mais inteligente do que um milhão de deusas.

No grande dia da celebração, Arsinoë Beta usava as listas alongadas pintadas, típicas das egípcias, no canto externo de seus olhos, porque desejava agora ser uma mulher do Egito, tanto quanto uma mulher dos macedônios, ou uma mulher grega; sim, era seu desejo, agora, ser amada por todos no Egito.

E como se tornaria amada? Ora, sorrindo, em vez de fechar o rosto. Ora, participando pessoalmente da corrida de avestruzes, algo que mulher nenhuma, muito menos a irmã do Faraó, jamais fizera. Ora, disputando também a corrida de camelos. Ora, inscrevendo suas bigas na corrida de bigas e, contrariando os costumes egípcios, conduzindo pessoalmente a sua biga e, contrariando as expectativas de todos os homens, vencendo. E, ora, atirando sacos cheios de decadracmas de ouro para as multidões, aonde quer que fosse. É certo que os fantasmas continuavam acompanhando essa mulher, mas, bem como Ptolomeu Keraunos, ela nada temia. Arsinoë Beta estava mudando. Empenhava-se ao máximo por viver o hoje, o momento presente, como seu falecido grandioso pai, Ptolomeu Soter, e esquecer o seu terrível, horroroso passado. Além disso, tentava ser gentil, agradável, meiga, amistosa, o que, por Zeus e por Pan e todos os deuses da Grécia, ela nunca fora antes.

E por quê? Porque almejava o poder no Egito.

Assim, os Jogos Funerários chamados Ptolemaieia se tornaram grandes jogos, e foram realizados todos naquele dia, e foram muito semelhantes aos jogos que eram realizados por toda a parte, Leitor, e você pode imaginar por sua própria conta os jogos, inteiramente à sua vontade, contanto que visualize jogos mais grandiosos e mais maravilhosos que todos os realizados até então e jamais equiparados depois. O mais importante foi o que aconteceu ao anoitecer; isso porque, ao anoitecer, o desfile de tochas das tropas, dezenas de milhares de soldados, seguidos de centenas e centenas de sacerdotes egípcios, além das crianças cantando, dirigiu-se, em marcha, da área do palácio, no leste, percorrendo a seguir a grande avenida de desfiles que era a Via Canopus, atravessando então o Heptastadio e a enseada, até o miraculoso Farol, a Oeste, e todos os soldados, todos os sacerdotes e todas as crianças sustentavam tochas, e todos os soldados, todos os sacerdotes e todas as crianças cantavam, de modo que Alexandria reluzia e cantava de uma ponta a outra. Grupos de música tocavam trompas, cornetas, gaitas, tambores, e toda Alexandria se alinhava nas ruas para assistir à passagem do desfile, e era a primeira vez que a larga avenida era usada com esse propósito. Todos os alexandrinos cantavam louvores ao rei Ptolomeu e a Ptolomeu Soter, seu pai, e cantavam também louvores a Arsinoë Beta, que havia organizado toda aquela festa. Arsinoë Alfa, a rainha, ficou o tempo todo inerte e boquiaberta, apenas assistindo ao espetáculo, quase incapaz de acreditar no que estava vendo, e Arsinoë Alfa nada fizera para ajudar, a não ser pingar de suor, sob sua coroa, e tentar parecer linda.

O próprio Ptolomeu Mikros galgou as escadas internas do Farol, com sua esposa, Arsinoë Alfa ao lado, e essa sua esposa pendurou-se nele, já que tremia só de pensar de estar subindo mais alto do que já subira até então. Foi reservado para a intrépida e maravilhosa Arsinoë Beta montar na grua hidráulica e subir até o topo do Farol dentro da grande cesta de vime, *como uma serpente numa cesta*, que era içada pelo mecanismo e que seria usado para carregar o combustível até o topo, onde ascenderia a chama do Farol e onde tudo já estava pronto, esperando a primeira centelha.

Jamais em sua vida Arsinoë Beta havia estado numa altura tal, e mesmo assim não demonstrava sinal algum de medo. Não tinha medo de voar. Não se deixou perturbar pelo pensamento de que, se aquelas fortes cordas se partissem, despencaria para a morte, a centenas de cúbitos abaixo dela. Lá se foi ela em sua cesta, com a língua entrando e saindo da boca, como uma língua de fogo, como a língua de uma serpente, e seu rosto de serpente sorria, e lá estava ela acenando para seus amedrontados parentes, que iam galgando, trêmulos, as escadas, e ela chegou ao topo antes deles, sorrindo como ninguém que a conhecesse jamais a tinha visto sorrir antes.

Já Mikros, ele não apreciava muito as alturas. Sua cabeça estava zonza. As palmas das mãos, suadas, e sua túnica mais suada do que o normal, e todos os andares das escadas pareciam escorregadios, aos seus pés, e era como se seus joelhos tivessem se dissolvido. Não se deu ao trabalho de contemplar muito longamente o grande espetáculo da sua cidade, Alexandria, estendendo-se diante de seus olhos. Não se deu ao trabalho de olhar para baixo, com medo de cair. E quando seu *Dioiketes* fez um comentário qualquer sobre Sostrato de Knidos, que tornou o Farol possível — e que estava ali junto à grande luz para vê-la ser acendida, Mikros não disse nada, nem sequer uma palavra, com medo de que sua voz saísse trêmula.

Claro que não seria Sostratos a acender a luz, mas Ptolomeu Mikros, o rei, o Faraó. No entanto, em verdade, quanto a Mikros, suas mãos tremiam tanto, e quando Sostratos graciosamente lhe ofereceu a delgada vela cerimonial, Mikros a olhou como se não soubesse o que deveria fazer, de tanto medo de estar a toda aquela altura, nos céus.

Já Arsinoë Beta estava praticamente dançando no interior do confinado espaço no topo do terceiro e mais alto andar do Farol, e dançava de excitação e de alegria e, apesar de todos os relatos anteriores sobre seu caráter frio, em nenhum momento ela parou de sorrir. E, não, Ptolomeu Mikros não acendeu a luz, porque então Arsinoë Beta arrebatou a vela das mãos de Sostratos e adiantou-se para pôr fogo à mecha.

Claro, ela gritou: *Para trás, todos!* Era Arsinoë Beta *tomando a frente de tudo*.

Assim, o combustível subiu com um rugido tão alto, célere e abrupto que os cabelos de todos ali se arrepiaram; era o som mais potente, mais feroz que se poderia imaginar; e a família real sentiu aquela muralha de chamas chegando a eles, e era exatamente como a muralha de chamas que se ergue quando se acende a pira funerária de um defunto, mas ali havia dez, vinte vezes o barulho e a força das piras, já que o Farol seria — e tinha de ser, de fato — a maior de todas as luzes que já se vira no mundo.

Claro que a família real do Egito — Ptolomeu Mikros, Rainha Arsinoë Alfa, Arsinoë Beta e os príncipes infantes Ptolomeu e Lisímaco — tiveram a sorte de escapar apenas com suas sobrancelhas chamuscadas — aqueles que tinham sobrancelhas para serem chamuscadas. Mas o Farol foi aceso, e o poderoso rugido prosseguiu acima de suas cabeças, e as chamas tinham dúzias de cúbitos de altura, a maior luz de farol já acesa, que além do mais era refletida e ampliada pelos enormes espelhos feitos de bronze polido, e o resultado foi que a Casa de Ptolomeu bateu em retirada, fugindo do calor e do brilho ofuscante, descendo, com passos trêmulos, as escadas, e Arsinoë Beta desceu do mesmo jeito que subiu, na cesta, e chegou ao solo antes de todos eles e não tremeu nem um pouco, mantendo-se tranqüila como uma serpente prestes a dar o seu bote.

Depois de um tempo, aqueles que ficaram no topo do Farol perceberam um outro rugido, que não vinha de lugar algum acima de suas cabeças, mas de baixo, da superfície, do solo, e era, sim, o potente rugido de toda a população de Alexandria, reunida ali, para assistir à mágica. Toda Alexandria berrava e assobiava, deleitada, porque a cidade se iluminara, estava tão brilhante como o dia, e ninguém jamais vira algo semelhante.

Melhor ainda, melhor do que tudo, nenhum navio, depois daquela noite, se despedaçou nos rochedos salientes da entrada da Grande Enseada, de modo que a maior de todas as realizações de Ptolomeu Soter — o Salvador, Salvador dos Marinheiros no Mar, Salvador de Alexandria, Salvador do Egito, fundador de sua Casa, o venerado e mais poderoso de todos os ancestrais — estava concluída, seu Farol fora terminado, assim como o primeiro dos Livros de Thot, o Quadragésimo Terceiro Livro de Thot, está concluído.

Estimado Leitor, Discípulo-de-Thot, há mais, muito mais. Seja paciente. Thot não terminou seus escritos.

Por enquanto, é suficiente dizer que o Grande Farol de Alexandria não deixaria de iluminar a mais ilustre de todas as cidades, Alexandria, pelas noites dos próximos mil anos. Isso Thot promete!

ASSIM TERMINA, bem e em paz.
Para o espírito do Escriba do Tesouro Fibis,
do Tesouro do Faraó — Vida! Prosperidade! Saúde!
Copiado pelo Escriba Spotous, filho de Osoroeris,
Profeta de Amon-Rá, Profeta de Min-Amun,
Profeta de Khonsu-Thot, Sacerdote de Primeira Classe,
dono deste papiro.
QUALQUER HOMEM QUE FALAR MAL DESTE
LIVRO TERÁ THOT COMO SEU INIMIGO.

Glossário

Afrodite: Na Mitologia Grega Antiga, deusa do Amor, da Beleza, da Fertilidade; os gregos a cultuavam como a mesma entidade que Hathor, deusa egípcia; em Roma, ganhou o nome de Vênus.

Agathos Daimon: Grego, o Bom Espírito, a divinizada serpente do lar de Alexandria, que transmite sorte; às vezes personificada como Thermouthis.

ágora: Grego, mercado público.

acrópole: Grego, cidadela.

Alalalalai: Grego, grito de guerra dos macedônios, oferecido a Enyalios, epíteto de Ares, deus da guerra.

Amon: nome do deus egípcio identificado com o deus grego Zeus, como Zeus-Amon. É mostrado usando os chifres enrolados de carneiro.

Amun: Senhor dos Tronos das Duas Terras, supremo deus dos egípcios.

andron: Grego, a ala masculina da casa.

ânfora: vaso alto, com duas alças, que serve para transportar vinho, óleo etc. É também uma medida de líquidos: 1 ânfora = cerca de 41 litros.

Ankh: Egípcio, símbolo da vida.

Anúbis: Na mitologia egípcia antiga, filho de Osíris e de Nefth; deus dos mortos, deus do embalsamamento, protetor contra todo o mal. É representado como um chacal, ou um homem com cabeça de chacal.

Ápis: Touro sagrado de Mênfis; Imagem Viva de Ptah. Conhecido pelos gregos como Ápis, ou Epaphos; pelos egípcios, como Hap.

apokrisiarios: Grego, secretário.

Apolo: Deus grego da música, da profecia, da cura, da medicina e da arte do manejo do arco.

Ares: Deus grego da guerra; Marte, para os romanos.

Artêmis: Deusa grega da fertilidade, protetora das mulheres durante o parto, a caçadora virgem, filha de Zeus.

Asclépios: Deus grego da Saúde; em Roma: Esculápio.

Atená: Deusa grega da Guerra, virgem patrona das artes e dos ofícios; personificação da sabedoria; em Roma, Minerva.
Aton: Deus grego do Sol e criador do Universo; Senhor de Heliópolis.

Basileus: Grego, título grosseiramente equivalente a rei.
Basilissa: Grego, título grosseiramente equivalente a rainha.
Bast, Bastet: Deusa-gata egípcia; filha de Rá.

Casa da Vida: A parte do templo egípcio reservada para o aprendizado e o ensino do sacerdócio.
chendjyt: Egípcio, a tanga plissada do Faraó.
Coele-Síria (Koile-Síria): Região síria da Palestina — O Buraco (ou Vale) da Síria, assim chamada para distingui-la da Síria entre os rios Tigre e Eufrates, a Mesopotâmia.
cúbito: Medida grega equivalente a algo entre 45 e 50 centímetros.

decadracma: Moeda grega de dez dracmas.
dexiosis: Grego, aperto de mão.
Diadokhoi: Grego, sucessor de Alexandre.
diekplous: Grego, manobra de batalha nos quais os navios avançam através de uma falha aberta na linha inimiga e atacam a frota pela retaguarda; literalmente: navegar através.
Dioiketes: Grego, Administrador-Chefe de Ptolomeu, no Egito; Primeiro-Ministro, Vizir e Ministro das Finanças.
Dionísio: Deus grego das vinhas e do vinho; deus do frenesi; em Roma: Baco.
dracma: Moeda grega equivalente a seis óbolos; 6 mil dracmas fazem um talento. Também uma medida de peso: 1 dracma = 4,36 gramas.

Eilethyia: Deusa grega das dores de parto; filha de Zeus e Hera.
ephebos: Grego, *ephebe*, um jovem com 17 ou 18 anos.
epistastes: Grego, governador.
Eros: plural Erotes; deus grego do amor e da fertilidade; filho de Afrodite. Cupido.
estádio: Medida grega equivalente a cerca de 183 metros; também o nome grego para a pista de corrida e para a corrida a pé no percurso de um estádio.

faiança: Louça de barro esmaltado ou vitrificado, azul ou azul-esverdeada, usada para contas e jóias.

falange: Formação grega de infantaria pesada, em batalha, consistindo de 4.096 homens. A Grande falange somava 16.384 homens.

Fúrias, ou Erínias, ou Eumênides: Entidades gregas, As Benevolentes: aquelas que vingam os crimes, especialmente os que são cometidos contra parentes. São representadas como mulheres aladas, às vezes, com serpentes à sua volta.

gymnasion: Grego, lugar de exercício para os homens, projetado para habilitar os *epheboi* ao serviço militar. O *gymnasion* de Alexandria era situado no centro da cidade, perto da ágora.

gynaikeion: Grego: ala feminina da casa, onde os homens maiores de sete anos eram proibidos de entrar.

Habitantes das Areias, Viajantes das Areias: Beduínos.

Hades: Deus grego, irmão de Zeus, deus do Mundo Subterrâneo, que reinava sobre os mortos com sua mulher, Perséfone. Em Roma: Plutão.

Hathor: Deusa-vaca dos egípcios. É a mãe simbólica do Faraó, que é chamado de filho de Hathor; Hathor é representada tanto como uma fêmea humana, sobre cuja peruca se assenta uma coroa de chifres com um disco solar; pode também ser representada inteiramente como uma vaca. É filha de Rá.

Hefaistos/Hefesto: Deus grego do fogo, especialmente da forja e dos ferreiros e artesãos. Os gregos o entendiam como o Ptah dos egípcios. Em Roma: Vulcano.

Hélade, helenos: Grécia, gregos.

hemiobol: Grego, moeda de meio óbolo.

Heptastadion: Grego, a ponte de sete estádios de comprimento ligando o farol de Alexandria à ilha de Faros.

heqat: Egípcio, o báculo de pastor do Faraó.

Hera: Deusa grega, esposa de Zeus, rainha dos deuses, deusa do casamento. Em Roma: Juno.

Hermes: Deus grego da fertilidade e da Boa Sorte; o arauto dos deuses, que conduz a alma dos mortos para o Mundo Subterrâneo. Patrono dos comerciantes e dos ladrões, da oratória, da literatura e do atletismo. Hermes é representado com as sandálias aladas, chapéu alado e o bastão (*kerukeion*) de arauto. Os gregos o entendem como Thot.

heröon: Grego, o túmulo/santuário de um herói.

himation: Grego, manto ou veste externa, vestida sobre a *khiton* — túnica —, ou, às vezes, somente ele.

hippodrome: Grego para hipódromo, lugar de corridas de cavalos.
Hórus: Deus egípcio, o deus-falcão, Senhor dos Céus, símbolo da divindade da realeza no Egito. O Faraó é Hórus Vivo.
hyparkhos: Grego, governador subordinado ou um supervisor do sátrapa.

Ísis: Deusa egípcia. Mais Inteligente do que Um Milhão de Deuses. Deusa de imenso poder e magia, mãe simbólica do Faraó, mãe também de Hórus e Esposa de Osíris. É chamada de Língua Sagaz, Grande na Magia, Senhora de Muitos Nomes.

karnyx: trombeta de guerra dos keltoi — gauleses.
kausia: Grego, barrete de feltro ou elmo de sol dos macedônios.
Keraunos: Grego, Raio, Relâmpago; um atributo de Zeus e também apelido do filho legítimo mais velho de Ptolomeu Soter.
Khepera: Deus egípcio, o Criador, assumindo a forma do escaravelho.
khepresh: Egípcio, o elmo de guerra de couro azul, ou a Coroa de Guerra do Faraó, como um capelo.
kherep: Egípcio, o cetro simbolizando o ofício do sumo sacerdote de Ptah, de Mênfis.
khiton: Túnica grega.
klama: Grego, lamento pelos mortos.
khlamys: Grego, a capa militar do soldado macedônio.
klepsydra: Grego, relógio de água.
komos: Grego, dança da vitória em honra de Dionísio, deus do frenesi.
kynokephalos: o deus-babuíno com cabeça de cão, ou Macaco de Thot, no qual Thot se encarna.
Kyria (Kuria): Grego: madame, senhora.

larnax: Grego: arca funerária para os ossos.
lekythos: Grego: taça.

Maat: Deusa egípcia, personificação de todos os elementos da harmonia cósmica, conforme cunhados pelo deus criador no princípio dos tempos — Verdade, Justiça, Moral, Integridade. É representada como uma mulher usando uma pena de avestruz que se ergue de sua cabeça — a Pena da Retidão e da Verdade.

maenade: Grego, mulher louca. Mênade, a devota de Dionísio, deus do frenesi.

Mênfis: Cidade anteriormente chamada de Ineb-hedj, ou Menufer, a cidade de Menes, o primeiro Faraó; às vezes também chamada de Muralhas Brancas.

Mikros: Grego, pequeno.

Min: Deus egípcio da fertilidade, de Koptos. O Pan dos gregos.

mina: Medida grega equivalente a pouco menos de meio quilo de prata, ou 100 dracmas.

Moeris: Lago no sul de Heliópolis. Os egípcios a chamam de Mer-wer, a moderna Fayyum.

Monoftalmos: Caolho, apelido de Antígonos, da Macedônia.

Mouseion: Grego, Templos das Musas ou Museu.

Musas: Grego, as nove filhas de Zeus e Mnemósina, tradicionalmente nomeadas como: Calíope (poesia épica), Clio (História), Euterpe (música de flauta), Melpômene (tragédia), Terpsícore (dança), Érato (música de lira), Polímnia (canção sacra), Urânia (astronomia), Thalia (comédia).

Nakhthoreb: último Faraó nativo do Egito antes do domínio dos persas. Os gregos o chamavam de Nektanebo, ou Nectanebo II. Reinou de 360 a 343 a.C.

natrão: Grego, *nitron*; hidrato de carbonato de sódio usado para rituais de embalsamamento no Egito.

naumachia: Grego, batalha naval ou simulação de batalha naval.

nausiasis: Grego, náusea, enjôo no mar.

Nefertum: Deus egípcio, filho de Ptah e Sekmet. Deus da floração primeira do lótus, o lótus azul do qual o Sol nasce todos os dias.

Neith: Deusa egípcia criadora, de Sais; Senhora do Arco; Soberana das Flechas. Os gregos a entendem como Atená.

nekakha: Egípcio, o mangual do Faraó.

Nekhbet: Deusa-abutre do Alto Egito.

nemes: Egípcio, a touca com listras vermelhas e brancas do Faraó.

Nefth: Deusa egípcia dos funerais; irmã de Ísis e mãe de Anúbis, com Osíris.

Nike: Deusa grega da Vitória.

óbolo: Grego, um sexto de uma dracma.

octodracma: Moeda grega de oito dracmas.

odeion: Grego: Câmara do conselho.

Osíris: Deus egípcio dos mortos. Marido de Ísis, o Grande Deus, o Poderoso.

Osorapis: A forma egípcia de Serápis; o touro sagrado de Mênfis cultuado como um touro depois de sua morte.

Ouraios: Grego, do latim *uraeus*. Ver Wadjet.

Paian: Canção grega de triunfo ou de agradecimento, especialmente a Apolo e a Artêmis.

Pan: deus grego dos rebanhos, das manadas e da fertilidade; patrono dos pastores e tratadores de gado; o Min dos egípcios.

Parcas: Três deusas gregas (Klotho, Lakhesis e Atropos) que governavam o destino das pessoas e eram mais poderosas do que os demais deuses.

parthenos: Grego, virgem.

peplos: traje feminino.

pilono: Palavra de origem grega, entrada do templo egípcio.

plethron: Medida grega de comprimento, equivalente a cerca de 30 metros.

Poseidon/Posídon: Deus grego dos terremotos e das águas, e depois o deus dos mares, associado a cavalos; irmão de Zeus e de Hades. Em Roma: Netuno.

prostagma: Grego, ordem, decreto.

Ptah: Deus criador egípcio, de Mênfis. Para os gregos: Hefaistos. Em Roma: Vulcano.

Punt: O país do sul, talvez a moderna Somália.

Rá: Deus-sol, o Criador, dos egípcios, em Heliópolis; representado como o falcão com o disco solar em sua cabeça. Os gregos o entendiam como Hélios.

Rhakotis: O quarteirão nativo de Alexandria. A palavra significa canteiro de obras, e foi usada pelos egípcios que não conseguiam pronunciar o nome Alexandria.

rhombos: Grego, roda mágica, pênis.

rhyton: Grego, recipiente de bebida.

Sekmet: Deusa-leoa egípcia de Mênfis; esposa de Ptah e mãe de Nefertum.

sarissa: Grego, a lança dos macedônios, com 12 ou 14 cúbitos de comprimento.

sátiro: Grego, espírito semi-animal das florestas e montanhas, servo de Dionísio. Sátiros têm um corpo humano e pernas de bode. São luxuriosos e gostam de perseguir as ninfas.

sátrapa: Antiga palavra persa que significa governador de província.

Selene: deusa egípcia da Lua, identificada com Artêmis.

Sema, Soma: Grego, sema, túmulo; soma, corpo — o nome dado ao lugar onde Alexandre ficou sepultado, em Alexandria.

Serápis: Deus que combina características gregas e egípcias. De Zeus e Hélios, ele ganha seus atributos de realeza e deus-Sol; de Dionísio, a natureza fértil; de Hades e Asclépios, sua conexão com a Vida após a Morte e a Cura.

Seth: Deus egípcio dos desertos; a encarnação da desordem; irmão de Ísis.

Shai: Deusa egípcia da Fortuna e do Destino, representada sob a forma de serpente. Funde-se ao Agathos Daimon, sob os gregos.

Shu: Deus egípcio do brilho do Sol e do ar. É representado como um ser humano com uma pena na cabeça.

sistro: Chocalho sagrado usado nos templos egípcios para afugentar o mal.

Sebek: O deus-crocodilo egípcio, símbolo do poder faraônico; sua grande capacidade de capturar com as presas e destruir o torna uma apurada manifestação do poder da realeza.

Sokar, Seker: Deus-falcão, patrono da necrópole de Mênfis. É representado como um ser humano com a cabeça de um falcão.

Soter: Grego, salvador, Aquele que Afasta o Perigo; um título de Zeus, também atribuído a Ptolomeu I.

strategos: Grego, general, e também um governador militar.

Syene: Cidade do Alto Egito, a antiga Yebu egípcia; modernamente, Assuã.

talento: Unidade de peso grega, equivalente a seis minas ou seis mil dracmas, ou 36 mil óbolos. Um talento pesa algo em torno de 38 quilos de prata ou de ouro.

Tebas, Egito: Para os egípcios, era a cidade de Waset, ou Cidade do Sul; para os gregos, era Dióspolis — cidades dos deuses — a Tebas das Cem Portas. Modernamente, Luxor ou Karnak.

Thaunatousia: Tradição grega, banquete dos mortos.

Thermouthis: Nome dado à serpente doméstica da sorte em Alexandria; também Agatho Daimon, ou Bom Espírito. A *thermouthis* era vista como mensageira de Ísis, quando não como a própria Ísis.

Tifão: Correspondente grego de Seth. Os egípcios gostavam de chamar os gregos de tifonianos, a personificação da desordem.

trierarch: Grego, comandante do *trieres*.

trieres, pl. *triereis*: Navio a remo de guerra dos gregos. Trirreme.

Tykhe: Deusa grega da Boa Sorte. Em Roma: Fortuna.

Wadjet: A deusa-cobra egípcia. O *ouraios* ou *uraeus*, cobra que é símbolo da soberania do Faraó, que a usa em sua testa — a Wadjet se levantando em sua ira, lançando jatos de chamas em defesa do monarca. Wadjet, ou Udjat, é a deusa tutora do Baixo Egito. Sua contraparte no sul é Nekhbet, o abutre.

Zeus: Deus dos deuses gregos, rei dos deuses, pai dos deuses e dos homens. Supremo soberano.

Zeus-Amon: Grego, famoso oráculo no deserto da Líbia; atualmente Siwa.

Medidas e Moedas Gregas

MEDIDAS GREGAS

4 dedos = 1 *palaste* ou palma da mão
12 dedos = 1 *spithame*, ou palmo com os dedos estendidos
16 dedos = 1 *pous* (pé) ou 4 palmas da mão
18 dedos = 1 *pygme*, cúbito curto, a distância entre o cotovelo e os nós dos dedos.
40 dedos = 1 *bema*, passo.
96 dedos = 1 *orgya*, a extensão dos braços estendidos, ou 1 braça.
1600 dedos de largura ou 100 pés gregos = 1 *plethron.*
9 600 dedos de largura ou 600 pés gregos = 1 *stadion*, estádio.
288 000 dedos de largura ou 30 estádios = 1 *parasang.*

MOEDAS GREGAS

6 óbolos = 1 dracma.
100 dracmas = 1 *mina* (pouco menos de 453 gramas de prata).
60 minae = 1 talento ou 6 mil dracmas, ou 36 mil óbolos.

Um soldado comum grego ganha quatro óbolos por dia.
A uma dracma por homem ao dia, um talento pagaria a população de um *trieres* por um mês.
Um escultor no auge de sua carreira poderia ganhar duas dracmas ao dia.
A melhor das garotas tocadoras de flauta pode cobrar duas dracmas por uma noite de entretenimento e prazeres sexuais.
Pode-se comprar um bom escravo com duzentas dracmas.
Duzentas dracmas eram também um resgate padrão para um prisioneiro de guerra.

Uma concubina de uma mina poderia custar 100 dracmas ou 600 óbolos por vez — o soldo de 150 dias de um soldado raso.
Uma prostituta de um óbolo poderia então ser paga com ¼ do soldo diário de um soldado comum.
Strato de Lampsakos recebeu como pagamento 80 talentos para dar instrução ao jovem Ptolomeu Mikros. Essa soma representa o soldo de 1.972 anos de um soldado comum.
Já o Grande Farol de Alexandria custou 800 talentos, quantia equivalente ao soldo de 19.726 anos de um soldado comum.
Custaria a um soldado comum 9.000 dias, ou cerca de 25 anos, para ganhar um talento. No entanto, Alexandre distribuiu talentos aos seus soldados veteranos como gorjeta ou bônus.

Este livro foi composto na tipologia
ClassGaramond Bt, em corpo 10,5/15, e impresso
em papel off-white 80g/m² no Sistema Cameron da
Divisão Gráfica da Distribuidora Record.

Seja um Leitor Preferencial Record
e receba informações sobre nossos lançamentos.
Escreva para
RP Record
Caixa Postal 23.052
Rio de Janeiro, RJ – CEP 20922-970
dando seu nome e endereço
e tenha acesso a nossas ofertas especiais.

Válido somente no Brasil.

Ou visite a nossa *home page*:
http://www.record.com.br